I0868503

Multimedia-Lexikon

Von

Detlef Jürgen Brauner
Robert Raible-Besten
Martin M. Weigert

R. Oldenbourg Verlag München Wien

Die Deutsche Bibliothek - CIP-Einheitsaufnahme

Brauner, Detlef Jürgen:
Multimedia-Lexikon / von Detlef Jürgen Brauner ; Robert Raible-Besten ; Martin M. Weigert. – München ; Wien : Oldenbourg, 1998
ISBN 3-486-24445-0

© 1998 R. Oldenbourg Verlag
Rosenheimer Straße 145, D-81671 München
Telefon: (089) 45051-0, Internet: http://www.oldenbourg.de

Das Werk einschließlich aller Abbildungen ist urheberrechtlich geschützt. Jede Verwertung außerhalb der Grenzen des Urheberrechtsgesetzes ist ohne Zustimmung des Verlages unzulässig und strafbar. Das gilt insbesondere für Vervielfältigungen, Übersetzungen, Mikroverfilmungen und die Einspeicherung und Bearbeitung in elektronischen Systemen.

Gedruckt auf säure- und chlorfreiem Papier
Gesamtherstellung: R. Oldenbourg Graphische Betriebe GmbH, München

ISBN 3-486-24445-0

Inhaltsverzeichnis

Vorwort

Dieses Lexikon soll über die Erscheinungen, Vorgänge, Techniken, Strukturen und Grundlagen des Multimedia-Bereichs informieren. Es ist für alle im Multimedia-Bereich Tätige und an Multimedia Interessierte geschrieben worden.

Kriterium für die Auswahl der Stichworte ist das aktuelle Standardwissen. Mehr als 5700 Stichworte wurden übersetzt, expandiert und erklärt, zusätzlich wurde, wo es sinnvoll erschien, die passende Web-Adresse für weitere Informationen angegeben.

Detlef Jürgen Brauner
Robert Raible-Besten
Martin M. Weigert

Benutzerhinweise

Alle Stichworte sind in alphabetischer Reihenfolge geordnet. Umlaute sind in Selbstlaut mit angehängtem e aufgelöst. Einfache und zusammengesetzte Begriffe sind nach der bloßen Buchstabenfolge eingeordnet, wobei verschiedene Schreibweisen (als ein Wort geschrieben, mit Bindestrich oder mit Leerstelle) gleichrangig behandelt werden.

In Stichworten enthaltene Begriffe, die im Lexikon abgehandelt werden, sind durch einen Verweispfeil „→" hervorgehoben. Er erscheint jeweils nur einmal innerhalb eines Stichwortaufsatzes.

Begriffe aus der englischen Sprache sind *kursiv* hervorgehoben.

A
- *amplifier*, Verstärker;
- *area*, Bereich;
- Laufwerk A: Diskettenlaufwerk.

A4
Papierformat nach DIN: 210 x 297 mm (A3: 297 x 420 mm, A5: 148 x 210 mm).

AA
- *absolute address*, → absolute Adresse (vgl. → relative Adresse);
- *author's alterations*, → Autorkorrekturen;
- *auto answer*, automatische Antwort (siehe → Antwortmodus).

AAE
automatic answering equipment, Anrufbeantworter, vgl. → TAE.

AAP
Association of American Publishers, amerikanischer Verlegerverband, vgl. → DOI. http:// www.publishers.org

AAT
average access time, durchschnittliche → Zugriffszeit.

AAUI
Apple Attachment Unit Interface, eine → Ethernet-Schnittstelle für Apple-Computer.

AAVD
automatic alternate voice/data, automatische Umschaltung zwischen Stimm- und Datenübertragung; vgl. → AVD.

ABA
American Booksellers Association, Verlegerverband in den USA.

Abbild
bisweilen als Übersetzung von *image* oder *map*: eine Datei, die zu bestimmten Zwecken (etwa Sicherung, schnellerer Datenzugriff) als Duplikat einer Originaldatei angelegt wurde.

Abbildung
eine grafische Darstellung (auf einer Buchseite, innerhalb einer Textpassage usw.).

Abbildungslegende
→ Legende.

Abbildungsverzeichnis
in der → Titelei enthaltene Auflistung aller in einer Veröffentlichung vorhandenen Abbildungen, mit Seitenangaben, meist mit dem Text der → Legende, Autorenangaben oder Quellennachweis.

abbr
abbreviation, Abkürzung.

Abbruchbedingung
Bedingung, die den Abbruch eines Programms oder Programmteils (etwa Schleife) oder einer Datenübertragung festlegt.

ABD
automatic baudrate detection, automatische Erkennung der → Baudrate bei der Datenübertragung, spezielle Funktion eines Modems bzw. eines Datenübertragungsprogramms.

abecedarian
abecelich geordnet, alphabetisch sortiert.

ABEND
- *abnormal end (of task)*, unnormaler bzw. unvorhergesehener Abbruch eines Programms oder einer Datenübertragung;
- auch als Verb (*to abend*) für das absichtliche Herbeiführen eines solchen Abbruchs verwendet.

Abfragesprache
Programmier- oder Kommandosprache zur Abfrage der Daten in einer Datenbank (etwa → SQL).

abgehender Ruf
→ *call request.*

ABL
Automatic Btx Language, Programmiersprache zur Automatisierung von Btx-Abläufen.

Ablaufdiagramm
symbolische Darstellung des Ablaufs eines Programmes.

Ablenkeinheit
deflection yoke, die an einer Bildröhre angebrachten Spulen, mit denen Magnetfelder zur Steuerung des Elektronenstrahls erzeugt werden.

ABM
asynchronous balanced mode, Betriebsart im Rahmen des → HDLC-Protokolls.

Abmeldung
log off, Prozedur zur korrekten Beendigung eines Programms oder einer Datenübertragung.

abort
Abbruch eines Programmes oder einer Datenübertragung (anstelle einer korrekten Beendigung).

abort of dialing
→ AOD, Abbruch des Wählvorgangs (bei Modems).

abridget edition
gekürzte Ausgabe, im Unterschied zu → *abstract* Bezeichnung für eine eigenständige Veröffentlichung (Buch, Text usw.).

AB roll
AB-Übergang, beim Musik- oder Videoschnitt die nahtlose Kopplung zwischen zwei einzelnen Segmenten.

ABS
- *absent subscriber*, Teilnehmer nicht anwesend;
- *absolute*, absolut;
- *Apple Business Systems.*

Absatzformatierung
eine (in der Textverabeitung) gängige Formatieranweisung für das Formatieren ganzer Absätze. Üblicherweise können Grundschrift, Einzüge, der Zeilenabstand im Absatz sowie jener zu vorangehenden und nachfolgenden Absätzen, die Ausrichtung der Zeilen untereinander (rechtsbündig, linksbündig, Blocksatz) sowie feste Tabulatoren definiert werden, zusätzlich sind oft noch weitere Formatier- oder Bearbeitungsparameter einzustellen (beispielsweise automatische Silbentrennung, Numerierung der Zeilen, Unterdrückung von Schusterjungen und Hurenkindern).

Abschlußwiderstand
in Netzwerken zur Vermeidung von Signalreflexionen erforderlicher Abschluß eines Kabel-Endes. Vgl. → NT.

absent subscriber
kurz ABS, Teilnehmer nicht anwesend.

Absolute Adresse bzw. **Adressierung**
präzise und vollständige Angabe der Stelle, an der sich die gewünschten Daten (im Hauptspeicher, oder auch in einer Dateistruktur bzw. in einem Netzwerk) befinden, im Unterschied zur → relativen Adressierung, bei der erst ab einer aktuellen (bzw. erinnerten) Startposition aus adressiert wird.

abstract
Kurzbeschreibung, Zusammenfassung (eines größeren Textes), Themenbeschreibung, Inhaltsangabe. *Abstracts* sind keine eigenständigen Veröffentlichungen eines Textes im Sinne etwa einer Kurzfassung eines Buchs (→ *abridget edition*), sondern kurze Passagen, die einem Text als Inhaltsangabe vorangestellt werden oder die beispielsweise innerhalb einer Datenbank den Inhalt eines Fachzeitschriftsartikels, einer Dissertation oder eines sonstigen Textes charakterisieren sollen. Einzelne *abstracts* unterliegen in der Regel nicht dem Urheberrechtsschutz

bzw. werden speziell für die Veröffentlichung in Datenbanken etc. erstellt und hierfür freigegeben.

abstract syntax
- Standard zur Beschreibung von Datenstrukturen unabhängig von Hard- oder Softwaregegebenheiten;
- auch die Struktur von gegebenen Daten, die einem solchen Standard entsprechen.

Abstract Syntax Notation One
→ ASN.1

Absturz
- irregulärer Programm- bzw. Rechnerzustand, der nur durch Neustart des Rechners überwunden werden kann und nicht selten mit Datenverlusten verbunden ist;
- bisweilen auch Bezeichnung für die Unterbrechung einer Datenübertragung bzw. einer DÜ-Strecke.

ABT
- *abort*, Abbruch, Ende;
- *abort timer*, Zeitschaltung für Abbruch;
- *answer-back tone*, Antwortsignal.

Abtasten
in der EDV meist Synonym für → Digitalisieren oder Einlesen von Daten in computerlesbare Form. Vgl. → Sampling, → Scannen.

Abtastrate
→ *sampling rate*.

Abtastvorlage
eine Vorlage, die ohne weitere Vorarbeiten für das → Scannen geeignet ist (veraltet, heute meist → reproreife Vorlage).

A/B-Terminaladapter
→ ISDN-Terminaladapter.

A/B-Wandler
→ Analog/Digital-Wandler, →ISDN-Terminaladapter.

abwärtskompatibel
siehe → kompatibel.

AC
- *access control*, Zugriffskontrolle;
- *access cycle*, Zugriffszyklus;
- *à condition* (frz.), → bedingt.
- *adaptive control*, anpassungsfähige Steuerung;
- *alternating current*, (häufig auch mit → A.C. abgekürzt) Wechselstrom;
- *Alternative Carrier*, Telekom-Ausdruck für die „Mitbewerber" auf dem Telekommunikationsmarkt;
- *author's corrections*, → Autorkorrektur.

A.C.
alternating current, Wechselstrom.

AC-3
von → Dolby entwickelter Standard für die komprimierte Aufzeichnung, Speicherung und Übertragung von Audio-Daten, wobei nicht bloß zwei Kanäle (Stereo) zur Verfügung stehen, sondern sechs.

ACAU
automatic calling and answering unit, computergesteuerte Fernsprechvermittlungseinheit.

ACC
- Telefongesellschaft (Eigentümer ACC Corporation), Netzvorwahl 0 10 49.
- *accumulator*, Akkumulator, zentrales Rechenregister (bei Prozessoren);
- *audio communications controller*, Tonübertragungs-Controller;
- *area communication controller*, Datenvermittlungsrechner, der innerhalb eines bestimmten Gebietes die Kommunikation zwischen einzelnen Teilnehmern oder auch zwischen ganzen Netzen bewerkstelligt.

Accelerated Graphics Port
siehe → AGP.

accelerator card
auch *accelerator board*, oder eingedeutscht Akzeleratorkarte; eine Steckkarte mit einem eigenen, meist aufgaben-

spezifisch ausgewählten Prozessor zur Beschleunigung bestimmter Abläufe, z. B. eine Grafikkarte, die auf spezielle Anwendungen optimiert wurde und daher den Bildaufbau beschleunigt vornimmt.

accent
→ Akzent.

acceptable use policy
→ AUP.

access
(selten abgekürzt ACS)
- der Zugang zu einem Rechner bzw. einem Netz, speziell im Sinn: der Aufbau einer DFÜ-Verbindung;
- der (physikalische) Zugriff auf einen Speicherbereich, ein Speichermedium, einen speziellen Rechner oder Dienst.

access code
Zugriffscode, Paßwort.

access control
Zugriffskontrolle, Zugriffssteuerung.

access control list
→ ACL.

access duration
Zugriffsdauer.

accessions
→ Pflichtexemplare (für Bibliotheken).

access key
Zugriffscode, Paßwort.

access method
Zugriffsmethode, Zugriffsverfahren.

access mode
Zugriffsart, Zugriffsverfahren.

access path
Zugriffspfad.

access privileges
Zugriffsberechtigung (auf Daten oder Dienste).

access protocol
Zugriffsprotokoll, Sammelbegriff für in Netzwerken verwendete → Protokolle.

access provider
Internet access provider, → IAP.

access right
Zugriffsrecht, das Auskunftsrecht Betroffener bezüglich personenbezogener Daten (in Deutschland durch das → Bundesdatenschutzgesetz festgelegt), nicht zu verwechseln mit der → Zugriffsberechtigung (*access privileges*).

access supervision
Zugriffskontrolle nach dem → Bundesdatenschutzgesetz.

accesstime
→ Zugriffszeit.

account
- Konto, Bankkonto;
- Benutzer-Konto, der Zugang bzw. die Zugangsberechtigung zu einem Computer, Netzwerk oder einem speziellen Dienst, üblicherweise bestehend aus dem Benutzernamen (→ User-ID) und einem → Paßwort (wird bei der → Login-Prozedur abgefragt);
- Bezeichnung für den Zugangstyp oder die Zugriffsberechtigungs-Stufe beim Zugang zu einem Host oder Online-Dienst (etwa *private account, business account* oder *shell account*).

accounting
- Abrechnung; Buchung;
- Buchhaltung;
- in Netzwerken auch geschützter Bereich eines Nutzers (oder mehrerer Nutzer gemeinsam), auf den andere Benutzer keinen Zugriff haben.

accounting informations
Buchungsunterlagen, alle für die Abrechnung eines Kontos (bei Online-Diensten: eines Benutzer-Kontos) erforderlichen Angaben (etwa Verbindungszeit, Nutzung bestimmter Dienste usw.).

AC/DC bzw. **AC/DC-converter**
alternating current/direct current, ein (Wechselstrom/Gleichstrom-) Transformator.

ACE
- *Advanced Computing Environment,* („Fortschrittliche Rechnerumgebung") Zusammenschluß verschiedener Hardware-Hersteller (SCO);
- *automatic calling equipment,* automatische Wähleinrichtung.

achromatisch
achromatic colour, eine Graustufe bzw. ein Farbton zwischen Schwarz und Weiß.

ACIA
asynchronous communications interface adapter, Schaltung bzw. Hardwarebaustein für die Umwandlung von parallelen in serielle Daten und umgekehrt, für den Betrieb von Geräten mit serieller Schnittstelle an einer → Parallelschnittstelle.

ACIS
American Committee for Interoperable Systems.

ACK
- *acknowledgement,* Bestätigung, Rückmeldung;
- in der Datenübertragung beim → *handshake* verwendetes Steuerzeichen (auch als *positive acknowledgement* bezeichnet, ASCII 6) zur Bestätigung des korrekten Empfangs eines Datenpakets (für fehlerhaften Empfang wird → NAK gesendet) oder als Antwort auf → ENQ;
- häufig auch entsprechend beim → Chatten oder in → E-Mails als Frage (etwa: verstanden? bist Du da?) oder Antwort (ist angekommen! bin frei!) eingesetzt.

acknowledgement
→ ACK.

ACL
- *access control list,* Zugriffskontroll-Liste, eine Aufzählung der verfügbaren Dienste innerhalb eines Netzes und der Rechner, die zur Ausführung bzw. zum Zugriff auf die entsprechenden Dienste berechtigt sind;
- *Automatic Cartridge Loader,* Automatischer Cassetten-Lader.

ACM
Association for Computing Machinery, Informatiker-Verband in den USA.

ACN
area code number, Vorwahl-Nummer (in Deutschland → ONK).

acoustic coupler
→ Akustikkoppler.

ACR
- *abandon call and retry,* Anruf unterbrechen und erneut versuchen (Fehlermeldung beim Verbindungsaufbau*);*
- *Audio Cassette Recorder.*

ACS
→ *access.*

ActiveMovie
von → Microsoft in Verbindung mit → DirectX entwickelter Wiedergabestandard für Multimedia; unterstützt verschiedene Medientypen bzw. Dateiformate wie AVI, WAV, MPEG usw. http://www.microsoft.com/imedia/activemovie/

active routing
eingedeutscht aktives Routing, die Weiterleitung von Datenpaketen in einem Netz, bei welcher der optimale Pfad aktuell anhand der im *header* der Datenpakete vorhandenen Ziel-Informationen bestimmt wird. Der optimale Pfad muß nicht der geographisch kürzeste oder der direkte Weg zum Ziel sein, sondern kann

auch nach anderen Kriterien wie Sicherheit oder Kostengünstigkeit gewählt werden. Die Route kann sich auch von Moment zu Moment bzw. von Datenpaket zu Datenpaket ändern: → *dynamic adaptive routing* gestattet es beispielsweise, die Übertragungswege der aktuellen Netzsituation anzupassen. Beim → *passive routing* wird statt dessen ein im *header* explizit vorgegebener Pfad (→ *bang path*) zur Weiterleitung der Datenpakete verwendet.

Active-X
von → Microsoft entwickelter Standard für die Einbindung multimedialer und interaktiver Fähigkeiten in HTML-Dokumente mit Hilfe sog. → Active-X-Controls. Active-X ist zu → OLE kompatibel (bzw. eine Weiterentwicklung der OLE-Technik), über Active-X-Controls kann daher über sämtliche Ressourcen eines Rechners verfügt werden. Da ein solcher unbeschränkter Zugriff u. U. mit erheblichen Schäden einhergehen könnte (etwa: Neuformatierung der Festplatte), sollten nach Microsofts Vorschlag nur von Microsoft zertifizierte Controls (vgl. → Authenticode) eingesetzt werden. Für die Entwicklung von Active-X-Anwendungen steht ein spezielles Active-X Development Kit (ADK) von Microsoft zur Verfügung. http://microsoft.de/produkte /internet/activex.htm

Active-X-Controls
mit einer Programmiersprache wie → Java, → C++ oder → Visual Basic oder mit dem → ADK nach dem Active-X-Standard erzeugte Programme, die (vergleichbar zu Java-Applets) in WWW-Browsern ablaufen können. Sie werden durch HTML-tags (<object ...>) direkt in HTML-Dokumente eingebunden und vom Browser ausgeführt (der → Internet Explorer setzt Active-X-Controls direkt bzw. intern um, bei → Netscape Navigator müssen Plug-Ins, z. B. ScriptX, http://www.ncompasslabs .com, eingesetzt werden). Die Controls sind in sich geschlossene Programm-Objekte, das Ansprechen von Controls bzw. die Kommunikation von Controls untereinander muß daher ggf. über Script-Befehle (etwa in → JavaScript oder → VB Script) programmiert werden. Viele Active-X-Controls sind inzwischen kostenlos bei Microsoft erhältlich. http://www.microsoft.com/activex/gallery

Active-X Development Kit
kurz ADK, siehe → Active-X.

ACU
automatic calling unit, automatische Wählvorrichtung.

AD
- → *Administrative Domain*
- *advertisement, Werbung*;
- *anno domini* (lat.), im Jahr (des Herrn).

A/D
analog/digital, analog to digital.

Adapterkarte
→ Steckkarte.

adaption
Anpassung.

Adaptive Delta Modulation
kurz ADM, Modulationstechnik, die zur Digitalisierung von Audio-Daten eingesetzt wird.

Adaptive Delta Pulse Code Modulation
kurz ADPCM, Modulations- und Kompressionstechnik für die digitale Übertragung von Audio-Daten (Sprachübertragung). Anstelle des absoluten Pegels (wie bei → PCM) werden nur die Differenzen zwischen aufeinanderfolgenden Signalen codiert.

Adaptive Packet Assembly
siehe → APA.

Adaptivfilter
adaptiver → Entzerrer.

ADAT
Alesis Digital Audio Tape, von der amerikanischen Firma Alesis entwickelter und mit S-VHS-Cassetten arbeitender Recorder für digitale Tonaufnahmen (8-Spur), inzwischen zu einem Quasi-Standard geworden. Die Recorder lassen sich untereinander koppeln, so daß ggf. mit 16 oder mehr Spuren aufgenommen werden kann.

ADC
- *Analog to Digital Conversion,* Analog/Digital-Umwandlung;
- *Analog to Digital Converter,* → Analog/Digital-Wandler;
- *Adaptive Data Compression,* ein → Protokoll der Firma → Hayes.

ADCCP
Advanced Data Communications Control Procedure, ein von der → ANSI entwickeltes → Protokoll, identisch mit dem → HDLC (ISO-Protokoll).

A/D-converter
→ Analog/Digital-Wandler.

ADD
Addition.

add-in-program
ein Zusatzprogramm, das in bestehende Software eingebunden werden kann (meist Treiber oder Filter).

additive Farbmischung
additive colour mixing, siehe → Farbmischung.

additive Synthese
Prinzip der Klangerzeugung durch die Addition einzelner Sinusschwingungen, siehe → Synthese.

add-on kit
Nachrüst-Bausatz.

add-on memory
nachgerüsteter bzw. nachrüstbarer Erweiterungsspeicher.

ADDR
address, → Adresse.

address
→ Adresse.

address book
Adreßbuch; Verzeichnis von → E-Mail-Adressen.

address mapping table
kurz AMT, ein Verzeichnis, das physische und logische Adressen miteinander in Beziehung setzt, vgl. → *logical.*

address mask
auch *network mask* genannte Adress-Maske, eine Bit-Maske, die beim → *routing* dazu dient, aus der IP-Adresse (→ *IP address*) die Subnetz-Adresse (→ *subnet address*) herauszufiltern.

address resolution
Umwandlung einer → logischen Adresse in eine → physische Adresse; im Internet die Konversion der IP-Adresse (→ *IP address*) eines Datenpakets in die MAC-Adresse (→ *MAC address*), die anhand des → *Address Resolution Protocol* durchgeführt wird. Auch die Umsetzung von einer logischen Adresse zur nächsten logischen (etwa bei → DNS oder → DOI) wird bisweilen als *address resolution* bezeichnet.

Address Resolution Protocol
kurz ARP, Internet-→ Protokoll (definiert in RFC 826) für die Konvertierung einer Internet-Adresse (→ *IP address*) in die entsprechende Hardware-Adresse (→ *MAC address*) des Empfängers. Die IP-Adressen werden dabei dynamisch in die Adressen des Empfänger-→ LAN (48-Bit Ethernet-Adressen) aufgelöst.

address spoofing
Adressenschwindel, Angeben einer falschen Absenderadresse in einer E-Mail. Vgl. → *spoofing.*

ADK
Active-X Development Kit, → Active-X.

AdLib
ab 1987 in PCs eingesetzte Soundkarte (Typenbezeichnung MSC-1) der gleichnamigen kanadischen Firma, ursprünglich Mono, mit einfachem FM-Synthesizer von Yamaha, vorwiegend als Karte für die „Musikbegleitung" von Spielen entwickelt, später weiterentwickelt zu Stereobetrieb (und mit dem → OPL3-Chip ausgerüstet). AdLib wurde zum Quasistandard für Soundkarten. http://www.adlib-multimedia.com

ADM
- → Adaptive Delta Modulation;
- → *admission* Zugang.

adman
advertisement-man, Slangausdruck für einen „Werbefuzzi".

ADMD
Administration Management Domain, der nationale bzw. regionale Betreiber eines öffentlichen → X.400-Dienstes, also beispielsweise in Deutschland die Telekom AG (DBP). Vgl. → X.400-Adresse.

admin
administration; administrator, Verwaltung oder Verwalter (etwa eines Rechners, eines Netzes, einer Mailbox); auch → *sysop*, → *postmaster.*

administration
→ *admin.*

Administration Management Domain
→ ADMD.

administrative domain
kurz AD, wörtl. Verwaltungs-Bereich, ein von einer einzelnen Instanz (einem → *admin*) betriebenes Netz bzw. Sub-Netz.

administrator
→ admin.

administrivia
Informationen, die die Verwaltung (etwa eines → *bbs,* oder einer → *newsgroup*) betreffen.

admission
Zugang (zu einem Host), Zugangsrecht.

admission supervision
Zugangskontrolle.

Adobe Pagemaker
professionelles DTP-Programm von → Adobe Systems.

Adobe PageMill
von → Adobe Systems entwickelter professioneller → *Web-Publisher.*

Adobe PhotoShop
professionelles Bildbearbeitungsprogramm von → Adobe Systems.

Adobe Systems Inc.
US-amerikanischer Softwarehersteller, entwickelt vor allem Software (Pagemaker, Typemaker, Photoshop) sowie Standards (PostScript, PDF) für den Publikations- bzw. DTP-Profi-Bereich. http://www.adobe.de

Adobe Type Manager
kurz ATM, → Font-Manager-Programm (u. a. für Windows und MacOS) von → Adobe Systems. ATM verwendet PostScript-Fonts, ähnlich zu dem unter → Windows meist verwendeten → TrueType werden die Schriften sowohl auf dem Bildschirm als auch auf dem Drukker in jeweils angepaßter Qualität ausgegeben. Unter ATM lassen sich PostScript-Schriften auch auf Druckern verwenden, die nicht als PostScript-Drucker ausgelegt wurden. Gegenüber TrueType sind PostScript-Fonts qualitativ besser, ATM und PostScript finden daher vor allem im professionellen Satz- bzw. DTP-Bereich Verwendung.

ADPCM
→ *Adaptive Delta Pulse Code Modulation.*

ADR
- *address*, Adresse;
- *address register*, → Adress-Register.

ADRD
Automatic Data Rate Detection, automatische Erkennung der Datenübertragungsrate.

Adressbus
jener Teil eines → Bus-Systems, der zur Adressierung von Speicherbereichen dient.

Adresse
eindeutige logische (→ *logical address*) oder physische Kennzeichnung eines Speicherbereichs, einer Datei, eines Computers oder eines Benutzers. Im Internet verwendet man u. a.
- → *E-Mail address*, die E-Mail-Adresse eines Benutzers;
- → URL, die Adressierung einer bestimmten Webseite im WWW;
- → *IP address*, die Adresse, die einem Datenpaket mit auf den Weg gegeben wird;
- die symbolische → DNS-Adresse, die für einen größeren Komfort beim Adressieren sorgt (und erst in eine IP-Adresse übersetzt werden muß);
- die → *MAC address*, die Hardware-Adresse eines bestimmten Gerätes (Rechners, Druckers) im Netz;
- die → *socket address*, die einen speziellen Kommunikationsprozess oder einen Dienst erst vollständig adressiert.

Adreßmaske
→ *address mask.*

Adress-Register
address register, ein Prozessor- oder Systemregister, in dem die Adresse einer Speicherstelle zwischengespeichert wird.

ADRS
address, → Adresse.

ADSR
attack, decay, sustain, release, Anschlag (oder auch Ansprechzeit), Abschwächung (auch Abfallen bzw. Abfallzeit), Halten (auch Haltepegel), Loslassen (auch Ausklingzeit), Bezeichnung für die einzelnen Phasen im Verlauf einer → ADSR-Kurve (→ Hüllkurve).

ADSR-Generator
Effektmodul bei Synthesizern, mit dem spezielle → ADSR-Kurven (etwa zur Steuerung von → VCAs) generiert werden können.

ADSR-Kurve
die nach den charakteristischen Elementen des üblichen Schwingungsverlaufs benannte → Hüllkurve von Tönen (etwa bei → Synthesizern): der → Pegel steigt zunächst steil an (*attack*, Anschlag) und geht gleich darauf wieder zurück (*decay*, Abschwächung), wird auf dem neuen Niveau gehalten (*sustain*, Halten) und anschließend abgesenkt (*release*, Loslassen). Durch die Manipulation des ADSR-Verlaufs wird der → Klangcharakter beeinflußt.

ADU
Automatic Dialing Unit, automatische Wählvorrichtung.

advance
Vorteil, Vorschuß.

Advanced Interactive Executive
→ AIX.

Advanced Program-to-Program Communications
→ APPC.

Advanced Research Projects Agency
→ ARPA.

Advanced Research Projects Agency Network
→ ARPANet.

advertisement
kurz *ad*, Werbung.

ADX
Automatic Data Exchange, automatische Datenvermittlung.

A/D-Wandler
→ Analog/Digital-Wandler.

AEA
American Electronics Association, Berufsverband.

aerial perspective
→ Vogelperspektive.

AES
Audio Engineering Society, amerikanischer Berufsverband bzw. Fachverband der Audio-Branche (vgl. → EBU), http://www.aes.org

AES/EBU-Interface
digitale Audioschnittstelle (für Koaxialkabel- oder Lichtwellenleiter-Verbindungen), nach → AES und → EBU benannt, die den Standard gemeinsam definierten. Vgl. → S/P-DIF.

AfeN
Analoges Fernsprechnetz, das Analog-Telefonnetz der Deutschen Telekom.

AFJ
April fool's joke, Aprilscherz.

AFS
Andrew File System, Netzwerk-→ Protokoll für den Direktzugriff auf Dateien, die auf einem anderen Rechner liegen. (Die *remote*-Dateien erscheinen wie lokale Dateien, sie können direkt bearbeitet werden.)

AFSK
Audio Frequency Shift Keying, (wörtl.: Hörfrequenz-Umschalt-Verschlüsselung) ein Verfahren zur Übertragung digitalisierter Daten mittels zweier unterschiedlicher Tonfrequenzen (in Analognetzen).

afterglow
→ Nachleuchten.

AFTP
→ *anonymous FTP*.

AGB
→ Allgemeine Geschäftsbedingungen.

agent
ein Programm, das zwischen → *Clients* und → *Servern* Vermittlungsfunktionen übernimmt, also beispielsweise Abfragen in passende Formate überträgt oder an Hardware-Einrichtungen weiterleitet. Vgl. → MUA, → SNMP.

Agfa
Kamera- und Filmhersteller, http://www.agfahome.com/

AGICOA
1981 in Genf gegründete und dort auch ansässige internationale → Verwertungsgesellschaft zur Wahrnehmung der Rechte von Filmproduzenten und -Verwertern hinsichtlich der Einspeisung von Filmwerken in Kabelfernsehnetze, in Deutschland vertreten durch den Ableger „AGICOA Urheberrechtsschutz GmbH“. Mitglieder der AGICOA sind nicht einzelne Produzenten oder Hersteller, sondern nationale Filmhersteller- bzw. Produzentenverbände (u. a. auch der → VDS) und nationale Verwertungsgesellschaften (u. a. auch → GWFF und → VGF).

AGP
Accelerated Graphics Port, von diversen Mainboard- und Grafikkarten-Herstellern sowie Intel entwickelter Hochgeschwindigkeits-Bus (circa viermal schneller als der → PCI-Bus) für die rasche Verarbeitung von Grafikdaten auf Pentium-Rechnern, Ende 1997 eingeführt. Unter künftigen Windows-Versionen soll der

AGP direkt ansprechbar sein (entsprechende Funktionen für → Direct-X sind vorgesehen).

AIDA
attention, interest, desire, action, übertragen etwa: Aufmerksamkeit erregen, näheres Interesse und Besitzwunsch erwecken, Kauf auslösen; die elementaren Ziele der Werbung.

AIDO
Automatic Identification of Outward Dialed Calls, automatische Erkennung externer Anrufe.

AIF
siehe → AIFF.

AIFF
Apple Interchange Format Files, von Apple entwickeltes Audio-Dateiformat (die Dateien sind mit .AIF gekennzeichnet), inkompatibel zu → WAV-Files.

AIX
Advanced Interactive Executive, eine 1986 für RISC-Rechner eingeführte Unix-Version der Firma IBM.

Akkolade
die {geschweifte} Klammer.

Akkord
harmonischer Zusammenklang, ein aus mehreren gleichzeitig gespielten Tönen entstehender Klang. Vgl. → Dreiklang, → Vierklang.

Akronym
eine Abkürzung, die aus den jeweils ersten Buchstaben mehrerer Worte gebildet wird; besonders verbreitet sind → TLAs oder → ETLAs. Akronyme werden üblicherweise mit Großbuchstaben geschrieben, außer beim → Chatten, da mit Versalien Geschriebenes in einem Chat gemeinhin als SCHREIEN gilt.

Aktiv-Boxen
siehe → Boxen.

Aktivmatrix
siehe → TFT.

aktives Routing
→ *active routing.*

Akustik
Lehre vom Hören.

Akustikkoppler
acoustic coupler, ein → Modem, das nicht mit der Telefonleitung verbunden wird, sondern mit dem Telefonhörer. Heute nur noch selten verwendet.

akustisch
in der Musik meist im Sinne von „nicht-elektronisch" gebraucht (etwa: akustisches Piano, in Unterscheidung zum Digitalpiano).

akustische Bildbeschreibung
Variante des Zweikanal-Fernsehens zur Unterstützung von Seh-Behinderten: während auf einem Tonkanal der Film-Ton gesendet wird, läuft gleichzeitig auf dem zweiten Kanal ein Kommentar, der beschreibt, was auf dem Bildschirm geschieht.

Akzent
auch Betonungszeichen oder Trema, ein Sonderzeichen, das meist über dem Buchstaben steht und die Betonung bzw. Aussprache regelt.
Die Eingabe von Akzenten auf PC-Tastaturen erfolgt vor der Eingabe des Buchstabens (also \`e ergibt è), die Darstellung eines Akzents ohne Buchstabe wird über Akzent-Leertaste realisiert.

Akzeleratorkarte
→ *accelerator card.*

AL
Amtsleitung (*subscriber line*);

Algorithmus
in der EDV Bezeichnung für eine möglichst sinnvolle Folge von elementaren

Arbeitsanweisungen bzw. Programmbefehlen – die Bezeichnung stammt aus der Mathematik, wo zusätzlich noch gefordert wird, daß diese Folge auch in endlich vielen Schritten zu einer Lösung führt.

Ursprünglich bedeutete der Begriff wohl nur „Rechenregel"; er stammt von dem im Mittelalter zur Redensart gewordenen Textbeginn („Algoritmi dicit ...") eines Lehrbuchs über das Rechnen mit indischen Zahlen (heute: arabische Zahlen) ab. Das Buch trug in der lateinischen Übersetzung den Titel „Algoritmi de numeris Indorum" und wurde von Abu Abdullah Muhammed ibn Musa (um 800) verfaßt, der aus der Gegend um Mashhad im Iran (Khorasan/Kwarizm) stammte und daher Al Kwarizmi genannt wurde. (Der arabische Titel eines weiteren Werks von Ibn Musa, „Al dschebr Walmukala", wurde zu „Algebra" verhunzt.)

alias
Kurzname bzw. Kurzadresse, die beim → *aliasing* anstelle des richtigen Namens bzw. der vollständigen Adresse angegeben werden kann.

aliasing
- auf zu geringer Auflösung beruhender „Treppenstufeneffekt" bei der Rasterdarstellung schräger Linien;
- auf fehlerhafter Aufnahmebalance beruhendes Auftreten von Spitzen oder Rauschen bei digitalen Tonaufnahmen;
- Alias-Funktion in E-Mail-Programmen, die es dem Anwender ermöglicht, anstelle der kompletten E-Mail-Adresse nur einen Alias-Namen anzugeben (der dann vom Programm in die korrekte Empfänger-Adresse übersetzt wird);
- Alias-Funktion auf Rechnern, die → virtuelle Server betreiben, vgl. → IP-Aliasing.

Alinea
die erste Zeile eines Absatzes (im Text).

alive
- lebend;
- sinngemäß auch für das Vorhandensein eines Rechners oder die Möglichkeit einer DFÜ-Verbindung angewandt (etwa bei → PING).

ALIWEB
ARCHIE-like Index for the Web, ein Internet-Dienst, der Webseiten ähnlich indiziert, wie das → ARCHIE mit ftp-Dateien macht.

Allgemeine Geschäftsbedingungen
kurz AGB, die vertraglichen Bedingungen, die ein Unternehmen für geschäftliche Standardsituationen festlegt. Zulässige Abweichungen von den üblichen gesetzlichen Bestimmungen oder spezifische Festlegungen (etwa: der Gerichtsstand) sind dem Kunden vor dem Kauf bekanntzugeben, durch Abschluß eines Kaufs gelten sie dann automatisch als akzeptiert. Die AGB hängen daher üblicherweise in den für Kunden zugänglichen Geschäftsräumen aus, werden Bestellkatalogen beigefügt oder sind auf sonstige Art und Weise vor dem Abschluß eines rechtsgültigen Geschäfts dem Kunden bekanntzumachen. Inhaltlich umfassen AGBs in der Regel Angaben zu Liefer- und Zahlungsbedingungen, Eigentumsvorbehalt, Rücktrittsrechten, Umtausch, Haftung und Gewährleistung, Gerichtsstand usw.

Alphabetbreite
auch Alphabetweite, die → Laufweite einer Schrift, gemessen an einem in dieser Schrift gesetzten Alphabet.

alphabetisch
alle Buchstaben einschließlich nationaler Sonderzeichen umfassend.

Alpha-Blending
Synonym für → Alpha-Channeling.

Alpha-Channeling
Veränderung der Bildtransparenz durch Manipulation der im sog. → Alpha-Kanal definierten Transparenz-Bits der Pixel.

Alpha Chip
geschützte Produktbezeichnung für einen als CPU verwendeten 64-bit RISC-Prozessor der Firma DEC.

Alpha-Kanal
(alpha channel) bei 32-Bit-Grafikdarstellung die zur Festlegung der → Transparenz benutzten oberen 8 Bit des Pixel-Werts; außer für die Darstellung transparenter Objekte (Glas, Flüssigkeiten usw.) wird der Alpha-Kanal auch für die Erzeugung von Überblendeffekten eingesetzt.

alphanumeric data entry
→ alphanumerische Dateneingabe.

alphanumerisch
alle Buchstaben, Zahlen und nationalen Sonderzeichen umfassend.

Alphazeichen
- die alphabetischen Zeichen (Buchstaben und nationale Sonderzeichen) einer Sprache;
- bisweilen auch deutsche Bezeichnung für das Zeichen @ *(→ commercial at)*, meist werden hierfür jedoch Begriffe wie Klammeraffe, Strudel, Schneckle usw. verwendet.

alt
alternative newsgroups, Name der → *news hierarchy* im → UseNet, die sich mit alternativen Ansätzen zu Themen beschäftigt, die teils auch in den anderen Hierarchien vorkommen.

Alt
- *alternate,* wechseln;
- Umschalttaste, die gleichzeitig mit einer anderen Taste gedrückt zur Auslösung von → Makros oder speziellen Programmfunktionen benützt wird.

AltaVista
→ Suchdienst. http://www.alta-vista.com oder http://www.altavista.digital .com

alternating current
kurz A.C., Wechselstrom.

Alternative Carrier
kurz AC, Konkurrenten der Telekom (im Telekom-Jargon).

Alt Gr
alternate/German, Umschalttaste, mit deren Hilfe die auf einer → QWERTZ-Tastatur vorhandenen Sonderzeichen ^{23}[]{}\~µ|_@ aktiviert werden können.

ALU
arithmetic logic unit, Rechenwerk, zentraler Bereich eines Prozessors, in dem die elementaren arithmetischen und logischen Operationen durchgeführt werden (also Addition, Negation usw.).

a.m.
bisweilen auch *am* abgekürzt, *ante meridiam* (lat.), Vormittag; wird bei 12-Stunden-Schreibweise der Uhrzeit meist zusätzlich angegeben (für den Nachmittag: → *p.m.*).

AM
Amplitudenmodulation, siehe → Modulation.

Amadeus
→ Reservierungssystem.

ambient light
Ambientenlicht, gleichmäßige Beleuchtung (Beleuchtungsmodus bei 3D- oder Rendering-Software).

ambient noise
Hintergrundrauschen, das von einem signalverarbeitenden System selbst erzeugt wird. Vgl. → *background noise*, → Rauschen.

AMD
Advanced Micro Devices, US-amerikanischer Chip- bzw. Microprozessor-Hersteller (vgl. → Cyrix, → Intel). http://www.amd.com

American National Standards Institute
→ ANSI.

American Standard Code for Information Interchange
→ ASCII.

America OnLine
→ AOL.

amper
→ *ampersand*, das et-Zeichen &.

Ampere
Maß für die Stromstärke.

ampersand
das Zeichen & (et-Zeichen, und-Zeichen).

amplification
→ Verstärkung.

Amplitude
die Höhe einer → Welle (in der üblichen Darstellungsform: die vertikale Auslenkung der Welle), bei Schallwellen entspricht die Amplitude der Lautstärke bzw. dem Pegel. Vgl. → Klang.

Amplitudenmodulation
kurz AM, siehe → Modulation.

AMS
Area MakeUp Station, ein Bildbearbeitungs-Arbeitsplatz (bei der elektronischen Bildbearbeitung).

AM-Synthese
Amplitudenmodulations-Synthese, Prinzip der elektronischen Klangerzeugung durch Modulation der → Amplitude einer Trägerfrequenz. Vgl. → Synthese.

AMT
Address Mapping Table, siehe → *logical*.

analog
siehe → analoges Signal.

analog computer
AC, Analogrechner. Bei dieser Art von Computern werden Werte intern nicht digital, sondern analog (durch die Spannungsgröße) dargestellt.

Analog-Digital Wandler
- im engeren Sinn eine elektronische Einrichtung, die analoge Signale in digitale Signale umsetzt;
- im weiteren Sinne ein in beide Richtungen (Analog/Digital und Digital/Analog) funktionierendes Gerät (etwa → ISDN-Terminaladapter).

analog display
Analoganzeige, auch ein Monitor, der unendlich viele Farbnuancen bzw. Grauabstufungen hervorbringen kann.

analoges Signal
Signal mit potentiell unendlich vielen Zustandsmöglichkeiten bei potentiell unendlich kleinen kontinuierlichen Übergängen, im Unterschied zum → digitalen Signal, das (je Bit) nur zwei Zustände annehmen kann.

analoge Synthese
auch lineare Synthese genannt, das Prinzip der elektronischen Klangerzeugung durch aktuelle Herstellung eines Gemischs aus Wellenformen, die weiter bearbeitet werden, im Unterschied zur digitalen Synthese von Klängen. Siehe → Synthese.

Analog-Synthesizer
siehe → Synthesizer, → Synthese.

Analogübertragung
Datenübertragung mit → analogen Signalen.

anaxial
nicht axial bzw. nicht zentriert, im Zusammenhang mit Satzanordnung bzw. Text-Formatierung meist: → linksbündig oder → rechtsbündig.

Anbieter
→ *provider*.

anchor
Anker, eine speziell gekennzeichnete Stelle (vgl. → *tag*) in Hypertext-Dokumenten, die zum Aufbau einer Verzweigung auf ein anderes Dokument (→ *link*) benützt wird. Bei Webseiten nach dem → HTML-Standard werden solche Anker beispielsweise durch <*A HREF=„Dienst://Adresse.Datei*">***beliebig Text*** </*A*> gebildet.

Andruck
Probeexemplar eines Druckwerks zu Korrektur- oder Begutachtungszwecken.

Andruckskala
für verbindlich erklärte → Andrucke der einzelnen Auszüge eines Farbsatzes (und der entsprechenden Aufeinanderdrucke); dienen der Farbeinstellung sowie der Kontrolle im Fortdruck.

Anführungszeichen
rabbit ears – anstatt „Gänsefüßchen" werden im Englischen „Hasenohren" verwendet.

angle brackets
→ Winkelklammern (die Zeichen <>).

Anhang
attachment, → Anlage.

animated gifs
auch *animated icons*, Bezeichnung für eine filmähnliche Grafik-Präsentation in → HTML-Dokumenten, die als rasche Bildfolge (durch permanentes Nachladen und Darstellen von meist 4 und höchstens 8 Bildern im → GIF-Format) realisiert ist. Meist nur zur Animation von Icons oder für sonstige klein- bis kleinstformatigen Grafiken innerhalb einer Bildschirm-Seite angewandt.

animated icons
Synonym für → *animated gifs*.

Animation
schnelle Darstellung von statischen Einzelbildern (*slides, frames* oder *cels*), die den Eindruck von Bewegung hervorruft. Vom Film unterscheidet sich eine Animation dadurch, daß die einzelnen Bilder jeweils durch Einzelaufnahme zustandegekommen sind, oder daß durch spezielle Programme die Kreation der einzelnen Darstellungen oder auch die Bildfolge, also die Aneinanderreihung einzeln vorliegender Bilder, vorgenommen wurde oder erst zur Laufzeit des Programms aktuell erzeugt wird.

animatronics
elektronisch animierte Puppen (ganze Figuren oder auch nur einzelne Teile, etwa Hände, Gesichter etc.), die beim Film oder in der Unterhaltungsindustrie eingesetzt werden.

animieren
beleben, bewegen; die Bezeichnung wird meist im Zusammenhang mit Puppenspiel oder aber mit Trickfilm oder dem raschen Abspielen von Bildfolgen (siehe → *animated gifs*).verwendet.

ANIS
Analoger Anschluss an ISDN-Vermittlungsstelle.

anisochron
Synonym für → asynchron.

Anker
siehe → *anchor*.

anklicken
Steuerung von Computeraktivitäten durch die Aktivierung von → *hotspots,* wobei eine durch den Mauszeiger (→ Cursor) bestimmte Stelle einer Bildschirmanzeige (*hotspot*) durch Drücken eines Knopfes der Maus (→ klicken) ausgewählt wird.

Anklopfen
ISDN-Funktion: erfolgt während einer laufenden Verbindung ein weiterer Anruf (für dieselbe Rufnummer), wird dies mitgeteilt.

ankommender Ruf
→ *incoming call.*

Anlage
- *attachment, attached file,* Anhang bzw. Dateianhang, die einer E-Mail beigefügte Datei;
- in Druckereien meist: Kurzbezeichnung für die Papieranlage (jener Abschnitt einer Druckmaschine, in dem das Papier eingeführt, angelegt und ausgerichtet wird).

anonymous FTP
anonymer FTP-Zugang, Zugriff auf öffentlich zugängliche Daten eines Hosts via → FTP, wobei beim Login als User-ID „Anonymous" (und als Paßwort ggf. die eigene E-Mail-Adresse) angegeben wird. Die meisten FTP-Server bieten über diese Art der Anmeldung einen Jedermann-Zugang zum Host an (selbstverständlich mit eingeschränkten Rechten); die frei zugänglichen Dateien sind häufig im Verzeichnis *pub*. (vgl. → *anonymous UUCP,* → *guest).*

anonymous remailer
ein Dienstprogramm zum Versand anonymisierter E-Mails. Der *remailer* löscht alle Absenderangaben und leitet die E-Mails an den Empfänger weiter. (Um Mißbrauch zu vermeiden, wird ein internes Logbuch geführt, aus dem die Absenderangaben bei Bedarf rekonstruierbar sind.)

anonymous UUCP
anonymer UUCP-Zugang, ein mit dem → *anonymous FTP* vergleichbarer freier UUCP-Zugriff auf einen Host.

Anonymus
Autorenangabe: ein Unbekannter.

Anrufweiterschaltung
- Rufumleitung, von einem Teilnehmer beim Netzbetreiber veranlaßte (und bezahlte) Weiterleitung aller eingehenden Telefonate zu einem anderen Anschluß;
- von Telefonanlagen bisweilen technisch vorgegebene (und kostenlose) Möglichkeit, einen eingehenden Anruf automatisch an eine andere Nebenstelle (oder der Reihe nach an mehrere Nebenstellen) weiterzureichen, falls er nicht innerhalb einer vorgegebenen Wartefrist entgegengenommen wurde.

Anschlußbündelung
siehe → Hub.

ANSI
- *American National Standards Institute,* das US-amerikanische Institut zur Normenerstellung (ähnlich dem deutschen DIN), hervorgegangen aus dem früheren → ASA, Mitglied des → ISO;
- oft Kurzbezeichnung für den bei → Terminalemulationen verwendeten → ANSI-Standard oder für den → ANSI-Zeichensatz.

ANSI-Code
der → ANSI-Zeichensatz.

ANSI-Standard
- ein (beliebiger) vom → ANSI festgelegter Standard;
- in der DFÜ meist Bezeichnung für die Übermittlung bzw. den Aufbau von Bildschirmdarstellungen unter Verwendung des → ANSI-Codes (siehe → Terminalemulation).

ANSI-Zeichensatz
von der ANSI entwickelter 8-Bit-Zeichensatz-Standard, der in etlichen Zeichen vom 8-Bit-→ ASCII-Zeichensatz abweicht. Da beispielsweise auf PCs DOS-Programme mit ASCII und Windows-Programme mit ANSI arbeiten, sind Konvertierungen zwischen den Zeichensätzen unumgänglich (die meisten Windows-Programme verfügen ggf. über eine entsprechende Konvertierungsfunktion).

answer mode
Antwortmodus, bei Modems übliche Betriebsart: das angerufene Modem sen-

det im Hochfrequenzbereich und empfängt im Niederfrequenzbereich, das anrufende Modem (im → *originate mode*) sendet auf Niederfrequenz und empfängt auf Hochfrequenz.

Anti-Aliasing
Beseitigung eines des → Aliasing-Effekts mit Hilfe spezieller technischer Verfahren, z. B.

- Kantenglättung bei Darstellungen: Bei Farbdarstellungen läßt sich das Treppenstufenphänomen durch „Verwischen" der Farben im Kantenbereich (etwa mittels einfacher → bilinearer Filter), bei SW-Laserdruckern durch Optimierung der Pixel-Größe, bei der Repro bzw. der Druckformherstellung durch Verschiebung des Rasterwinkels günstig beeinflussen;
- Änderung von Schwingungsverläufen bei digitalen Tonaufzeichnungen: Glätten der Wellenformen durch Abschneiden der Pegelspitzen oder durch Anhebung zu geringer Pegel.

Antiphase
siehe → Phasenwinkel.

Antiqua
Bezeichnung für eine Schriftfamilie mit geometrischem Schriftzug (u. a.: Arial, Bookman, Garamond oder Times).

Antwortmodus
→ *answer mode*.

Antwortton
beim → Vollduplex-Betrieb zusätzlich zu den übertragenen Signalen auf einer eigenen Frequenz (2100 Hz) mitgesendeter Dauerton, der → Echosperren wirkungslos macht und dadurch erst den reibungslosen Datentransfer in beide Richtungen ermöglicht.

Antwortzeit
response time, die Zeitspanne zwischen einer Frage bzw. speziellen Anforderung (etwa → *file request*) und dem Eintreffen der Antwort bzw. der angeforderten Daten.

Anwender
Benutzer (eines Programms), → Endbenutzer.

Anwenderprogramm
ein vom → Anwender selbst entwickeltes Programm (nicht zu verwechseln mit einem → Anwendungsprogramm).

Anwendung
kurz für → Anwendungsprogramm.

Anwendungsprogramm
application

- ein für einen bestimmten Zweck bzw. Arbeitsbereich geschaffenes Programm (im Unterschied zu einem → Systemprogramm oder → Dienstprogramm);
- bisweilen auch Bezeichnung für ein Programm, das direkt bzw. ausschließlich für einen einzelnen Anwender arbeitet (→ Client).

Anwendungsprogrammschicht
→ *application layer*, die 7. Schicht im → *OSI Reference Model*.

any key
irgendeine Taste (es soll schon User gegeben haben, die verzweifelt nach der Anykey-Taste suchten ...).

A/N
→ alphanumerisch.

AO
analog output, Analog-Ausgabe.

AOD
abort of dialing, Abbruch des Wählvorgangs (bei einem Modem).

AOL
America OnLine, US-amerikanischer, international vertretener → *provider*. 1988 als Service-Netz für Besitzer von Apple-Computern gegründet, ist AOL inzwi-

schen der weltweit größte → Online-Dienst mit mehr als 8 Millionen Abonnenten, 1997 wurde zusätzlich auch noch das Netz von → CompuServe übernommen. In Deutschland firmiert AOL (in einem Zusammenschluß mit der Bertelsmann-Gruppe) offiziell unter der Bezeichnung → AOL Bertelsmann, ist als überregionaler Online-Dienst tätig und unterhält in allen größeren Städten → Einwahlknoten mit Analog- und ISDN-Zugang. http://www.germany.aol.com

AOL Bertelsmann GmbH
deutscher Ableger von → AOL, Gemeinschaftsunternehmen von AOL America und Bertelsmann.

AP
Associated Press, amerikanische Nachrichtenagentur.

APA
- *adaptive packet assembly,* wörtl. angepaßte Paketzusammensetzung, bei der paketvermittelten Datenübertragung angewandtes Verfahren, wobei je nach Qualität der Übertragung unterschiedlich große Pakete verwendet werden;
- *American Publishers Association,* Amerikanischer Verlegerverband.

ape
Affe, Klammeraffe, das Zeichen @ (→ *commercial at).*

APF
all PINs fail, Fehlermeldungskürzel: falsche → PIN.

API
Application Program Interface, Software-Schnittstelle, also Funktionen bzw. Festlegungen, wie Programme untereinander kommunizieren und miteinander arbeiten. Standardisierte APIs bilden die Voraussetzung dafür, daß die Produkte unterschiedlicher Hersteller nahtlos zusammenarbeiten bzw. daß jederzeit für ein bestehendes Programm beliebige Erweiterungen entwickelt werden können.

Apostroph
Auslassungszeichen, das Zeichen '.

app
application program, Anwendung, ein → Anwendungsprogramm

APPC
Advanced Program to Program Communications, Protokoll für → *peer-to-peer*-Netzwerke, entwickelt von der Firma IBM.

Apple
US-amerikanisches Hardware-Unternehmen, dessen Geräte (→ MacIntosh, → PowerBook, → Power Mac) häufig im DTP- und Multimedia-Bereich anstelle von Industriestandard-PCs eingesetzt werden. http://www.apple.de

Apple Attachment Unit Interface
kurz AAUI, → Ethernet-Schnittstelle für Apple-Computer.

applet
aus *application program inlet* zusammengezogene Bezeichnung für ein kleines Programm, das in → Java geschrieben wurde und in → HTML-Dokumente integriert werden kann., siehe → Java-Applet.

AppleTalk
Netzwerk-Protokoll, Kommunikations-Software und Hardware-Schnittstellen der Firma Apple für die Verbindung von Apple-Computern untereinander.

application
→ Anwendungsprogramm.

application layer
Anwendungsprogramm-Schicht, die 7. Schicht bzw. oberste Ebene im → *OSI Reference Model.* Diese Schicht wird bisweilen als „semantisch" bezeichnet, da

Daten nur hier inhaltlich zur Verfügung stehen, also von einem Benutzer generiert, manipuliert oder auch nur zur Kenntnis genommen werden können. Auf allen darunterliegenden Ebenen spielt der Inhalt, also die in den Daten enthaltene Information, keine Rolle, sie sind daher nicht semantisch.

Application Program Interface
→ API.

application server
in → Client-/Server-Architekturen ein → Server, der (im Unterschied zu einem → File-Server) nicht (vorwiegend) Dateien, sondern Programme und Rechenzeit zur Verfügung stellt.

APPLI/COM
application/communication, ISDN-Schnittstellenstandard, definiert die Kommunikation zwischen Anwendungsprogrammen und Treibern bzw. ISDN-Hardwarebausteinen.

Applikation
application, ein → Anwendungsprogramm.

approx
- *approximate,* ungefähr;
- englische Bezeichnung für das Zeichen ~ (→ Tilde).

AR
→ Adress-Register.

arabisch
im Zusammenhang mit Zahlen bzw. Ziffern: die heute üblichen Ziffern (im Unterschied zu → römischen Ziffern). Diese „arabischen" Ziffern wurden, gemeinsam mit den Regeln für das (schriftliche) Rechnen mit solcherart dargestellten Zahlen, von den Arabern in Europa eingeführt – ursprünglich stammen sowohl die Zeichen als auch die Rechenregeln jedoch aus Indien (vgl. → Algorithmus).

ARAP
AppleTalk Remote Access Protocol, ein Protokoll für → AppleTalk.

Arbeitsplatzrechner
→ Workstation.

Arbeitsspeicher
auch Hauptspeicher, jener (aus schnellen RAM-Bausteinen aufgebaute) Speicherbereich eines Computers, in den die auszuführenden Programme und Daten geladen werden (in Unterscheidung zum → Massenspeicher).

Arbeitsstation
→ Workstation.

ARC
- verbreitetes → Packer-Programm;
- als → *extension* bezeichnet .ARC meist ein mit diesem Programm hergestelltes komprimiertes Archiv.

archie
Internet Archive Listing Service, ein → Suchdienst im Internet, mit dem öffentlich zugängliche FTP-Dateien aufgespürt werden können. *archie* führt seine Recherchen nicht in den Dateien selbst durch, sondern in einer Index-Liste, also einem Verzeichnis der → *anonymous FTP*-Dateien. Außer nach dem Dateinamen kann auch (mit Einschränkungen) nach Themen bzw. Stichworten gesucht werden. *archie* arbeitet mit → *Prospero* zusammen. http://www.informatik.rwth-aachen.de/archie.html

archie server
das *archie*-Programm (das *archie-clients* bedient); der Begriff wird häufig auch synonym zu → *archie site* verwendet.

archie site
Computer, auf dem ein → *archie server* läuft.

Archivdatei
eine Datei, die komprimierte Daten enthält, etwa ein → ZIP-File.

archive
- Archiv, archivierte Informationen jeder Art;
- häufig sind nicht gespeicherte Daten überhaupt, sondern → *Backups* gemeint;
- speziell werden unter Archiven auch Dateien verstanden, die die Informationen in komprimierter Form enthalten. Im PC-Bereich besonders verbreitet sind sogenannte → ZIP- oder → ARC-Files, die mit entsprechenden Programmen, den sogenannten → Packern, hergestellt wurden. Solcherart „gepackte" („gezippte" oder „gearcte") Dateien werden auch häufig im Internet zum *downloading* bereitgehalten, da komprimierte Daten aufgrund des geringeren Volumens entsprechend weniger Speicherplatz auf dem Server benötigen und eventuell schneller übertragen werden können.

archived data
Archivdaten, im Unterschied zum aktuellen Datenbestand (→ *maintained data*).

archive site
- im engeren Sinn ein Host, der → FTP-Files bereithält;
- allgemein jeder Host, der den netzweiten Zugang zu Datensammlungen (FTP-Archiven, Webseiten usw.) ermöglicht.

ARCnet
Attached Resource Computer network, von der Firma Datapoint Corp. entwikkelter LAN-Standard, → *token-passing*-Verfahren, 2,5 MBits/sec.

ARCnet-Karte
Steckkarte zur → ARCnet-Verbindung von PCs.

Arcor
Mannesmann Arcor, Telefongesellschaft (Eigentümer Deutsche Bahn, Mannesmann Konsortium), Netzvorwahl 0 10 70.

area
- Bereich, Fläche;
- im FidoNet synonym zu → *newsgroup*.

area code
Vorwahlnummer (im Telefonnetz).

area communication controller
→ ACC.

ARF
accept, route, forward, Empfang, Leitweg-Bestimmung und Sendung, die Aufgaben eines → PSN bzw. → *routers* bei der → Paketvermittlung.

arg
argument, das Argument, der Programmbefehl bzw. der mathematische Ausdruck (vereinzelt auch als abgekürztes Verb für: argumentieren, streiten).

ARJ
sehr verbreitetes → Packer-Programm der Firma ARJ-Software, wird als → *shareware* vertrieben und ist für den ausschließlich privaten Gebrauch kostenlos.

ARP
→ *Address Resolution Protocol*.

ARPA
Advanced Research Projects Agency, die Dienststelle des Verteidigungsministeriums der USA (→ DoD), die Forschungsvorhaben zum Internet initiierte und das → ARPANet gründete. Heutige Bezeichnung: → DARPA.

ARPANet
Advanced Research Projects Agency Network, ein von der → ARPA von 1969 bis 1990 betriebenes Netzwerk mit Paketvermittlung, Vorläufer des heutigen Internet. Das ARPANet diente (auch) als das Forschungsnetz, in dem wesentliche Konzepte und Technologien des heutigen Internet erstmals Anwendung fanden. Das heute dem ARPANet entsprechende Forschungsnetz ist das → DRI, ein Subnetz des militärischen → DDN.

ARQ
Automatic Repeat on Request, Verbindungsart bzw. Protokoll mit automati-

scher Wiederholung der Datenübertragung nach Aufforderung (nach einem Fehler).

arrow keys
Pfeiltasten, gemeint sind die Cursorsteuertasten.

ARS
Automatic Route Selection, automatische Auswahl des Pfades für die Weiterleitung eines Datenpakets (beim → *routing*).

Artefakte
artifacts, allgemeiner Begriff für die bei einer durch technische Verfahren bewirkten Informationsreduzierung auftretenden Fehler oder Störungen. Meist lassen sich solche Fehler durch geeignete Gegenmaßnahmen reduzieren. Zu den häufigsten Störungen gehören

- Klangfehler, entstanden durch die → Digitalisierung von Audio-Signalen (reduzierbar u. a. durch Anhebung der *sampling rate*);
- Bildfehler aufgrund der → Kompression von Bildinformationen (reduzierbar u. a. durch Wahl einer anderen Kompressionsrate bzw. Kompressionsmethode);
- Farbfehler, die beim → Scannen von Fotos auftreten (verringerbar u. a. durch die Wahl einer höheren Farbtiefe);
- Treppenstufeneffekt bei der Darstellung schräger Linien in Rasterdarstellungen oder auf Bildschirmen (verringerbar u. a. durch Wahl eines anderen Rasterwinkels oder einer anderen Rasterweite bzw. einer höheren Bildschirmauflösung).

artifacts
→ Artefakte.

artificer
Urheber.

artificial intelligence
kurz AI, → Künstliche Intelligenz.

Artikel
siehe → *news article*.

ARU
→ *Audio Response Unit*.

AS
→ *Autonomous System*.

ASA
American Standards Association, Vorläufer des → ANSI.

AsB
Anschlußbereich, im Telefonnetz das Gebiet, für das eine einzelne Vermittlungsstelle bzw. ein einzelner Netzknoten zuständig ist. Ortsnetze umfassen in der Regel mehrere Anschlußbereiche.

asc
ASCII; → *extension* für Textdateien (ASCII-Text, Standardformat, bei Textverarbeitungsprogrammen meist → txt, → doc, → wri).

ASCII

- *American Standard Code for Information Interchange*, 7-bit Binärcode, für alphanumerische Zeichen und einige Steuerzeichen;
- 8-bit Binärcode, dessen erste 128 Zeichen dem ANSI-Zeichensatz entsprechen.

ASCII art
auch *character graphics* oder *ASCII graphics*, nur mit Zeichen aus dem ASCII-Zeichensatz gestaltete grafische Darstellungen; neben den weitverbreiteten → *emoticons* oder → *smileys* werden bisweilen auch größere Bilder erstellt.

ASCII Code
siehe → ASCII.

ASCII graphics
→ *ASCII art*.

ASCIIz
ASCII plus Zero, eines oder mehrere Zeichen mit einer angefügten Null *(ASCII 0)* als Endezeichen.

ASCII Zeichensatz
siehe → ASCII.

ASIC
application specific integrated circuits, für spezielle Anwendungs- bzw. Einsatzzwecke entwickelter (und daher auch meist nicht für andere Zwecke verwendbarer) Chip.

ASK
Amplitude Shift Keying, Amplitudenumtastung. Modulationsverfahren, bei dem die Trägerfrequenz an- bzw. ausgeschaltet wird, um Signale (1/0) zu übermitteln.

ASN.1
Abstract Syntax Notation One, ISO-definierter Standard (ISO 8824) zur Datenbeschreibung, dient als Grundlage für die Beschreibung der in → OSI-Protokollen (und speziell im Rahmen des → SNMP) verwendeten Datenpakete. Die Vorgehensweise für die eigentliche Codierung solcher Pakete (also die Herstellung von Datenpaketen im Rahmen eines bestimmten Protokolls) ist in den → *Basic Encoding Rules* (BER) standardisiert (ISO 8825).

aspect ratio
Seitenverhältnis, vgl. → Aspekt.

Aspekt
Blickpunkt; bei der Bildbearbeitung auch eingedeutscht für *aspect ratio*: → Seitenverhältnis.

ASPI
Advanced SCSI Programming Interface, von Adaptec entwickelter Standard für → SCSI-Treiber.

ASR
- *Automatic Send and Receive,* Automatisches Senden und Empfangen;
- *Automatic Speech-Recognition,* Automatische Spracherkennung.

Assembler
maschinennahe (also vom jeweils verwendeten Prozessortyp abhängige) Programmiersprache.

asset
ein strukturiertes Datenstück (Text, Bild, Ton, Animations- oder Videosequenz), das in eine komplexe Multimedia-Anwendung eingebunden wird.
Da solche Elemente zur Gestaltung multimedialer Anwendungen in der Regel durch Urheberrechte geschützt sind, kommt den *assets* bei der Multimedia-Produktion eine entscheidende Bedeutung als Wirtschaftsgut zu. Als Rechtsinhaber bzw. Verwerter treten neben den Urhebern, Verlagen, Archiven, Museen usw. zunehmend neue, speziell auf den Handel mit *assets* ausgerichtete Unternehmen (etwa → Corbis) auf. Zur Abklärung der Rechte bzw. zum raschen Auffinden von Urheberrechtsinhabern entstand in Deutschland mit der von den → Verwertungsgesellschaften gemeinsam eingerichteten → CMMV eine zentrale Institution, die Multimedia-Produzenten eine Datenbankrecherche via Internet ermöglicht.

assigned numbers
von der → IANA herausgegebenes, regelmäßig aktualisiertes RFC-Dokument (→ STD2), das all jene zugewiesenen Standardparameter aufführt, die im Zusammenhang mit dem Internet bzw. dem TCP/IP stehen (Standardwerte von *links, ports, protocols, sockets* usw.). ftp://ftp.isi.edu/in-notes/iana /assignments

Assistent
bisweilen auch „intelligenter Assistent", eine Programmfunktion, die den Benutzer bei der Erledigung von Standardaufgaben (Festlegung von Standardlayouts, Standard-Datenbankstrukturen usw.) unterstützt. Assistenten sind meist als Menü-Folge aufgebaut, nach Auswahl der jeweils genehmen Funktion wird diese dann automatisch ausgeführt und das

nächste Menü eingeblendet. Zur Durchführung der Abläufe greifen Assistenten meist auf vorgefertigte Formulare, Formeln usw. zurück. Flexible Assistenzsysteme ermöglichen es auch, eigene Standardabläufe und Vorlagen zu definieren.

asterisk
seltene (aber korrekte) englische Bezeichnung für das Zeichen * (im Deutschen meist als „Sternchen" bezeichnet), verbreiteter sind die Bezeichnungen *wildcard* oder *joker* (das Zeichen wird häufig als → Platzhalter verwendet).

async
asynchronous, → asynchron.

asynchron
auch anisochron, Zeittakt-unabhängig; Vorgänge, die zeitlich voneinander (bzw. untereinander) unabhängig sind und auch nicht von einer zentralen (übergeordneten) Taktsteuerung abhängen. (Gegenteil: → synchron).

asynchrone Übertragung
ein Übertragungsverfahren, bei dem Sender und Empfänger nicht durch einen einheitlichen Takt koordiniert sind, weshalb die Daten jeweils durch Start- und Stopbits markiert werden (müssen), im Unterschied zur → synchronen Übertragung.

asynchronous
→ asynchron.

Asynchronous Transfer Mode
kurz ATM, auch unter der Bezeichnung *fast packet* bekannter neuer (bzw. zukünftiger) Standard für die Hochgeschwindigkeits-→ Paketvermittlung in → LANs oder → WANs sowie im Breitband-ISDN. ATM arbeitet mit Durchschaltvermittlung (für die Übertragung werden „virtuelle Kanäle" reserviert, die Vermittlung erfolgt über → Switches) unter dynamischer Ausnutzung der Bandweite und erreicht Übertragungsraten von 155 MBit/s und darüber, die für die Echtzeit-Übertragung von Multimediadaten (Audio/Video) geeignet sind. Ein ATM-Datenpaket (→ *cell*) hat eine feste Länge von 53 Bytes (5 Bytes *header*, 48 Bytes Daten). In Deutschland wird ATM im → B-WiN eingesetzt.

asynchronous transmission
→ asynchrone Übertragung.

AT
- *attention*, Achtung!
- Einleitungs-Steuercode für → AT-Kommandos
- ehemals Namens-Kürzel (aus *advanced technology*) für die zweite PC-Generation der Firma IBM (PC-AT).

ATAPI
AT-Bus Attachment Packet Interface, AT-Bus-Schnittstelle für den Festplattenanschluß, heute meist bloß als Bezeichnung für die Schnittstelle zum Anschluß von CD-Laufwerken verwendet. (Solche Schnittstellen sind sowohl auf Festplattencontrollern als auch auf Soundkarten vorhanden.)

AT-Befehlssatz
→ AT-Kommandos.

AT-Bus
→ ISA-Bus (der erstmals im PC-AT der Firma IBM verwendet wurde).

AT-Code
→ AT-Kommandos.

ATCP
AppleTalk Control Protocol, siehe → AppleTalk.

AT-Kommandos
auch AT-Befehlssatz, AT-Code, Smartmodem-Code, Hayes-Befehlssatz usw. genannter Befehlsstandard für die Steuerung von → Modems, der von dem von der Firma → Hayes für die eigenen Modems entwickelten Kommando-Set ab-

stammt. Man unterscheidet den ursprünglichen → *Original-AT-Modem-Command-Set,* einen von praktisch allen heutigen Modems akzeptierten Basis-Befehlssatz, vom → *Extended-AT-Modem-Command-Set* und dem → *Superset-AT-Modem-Command-Set.*

ATM
- → Adobe Type Manager.
- → *Asynchronous Transfer Mode.*

AT Modem Command Set
→ AT-Kommandos.

ATRAC
Adaptive Transforming Acoustic Coding, von Sony für die Mini Disk entwickeltes Audio-Kompressionsverfahren, Konkurrenz zum → MPEG-Audio-Standard.

AT&T
American Telephon & Telegraph Company, größtes US-amerikanisches Telekommunikationsunternehmen, gegründet 1885. http://www.research.att.com

attach
- anhängen, anschließen;
- bei E-Mails Bezeichnung für das Anhängen von beliebigen Dateien an eine E-Mail.

attach device
Anschlußgerät.

attached file
auch *attachment,* Dateianhang, eine beliebige Datei, die an eine E-Mail angehängt wird bzw. mit einer E-Mail übersandt wird.

attachment
- Anschluß;
- Zusatzgerät;
- → *attached file.*

attachment identification
Anschlußkennung.

Audio
(lat. „ich höre") allgemeine Sammelbezeichnung für alles Hörbare, also Sprache, Gesang, Musik, Geräusche (physikalisch: → Klänge oder auch Schwingungen im Bereich des hörbaren Schalls, also ungefähr Frequenzen zwischen 20 Hz und 20 kHz) und für alle mit der Herstellung, Aufzeichnung, Veränderung, Speicherung, Übertragung und Wiedergabe von Klängen verbundenen Abläufe und Technologien.

audio dubbing
Nachvertonung, beim Film oder bei Videos eine nach der Erstellung der Bildsequenzen erfolgende Audio-Aufnahme.

Audio-Karte
eine → Soundkarte.

Audio Response Unit
kurz ARU, ein Modul für die → Sprachausgabe.

Audio Video Interleave
→ AVI.

Audiovision
veraltetes Synonym für Video.

audio visual connection
siehe → AVC.

Aufhänger
häufig auch Aufmacher bzw. Titelstory, eine Einleitung zu einem Text, ein spezieller Zeitungs-Artikel, Fernsehbeitrag usw., die alle explizit dem Zweck dienen, das Interesse potentieller Konsumenten zu wecken (oder das der Stammkonsumenten zu erhalten bzw. zu steigern) und die Akzeptanz des Ganzen (der Schrift, der Sendung usw.) zu fördern.

Auflage
- die Herstellung einer Drucksache bzw. eines Mediums (Buch, Zeitung etc.);
- die wiederholte Herstellung eines Medi-

ums (wird immer näher bestimmt, etwa: zweite Auflage, Neuauflage etc.);

- die Auflagenhöhe (oder Auflagenziffer): die Gesamtzahl der in einem einzelnen Produktionszyklus hergestellten oder in einem bestimmten Zeitraum verteilten oder verkauften Medien (Buch, CD, Zeitschrift usw., meist wird noch unterschieden nach Abonnementsauflage, Druckauflage, Verbreitete Auflage, Verkaufte Auflage, usw.)

Auflösung
Anzahl der einzelnen Punkte, in die eine grafische Darstellung zerlegt werden kann bzw. aus denen ein digital gespeichertes Bild besteht. Beim Druck spricht man in der Regel vom → Raster oder der Rasterauflösung, bei Digitalkamera-Aufnahmen und auf Bildschirm dargestellten Bildern von Pixeln (insgesamt, oder je Millimeter oder je Inch, vgl. → PPI), bei Bildschirmen wird meist der Bildschirmmodus angegeben und bei Druckern (Laserdruckern etc.) wird üblicherweise die Angabe *dots per inch*, kurz DPI, zur Kennzeichnung der Auflösung verwendet.
Je höher die verwendete Auflösung ist, desto präziser (und meist: optisch besser) wird die Darstellung wiedergegeben, zugleich wird jedoch auch der Speicherbedarf entsprechend größer. Bei digital gespeicherten Bildern bzw. im Zusammenhang mit → Grafikformaten wird daher eine Änderung der Auflösung bisweilen zur Daten-Kompression benützt: eine gröbere (geringere) Auflösung hat eine Verringerung des Speicherbedarfs zur Folge. Die Größe der Auflösung einer digitalen Abbildung bestimmt vor allem auch die Qualität bzw. die Größe der Druck-Ausgabe – je höher die Auflösung, desto größer das mögliche Druckformat bzw. desto hochwertiger der Druck.

Auflösungsvermögen
die Fähigkeit eines Geräts, feinste Details einer Vorlage zu erfassen (z. B. beim Scannen) oder feinste Details einer Darstellung wiederzugeben (beim Drucken, oder bei der Bildschirmdarstellung).

Aufmacher
siehe → Aufhänger.

aufsetzen
im Zusammenhang mit DFÜ-Protokollen: nach dem *OSI Reference Model* benutzt das Protokoll einer höheren Ebene ein Protokoll einer tiefergelegenen Ebene, es setzt also dieses Protokoll voraus bzw. setzt auf diesem auf. Beispielsweise setzt HTTP auf TCP/IP auf, es ist *on top of* TCP/IP. (Protokolle oder Dienste, die auf TCP/IP „aufsetzen", sind in der Regel allgemeine bzw. allgemein verfügbare Internet-Protokolle bzw. -Dienste.)

Aufsichtsvorlage
eine Vorlage (für die Repro, zum Scannen), die nicht transparent ist (Foto, Bild etc.). Gegensatz: → Durchsichtsvorlage.

aufwärtskompatibel
siehe → kompatibel.

Augenpulver
eine Schrift, die sehr eng läuft oder in sehr kleinem Schriftgrad (unter 8 p) gesetzt wurde und daher als schwer leserlich gilt. Bei → Browsern läßt sich der Schriftgrad der angezeigten → HTML-Dokumente (die Standard-Schriftgröße) meist im Options-Menü einstellen und dadurch an die verschiedenen Bildschirmauflösungen anpassen (sofern die Schriftgröße unter HTML nicht in absoluter Größe angegeben wurde).

AUP
acceptable use policy, Grundsätze über die zulässige Nutzung, vom Betreiber eines Netzes vorgegebene oder unter den Nutzern freiwillig vereinbarte Regelungen darüber, zu welchen Zwecken das Netz dient bzw. was innerhalb des Netzes nicht gestattet ist (etwa: das entsprechende Netz dient in erster Linie der

Verbreitung wissenschaftlicher Beiträge, die Verbreitung kommerzieller oder politischer Inhalte ist ausdrücklich ausgeschlossen). Vgl. → netiquette.

Ausgangszeile
die letzte Zeile eines Absatzes, in den meisten Fällen nicht vollständig mit Text gefüllt.

Ausgleichen
auch optisch ausgleichen, Herstellen optisch gleicher Abstände zwischen den Worten innerhalb einer Zeile oder zwischen den Buchstaben innerhalb eines Wortes (meist nur bei Versalschrift oder Kapitälchen in großem Schriftgrad erforderlich). Vgl. → typographische Grundlagen, → Spationieren, → Unterschneiden.

Auslagerungsdatei
swapfile, eine Datei, die zum vorübergehenden Auslagern von Daten aus dem Hauptspeicher dient. Solche Dateien werden von einigen Betriebssystemen bzw. Programmen dazu benutzt, eine Pseudo-Vergrößerung des Arbeitsspeichers zu schaffen, indem momentan nicht benötigte Daten auf einem Datenträger zwischengeparkt werden. Auslagerungsdateien können temporär (nur vorübergehend, im Umfang entsprechend dem tatsächlichen aktuellen Bedarf variabel) oder aber permanent (mit festem Volumen) angelegt sein. Vgl. → *paging*, → *virtual memory*.

ausloggen
→ *log off*.

Ausnahmelexikon
exception dictionary, eine Datei mit Worten, die von einem Silbentrennprogramm speziell berücksichtigt werden müssen, da ihre Trennung nicht den üblichen Regeln folgt.

Ausrichtung
siehe → Textausrichtung.

Ausschießen
die dem → Falzschema entsprechende Anordnung der einzelnen Seiten eines Satzes auf dem Druckbogen.

Ausschließen
die einzelnen Zeilen durch Verändern der Wortzwischenräume auf die gewünschte Breite bringen (beim Blocksatz: gleich lang machen); Textverarbeitungs- und DTP-Programme erledigen dies automatisch. Erfolgt das Ausschließen durch Vergrößern der Zwischenräume, spricht man von Austreiben, eine Verringerung der Zwischenräume wird als Einbringen bezeichnet.

Ausschluß
der Leerraum zwischen den einzelnen Worten einer Zeile (im Bleisatz früher auch Bezeichnung für das Blindmaterial zur Bildung des Wortzwischenraums); er entspricht in der Regel einem Drittel des Schriftgrads (daher auch als Drittelsatz).

Austauschformat
ein Dateiformat, das den Datenaustausch zwischen unterschiedlichen Programmen oder Computersystemen ermöglicht.

Austreiben
Vergrößern der Wortzwischenräume beim → Ausschließen oder der Zeilenabstände beim → Durchschießen.

Auswahlschalter
als → Kontrollkästchen oder → *radio buttons* gestaltete Schalter innerhalb einer → *dialog box*, die das Festlegen von Optionen oder die Auslösung einer Aktion (Schließen, Ok, usw.) per Mausklick ermöglichen.

Auszeichnen
Hervorheben von Textstellen, meist durch Verwendung von Kursiven, halbfetter Schrift oder Kapitälchen oder durch Druck in einer → Signalfarbe. Vgl. → typografische Grundlagen.

Auszeichnungsschriften
die → Schriftschnitte, die zum → Auszeichnen verwendet werden und vom normalen Erscheinungsbild einer Schrift abweichen (meist kursiv, halbfett, fett); vgl. → Ergänzungsschnitte.

Auszug
- typographisch: ein negativer Einzug, also eine nach links herausragende Zeile;
- kurz für Textauszug, eine aus einem Text entnommene Originalpassagen;
- kurz für → Farbauszug.

authentication
- Beglaubigung, Bestätigung eines Sachverhalts – etwa der Echtheit – durch eine dritte Person oder eine unabhängige Instanz;
- Verifikation der Identität eines Prozesses oder einer Person (etwa: Absender einer E-Mail, User, usw.), die durch Dritte oder durch Echtheitssiegel etc. erfolgt.

Authenticode
von Microsoft vorgeschlagenes Zertifizierungsverfahren für → Active-X-Controls, das durch die Firma Verisign durchgeführt wird. Die Zertifizierung soll sicherstellen, daß keine unerwünschten bzw. womöglich sogar zerstörerischen Funktionen in über das Internet geladenen Controls enthalten sind.

author
- Autor, also der Verfasser bzw. Urheber eines Textes;
- Entwickler einer Hypertext- oder Multimedia-Anwendung.

authoring
Entwickeln einer Multimedia-Anwendung.

authoring software
→ Autorensystem.

author's agent
→ Literaturagent.

author's alterations
→ Autorkorrekturen.

author's contract
→ Verlagsvertrag.

author's copy
dem Autor zustehendes Freiexemplar (Anzahl nach Maßgabe des → Verlagsvertrags).

author's discount
→ Autorenrabatt.

author's proofs
→ Autorkorrektur.

authorware
- → Autorensystem;
- geschützter Produktname für ein Autorensystem.

auto answering
(automatische Antwort) Modemfunktion: Erkennung und Entgegennahme eines ankommenden Gesprächs.

auto calling
(automatisches Anrufen) Modemfunktion: automatischer Aufbau einer Verbindung.

auto dialling
(automatisches Wählen) Modemfunktion: das Wählen wird vom Modem ausgeführt.

autoflow
→ umfließen; vereinzelt auch Bezeichnung für den (automatischen) → Umbruch.

Auto Loop
bei einigen → Samplern angebotene Funktion zur automatischen Bestimmung des → *Loop Point.*

automatic callback
automatischer Rückruf, aus Sicherheitsgründen bisweilen durchgeführte Funktion beim Verbindungsaufbau (der Anrufer wird vom System rückgerufen).

automatic dialing
(auch *automatic dialling*) → Direktwahl.

automatic gain
automatische Anpassung bzw. Verstärkung eines Signalpegels, beispielsweise die Regelung der Aufnahme-Lautstärke (Gegenteil zu → AVC) oder die Anpassung der Helligkeit (bei Videokameras).

automatic handover
automatische Weiterschaltung im Mobilfunknetz (von Sendebereich zu Sendebereich).

Automatic Repeat on Request
→ ARQ.

Autonomous System
kurz AS, innerhalb eines größeren Netzwerk-Verbunds eine Reihe zusammengehörender → *router* (unter einheitlicher Verwaltung, mit einheitlichem → Protokoll arbeitend), also ein Subnetz bzw. eines der zu einem → internet zusammengeschlossenen Netzwerke.

Autor
der Verfasser eines schriftlichen Werks. Nach dem Urheberrecht der Urheber oder Miturheber des Werks. Vgl. → *author.*

Autorenhonorar
üblicherweise im → Verlagsvertrag geregelte Vergütung des Autors, die entweder am Absatz des Werks orientiert ist oder aber als einmalige Pauschale (evtl. nach Umfang, etwa als Zeilenhonorar) definiert wird.

Autorenprogramm
Synonym für → Autorensystem.

Autorenrabatt
Vorzugspreis, der Autoren für den Bezug ihrer eigenen Werke vom Verlag gewährt wird.

Autorensystem
ein Programm, das zur Entwicklung von Multimedia-Anwendungen dient und ermöglicht, die meist in vielen verschiedenen Dateiformaten vorliegenden Text-, Ton-, Bild und Filminformationen zu einer einheitlichen Gesamtpräsentation zu verbinden.

Ohne Autorensystem müßte die Multimedia-Anwendung auf herkömmliche Art (unter Verwendung einer Programmiersprache programmiert werden), das Autorensystem bietet dagegen die (relativ) einfache Möglichkeit, nur die verschiedenen Parameter des anzufertigenden Programms festzulegen und die Programmerstellung dem Autorensystem zu überlassen. So werden der grundsätzliche Ablauf des Programms, die „Benutzeroberfläche", die Integration verschiedener Daten und Datenformen (Text, Bild, Ton, Video, Animation), die Navigationsstruktur und andere Punkte einfach innerhalb des Autorensystems definiert, wonach dieses die Anweisungen in ein fertiges Programm(skript) oder entsprechende HTML-Seiten umwandelt.

Autorensysteme setzen zwei verschiedene Konzepte des Aufbaus von Multimediaprogrammen um – den seitenorientierten Aufbau (Hypertext- oder Buch-Konzept, z. B. in → Toolbook verwendet) und den Ablauf-Aufbau (synchronisierte Szenen, Film-Konzept, z. B. in → Director). Entsprechend werden für unterschiedliche Einsatzzwecke auch unterschiedliche Autorensysteme verwendet – während der Seitenaufbau besonders für interaktive Kataloge, Nachschlagewerke, Lernprogramme o. ä. als geeignet empfunden wird, werden für Präsentationsprogramme, Spiele usw. eher die am Film-Konzept orientierten Autorensysteme verwendet.

Das fertige „Programm", das durch das Autorensystem hergestellt wird, ist in der Regel ein Skript, das durch das Autorensystem bzw. eine Runtime-Version dieses Systems interpretiert werden muß. Für den Verkauf werden Skriptprogramm und Runtime-System gemeinsam mit den Daten (Text, Bilder, Videos, Sound) auf CDs gespeichert.

Einige Autorensysteme können inzwischen als Output auch fertige HTML-Seiten für das → Online-Publishing generieren; umgekehrt werden heute auch häufig spezielle → Web-Publishing-Programme, die ausschließlich oder hauptsächlich HTML-Seiten erzeugen, als Autorensysteme bezeichnet.

Autorkorrektur
jede vom Autor durchgeführte Korrektur, also sowohl die Fehlerberichtigung beim Satz als auch die – vom Autor meist selbst zu bezahlende – nachträglich gewünschte Änderung am Satz.

A/UX
UNIX Version der Firma Apple.

AV
audio/video, audiovisuell.

AVC
Automatic Volume Control, automatische Anpassung der Lautstärke bei der Audio-Ausgabe (Eingabe: → *automatic gain*).

AVD
alternate voice/data, Wechsel zwischen Stimm- und Datenübertragung, Bezeichnung für Verfahren oder Einrichtungen zum Übertragen von Sprache und Daten bzw. von analogen und digitalen Signalen (über dieselben Kanäle).

AVI
Audio Video Interleave, von Microsoft entwickelte Technologie zur Speicherung von Audio- und Videodaten in einer (gemeinsamen) Datei.

AV-Master
Videosteckkarte der Firma von FAST.

AWD
Automatische Wähleinrichtung für Datenverbindungen (*auto calling device*).

AWM
Advanced Wave Memory, von Yamaha entwickeltes System zur Klangerzeugung mittels → Samples, die im ROM abgelegt sind; vgl. → Synthesizer, → *wavetable.*

axialer Satz
zentrierte Satzanordnung, die Zeilen stehen „auf Mitte“ oder „auf Mittalachse“ untereinander.

B

- *binary,* binär;
- → *bit;*
- *blank,* Leerstelle, Leerzeichen;
- → *block;*
- in der Musik: als → Versetzungszeichen (b) für die Verschiebung eines Tons um einen Halbtonschritt nach unten eingesetzt.

B+

Quick-B, von → CompuServe entwickeltes Protokoll zur Datenübertragung.

babble

Rauschen, Interferenzen, Störgeräusche in einer Leitung.

baby bells

Sammelbegriff für die kleineren und regionalen Telefongesellschaften in den USA, siehe → Bell.

backbone

wörtl. Rückgrat,

- in → WANs alle miteinander über besonders schnelle Übertragungswege verbundenen Hauptrechner, die Adressen und Routen innerhalb eines Netzes ermitteln und die Übertragung bewerkstelligen, bzw. das durch diese Rechner und ihre Verbindungen untereinander aufgebaute zentrale Leitungsnetz, über das der „Hauptverkehr" läuft;
- bei → LANs auch Bezeichnung für das Kabel, das alle Rechner miteinander verbindet (→ Ethernet).

back door

auch *trap door,* Hintertürchen, Leck im Sicherheitssystem einer EDV-Anlage oder eines Programms (beispielsweise von Programmierern in Programme eingebaute „inoffizielle" Zugangsmöglichkeiten, die den System-Zugriff unter Umgehung üblicher Sicherheitsabfragen, Log-in-Prozeduren usw. ermöglichen).

backdrop

statische Hintergrundszene oder statischer Bildhintergrund (→ *blue screen*), vor dem Veränderungen bzw. Aktionen stattfinden.

back-end

das „hintere Ende" eines komplexen und heterogenen Systems (oder eines Produktionsablaufs), häufig eine Speichereinheit oder ein Ausgabegerät wie etwa ein Filmbelichtungsgerät oder ein Laserdrucker; Gegenteil: → *front-end.*

background noise

Hintergrundrauschen, das als Teil des empfangenen Signals auftritt; vgl. → *ambient noise,* → Rauschen.

backlight

Hintergrundbeleuchtung; auch die hinter einem LCD innerhalb des Displays angebrachte Beleuchtung.

Backlist

alle noch lieferbaren Titel eines Verlages, die nicht im aktuellen Jahr (siehe → Frontlist) erschienen sind.

backlit display

LCD-Display mit → *backlight* (Hintergrundbeleuchtung)

back projection

Hintergrund-Projektion, der Hintergrund einer Szene wird auf einen Schirm hinter den Akteuren projiziert (heute meist durch das → *blue-screen*-Verfahren ersetzt).

backslash

umgekehrter Schrägstrich (von links oben nach rechts unten: \); der „normale" Schrägstrich heißt *slash.*

backspace

Löschtaste (löscht das Zeichen vor dem Cursor).

Backstage Internet Studio
→ *Web-Publisher-Software*.

backup
sichern; Sicherung von Daten durch Anfertigung einer Kopie, meist auf einem externen Datenträger.

backward channel
Hilfskanal, der in Gegenrichtung zum Datenkanal (und mit geringerer Geschwindigkeit) betriebene Quittierungskanal beim Halbduplex-Betrieb (siehe → duplex).

bak
→ *backup*.

BAKOM
→ Bundesamt für Kommunikation.

balanced line
symmetrische Zweileiterverbindung, Kabel aus zwei Adern mit entgegengesetzter, gleich hoher Spannung (oft als → *twisted pair*-Kabel realisiert).

Balken
fette Linien als Gestaltungselemente auf Druck- oder Bildschirmseiten.

balun
balanced/unbalanced, Gerät zur Verbindung von → *balanced lines* (etwa → *twisted pair*-Kabeln) mit *unbalanced lines*, also Kabeln, in denen keine symmetrische Spannung anliegt (beispielsweise → Koaxialkabeln); vgl. → CTPA.

Bandbreite
- der Umfang des nutzbaren Frequenzbereichs einer Leitung (Differenz zwischen der höchsten und niedrigsten Frequenz, gemessen in → Hertz);
- im DFÜ-Bereich auch häufig Bezeichnung für die maximale Datenmenge, die pro Zeiteinheit über eine Leitung gesendet werden kann (angegeben in → bps oder MBit/s).

bandwith
→ Bandbreite.

Bandzug
Schreibweise einer Schrift, bei der im Unterschied zum → Schnurzug je nach Strichrichtung Haar- und Schattenstriche entstehen.

bang
das Ausrufezeichen.

bang path
auch *mail path*, eine Reihe von (per → *bangs* getrennten) → *Site*-Namen, die bei einer E-Mail via → UUCP zur direkten Adressierung einer E-Mail verwendet werden *(→ direct addressing)*.

banner
- Fahne, Poster; im Zusammenhang mit Zeitungen: Titelkopf oder *headline*;
- Bildschirmdarstellung beim Start eines Programms (Eröffnungsbild, meist Logo, Firmenzeichen etc.);
- Werbebotschaft oder -bildchen auf einem Bildschirm, vgl. → Bannerwerbung.

Bannerwerbung
auch Werbebanner, in Deutschland Bezeichnung für eine auf einer *WebPage* eingeblendete Werbebotschaft bzw. ein Werbebildchen. Es ist meist als Markierung für einen → Hyperlink ausgelegt, die beim Anklicken gleich auf die *WebSite* des werbenden Unternehmens verzweigt (siehe auch → Direktmarketing). Außer auf den Seiten von → Suchdiensten finden sich Werbe-Banner auch oft als Sponsor-Anzeigen auf gesponsorten *WebPages*.
Der Begriff leitet sich als falsche wörtliche Übersetzung von *banner-advertisement* her – die korrekte Übersetzung wäre → Titelkopfanzeige (was sinngemäß auch besser trifft).

BAPT
Bundesamt für Post und Telekommunikation, Mainz. Zuständig für die Anmeldung von Telefonnetzen, Online-Diensten, Mailboxen usw.

bar
Strich, Querstrich, senkrechter Strich, Balken (→ *bar code*).

bar code
auch in der Schreibweise eingedeutscht zu Barcode, ein Balkencode bzw. Strichcode, also ein für spezielle Lesegeräte lesbarer Code aus schwarzen Strichen unterschiedlicher Stärke (etwa zur Kennzeichnung von Waren, vgl. → EAN).

Barsortiment
Buchgroßhandelsunternehmen im Zwischenbuchhandel, das ständig eine große Zahl aktueller Titel vorrätig hält und an die → Sortimenter weiterleitet. Der Sortimenter kann dem → VLB oder speziellen Barsortiments-Lagerkatalogen die entsprechenden Bestell- und Liefermöglichkeiten entnehmen, zudem ist über Online-PCs oder Bestellterminals auch der direkte Zugriff auf den Lagerbestand des Barsortimenters (mit sofortiger Bestellmöglichkeit) gegeben.

base
Basis; logarithmische Basis; auch Basis-Größe bzw. Bezugs-Größe (512 x 768 Pixel) für die verschiedenen Bildgrößen bzw. Auflösemodi von Photo-CDs, siehe → PCD.

baseband
selten mit „Basisband" übersetzt
- Signalübermittlung unter Ausnutzung der gesamten → Bandbreite eines Mediums (d. h., nur ein Kanal wird zur Übertragung genutzt bzw. die Impulse werden unmoduliert gesendet);
- eine Leitung, auf der nur ein Kanal zur Verfügung steht (d. h., es kann nicht zugleich gesendet und empfangen werden, vgl. → Zeitmultiplex).

BASIC
Beginners's All-Purpose Symbolic Instruction Code, höhere Programmiersprache (→ *high level language*), einfach zu erlernen.

Basic Encoding Rules
kurz BER, eine ISO-standardisierte allgemeine Technik zur Codierung von Datenpaketen (ISO 8825). Die allgemeine Beschreibung derartiger Datenpakete wird durch → ASN.1 (ISO 8824) geregelt.

Basisband
→ *baseband*.

Bastardschriften
Schriften, deren Schriftbild keinem spezifischen Schriftcharakter (etwa Fraktur, Antiqua) zuzuordnen sind.

bastion host
Bezeichnung für den Rechner, der ein → LAN mit dem Internet verbindet und im Rahmen eines → *firewall*-Konzeptes dafür sorgen soll, daß keine unbefugten Zugriffe auf das LAN stattfinden.

BAT
- → *batch file*;
- *batch processing*.

batch
Stapel, Liste von Befehlen, die der Reihe nach abgearbeitet werden sollen.

Batchbetrieb
→ *batch mode*.

Batch-Datei
→ *batch file*.

batch file
Datei, die das → *batch processing* auf Betriebssystemebene festlegt. Unter DOS lassen sich beispielsweise einfache Text-Dateien mit beliebigen DOS-Befehlen oder Programmaufrufen anlegen, die unter einem beliebigen Namen mit der → *extension* .BAT gespeichert werden. DOS akzeptiert derartige Dateien als Steuerprogramme für den → Kommandointerpreter (command.com), nach dem Aufruf einer solchen Datei werden die Befehle nacheinander ausgeführt.

batch mode
manchmal eingedeutscht „Batchbetrieb“, Betriebsmodus der Stapelverarbeitung (→ *batch processing*), im Unterschied zum → *dialog mode* erfolgt die Erledigung einer Aufgabe dabei Schritt für Schritt und ohne weiteren Benutzereingriff automatisch durch die EDV-Anlage. Übertragen wird die Bezeichnung auch generell für das Erledigen von stumpfsinnigen, wiederkehrenden Arbeiten gebraucht.

batch processing
manchmal eingedeutscht zu „Batchverarbeitung“, Stapelverarbeitung, automatischer sequentieller Ablauf von Betriebssystembefehlen, Programmen oder Programmteilen (anhand einer Befehlsliste und ohne zusätzlichen Benutzereingriff).

Batch-Programm
→ *batch file* oder auch → Makro, ein Programm, das den Ablauf der Ausführung anderer Programme festlegt.

Baud
nach J. M. E. Baudot (1845- 1903) benannte Maßeinheit für die Schrittgeschwindigkeit bzw. Taktrate eines Übertragungssignals.

baud barf
Datenmüll, → barf.

Baudrate
Taktrate bzw. Anzahl der wechselnden Zustände eines Signals pro Zeiteinheit (je Sekunde: Baud), ist bei zwei möglichen Zuständen (und nur dann) mit der → Bitrate identisch (→ bps).

Bboard
bulletin board system, → bbs, → *newssystem*.

BBR
Backbone-Ring, im → FidoNet Bezeichnung des zentralen Echomail-Server-Netzes.

bbs
bulletin board system, andere Bezeichnung für → *newssystem*.

bc
busy condition, besetzt.

bcc
- *blind carbon copy*, wörtl. „unsichtbarer Durchschlag“, eine Verteiler-Liste bei E-Mails, die für den Empfänger unsichtbar bleibt bzw. bleiben sollte (wird nicht von allen Systemen unterstützt), vgl. → cc (*carbon copy*);
- *block check charakter*, Blockkontrollzeichen, ein Prüfzeichen am Ende eines Datenblocks.

BCD-Code
Binary Coded Decimal-Code, 4-Bit-Code für binärcodierte Dezimalziffern.

BCP
- *Best Current Practices*, eine → RFC-Subserie, in der behandelt wird, wie die im Internet benutzten Protokolle und Tools handzuhaben sind;
- *Byte Control Protocol*, zeichenorientiertes Steuerungsverfahren.

BD
Abkürzung für → Baud oder → *Binary to Decimal*.

BDA
→ Bundesdatenautobahn.

BDK
Brüsseler → Dezimalklassifikation, heute meist als → *Universal Decimal Classification* bezeichnet.

BDSG
→ Bundesdatenschutzgesetz.

BDW
→ Bund Deutscher Werbeberater und Werbeleiter e. V.

BDZV
→ Bundesverband Deutscher Zeitungsverleger e. V.

beam
- (auch eingedeutscht zu „beamen") Daten bzw. Dateien transferieren (vom Star-Trek-„Beamen");
- Strahl (etwa Elektronen- oder Laserstrahl), strahlen.

Bearbeiter
Verfasser von Umgestaltungen, Übersetzungen oder anderen Bearbeitungen des Werkes eines fremden Autors. Verwertungen von Bearbeitungen, teils auch bereits das Erstellen einer Bearbeitung, bedürfen bei urheberrechtlich geschützten Werken der Einwilligung des Urheberrechtsinhabers. Entstehen im Rahmen eines Bearbeitens persönliche geistige Schöpfungen des Bearbeiters, sind diese ebenfalls urheberrechtlich geschützt. Vgl. → Urheberrecht.

Because It's Time Network
→ BITNET.

Bedarfsschrift
Schriften für den täglichen Bedarf, auch → Brotschrift genannt.

bedingt
on sale or return, ac, *à condition,* in Kommission; kaufmännischer Ausdruck für einen Kauf mit Rückgaberecht – nur im Handel bzw. zwischen Produzent und Verkäufer (etwa Verlag und Buchhändler) üblich.

Bedruckstoff
auch Druckträger oder Trägermaterial, jedes Material, das bedruckt wird. Normalerweise synonym für Papier, mit heutigen Drucktechnologien können jedoch nahezu alle Werkstoffe (Kunststoffe, Metallbleche, Textilien, Leder, Holz, Keramik, Glas usw.) bedruckt werden.

beep
Pieps, Signalton des Computers.

Befehl
in Computerprogrammen fest verankerte oder bei Bedarf durch den Benutzer einzugebende Anweisung zur Durchführung bestimmter Operationen.

Befehlsprozessor
→ Kommandointerpreter.

Beigabenvermerk
auf dem Titelblatt eines Buches angebrachter Vermerk über Abbildungen, Karten, Tabellen, Register oder sonstige Besonderheiten des Buchs, etwa eine beigelegte CD.

Beilagen
- bei Büchern Anhang, Ergänzung, Nachtrag, Tafeln und Register;
- bei Zeitungen oder Zeitschriften alle nicht zur eigentlichen Zeitung oder Zeitschrift gehörige Schriften, im weiteren Sinne auch die einer Zeitung oder Zeitschrift beigelegten Waren (beispielsweise Datenträger, Spielzeug) und Warenmuster. Man unterscheidet nach Fremdbeilagen, Zeitungsbestandteilen oder Zeitungsbeilagen (Specials) und Verlegerbeilagen (Eigenwerbung des Verlags).

Beiwerk
nicht zum eigentlichen Titel gehörige, aber auf der Titelseite eines Buchs angebrachte textliche oder grafische Elemente wie Beigabenvermerk, Druckerlaubnis, Motto, Vignetten.

BEL
bell, Glocke, Piepston (Signalton des PC-Lautsprechers); Steuerzeichen ASCII 7.

Belegexemplar
- dem Inhaber des Urheberrechtes (Autor, Verlag) zustehendes → Freiexemplar eines Buchs oder einer sonstigen Druckschrift;
- vom Verlag oder der Druckerei archiviertes Exemplar eines Werkes;
- vom Verlag an Anzeigenkunden übergebenes Exemplar;
- von einer Redaktion an den Autor oder den Verlag gesandtes Exemplar der Zei-

tungsausgabe, die eine → Rezension enthält.

belegloser Datenträgeraustausch
Weitergabe von Informationen bzw. Bankaufträgen mittels EDV-Datenträger beim → *electronic banking*, unter Verzicht auf Papier-Belege.

Belichtung
Bilderzeugung durch Einwirkung von Licht auf eine lichtempfindliche Schicht (Fotomaterial).

bell
Glocke, Klingelzeichen, siehe → BEL.

Bell
ehemalige amerikanische Telefongesellschaft, heute Teil des AT&T-Konzerns.

BELLCORE
Bell Communications Research, Forschungslabor der Firma Bell (Township, USA).

Bell-Normen
Standards der Firma Bell bzw. AT&T für die Datenübertragung, heute durch → V-Normen ersetzt.

Benchmark
Geschwindigkeitstests (Bildschirm, CPU, Platte, etc., nach dem Namen eines Prüfprogramms).

Benutzer
user, eine Person, die (gerade im Moment) einen Rechner oder ein Programm benutzt.

Benutzerführung
alle innerhalb eines Computerprogramms vorhandenen Abläufe und Funktionen, die den Anwender des Programms bei der Bedienung des Programms unterstützen (beispielsweise Menüs, Sicherheitsrückfragen, automatische Hilfstexte). Moderne Programme verfügen über kontextsensitive Hilfsfunktionen und Assistenten, die den Benutzer bei der Erledigung von Routineaufgaben führen.

Benutzerhandbuch
→ *user manual*.

Benutzerkennung
→ *user ID*.

Benutzerkonto
→ *account*.

Benutzeroberfläche
andere Bezeichnung für die → Benutzerschnittstelle.

Benutzerprotokoll
ein unter Benutzern vereinbartes → Protokoll für die Datenübertragung (das nicht unbedingt einem offiziellen Protokoll-Standard entsprechen muß).

Benutzerrechte
Rechte, die einem Anwender bei der Benutzung eines EDV-Systems bzw. eines Programms zugestanden werden (Zugangsberechtigung, gestattete Dateizugriffe usw.).

Benutzerschnittstelle
user interface, Bezeichnung für die hard- oder softwareseitig vorgegebenen Einrichtungen und Möglichkeiten zur Kommunikation des Benutzers mit einem Programm oder einem System (z. B. Bildschirmaufbau bzw. -Masken, Eingabemöglichkeiten per Tastatur, usw.). → CUI, → GUI, → TUI.

BER
- → *Basic Encoding Rules*;
- *Bit Error Rate*, Bitfehlerrate (Verhältnis falscher Bits zu übertragenen Bits);
- *Block Error Rate*, Blockfehlerrate, Verhältnis der Anzahl falsch empfangener Datenblöcke zur Anzahl der gesendeten Blöcke.

Berechnung
siehe → Deckungsbeitragsrechnung, → Rabatt.

Bereich
→ *domain*.

Bereichsname
domain name, im → DNS-Adressierungsverfahren für *domains*, also bestimmte Bereiche oder Gebiete, verwendete Abkürzung. Neben den vor allem in Amerika verwendeten „klassischen" → *top-level-domains* EDU, COM, SCI usw. werden standardisierte → Länderkennungen zur Adressierung der Haupt-Bereiche verwendet. Für die unterhalb der *top-level-domains* liegenden Sub-Domain-Bezeichnungen besteht Wahlfreiheit (häufig werden Firmen- oder Organisationsnamen, Städtenamen usw. verwendet), die Bezeichnungen müssen jedoch beim → InterNIC registriert sein.

Berichtigung
nachträgliche Korrektur einer Pressemeldung.

Berichtigungsbegehren
Forderung nach der Veröffentlichung einer → Gegendarstellung, in den klassischen Medien in Deutschland presserechtlich gewährleistet, für den internationalen Online-Bereich jedoch nicht geregelt.

Berkeley Software Distribution
→ BSD.

berklix
kurz für Berkeley UNIX, → BSD.

Berner Konvention
Berne Universal Copyright Convention, kurz *UCC*, das Internationale Urheberrechtsabkommen. Es wurde 1886 in Bern als multilaterales Abkommen zum Schutz von Werken aus Kunst und Literatur erstmals verabschiedet und später ergänzt (durch das → Welturheberrechtsabkommen von Genf 1952 und dessen Revision in Paris 1971, geschützt sind inzwischen auch wissenschaftliche Werke). In der UCC vereinbaren die Mitgliedsstaaten (dazu gehören einige UNO-Staaten – eine weltweite Gültigkeit ist noch nicht gewährleistet) den gesetzlich verankerten Schutz von → Urheberrechten auch für Urheber, die Bürger anderer Mitgliedsstaaten sind. Festgelegt werden die (freiwillige) Benutzung des → Copyright-Zeichens sowie Mindest-Schutzfristen, die von nationalen gesetzlichen Schutzfristen nicht unterschritten, jedoch beliebig überschritten werden dürfen: Texte sind mindestens 25 Jahre geschützt, Fotografien 10 Jahre, wobei die Fristen ab der Erstveröffentlichung, je nach nationalem Recht auch ab dem Todestag des Urhebers gelten sollen. Die Schutzfristen für Texte gelten nur für Ausgaben in der Originalsprache – der Schutz vor unautorisierten Übersetzungen gilt nur sieben Jahre. ftp://uiarchive.cso.uiuc.edu/pub/etext/gutenberg/etext95/berne10.txt

Bernoulli-Platte
von → Iomega entwickelter und nach Daniel Bernoulli (1700–1782) benannter wechselbarer Datenträger mit hohem Speichervolumen, ähnlich einer Festplatte. Eine flexible Speicherplatte wird durch den bei der Rotation der Platte entstehenden Unterdruck gegen den Lesekopf geführt (und entfernt sich bei Nachlassen der Rotationsgeschwindigkeit automatisch).

BERT
Bit Error Rate Test, vgl. → BER.

Bertelsmann AG
international tätiges deutsches Verlags- und Medienunternehmen (Buchclubs, Buch- und Zeitschriftenverlage, Beteiligung an Privatsendern, dem deutschen AOL-Online-Dienst, usw.); http://www.bertelsmann.de

Berührungsloser Druck
Non-Impact Technology, vereinzelt auch „berührungsfreier" Druck, → Tintenstrahldruck.

berufliche Fortbildung
Sammelbegriff für Aus- und Weiterbildungsmaßnahmen zur Erhaltung oder Erweiterung beruflicher Kenntnisse und Fähigkeiten, zu deren Anpassung an technische Entwicklungen sowie zur Förderung des beruflichen Aufstiegs; die Fortbildung kann innerbetrieblich oder extern erfolgen und wird teilweise vom Unternehmen, in Deutschland teilweise auch von staatlicher Seite unterstützt.

Berufsausbildung
Ausbildung in einem staatlich anerkannten Beruf, erfolgt in der Bundesrepublik Deutschland im sogenannten „dualen System" sowohl im Betrieb als auch schulisch. Die betriebliche Ausbildung ist bundeseinheitlich nach dem → Berufsbildungsgesetz festgelegt, während die schulische Ausbildung auf Länderebene (zumeist in Anlehnung an Rahmenlehrpläne von Kultusministerkonferenzen) geregelt wird. Die Regeldauer einer Berufsausbildung beträgt drei Jahre, je nach vorhandenem Schulabschluß kann die Ausbildung auf zwei Jahre verkürzt werden. Zwischen- und Abschlußprüfungen werden von Prüfungskommissionen der Industrie- und Handelskammern abgelegt. Siehe → Berufsbildung.

Berufsbild
vom Bundesminister für Wirtschaft auf Basis des → Berufsbildungsgesetzes per Verordnung erlassene Darstellung der speziellen Fertigkeiten und Kenntnisse, die in der betrieblichen Berufsausbildung zu erwerben sind.

Berufsbildung
Sammelbegriff für Berufsausbildung, Berufsumschulung und berufliche Fortbildung.

Berufsbildungsgesetz
Gesetz zur bundesweiten Regelung der Berufsbildung in der Bundesrepublik Deutschland, gültig seit dem 14. August 1969, veröffentlicht im Bundesgesetzblatt Teil I, S. 1112.

Berufsgenossenschaft
gesetzliche Unfallversicherung für Arbeitnehmer, übernimmt durch Arbeitsunfälle entstehende Krankheitskosten und Folgekosten. Die Berufsgenossenschaften sind nach Branchen unterteilt, Mitglieder und Beitragszahler sind die einzelnen Betriebe. Die erste deutsche Berufsgenossenschaft war die 1884 gegründete Deutsche Buchdrucker-Berufsgenossenschaft.

Beschlagnahme
im Presserecht geregeltes Verfahren zur Verhinderung der Auslieferung und des Verkaufs von Presseerzeugnissen. Wird von Amts wegen oder durch einstweilige Verfügung auf Antrag eines Geschädigten ausgelöst.

Beschneiden
Zurechtschneiden von Drucken auf das Endformat; bei Büchern wird der komplette Block immer auf drei Seiten (bei Fadenheftung, nach dem Heften) oder auf vier Seiten (vor der Klebebindung) beschnitten.

Beschnitt
alle Flächen eines Druckbogens, die nach dem → Beschneiden wegfallen. Häufig werden im Beschnitt → Bogensignatur, → Paßkreuze und andere für den Druck oder die Weiterverarbeitung hilfreiche Elemente angebracht.

Beschreibungssprache
description language, eine → Scriptsprache, die der Auslösung bestimmter Funktionen dient (meist bezogen auf Peripheriegeräte) und deren Befehle in andere Daten eingebettet sind. Solche Befehle sind mit speziellen Markierungen versehen (etwa in Winkelklammern eingeschlossen wie → *HTML-tags*) und werden zur Ausführungszeit vom jeweiligen Software-Interpreter (etwa WWW-Browser) oder durch Hardwarekomponenten ausgeführt. Bekannte und viel verwendete Beschreibungssprachen sind

u. a. → PostScript (Seitenbeschreibungssprache für Drucker), → HTML (WWW-Hypertext-Sprache) oder auch die → AT-Kommandos (Hayes-Befehlssatz für Modems).

Bestellerkorrektur
Korrekturen durch den Auftraggeber, die nicht vom Setzer zu verantworten sind (Fehler im Manuskript oder nachträgliche Änderungen am Manuskript) und daher zusätzlich in Rechnung gestellt werden.

Bestellvertrag
im Unterschied zum → Verlagsvertrag ein Vertrag über die detailliert vorgeschriebene Erstellung eines Werkes oder die genau umrissene Mitarbeit an einem Werk. Rechtsgrundlage bilden die Regelungen des BGB zum Werkvertrag (§§ 631-651 BGB), die Urhebernutzungsrechte werden im Vertrag üblicherweise dem Besteller zugesprochen.

Bestenliste
im Unterschied zu Bestsellerlisten eine Bücherliste, die von Kritikern, Rezensenten oder Buchhändlern nach persönlichen Beurteilungen (literarischer oder sonstiger Qualitäten) erstellt wird.

Bestseller
Bücher, die im Vergleich zu anderen Büchern desselben Genres eine wesentlich höhere Verkaufszahl erreichen.

Bestsellerliste
von Medien (anhand von Umfrageergebnissen beim Buchhandel) oder Barsortimentern (anhand der eigenen Verkaufszahlen) erstellte Liste der in einem spezifizierten Zeitraum meistverkauften Bücher.

Betacam
von Sony entwickelter, inzwischen von VHS und anderen Verfahren vom Markt verdrängter Video-Aufzeichnungsstandard.

Beta-Release
→ *release*.

Betonungszeichen
→ Akzent.

Betriebsart
→ *batch mode*, → *dialog mode*.

Betriebsrat
Arbeitnehmervertretung eines Betriebs nach dem → Betriebsverfassungsgesetz.

Betriebssystem
Begriff für die Gesamtheit aller Programme, die den grundsätzlichen Betrieb eines Computers ermöglichen. Ein Betriebssystem steuert den → Prozessor, verwaltet → Hauptspeicher sowie die → Peripherie und bietet einfache Möglichkeiten für den Dateizugriff (kopieren, löschen, lesen usw.). Das Betriebssystem wird üblicherweise beim → *booting* von der Festplatte oder einer Diskette geladen, bei Geräten ohne Laufwerk kann es ggf. auch von einem → *fileserver* geladen werden (→ *bootstrapping*). Auf Betriebssystem-Ebene lassen sich u. a. über Direkteingaben oder via → *batch files* Programme starten oder Dateioperationen durchführen (anzeigen, verschieben, kopieren, löschen), die meisten EDV-Aufgaben werden jedoch durch sogenannte → Anwendungsprogramme erledigt. Moderne Betriebssysteme sind meist modular aufgebaut und können individuell angepaßt werden, sie verfügen meist schon über Basisfunktionen für den Betrieb von Netzwerken bzw. den Datenaustausch mit anderen Rechnern, bieten → Emulationen anderer Rechner bzw. Betriebssysteme und integrieren viele weitere Funktionen, die früher nur durch den Einsatz zusätzlicher Programme realisierbar waren.
Workstations und größere Rechner sind meist mit herstellerspezifischen Betriebssystemen ausgestattet (AS400, BS2000 usw., häufig finden sich Betriebssysteme auf UNIX-Basis).

Bei PCs wird das Betriebssystem meist nicht mit dem vollständigen Produktnamen benannt, sondern bloß kurz → DOS genannt (nach einer der DOS-Varianten von Digital Research, IBM oder Microsoft) oder auch OS (Operating System von IBM); inzwischen sind auch (bei entsprechender Zunahme der jeweils gemeinten Systeme) Kurzbezeichnungen wie Windows, → Linux oder einfach → *kernel* bzw. → *shell* in der PC-Szene verbreitet.

Betriebsvereinbarung
Vereinbarung zwischen Betriebsrat und Unternehmensleitung nach dem Betriebsverfassungsgesetz.

Betriebsverfassungsgesetz
gesetzliche Regelung für betriebliche Arbeitnehmervertretungen, bestimmt Aufgabenbereich, Wahl, Mitwirkung und Mitbestimmungsrechte des Betriebsrats, gültig seit Januar 1972.

BEX
Broadband Exchange, Breitband-Übertragung.

BFT
Binary File Transfer, Binärdatei-Übertragung (Übertragung von Programmcode, Grafiken usw. im Unterschied zur Übertragung von Textdateien).

BGB
das Deutsche Bürgerliche Gesetzbuch vom 18.8.1896, seit dem 1.1.1900 in Kraft (heute Bundesrecht der Bundesrepublik Deutschland, regelt das Privatrecht).

BGP
→ *Border Gateway Protocol*.

BHC
Busy Hour Call, Verbindung zur Hauptbelegungszeit des Telefonnetzes (und zum Haupttarif).

BHCA
Busy Hour Call Attempt, Versuch des Aufbaus einer → BHC-Verbindung.

BIBLID
Numerierungssystem für unselbständige Schriften, bestehend aus → ISBN oder ISSN, Angabe von Jahr und Seiten, sowie ggf. weiteren Angaben.

BIBLIO-DATA
nationalbibliographische Datenbank der → Deutschen Bibliothek in Frankfurt am Main, in der alle Neueingänge der → Deutschen Bibliographie ab 1966 verzeichnet sind (Online-Zugriff möglich).

Bibliographie
Bücherkunde (Lehre des Buchwesens und Lehre von Bücherverzeichnissen); Bücherverzeichnis mit Angabe von (wenigstens) Verfasser, Titel, Erscheinungsort und Jahr.

Bibliographische Angaben
alle Angaben zu einer Schrift, die zum Zwecke einer eindeutigen Identifizierung (etwa bei Zitaten) oder beim Erstellen einer Bibliographie aufgenommen werden sollten.

Bibliographische Datenbank
→ Verweisdatenbank, welche bibliographische Angaben (teils auch Inhaltsbeschreibungen oder Kurztexte) enthält.

Bibliographische Einheit
Bezeichnung für bibliographisch selbständige Dokumente (mit einem eigenen Titel), in Bibliothekskatalogen entsprechend einem Haupteintrag. Unselbständige Schriften (wie etwa Aufsätze, Einzeltitel einer Sammelreihe, Artikel in Zeitschriften) gelten nicht als Bibliographische Einheit. Bei größeren Werken erhält jeder Teiltitel eine eigene Titelaufnahme, bei der Katalogisierung sind alle Bände eines Werkes aufzuführen.

Bibliographisches System
Schema zur Klassifikation von Schriften; besonders verbreitet ist die → Dezimalklassifikation.

Bibliophilie
Vorliebe für Bücher.

Bibliophobie
Angst vor Büchern (unter Kennern gehandelte Varianten sind u. a. Bibliothekophobie: Angst vor Bibliotheken, Biobliothekarophobie: Angst vor Bibliothekaren, Bibliophagophobie: Angst vor Bücherwürmern, Bibliophilophobie: Angst vor Bücherfreunden).

Bibliothek
Büchersammlung, heute meist auch andere Medien (Mikrofilm, CD-ROMs usw.) umfassend. In Unterscheidung zu Büchereien pflegen Bibliotheken einen Bestand, der hinsichtlich definierter Themenbereiche oder Nutzungsabsichten möglichst vollständig (und aktuell) gehalten wird (Fachbibliothek, wissenschaftliche Bibliothek).

Bibliothekar
allgemeine Bezeichnung für Mitarbeiter einer Bibliothek, speziell nur für jene mit definierter Berufsausbildung im Bibliothekswesen. (In Deutschland erfolgt die Ausbildung als Studium an einer Bibliothekarischen Fachhochschule oder einem entsprechenden Fachbereich einer Fachhochschule oder Universität.)

Bibliotheksgroschen
→ Bibliothekstantieme.

Bibliothekskatalog
Verzeichnis des Bestands einer Bibliothek, normalerweise nach einem bestimmten → Bibliographischen System (meist → Dezimalklassifikation) geordnet.

Bibliothekstantieme
auch Bibliotheksgroschen genannt, in der Bundesrepublik Deutschland von Bund und Ländern entrichtete Abgabe an die „Zentralstelle Bibliothekstantieme" (spezieller Zusammenschluß von → VG WORT, → GEMA, → VG Bild/Kunst) zur pauschalen Abgeltung der Vergütung, die den Urheberrechtsinhabern für Vermietung oder Verleihung der Werke (nach § 27 UrhG) zusteht. Die Ausschüttung der Gelder an die Autoren (sowie die sonstige Verwendung, beispielsweise für das Autorenversorgungswerk) wird durch die VG WORT vorgenommen.

BICI
Book Item and Contribution Identifier, amerikanische Ausführung der → ISBN.

bidirektional
in zwei Richtungen gehend (Datenübertragung, Druckvorgang, usw.).

Big7
die Grundeinteilung der → *news hierarchie* im → UseNet: → comp, → misc, → news, → rec, → sci, → soc, → humanities und → talk.

big blue
(manchmal auch einfach BLUE geschrieben) die Firma → IBM.

big-endian
Speicherformat bzw. Datenübertragungsformat, bei dem das höherwertige Byte (oder Bit) zuerst abgelegt bzw. übertragen wird. Das Gegenteil heißt *little-endian.*

BIGFON
Breitbandiges Integriertes Glasfaser-Ortsnetz.

bignum
- *big numbers,* Zahlen über 32K;
- auch als Bezeichnung für „zu große Zahlen" verwendet.

big seven
→ Big7.

Bild
grafische bzw. fotografische Darstellung; im Druckbereich häufig nicht nur für das gedruckte Bild (oder die Vorlage), sondern auch als Bezeichnung für die Druckform verwendet, die zum Druck des Bildes benutzt wird (Autotypie, Druckstock, Klischee).

Bildarchiv
Sammlung von Bildmaterial zur Illustration redaktioneller Beiträge.

Bildbearbeitung
auch elektronische Bildbearbeitung, die Überarbeitung von digital gespeicherten Bildern am Computer, meist für die Ausgabe digitaler Fotoprints, zur Herstellung von Bildern und Grafiken für das Web-Publishing oder zur Filmherstellung im Rahmen der → EBV.

Bildberichterstattung
auch Fotojournalismus genannt, eine Art des Presseberichts, bei der sich Text und Bild (Pressefotographie) gegenseitig ergänzen.

Bilddatei
Grafikdatei, Datei mit Grafik- bzw. Bildinhalten.

Bilderschrift
Schrift, bei der keine abstrakten Schriftzeichen, sondern Bilder zur Informationsübermittlung dienen.

Bildfunk
drahtloses Verfahren der → Faksimile-Übertragung.

Bildplatte
auch als CD-V oder CD Video bezeichneter wechselbarer → Datenträger, auf dem Videodaten analog gespeichert werden. Bildplatten waren in verschiedenen Durchmessern erhältlich (12 bis 30 cm) und ähnlich einer CD-ROM nur einmal beschreibbar, zum Abspielen waren spezielle Bildplatten-Player zu verwenden – inzwischen ist die Technologie veraltet und nur noch selten (in Bibliotheken bzw. Mediatheken) zu finden.

Bildpunkt
→ Pixel.

Bildpunktfrequenz
kurz Punktfrequenz, die in Hz angegebene Häufigkeit, mit der ein bestimmter Punkt auf dem Bildschirm angesteuert bzw. geschrieben werden kann.

Bildrate
die Anzahl von Bildern pro Sekunde (oder *frames per second*, fps) beim Fernsehen, bei Filmen, Videos oder Animationen. Gängige Raten sind 24 (Film), 25 (PAL) oder 30 (NTSC) fps.

Bildredakteur
der für die Bebilderung redaktioneller Beiträge zuständige Redakteur.

Bildschirmgerät
(auch Terminal, Datenendgerät, Datensichtgerät oder Datensichtstation) früher zum Datenzugriff (Aus- oder Eingabe) verwendeter Bestandteil einer größeren EDV-Anlage. Zu Beginn der EDV-Entwicklung wurden Fernschreiber-ähnliche Geräte (Terminals, Drucker mit Tastatur) eingesetzt, später wurden diese durch aus Bildschirm und Tastatur bestehende Einheiten ersetzt, die jedoch ohne eigene → CPU oder nennenswerte sonstige → Peripherie bloßes passives Anhängsel an eine große Anlage blieben; heute zumeist durch (direkt untereinander und ggf. mit einer größeren Anlage vernetzte) → PCs ersetzt. Vereinzelt werden PCs, die vorwiegend als „intelligente" Einheit einer größeren Anlage eingesetzt werden, auch heute noch als Bildschirmgeräte bezeichnet.

Bildschirmkorrektur
direkt am Bildschirm ausgeführte Korrektur.

Bildschirmmaske
→ Eingabemaske.

Bildschirmredaktion
redaktionelle Arbeit am Bildschirm, also direktes Eingeben, Korrigieren, Redigieren und ggf. Gestalten von Textbeiträgen am Bildschirm.

Bildschirmschoner
screen saver, ein Hintergrundprogramm, das den Computerbildschirm nach einiger Zeit der Inaktivität (des Users) verdunkelt oder irgendwelche Bilder oder Animationen ausgibt; soll ein „Einbrennen" des Monitors verhindern. (Böswilligen Schätzungen zufolge werden über 30% der weltweit erbrachten Computerleistungen für das Bildschirmschonen benutzt.)

Bildschirmterminal
→ Bildschirmgerät.

Bildschirmtext
→ Btx.

Bildspeicher
video memory, video RAM, VRAM, der auf dem *motherboard* integrierte oder auf einer separaten Grafikkarte befindliche Speicher, der die auf dem Bildschirm angezeigten Abbildungen Punkt für Punkt enthält; jede Bildschirmdarstellung wird zuerst in diesen Speicher geschrieben und erst von dort aus auf den Bildschirm gebracht. Zur Bildmanipulation werden oft Teile des Bildspeichers direkt verändert, einige Grafikkarten sind hierfür mit speziellen Beschleunigungsprozessoren ausgerüstet (daneben verfügen auch moderne → CPUs über spezielle Programmierbefehle bzw. Funktionen, die eine rasche Bildbearbeitung ermöglichen). Bildspeicher umfassen bei PCs heute meist 2 oder 4 MByte (für Multimedia-Zwecke gelten derzeit 4 MB als Minimum) und lassen sich je nach Board bzw. Grafikkarte auch nachträglich erweitern.

Bildspiegel
im Unterschied zum → Textspiegel ein spezieller (meist größerer) Bereich des Layoutschemas, der für die Plazierung von Bildern vorgesehen wird. Nur erforderlich, wenn die Abbildungen nicht den Text begleiten (in diesem Fall werden sie im Rahmen des Textspiegels untergebracht), sondern als primär gegenüber einem Begleittext anzusehen sind (etwa bei Bildbänden), oder auch, wenn das Buch aus völlig separat hergestellten Text- und Bildteilen hergestellt wird (etwa bei Herstellung mit unterschiedlichen Druckverfahren oder bei der Verwendung verschiedener Papiersorten).

Bildunterschrift
→ Legende.

Bildwiederholfrequenz
frame rate, refresh rate oder *screen refresh frequency,* auch Bildwiederholrate, vertikale Synchronisation oder Vertikalfrequenz, Bezeichnung für die in Hz angegebene Frequenz des Bildaufbaus. Ab etwa 73 Bildschirmbildern pro Sekunde (73 Hz) gilt ein Bildschirm (bzw. ein in einem bestimmten Bildschirmmodus angezeigtes Bild, gemessen an 14-Zoll-Monitoren) als flimmerfrei. Vgl. auch → Horizontalfrequenz.

bilinearer Filter
→ Antia-Aliasing-Filter, der nur einen Bereich von jeweils 2 x 2 Pixel berücksichtigt (rechnerische Kantenglättung durch Mittelwertberechung der Farbwerte).

bill-g
→ Gates, Bill.

Bimodem
bidirektionales Übertragungsprotokoll.

BIN
binary, → binär; → Binärdatei.

binär
Ereignis oder Element mit genau zwei möglichen Zuständen (wahr/falsch, ja/nein, 0/1, an/aus usw.).

Binärcode
binary code,
- ein Code, dessen Zeichenvorrat in binären Zeichenketten (Reihen aus 0 und 1) verschlüsselt ist. Neben den gängigen 7-Bit- und 8-Bit-Codes (etwa → ASCII) sind auch beliebige sonstige Binärcodes möglich.
- Synonym für → Maschinensprache.

Binärdatei
binary file, eigentlich redundanter Nonsens, da jede Computer-Datei binär codierte Daten enthält; die Bezeichnung wird jedoch im Bereich der Programmierung als Begriff für eine Datei verwendet, die ein direkt ausführbares Programm enthält – zur Unterscheidung von „humanlesbaren" Quellcode-Dateien zu (compilierten etc.) Programmdateien, die in nur dem Prozessor verständlicher → Maschinensprache vorliegen.

Binärsystem
auch Dualsystem, das Zahlensystem auf der Basis 2, in dem nur zwei Ziffern (0 und 1) zur Darstellung bzw. Bildung beliebiger Zahlen benutzt werden.

binary
→ binär.

binary digit
→ bit.

Binary File Transfer
→ BFT.

Binary Synchronous Communication Protocol
kurz BSC oder BISYNC, ein von IBM entwickeltes → Protokoll für die Datenübertragung in → synchronen Netzen.

binary term
binärer Ausdruck, ein Befehl in → Maschinensprache.

binary to decimal
kurz bd, Binär-Dezimal-Umwandlung.

BIND
Berkeley Internet Name Daemon, ein UNIX-→ DNS-Server-Programm, das an der *University of California (Berkeley)* entwickelt wurde.

bindary
Datenbank auf Netzwerk-Servern. Sie dient der Systemverwaltung, also beispielsweise der Durchführung von Sicherheitsmaßnahmen (Regelung von Benutzerrechten (Zugriffsrechte, Paßwortverwaltung usw.)) oder der Verknüpfung logischer und physischer Einheiten (Internet-Adressen, Dateiverzeichnisse, Laufwerksverwaltung usw.).

binden
- unabhängig voneinander entwickelte oder abgelegte Programmteile zu einem gemeinsamen Programm zusammenfügen;
- alle Arbeitsprozesse, die zur Herstellung eines Buches aus den gedruckten Bogen erforderlich sind.

Bindestrich
Divis, Teilungszeichen, Trennungszeichen, zur Verbindung zwischen den einzelnen Teilen eines Kompositums oder zum Trennen eines Wortes am Zeilenende verwendetes Zeichen (typographische Besonderheit: Ausführung in der halben Breite eines → Gedankenstrichs).

BIOS
Basic Input/Output System, Elementares Eingabe/Ausgabesystem, → *Firmware* eines Rechners, oft nur ein *Loader*-Programm für Teile des eigentlichen → Betriebssystems. Bei PCs besteht das BIOS aus einem Setup-Programm, das die Hardware überprüft (Keyboard- und RAM-Test und Fehlerdiagnose) und konfiguriert (RAM-Größe, Laufwerkparameter, ggf. mit Benutzerhilfe) und dann das Betriebssystem von einem Datenträger (Diskette oder Festplatte) lädt.

B-ISDN
→ *Broadband Integrated Services Digital Network.*

BISYNC
→ *Binary Synchronous Communication Protocol.*

bisynchronous
bisynchron, bezeichnet eine gleichzeitig in beide Richtungen stattfindende Übertragung.

Bis-Zeichen
→ Gedankenstrich.

bit
binary digit, Binär-Ziffer, Bezeichnung für die kleinste Informationseinheit.
Information besteht im elementarsten Fall aus der Feststellung bzw. Festlegung eines Zustandes, der sich von einem anderen Zustand unterscheidet, läßt sich also bereits anhand eines beliebigen auf zwei mögliche Zustände eingeschränkten bzw. zwischen zwei möglichen Zuständen umschaltbaren Dinges oder Ereignisses (oder das Vorhandensein oder Nicht-Vorhandensein eines solchen) darstellen: durch bistabile Kippschaltungen, durch An- und Ausschalten von Licht oder Aussenden (oder auch Nicht-Senden) von elektromagnetischen Schwingungen, usw. Bei modernen Computern (den sogenannten „Digitalrechnern") bestehen solche elementarsten Informationseinheiten physikalisch immer aus einem von zwei möglichen elektronisch weiterverarbeitbaren Zuständen, also beispielsweise aus einem elektrisch geladenen (oder nicht geladenen), einem magnetisierten (oder nicht magnetisierten) oder einem reflektierenden (oder nicht reflektierenden) Bereich eines Speichermediums oder auch einer stromführenden oder nicht-stromführenden Leitung. Die elektronische „Weiterverarbeitung" von Bits ergibt sich hierbei aus der Möglichkeit, die jeweiligen Zustände zu erfassen und anhand vorgegebener Anweisungen zu kombinieren bzw. zu ändern.
Bits werden meist mit den binären Ziffern 0 und 1 dargestellt bzw. bezeichnet (bisweilen auch mit an/aus, wahr/falsch usw.) und werden zur eigentlichen Verarbeitung üblicherweise nach entsprechenden Codes bzw. Verfahren zu größeren Einheiten zusammengefaßt (vgl. → ASCII, → *byte,* → *character* etc.): durch die Kombination mehrerer Bits zu Gruppen lassen sich beliebig viele bzw. beliebig komplexe Zustände darstellen (2 Bits = 4 Zustände, 3 Bits = 8 Zustände usw.) und entsprechend verarbeiten.

bit blitting
siehe → blitting.

bit error rate
→ BER.

Bitfehlerrate
→ BER.

bitmap
wörtlich „Bit-Karte", ein Punktgitter (vgl. → Raster) zur digitalen Darstellung von Zeichen oder Grafiken.
Die einzelnen Bildpunkte (bei Druckern spricht man von → *dots,* bei Dateien oder Bildschirmen von → Pixeln) werden durch ein Bit oder durch mehrere Bits (je nach Bedarf 1, 4, 8, 12, 14 usw.) digital repräsentiert. Dabei können Einzel-Bits (0/1) nur einfache Schwarz-Weiß-Darstellungen codieren, für die Farbdarstellung werden daher immer mehrere Bits zur Repräsentation eines Bildpunktes (Farbton, Sättigung, Transparenzwert etc.) verwendet.

Bitmap-Font
eine Schrift, deren einzelne Zeichen als Bit-Matrix codiert sind. Bitmap-Fonts lassen sich im Unterschied zu → vektorisierten Schriften (z. B. PostScript, TrueType) nicht zoomen oder sonst verändern (für Änderungen sind jeweils andere Fonts zu verwenden), sie werden daher heute kaum noch verwendet.

Bitmap-Grafik
eine Darstellung, die als → *bitmap* codiert ist (im Unterschied zur → Vektorgrafik).

BITNET
offiziell *Bilateral Iterative Network*, meist aber „*Because It's Time Network*" („weil-es-an-der-Zeit-ist-Netz") genannt, ein von IBM eingeführtes und hauptsächlich im akademischen Bereich verbreitetes Netz bzw. Netzwerkprotokoll für E-Mail und Datei-Transfer (zwischen IBM-Großrechnern), heute teilweise mit dem → UseNet verschmolzen bzw. mit dem → CSNet zum → CREN vereinigt.

BITNET-II
Protokoll für den Transfer von → BITNET-Paketen via Internet, kapselt BITNET-Pakete in → TCP/IP-Pakete.

BITNIC
BITNET Network Information Center, BITNET-Informationszentrum.

bitparallel
die Bytes werden in einzelne Bits zerlegt, die jeweils über eine eigene Leitungen übertragen werden, für evtl. erforderliche Zusatzbits (Prüfbits, Steuerbits) stehen ebenfalls eigene Leitungen zur Verfügung (siehe → Parallel-Schnittstelle).

Bitrate
die Übertragungsgeschwindigkeit in einem digitalen Netz (→ *data transmission rate*), ausgedrückt durch die Anzahl der übertragenen Bits pro Sekunde (→ bps).

Bitratenadaption
Anpassung der Bitrate (etwa beim Übergang von Hochgeschwindigkeits-Netzen zum analogen Telefonnetz).

Bit/s
Bit je Sekunde, kurz für → bps.

bitseriell
die Bits eines Zeichens werden nacheinander über einen Kanal gesendet (etwa über die → serielle Schnittstelle).

bits per second
kurz → bps, die Übertragungsrate in einem Netzwerk.

BK
- Breitbandkabel (etwa für das Kabelfernsehen);
- Breitbandkommunikation, vgl. → Breitband.

BKG
→ Buchhändlerische Kredit-Garantiegemeinschaft.

BK-Netz
Breitbandkabel-Netz, → Breitbandnetz.

black box
schwarzer Kasten, Bezeichnung für ein technisches Gerät oder Bauteil, dessen Aufbau oder Funktionsweise nicht bekannt ist.

blank
Leerzeichen.

blast
Windstoß, Explosionsdruck; übertragen für Datenflut (oder, als Verb, für das Erzeugen einer solchen), vgl. → *flood*.

BLAST
Blocked Asynchronous Transmission, Protokoll für die blockweise asynchrone Übertragung.

Blatt
im Unterschied zum → Bogen ein ungefalztes Papierstück, kleiner als DIN A3.

Bleimaterial
Sammelbegriff für Schrift- und Blindmaterial im Bleisatz.

Bleisatz
die manuelle (Handsatz) oder maschinelle (Maschinensatz) Herstellung von → Schriftsatz aus → Lettern oder ganzen Zeilen aus Blei (→ Schriftmetall). Nicht nur für den direkten Einsatz im → Hochdruckverfahren, sondern auch für die Herstellung von Rundformen (für den Rotationsdruck) sowie zur Erstellung der Vorlagen für alle anderen Druckverfah-

ren wurde ab → Gutenberg bis zur Mitte des 20. Jahrhunderts ausschließlich Bleisatz angefertigt. Seit der Entwicklung von → Fotosatz und computerbasierten Satztechniken (→ DTP) ist die Herstellung und Verwendung von Bleisatz jedoch nur noch auf Spezialbereiche eingeschränkt (Akzidenzdruck, Einbanddruck, bibliophile Spezialausgaben von Büchern u. dgl.) – vom Bleisatz erhielten sich (neben den in einigen Wohnzimmer-Biotopen plazierten und meist unechten Setzkästen) nur noch die vielen Fachausdrükke der Setzersprache und das typographische Maßsystem.

blending
Überblenden, Überblend-Effekt, die Abfolge oder Durchführung der gegenseitigen Überlagerung zweier (oder mehrerer) Bilder.

BLER
seltene Abkürzung für *block error rate*, → BER.

blind carbon copy
E-Mail mit (absichtlich) unvollständiger Adressatenliste.

Blindenschrift
Schrift, deren Zeichen ertastet werden können; heute meist als Bezeichung für die von Luis Braille (1809-1852) entwickelte Braille-Schrift verwendet, bei der die Zeichen aus Punkten zusammengesetzt sind.

Blindmaterial
im Bleisatz verwendetes Füllmaterial, das niederer als die Schrift ist und daher nicht gedruckt wurde.

Blindzeile
eine nicht druckende Zeile, also eine Leerzeile zwischen Absätzen (die Leerräume zwischen Textzeilen werden → Durchschuß genannt).

blitter
Hardware-Baustein zur Beschleunigung von → *blitting*-Operationen.

blitting
bit blitting, rasches Verschieben von größeren Bit-Blöcken (Datenblöcken), meist die Verschiebung von Bildschim-Ausschnitten (Fenstern) bzw. Bereichen des → Bildspeichers.

BLOB
Binary Large Object,
- eine zusammengehörende Reihe von Informationen innerhalb einer Datenbank, die nicht direkt mit den Mitteln der Datenbank selbst erschlossen werden kann (da die Daten in ihrer Struktur nicht der üblichen Feldstruktur der Datenbank entsprechen), beispielsweise Bild- oder Videodaten, die eine Text-Basis ergänzen;
- in der Textverarbeitung Bezeichnung für in den Text (per *link*) eingebundene Daten aus fremden Quellen (Graphiken, Tonsequenzen, Filme).

Block
meist engl. mit *unit* oder *packet* bezeichnet, eine zu einem Datenblock zusammengefaßte Menge von Daten, durch definierte Länge oder Steuer- bzw. Begrenzungszeichen gekennzeichnet.

Blockade
vom Setzer eingefügte Markierung einer ihm unklaren (meist: unleserlichen) Textstelle im Satz, im Bleisatz früher einfach durch eine absichtlich auf den Kopf gestellte Letter erzeugt, im Fotosatz oder auf Computern durch Verwendung auffälliger Sonderzeichen herstellbar. (Nur versehentlich auf den Kopf gestellte Lettern nannte man unter Setzern „Fliegenkopf“.)

block error rate
→ BER.

Blockfehlerrate
→ BER.

Blockieren
Markieren unklarer Textstellen im Satz, vgl. → Blockade.

Blocksatz
auch Glatter Satz, jene typographische Satzanordnung, bei der im Unterschied zum → Axialsatz oder → Flattersatz alle Zeilen eines Absatzes auf gleiche Breite gesetzt werden (ausgenommen die erste Zeile eines Absatzes, die meist um ein → Geviert → eingerückt wird, sowie die letzte Zeile, die nicht auf die volle Breite ausgetrieben wird.)

Blockschrift
Synonym für → Grotesk-Schrift.

block transfer
Datenübertragung, die in Blöcken erfolgt.

blooming
(wörtl. Blühen) Überstrahlen, Begriff für charakteristische Störungsphänomene bei → CCDs: werden einzelne CCD-Halbleiterelemente mit Helligkeit überladen (z. B. bei der Aufnahme stark reflektierender Motive), wird die auftretende Überspannung an benachbarte Elemente abgeleitet. Dadurch wird nicht nur der betroffene Punkt mit voller Helligkeit (reinweiß) dargestellt, sondern auch die benachbarten Pixel, so daß eine blütenförmige Bildstörung entsteht.

BLT
→ *block transfer*.

BLUE
→ *big blue*.

Blue Book
CD-Standard für → CD-Extra.

blueboxing
chromakeying, bisweilen auch *colour keying*, die Überlagerung zweier Videosequenzen, wobei bei einer Sequenz eine bestimmte Farbe der Bilder transparent gesetzt wird, so daß die Farbwerte bzw. Bildinhalte der anderen Sequenz (nur) an diesen transparenten Stellen durchscheinen. Da als Schlüsselfarbe vorwiegend Blau verwendet wird, spricht man meist von *blueboxing* oder der → Blue Screen-Technik.

blue pencil
Blaustift, programminterne Markierungen oder Hervorhebungen, die zwar auf dem Bildschirm, nicht aber auf einem Ausdruck erscheinen (etwa Gitterlinien in einem Malprogramm, oder Formatieranweisungen innerhalb eines Textverarbeitungsprogramms).

blueprint
Blaupause, Plan, Entwurf.

blue room
auch ELSET, in Fernsehstudios verwendete Technologie zur Erzeugung virtueller Studios. Der in einem „blauen Zimmer" agierende Moderator wird durch eine Kamera aufgenommen, die mit dem Bild zugleich ständig Informationen über ihre aktuelle Position, die Blickrichtung und Brennweite überträgt. Die Bildsignale werden anhand der Kameradaten mit vom Computer bereitgestellten Hintergrundbildern abgeglichen und nach Art der → Blue-Screen-Technik zum fertigen Fernsehbild vereint.

Blue Screen-Technik
beim Film bzw. im Fernsehen verwendete Methode des → *blueboxings*, bei der die mit einer Kamera vor einem blauen Hintergrund aufgenommenen Akteure in eine mit einer anderen Kamera aufgenommene, als Aufzeichnung vorliegende oder durch den Computer aktuell erzeugte Szene „einkopiert" werden. Bei der Addition beider Bilder werden die Blauwerte des Hintergrunds transparent gesetzt, der Akteur scheint sich daher in der zweiten Szene zu befinden (beim Fernsehen wird diese Technik inzwischen zur Erzeugung virtueller Studios bzw. zur computergenerierten Studiodekoration verwendet). Inzwischen wird längst auch oft genau umgekehrt das aktuelle Studiobild (bzw. eine sonstige Filmse-

quenz) durch Trickzeichnungen, computergenerierte Animationen u. dgl. überlagert, wobei die Blaufarbe jeweils als Hintergrundfarbe der Zeichnung, Animation usw. verwendet wird.

Blues-Tonleiter
die in der Blues-Musik verwendete → Tonleiter, deren Töne, ausgehend vom Grundton, in folgenden Halbtonabständen liegen: 3, 2, 1, 1, 3, 2.

BMBF
Bundesministerium für Bildung, Wissenschaft, Forschung und Technologie, http://www.bmbf.de

BNC connector
Bayonet Neill-Cancelman-Stecker (bisweilen auch scherzhaft *British National Connector* genannt), ursprünglich nur als Antennen-Kabel-Stecker entwickelt, heute als Standard-Stecker für LANs (→ Ethernet, vgl. → *DIX-connector*) verwendet.

board
- Brett; Anschlagbrett;
- Kurzbezeichnung für *bulletin board*, siehe → *newsgroup*;
- häufig auch als Abkürzung für → *electronic circuit board* gebraucht.

Board of Trustees
Vorstand bzw. Entscheidungsgremium (etwa der → ISOC).

body
auch *body part*, die Nachricht bzw. der Text in einer E-Mail oder die eigentlichen Informationen in einem Datenpaket (ohne → *header*, → *envelope* usw).

bodytype
→ Grundschrift.

Börsenblatt für den Deutschen Buchhandel
seit dem 3. Januar 1834 erscheinendes Verbandsorgan des → Börsenvereins des Deutschen Buchhandels.

Börsenverein des Deutschen Buchhandels
„als Vertretung der Standes- und Berufsinteressen seiner Mitglieder“ (lt. Satzung) gegründeter Zusammenschluß deutscher Verleger und Buchhändler; u. a. Herausgeber des → Börsenblattes für den Deutschen Buchhandel, Herausgeber der Deutschen Bibliographie, Organisator der → Frankfurter Buchmesse, Träger der → Buchhändler-Vereinigung und der → BAG.

bof
beginning of file, Dateianfang.

Bogen
Ausgangsformat der DIN-Reihe für Papier, DIN A 0. Siehe → Papierformate.

Bogendruck
Druck auf Papierbogen (im Unterschied zum → Endlosdruck auf Rollenpapier).

Bogennorm
beim Werksatz die im → Unterschlag oder in einer untenstehenden Kolumnenzifferzeile der ersten Seite eines Druckbogens in Ergänzung der → Bogensignatur angebrachte Bezeichnung des Druckbogens, enthält (meist in Abkürzung) Autor, Titel oder sonstige Angaben zum Werk; dient der schnellen Identifizierung der Druckformen beim Fortdruck sowie der fertigen Druckbogen in der Druckverarbeitung.

Bogensatz
im Bogen gesetzte Zeile.

Bogensignatur
in kleinem Schriftgrad gesetzte Ordnungszahl des Druckbogens, beim Werksatz zur Erleichterung der Weiterverarbeitung im → Unterschlag bzw. → Beschnitt der ersten Bogenseite angebracht (Prime), wird meist um die → Bogennorm erweitert. Die Signatur wird häufig, ergänzt um ein hochgestelltes Sternchen zur Kennzeichnung der Wi-

derdruck-Seite, auf der dritten Bogenseite wiederholt (Sekunde).

bold
fett, fette Schrift.

Bonus
Gutschrift, Preisnachlaß oder Sondervergütung.

booklet
Büchlein, Heftchen.

bookmark
Lesezeichen
- im Web Bezeichnung für das Markieren von → URLs (oder Abspeichern in einer → *hotlist*). Diese Funktion in Browsern bzw. Gopher-Clients dient dazu, erneute Zugriffe zu vereinfachen.
- auch Bezeichnung für eine Datei, die *bookmarks* (Links, Web-Adressen) enthält.

Boolesche Algebra
nach dem Mathematiker (und Pfarrer) George Boole (1815-1864) benannte Rechenregeln bzw. -Operationen der „logischen Verknüpfung" zweier Wahrheitswerte oder auch Variablen, die jeweils nur zwei Zustände einnehmen können. Jedes Rechnen mit binär dargestellten Zahlen, also jede Rechenoperation bei Computern, erfolgt auf Bit-Ebene nach diesen Regeln.

booting
„Hochfahren" bzw. Starten eines Rechners, wobei dieser automatisch einen Selbsttest durchführt und danach das Betriebssystem lädt.

BOOTP
→ *Bootstrap Protocol*.

bootstrapping
→ *booting* bzw. Hochfahren von → *diskless nodes* via → BOOTP über das Netzwerk.

Bootstrap Protocol
kurz BOOTP, → Protokoll für das → *booting* von Rechnern, die in ein Netz eingebunden und nicht mit eigenen Disketten- bzw. Festplattenlaufwerken ausgestattet sind (dokumentiert in RFC 951). Solche Rechner (→ *diskless nodes*) ermitteln beim Start automatisch ihre eigene Netzwerkadresse sowie jene des Servers und laden anschließend ihr Betriebssystem vom Server.

Border Gateway Protocol
kurz BGP, ein in RFC 1267 definiertes → *Exterior Gateway Protocol*, also ein Protokoll, das die Verbreitung von Informationen für das → *routing* zwischen unabhängig voneinander betriebenen Netzen (→ *Autonomous System*) regelt.

Bordüre
zusammenhängende, umlaufende Randverzierung (etwa auf der Titelseite).

Borgis
Bourgois, Schriftgrad, 9 p.

BossNode
eine → FidoNet-→ Mailbox, die alle für einen → *point* bestimmten Nachrichten sammelt und für das → *polling* bereithält.

bottom up
von unten nach oben, vom Detail zum Ganzen (Gegenteil: → *top down*).

Boulevardpresse
hauptsächlich im Straßen- bzw. Kioskverkauf vertriebene Zeitungen oder Zeitschriften mit entsprechender Aufmachung.

bounce
das „Zurückprallen" einer E-Mail (Unzustellbarkeit).

bounce message
nicht zustellbare Nachricht.

bounding box
(wörtl. ungefähr: Grenzlinien-Kasten) auf dem Bildschirm dargestellter dreidimensionaler Rahmen oder Block zur Markierung oder Repräsentation von 3-D-Objekten.

Bourgois
→ Borgis.

box
ein Computer, eine Mailbox.

Boxen
Lautsprecher, meist paarweise (wg. Stereo) vorhanden.
Einige PC-Monitore haben Stereo-Lautsprecher bereits im Gehäuse integriert, weitaus verbreiteter sind jedoch separat stehende und an die Soundkarte via Klinkenstecker angeschlossene Boxen. Man unterscheidet zwischen den eher seltener eingesetzten Passiv-Boxen, bei denen sich Lautstärke und Klang nur über die Soundkarte regeln lassen, und den sogenannten Aktiv-Boxen, die über einen eingebauten Verstärker verfügen und meist auch Regler (Lautstärke, Bässe, Höhen) und vereinzelt auch Ohrhörer-Frontanschluß aufweisen. Im EDV-Bereich verwendete Boxen müssen besonders gut magnetisch abgeschirmt sein, um Störungen des PCs oder des Monitors sowie Datenverluste auf magnetischen Datenträgern (Festplatte, Diskette) auszuschließen.

BP
→ *batch processing*.

bps
→ *bits per second*; vereinzelt auch noch als Abkürzung für → *bytes per second* oder (meist fälschlich) anstelle von → Baud verwendet.

BPS
→ Bundesprüfstelle für jugendgefährdende Schriften.

branching
Verzweigen (u. a. innerhalb eines Programms bzw. Programmablaufs).

break
Pause, Unterbrechung, Programmabbruch.

brechen
in der Setzersprache: ein Wort trennen. Vgl. auch → Umbruch.

Breitbahn
siehe → Laufrichtung.

Breitband
ein Übertragungsmedium mit weitem Frequenzumfang, das Signale gleichzeitig auf mehreren Kanälen (*channels*, voneinander unabhängig nutzbare Frequenzbereiche) übertragen kann.

Breitband-ISDN
Broadband Integrated Services Digital Network.

Breitbandnetz
ein Netz, das mehrere Übertragungskanäle zur gleichzeitigen Nutzung bietet (Kabelfernsehen, ISDN usw.), vgl. → Breitband.

Breite
→ Schriftbreite.

breitlaufend
eine Schrift, bei der ein „n" breiter als ein → Halbgeviert ist, wird breitlaufend genannt.

Brennweite
der Abstand zwischen einer optischen Linse (oder einem Hohlspiegel) und dem Brennpunkt, also dem Punkt, an dem sich die gebrochenen bzw. reflektierten Strahlen treffen (bei Sonnenstrahlen kann ein solches Treffen einen Brand auslösen).
Bei Linsensystemen, die der Abbildung (und meist auch Vergrößerung) von Mo-

tiven dienen, nimmt der Vergrößerungseffekt mit der Brennweite zu, gleichzeitig erfolgt eine Einengung des darstellbaren Bildausschnitts (bei Kleinbildkameras verwendet man z. B. meist Weitwinkelobjektive mit bis zu 35 mm, Teleobjektive ab 70 mm Brennweite).

Brett
→ Schwarzes Brett.

Brevier
Schriftgrad, 11 p.

bridge
Brücke; bei Netzwerken ein Gerät bzw. ein Rechner zur Verbindung getrennter Netzwerke. *Bridges* selektieren und transportieren Daten zwischen physikalisch unterschiedlich aufgebauten Netzen, sie stellen also die Leitungs- bzw. Hardware-Verbindung zwischen Netzen her.
Die „logische" Verbindung zwischen eigenständigen Netzen (beispielsweise ihre Integration zu einem → *internet*) erfolgt durch Übersetzung der Protokolle (also die Umsetzung der Datenströme in die jeweils benötigten Codes, Datenpakete usw.), sie wird u. a. über → *gateways*, → *routers* und → Protokoll-Konverter bewirkt.

bridge disc
(veraltet) eine sowohl auf PCs als auch auf CD-i-Playern einsetzbare CD.

Brilliant
auch Viertelcicero, Schriftgrad, 3 p (im → Didot-System) oder 4 point.

broadband
→ Breitband.

Broadband Integrated Services Digital Network
kurz B-ISDN, Breitband-ISDN, noch im Versuchsstadium befindliches Hochgeschwindigkeits-ISDN mit Übertragungsraten von bis zu 622 Mbit/s.

broadcast
- eine Nachricht (des → *sysops*), die zeitgleich an alle User bzw. Terminals versendet wird (etwa: „Achtung – System wird um 18:00:00 abgeschaltet!");
- in → *newsgroups* der Rundruf eines Teilnehmers an alle anderen Teilnehmer.

broadcasting
Nachrichtenverbreitung bzw. -Verteilung.

Broad System of Ordering
abgekürzt BSO, numerisches Literatur-Klassifikationssystem, entwickelt durch die *International Federation for Documentation* (→ IFD).

Brotschrift
Sammelbegriff für alle → Schriften und besonders → Schriftgrade, die beim Werksatz oder bei Zeitungen für den Text eingesetzt werden (also normalerweise Schriftgrade zwischen 8 und 12 p), im Unterschied zu den sogenannten Auszeichnungs- oder Akzidenzschriften. (Die Brotschriften brachten das Brot für den Setzer.)

brouter
ein Rechner, der sowohl als → *bridge* als auch als → *router* fungiert.

browse
in einem Text schmökern oder stöbern, einen Text überfliegen.

Browser
- im Online-Bereich Bezeichnung für ein Programm, das den Umgang mit → Hypermedia-Daten ermöglicht (beispielsweise ein → WWW-Browser);
- bei Datenbanksystemen Bezeichnung für ein Anzeigeprogramm, das die Abfrage von Datensätzen (gelegentlich auch noch das Ändern vorhandener Daten) ermöglicht.

Bruch
siehe → Falzen.

Bruchziffern
oben- oder untenstehende Ziffern zur Darstellung von Brüchen, auch als → Fußnotenzeichen verwendet.

Brücke
→ *bridge*.

Brüsseler Dezimalklassifikation
→ *Universal Decimal Classification*.

Brutto-Datentransferrate
→ *data transmission rate*.

BS
- *Backspace*, Zurücksetz-Taste (Cursor eine Stelle zurück, ASCII 8);
- *broadcast satellite*, Nachrichtensatellit, Telefonsatellit.

BS/2
Betriebssystem 2 (OS/2 der Firma IBM).

BSC
→ *Binary Synchronous Communication Protocol*.

BSD
Berkeley Software Distribution, ein an der University of California (Berkeley) entwickeltes UNIX-Betriebssystem (bisweilen auch *berklix* genannt).

BT
British Telecom.

BTS
Base Transceiver Station, Basisstation in einem Mobilfunknetz (versorgt bzw. erzeugt eine sogenannte → Funkzelle).

Btx
Bildschirmtext, heute in → T-Online integrierter Dienst der Telekom.

Btx-Agentur
Unternehmen, das Btx-Dienstleistungen (Erstellen von Btx-Seiten usw.) für Btx-Anbieter anbietet.

Btx-Anbieter
gewerblicher Anbieter von (kostenpflichtigen) Btx-Seiten.

Btx-Beauftragter
der für die Btx-Angelegenheiten zuständige Mitarbeiter eines Btx-Anbieters.

Btx-Befehl
Kommando zum Aufruf einer Btx-Seite, bestehend aus einem → Initiator, der Seitenzahl und einem → Terminator (z. Bsp. *123#)

Btx-Nutzer
Anbieter und Teilnehmer.

Btx-Teilnehmer
jeder, der Zugang zu Btx hat bzw. als Btx-Teilnehmer angemeldet ist.

Bubble-Jet
Verfahren beim → Tintenstrahldruck.

Buchausstattung
Bezeichnung für die gesamte Aufmachung des Buches, umfaßt Schriftarten, Layout, Farben, Illustrationen, Papierarten, Satzart, Druckart, Einband und Schutzumschlag.

Buchbindertitel
Rückentitel, der auf dem Rücken des Buchs oder des Schutzumschlags angebrachte Titel, im Vergleich zum offiziellen Titel des Werkes häufig abgekürzt oder unvollständig, dagegen meist mit Reihennummer o. ä. versehen.

Buchblock
der innere Teil des Buches ohne den Einband.

Buchdruck
frühere Bezeichnung für → Hochdruck; laienhaft auch als allgemeine Bezeichnung für alle Verfahren zur Herstellung von Büchern oder sonstigen Druckwerken verwendet (werden Bücher im Hochdruck erstellt, spricht man richtigerweise von → Werkdruck).

Buchdruckerduden
Kurzbezeichnung für das 1903 erstmals (in Leipzig) aufgelegte Wörterbuch mit

dem Titel „Rechtschreibung für Buchdruckereien deutscher Sprache“ von Konrad Duden, das als verbindlich für alle mit dem Drucken befaßten Kreise angesehen wurde und nicht nur Rechtschreibregeln und Wörter enthielt, sondern auch Korrektur- und Satzvorschriften umfaßte. Inzwischen vom → Duden abgelöst.

Buchdruckerkunst
bisweilen synonym für → Typographie.

Buchdruckverfahren
→ Hochdruck.

Buchgemeinschaft
Buchklub, Lesering, Verlag mit Abonnement-ähnlichem Vertrieb des Verlagsprogramms nur an eingeschriebene Mitglieder. Die meisten Buchgemeinschaften vertreiben heute nicht bloß Bücher, sondern auch CDs und Videos.

Buchgewerbe
Sammelbezeichnung für alle mit der Herstellung und dem Vertrieb von Büchern befaßten Branchen bzw. Unternehmen.

Buchhandel
Wirtschaftszweig, der die Herstellung und den Vertrieb von Gegenständen des Buchhandels betreibt.

Buchhändler
alle an der Herstellung und dem Vertrieb von Gegenständen des Buchhandels Beteiligten; unterschieden nach herstellenden (Verleger) und verbreitenden (Verbreiter, Zwischenbuchhändler und Bucheinzelhändler) Buchhändlern.

Buchhändler-Abrechnungs-Gesellschaft mbH
BAG, Unternehmen zur vereinfachten Abrechnung zwischen Verlegern und Sortimentern.

Buchhändlerische Bibliographie
ein speziell für die Verwendung im Buchhandel geschaffenes Bücherverzeichnis, etwa das → Verzeichnis Lieferbarer Bücher, das auch über das Internet abgefragt werden kann.

Buchhändlerische Kredit-Garantiegemeinschaft GmbH & Co. KG
BKG, Gemeinschaft zur Vermittlung und Verbürgung von Krediten an Teilnehmer der BAG.

Buchhändlerische Verkehrsordnung
→ Verkehrsordnung.

Buchhändler-Vereinigung GmbH
1947 gegründete GmbH mit Sitz in Frankfurt, Herausgeber des Börsenblatts und der Deutschen Bibliographie, Träger der Schulen des Deutschen Buchhandels und des Rechenzentrums Buchhandel.

Buchillustration
gedruckte oder manuell hergestellte grafische Ausstattung eines Buchs.

Buchklub
→ Buchgemeinschaft.

Buchmesse
Messe, die der Ausstellung und dem Verkauf von Büchern, meist auch dem Kontakt zwischen Autoren, Verlegern, Buchhändlern und Bibliothekaren dient. Die Frankfurter Buchmesse ist inzwischen von der reinen Buchmesse zur Multimedia-Messe geworden, was u. a. auch durch *events* wie die Vorstellung des → DOI-Systems unterstrichen wird.

Buchschriften
Bezeichnung für die früher in handgeschriebenen Büchern verwendeten Schriftarten, in Unterscheidung zu jenen Schriften, die für Urkunden, im Schriftverkehr oder für andere Zwecke verwendet wurden.

Buchstabe
ein einzelnes (geschriebenes oder gedrucktes) Schriftzeichen; zum Druck eines Schriftzeichens wurden früher im

Bleisatz → Lettern (auch Drucktype genannt) verwendet.

Buchstabenbild
Abdruck des seitenverkehrten Schriftbilds, der druckenden Fläche der → Letter.

Buchstabenschrift
im Unterschied zu → Wortschrift und → Silbenschrift werden bei einer Buchstabenschrift einzelne Laute durch → Buchstaben wiedergegeben.

Bühnenverlag
auf die Herausgabe von Bühnenwerken (Theater, Oper, inzwischen häufig auch Film, Rundfunk oder Fernsehen) spezialisiertes Unternehmen.

Bürokommunikation
Informationsaustausch und gemeinsame Ressourcen-Nutzung in Büros mit Hilfe eines → LAN.

Bürstenabzug
Herstellung eines Probeabzugs durch Überbürsten eines auf den eingeschwärzten Satz gelegten Papiers; vereinzelt auch heute noch Synonym für Korrektur- bzw. Probeabzug.

buffer
Puffer, → Zwischenspeicher.

buffer overflow
Puffer-Überlauf, wird außer als Systemmeldung (zu viele Daten, der Puffer kommt nicht nach) auch übertragen als allgemeine Redewendung verwendet.

buffer underrun
→ Zwischenspeicher nicht rechtzeitig nachgefüllt, Fehlermeldung, die anzeigt, daß Daten nicht innerhalb bestimmter Zeitlimits empfangen wurden und der jeweilige Vorgang abgebrochen wird.
U. a. ist beim Beschreiben von CDs ein kontinuierlicher Datenstrom erforderlich – die vom PC gelieferten Daten werden daher zuerst in einem Puffer des CD-Writers zwischengespeichert und von dort aus auf die CD geschrieben. Tritt ein *buffer underrun* ein, wird die CD nicht weiter beschrieben, sie ist daher unbrauchbar.

bug
„Wanze", „Insekt", übertragen: Fehler in einem Computerprogramm.

bugfix
Fehlerberichtigung (in einem Computerprogramm).

bulk data
Massendaten (oder Datenmassen).

Bulletin
(von lat. bulla, Bezeichnung für Siegelkapseln, Siegel und päpstliche Urkunden) periodisch erscheinende (meist amtliche) Verlautbarungen.

bulletin board
Schwarzes Brett, → *newsgroup*.

bulletin board system
kurz bbs, → *newssystem*.

Bund
kurz für → Bundsteg, Innenrand von Buchseiten; oft auch Bezeichnung für den linken Rand des (geschlossenen) Buches bzw. einer Seite.

Bund Deutscher Werbeberater und Werbeleiter e. V.
BDW, Berufsverband.

Bundesamt für Kommunikation
kurz BAKOM, die dem → BZT vergleichbare Behörde in der Schweiz.

Bundesamt für Post und Telekommunikation
→ BAPT.

Bundesanzeiger
seit 1949 amtliches Publikationsorgan der Bundesrepublik Deutschland, Nachfolger des Reichsanzeigers.

Bundesdatenautobahn
kurz BDA, bundesweite Vereinigung deutscher (regionaler) Datenautobahn-Betreiber.

Bundesdatenschutzgesetz
kurz BDSG, das Gesetz, das den behördlichen und betrieblichen bzw. gewerblichen Umgang mit schutzwürdigen personenbezogenen Daten für Deutschland regelt.
Für den behördlichen Umgang sind bestimmte Pflichten (beispielsweise die Löschung personenbezogener Daten nach festgelegten Fristen) sowie die Überwachung durch einen (parlamentarischen) Datenschutzbeauftragen festgelegt, für die unternehmerische bzw. gewerbliche Verarbeitung personenbezogener Daten gelten ähnliche Vorschriften (ab einer festgelegten Betriebsgröße müssen spezielle Datenschutzbeauftragte ernannt werden, die für die Einhaltung der Datenschutzvorschriften verantwortlich sind, ein Zugriff auf die Daten durch Unbefugte muß ausgeschlossen sein, die Weitergabe unterliegt Einschränkungen, usw.). Das BDSG verpflichtet dazu, den Betroffenen auf Anfrage Auskünfte über elektronisch gespeicherte Daten (Art, Umfang, Verwendungszweck) zur eigenen Person zu erteilen, und gibt diesen gewisse rechtliche Ansprüche auf Berichtigung oder Löschung solcher Daten.

Bundesministerium für Bildung, Wissenschaft, Forschung und Technologie
→ BMBF.

Bundesprüfstelle für jugendgefährdende Schriften
(BPS) Stelle zur Indizierung von Medien aller Art, die jugendgefährdende Wirkung ausüben (etwa Aufrufe zu Gewalt oder Rassenhaß beinhalten). Anträge können durch Jugendämter oder Jugend-Minister gestellt werden, die Entscheidungen der BPS werden im Bundesanzeiger veröffentlicht und sind rechtlich verbindlich.

Bundesstelle für Zulassungen in der Telekommunikation
BZT, die derzeitige Nachfolgebehörde der → ZZF bzw. der → FTZ.

Bundesverband der Deutschen Versandbuchhändler e. V.
1950 in Nachfolge des Vereins der Reise- und Versandbuchhandlungen neu gegründete Interessengemeinschaft des Reise- und Versandbuchhandels.

Bundesverband Deutscher Zeitungsverleger e. V.
BDZV, 1954 gegründeter Herausgeber-Verband.

Bundesverband des werbenden Buch- und Zeitschriftenhandels e. V.
wbz, Vereinigung von Abonnement-Vertriebsunternehmen.

Bundesverband Druck e. V.
BV Druck, 1968 gegründete Nachfolgeorganisation des Deutschen Buchdrukker-Vereins (DBV), in verschiedene Landesverbände gegliederter Arbeitgeber- und Wirtschaftsverband der deutschen Druckindustrie, Sitz Wiesbaden.

Bundfalz
Falz am Innenrand der Buchseiten, in Unterscheidung zum Kopffalz.

Bundsteg
unbedruckter Innenrand einer Buchseite, siehe → Satzspiegel.

Buntfarbe
eine chromatische oder „echte" Farbe (Grün, Gelb, usw.), meist als Unterscheidung zu einer Graufarbe oder zu Schwarz.

burn-in
Hardwaretest, bei dem ein Gerät längere Zeit ohne Unterbrechung läuft.

Burst-EDO
siehe → EDO-DRAM.

burst-page
Startbildschirm eines Programms, vgl. → *banner*.

burst transmission
Hochgeschwindigkeitsübertragung.

Bus
- auch *channel*, die aus vielen parallelen Leitungen bestehende Verbindung zwischen einer CPU und dem Rest des Computers (Arbeitsspeicher, Taktbausteine usw.). Der gesamte Bus kann nach den Funktionen der einzelnen Verbindungen noch weiter unterschieden werden, etwa nach → Adressbus, → Datenbus und → Steuerbus. Als → Erweiterungsbus bezeichnet man die auf dem internen Bus-System aufsitzende Bus-Karte mit Steckverbindungen (→ *Slots*), die für den Anschluß zusätzlicher (nicht auf dem → *motherboard* vorhandener) Komponenten vorgesehen sind.
- in LANs Bezeichnung für ein gemeinsames Kabel, das alle Rechner verbindet (→ *bus topology*).

Busbreite
Anzahl der Leitungen eines → Bus, meist ist nur die Anzahl der Datenleitungen bzw. die Datenbus-Breite gemeint.

bus mastering
direkter Datenaustausch zwischen PC-Komponenten, der nur über das Bus-System und ohne Umweg über die CPU stattfindet. Der direkte Zugriff ist schneller und entlastet die CPU. Vgl. → PCI-Bus.

bus topology
eine auch als *daisy chain* bezeichnete → Netztopologie, bei der alle Geräte hintereinander am selben Kabelstrang angeschlossen sind.

busy hour call
→ bhc.

button
Knopf (an einer Maus, oder Anzeige auf dem Bildschirm).

buttonhook
Fragezeichen, das Zeichen ?.

BW
bandwidth, Bandweite, Frequenzumfang.

B-WiN
Breitband-Wissenschaftsnetz, → ATM-Ableger des deutschen Wissenschaftsnetzes (→ WiN). B-WiN wird vom DFN getragen, das Rechenzentrum der Universität Stuttgart betreut die technische Organisation.

bypass
Ersatzleitung, die beim Ausfall einer Datenübertragungsstrecke den Netzbetrieb sicherstellt.

Byte
(früher: *bite*, ein kleines Häppchen) mehrere → Bits, die zu einem größeren binären Element zusammengefaßt werden. Die Bezeichnung galt ursprünglich für Elemente unterschiedlicher Bit-Länge, heute wird sie allgemein nur noch für 8-Bit-Bytes (früher ein *octet*) verwendet. Ein Byte kann 256 verschiedene Zustände annehmen bzw. 256 verschiedene Zeichen oder Zahlen, Tonhöhen, Farbwerte, Graustufen usw. repräsentieren.

Bytecode
ein Zwischencode zwischen dem Quellcode eines Programms (also einem in einer → *high level language* formulierten Text) und dem ausführbaren Maschinencode. Bytecodes bestehen aus einem als ein Byte codierten Steuer-Befehl (Operator-Code bzw. OpCode) und einem oder mehreren Operatoren (Variablen etc.), ein → Interpreter muß dann diesen Bytecode in Maschinencode übersetzen und zur Ausführung bringen.
Bytecodes dienen dazu, die Ausführungsgeschwindigkeit eines in einer Interpreter-Sprache geschriebenen Programms zu verbessern, Urheberrechte (des Programmierers) zu schützen, oder auch dazu, den Code-Umfang so gering wie möglich zu halten (DFÜ). Die Ver-

wendung von Bytecode ist u. a. bei → Java oder → Visual Basic üblich.

Byte/s
→ *bytes per second.*

bytes per second
kurz Byte/s, vereinzelt auch noch → bps, Maßbezeichnung für die interne Datentransferrate in einem Computer (also etwa die Geschwindigkeit des Transfers von Daten von der Festplatte zum Hauptspeicher); heute meist durch die Angabe von KByte/s oder MBytes/s ersetzt.

BZT
→ Bundesstelle für Zulassungen in der Telekommunikation.

©
copyright-Zeichen, siehe → Schutzzeichen.

CA
- → *call accepted*, Rufannahme;
- → *Certificate Authority*, eine → Zertifizierungsstelle.

cabbage
Kohl, das Zeichen @ (*commercial at*).

cable loss
→ Kabelverlust.

CAC
→ *call accepted*.

cache
(wörtl.: Versteck) Puffer, → Zwischenspeicher, bei PCs meist Bezeichnung für den auf dem *motherboard* befindlichen → *second level cache*.

Cache-Programm
Hintergrundprogramm, das Daten im RAM zwischenspeichert und dadurch erneute zeitraubende Zugriffe auf Datenträger (Festplatte, CD) unter günstigen Umständen überflüssig macht.

CAD
Computer Aided Design, computerunterstütztes Entwerfen und Zeichnen.

CAD/CAM
siehe → CAM.

CAE
Computer Aided (oder *Assisted*) *Engineering*, rechnergestützte Ingenieurtechnik.

CAI
Computer Aided Instruction, computerunterstütztes Instruieren, Lehren mit Computerhilfe. Im Unterschied zum → CBT bezeichnet CAI die Steuerung des Lernprozesses durch einen Lehrer, der Online mit dem Schüler kommuniziert bzw. mit Hilfe des Computers Lehrstoffe vermittelt.

CAL
Computer Aided (oder *Assisted*) *Learning*, Computerunterstütztes Lernen, vgl. → CBT.

CALL
- Anruf, Verbindung;
- Aufforderung an den Sysop, sich in einen Chat einzuschalten;
- in Programmiersprachen häufig Befehl für den Aufruf einer Unterroutine.

call accepted
Rufannahme (ein ankommender Ruf wird entgegengenommen), Steuerzeichen bei Modems zur Signalisierung einer eintreffenden Verbindung.

call by call
Anruf für Anruf, Schlagwort für die durch die → TKV geregelte Möglichkeit, bei jedem Anruf erneut zu entscheiden, über welches Telefonunternehmen der Anruf erfolgen soll. Die vor der eigentlichen Telefonnummer gewählte Netznummer gibt den jeweiligen Dienst vor.

caller
Anrufer.

call for ...
Aufforderung, etwas zu tun, u. a.:
- *call for discussion*, kurz CFD, Aufruf zur Diskussion (sinngemäß: „bitte äußern Sie sich hierzu");
- *call for opinion*, kurz CFO, Aufruf zu einer allgemeinen Meinungsumfrage (ähnlich CFD);
- *call for papers/postings*, Aufruf zum Einsenden von Beiträgen (→ *postings*);
- *call for vote*, Aufruf zur Abstimmung (in

→ *newsgroups:* Abstimmung darüber, ob eine weitere *newsgroup* eröffnet werden soll).

calling tone
Anruf-Ton, eine von Faxgeräten oder Modems zum Verbindungsaufbau ausgesendeter Ton.

call request
abgehender Ruf (es wird ein Signal zum Aufbau einer DFÜ-Verbindung gesendet bzw. eine Nummer gewählt).

call word
Paßwort.

CAM
Computer Aided (oder *Assisted*) *Manufacturing,* rechnergestützte Fertigung. Häufig basiert CAM auf → CAD, d. h. CAD-Pläne werden (automatisch) in Fertigungsanweisungen für die Computersteuerung von Produktionsprozessen umgesetzt (CAD/CAM).

Camcorder
aus *camera* und *recorder* gebildete Bezeichnung für eine Videokamera.

CAN
cancel, löschen.

cancel
löschen.

cancel character
Löschzeichen, ein Zeichen, das vorhergehende Zeichen als ungültig markiert (etwa ASCII 24, Crtl-H).

CAP
Computer Aided Publishing, Computergestütztes Publizieren, allgemeine Bezeichnung, die neben dem → DTP auch alle sonstigen Arten des Publizierens mit Computerhilfe umfaßt, also etwa die Verbreitung von Informationen mit Hilfe von Computernetzen oder Multimedia-CDs.

CAPI
Common ISDN Application Interface, industrieller Schnittstellenstandard, ermöglicht die Verbindung von DFÜ-Programmen, die den AT-Befehlsstandard einsetzen, mit ISDN-Adapterkarten, und umgekehrt die Verbindung von ISDN-Programmen mit Modems.

CAPS
capitals, Großbuchstaben, Versalien.

caption
→ Legende, Bildunterschrift.

carbon copy
→ cc, → bcc.

caret
auch *hat,* das Zeichen ^.

carriage return
→ CR.

carrier
- Träger (auch Transporteur, Lieferdienst);
- in der DFÜ und im Bereich der elektronischen Musik Bezeichnung für einen → Trägerton (auch die Grundschwingung, → Sinusschwingung, → Wellenform des Grundtons). Durch → Modulation bzw. → Modulatoren wird der *carrier* verändert.

Carrier-Sense Multiple Access
→ CSMA.

CAS
Communication Applications Specifikation, Treiberstandard für die Verbindung von Faxsoftware und Modem, gemeinsam entwickelt von Intel und DCA.

case sensitive
zwischen Groß- und Kleinschreibung unterscheidend.

Cast
Rollenbesetzung,
- im Film oder beim Theater die Auswahl der Darsteller für eine bestimmte Rollenfigur,

- in der → VR die Festlegung der Ausstattung, des Charakters, der Handlungsmöglichkeiten und der Bildschirmdarstellung einer agierenden Person oder Figur (vgl. → Darsteller).

cat
Katze, → *commercial at* das Zeichen @.

catena
Zeichenkette.

CAV
Constant Angular Velocity, konstante Winkelgeschwindigkeit, Bezeichnung für ein Aufzeichnungs- bzw. Zugriffsverfahren, bei dem sich das Speichermedium (Festplatte, Laserdisk etc.) mit konstanter Geschwindigkeit dreht. Auf den konzentrischen Datenspuren sind jeweils gleich viele (jedoch entsprechend unterschiedlich lange) Datenblöcke untergebracht. Vgl. → CLV.

CBL
Computer Based Learning, Synonym für → CAL.

CBMS
Computer-Based Message System, allgemeine Bezeichnung für E-Mail-Systeme.

CBT
- *computer based teaching,* computer-gestütztes Lehren, vgl. → CAT.
- *computer based training,* computergestütztes Lernen; vgl. → CAI.

cc
- *carbon copy,* Durchschlag, Kopie einer E-Mail an weitere Empfänger;
- Bezeichnung für die Verteilerliste, die alle Empfänger der E-Mail aufführt;
- *call connected* oder → *connection confirmed,* Rückmeldung: Verbindungsaufbau bestätigt.

CCD
Charge Coupled Device, ladungsgekoppelter Halbleiterbaustein, ein Bauteil aus miteinander verbundenen Mini-Dioden (ladungsgekoppelten Halbleitern), die analog zum Lichteinfall Spannung erzeugen. Die von den jeweiligen Elementen abgegebene Analog-Spannung wird anschließend in digitale Werte umgesetzt. CCD-Chips werden in Scannern, Videokameras und Digitalkameras eingesetzt, je nach Bauart und Einsatzzweck sind sie als Zeilensensoren (einzelne Reihe nebeneinanderliegender Elemente) oder als Flächensensoren (Halbleiter-Matrix) ausgelegt. Durch die CCD-Sensoren werden nur Helligkeitswerte ermittelt, für die Erfassung von Farben sind daher → Farbfilter einzusetzen (vgl. → One-Shot-Kameras, → Three-Shot-Kamera).

CCIRN
Coordinating Committee for Intercontinental Research Networks, internationale Koordinationsgruppe, die sich mit der Weiterentwicklung von Computernetzwerken (Internet etc.) beschäftigt. CCIRN wird von → FNC und → RARE unterstützt.

CCITT
Consultative Commitee on International Telegraphy and Telephone, oder *Comité Consultatif International Télégraphique et Téléphonique* (frz.), Internationales Beratungsgremium für Telegrafie und Telefonwesen, frühere Bezeichnung der heute → ITU-TSS genannten Einrichtung.

CCITT-Normen
die von der ITU-TSS (früher CCITT) festgelegten Normen der Telekommunikation, u. a. I-Normen (ISDN), V-Normen (Telefon) und X-Normen (Datennetze). Obwohl man diese Normen in ihrer Gesamtheit heute meist ITU-Normen nennt, sind die alten CCITT-Bezeichnungen (anstelle von ISO-Nummern-Bezeichnungen) nach wie vor verbreitet. CCITT-Normen werden alphanumerisch bezeichnet: sie beginnen mit Kennbuchstaben, an denen man den ungefähren Verwendungszweck teils

schon erkennen kann (G wie Grafik, H wie Highspeed, T wie Telefon, V wie Voice-Netz, X wie data eXchange). Zu den am häufigsten benutzten Normen gehören:

G.3 analoge Faxgeräte;
G.4 digitales Faxen (über ISDN);
H.261 Videos und Videotelekonferenzen;
H.320 audiovisuelle Datennetze (ISDN);
H.323 paketvermittelte audiovisuelle Kommunikation (Internet);
H.324 Videokonferenz-Systeme über das analoge Fernsprechnetz;
T.120 Videoconferencing;
T.30 Norm für den Verbindungsaufbau in der DFÜ;
T.4 Fax (Bildaufbau);
T.6 Fax (Codierung);
V.17 Fax (Übertragungsgeschwindigkeit);
V.21 DFÜ-Norm (300 Baud, asynchron, duplex);
V.22 DFÜ-Norm (300, 600 und 1200 Baud, asynchron/synchron, duplex);
V.22bis DFÜ-Norm wie V.22, jedoch 2400 Baud/vollduplex;
V.23 DFÜ-Norm (600/1200 Baud, asynchron/synchron, halbduplex);
V.24 → serielle Schnittstellen;
V.25 Modembefehle (zu AT-Kommandos inkompatibel);
V.26 DFÜ-Norm (2400 Baud, synchron, duplex);
V.26bis DFÜ-Norm (1200/2400 Baud, synchron, halbduplex);
V.26ter DFÜ-Norm wie V.26bis, 2400 Baud vollduplex, mit Echobeseitigung;
V.27 DFÜ-Norm (4800 Baud, synchron, halbduplex);
V.28 → serielle Schnittstelle (elektrische Eigenschaften);
V.29 DFÜ-Norm (9600 Baud, duplex), verbreiteter Fax-Standard;
V.32 DFÜ-Norm (9600 Bit/s, 2400 Baud), Echokorrektur;
V.32bis wie V.32, 14400 Bit/s;
V.32terbo ein NICHT von der ITU/CCITT empfohlener Herstellerstandard (AT&T), der V.32/bis auf 19200 Bit/s erweitert;
V.34 DFÜ-Norm (28800 Bit/s, mit Kompression);
V.42 Modem (Fehlerkontrolle);
V.42bis Modem (Datenkompression);
V.100 ISDN-DFÜ-Protokoll, bitorientiert;
V.120 ISDN-DFÜ-Protokoll, paketorientiert;
X.21 Schnittstellen-Norm (physikalische Eigenschaften, Steckerbelegungen usw.);
X.25 Schnittstellen-Norm (Paketvermittlung, Datex-P);
X.75 Datenübertragungsnorm für ISDN, B-Kanal-Nutzung, 64000 Bit/s. (Eurofiletransfer);
X.400 E-Mail-Standard, → X.400;
X.500 Directory-Service-Standard, → X.500.

CCL
Connection Control Language, eine Kommandosprache unter → AppleTalk zur Steuerung von Modemfunktionen.

CCO
call connected, Verbindungsaufbau bestätigt (vgl. auch → CC).

CD
- *Carrier Detect,* Trägerton erkannt (Modemfunktion beim Verbindungsaufbau);
- *Change Directory,* Kommando zum Verzeichniswechsel (unter DOS und UNIX);
- *Color Display,* Farbbildschirm;
- *collision detection,* → Kollisionserkennung;
- → *Compact Disk.*

CD-Brenner
Synonym für → CD-Writer.

CD-DA
Compact Disk Digital Audio, auch Audio-CD oder Musik-CD (meist jedoch nur kurz CD) genannt, Bezeichnung für jene CDs bzw. Laufwerke, die ausschließlich zur digitalen Aufzeichnung bzw. zum Abspielen von Musik geeignet

sind. Die CD-DA-Standards wurden gemeinsam von Sony und Philips entwikkelt und im sog. → *Red Book* definiert; die CDs lassen sich auch auf → CD-ROM-Laufwerken abspielen.

CDDI
Copper Distributed Data Interface, Anpassung des → FDDI auf LAN-Betrieb mit Kupferkabeln (→ Koaxialkabeln).

CD-DV
CD-Digital Video, auch kurz Video-CD genannt, von JVC und Philips entwickelter Standard für Video-CDs mit bis zu 70 Minuten Videoaufzeichnung.

CD-Extra
Markenname für CDs (*Enhanced Music*-CDs oder CD-Plus-CDs) nach dem im → *Blue Book* beschriebenen Standard für CDs.

CD-i
Compact Disc-interactive, CD nach dem → *Green Book*-Standard, speziell für interaktive Multimediaanwendungen, Videos usw. vorgesehen.

CD-i-Ready
Audio-CD (→ CD-DA) mit zusätzlichen Index-Angaben, die von CD-i-Playern verarbeitet werden können.

CD-Laufwerk
siehe → CD-ROM-Laufwerk.

CD-MO
magneto-optische CD, mehrfach beschreibbar.

CD Plus
auch CD+, siehe → CD-Extra.

CD-R
auch CD-r, *Compact Disc Recordable* (früher auch CD-WO, CD-*Write Once*), eine einmal beschreibbare CD, die in einem sogenannten CD-Writer-Laufwerk „gebrannt" werden kann.

CD-Recorder
→ CD-Writer.

CD-ROM
Compact Disc Read Only Memory, nur lesbare CD, ein CD-Standard (einer von mehreren); inzwischen meist allgemeine Bezeichnung für einmal beschreibbare, computerlesbare CDs mit einer Speicherkapazität von über 600 MByte. Der CD-ROM-Standard wurde 1985 entwickelt (siehe → *Yellow Book*) und umfaßt (weitgehend) mehrere ursprünglich separat entwickelte Standards (vgl. → *Red Book,* → *Orange Book,* → CD-DA, → Photo-CD).

CD-ROM-Laufwerk
Computerlaufwerk für CD-ROMs.

CD-RTOS
Compact Disc – Real Time Operating System, in CD-i-Geräten verwendetes proprietäres Betriebssystem (Philips).

CD-RW
CD-Read/Write, siehe → CD-Writer.

CD-V
CD-Video, siehe → Bildplatte.

CD Video
siehe → Bildplatte.

CD-WO
Compact Disc Write Once, einmal beschreibbare CD; siehe → CD-R.

CD-Writer
auch CD-Brenner, CD-RW-Laufwerk oder CD-Recorder, ein Laufwerk, das zum Lesen und Beschreiben von → CD-R-Platten (und Lesen von → CD-ROMs) dient; es wird in der Regel über → SCSI angeschlossen (und daher auch manchmal gleich im Bundle mit einer SCSI-Karte verkauft) und „brennt" die Daten mit einem starken Laser auf CD-R-Rohlinge. CD-Writer und -Rohlinge sind inzwischen preislich so günstig gewor-

den, daß die Speicherung größerer Dateien bzw. Datenbestände (Audiodaten, Bilddateien etc.) per CD nach jener mit Bändern die zweitbilligste Methode darstellt; für die Distribution größerer Datenbestände können die im CD-Writer beschriebenen CDs auch als → *Mastering-Disc* eingesetzt werden.

CD-XA
Compact Disc – Extended Architecture, Erweiterung des → *Yellow-Book*-Standards für → CD-ROMs, integriert die Speicherung von Steuerdaten für Lesegeräte sowie Datenkompression.

CeBIT
Centrum für Büro, Information und Telekommunikationstechnik, alljährlich stattfindende internationale Computermesse in Hannover.

Cedille
Der Akzent unter dem C: Çç.

cel
- Zelle, Speicherplatz;
- bei Animationen: ein Einzelbild innerhalb einer Bildfolge *(frame sequence)*.

cell
bei der → Paketvermittlung: ein Datenpaket mit fester Länge (u. a. verwendet bei → ATM, → X.25).

cello
einer der ersten → WWW-Browser für Windows, entwickelt an der Cornell University *(freeware)*.

cell switching
→ Paketvermittlung mit (→ *cells*).

CEN
Comité Européen de Normalisation (frz.), Europäisches Komitee für Normung (Brüssel).

CENELEC
Comité Européen de Normalisation Electrotechnique (frz.), Europäisches Komitee für elektrotechnische Normung, Unterabteilung des → CEN.

censorship
Zensur, gesetzliche Regelung bzw. Beschränkung der Inhalte von Publikationen, öffentlicher Rede oder sonstigen Formen der Meinungsäußerung. In internationalen bzw. länder- und kulturübergreifenden Medien (wie etwa dem Internet) nur schwer definierbar und durchsetzbar.

Center for Innovative Computer Applications
→ CICA.

Centronics
amerikanische Firma, entwickelte den Standard für die → Parallelschnittstelle.

Centronics-Kabel
Kabel für den Anschluß eines Druckers an der → Parallelschnittstelle.

Centronics-Schnittstelle
→ Parallelschnittstelle.

CEPT
Conferénce Européenne des Administrations des Postes et des Télécommunications (frz.), Europäische Konferenz der Post und Fernmeldeverwaltungen, Bern, ist u. a. auch für Normungen im Bereich öffentlicher Post- und der Telekommunikations-Einrichtungen zuständig.

CEPT-Grafik
zeichenorientierte Bildschirm-Darstellung unter Btx (nach Standards der → CEPT).

CERN
Centre Européen de Recherches Nucléaires (frz.), Europäisches Forschungszentrum für Teilchenphysik (Kernforschungszentrum), Genf. Hier wurde ab 1991 das → WWW konzipiert und der erste Web-Browser *(→ Line*

Mode Browser) entwickelt. http://www.cern.ch/

CERT
Computer Emergency Response Team, eine seit 1988 bestehende „Schnelle Eingreiftruppe" des Internet, die in Zusammenarbeit mit Netzbetreibern und Herstellern Sicherheitsrisiken im Netz aufdeckt und Hilfestellung bei Sicherheitsproblemen leistet. Deutsche CERT-Einrichtungen sind im → DFN und am → BSI.

Certificate Authority
kurz CA, eine → Zertifizierungsstelle, die z. B. Identitätsbestätigungen, Echtheitszertifikate, aber auch Schlüssel (→ digitale Signaturen, Kennschlüssel, Prüfschlüssel) für die verschlüsselte Datenübertragung vergibt. In Deutschland unterliegen Zertifizierungsstellen für den Online-Bereich gemäß den Regelungen des → IuKDG behördlicher Genehmigung und Überwachung.

CFD
call for discussion, Aufruf zur Diskussion (sinngemäß: „bitte äußern Sie sich hierzu").

CFO
call for opinion, Aufruf zu einer allgemeinen Meinungsumfrage (vgl. → CFD).

CFP
call for papers/postings, Aufruf zum Einsenden von Beiträgen (→ *postings*).

CFR
confirmation to receive, Empfangsbestätigung.

CFV
call for vote, Aufruf zur Abstimmung (darüber, ob eine weitere Newsgroup eröffnet werden soll).

CGA
Colour Graphics Adapter, heute kaum noch verwendeter PC-Grafikkartenstandard (von IBM) bzw. Farb-Bildschirmmodus.

CGI
- *Common Gateway Interface,* Standard für die Kopplung von Server-Programmen und sonstigen Programmen; vgl. auch → ISAPI und → NSAPI;
- ein nach dem CGI-Standard auf einem Host ablaufendes Programm, das zur Steuerung von Aktivitäten des Hosts (bzw. zur Steuerung von Server-Programmen) eingesetzt wird. Am weitesten verbreitet sind CGIs, die zwischen einem HTTP-Client (einem → WWW-Browser) und einem → Server vermitteln. Der Start eines CGIs wird hierbei per → *hyperlink* aus einem → HTML-Dokument heraus veranlaßt, wobei meist Parameter (Formularinhalte etc.) übergeben werden. Solche Client-Anfragen werden vom CGI interpretiert und zur dynamischen Generierung von Server-Ausgaben verwendet. Über CGIs werden beispielsweise Datenbank-Abfragen realisiert, bei → Suchdiensten Anfragen gestartet (und die Suchergebnisse als dynamisch erzeugte WebPages zurückgesandt), oder Zugriffszähler aktiviert („You are the 7777.6666 Visitor of this Page!").

CGI-Script
ein in einer → Script-Sprache (häufig → PERL) verfaßtes → CGI-Programm.

CGM
Computer Graphics Megafile, Speicherformat für das Speichern mehrerer grafischer Objekte (Icons, Grafiken etc.) in einer einzigen Datei.

channel
- Kanal, Datenübertragungskanal;
- Synonym für → bus;
- beim → IRC Bezeichnung für ein Chat-Forum zu einem Themenbereich, → *IRC channel.*

channel bundling
→ Kanalbündelung.

channel hopping
„Zappen“, die → IRC-Variante zum Programmwechsel beim Fernsehen: das Hüpfen von Kanal zu Kanal.

channel operator
ein privilegierter Benutzer (der andere vom Chat ausschließen kann), normalerweise derjenige, der einen Kanal öffnet (vgl. → IRC-Kommandos). Der Betreiber des Chat-Systems ist der → IRCOP.

chanop
→ *channel operator*.

char
character, Zeichen; in Programmiersprachen Typisierung für alphanumerische Daten.

character
- eine Figur; ein Schriftzeichen;
- im typografischen Zusammenhang: die Ausprägung eines Schriftzeichens oder einer Schrift.

character-based
→ zeichenorientiert, → textorientiert.

character generator
Speicherbaustein (ROM), in dem das Pixelmuster von Buchstaben abgelegt ist.

character graphics
→ ASCII art.

character length
Zeichenlänge (bei einigen Terminalemulationen vorhandene Funktion zur Festlegung der Anzahl von Bits pro Zeichen, vgl. → ASCII).

character set
Zeichensatz, Zeichenvorrat (einer Schrift, eines Codes).

characters per second
→ CPS.

charge coupled device
ladungsgekoppelter Halbleiter-Baustein, siehe → CCD.

chart
Diagramm; sortierte Liste.

charter
die „Charta“, das Gründungsdokument einer → *newsgroup* (Festlegung des Themas).

chat
- Schwätzchen, Plauderei, Unterhaltung;
- im Internet Bezeichnung für eine Echtzeit-Unterhaltung mit (meist mehreren) anderen Usern über Tastatur und Bildschirm, bzw. Abkürzung für den solche Unterhaltungen ermöglichenden Internet-Dienst (→ IRC);
- in einigen Mailbox-Systemen als Kommando verwendet (Aufforderung an den Sysop, sich einzuschalten).

chatten
eingedeutscht: sich via Computer bzw. im Internet unterhalten.

Cheapernet
preiswert verkabeltes → LAN (→ Ethernet nach IEEE 802.6, ThinWire-Verkabelung).

check box
→ Kontrollkästchen.

checksum
→ Prüfsumme.

Chip
kurz für Mikrochip oder Mikroprozessor.

chip-card telephone
Kartentelefon.

Chip-Kamera
eine → Digitalkamera mit Flächensensor (siehe → CCD) und → One-Shot-Technik. Vgl. → Scanner-Kamera.

chroma key
auch *colour key*, die Überlagerung zweier Bildsequenzen unter Benutzung einer

als Transparenzwert gesetzten Schlüsselfarbe; siehe → *blueboxing.*

chromatisch
(griech. *chroma,* Farbe)
- chromatisches Instrument: ein Instrument, mit dem alle Halbtöne zu spielen sind und das daher neben der Grundstimmung weitere Tonleitern umfaßt (beispielsweise eine chromatische Harp);
- chromatische Tonleiter: eine → Tonleiter in → Halbtonschritten (etwa c, cis, d, dis usw.), meist nur „zur Verzierung" verwendet (vorwiegend bei Klavierstücken);
- chromatische Farbe *(chromatic colour):* eine Buntfarbe (im Unterschied zu einer → achromatischen Farbe).

chrominance signal
Farbsignal, das die → Chrominanz bestimmende Videosignal.

Chrominanz
Farbton und Sättigung einer Farbe.

CICA
Center for Innovative Computer Applications, Forschungseinrichtung an der *University of Indiana* (großes Shareware-/Freeware-Archiv, auf das per Internet zugegriffen werden kann).

CIE
auch CIX, *Commercial Internet Exchange,* eine Interessenvereinigung, die sich mit kommerziellen Aspekten des Internets (u. a. auch der Entwicklung eines sicheren Zahlungsverkehrs im Internet) beschäftigt.

CIF
Common Intermediate Format, für die Bildtelefonie (bei Zweikanal-ISDN, also der gleichzeitigen Benutzung zweier ISDN-B-Kanäle) verwendeter Video-Auflösungs- bzw. Darstellungsstandard der CCITT, 352 x 288 Pixel. (Varianten: CIF 240 mit 352 x 240 Pixeln und QCIF mit 176 x 144 Pixeln.)

CIM
CompuServe Information Manager, das im → CIS benutzte Kommunikationsprogramm von → CompuServe.

cine film
8 mm (Schmalfilm) oder 16 mm breites Filmformat (mit separater Tonspur).

cine-oriented
(wörtl.: Film-orientiert) eine Bildlage, bei der die kürzere Seite des Bildes parallel zu den Rändern des Films verläuft (z. B. beim 8 mm oder 16 mm Film).

Cinepak Codec
(Cinepak Compressor/Decompressor) von der Firma SuperMac Technology ursprünglich für Apple-Computer entwickeltes Video-Kompressions- und Dekompressionsformat, entwickelte sich zum Quasistandard. Mit Cinepak Codec komprimierte Videos sind mit der *extension* .AVI oder .MOV versehen und können u. a. über die Windows-Medienwiedergabe, *Video for Windows* oder Apples QuickTime betrachtet werden.

CIP
Cataloguing in Publication, die von der → Deutschen Bibliothek anhand der Meldung des Verlages vergebene Kombination aus Kurztitel und der → ISBN eines Werkes. Sie wird im Buch abgedruckt und von der Deutschen Bibliothek u. a. im Neuerscheinungs-Sofortdienst und im Verzeichnis lieferbarer Bücher aufgenommen.

CIR
circuit, Schaltkreis, feste Verbindung, Leitung.

CIRC
in Audio-Playern und CD-ROM-Laufwerken hardwaremäßig implementiertes Verfahren zur Fehlerkorrektur beim Lesen von CDs.

circuit-switched network
ein Netzwerk, das mit → Leitungsvermittlung betrieben wird.

circuit switching exchange
→ Leitungsvermittlung.

circular
Rundschreiben.

CIS
CompuServe Information Service, der Online-Dienst der Firma → CompuServe.

citation
Zitat; auch Bezeichnung für die (ein Zitat umschließenden) Anführungszeichen.

CityCam
eine → WebCam, die aktuelle Bilder aus einer Stadt zeigt, zum Beispiel http://www.realtech.com/webcam oder http://www.stern.de/cam

CIX
→ CIE.

clean proof
eine → Jungfer, also eine Korrekturfahne ohne Fehler.

clear
löschen (Bildschirm, Datenträger), abmelden.

Clear-CD
Audio-CD oder CD-ROM mit einem transparenten äußeren Rand (nur die inneren 8 cm sind mit einer Metallschicht versehen). Durch entsprechenden Aufdruck läßt sich ein optischer Eindruck ähnlich einer → Form-CD erzielen, im Unterschied zu Form-CDs lassen sich Clear-CDs jedoch auch (ohne nennenswerte Probleme) auf schnellen CD-ROM-Laufwerken einsetzen.

Clearingstelle
Klärungsstelle, vgl. Clearingstelle Multimedia, → CMMV.

clear text
Klartext, nicht verschlüsselte Daten.

ClearVideo
von Iterated Systems entwickeltes Videokompressions- und Darstellungsformat, kann u. a. von VfW und QuickTime dargestellt werden. http://www.iterated.com/ClearVideo

Client
Kunde, Klient, Bezeichnung für Computer (innerhalb eines Netzes) oder Programme, die von einem andereren Computer oder Programm *(→ Server)* Leistungen anfordern. Vg. → Client-Server-Modell.

Client/Server-Modell
in → Xerox PARC entwickeltes Konzept für die verteilte Aufgabenlösung in Computersystemen bzw. -Netzen, bei dem sog. → *Clients* spezielle Leistungen von einem → *Server* anfordern und von diesem erhalten. Die Bezeichnungen *Clients* bzw. *Server* sind abstrakt, sie können sowohl Computer als auch als einzelne Programme auf Computern benennen.
Das Client/Server-Konzept ist vor allem dazu geeignet, Ressourcen von einer einheitlichen Stelle aus für viele Nutzer oder Anwendungsprogramme zur Verfügung zu stellen, wodurch u. a. → Datenkonsistenz, optimale Zuteilung und Auslastung von Ressourcen (Übertragungswege, Speicherplatz, Rechenkapazität etc.) und zentrale Zugangsverwaltung gewährleistet werden können.

clip
Zeitungsausschnitt, Filmausschnitt, Videosequenz; oft auch Begriff für einen kurzen (aber vollständigen) Videofilm.

clip art
(wörtl. ungefähr: Schnipsel-Kunst) vorgefertigte Grafiken, Bilder oder Zeichnungen, die meist in Bibliotheken zusammengefaßt sind und vorwiegend zur Illustration von Präsentationen, Texten, Faxvorlagen u. dgl. eingesetzt werden.

clipboard
Klemmbrett; unter Windows die Zwischenablage.

CL-Netz
(Computernetzwerk Linksysteme-Netz) deutschsprachiges Mailbox-Netz, politische, ökologische und soziale Themenschwerpunkte.

CLNP
Connectionless Network Protocol, Protokoll für → verbindungslosen Netzwerkbetrieb.

CLNS
Connectionless Service, → verbindungsloser Dienst.

clocked
in Synchronisation mit einer Uhr bzw. einem Zeitimpuls.

clockwise
im Uhrzeigersinn.

clone
Klon, perfekte Kopie.

close
- schließen (Kurzbezeichnung für: einen Zugriff auf eine Datei oder einen Service beenden, eine Verbindung trennen, usw.);
- Klammer zu, das Zeichen).

club line
→ Schusterjunge, Waise.

cluster
eine zusammengehörige Menge gleichartiger Objekte (Sektoren auf Datenträgern, Rechner innerhalb eines Netzes, usw.)

CLV
Constant Longitudinal Velocity, konstante Längsgeschwindigkeit, Bezeichnung für ein Aufzeichnungs- bzw. Abspielverfahren bei Datenträgern (CD), bei dem sich der Lese- bzw. Schreibkopf immer mit gleicher Geschwindigkeit über der Plattenoberfläche bewegt. Die Größe der Datenblöcke kann hierdurch konstant gehalten werden (die Aufzeichnungsdichte nimmt nicht, wie beim → CAV-Verfahren, zum Rand hin ab), jedoch ist es erforderlich, die Drehzahl bzw. die Umdrehungs-Geschwindigkeit der Platte an die Position des Kopfes (Entfernung vom Plattenmittelpunkt) anzupassen.

CMC
computer-mediated communication, Computer-vermittelte Kommunikation, Sammelbezeichnung für alle über Datennetzwerke erfolgenden Kommunikationsformen. Man unterscheidet die zeichenvermittelte Kommunikation, die asynchron *(E-Mail, newsgroup, bbs)* und synchron *(chat, irc)* ablaufen kann und bei der soziale Zusatzinformationen meist fehlen, von der sprachvermittelten Kommunikation (→ Internet-Telefon und → *videoconferencing*).

CMMV
Clearingstelle Multimedia der Verwertungsgesellschaften für Urheber- und Leistungsschutzrechte GmbH, von den deutschen → Verwertungsgesellschaften Anfang 1997 gegründete Einrichtung, die vor allem Multimedia-Produzenten bei der Suche nach Rechteinhabern unterstützen soll. (Die CMMV ist jedoch selbst keine eigenständige Verwertungsgesellschaft im Sinne des → WahrnG.)
Die laut Gründungspapieren vorgesehene Tätigkeit soll in der Erstellung und Führung einer per Internet erreichbaren Datenbank bestehen, mittels derer sich die jeweils gesuchten Urheberrechtsinhaber rasch ermitteln lassen sollen. Siehe auch → *asset,* → Urheberrecht, → Verwertungsgesellschaft.

CMT
Cellular Mobile Telephone, → Handy.

CMYK
Cyan, Magenta, Yellow, Black, für den Druck verwendetes → Farbmodell, siehe auch → Farbmischung.

CN
- → *Cheapernet*;
- → *Corporate Network*.

C-Netz
analoges Netz der Telekom für Mobiltelefone.

CNP
connection not possible, Verbindungsaufbau nicht möglich.

CNRI
Corporation for National Research Initiatives, gemeinnützige Forschungseinrichtung, die sich mit der Weiterentwicklung von Computer- und Netzwerktechnologien beschäftigt und u. a. das DOI-System entwickelte. http://www.cnri.reston.va.us

COAX
Coaxial Cable, → Koaxialkabel.

coaxial-to-twisted-pair adapter
→ CTPA.

COBOL
Common Business-oriented Language, eine Programmiersprache (→ *high level language*), die hauptsächlich für kaufmännische Anwendungen eingesetzt wird.

Code
- Zeichensatz, Zeichenvorrat, genau definierte Menge von Zeichen;
- Codierungs-Vorschrift, also alle Regeln für die Zuordnung von Zeichen des einen Zeichensatzes zu jenen eines anderen Zeichensatzes;
- kurz für → Programmcode, → Quellcode, auch Geheimcode.

CODEC
- *coder/decoder*, Synonym für → Analog/Digital-Wandler;
- häufig Kürzel für *compression/decompression*, womit dann die bei der Audio- oder Videoübertragung im Online-Bereich oder bei der digitalen Telefonie verwendeten Kompressionsverfahren (etwa → Cinepak Codec, oder auch → GSM) gemeint sind.

collaborative work
Gruppenarbeit; auch Bezeichnung für die bei Telearbeit für Gruppenarbeit erforderlichen Verfahren und Mittel, die gleichzeitiges Arbeiten mehrerer Mitarbeiter an einem Projekt auch über größere räumliche Distanzen hinweg ermöglichen (z. B. eMail-Systeme, Mehrbenutzereditoren, usw.). Vgl. → CSCW.

collision
Zusammenstoß (von Datenpaketen), hervorgerufen durch gleichzeitiges Senden mehrerer Sendestationen.

collision avoidance
→ Kollisionsvermeidung.

collision detection
→ Kollisionserkennung.

collision elimination
Kollisionsausschaltung.

colourcycling
Farbanimation, zyklischer Wechsel der Farbe (oder einzelner Farben) von Bild-Objekten.

colour depth
→ Farbtiefe

colour key
siehe → *chroma key*, → *blueboxing*.

colour separation
→ Farbtrennung.

COM
- *commercial*, → Bereichsname im Internet, siehe → *top-level-domains;*
- kurz für *communication* oder → COM-Port (die serielle Schnittstelle);
- *Computer Output on Microfilm*, Datenausgabe auf Mikrofilm.

combo box
ein Fenster bzw. eine umrandete Eingabefläche mit verschiedenen Eingabe-Elementen, siehe → Dialogbox.

Comité Consultatif International Télégraphique et Téléphonique
kurz CCITT, frühere Bezeichung für die → ITU-TSS.

command line
Befehlszeile, Eingabezeile.

command prompt
kurz *prompt*, Eingabezeichen.

comments
- Kommentar, Zusatzinformationen;
- bei E-Mails Schlüsselbegriff für ergänzende Bemerkungen zum Inhalt.

commercial access provider
kommerzieller → IAP, also ein Unternehmen, das den Zugang zum Internet gegen Gebühren anbietet.

commercial at
kurz *cat*, deutsch meist „Klammeraffe", das Zeichen @, auf amerikanischen Schreibmaschinentastaturen ursprünglich eingesetzt, um das im Rechnungswesen gebräuchliche 'at' (deutsch: je) abzukürzen, später dann von UNIX-Entwicklern als Sonderzeichen verwendet.

Commercial Internet Exchange
→ CIE.

common carrier
Bezeichnung für ein privatwirtschaftliches Unternehmen, das Telekommunikations-Dienste anbietet.

Common Gateway Interface
→ CGI.

Common Log Format
kurz CLF, ein am → CERN entwickelter und heute weit verbreiteter Standard für die Protokollierung von Client-Zugriffen auf Web-Server.

communication processor
ein Computer, der ausschließlich für Kommunikationszwecke eingesetzt wird.

comp
- Computer;
- auch *compare*, Befehl zum Vergleichen (etwa zweier Dateien);
- *computer*, Name der → *news hierarchy* im → UseNet, in der es um Computer-Themen geht.

Compact Disc
kurz → CD, ein wechselbarer, mit Hilfe von Lasern beschreibbarer bzw. lesbarer Datenträger für digitalisierte Daten. CDs haben einen Durchmesser von 12 cm und bestehen aus durchsichtigem Kunststoff (Polycarbonat) und einer reflektierenden Aluminiumschicht.
CDs können maximal etwa 680 MB Daten (Audio: knapp über 70 Minuten) fassen. Die Daten werden auf einer Seite der CD in einer spiralförmig von Innen nach Außen verlaufenden Spur festgehalten, sie müssen in zusammenhängenden Schreibvorgängen (vgl. → *sessions*) eingebrannt werden und können nicht gelöscht oder überschrieben werden Die einzelnen Daten-Bits werden im Aluminium durch Übergänge zwischen Vertiefungen (*pits*, Gruben) und nicht vertieften Abschnitten (*lands*, Boden) auf der Spur dargestellt (nicht *pit* oder *land*, sondern der Wechsel zwischen beiden wird beim Abtasten per Laser als Reflexionsänderung registriert und als Bit interpretiert), ein Daten-Byte besteht aus jeweils 14 Bits (siehe → EFM).
Unter den vielen CD-Varianten (u. a. → CD-DA, → CD-ROM, → Photo-CD), hat sich neben der CD-DA (als Langspielplatten-Ersatz) die CD-ROM im Multimedia-Bereich als allgemein gebräuchliches Speichermedium für den Massenmarkt durchgesetzt. Langfristig soll die CD durch die (bereits auf dem Markt befindliche) → DVD abgelöst werden, die gegenüber CDs ein Vielfaches an Speicherkapazität bietet.

Compiler
ein Programm, das aus einem in einer → *high level language* geschriebenen Quellcode ein ausführbares Programm in Maschinencode erzeugt.

Compiler-Sprache
eine Programmiersprache, deren Quellcode-Programme von einem → Compiler in direkt (auf Betriebssystemebene) ablauffähige Programme übersetzt werden können. Vgl. → Interpreter-Sprache, → Script-Sprache.

complimentary copy
Freiexemplar.

COM-Port
Kommunikations-Schnittstelle, die → serielle Schnittstelle. In PCs werden diese Schnittstellen (bis zu vier) als COM1, COM2 usw. durchnumeriert.

Composite Video Signal
bisweilen kurz *composite*, CV (in/out) oder CVS, ein aus den Signalen für die drei Grundfarben (RGB) zusammengesetztes Videosignal, das im Monitor bzw. Fernsehgerät wieder zerlegt wird. Die *Composite Video*-Übertragung ergibt eine schlechtere Bildqualität als die Ansteuerung des Monitors mit → RGB-Signalen.

compound document
wörtl. ein zusammengesetztes Dokument, also eine Textdatei, in die Daten aus anderen Programmen (oder in nicht-Text-Format) eingebettet sind.

CompuServe
US-amerikanischer, international tätiger → *provider*, betreibt den → CIS. Inzwischen von AOL übernommen, unterhält CompuServe noch immer eigenständig den weltweit zweitgrößten → Online-Dienst mit mehr als 5 Millionen Abonnenten (1997). In Deutschland hat CompuServe als überregionaler Online-Dienst in allen größeren Städten → Einwahlknoten mit Analog- und ISDN-Zugang, ist über Mobiltelefon erreichbar und kann über eine Sondernummer bundesweit auch außerhalb der lokalen POPs zum City-Tarif (plus Stundengebühr) angewählt werden. http://www.compuserve .com.de

Computer Aided ...
– Design, → CAD;
– Engineering, → CAE;
– Instruction, → CAI;
– Learning, → CAL;
– Manufacturing, → CAM;
– Publishing, → CAP;
– Teaching, → CAT.

Computer Assisted ...
siehe → *Computer Aided* ...

Computer Based ...
siehe → *Computer Aided* ...

Computer Emergency Response Team
→ CERT.

computergestützt
→ *Computer Aided* ...

computer-mediated communication
→ CMC.

computer science
Informatik.

COMSAT
Kommunikationssatellit.

CON
Konsole, → Terminal.

concatenate
verknüpfen, zusammensetzen, mehrere Teile (Daten, Dateien) zu einem Ganzen fügen.

concurrent server
ein Rechner, der gleichzeitig als Server im Netzwerk und als Workstation (für einen einzelnen User) dient.

condensed
englaufende bzw. schmallaufende Schrift; vgl. → Schriftbreite.

conference
Konferenz; abgegrenzter Bereich innerhalb einer Mailbox, der nur für bestimmte User-Gruppen zugänglich ist, häufig auch → SIG genannt.

conference call
Konferenzschaltung.

connection
Verbindung, Anschluß.

connection confirm
Verbindungsbestätigung, Signal, das den Aufbau einer Verbindung bestätigt (wobei noch keine Übertragung von Nutzdaten stattfindet). Gebühren fallen in der Regel schon beim bzw. für den Aufbau einer Verbindung an, da erst eine Synchronisation der beteiligten Endgeräte erfolgen muß – eine bestätigte Verbindung ist daher auch kostenpflichtig, wenn direkt nach der Bestätigung ein Abbruch erfolgt.

Connection Control Language
→ CCL.

connectionless
→ verbindungslos.

connection-oriented
→ verbindungsorientiert.

connection oriented routing
→ Leitungsvermittlung.

connection type
→ Verbindungsart.

connectivity
- Verbindungsfähigkeit, Netzwerkfähigkeit, Kommunikationsfähigkeit;
- Vernetzungsgrad (Anzahl der möglichen Datenübertragungswege).

connect time
Verbindungszeit (Gesprächsdauer bzw. Zeitspanne, während der man mit einem → Provider kommuniziert).

console
Konsole, → Terminal.

Constant AngularVelocity
→ CAV.

Constant Longitudinal Velocity
→ CLV.

container
Behälter; im Btx-Zusammenhang: eine geschlossene Benutzergruppe.

content
Inhalt.

Content-Length:
Schlüsselwort innerhalb einer E-Mail (im → *header*), gibt die Länge (den Gesamtumfang) der Mail an.

Content Provider
- ein Informationsanbieter (im Internet, oder auch in einem Online-Dienst bzw. in Btx);
- ein → Teledienst;
- → Urheberrechtsinhaber.

contour
Umriß, → Kontur, meist Bezeichnung für die Kante zwischen unterschiedlichen Tonwertbereichen bzw. Farbstufen innerhalb einer Abbildung. Viele Bildbearbeitungsprogramme verfügen über Funktionen für *contouring* bzw. *contour tracing*, also die automatische Verfolgung solcher Kanten bzw. die automatische Umrandung oder Markierung einer entsprechenden Fläche (gleichen Tonwerts oder gleicher Farbe). Vgl. auch → *outline*.

control
- das Zeichen ^, auch → *caret*;
- Kontrolle, Steuerung;

- ein Programm- bzw. Steuer-Element einer HTML-Page (→ Active-X-controls).

control-B
- *break*, Unterbrechung; beim Chatten als Aufforderung zur Unterbrechung verwendet;
- wird als direkte Tastatureingabe (→ Ctrl-B) in verschiedenen Programmen verwendet (zur Unterbrechung von Abläufen, nicht aber zur Beendigung des Programms – vgl. → *Ctrl-C*).

control-C
- *break*, Unterbrechung; beim Chatten als ernste Aufforderung zum Unterbrechen verwendet;
- führt als direkte Tastatureingabe (→ Ctrl-C) bei einigen Programmen zum sofortigen Beenden des ganzen Programms.

control character
Steuerzeichen, ein einzelnes Zeichen, das als Steuerzeichen definiert ist; solche Zeichen werden meist mit vorangestelltem *caret*- bzw. *control*-Zeichen dargestellt (etwa ^K, ^Z) und von einigen Editoren bzw. Betriebssystemen durch gleichzeitiges Drücken der → Ctrl-Taste und eines Buchstabens erzeugt. Werden mehrere Zeichen zur Steuerung verwendet, spricht man von einer → Control-Sequenz, vgl. auch → Escape-Sequenz.

control frame
wörtl. „Steuerzeichen-Rahmen", Daten, die bei einigen Protokollen zur Steuerung einer Übertragung dienen und die Nutzdaten sozusagen „einrahmen" (vgl. → *header* und → *trailer*, → *data frame*).

controller
Steuergerät, meist in Form eines bzw. mehrerer Hardwarebausteine, bei PCs nicht nur als feste Bestandteile auf dem → *motherboard*, sondern häufig auch als → Steckkarten realisiert.

control-P
Pause (Aufforderung beim Chatten).

Control-Sequenz
- Zeichenkette, die mit *control* beginnt und zur Steuerung eines Prozesses dient;
- Steuerkommando in einigen Programmen, das mit Hilfe der Control-Taste eingeleitet wird (etwa ^Kb für Beginn einer Blockmarkierung).

Control-Taste
die mit „Ctrl" oder „Strg" beschriftete Taste einer Computertastatur.

control unit
→ *controller*.

cookie
(wörtl. „Keks", auch im Sinne einer kostenlose Beilage – der Keks zum Tee oder Kaffee), eine von einem Programm erstellte Markierungs-Datei, die dazu dient, bestimmte Optionen oder Statusangaben des Programms festzuhalten. Solche (meist winzigen) Dateien werden von einigen Online-Anwendungen auch auf der Festplatte des Rechners eines Benutzers abgelegt und können dann u. a. auch dazu benützt werden, Benutzergewohnheiten oder Daten auszuforschen.

Coordinating Committee for Intercontinental Research Networks
→ CCIRN.

copper
Kupfer, Kupferkabel.

copy holder
Manuskripthalter.

copy protection
Kopierschutz.

copyright
→ Urheberrecht.

Copyright Act
Urheberrechtsgesetz.

copyright-Zeichen
©, siehe auch → Schutzzeichen.

Corbis
US-amerikanisches Unternehmen (eine Bill-Gates-Company), das auf die Erfassung und Verwertung von → *assets* spezialisiert ist (Marktführer). http://www.corbis.com

corporate directory
das elektronische Adreßbuch eines Unternehmens (→ *directory service*, nach dem → X.500-Standard).

corporate network
bisweilen kurz CN oder CorNet, auch → *enterprise network*, ein unternehmensweites bzw. innerbetriebliches Netzwerk (LAN oder auch WAN).

Corporate Video
Firmenvideo, firmeninternes Video- bzw. Fernsehsystem. Über solche Systeme, die teilweise über Kabelnetze oder Satellitenverbindung global verteilte Firmenstandorte bedienen können, werden u. a. Mitarbeiter-Schulungen durchgeführt.

Corporation for Research and Educational Networking
→ CREN

cost-price
Einkaufspreis, Selbstkostenpreis.

counterclockwise
im Gegenuhrzeigersinn.

cover
Hülle, Umschlag, Titelseite.

cp
- *compare*, vergleiche, → comp;
- *copy*, Kopie (*cp to* ... Kopie an ...).

CPC
Cellular Phone Company, Mobilfunknetz-Betreiber.

CPI
characters per inch, Anzahl der Zeichen pro Zoll.

CPS
- *characters per second*, Zeichen pro Sekunde, Maß für die Geschwindigkeit einer Datenübertragung (errechnet aus → bps), oder für die Druckgeschwindigkeit bei Matrixdruckern;
- *cycles per second*, (Takt-) Zyklen pro Sekunde, Angabe zur Taktrate.

CPU
Central Processing Unit, Zentraleinheit, der Hauptprozessor eines Computers, in Unterscheidung zu den vielen sonstigen Mikroprozessoren in einem modernen Rechner, die als Signalprozessor, Grafikprozessor, Soundprozessor usw. näher bezeichnet werden.

CPY
Copy, Kopie.

CR
- → *call request*;
- *carriage return*, Wagenrücklauf, die <ENTER>- bzw. <RETURN>-Taste, die noch nach ihrer alten Bezeichnung (von Schreibmaschinenzeiten her) benannt wird;
- als Steuerzeichen für *carriage return* (ASCII 13, meist in Verbindung mit LF (ASCII 10)) in Standard-Textdateien für die Markierung des Zeilen- oder Absatzendes eingesetzt.

cracker
(Nuß-) Knacker;
- unter Onlinern Bezeichnung für → Hacker, die mutwillige Schäden anrichten, Daten entwenden, Viren einschleusen usw., also gegen die unter „echten Hackern" verbreitete Ethik verstoßen;
- unter Spielefreaks jene Spezialisten, die Zugangssperren zu Programmebenen überlisten oder den Kopierschutz auf Spiel-Disketten überwinden;
- im Bereich der Kryptographie jene Personen (oder Computer), die verschlüsselte Daten in Klartext umwandeln.

crash
Systemabsturz, Zusammenbruch.

crasher
→ Hacker bzw. → *cracker*, dessen Ziel darin besteht, ein System zum Absturz zu bringen.

cray
Supercomputer bzw. Firmenname (nach dem Gründer Seymour Cray).

CRC
Cyclic Redundancy Check, zyklisches Prüfsummenüberprüfungsverfahren, das die Richtigkeit der gelesenen bzw. übertragenen Daten überprüft, vgl. → Fehlerkorrektur.

CRC-Error
Fehlermeldung beim Fehlschlagen des → CRC.

CREF
connection refused, Verbindung zurückgewiesen (Meldung, wenn eine Verbindung nicht zustande kommt).

CREN
- *Computer Reasearch and Education Network*, aus BITNET und CSnet gebildetes Netz;
- *Corporation for Research and Educational Networking*, Betreiber des CRE-Network.

crossfading
→ Überblenden.

crossposting
gleichzeitiges → *posting* eines Artikels in mehrere → *newsgroups* (was in der Regel unsinnig ist und daher nicht gerne gesehen wird).

crossreference
Querverweis.

crosstalk
→ Nebensprechen.

CRQ
→ *call request*.

CRT
cathode ray tube, Kathodenstrahlröhre. Außer in Fernsehgeräten und Monitoren (Bildröhre) kommen CRTs auch in sogenannten → Lichtsatz-Belichtern zum Einsatz.

CRT-Satz
Synonym für → Lichtsatz.

crumb
Krume, bisweilen als Slang-Synonym für → bit verwendet.

crunch
das Zeichen #.

Cruncher
andere Bezeichnung für → *Packer*.

crunch/zap
die Zeichen <>.

CS
cable switching, circuit switching bzw. *connection switching*, → Leitungsvermittlung.

C/S
→ *Client/Server*.

CSCW
Computer Supported Cooperative Work, Computerunterstützte Gruppenarbeit, Synonym für *Groupware, Teamwork Computing, Workgroup Computing* usw., Konzepte der Steuerung, Ermöglichung und Verbesserung gemeinsamen Arbeitens durch Einsatz von Computer- und Telekommunikationssystemen.
Bei kooperativer Arbeit sind charakteristische Eigenheiten wie die Verteilung von Arbeitsbereichen und -Abläufen auf mehrere Personen und Arbeitsplätze, die zeitliche Abstimmung von Prozessen, die Kommunikation der Mitarbeiter untereinander, die gemeinsame Verfügung über Arbeitsmittel und Informationen, der Zugriff auf aktuelle Arbeitsergebnis-

se, die zeitliche und qualitative Überwachung des Arbeitsergebnisses und viele andere mehr zu beachten. Da miteinander vernetzte Computer gleichzeitig als Arbeitsinstrument, Informationsmedium und Kommunikationseinrichtung dienen können, stellen sie ein ideales Instrument im Rahmen von Gruppenarbeit dar.
Spezielle Programme für Gruppenarbeitszwecke sind u. a. etwa → Mehrbenutzereditoren oder CAD-Systeme, mittels derer auf gemeinsamen Arbeitsblättern geschrieben, gerechnet und konstruiert werden kann, → *Workflow-Management*-Systeme zur Verteilung, Steuerung und Kontrolle von Arbeitsvorgängen, sowie → GDDS zur Entscheidungsfindung innerhalb eines Arbeitsteams.

CSDN
Circuit Switched Data Network, Leitungsvermitteltes Datennetz.

CSLIP
Compressed Serial Line Interface Protocol, eine Variante des → SLIP mit komprimierter Adress-Information.

CSMA
Carrier Sense Multiple Access, ein Vielfachzugriffs-Protokoll, das es mehreren an einen → *bus* angeschlossenen Geräten gestattet, den gemeinsam genutzten Kanal abzuhorchen und nur dann zu senden, wenn der Kanal frei ist. Wird in Netzwerken mit → *bus topologie* (etwa → Ethernet) angewandt, eine übergeordnete Überwachung bzw. Verwaltung des Netzverkehrs kann dabei entfallen.

CSMA/CA
Carrier Sense Multiple Access/Collision Avoidance, CSMA-Protokoll mit → Kollisionsvermeidung.

CSMA/CD
Carrier Sense Multiple Access/Collision Detection, CSMA-Protokoll mit → Kollisionserkennung, wird von → Ethernet benützt.

CSO
Computing Services Office, Rechenzentrum an der University of Illinois (Urbana);
- ein an diesem Rechenzentrum entwickeltes *name server*-Programm, mit dem u. a. Personal-Informationen von Universitäts-Angehörigen verwaltet wurden;
- allgemeine Bezeichnung für → *White-Pages*-Verzeichnisse, die heute meist über → *gopher* abgefragt werden können.

CSPDN
Circuit Switched Public Digital Network, öffentliches leitungsvermitteltes digitales Netz.

CTPA
coaxial-to-twisted-pair adapter, ein Adapter für die Verbindung von Telefonkabeln (→ *twisted-pair*-Kabeln) mit → Koaxialkabeln (wie sie etwa im → Ethernet Verwendung finden).

Ctrl
control, Steuerzeichentaste, → Control-Taste.

CTS
- *clear to send*, Signal für Sendebereitschaft; vgl. → RTS
- *Cellular Telephone Service*, Mobilfunknetz-Dienst.

CUI
Character-based User Interface, Zeichenorienterte → Benutzerschnittstelle, Darstellungsmodus, bei dem die Darstellung von Zeichen im Text-Modus erfolgt, die Zeichen haben vorgegebene Größen und Abstände untereinander. → TUI.

CUL
Computerunterstütztes Lernen. Diese Abkürzung wird auch in Deutschland eher selten verwendet, gängiger ist das international (auch in Frankreich) gebräuchliche Akronym → CAL.

Cursor
eine meist als waagerechter oder senkrechter Strich (häufig zusätzlich blinkend) ausgeführte Markierung, die in → zeichenorientierten Anwendungen oder Text-Eingabemasken die aktuelle Eingabe-Position auf dem Bildschirm anzeigt. Bei jeder Eingabe wird der Cursor automatisch weitergeführt, zusätzlich läßt er sich mit den Cursortasten verschieben oder mit Hilfe der Maus positionieren. Auch der sogenannte Maus-Pfeil, dessen Position auf dem Bildschirm sich durch die Bewegungen der Maus steuern läßt, wird bisweilen (fälschlich) als Cursor bezeichnet.

Cursortasten
Tasten, mit denen der Cursor verschoben werden kann.

CU-SeeMe
Protokoll bzw. Programm für Videokonferenzen via Internet, entwickelt an der Cornell University, heute durch White Pine Software vertrieben. http://www.wpine.com

custom made
Spezialanfertigung.

Cut-CD
andere Bezeichnung für → Form-CD.

CWIS
Campus Wide Information System, Informationssystem an Colleges oder Universitäten (LAN).

CX
Character Transmission, Zeichen-Übertragung.

Cyan
Blau, siehe → Farbmodell.

cyber
von → *cybernetics* abgeleitete Bezeichnung für Dinge, die mit Computern, Technik, virtuellen Welten, Datennetzen usw. zu tun haben.

cyberbuck
cyberdollar, in den USA durch die Firma CyberCash bereits eingeführtes virtuelles Zahlungsmittel; es soll auch einmal den internationalen Zahlungsverkehr im Internet ermöglichen bzw. erleichtern.

cybercash
Firmenname der Firma, die *cyberbucks* propagiert; bisweilen auch übersetzt als Cybergeld.

cyberchat
→ IRC.

cyberdollar
→ *cyberbuck*.

cybernaut
ein Wesen (vorwiegend humanoid), das sich in den unendlichen Weiten des → *cyberspace* aufhält.

cybernetics
→ Kybernetik.

cyberspace
- dreidimensionale virtuelle bzw. simulierte Welt im Computer;
- die Bezeichnung wird bisweilen auch auf das Internet angewandt.

cyclic redundancy check
→ CRC.

cyclone
das Zeichen @ (→ *commercial at*).

D1
→ D-Netz.

D1 video
Videoband im 19-mm-Format.

D2
→ D-Netz.

DA
direct access, Direktzugang, direkte Verbindung.
→ Deckungsauflage.

D/A
Digital to Analog.

DAA
Data Access Arrangement, wörtl. „Datenzugriffseinrichtung", die Schnittstelle vom Modem zum Telefonnetz.

DAB
Digital Audio Broadcasting, digitaler Hörfunk, wird terrestrisch verbreitet und erreicht nahezu CD-Qualität. DAB befindet sich derzeit im Versuchsstadium und soll (frühestens ab etwa 2010) den UKW-Rundfunk in Deutschland bzw. Europa ersetzen.

DAC
Digital Analog Converter, → Digital /Analog-Wandler.

Dachstrich
von links unten nach rechts oben verlaufender Anstrich bei Antiqua-Buchstaben.

daemon
(Geist) ursprünglich Abkürzung für *Disk And Execution Monitor* (ein UNIX-Dienstprogramm), heute im UNIX-Bereich oder im Internet allgemeine Bezeichnung für ein Programm, das ständig im Hintergrund mitläuft und bei Aufruf oder bestimmten Ereignissen aktiv wird (→ *Spooler*, → *Server*, → Treiberprogramm, → *Mailer*, usw.). Obwohl *daemons* ständig in Bereitschaft sind, führen sie ihre eigentlichen Aufgaben im Unterschied zu → *dragons* nur bei Bedarf aus.

Dämpfung
- allgemein Absenkung der → Amplitude (des Pegels, der Lautstärke) einer Schwingung;
- im Bereich der Elektronik und Nachrichtentechnik Bezeichnung für den Signal-Verlust, der während der DFÜ durch die Art der Übertragung bzw. als Resultat physikalischer Gegebenheiten des Mediums auftritt (etwa: → Kabelverlust);
- im Zusammenhang mit → Interferenz bzw. → erzwungenen Schwingungen oder subtraktiver → Synthese Bezeichnung für ein physikalisches Phänomen: Weichen bei einer → erzwungenen Schwingung die Eigenfrequenz des Instruments (oder eines sonstigen Körpers, Gases oder einer Flüssigkeit) und die Erregerfrequenz voneinander ab, kommt es zu einer abnehmenden → Hüllkurve der resultierenden Schwingung, also zu einer Abnahme des resultierenden Pegels bis hin zur völligen gegenseitigen Auslöschung der Schwingungen. Durch Dämpfung (und → Resonanz) lassen sich auch unerwünschte Schwingungen ausfiltern bzw. erwünschte Schwingungen verstärken: Instrumente bzw. Resonanzkörper verstärken die Schwingungen, die ihrer Eigenfrequenz entsprechen und dämpfen alle anderen Schwingungen, die ggf. in der Erregerschwingung mit enthalten sind.

DAGt
Datenanschlußgerät, ein der Datenkommunikation dienendes Gerät (im Unterschied zum Sprachübertragungs-Telefon).

daisy chain
Verkettung, → *bus topology*.

DAKJ
→ Deutsche Akademie für Kinder- und Jugendliteratur.

DAL
- *Dedicated Access Line*, ein reservierter Anschluß;
- Drahtlose Anschlußleitung (vergilbt für einen Funkkanal).

Dalai Lama
His Holiness the 14th Dalai Lama of Tibet ist auch im Web aktiv – die tibetische Exilregierung ist für Surfer erreichbar unter der Adresse: http://grew.gn.apc.org /tibetlondon/index.html

Damnatur
(lat.) wörtl. es wird verworfen, traditionelle Zensurformel zur Verweigerung der Druckerlaubnis, Gegensatz zu → Imprimatur.

DAMQAM
Dynamically Adaptive Multicarrier Quadrature Amplitude Modulation, sich dynamisch anpassende Vielfach-Trägerfrequenzen Quadratische Amplituden-Modulation, siehe → PEP, → Modulation.

dangling pointer
(baumelnder Zeiger) ein Zeiger *(pointer)*, der auf eine ungültige Adresse verweist; gemeint sind beispielsweise falsche oder veraltete E-Mail-Adressen, oder nicht (mehr) existierende → *links* im WWW.

DAO
→ *Disk at Once*.

DAP
→ *Directory Access Protocol*.

dark fiber
ein (momentan) nicht benutztes Glasfaserkabel.

DARPA
Defense Advanced Research Projects Agency, heutige Bezeichnung der ehemaligen → ARPA.

Darsteller
ein Daten-Objekt bzw. ein Text-, Bild-, Sound- oder Video-Element innerhalb einer Multimedia-Präsentation (unter Macromedia → Director). Während der Darsteller das Element als solches definiert, wird die aktuelle Realisierung bzw. Präsentation eines solchen Elements auf dem Bildschirm als → Kobold bezeichnet.

Darstellungsschicht
presentation layer, die 6. Schicht im → *OSI Reference Model*.

DASAT
- Datenkommunikations-Satellit;
- Datenkommunikation über Satellit.

DAT
Digital Audio Tape, Magnetband (Tonband) für die digitale Aufzeichnung von Audio-Daten.

data base
→ Datenbank.

data base publishing
eine Form des → *electronic publishing* bzw. *online publishing*, bei der ein Datenbanksystem die Ausgaben jeweils aktuell und ggf. Benutzer-spezifisch generiert.

data bit
- die ausschließlich für Nutzdaten verwendeten Bits (ohne Steuer- oder Prüf-Bits);
- Anzahl der Bits je → *data byte* (beim Modem-Setup).

data block
eine Reihe zusammengehöriger Daten, die durch eine vorgegebene Länge als Block definiert oder durch Start- und

Stopzeichen als Block markiert sind (vgl. → *data packet,* → Datenpaket).

data bus
→ Datenbus.

data byte
wörtl. Daten-Byte, soll ausdrücken, daß bei der Datenübertragung außer „normalen" 8-Bit-Zeichen auch 7-Bit-Zeichen verwendet werden können (vgl. → ASCII).

data carrier
- Datenträger (Disketten etc.);
- die → Trägerfrequenz bei der Datenübertragung.

data carrier detect
→ DCD.

data carrier exchange
Datenträgeraustausch.

data cartridge
Magnetband(cassette), Streamerband.

data channel
Datenübertragungskanal bzw. -Leitung.

data circuit-terminating equipment
→ DCE.

data collection
Datenerfassung.

data collection program
Datenerfassungsprogramm.

data collection protocol
Datenerfassungsprotokoll.

datacom
→ *data communication.*

data communication
Datenaustausch, Datenübertragung (bisweilen auch zu „Datenkommunikation" eingedeutscht).

data communications equipment
→ DCE.

data compression
→ Datenkompression.

data encryption
- Datenverschlüsselung;
- Wissenschaft oder Technik der → Kryptographie.

data encryption key
kurz DEK, ein Schlüsselwort bzw. eine Zeichenkette zur Verschlüsselung von Daten (oder zur Umwandlung in Klartext).

Data Encryption Standard
kurz DES, 64-Bit Datenverschlüsselungs-Standard, wird u. a. auch von → PGP verwendet.

data frame
wörtl. „Daten-Rahmen"
- synonym zu → *control frame*: die zur Kennzeichnung eines → *data block* verwendeten Steuer- und Prüfzeichen, die den Block einrahmen;
- ein mit solchen zusätzlichen Zeichen versehener → *data block* (im Unterschied zu einem Block, der nur durch eine vorgegebene Länge gekennzeichnet ist).

data glove
Datenhandschuh, ein mit Sensor-Elementen versehener Handschuh, der zur Dateneingabe (Manipulation von Objekten, Maus-ähnliche Funktionen usw.) in VR-Programmen dient.

datagram
eine im Internet häufig verwendetes Synonym für → *data packet.*

Datagram Delivery Protocol
kurz DDP, ein → Protokoll unter → AppleTalk (→ Routing von Datenpaketen).

Data Highway
→ Datenautobahn.

data link layer
Leitungsschicht, die 2. Schicht im → *OSI Reference Model.*

data packet
auch → *datagram* oder → PDU, ein → Datenpaket, also zusammengehörende Daten (Nutzdaten), die (im Unterschied zum → *data block*) anhand eines → Protokolls mit Steuer- und Kontrollzeichen sowie Absender- und Empfängerangaben versehen sind. Datenpakete bzw. Datagramme sind eigenständige Einheiten und können daher nicht nur → leitungsvermittelt, sondern auch in einem geeigneten Netz (mit → Paketvermittlung) übertragen werden, ohne daß erst eine direkte Verbindung zwischen Sender und Empfänger aufgebaut werden muß (→ verbindungslos) und ohne daß der Absender den exakten Übertragungs-Weg definieren muß (dieser kann aus der Empfängeradresse vom Netz automatisch ermittelt werden, → routing). Der Transport von Datenpaketen erfolgt über mehrere Schichten (→ OSI Reference Model) und entsprechend über mehrere Protokoll-Ebenen, so daß die eigentlichen Nutzdaten beim Transport gleich in mehreren protokollspezifischen Steuerzeichen-Schichten (→ *data frame*) eingekapselt sind (→ *encapsulation*), derartig aufgeblähte Pakete nennt man auch → *frame*. Vgl. → *cell*.

data packet sequenzing
Datenpaketfolge-Steuerung, Protokoll zur Herstellung der richtigen Reihenfolge von beliebig eintreffenden (zusammengehörenden) Datenpaketen (bei der → Paketvermittlung).

data packet switched network
Netzwerk mit → Paketvermittlung.

data rate
auch *throughput*, Datenübertragungsrate, Datendurchsatz, Netto-Datentransferrate, die Rate der reinen → Nutzdaten, angegeben in → Bit/s, → Byte/s, → cps, → KBit/s oder → MBit/s.

data recording
Datenaufzeichnung.

data sink
wörtl. Datensenke, ein Datenempfänger (Gegenteil: → *data source*).

data source
wörtl. Datenquelle, ein Datensender (Gegenteil: → *data sink*).

data stream
Datenstrom, zwischen zwei Teilnehmern ausgetauschte Datenblöcke.

data switches
Umschalter (für Datenleitungen).

data switching system
Datenvermittlungssystem (Telefon- oder sonstiges Netz).

data terminal emulation
→ DTE.

data terminal equipment
→ DTE.

data transmission rate
Datentransferrate, Übertragungsgeschwindigkeit, Übertragungsrate, die tatsächlich erreichte Rate der je Zeiteinheit übertragenen Daten, die u. a. von den verwendeten Protokollen und Hardware-Einrichtungen sowie von der Schrittgeschwindigkeit (→ *line speed*) bestimmt wird. Die Datentransferrate umfaßt alle gesendeten Daten, im Unterschied zum Datendurchsatz (→ *data rate*), und wird in → bps angegeben (nach DIN 44302).

date
- Datum;
- als Schlüsselwort in E-Mail-Headern Bezeichnung für das Absendedatum der Mail.

Datei
file, Reihe von zusammengehörigen Informationen, die in einem Computer bzw. auf einem Datenträger unter einer eigenen Bezeichnung (→ Dateiname) so abgespeichert sind, daß sie von einem dafür geeigneten Programm erschlossen werden können. Dateien sind meist

strukturiert, besonders häufig sind die Daten in gleich aufgebauten → Datensätzen in der Datei abgelegt, so daß mit Hilfe einer Verweisdatei äußerst rasch und gezielt auf die benötigten Informationen zugegriffen werden kann.

Dateianhang
→ *attachment*.

Dateiattribut
Kürzel, das den Status einer Datei bzw. → Zugriffsbeschränkungen bestimmt und im Verzeichniseintrag *(file directory)* gespeichert wird.

Datei-Endekennung
→ *extension*.

Dateiformat
innere Struktur einer Datei, oft äußerlich erkenntlich anhand der → *extension*.

Dateiname
der eine Datei eindeutig bezeichnende Name, meist durch einen Punkt untergliedert in die eigentliche Benennung der Datei und eine → *extension*, die den Datei-Typ bezeichnet.

Dateinamenserweiterung
→ *extension*.

Dateiverzeichnis
directory, *file directory* oder *directory listing*, ein Verzeichnis von Dateien mit Einträgen zu Dateinamen, Datum/Uhrzeit der Erstellung bzw. der letzten Änderung sowie → Dateiattributen, ggf. auch noch zum zugriffsberechtigten Anwender. Dateiverzeichnisse sind meist in einer baumartigen Struktur (→ *directory tree*) angelegt.

datel
datel services, Datel-Dienste, aus *data telekommunikation* zusammengezogener Sammelbegriff für → Datex-Dienste.

Daten
bestimmte Informationen; in der EDV allgemein für Informationen, die in einem speziellen Code vorliegen und von Programmen verarbeitet oder auch übertragen werden können.

Datenaufzeichnung
Speicherung von Daten auf einem Datenträger.

Datenausgabe
Output, Ausgabe von Daten durch ein Programm, Ausgabe von EDV-Daten an ein Peripheriegerät oder mittels eines solchen.

Datenaustausch
allgemeine Bezeichnung für ein (beliebig) festgelegtes Verfahren zur Übergabe von Daten zwischen EDV-Anlagen. Rechtliche Bestimmungen regeln die generelle Zulässigkeit des Datenaustauschs (etwa zwischen Behörden); technisch relevant für den Datenaustausch sind u. a. Art des → Datenträgers oder Art der Fernübertragung, die → Datenstruktur, der Umfang der zu übergebenden Daten und das → Übertragungsprotokoll. Innerhalb eines Computernetzes wird mit Datenaustausch auch die Übertragung von Daten zwischen Host und angeschlossenem Benutzerrechner (→ *upload* bzw. → *download*) bezeichnet.

Datenautobahn
Modelle, politische Konzepte oder sogar Realisierungen besonders schneller Datenübertragungsverbindungen bzw. Datennetze (→ BDA, *Data Highway*, *Information Super Highway* (ISH), *Information Highway* (I-WAY), ISDN usw.).

Datenbank
data base, Programm zur Datenverwaltung oder auch die Gesamtheit aller Daten und Dateien, die von einem solchen Programm im jeweiligen Fall verwaltet werden. Die Daten sind in der Regel nach bestimmten Kriterien angeordnet bzw. so strukturiert, daß schnelle Zugriffe für Abfrage, Änderung oder Erweiterung der Daten möglich sind. Neben den eigentlichen Inhalten gehören zu den in

einer Datenbank organisierten Daten daher auch meist → Indexdateien, über die ein schneller Datenzugriff erfolgen kann (vgl. → ISAM). Vgl. auch → Datenbankwerk.

Datenbank-Abfragesprache
kurz Abfragesprache, eine genormte Sprache bzw. eine Reihe von Befehlen für den Zugriff auf Daten, die in einer Datenbank gespeichert sind. Eine der am häufigsten verwendeten Sprachen ist → SQL.

Datenbankhersteller
nach dem → IuKDG der Schöpfer eines → Datenbankwerks bzw. derjenige, der eine wesentliche Investition zur Herstellung eines solchen Werks vorgenommen hat.

Datenbankwerk
nach dem → IuKDG (Art. 7) ein → Sammelwerk mit systematisch oder methodisch angeordneten Elementen, auf die einzeln mit elektronischen Mitteln zugegriffen werden kann und deren Beschaffung, Überprüfung oder Darstellung einer wesentlichen Investition bedurfte. Solche Datenbankwerke sind nach den im IuKDG festgelegten Ergänzungen des Urheberrechts geschützt (Schutzfrist 15 Jahre).

Datenbasis
- allgemein alle Daten, die einem Verfahren zugrundegelegt werden (etwa bei einer statistischen Auswertung);
- in der EDV alle Dateien, die in einer bestimmten → Datenbank vorliegen.

Datenbit
→ *data bit*.

Datenblock
siehe → Block.

Datenbus
data bus, jener Teil eines → Bus-Systems, über den Daten übertragen werden.

Datendurchsatz
→ *data rate*.

Dateneingabe
auch Input oder Datenerfassung, die manuelle oder maschinelle Eingabe von Daten im Rahmen eines Computerprogramms.

Datenendgerät
→ Bildschirmgerät.

Datenerfassung
- allgemein alle Vorgänge, die dem Festhalten von Daten dienen;
- meist synonym mit → Dateneingabe.

Datenerfassungsgeräte
alle Geräte zur Dateneingabe in eine EDV-Anlage, neben Terminals (oder PCs) für die manuelle Eingabe von alphabetischen oder numerischen Daten vor allem → Scanner, Barcodeleser oder OCR-Lesegeräte für die automatische Erfassung von Text- oder Bilddaten, Graphic-Tablets usw.

Datenfeld
logischer (selten physischer) Raum von festgelegter oder variabler Länge für Daten in einem → Datensatz.

Datenfernübertragung
kurz DFÜ, *data communication* oder *data telecommunication* (auch *remote data transmission*, oder einfach kurz *transmission)*
- Senden von Daten über größere Entfernungen per Funk, Lichtstrecke oder Leitung;
- synonym zu → Datenfernverarbeitung;
- allgemeine Bezeichnung für die Nutzung eines Telekommunikationsdienstes oder -Netzes.

Datenfernverarbeitung
teleprocessing, die Verarbeitung von Daten an einem vom Anwender räumlich weit entfernten Ort, unter Zuhilfenahme von Telekommunikationseinrichtungen,

die Anwender und → *remote host* verbinden.

Datenfernzugriff
remote file access (wörtl. also Datei-Fernzugriff), → RFA.

Datenformat
festgelegte Struktur eines Zeichens, einer → Datei oder eines → Datensatzes.

Datenflußkontrolle
flow control, über Hardware- oder Software-→ *handshake* gehandhabte Kontrolle der Übertragung, durch die ein möglichst regelmäßiger Datenfluß erzeugt und eine Überlastung der Empfangspuffer vermieden wird. Vgl. → RTS/→ CTS (*hardware-handshake*) oder → XON/XOFF *(software-handshake)*.

Datenflußplan
graphische Darstellung der Abläufe innerhalb einer EDV-Anlage oder der Abläufe, die durch ein bestimmtes Programm festgelegt sind.

Datenformat
festgelegte Struktur eines Zeichens, einer → Datei oder eines → Datensatzes.

Datenfunk
Datenübertragung über ein → Mobilfunknetz oder ein → Datenfunknetz.

Datenfunknetz
ein Funknetz zur Übertragung von Daten (zeichenorientiert, keine Audio-Übertragung), meist Synonym für → Funkrufdienst bzw. das von einem solchen betriebene Funknetz.

Datenhandschuh
→ *data glove*.

Datenhelm
→ *head mounted display*.

Datenkompression
→ Kompression.

Datenkonsistenz
- in Datenbanksystemen bzw. Netzwerken Bezeichnung für die Einheitlichkeit der Daten, die mehreren Benutzern zur selben Zeit zur Verfügung gestellt werden (alle Benutzer sollten dieselben Daten geliefert bekommen);
- Übereinstimmung der Daten, also der in einem Computersystem vorliegenden Informationen, mit den tatsächlichen Sachverhalten;
- Übereinstimmung der tatsächlich vorliegenden Datenstruktur mit dem vorgegebenen Datenformat.

Datenkonvertierung
Umwandlung von Daten aus einem → Datenformat in ein anderes.

Datenpaket
→ *data packet*, *packet* oder → *datagram*, in ISO-Speak auch → PDU, ein durch ein → Protokoll in Aufbau und Umfang genau festgelegtes „Paket" von zusammengehörenden Daten, das bei der Datenübertragung durch das Netz geschickt wird. Diese Paket-Datenübertragung ist in allen internets üblich und die Basis für das Funktionieren des Netzes. Auch innerhalb eines Computers werden Daten häufig nicht als kontinuierlicher Strom, sondern blockweise (etwa von der Festplatte zum Hauptspeicher) übertragen, hierbei sind die Blöcke (→ *data block*) jedoch nicht als „Pakete" formatiert: ein Paket transportiert neben den eigentlichen Daten immer noch Zusatzinformationen (Absender- und Empfängeradresse, Kontroll- und Steuerinformationen etc.). Die Datenpakete des Internets (→ *Internet Protocol)* verfügen über einen 24 Byte langen → *header*.

Datenprojektor
auch Video-Datenprojektor, ein Gerät zur Projektion von Bildschirminhalten, das an den PC oder auch einen Videorecorder angeschlossen wird. Neben vollständigen Projektionsgeräten, die qualitativ hochwertige Resultate liefern, sind

auch bloße Durchsicht-LCDs verbreitet, die über keine eigene Projektionseinrichtung verfügen und auf Tageslichtprojektoren aufgelegt werden müssen.

Datenquelle
→ *data source*, der Sender.

Datenrahmen
→ *data frame*.

Datenrate
→ *data rate*, → *data transmission rate*.

Datenreduktion
Verringerung der Datenmenge bzw. Verkleinerung des Umfangs von Dateien durch Ausschluß überflüssiger Daten, → Informationsreduktion.

Datenrufnummer
die Nummer eines Datex-Anschlusses, → NUA.

Datensatz
logisches (oder physisches) Element einer Datei, umfaßt zusammengehörige Daten, ist meist untergliedert in → Datenfelder und gegebenenfalls Feldtrennzeichen und Feldkennungen.

Datenschutz
technische und organisatorische Maßnahmen und gesetzliche Bestimmungen (→ Bundesdatenschutzgesetz) bezüglich des Schutzes von personenbezogenen Daten (Speicherung, Zugriff, Weitergabe oder Verarbeitung).

Datenschutzbeauftragter
nach dem → BDSG vorgeschrieben sind innerbetriebliche Beauftragte, die die Einhaltung des BDSG im Betrieb zu überwachen haben, sowie parlamentarisch ernannte Datenschutzbeauftragte auf Länder- und Bundesebene, die für die Einhaltung des BDSG im Bereich der öffentlichen bzw. staatlichen Verwaltung zuständig sind.

Datensenke
→ *data sink*, der Empfänger.

Datensicherheit
Gewährleistung der Verfügbarkeit und Unversehrtheit von Daten.

Datensicherung
- Maßnahmen und Verfahren zur Aufrechterhaltung der → Datensicherheit, meist im Sinne von → Backup;
- bisweilen auch Absicherung von Daten gegen unberechtigten Zugriff (eigentlich → Datenschutz).

Datenstandleitung
→ Standleitung (für die Datenübertragung).

Datenstruktur
Anordnung von Daten, → Datenformat.

Datenträger
- allgemein jedes informationstragende Medium;
- meist als Bezeichnung für die im Audio-/Video-Bereich sowie die in der EDV benutzten Speichermedien wie → CD-ROM, → DAT, → Disketten, → Festplatten, früher auch Lochkarten und Lochstreifen, gebraucht.

Datenträgeraustausch
Weitergabe von Informationen mittels EDV-Datenträger, → belegloser Datenträgeraustausch.

Datentransferrate
→ *data transmission rate*.

Datentypist/in
Schreibkraft in der Datenerfassung.

Datenübermittlungsdienst
Sammelbegriff für die zur Datenübertragung dienenden Dienste der Telekom.

Datenübertragungsprotokoll
→ *protocol*.

Datenübertragungsrate
→ *data rate*.

Datenverarbeitung

- DV, auch Elektronische Datenverarbeitung (EDV), im engeren Sinn alle Prozesse zur Erzeugung von Daten aus gegebenen Ausgangsdaten (→ EVA) mit Hilfe von Datenverarbeitungsanlagen, im weiteren Sinn alle durch Computer oder mit Hilfe von Computern bewerkstelligten Abläufe;
- in Unternehmen auch Bezeichnung der Abteilung, die für die Programmierung sowie die Organisation, Installation und Wartung der Datenverarbeitungsanlage zuständig ist.

Datenverarbeitungsanlage

- DVA, im engeren Sinn eine elektronische, programmgesteuerte und speicherprogrammierbare Anlage zur Datenverarbeitung (der eigentliche Computer), daneben auch das Gesamtsystem aus dem zentralen Computer und allen daran angeschlossenen Peripheriegeräten;
- im weiteren Sinn jedes maschinelle, biologische oder sonstige datenverarbeitende System überhaupt.

Datex

Data Exchange, ehemalige Datennetzdienste der Deutschen Telekom, heute in → T-Online und → ISDN integriert.

Datex-J

spätere Bezeichnung für den → Btx-Dienst, heute in → T-Online enthalten.

Datex-L

Data Exchange/Line, Datex-Dienst mit → Leitungsvermittlung, heute → ISDN.

Datex-M

Datex Multimegabit, Glasfasernetz-Paketvermittlungs-Protokoll bzw. Dienst, ermöglicht Datenübertragungsraten bis 140 MBit/s (Einsatz als → *backbone* bzw. zum Aufbau von → WANs).

Datex-P

Data Exchange/Packages, Datex-Dienst mit → Paketvermittlung, heute → ISDN.

D/A-Wandler

→ Digital/Analog-Wandler.

dB

Dezibel, logarithmisches Maß für den Lautwert, also die Lautstärke bzw. den Pegel von Schallwellen (bei technischen Messungen der Lautstärke wird → Phon als Maß verwendet).
Dezibel werden aus der Mikrobar-Angabe der Druckamplitude von Schallwellen errechnet, der mit 20 multiplizierte Logarithmus der Mikrobar-Zahl ergibt den db-Wert (z. B. 100 Mikrobar = 40 dB, 1000 Mikrobar = 60 dB). Circa 6 dB entsprechen einer Verdopplung der Lautstärke, die Veränderung eines Schallpegels um 1 dB gilt als die kleinste noch wahrnehmbare Veränderung der Lautstärke.

DB

- *data base*, Datenbank;
- → *data bus*.

DBP

Deutsche Bundespost, früher Staatsunternehmen, heute aufgeteilt (und teilweise privatisiert) in Postdienst, Postbank und Telekom AG. In Datennetzen wird die Abkürzung teilweise noch verwendet (etwa für Server-Adressen etc.).

DC

- *data channel*, Datenübertragungskanal bzw. -Leitung;
- *digitally controlled*, digital gesteuert;
- *direct call*, Direktruf (DFÜ-Verbindung über Standleitung);
- *direct connection*, Direktverbindung (etwa zwischen einem Rechner und einem Peripheriegerät);
- *direct current*, Gleichstrom;
- *disconnect confirm*, Verbindungsabbruch-Bestätigung.

DCA

Digitally Controlled Amplifier, digital gesteuerter Verstärker (analog gesteuerte Verstärker siehe → VCA).

DCC
Digital Compact Cassette, von Philips entwickelter Standard für die digitale Speicherung von Audio-Daten, verwendet Kompressionsverfahren und ist nicht zu DAT kompatibel. Für DCC werden spezielle Tonband-Cassetten sowie eigene Recorder bzw. Player verwendet, auf denen sich auch analoge Cassetten abspielen lassen.

DCD
data carrier detect, Empfangssignalpegel, Signal an der → seriellen Schnittstelle, das die Verbindungsqualität bestätigt.

DCE
- *Data Circuit-terminating Equipment*, eine der beiden möglichen Konfigurationen einer → seriellen Schnittstelle (Gegenstück → DTE);
- *Data Communications Equipment*, Datenübertragungs-Einrichtung (also etwa Modem, ISDN-Karte usw.);
- → *Distributed Computing Environment*.

DCF
Digitally Controlled Amplifier, Digital gesteuerter Filter (digitales Gegenstück zum → VCF).

DCI
Display Control Interface, Schnittstellenstandard für die Bildschirmsteuerung bzw. die Ansteuerung von Grafikkarten, gemeinsam von Intel und Microsoft entwickelt, ab Windows 95 durch die → DirectX-Schnittstelle ersetzt.

DCL
device clear, Gerät bereit (Bereitschaftsanzeige).

DCM
data communications multiplexer, → Multiplexer.

DCME
digital circuit multiplexing equipment, → Multiplexer.

DCN
disconnect, Trennen (einer DFÜ-Verbindung).

DCO
Digitally Controlled Oscillator, Digital gesteuerter Oszillator (digitale Entsprechung zum → VCO).

DCOM
Distributed Common Object Model.

DCS
Digital Cellular System, Europäische Norm für Mobilfunknetze. → E Plus wird nach DCS 1800 betrieben.

DCV
digital coded voice, digital codierte Sprache (→ ISDN).

DDC
Dewey Decimal Classifikation, → Deweysche Dezimalklassifikation.

DDCMP
Digital Data Communications Message Protocol, ein proprietäres → Protokoll der Firma DEC (→ DECNet-Protokoll).

DDK
→ Deweysche Dezimalklassifikation.

DDL
document description language, → Dokumentenbeschreibungssprache.

DDN
Defense Data Network, US-amerikanisches Militär-Datennetz (umfaßt MILnet, DRI, DISnet, SCInet und WINCS), wird betrieben durch → DISA.

DDN NIC
Defense Data Network Network Information Center, Net-Info-Zentrum (NIC) des → DDN.

DDNS
Dynamic Domain Name Service, ein Service, der den via → DHCP zugewie-

senen → IP-Nummern automatisch eine Domain-Adresse (nach dem → DNS-Protokoll) zuordnet. Vgl. → *dynamic addressing*, → *dynamic SLIP addressing*.

DDP
→ *Datagram Delivery Protocol*.

DDS
Digital Data Storage, Standard für die Datenaufzeichnung auf → DAT.

DDT
→ *debugger* (die Abkürzung stammt von *DEC Debugging Tape*).

DDX
Digital Data Exchange, digitale Datenübertragung.

dead code
Daten, auf die nicht zugegriffen werden kann.

dead key
(wörtlich: tote Taste) eine Taste, die ohne Betätigung einer weiteren Taste keine Reaktion zeigt. Auf deutschen Standard-Tastaturen sind dies die französischen Akzente ^`' (man gibt zuerst den Akzent ein und direkt anschließend den gewünschten Vokal, um das entsprechende Zeichen zu bekommen).

deadline
Abschluß-Termin.

dead links
nicht (mehr) funktionierende → *links* (etwa im WWW).

deadlock
Blockade eines Computersystems oder -Netzwerks, die durch sich gegenseitig blockierende Sicherheitsmechanismen ausgelöst wurde.

Debit
in der Buchführung Bezeichnung für Soll oder Schuld, früher auch als Bezeichnung für den Warenvertrieb gebräuchlich.

debitel
Telefongesellschaft (Eigentümer Debis und Metro), Netzvorwahl 0 10 18.

Debitor
Schuldner, Käufer.

Deblockieren
Entfernen einer → Blockade (und Einbau des in die Lücke gehörigen Materials, also Ergänzung des fehlenden Satzes).

debugger
Programm für das → *debugging*.

debugging
wörtl. „Entfernen von Wanzen", die Beseitigung von Fehlern im Quellcode eines Programms, vgl. → *bug*.

DEC
die amerikanische Firma Digital Equipment Corporation.

Deckblatt
jedes oben liegende, Abdeck- und Schutzfunktionen erfüllende Blatt, beispielsweise das erste Blatt eines Buchs, einer Broschur oder eines Papierblocks, das Schutzblatt auf Reproduktion oder einer Reprovorlage, usw.

Deckentitel
→ Umschlagtitel.

Deckfarbe
Farbe, die den Untergrund abdeckt.

Deckname
→ Pseudonym.

Deckungsauflage
DA, auch Kostendeckungsauflage, jener Teil der Auflage eines Druckwerkes, der mindestens verkauft werden muß, um die gesamten Kosten (Honorare und Herstellungskosten, je nach Auffassung zudem

auch Vertriebs- und Gemeinkosten) der Auflage zu decken.

Deckungsbeitrag
In Fertigungsbetrieben bezeichnet der Deckungsbeitrag den Überschuß aus den gesamten feststellbaren variablen Kosten eines speziellen Auftrages (Rohstoffe, Leistungen Dritter, etc.) und dem Erlös; dieser Überschuß ist als der auftragsbezogene Beitrag zur Deckung der auftragsunabhängig im Betrieb anfallenden Kosten (Personalkosten, Abschreibungen, Gemeinkosten usw.) sowie zur Erwirtschaftung des Gewinns anzusehen.

Deckungsbeitragsrechnung
Begriff für eine Art der Kosten- und Leistungsrechnung (in Unterscheidung zur → Vollkostenrechnung), die den → Deckungsbeitrag als wesentliches betriebswirtschaftliches Bewertungs- und Entscheidungskriterium heranzieht. Als alleiniges Kalkulationsinstrument auf Dauer meist eher ungeeignet, kann die DBR vor allem in (absehbar befristeten) Zeiten schwacher Auslastung des Betriebs dabei helfen, sich für Aufträge zu entscheiden, die unter Vollkostenrechnungsmethoden unrentabel wären.

DECNet
Netzwerk-Protokoll der Firma DEC, vorwiegend in → LANs eingesetzt.

decoder
Dekoder, Wandler, ein Gerät zur Umwandlung von Signalen. Meist bezeichnet man nur noch Geräte zur Entschlüsselung verschlüsselter Signale als *decoder*, die Analog-Digital-Umwandlungseinrichtungen werden u. a. → A/D-Wandler genannt.

decrypt
entschlüsseln.

DECT
Digital European Cordless Telecommunications, Euro-Standard für → Handys.

dedicated line
reservierte Leitung, → Standleitung.

dedicated server
ein im Gegensatz zu einem → *non-dedicated server* nur für einen speziellen Zweck eingesetzter Server.

Dedikationsexemplar
kostenloses und bisweilen vom Autor mit einer speziellen Widmung versehenes Buchexemplar, das Freunden oder sogenannten Multiplikatoren überreicht wird.

Dedikationstitel
Titelblatt oder -Seite mit einer Widmung.

DEE
Datenendeinrichtung, → Endgerät.

default
Voreinstellung, Standardeinstellung eines Geräts oder eines Programms.

default route
Standardroute, der beim → *routing* gewählte Weg für Datenpakete, deren Adresse nicht in der vorliegenden → *routing table* verzeichnet ist.

Defense Advanced Research Projects Agency
→ DARPA, heutige Bezeichnung der → ARPA.

DEGt
Datenendgerät, → Endgerät.

Deja News
→ Suchdienst. http://www.dejanews.com /forms/dnquery.html

DEK
→ *data encryption key*.

Dekoder
auch Dekodierer, → *decoder*.

DEL
delete, löschen; Lösch-Taste.

Deleatur
(lat. „wird getilgt“) siehe → Korrekturzeichen.

delimiter
Begrenzungszeichen (etwa bei → *data blocks*).

del/rubout
→ *backspace*.

DEM
→ Demodulator.

demand
Forderung, Anspruch.

Dementi
Widerspruch gegen eine Pressemitteilung durch die betroffene Person oder Behörde selbst, im Unterschied zur Berichtigung durch das Presseorgan (→ Berichtigungsbegehren, Gegendarstellung).

Demodulation
Umwandlung analoger in digitale Signale.

Demodulator
ein elektronischer Baustein zur Demodulation.

demon
- Synonym für → *daemon;*
- teils auch unterscheidend gegenüber einem eigenständigen *daemon* als Bezeichnung für ein entsprechendes Unterprogramm verwendet.

Demoskopie
Meinungsforschung.

DE-NIC
das deutsche → NIC, → IV-DENIC.

Densitometer
Meßgerät zur Ermittlung der Schwärzung photographischer Vorlagen bzw. Filme oder der Farbdichte eines Druckes (teilweise auch zur automatischen Farbregulierung in Druckmaschinen eingebaut).

density
→ Dichte, → Farbdichte; bisweilen auch Synonym für → *saturation* (→ Sättigung).

depacketizing
Entpacken von → *data packets*, also die Entnahme der Nutzdaten, und Zusammenfügen von Daten, die auf mehrere Pakete verteilt eintrafen.

Derivat
Abkömmling, Abwandlung, Variante (meist im Zusammenhang mit Programmen oder Programmiersprachen angewandt).

DES
→ *Data Encryption Standard*.

description language
→ Beschreibungssprache.

Deskriptor
eindeutig beschreibendes Schlagwort (etwa in einem Thesaurus).

Desktop Publishing
kurz DTP, bisweilen auch CAP oder → *electronic publishing*, im engeren Sinne eine auf Personal Computern basierende Technologie zur Herstellung von Druckvorlagen oder Drucken mittels entsprechender Programme und Hardwareausstattung, durch die Texterfassung und -Gestaltung, Bilderfassung und -Bearbeitung und sämtliche sonstigen Arbeiten der Druckvorstufe erledigt werden können; im weiteren Sinne eine umfassende Computer-basierte Technologie des Vervielfältigens und Verbreitens von Informationen, also des Verlegens schlechthin.
Aus einfachsten Anfängen hervorgegangen, konnte sich DTP zunächst rasch zu einer professionellen Alternative zu vorhandenen Foto- und Lichtsatztechnolo-

gien entwickeln. Heute ist DTP eng mit der Entwicklung von Multimedia-Anwendungen bzw. mit Web-Publishing verknüpft.

destination
Ziel, Empfangsort.

destination address
Empfangsadresse, Empfänger.

DeTeMobil
D1-Netz-Betreiber (→ Telly D1), Tochterunternehmen der → Deutschen Telekom.

Deutsche Akademie für Kinder- und Jugendliteratur
(DAKJ) 1976 gegründete Vereinigung zur Förderung und Weiterentwicklung deutschsprachiger Kinder- und Jugendliteratur.

Deutsche Akademie für Sprache und Dichtung e. V.
1949 gegründete Vereinigung zur Pflege der deutschen Sprache und Literatur, Darmstadt, vergibt unter anderem den Georg-Büchner-Preis.

Deutsche Bibliographie
von der → Deutschen Bibliothek herausgegebene Bibliographie aller in Deutschland verlegten Werke.

Deutsche Bibliothek
Sitz Frankfurt am Main, 19.5.1947 gegründete Nationalbibliothek mit Pflichtexemplar-Recht, Anstalt des öffentlichen Rechts, u. a. Herausgeber der → Deutschen Bibliographie und Betreiber des → BIBLIO-DATA-Online-Dienstes.

Deutsche Bibliothekskonferenz
(DBK) Dachverband für das Bibliothekswesen in der Bundesrepublik Deutschland.

Deutsche Blindenhörbücherei
(DBH) siehe → Deutsche Blindenstudienanstalt.

Deutsche Blindenstudienanstalt e. V.
BLISTA, Zentrum für Bildungs- und Hilfsmittel für Sehgeschädigte, tätig im Blindenbuch- und Blindenbibliothekswesen, eigene Produktion von Blindenschriftbüchern und anderen taktilen (Lehr-) Materialien sowie Audiotiteln und Blindenschriftdruckmaschinen.

Deutsche Forschungsgemeinschaft
DFG, 1949 gegründete Selbstverwaltungsorganisation der deutschen Wissenschaft (hervorgegangen aus der Notgemeinschaft der Deutschen Wissenschaft, gegr. 1929); Hauptaufgabe Beratung politischer Entscheidungsträger und Instanzen sowie Förderung der Wissenschaft durch Finanzierungsmaßnahmen, vorwiegend finanziert durch Bund- und Ländermittel, betreibt u. a. Förderung wissenschaftlicher Bibliotheken sowie die Förderung von wissenschaftlichen Buch- und Zeitschriftenproduktionen (in Form von Druckbeihilfen).

Deutsche Forschungs-Gesellschaft für Druck- und Reproduktionstechnik e. V.
FOGRA, 1951 gegründete Vereinigung, Sitz München, Hauptaufgaben Grundlagenforschung auf dem Gebiet der Drucktechnik, Normung und Beratung.

Deutsche Gesellschaft für Dokumentation e. V.
DGD, Vereinigung für Informationswissenschaft und Informationspraxis, Hauptziel Forschung und Förderung (Aus- und Weiterbildung, Normung) im Bereich Information und Dokumentation (IuD).

Deutsche Interessengemeinschaft Internet
→ DIGI.

Deutsche Journalisten Union
vor dem Übergang in die → IG Medien die für Journalisten zuständige Untergewerkschaft der IG Druck und Papier.

Deutsche Lesegesellschaft e. V.
DL, Vereinigung für die Förderung von Buch und Lesen (heute durch → Stiftung Lesen abgelöst).

Deutsche Presse-Agentur GmbH
dpa, 1949 gegründete Nachrichtenagentur, Sitz Hamburg.

Deutscher Branchenindex
→ Suchdienst. http://www.flix.de

Deutscher Crawler
→ Suchdienst. http://www.crawler.de

Deutscher Drucker
Vereinsorgan des Verbandes der → Führungskräfte der Druckindustrie, erscheint im gleichnamigen Verlag.

Deutscher Jugendliteraturpreis
Literaturpreis, vergeben vom Bundesministerium für Familie, Senioren, Frauen und Jugend.

Deutscher Literaturfonds e. V.
gemeinnützige Einrichtung zur Förderung deutschsprachiger (belletristischer) Literatur, vergibt u. a. Autoren-Stipendien, Druckbeihilfen und Fördermittel für Übersetzungsprojekte.

Deutscher Multimedia-Verband
DMMV, 1995 gegründete Interessenvertretung von Multimedia-Unternehmen. http://www.multimedia.de/dmmv

Deutscher Musikverleger-Verband e. V.
DMV, 1949 gegründeter Berufsverband der Musikverleger in der Bundesrepublik Deutschland, Sitz Bonn.

Deutscher Normenausschuß e. V.
DNA, → Deutsches Institut für Normung (DIN).

Deutscher Presserat
1956 gegründetes, mit Verlegern und Journalisten besetztes Gremium zur Verteidigung der Pressefreiheit sowie zur Wahrung berufsethischer Normen; wird üblicherweise als eine Instanz der freiwilligen Selbstkontrolle verstanden und anerkannt beim Vorgehen gegen journalistische Entgleisungen.

Deutscher Werberat
1972 vom Zentralausschuß der Werbewirtschaft (ZAW) gegründete Selbstkontrolle der deutschen Werbewirtschaft.

Deutsches Bibliotheksinstitut
DBI, 1978 gegründete Anstalt öffentlichen Rechts, Sitz Berlin, zuständig für Aufgaben und Dienstleistungen im Bibliotheksbereich.

Deutsches Branchenbuch
→ Suchdienst. http://www.branchenbuch.de

Deutsche Schrift
Bezeichnung für die deutsche Schreibschrift (Kurrent); häufig auch fälschlich für gebrochene Druck-Schriften (Fraktur, Gotisch, Schwabacher) gebraucht.

Deutsches Institut für medizinische Dokumentation und Information
DIMDI, Bundeseinrichtung, unterhält Online-Datenbanken u. a. für die Bereiche Biologie, Gesundheitswesen, Medizin und Sport, betreibt eigenes Datennetz DIMDINET.

Deutsches Institut für Normung e. V.
→ DIN Deutsches Institut für Normung e. V.

Deutsches Internet Verzeichnis/Web Deutschland
→ Suchdienst. http://www.web.de

Deutsches Jugendschriftenwerk
(DJW), Mainz, Förderung v. Kinder- und Jugendschriften, Erstlesetexten und Bilderbüchern, Vergabe des Christian-Felix-Weiße-Preises.

Deutsches Literaturarchiv
Marbach, von der Deutschen Schillergemeinschaft e. V. im Schiller-Nationalmu-

seum unterhaltenes Quellenarchiv für deutschsprachige Literatur, umfaßt u. a. Nachlaß- und Handschriftensammlungen, Originalausgaben, Sekundärliteratur.

Deutsches Musikarchiv
→ Deutsche Bibliothek.

Deutsches Provider Network
DPN, überregionaler → IAP, Duisburg. http://www.dpn.de/

Deutsches Rundfunkarchiv
(DRA), 1952 gegründete Stiftung der ARD-Landesanstalten, unterhält umfangreiches Archiv von Ton-, Bild- und Schriftdokumenten für Rundfunkzwecke und zur Dokumentation der Rundfunkgeschichte.

Deutsche Studiengesellschaft für Publizistik
Stuttgart, unterhält Forschungen zu rechtlichen und politischen Problemen der Publizistik.

Deutsche Telekom AG
aus dem Telefon- und Datennetzdienst der Deutschen Bundespost hervorgegangenes privates Telekommunikationsunternehmen, bis 1. 1. 1998 Festnetz-Monopolist, Netzvorwahl 0 10 33. http://www.dtag.de

Deutsche Zentralbücherei für Blinde
(DZB) 1894 in Leipzig gegründete Blindenbücherei, erste öffentliche Blindenbücherei Deutschlands.

deutsch-französisches Normalsystem
→ Didot-System.

developer
Entwickler, Programmierer.

device
Gerät, in der EDV meist im Sinne von Peripheriegerät gebraucht oder auch für die → Schnittstelle, an der ein Peripheriegerät angeschlossen ist.

device clear
Gerät bereit (→ DCL).

devo
- *developer,* der Entwickler (eines Programms);
- *development,* Entwicklung.

Deweysche Dezimalklassifikation
DDK oder DDC, von Melvil Dewey entwickeltes und später zur → UDC erweitertes → Dezimalklassifikationssystem, heute vor allem in englischsprachigen Ländern verbreitet.

Dezimalklassifikation
kurz DK, 1876 von dem Bibliothekar Melvil Dewey vorgestelltes universelles Klassifikationssystem zur thematischen Einteilung von Schriftwerken in Bibliographien bzw. Bibliothekskatalogen; hierbei werden thematische Hauptklassen und Unterklassen mittels → Dezimalnotation beziffert. Verbreitet sind vor allem die sog. → Deweysche Dezimalklassifikation sowie die daraus weiterentwickelte und geringfügig abweichende sog. Brüsseler Dezimalklassifikation, international unter dem Begriff → *Universal Decimal Classification* bekannt.

Dezimalnotation
die übliche Schreibweise von Zahlen im Zehnersystem, also mit Ziffern von 0 bis 9 und Komma (in englischer Schreibweise Punkt) zur Abtrennung der Nachkommastellen (im Unterschied beispielsweise zur Hexadezimal- oder Binärschreibweise); außer Zahlen lassen sich auch beliebige Klassifikationsschemata (beispielsweise die sog. → Dezimalklassifikationen) oder beispielsweise auch die Internet-Adresse *(→ dot adress)* mit durch Punkten getrennten Dezimalziffernfolgen darstellen.

Dezimalsystem
- im Bibliotheksbereich häufig synonym für → Dezimalklassifikationssystem;

- allgemein ein Zeichensystem aus zehn Grundzeichen, die kombiniert einen vollständigen Zeichensatz ergeben (sowie die speziellen Regeln zur Handhabung dieses Zeichensystems);
- meist spezielle Bezeichnung für das allgemein gebräuchliche dezimale → Zahlensystem.

DFG
→ Deutsche Forschungsgemeinschaft.

DFGt
Datenfernschaltgerät, Schnittstelle zum Anschluß eines Endgeräts an ein digitales Netz (→ ISDN).

DFN
Deutsches Forschungsnetz, Kurzname für: Verein für die Förderung des Deutschen Forschungsnetzes, eine Vereinigung deutscher Hochschulen und Forschungseinrichtungen zum Betrieb eines eigenen Netzes (→ WiN bzw. → B-WiN.) für Forschung, Lehre und Entwicklung. http://www.dfn.de

DFN-WiNShuttle
DFN-Ableger für den öffentlichen Zugang zum → WiN, als überregionaler → IAP tätig. http://www.shuttle.de/

DFÜ
→ Datenfernübertragung.

DFV
→ Datenfernverarbeitung.

DGD
→ Deutsche Gesellschaft für Dokumentation e. V.

DHCP
Dynamic Host Configuration Protocol, ein Protokoll, das die dynamische Zuweisung von IP-Adressen vornimmt; siehe → DDNS, → *dynamic SLIP addressing*.

DI
- *Data Input*, Dateneingabe;
- *Digital Input*, digitaler Dateineingang.

Dia
→ Diapositiv.

diagonal
das Zeichen /.

diakritische Zeichen
Zusatzzeichen, die einem Buchstaben zugefügt werden (beispielsweise Akzente, Trema) und die Aussprache (meist den Lautwert) des Zeichens näher bestimmen.

dial
wählen.

dialer
ein Taschenrechner-ähnliches Gerät mit Zifferntasten und einem kleinen Lautsprecher (oder eine im Taschenrechner integrierte Funktion) zur einfachen Wahl von (gespeicherten) Telefonnummern beim → MFV oder zur Fernabfrage des Anrufbeantworters. Es wird an die Sprechmuschel gehalten und erzeugt die benötigten Frequenzen.

dialing tone
(auch *dialling tone*), kurz DT, Wählton.

DIALOG
Mailboxbefehl, Aufforderung an den Sysop, sich in den laufenden Chat einzuschalten.

Dialogbetrieb
→ *dialog mode*.

dialog box
ein für Eingaben vorgesehener Bereich in Bildschirmformularen (bei einer aus mehreren unterschiedlichen Eingabeelementen bestehenden Dialogbox spricht man auch von einer *combo box*). Zu den üblichen Eingabeelementen zählen → Auswahlschalter, → Listenfelder, → Schalt-

flächen, → Schieberegler und → Textfelder.

dialog mode
Dialogmodus, auch Dialogbetrieb oder Direktmodus, jene Betriebsart, bei der im Unterschied zum → *batch mode* im direkten wechselseitigen Kontakt zwischen User und EDV-Anlage gearbeitet wird.

Dialogverkehr
→ *interactive session*.

dial pulse
Wählimpuls (Frequenz bzw. Stromstoß zur Wahl einer Ziffer).

dial-up
auch *dialup*,
- Anwählen, Aufbau einer Kommunikationsverbindung;
- im Internet-Zusammenhang Kurz-Bezeichnung für → *dial-up IP*, also den Zugang zum Internet über eine Wählverbindung.

dial-up IP
eine Wählverbindung (Telefonverbindung) zum Internet bzw. zu einem Internet-Provider. Da der Internet-Zugang hierbei nur vorübergehend erfolgt, ist die IP-Adresse nicht als echte (dauerhaft zugeweisene) Adresse gegeben, sondern wird vom jeweiligen Provider nur vorübergehend zugewiesen (siehe → *dynamic addressing*), über eine Wählverbindung kann daher auch kein Internet-Host betrieben werden. Für den einzelnen Nutzer hat dies meist keine weitere Bedeutung, da selbstverständlich sichergestellt ist, daß er auch bei wechselnden IP-Adressen immer eindeutig identifizierbar bleibt (die Identifizierung erfolgt beim Login anhand von User-ID und Paßwort, seine E-Mail-Adresse usw. bleiben bei jedem erneuten Zugang erhalten).

dial-up line
auch kurz *dialup*, eine Wählverbindung, also eine temporär geschaltete Telefonverbindung (über ISDN ebenso wie im Analog-Netz).

Diamant
→ Halbpetit, Schriftgrad, 4 p.

Diamond
amerikan. Schriftgradbezeichnung, 4½ point.

DIANE
Direct Information Access Network for Europe, Vereinigung der → Euronet-Betreiber.

Diapositiv
kurz Dia, ein seiten- und tonwertrichtiges Durchsichtsbild bzw. eine sogenannte Durchsichtsvorlage.

Diaresis
auch Diärese, die getrennte Aussprache zweier aufeinanderfolgender Vokale, oft mit → Trema markiert.

Diaskeuastes
(griech. „Ordner“) Textbearbeiter, Korrektor.

Diathek
geordnete Sammlung von Diapositiven, meist im Rahmen einer → Mediathek oder angegliedert an eine Bibliothek.

DIB
Device Independent Bitmap, Grafikformat unter Windows (bis 24 Bit Farbtiefe).

Dichte
density, Maß für die Schwärzung (eines Films) bzw. die Farbsättigung (eines Druckes), gemessen mit dem → Densitometer.

Dichtkunst
künstlerische Tätigkeit mit den Mitteln der Sprache, → Poesie.

Dickte
Breite einer → Letter.

Didot-Punkt
typographischer Punkt, → Didot-System.

Didot-System
deutsch-französisches Normalsystem, typographisches Maßsystem, von Francois-Ambroise und Firmin Didot entwickeltes Normalsystem der Schriftgrade; Duodezimalsystem, kleinste Einheit der Didot-Punkt oder typographische Punkt (p, 1 p = 0,376065 mm), 12 p = 1 cic (Cicero).

Dienst
service,
- → Dienstprogramm oder Übertragungsprotokoll im Internet, u. a. → archie, → gopher, → ftp, → http, → mailto, → news, → telnet, → veronica, → www;
- das Dienstleistungsangebot eines → *service providers*;
- Kurzbezeichnung für einen → Online-Dienst oder einen *service provider*.

Dienste-Anbieter
→ Online-Dienst, → *provider*.

Dienstekennung
Service Indicator (SI), eine beim Aufbau von → ISDN-Verbindungen auf dem → D-Kanal zusätzlich zur Rufnummer übermittelte Kennung, anhand derer das geeignete Endgerät identifiziert und angesprochen wird:

0 Bildtelefon;
1 Fernsprecher;
2 analoger Dienst (Telefon, Fax, Modem);
3 X.21-Terminaladapter;
4 Fax (digital);
5 Btx;
7 64 kBit Datenübertragung;
8 X.25-Terminaladapter;
9 Teletex;
10 Mixed Mode (Textfax, ASCII-Text);
13 Fernwirken, Telemetrie, Alarmierung;
14 Grafiktelefon;
15 zukünftiges Btx.

Dienstprogramm
ein Programm, das keinem speziellen Arbeitsbereich zuzuordnen ist (wie ein → Anwendungsprogramm), sondern allgemeine Aufgaben (Dateiverwaltung, Datenübertragung usw.) erledigt. Vgl. → Systemprogramm.

dieresis
das Zeichen " (Anführungszeichen).

DIF
Data Interchange Format, ASCII-Standard-Dateiformat für den Datenaustausch.

digest
Übersicht, Zusammenstellung
- allgemeine Bezeichnung für eine Sammlung von überwiegend bereits veröffentlichten Schriften (teils auszugsweise oder in verkürzter Fassung);
- eine News-Zeitschrift im Internet, die aus der Zusammenstellung mehrerer → *news articels* mit vorangestelltem Inhaltsverzeichnis entsteht;
- eine codierte Zusammenfassung im Sinne einer eindeutigen Signatur, siehe → *message digest*.

digestified
umgewandelt zu einem → *digest*.

DIGI
Deutsche Interessengemeinschaft Internet, 1992 gegründeter Ableger der *Internet Society* (→ ISOC). http://www.isoc.de

digital
- mittels Ziffern (meist binärer Ziffern) dargestellt;
- in der EDV häufig auch Bezeichnung für etwas, das im Speicher einer EDV-Anlage vorliegt (digitalisierte Abbildung);
- in der DFÜ in Unterscheidung zu → analog ein abgestuftes (oder in einem → Binärcode vorliegendes) Signal (→ digitales Signal).

Digital-/Analog-Wandler
- im engeren Sinn eine elektronische Vorrichtung, die digitale Signale in analoge Signale umsetzt;
- im weiteren Sinn ein Gerät, das die Signalumwandlung in beide Richtungen (Analog-Digital und Digital-Analog) vornimmt (etwa der → ISDN-Terminaladapter).

Digital Audio Broadcasting
→ DAB.

Digital Audio Tape
→ DAT; vgl. auch → Datenträger.

digital coded voice
kurz DCV, digital codierte Sprache (beispielsweise im → ISDN wird die Sprache digital codiert übertragen).

digitaler Mobilfunk
→ D-Netz.

digitaler Vertrieb
Vertrieb über das Internet, → *electronic commerce.*

digitale Signatur
- allgemein ein im Online-Verkehr benützter Schlüssel, der sich einer Datei, einer Person oder einem Prozess zuordnen läßt (vgl. → *signature*);
- oft eingeschränkt die „digitale Unterschrift" einer bestimmten Person, also ein eindeutiger und verifizierbarer Schlüssel, der sich (nur) einer Person zuordnen läßt und bestätigt, daß eine Aktion (meist eine Aktion im Geschäftsverkehr, etwa Bezahlung, Buchung, usw.) durch die dazu autorisierte Person vorgenommen wird (vgl. auch → TAN und → PIN);
- nach dem Wortlaut des → IuKDG/SigG „ein mit einem privaten Signaturschlüssel erzeugtes Siegel zu digitalen Daten, das mit Hilfe eines zugehörigen öffentlichen Schlüssels, der mit einem Signaturschlüssel-Zertifikat einer Zertifizierungsstelle ... versehen ist, den Inhaber des Signaturschlüssels und die Unverfälschtheit der Daten erkennen läßt".

Digitales Satellitenradio
→ DSR.

digitales Signal
im Unterschied zum → analogen Signal ein Signal, das auf unterster Ebene nur zwei Zustände annimmt, also zur Abbildung bzw. Übertragung von → *bits* geeignet ist. Digitale Signale sind u. a. durch (mindestens) zwei unterschiedliche hohe Tonfrequenzen (vgl. → ADM), durch unterschiedliche Tondauer (Morse-Alphabet) oder durch gepulste (getaktete) Frequenzen (kein Strom/Strom, kein Licht/Licht) erzeugbar. Von einem digitalen Signal wird auch dann gesprochen, wenn ein physikalisch eigentlich analoges Signal (etwa eine Schwingung) digital interpretiert wird.

digitale Synthese
auch nicht-lineare Synthese genannt, elektronische Klangerzeugung auf der Basis von vorher abgespeicherten Wellenformen bzw. Klängen (vgl. → *samples*, → *wavetables*), in Unterscheidung zur analogen Synthese. Siehe → Synthese.

digitale Unterschrift
→ digitale Signatur, siehe auch → *signature*.

Digitalfotografie
früher auch *still video*, Fotografie mit einer → Digitalkamera (anstelle einer herkömmlichen Kamera, die mit lichtempfindlichem Film arbeitet). Das Endprodukt der Digitalfotografie ist eine Bilddatei, die beliebig digital weiterverarbeitet werden kann.
Digitalfotografie wird nicht nur im Multimedia-Bereich (u. a. für *WebPublishing* oder auch CDs) verwendet, sondern vor allem auch in der Pressefotografie. Die bereits in der Kamera digitalisierten Bilder können nicht nur blitzschnell weltweit übertragen werden, sondern passen sich auch ideal in die weiteren, längst durchgängig digitalisierten Produktions-

schritte der üblichen Bildweiterverarbeitung ein (EBV, Redaktionssysteme, elektronische Umbruchsysteme etc.). Auch im Hobbybereich stößt die Digitalfotografie, dank stark gesunkener Preise für die anfangs nahezu unerschwinglichen Kameras, auf starkes Interesse.

digitalisieren
ein analoges Signal (oder eine Halbton-Vorlage) in digitale Daten umwandeln Eine solche Umwandlung ist immer mit Informationsverlusten verbunden, die jedoch meist vernachlässigbar sind bzw. mit geeigneten Mitteln nahezu beliebig minimiert werden können (vgl. → Artefakte). Vgl. → Digital-/Analog-Wandler, → *sampling*, → *scannen*).

Digitalisierkarte
eine → Steckkarte, mit der die aus Video- bzw. TV-Quellen stammenden analogen Farbbild-Signale (die einer Fernsehnorm wie NTSC, PAL oder SECAM entsprechen), in digitale Signale umgewandelt, auf Computermonitoren angezeigt, per Software bearbeitet und (digital oder analog) gespeichert werden können. Neben einfachen → TV-Steckkarten, die hauptsächlich zum „Fernsehen auf dem PC“ gedacht sind, und den noch einfacheren → Overlaykarten, die Videobilder aus externen Quellen auf den Bildschirm einblenden, gibt es auch sog. → Videobearbeitungskarten, mit denen der professionelle Videoschnitt am PC möglich ist.

digitalisiert
eine Abbildung oder Schrift wird als digitalisiert bezeichnet, wenn sie in digitale Daten umgesetzt wurde und für die elektronische Weiterverarbeitung als Computerdatei vorliegt.

Digitalisiertablett
auch Grafiktablett, ein an den Computer angeschlossenes spezielles Eingabegerät, das aus einem Tablett und einem speziellen Eingabestift besteht. Der Computer kann die Position (oder die Bewegungen) des Stifts auf dem Tablett erfassen bzw. verarbeiten. Verwendung finden derartige Eingabeinstrumente hauptsächlich im grafischen Bereich (u. a. CAD, Entwicklung oder Korrektur von Grafiken, Erstellung von Animationen, Übernahme von Koordinatendaten usw.).

Digitalkamera
früher auch Still-Video-Kamera, ein Fotoapparat, bei dem sich an der Stelle eines Films ein CCD-Sensor befindet; die Aufnahme wird als digitales Bild elektronisch gespeichert (meist komprimiert nach dem → JPEG-Standard, als Speichermedien dienen Disketten, Flash Memory Cards, Wechselfestplatten usw.) und läßt sich daher ohne weitere Zwischenschritte direkt (oder über Netzwerke) auf den PC übertragen und weiterbearbeiten.
Im Profibereich werden häufig hochwertige herkömmliche Kameras (meist solche im Kleinbildformat) durch Ausstattung mit einem CCD-Rückteil zu einer Digitalkamera umgerüstet, im Amateurbereich sind vorwiegend eigens für die digitale Fotografie entwickelte Kameras im Einsatz. In den einfachen Digitalkameras kommen meist CCD-Flächensensoren zum Einsatz, die in einem einzigen Durchgang das komplette Farbbild ermitteln (RGB-Sensoren, One-Shot-Technik); im professionellen Bereich werden häufig auch sogenannte Farb-Scannerkameras eingesetzt, die mit linearen Zeilensensoren ausgerüstet sind. Anstelle von RGB-Sensoren werden zur Erzielung besonders hochwertiger Resultate meist einfarbige Flächen- oder Zeilensensoren verwendet, die mit Hilfe vorgeschalteter → Farbfilter in drei Einzeldurchgängen die jeweiligen Farbwerte pro Pixel ermitteln (→ Three-Shot-Technik). Vgl. → Digitalfotografie.

digitally controlled
meist DC abgekürzt, digital gesteuert.

Digitalo
Programmierer, Hacker. Vgl. → Normalo.

Digitalpiano
auch Elektropiano, elektronisches Piano bzw. elektronisches Klavier, früher Synonym für Synthesizer, heute meist eingeschränkt für einen Synthesizer, der nur zur elektronischen Erzeugung von Piano-Klängen dient bzw. in der Lage ist.

Digitalrechner
in Unterscheidung zu einem → Analogrechner eine Rechenmaschine, die → digitale Signale verarbeitet.

Digital-Synthesizer
ein → Synthesizer, der die elektronische Klangerzeugung (ausschließlich oder vorwiegend) nach den Prinzipien der digitalen Synthese vornimmt. Siehe → Synthese.

Digitaltechnik
Sammelbegriff für alle Verfahren, die auf der Verwendung bzw. Verarbeitung → digitaler Signale beruhen (u. a. EDV, Fernsehen, Audio- und Videotechnologien), sowie für die dazugehörigen technischen Geräte.

Digital Versatile Disc
siehe → DVD.

Digital Video
neuer digitaler Aufzeichnungsstandard für Videofilme, Nachfolger von S-VHS oder Hi8. Da die Aufzeichnung digital erfolgt, können u. a. auch beliebig viele Kopien verlustfrei angefertigt werden.

Digital Video Interactive
kurz DV-I, Kompressions- bzw. Dekompressionsstandard für die Aufnahme und Wiedergabe von PC-Videoclips (der Intel-Chipsatz i750B setzt diesen Standard um und ermöglicht die Aufzeichnung bzw. Wiedergabe in Echtzeit).

Digraph
Lautzeichen, das aus zwei aneinandergeschriebenen Vokalzeichen gebildet wird, z.B. æ.

DIMM
Dual Inline Memory Modul, moderne Bauart von → SDRAMs: zwei Reihen von Anschlußkontakten mit insgesamt 168 Pins, 64-Bit-Busbreite, daher für PCs ab Pentium-CPU ideal; wird anstelle der → SIMM-Bauart verwendet.

DIMDI
→ Deutsches Institut für medizinische Dokumentation und Information.

DIN 66020
deutsche Norm für die → serielle Schnittstelle (entspricht der → CCITT-Norm V.24).

DIN Deutsches Institut für Normung e. V.
für Normen zuständige Organisation der Bundesrepublik Deutschland, Sitz Berlin; Mitglied in der Internationalen Organisation für Normung (→ ISO). DIN ging 1975 aus dem Deutschen Normenausschuß (DNA) hervor, der seit 1926 Nachfolger des 1917 gegründeten Vereins „Normenausschuß der Deutschen Industrie" war.

DIN-Formate
Kurzbegriff für die → Papierformate nach DIN.

DIN-Normen
die vom → DIN entwickelten Normen, heute meist in → ISO-Normen aufgegangen oder durch solche ersetzt. Einen Online-Zugang zu DIN- und ISO-Normen, VDI-Richtlinien usw. findet man unter http://www.din.de/din-normen.

ding
das Zeichen $ (Dollar).

Dino
→ Suchdienst. http://www.dino-online.de

Diphthong
Laut oder Silbe aus zwei Vokalen (z.B. au, ei).

dip switch
Kippschalterreihe, auch „Mäuseklavier" genannt, eine Reihe kleiner Schalter zum Einstellen bzw. Verändern des Betriebsmodus eines Druckers, Modems usw.

dir
- *directory*, → Dateiverzeichnis;
- Kommando zur Anzeige des Dateiverzeichnisses.

direct addressing
das Angeben einer vollständigen Adresse (→ *bang path*) bei E-Mails, für die Auslieferung der Nachricht ausschließlich über den angegebenen Pfad (→ *passive routing*).

direct connection
→ DC.

direct current
→ DC.

direct dialing
Selbstwähldienst.

directional radio
Richtfunk (*directional radio line* Richtfunkstrecke).

Direct Mailing
Postversand von → personalisierten Werbedruckschriften an einen Kreis ausgewählter Adressaten; die Herstellung bzw. Personalisierung der Anschreiben erfolgt vorwiegend im → Laserdruckverfahren. Voraussetzung für solche Maßnahmen bilden selektierte bzw. selektierbare Adreßbestände, die ggf. von Dritten erworben werden. Zunehmend ergänzt oder ersetzt wird diese Vorgehensweise durch moderne Verfahren des → Direktmarketings wie etwa → Fax-Broadcasting oder entsprechende Angebote im Internet.

Direktmarketing
möglichst direkte und individuelle Kommunikation eines Unternehmens mit Kunden (oder potentiellen Kunden) zu Werbezwecken. Die Initiative geht hierbei vom Unternehmen aus, das durch Auswahl eines die Zielgruppe möglichst exakt ansprechenden Mediums (etwa eine Fachzeitschrift) oder über einen entsprechend selektierten Adressenbestand gezielten Zugang zum Empfänger sucht.
Außer über Printmedien oder pesonalisierte Anschreiben (vgl. → *Direct Mailings*) kann eine solche individuelle Werbung u. a. auch via Fax (vgl. → *Fax-Broadcasting*) oder per → eMail bewerkstelligt werden Vor allem die letztere Möglichkeit wird allerdings, trotz einiger technischer Vorteile auch für die Kunden (etwa: direkte Antwort- und Reaktionsmöglichkeit via eMail-Reply oder integrierte → Hyperlinks) nur dann begrüßt, wenn die Mails von den Kunden selbst angefordert wurden (etwa durch Bitte um Registrierung in einer Mail-Verteiler-Liste) – nicht angeforderte Mails sind meist unerwünscht, da sie Platz in der Mailbox belegen und Kosten verursachen (Online-Zeit).
Eine im Online-Bereich eher akzeptierte und zunehmend verbreitete Form individualisierter Werbung bietet sich inzwischen im → WWW durch die Möglichkeit, jedem Kunden speziell angepasste → Homepages bzw. Web-Angebote mit entsprechendem Werbe-Inhalt zu präsentieren. Im optimalen Fall wird die jeweilige Page aktuell und entsprechend bereits vorhandener Informationen über den Kunden generiert, zumindest aber können bestimmte (vorab selektierte) Kundengruppen automatisch auf entsprechend vorbereitete Seiten geleitet werden. Die Kern-Idee des Direktmarketings, vom Unternehmen aus aktiv zu werden und möglichst gezielt spezielle Interessenten oder Kunden anzusprechen, läßt sich im Web beispielsweise dadurch realisieren, daß an entsprechender Stelle Hyperlinks installiert werden, die den Kunden sofort auf die für ihn vorbereitete Homepage leiten. Solche Links können (etwa als auffällige → *banner*) jedem Besucher einer Seite offeriert

werden, die weitere Selektion erfolgt dann durch die Kunden selbst, die sich je nach ihren aktuellen eigenen Interessen selbst im Netz weiterverbinden (vgl. auch → Bannerwerbung). Durch Plazierung unterschiedlicher Banner (an unterschiedlichen Plätzen) können problemlos unterschiedliche und Zielgruppenadäquate Seiten angeboten werden, umgekehrt lassen sich auch alle Interessenten auf eine Seite leiten, von der aus wiederum auf eine Auswahl passender Seiten oder auf individuell gefertigte Pages verzweigt werden kann.
Als Verfeinerung dieser Weiterleitungs-Methode bietet sich an, auch gleich die Erstellung solcher Links auf die Seiten der werbenden Unternehmen aktuell und individuell anhand vorhandener Informationen über den Besucher einer Page zu generieren. Solche Informationen können sowohl aus der Auswertung früherer Besuche als auch aus der Beurteilung der aktuellen Aktivitäten des potentiellen Interessenten gewonnen werden.

Direct Memory Access
kurz DMA, Direktzugriff auf Hauptspeicherbereiche (ohne Mitwirkung der CPU). DMA wird meist zur Übertragung von Daten vom Hauptspeicher zu anderen Speichermedien (und umgekehrt) verwendet und durch einen speziellen Controller (DMA-Controller) gesteuert.

Director
→ *Macromedia Director.*

directory
- → Dateiverzeichnis;
- Inhaltsverzeichnis;
- User- bzw. Adreßverzeichnis (→ *directory service*).

Directory Access Protocol
kurz DAP, ein → X.500-Protokoll für die Kommunikation zwischen einem → *Directory User Agent* und dem → *Directory System Agent.*

directory listing
→ Dateiverzeichnis.

directory service
Verzeichnisdienst, auch → *white pages* genannt, ein Verzeichnis von Hosts, Dienst- und User-Adressen, vgl. → X.500, → *corporate directory,* → WHOIS.

Directory System Agent
kurz DSA, innerhalb des X.→ 500-→ *directory service* das Server-Programm, das die Directory-Informationen einer → *domain* oder einer sonstigen netzinternen Organisations-Einheit verwaltet und für die Abfrage (via → *Directory User Agent*) bereithält.

directory tree
Verzeichnisbaum, ein in einer baumartigen hierarchischen Struktur angelegtes → Verzeichnis.

Directory User Agent
kurz DUA, innerhalb des X.→ 500-→ *directory service* das Client-Programm, das die Directory-Informationen abfragt.

Direktmodus
→ *dialog mode.*

Direktruf
direct call, Sprech- bzw. DFÜ-Verbindung über Standleitung, → DC.

direct trunk call
Amtsverbindung; Herstellen einer Amtsverbindung (erfolgt automatisch beim Abnehmen des Telefonhörers), bei Modems → OH.

Direktwahl
automatic dialing, die direkte Durchwahl zu einem Teilnehmer bzw. zu einer Nebenstelle (Selbstwähldienst, die Verbindung erfolgt ohne Handvermittlung durch ein Amt oder durch eine hauseigene Telefonzentrale).

Direktwerbung
siehe → *Direct Mailing,* → Direktmarketing, → *Fax-Broadcasting.*

DirectX
ab Windows 95 eingesetzte Weiterentwicklung der → DCI-Schnittstellen von Microsoft, bestehend aus einer Reihe von → APIs für den einfachen und schnellen Direkt-Zugriff auf die Rechnerhardware (Grafikkarte, Sound, MMX-Funktionen usw.) im Rahmen interaktiver Anwendungen (Multimedia-Programme, Spiele etc.). DirectX umfaßt

- Direct3D, API für 3D-Grafik;
- DirectDraw, API für den Direktzugriff auf den Bildspeicher;
- DirectInput, API für das Handling von Eingabegeräten wie *Data Gloves, Joysticks,* usw.;
- DirectPlay, API für die Verbindung von Usern (Computer-Spielern) via Netzwerk;
- DirectSound, API für die Verarbeitung von Audiosignalen;
- DirectVideo, API für die Verarbeitung von Video-for-Windows-Clips.

Direktzugriff
direct access, → Zugriff auf spezielle Speicherbereiche (des Hauptspeichers, oder eines Datenträgers).

DIS
disconnect, Trennen (einer DFÜ-Verbindung).

DISA
Defense Information Systems Agency, (früher *Defense Communications Agency* (DCA)), die amerikanische Regierungsstelle, die mit dem Betrieb des *Defense Data Network* (→ DDN) und der Verwaltung des → DDN NIC betraut ist.

disabled
gesperrt, abgeschaltet (das Gegenteil ist → *enabled*).

Disc at Once
kurz DAO, Verfahren beim Beschreiben von CDs, bei dem der gesamte CD-Inhalt an einem Stück zusammenhängend auf die CD übertragen wird. DAO ergibt eine sog. *Single-Session-CD* und wird vor allem beim Erstellen von Audio-CDs angewandt.

disclaimer
Dementi bzw. Distanzierungs-Hinweis, mit dem sich eine Firma, eine Redaktion oder der Betreiber einer Mailbox von einer „privaten" Meinung (Leserzuschrift) bzw. einem privaten Angebot (*homepage, news article* etc.) distanziert.
Solche *disclaimer* stellen in erster Linie eine Klarstellung zur Herkunft der veröffentlichten Information dar – die Redaktion stellt beispielsweise klar, daß der Inhalt eines Leserbriefs nicht als redaktioneller Text und auch nicht als Meinungsäußerung der Redaktion anzusehen ist. Die bloße Veröffentlichung von *disclaimern* ist jedoch kein Freibrief für Verstöße gegen geltende Gesetze – jugend- oder urheberschutzrechtliche und weitere gesetzlichen Bestimmungen sind einzuhalten. Vgl. → Presserecht, → IuKDG.

disconnect
Beendigung bzw. Unterbrechung einer Verbindung.

discussion group
eine → *newsgroup* bzw. ein Chat-Forum.

disk
Scheibe, Diskette.

Diskette
meist *floppy disk* oder kurz *floppy* genannt, eine mit einer magnetisierbaren Schicht versehene Kunststoffscheibe (in einer Hülle), die zur Datenspeicherung dient.

diskless node
ein Rechner innerhalb eines Netzwerks (PC, Workstation), der nicht mit Diskettenlaufwerken oder Festplatte ausgestattet ist und per → BOOTP über das Netzwerk gebootet wird.

Disk Operating System
→ DOS.

Diskothek
veraltet für → Phonothek; heute nur noch als Bezeichnung für Unterhaltungs- und Tanzbetriebe üblich.

Diskussionsforum
deutsche Bezeichnung für ein Chat-Forum oder eine → *newsgroup*.

Diskussionsgruppe
deutsche Bezeichnung für → *newsgroup*.

DISnet
Defense Integrated Secure Network, ein Subnetz des → DDN (militärisch genutzt).

Display
- Werbeaufsteller oder -Anzeige;
- Bildschirm bzw. Bildschirmanzeige (etwa: LCD-Display).

Display-Anzeige
mehrspaltige bzw. ganzseitige Anzeigen mit Text- und Bildelementen (im Unterschied zu einspaltigen Nur-Text-Anzeigen).

Disposition
inhaltliche Gliederung (eines Werkes, einer wissenschaftlichen Arbeit).

dissemination
Informationsverbreitung.

Distanzlicht
auch Parallellicht, Beleuchtungsmodus in 3D-Programmen, bei dem die Lichtquelle in unendlicher Weite angenommen wird.

Distanzraster
ein → Raster, bei dem die Rasterlinien (im Unterschied zum → Kontaktraster) keinen direkten Kontakt zur Oberfläche des zu belichtenden Films haben, so daß die Lichtstrahlen unterhalb des Rastergitters streuen können; meist als Glasraster gefertigt, bei dem die Linien auf der Oberseite angebracht sind.

distributed computing
(wörtl. „verteiltes Rechnen") Konzept eines → plattformübergreifenden netzweiten Systems aus Daten und Programmen, mit denen die Daten und Programme (auch auf entfernten Rechnern und unter fremden Betriebssystemen) zur Verfügung stehen. (vgl. → FTP, → WWW, → NFS).

Distributed Computing Environment
kurz DCE, ein → OSF-Standard für → distributed computing.

distributed database
verteilte Datenbank, ein über ein komplettes Netz verteilter Datenbestand, der aus Sicht des Anwenders wie eine einzige, zusammengehörige „Datenbank" erscheint. Außer für innerbetriebliche Datenbanken wendet man den Begriff inzwischen auch vermehrt ganz allgemein für alle Internet-weiten Datenbestände an, bezeichnet also etwa das → DNS oder das → WWW (oder gleich das ganze Internet) als eine *distributed database*.

distributed processing
verteilte Verarbeitung, unter → Telnet die Verbindungsart, bei der mehrere Programme (auf unterschiedlichen Rechnern) untereinander Daten austauschen.

distributed server
Bezeichnung für die auf mehrere Stationen verteilten Server-Aufgaben in → *peer-to-peer*-Netzwerken.

distribution
- allgemein Vertrieb, Verteilung von Waren (auf einem Markt);
- bei UseNet-Postings auch Bezeichnung für die Angabe einer regionalen Begrenzung.

disusered
vom Zugang zum Netz bzw. zu einem → ISP ausgeschlossen.

Dithering
(wörtl. zittern) rechnerische Zerlegung von Bildpunkten in ein Punktmuster unter Simulierung zusätzlich vorhandener Halbtöne (Farbabstufungen oder Grautönen). Das in vielen Bildbearbeitungs- oder Malprogrammen verfügbare Verfahren zerlegt Original-Punkte in eine Matrix aus mehreren (2x2, 3x3 usw.) kleineren Punkten, wobei durch Zufallsalgorithmen Verfälschungen eingefügt werden, um eine Klötzchenbildung zu vermeiden.

DiV
Digitale Vermittlung.

DIVA
Direktverbindung zwischen (Telefon-) Anschlüssen, also eine → Standleitung.

Diversifikation
Ausweitung des Angebotes, der Lieferwege, Märkte oder Produktionsverfahren.

DIVF
Digitale Vermittlungsstelle Ferndienst.

Divis
→ Bindestrich.

DIVO
Digitale Ortsvermittlungsstelle.

DIX
die Firmen DEC, Intel und Xerox (gemeinsam Entwickler des → Ethernet-Standards).

DIX connector
von → DIX entwickelter Stecker-Standard für Ethernet-Interface-Karten. Solche Karten sind meist auch noch mit einem weiteren Stecker (→ BNC) ausgerüstet.

DIX Ethernet
→ Ethernet.

DJW
→ Deutsches Jugendschriftenwerk.

DK
→ Dezimalklassifikation.

D-Kanal
auch Steuerkanal oder Zeichengabekanal, bei ISDN-Verbindungen jener Kanal, über den Steuerinformationen fließen. Der frühere deutsche ISDN-Standard verwendete für den D-Kanal das 1TR6-Protokoll, seit 1994 wird auch in Deutschland das DSS1-Protokoll angewandt (→ Euro-ISDN).

DL
→ *download.*

DLE
Data Link Escape (ASCII 16) Steuerzeichen für DÜ-Umschaltung (wird benutzt für die Unterscheidung zwischen Steuerdaten und Nutzdaten).

DLL
Dynamik Link Library, Programmteil, der nur bei Bedarf geladen und ausgeführt wird.

DMA
→ *Direct Memory Access* (Direkter Speicherzugriff) oder *Direct Memory Addressing* (Direkte Speicheradressierung).

DMMV
→ Deutscher Multimedia-Verband.

DMP
Dot Matrix Printer, → Matrixdrucker.

dms
drunken mouse syndrome, Bezeichnung für die ruckartigen Bewegungen des Mauszeigers (Cursors), wenn Mechanik oder Mousepad verschmutzt sind oder sonstige (meist mechanische) Ursachen das einwandfreie Funktionieren der Maus behindern.

DMV
→ Deutscher Musikverleger-Verband e. V.

DNA

- Deutscher Normenausschuß, heute → DIN Deutsches Institut für Normung e. V.;
- *Digital Network Architecture*, Protokolle für den Aufbau digitaler Netze.

DNet

Deutsches Netz, der deutsche Teil des → EUnet. Als UUCP-Backbone fungiert unido (die Universität Dortmund), als → ISP des EUnet ist die → EUnet Deutschland GmbH tätig.

D-Netz

digitales → Mobilfunknetz (die Kommunikation erfolgt über → digitale Signale) nach → GSM-Standard im 900-MHz-Bereich; in Deutschland betreibt die Deutsche Telekom AG (bzw. ihr Tochterunternehmen Telly D1) das D1-Netz, das D2-Privat-Konsortium (unter Führung von Mannesmann Mobilfunk) das D2-Netz. Vgl. auch → E Plus.

DNG

Datennetz-Abschlußgerät, gemeint ist ein → Endgerät.

DNS

→ *Domain Name System*; bisweilen wird die Abkürzung auch falsch als *Domain Name Server* gelesen (oder falsch für einen → DNS-Server verwendet).

DNS-Adresse

eine im → *Domain Name System* anstelle der numerischen → IP-Adresse verwendete Adress-Bezeichnung für einen → *host*, bei der durch Punkte (*dots*) getrennte Klartextangaben die genaue Stellung im Netz angeben. Die Grundform der DNS-Adresse *host.subdomain .domain* (die Adresse wird von rechts nach links immer spezifischer) wird bei der Adressierung eines Users im E-Mail-Dienst (user@host.subdomain.domain) oder für Dateizugriffe, etwa via → http (http://host.subdomain.domain/directory/file.html), entsprechend eingebaut. Die Umwandlung der DNS-Adressen in die für → TCP/IP erforderlichen IP-Adressen erfolgt automatisch über → DNS-Server. Vgl. auch → Adresse, → *Fully Qualified Domain Name*.

DNS lookup

Nachschlagen im → DNS.

DNS lookup error

Fehlermeldung, die der DNS-Server zurückliefert, wenn keine Auflösung der angegebenen → DNS-Adresse (vgl. → *domain name resolution*) möglich ist.

DNS-Server

Domain Name System Server, ein Host bzw. Programm, das → DNS-Adressen in die dazugehörigen → IP-Adressen umwandelt und umgekehrt. Der Server verwaltet hierzu entsprechende Listen, über die entweder eine direkte Auflösung möglich ist oder aber der Zugriff auf einen weiteren DNS-Server, der die benötigten Informationen bereithält.

doc

- *document*, Dokument, Text, Textdatei;
- → *extension* für Textdateien (bei einigen Textverarbeitungsprogrammen, bei anderen → txt, → asc, → wri).

doco

Handbuch-Verfasser (ähnlich → devo).

docu

documentation, Handbuch.

document description language

kurz DDL, → Dokumentenbeschreibungssprache.

DoD

Departement of Defense, US-amerikanisches Verteidigungsministerium, eine in der Geschichte des Internet nicht ganz unbedeutsame Institution.

DOI

Digital Object Identifier, ein von der → AAP und der → CNRI entwickeltes

Identifikationssystem für digitale Objekte (oder sonstige Gegenstände), die über das Internet vertrieben werden. Das System wurde erstmals auf der Frankfurter Buchmesse 1997 vorgestellt und besteht aus drei Hauptkomponenten: der Identifikationsnummer, dem Directory-Service, und einer Datenbank.
Die Identifikationsnummer besteht aus zwei Teilen: einer vom Directory-Service an das Unternehmen, welches das Objekt zur Verfügung stellt, vergebenen Nummer *(prefix)*, und einer vom Unternehmen selbst zugeordneten Nummer (beispielsweise einer ISBN-Nummer), die durch einen Schrägstrich vom *prefix* getrennt ist *(suffix)*. Jedes digitale Objekt kann seinerseits wieder Sub-Objekte enthalten, die mit einem eigenen DOI versehen sind.
Sobald ein DOI angeklickt wird, sendet der → Browser eine Meldung an den Directory-Service, woraufhin dieser die aktuelle Adresse (→ URL) des gewünschten Objektes an den Browser zurückgibt, der wiederum diese Adresse aufruft. Als Antwort erhält der Benutzer entweder das gewünschte Objekt (etwa: einen Text) oder aber eine vom Objekteigentümer bestimmte Meldung (etwa darüber, wie das Objekt zu erhalten ist).
Die Datenbank enthält ggf. das Objekt selbst oder weitere Informationen zum Objekt, falls der Objekteigentümer nicht selbst eine Antwort zu geben in der Lage ist.
Das DOI-System wird durch das → IIC unterstützt; betrieben wird es durch die *International DOI Foundation*. Zukünftige Erweiterungen um ein Abrechnungssystem sowie weitere Komponenten sind vorgesehen und befinden sich teilweise in der Testphase. http://www.doi.org

dok
Dokument, → *extension* für Textdateien (meist jedoch → doc).

Dokument
- ein schriftlicher Text;
- eine Text-Datei;
- im Online-Zusammenhang oft kurz für Hypertext-Dokument, also meist eine Datei nach dem → HTML-Standard.

Dokumentenbeschreibungssprache
document description language, eine → Beschreibungssprache zur Festlegung der logischen Struktur von Dokumenten, die u. a. der Steuerung der Darstellung oder der Druckausgabe dient. Der ISO-Standard für derartige Sprachen ist → SGML. Zur Darstellung elektronischer Dokumente (auf dem Bildschirm) im Internet wird vor allem → HTML verwendet.

Dolby
Ray Dolby bzw. die Dolby Laboratories entwickelten die sog. → Raumklangverfahren für die Kino- bzw. Heimkino-Anwendung, einschließlich der entsprechenden Standards und Ausrüstungsteile. Vgl. → AC-3, → Dolby Prologic, → Dolby Surround. http://www.dolby.com

Dolby Prologic
→ Raumklangverfahren, ergänzt → Dolby Surround um einen zusätzlichen Center-Lautsprecher.

Dolby Surround
von → Dolby entwickeltes Raumklangverfahren für den Heimbedarf (TV bzw. Video) mit zwei Front- und zwei seitlichen Effektlautsprechern, vgl. auch → Dolby Prologic. Zum Abspielen sind spezielle Verstärker bzw. speziell ausgerüstete Videorecorder oder TV-Geräte erforderlich.

Domäne
→ *domain*.

domain
ein Bereich, eine thematisch oder regional zusammengehörige Gruppe von Computern bzw. Subnetzen innerhalb eines Netzes; häufig wird die Bezeichnung

nur eingeschränkt auf → *administrative domains* oder auf die durch → *top level domains* oder eine → Länderkennung gekennzeichneten Haupt-Domains im → DNS angewandt.

Domain-Adressierung
Bezeichnung für die Adressierung von → E-Mails nach dem *Domain Name System*, vgl. → DNS-Adresse.

domain name
ein Host-Name nach den Konventionen des *Domain Name Systems,* eine → DNS-Adresse.

domain name resolution
die „Auflösung" einer → DNS-Adresse, also ihre Konvertierung in eine → IP-Adresse. Hierzu fragt ein → *resolver* einen → DNS-Server ab.

Domain Name Service
falsche, aber häufig gebrauchte Expansion von DNS (eigentlich → *Domain Name System*).

domain name space
der „Adreßraum" des *Domain Name System,* also die Struktur der Namens-Hierarchie (→ DNS-Adresse) bzw. das gesamte Potential der hierdurch ermöglichten Adressierungen.

Domain Name System
kurz DNS, ein in RFC 1034/1035 definierter, weltweit verteilter allgemeiner Namens-Dienst, durch den alphanumerische Host-Adressen (→ DNS-Adressen) in die unter → TCP/IP erforderlichen numerischen Adressen (→ IP-Adressen) umgesetzt werden (und umgekehrt). Der Dienst wird durch spezielle Name-Server (→ DNS-Server) angeboten und auf Client-Seite durch sog. → *resolver* abgefragt. Jeder Name-Server verwaltet nur lokale Listen (Adressen aus seinem Zuständigkeitsbereich) und weitere Name-Server-Adressen, so daß erforderlichenfalls auf den passenden Server verzweigt werden kann.

Domain Name System address
→ DNS-Adresse.

Domain Name System server
→ DNS-Server.

doming
hitzebedingte Verformung der → Lochmaske von Bildschirmen; an den betroffenen Stellen treten Farbveränderungen auf.

dongle
Stecker, der für den Betrieb einiger Programme erforderlich ist und zumeist an der Parallelschnittstelle (Druckerschnittstelle) eingesteckt wird. Er wird von den betreffenden Programmen abgefragt und soll verhindern, daß mit → Raubkopien gearbeitet werden kann.

dongle disk
eine Schlüssel- bzw. Start-Diskette, die zur Arbeit mit bestimmten Programmen im Rechner eingelegt sein muß und (wie ein → dongle) dazu dient, das Arbeiten mit Raubkopien zu verhindern.

doors
Türen, Fernsteuerungs-Programme bzw. Programmbefehle, die es gestatten, auf fremden Rechnern Programme zu starten. Über solche *doors* lassen sich beispielsweise Spiele mit mehreren Teilnehmern realisieren oder aktuelle Anfragen bzw. Meldungen realisieren.

Doppelcicero
Schriftgrad: 24 p.

Doppelhochzeit
zwei aufeinanderfolgende → Hochzeiten.

Doppelmittel
Schriftgrad: 28 p.

Doppellaut
→ Diphtong.

Doppelnutzen
siehe → Nutzen.

Doppelpunkt
Interpunktionszeichen.

Doppeltertia
Schriftgrad: 32 p.

Doppeltext
Schriftgrad: 40 p.

DOS
Disk Operating System, allgemeine Kurz-Bezeichnung für das → Betriebssystem (bei PCs, auf UNIX-Rechnern spricht man meist von → *shell*).

dot
Punkt, u. a. als Trennzeichen in → DNS-Adressen und → IP-Adressen verwendet.

dot address
wörtl. „Pünktchen-Adresse", lässige Bezeichnung für die → IP-Adresse, die in *dotted decimal notation,* also „gepunkteter Dezimal-Schreibweise", angegeben wird. Da die IP-Adresse aus 4 durch Punkten getrennten Zahlengruppen besteht, nennt man sie gelegentlich auch *dotted quad.*

dot file
unter UNIX eine versteckte, also im Dateiverzeichnis „unsichtbare" Datei, die Systemzwecken dient (System- bzw. Parameter-Datei).

dot pitch
Punktabstand, Distanz zwischen zwei benachbarten (gleichfarbigen) Farbpunkten eines Farbmonitors. Der Punktabstand bestimmt die Auflösefähigkeit des Monitors und wird in mm angegeben, er sollte möglichst unter 0,30 mm liegen.

dotted decimal notation
→ *dot address.*

dotted quad
→ *dot address.*

double buffering
doppelte Speicherung, Speicherung eines Bildschirminhalts im Bildspeicher, während noch der Inhalt des vorigen Bildes dargestellt wird. *Double buffering* verkürzt die Zeiten für den Bildaufbau, setzt aber entsprechende Bildspeichergrößen voraus.

double dot
zweifacher Punkt (..), in Verzeichnissen unter UNIX und DOS Kurzbezeichner für das übergeordnete Verzeichnis (*parent directory*).

double quote
das Zeichen " (Anführungszeichen).

DOV
data over voice, Verfahren für die gleichzeitig über einen Träger erfolgende Daten- und Sprachübertragung, vgl. → DSVD.

down
zusammengebrochen (Meldung bei Systemabsturz bzw. ausgeschaltetem System).

downlink
ein System, das einem anderen System untergeordnet ist (in der → FidoNet-Hierarchie).

download
im deutschsprachigen Raum auch „saugen" genanntes „Herunterladen" von Programmen oder Daten, die auf einem anderen Rechner gespeichert sind, auf den eigenen Rechner, vgl. → *loading.*

downstream
alle darunterliegende Ebenen, eine Ebene bzw. mehrere Ebenen tiefer (in einem Netz).

downward compatibility
Abwärtskompatibilität, → kompatibel.

dpa
→ Deutsche Presse-Agentur.

dpi
dots per inch, Maß für das Auflösevermögen von Scannern und Druckern oder

für die Auflösung eines mit einem Drukker erzeugten Bildes.

DPN
→ Deutsches Provider Network.

DPS
Document Processing System.

DPSK
Differential Phase Shift Keying, differenzierte Phasenumtastung, ein Verfahren zur → Modulation, bei dem die Signale in der Phase codiert werden.

DR
Data Received (Steuercode bei der DFÜ).

DRA
→ Deutsches Rundfunkarchiv.

dragon
(Drache) ein Programm, das im Hintergrund arbeitet und Aufgaben durchführt, während im Vordergrund andere Programme tätig sind. Im Unterschied zu → *daemons* werden *dragons* nicht nur auf Aufforderung bzw. bei bestimmten Ereignissen aktiv, sondern arbeiten ununterbrochen, sie verbrauchen daher ständig Systemressourcen (Rechenzeit etc.).

DRAM
Dynamic Random Access Memory, dynamischer Speicher mit wahlfreiem Zugriff, Speicherbausteine, die meist auf → SIMMs aufgesetzt sind und den Hauptspeicher eines PCs bilden. Sie werden asynchron zum CPU-Takt betrieben und bedürfen (im Unterschied zu → SRAM-Bausteinen) eines dauernden Refreshs.
Die meisten DRAMs werden inzwischen als → EDO-DRAMs angefertigt, für schnelle 64-Bit-Rechner werden jedoch vorwiegend → SDRAMs verwendet, die auf Speichermodulen in → DIMM-Bauweise aufgesetzt werden.

DRCS
Dynamically Redefinable Character Sets, frei definierbarer Zeichensatz zum Aufbau von → BTX-Seiten (→ FDZ).

Dreieckswelle
auch Dreieckskurve oder Dreieckschwingung, siehe → Wellenform.

Dreiklang
dreistimmiger → Akkord, dessen Töne in Terzintervallen auseinanderliegen (etwa c, e, g, oder auch c, es, g).

DRI
Defense Research Internet, ein militärisches Forschungsnetz in den USA (Ersatz für das → ARPANet), Subnetz des → DDN.

Drittelgeviert
siehe → Geviert.

Drittelsatz
ein eng laufender Satz, bei dem die Ausdehnung der Wortzwischenräume einem Drittel der Schriftgröße (einem → Drittelgeviert) entspricht. (Üblich ist ein Abstand in Größe eines → Halbgevierts; vgl. → Ausschluß.)

drop-in
zufällig und unerwartet auftretende Bildstörungen oder plötzlich auf dem Bildschirm erscheinende Zeichen, die auf Übertragungsfehler (z. B. → Nebensprechen), bei der Bildbearbeitung auch auf fehlerhafte Farbwertberechnung, zurückzuführen sind; siehe → Rauschen, → Restfehler.

drop-out
zufällig und unerwartet auftretende Bildstörungen (Lücken, Zeilenverzerrung) oder fehlende Zeichen bei der Datenübertragung, die auf Übertragungsfehler (Signalausfall, mangelnde Synchronisation etc.) zurückzuführen sind, siehe → Rauschen, → Restfehler.

DRTV
Direct Response TV, wörtl. Direkt-Antwort-Fernsehen, Werbespots oder Werbe-Sendungen mit der Aufforderung zur sofortigen telefonischen Bestellung einer Ware (teilweise werden auch echte oder simulierte Anrufe in die Sendung eingeblendet).

Druck
print, copy, → Drucken, → Druckerzeugnis, → Druckverfahren, → Fotografie, → Kopierverfahren, → Laserdrucker.

Druckauflösung
in → dpi angegebene Auflöse-Leistung eines Computer-Druckers bzw. die tatsächlich erreichte Auflösung einer per Drucker hergestellten Abbildung. Bei Laserdruckern sind 300 dpi oder mehr üblich, für Notiz- bzw. Korrekturausdruck kann (zur Beschleunigung der Ausgabe) eine geringere Auflösung gewählt werden.
Die Auflösung bei durch herkömmliche Druckverfahren produzierten Erzeugnissen bzw. die bei Repros erzielte Auflösung wird als → Rasterweite angegeben (man spricht dann von 40er-Raster, 70er-Raster usw.)

Druckbildspeicher
Speicher, der die zu druckenden (und ggf. sonstige, etwa die für das → Drucken selbst notwendigen) Informationen vorhält; also etwa ein EDV-Speicher oder eine Druckform.

Druckbogen
der zu bedruckende oder bedruckte → Bogen im Werk- oder Akzidenzdruck, exakte Benennungen vgl. → Bogenformate.

Druckbuchstabe
(handgeschriebener) Buchstabe in Blockschrift.

Druckelement
druckende Stelle einer → Druckform.

Drucken
ein „Vervielfältigen, bei dem zur Wiedergabe von Informationen (Bild und/oder Text) Druckfarbe auf einen Bedruckstoff unter Verwendung eines Druckbildspeichers (z. B. einer Druckform) aufgebracht wird“ (DIN 16500); allgemeine Bezeichnung für die Anwendung eines → Druckverfahrens oder den jeweiligen Produktionsabschnitt bei der Herstellung.

Drucker
früher ausschließlich Berufsbezeichnung, heute meist: ein an einen Computer angeschlossenes Peripheriegerät zur Datenausgabe (siehe → Druckertechnologien).

Druckerei
früher synonym für Buchdruckerei, heute allgemein für Produktionsbetriebe der Druckindustrie.

Druckerpuffer
ein Zwischenspeicher, der die an einen Drucker gesendeten Daten aufnimmt. Neben dem im Drucker jeweils vorhandenen Arbeitsspeicher, der außer zum Seitenaufbau auch als Daten-Puffer genützt wird, werden Druckerpuffer häufig auch mit Hilfe von → Spoolern nach Bedarf erzeugt.

Druckerschnittstelle
→ Parallel-Schnittstelle.

Druckerschrift
eine auf einem → Drucker (Laserdrucker, Matrixdrucker etc.) ständig verfügbare Schrift – da sie nicht erst in den Druckerspeicher geladen werden muß, kann mit ihr in der Regel schneller als mit anderen Schriften gearbeitet werden.

Druckerspooler
→ *spooler.*

Druckertechnologien
auf Papier druckende oder schreibende Computerausgabegeräte (meist kurz

„Drucker“ oder „Printer“ genannt) sind in unterschiedlichen technischen Varianten auf dem Markt; zu den heute gebräuchlichsten Gerätearten zählen Laserdrucker und Hochleistungslaserdrucker, LED-Drucker, Tintenstrahldrucker, Nadeldrucker (Matrixdrucker, Zeilendrukker), Thermodrucker und Plotter.

Druckertreiber
→ Treiberprogramm für den Betrieb eines Druckers.

Druckfarben
zum Drucken verwendete, üblicherweise nach Norm-Skalen (→ CMYK-Farben) gemischte Farben, bestehend aus → Bindemitteln und → Farbmitteln sowie ggf. verschiedenen → Druckfarbenzusatzmitteln. Je nach Druckverfahren, Druckmaschinen, Papiereigenschaften und sonstigen Bedingungen kommen Farben mit völlig unterschiedlichen Eigenschaften zum Einsatz. Da sich der Begriff auf Farbe als Werkstoff bezieht, gilt auch Schwarz als Druckfarbe (die sogenannte Druckerschwärze), „echte“ Farben werden zur Unterscheidung häufig als Buntfarben bezeichnet.

Druckfehler
ein → Satzfehler, der nicht korrigiert wurde und im fertigen Druckwerk erscheint; beim Drucken selbst können nur → Fortdruckstörungen auftreten.

Druckform
als eine „materielle Druckform“ bezeichnet man die Druckplatte, den fertig im Schließrahmen geschlossenen Satz, den Druckzylinder oder jeden anderen für die jeweiligen Druckverfahren und Druckmaschinen erforderlichen → Druckbildspeicher, der nach Einfärbung die zu druckenden Text- oder Bildinformationen direkt oder indirekt auf den Bedruckstoff überträgt; als immaterielle Druckform gelten die in einer EDV-Anlage (zur Erzeugung eines Drucks) gespeicherten Daten.

Druckformatvorlage
eine Datei mit den Festlegungen der für ein Schriftstück relevanten globalen Formatierungsparameter (Schriftarten, Absatzgestaltung, Seitenlayout usw.), bei vielen Textverarbeitungsprogrammen üblich, siehe auch → Layoutvorlage.

Druckformherstellung
separater Arbeitsgang zwischen Satz bzw. Repro und dem Fortdruck, umfaßt beispielsweise Belichtung und Entwicklung der Offset-Druckplatte, Belichtung und Ätzung des Tiefdruckzylinders oder Matrizenherstellung und Ausgießen des Rotationsdruck-Rundstereos.

Druckgang
jeder Lauf des Papiers durch eine Druckmaschine, bei dem das Papier bedruckt wird.

Druckkopf
Geräteteil eines Nadel- oder Tintenstrahldruckers, durch das die zu drukkenden Zeichen oder Bildelemente auf den Bedruckstoff gestempelt bzw. gesprüht werden.

Druckkörper
das flache (Drucktiegel) oder gerundete (Druckzylinder) Teil einer Druckmaschine oder Handpresse, das die für den Druck erforderliche Druckkraft aufbringt bzw. den Bedruckstoff gegen die Druckform preßt.

Druckplatte
eine als Druckform verwendete Platte aus Metall; meist ist die im Offsetdruck verwendete Platte gemeint, bisweilen auch etwa eine bei Künstlertiefdrucken verwendete Platte oder ein Hochdruck-Klischee.

Druckschrift
- im typographischen Zusammenhang: ein für den Druck verwendetes Alphabeth (aus Lettern bestehend oder in Form von EDV-Schriftfonts);

- manchmal synonym zu Druckerzeugnis oder → Druckwerk: ein gedruckter Text (im Unterschied zu einem handgeschriebenen); ein veröffentlichter Druck (Publikation); ein einfach gebundenes Druckwerk (eine Broschüre);
- oft (fälschlich) für Blockschrift bzw. für einen handschriftlich anzufertigenden, aber einer Druckschrift gleichenden Eintrag („bitte in Druckschrift!", richtig eigentlich: „bitte in Blockschrift!");
- bisweilen auch (falsch) für → Druckerschrift.

Druckschriftenklassifikation
siehe → Schriftenklassifikation.

Druckträger
→ Bedruckstoff.

Drucktype
→ Letter.

Druckverarbeitung
Verarbeitung, Weiterverarbeitung, alle nach dem Fortdruck anfallenden Herstellungsprozesse bis zur Verpackung des fertigen Druckerzeugnisses, wobei zwischen Buchherstellung, Verpackungsmittelherstellung und sonstiger Druckverarbeitung unterschieden werden kann; auch Abteilungs

Druckverfahren
früher alle Verfahren zur Vervielfältigung visueller Informationen (Text/Bild), bei denen eine materielle → Druckform als Zwischenträger der Informationen dient, heute zusätzlich auch jene Vervielfältigungsverfahren, bei denen die Ausgangs-Information in einer EDV-Anlage vorgehalten wird (siehe → Drucken); vereinzelt werden auch → Kopierverfahren als Druckverfahren bezeichnet. Im ersten Fall werden die Druckverfahren nach dem Aufbau der Druckform unterschieden in → Flachdruck, → Hochdruck, → Tiefdruck und Durchdruck (→ Siebdruck, Schablonendruck), bei den EDV-gesteuerten Druckverfahren (→ Non-Print-Technologien) kann man nach der Art der Druckausgabetechnologie nach Laserdruck, LED-Druck, Thermodruck, Tintenstrahldruck (Ink-Jet, Non-Impact) und Matrixdrucker-Druck unterscheiden.

Druckvorlage
allgemein jede zur Vervielfältigung bestimmte textliche oder bildliche Information; meist speziell für eine zu vervielfältigende grafische Darstellungen verwendete Bezeichnung (bei Texten spricht man üblicherweise vom → Manuskript).

Druckvorstufe
pre press, alle vor dem Druck stattfindenden technischen Tätigkeiten oder Arbeitsbereiche, also Texterfassung und typographische Gestaltung (Satz), Bilderfassung und -Bearbeitung (Reprotechnik, EBV) sowie Druckformherstellung (Montage und Umbruch sowie Herstellung der für die jeweiligen Verfahren erforderlichen Druckplatten, Druckzylinder oder Schablonen.)

Druckwerk
ein Druckerzeugnis bzw. eine Druckschrift; auch jene Teile von (Druck-) Maschinen, die das eigentliche Drucken bewerkstelligen (in Unterscheidung etwa zum Farbwerk, zur An- und Ablage etc.).

drum
Trommel, außer als Bezeichnung für ein Musikinstrument auch für die Benennung eines wesentlichen Teils eines → Laserdruckers gebräuchlich.

drunken mouse syndrome
→ dms.

DRV
- *drive*, Laufwerk;
- *driver*, Treiberrprogramm.

DS
- → *Data Send* (Steuerzeichen),
- *Double Sided* (zweiseitig, Bezeichnung für Diskettenformat).

DSA
Directory System Agent.

DSDD
Double Sided, Double Density (zweiseitig, doppelte Dichte), Diskettenspezifikation.

DSHD
Double Sided, High Density (zweiseitig, hohe Dichte), Diskettenspezifikation.

DSP
Digital Signal Processing oder *Digital Signal Processor*. DSP-Chips werden vor allem auf Grafikkarten verwendet, wo sie dazu dienen, umfangreiche Bildberechnungen unabhängig von der CPU durchzuführen.

DSR
- *Data Set Ready*, Betriebsbereitschafts-Signal der → seriellen Schnittstelle.
- Digitales Satellitenradio, über Satelliten- und Kabelfernseh-Kanäle verbreitete digitale Hörfunkprogramme in CD-Qualität.

DSRR
Digital Short Range Radio, Standard für die (private) Digitalfunkkommunikation.

DSS1
Protokoll für den → D-Kanal bei ISDN bzw. → Euro-ISDN, ersetzt den früher üblichen 1TR6-Standard.

DSVD
Digital Simultaneous Voice and Data, Standard für die gleichzeitige digitale Daten- und Sprachübertragung, vgl. → DOV.

DT
→ *dialing tone*.

DTD
Document Type Definition, im Rahmen einer → Dokumentenbeschreibungssprache die Festlegung des Dokument-Typs bzw. der einen speziellen Dokumenttyp auszeichnenden Elemente und ihrer Relationen untereinander.

DTE
- *data terminal emulation*, → Terminalemulation;
- *data terminal equipment*, → Endgerät;
- *data terminating equipment*, Konfiguration einer → seriellen Schnittstelle (Gegenstück → DCE);

DTMF
Dual-Tone Multi-Frequency Dialing, Mehrfrequenz-Wählverfahren, → MFV.

DTP
→ *Desktop Publishing*.

DTR
Data Terminal Ready, Endgerät bereit, Signal der → seriellen Schnittstelle.

DTVC
Desktop Video Conferencing, Videokonferenz zweier oder mehrerer Teilnehmer an speziell ausgestatteten und über Datennetze miteinander verbundenen Computern.

DÜ
Datenübertragung.

DUA
→ *Directory User Agent*.

Dualband-Handy
ein Mobiltelefon, das sowohl im → D-Netz als auch im → E-Netz betrieben werden kann.

Duales Ausbildungssystem
in der Bundesrepublik Deutschland übliches System der beruflichen Ausbildung, bei dem sowohl im Betrieb als auch an speziell dafür eingerichteten Berufs- bzw. Gewerbeschulen ausgebildet wird.

Duales System
Abfallbeseitigungssystem/Grüner Punkt.

Dualsystem
Synonym für → Binärsystem.

Dual-Tone Multi-Frequency Dialing
kurz DTMF, siehe → MFV.

Duden
geschütztes Warenzeichen des Verlags Bibliographisches Institut &. F. A. Brockhaus AG; gebräuchliche Kurzbezeichnung für das Werk „Duden – Rechtschreibung der deutschen Sprache", das nach wie vor als „maßgebend in allen Zweifelsfragen" angesehen werden muß. Als Nachfolger des → Buchdruckerdudens beruht das Wörterbuch auf amtlichen Rechtschreibregeln der deutschen Sprache und umfaßt neben diesen Regeln auch Richtlinien für das Maschinenschreiben, den Schriftsatz und Korrekturvorschriften, an die Schriftsetzer, Korrektoren, Lektoren oder Redakteure üblicherweise gebunden sind.

DÜE
Datenübertragungseinrichtung, → DCE.

DÜG
Datenübertragungsgerät, ein → Modem.

Dünnfilmverfahren
siehe → TFT.

Duktus
spezifische Eigenarten (Verlauf, Breite, Schwung) einer Schrift.

Dummy
Nullnummer, Spezial-Ausgabe einer Zeitung oder Zeitschrift, die inhaltlich und gestalterisch komplett (angedruckt oder zumindest montiert) vorliegt, jedoch nicht für den Verkauf bestimmt ist; bisweilen auch für → Probeband.

dump
Ausgabe bzw. Anzeige des Inhalts eines Speicherbereichs auf dem Drucker oder dem Bildschirm, vgl. → *screen dump*, → *hex dump*.

Duodez
Zwölferformat, Druckbogen mit 12 Blatt bzw. 24 Seiten (heute selten).

duplex
wird ein Kommunikationskanal gleichzeitig in beide Richtungen betrieben, spricht man vom Duplex- bzw. Vollduplex-Betrieb; Halbduplex- oder Pseudo-Vollduplexbetrieb findet statt, wenn abwechselnd nur in eine Richtung gesendet werden kann (wobei ggf. über einen Hilfskanal (→ *backward channel*) quittiert wird). Beim → Simplex-Betrieb kann überhaupt nur in eine Richtung gesendet werden.

DUR
duration, Dauer.

Durchgehender Satz
einspaltiger Satz (über die ganze Formatbreite).

Durchschlagen
Durchdringen der Druckfarbe bis auf die Rückseite des Trägers.

durchschießen
Durchschuß einfügen.

Durchschuß
früher das Blindmaterial zwischen den Zeilen, heute der frei am Bildschirm definierbare Abstand, in p oder mm einstellbar (oder automatisch vorgegeben).

Durchsichtsvorlage
eine transparente Vorlage (für Reprozwecke, zum Scannen), also beispielsweise ein Diapositiv. Gegensatz: → Aufsichtsvorlage.

Dur-Tonleitern
(lat. *durus*, hart) die „gewöhnlichen" → Tonleitern, deren Töne von vielen einfachen Instrumenten (Flöte, Harp usw.) erzeugt werden können. Ausgehend vom Grundton, ergibt sich die Tonleiter aus

folgenden Halbtonschritten: 2, 2, 1, 2, 2, 2, 1 (also etwa: C, D, E, F, G, A, H, C).

DV
- → Datenverarbeitung;
- → Digital Video.

DVA
→ Datenverarbeitungsanlage.

DVD
- Deutsche Vereinigung für Datenschutz (Sitz Bonn);
- *Digital Versatile Disk*, zukünftige Nachfolger der → CD. DVDs können, je nach Ausfertigung, bis über 18 GB pro Scheibe speichern und sind auf beiden Seiten sowie in jeweils 2 Schichten beschreibbar. Obwohl einige Hersteller bereits Laufwerke (nach ihren jeweiligen proprietären Standards) anbieten, sind teilweise noch keine ISO-Standards festgelegt.

DVD-Audio
DVD zur Audio-Aufzeichnung, soll die CD-DA ersetzen.

DVD-R
einmal beschreibbare DVD, bis 4,7 GB Kapazität, Ersatz für CD-R.

DVD-RAM
bis zu 1000 mal wiederbeschreibbare DVD.

DVD-ROM
Ersatz für die CD-ROM, universelle DVD.

DVD-Video
speziell für Videofilme vorgesehene DVD.

DVE
Datenvermittlungseinrichtung.

D-VHS
von JVC entwickelter Standard für digitale Datenaufzeichnung, Weiterentwicklung des S-VHS-Standards für Videos.

DV-I
→ *Digital Video Interactive.*

DVSt
Datenvermittlungsstelle.

DXF
Data Exchange Format, von AutoCAD benütztes Dateiformat für CAD-Dateien bzw. Vektorgrafiken. Da es auch von vielen anderen CAD-Programmen unterstützt wird, gilt es als Quasi-Standard für den Austausch von Vektrografikdaten.

dynamic adaptive routing
automatische Auswahl der Übermittlungswege beim → *active routing* anhand der aktuell registrierten Auslastung einzelner Routen. Es ist die Art des Routings, die das Internet nicht nur gegen Ausfälle einzelner Knoten oder Verbindungen nahezu völlig immun macht, sondern auch eine möglichst optimale Auslastung der verschiedenen Routen bewirkt.

dynamic addressing
dynamische Vergabe von Adressen, vgl. → DHCP, → *dynamic SLIP addressing*.

dynamic SLIP addressing
dynamische Vergabe von → IP-Adressen in Netzwerken, bei denen eine ständige Veränderung der aktuell angemeldeten User (bzw. der benutzten Hardware) vorliegt. Vor allem Online-Dienste, die überwiegend Telefonzugang zum Host via → SLIP/PPP anbieten, vergeben keine feste IP-Adresse, sondern weisen jedem gerade neu eingewählten User eine momentan unbenutzte IP-Adresse (aus einem größeren Bestand möglicher Adressen) nur für die Dauer der Sitzung zu. Hierdurch ist es möglich, auf Hardware-Änderungen flexibel zu reagieren und die Anzahl der IP-Adressen (im Verhältnis zur Zahl der potentiellen Nutzer) gering zu halten. Bei dynamischer Adressvergabe kann ein Kundenrechner

allerdings nie als Internet-Host fungieren – da er keine registrierte, dauerhafte (und dauerhaft direkt erreichbare) Adresse hat. (Vgl. → DHCP, → indirekter Zugang).

Dynamik

auch Dynamikbereich, Fremdspannungsabstand oder Geräuschspannungsabstand, der gesamte Umfang zwischen dem kleinsten und dem größten verwertbaren Pegel eines Signals, angegeben in → dB.

Bei digitalen Aufnahmen ergibt sich die Dynamik (der Lautstärke) aus der Anzahl der verwendeten Bits je Sample. Bei 16 Bits können 96 dB abgebildet werden, also fast die gesamte Weite von 100 dB zwischen der untersten und obersten → Hörgrenze des Menschen.

dynamisches Routing

→ *dynamic adaptive routing*.

DZB

→ Deutsche Zentralbücherei für Blinde.

E1
→ E Plus.

EAN-Code
European Article Number, EU-weit genormter, 13-stelliger → Barcode zur Warenkennzeichnung.

EARN
European Academic and Research Network, ehemaliges europäisches akademisches Netzwerk, heute mit → RARE zu → TERENA verbunden, in Deutschland im → WiN integriert.

EAZ
→ Endgeräte-Auswahlziffer.

EBB oder **EBBS**
Electronic Bulletin Board System, synonym zu → bbs.

EBCDIC
Extended Binary Coded Decimal Interchange Code, ein von IBM entwickelter 8-Bit-Zeichencode, der nicht ASCII- oder ANSI-konform ist und heute nur noch sehr selten verwendet wird.

EBone
European Backbone, 1991 gegründete Initiative für ein internationales → *backbone,* das hauptsächlich zur europaweiten Verbindung zwischen Forschungseinrichtungen dient.

e-book
electronic book, die im Internet vorliegende → *e-text*-Ausgabe eines literarischen Werkes (meist: eines → gemeinfreien Werkes der Weltliteratur). *e-books* sind vorwiegend in Englisch verfaßt und liegen meist als einfache ASCII-Dateien (zunehmend auch als HTML-Dokus) vor, häufig sind sie auch in gezippten Versionen abrufbar. Sie entstehen überwiegend im Rahmen von Universitäts-Projekten oder öffentlich geförderten Vorhaben zur Bewahrung kulturell bedeutsamer Inhalte (UNICEF-Projekte), der *download* erfolgt meist problem- und kostenlos über öffentlich zugängliche *virtual libraries* (etwa → IPL).

EBU
European Broadcasting Union, Europäischer Rundfunk-Union, europäischer Fachverband im Audio-Bereich, der u. a. auch bei der Entwicklung von Audio- bzw. DÜ-Standards mitwirkt.

EBV
elektronische Bild-Verarbeitung, Sammelbegriff für die Abläufe der elektronischen Herstellung von Bild-Druckvorlagen: Abbildungen werden mit dem Scanner eingelesen (digitalisiert) oder direkt von der Digitalkamera eines Bildreporters übernommen, anschließend am Computerbildschirm bearbeitet und danach auf Film bzw. direkt auf die Druckplatte belichtet.

eCash
electronic cash, Sammelbegriff für Formen der elektronischen Barzahlung, z. B. Bezahlung über virtuelle Zahlungsmittel im Internet (vgl. → *cyberbuck*), Bezahlung mit Hilfe einer Kredit- oder Scheckkarte an einem POS-Terminal oder einer entsprechend ausgerüsteten Kasse, oder auch die Bezahlung mit einer an speziellen Bank-Terminals wiederaufladbaren Bargeld-Karte (Chip-Karte).

ECC/EDC
Error Correcting Code / Error Detection Code, Fehlerbehebungs-/Entdeckungs-Code, Bezeichnung für das Fehlerkorrekturverfahren, das bei CD-ROM-Laufwerken zur automatischen Erkennung und Korrektur von Fehlern verwendet wird (Korrekturverfahren bei *Yellow Book Mode 1*).

Echo

- im → FidoNet Bezeichnung für ein Brett mit → Echomails, synonym zu → *newsgroup*;
- bei der Datenübertragung auftretende Störung (Reflexion des Ausgangssignals); beim Nahecho hört der Teilnehmer sein eigenes Ausgangssignal direkt, beim Fernecho wird es von der Empfängerseite reflektiert;
- kurz für *remote echo* oder „echoplex“: beabsichtigte Rücksendung des Ausgangssignals vom Empfänger an den Sender (zu Kontrollzwecken);
- ECHO geschrieben: *European Commission Host Organization*.

Echo-Korrektur

auch Echo-Beseitigung, Echo-Kompensation oder Echo-Unterdrückung, von Modems bei gleichzeitigem Sende- und Empfangsbetrieb verwendetes Verfahren zum Wegfiltern des eigenen Echos bzw. Identifizieren der empfangenen Signale. Die gesendeten Signale werden dabei für kurze Zeit im Modem gespeichert und vom empfangenen Frequenzgemisch subtrahiert, so daß nur die Signale der Gegenstelle übrigbleiben.

Echomail

im → FidoNet Bezeichnung für eine öffentlich verbreitete Nachricht (synonym zu → *news article*).

Echosperre

bei der Datenfernübertragung über Satelliten wird die Entstehung laufzeitbedingter Echos dadurch unterdrückt, daß nur in eine Richtung geschaltet wird. Wird von beiden Teilnehmern ein Dauergeräusch gesendet, bleibt die Echosperre ausgeschaltet (vgl. → Antwortton).

Echtzeit

ein aktuell, live, ohne (erkennbare) Verzögerung stattfindender Prozeß (etwa eine Datenübertragung oder die Steuerung eines Gerätes) findet „in Echtzeit“ statt.

ECM

error correction mode, bei Faxgeräten verwendeter Fehlerkorrektur-Standard.

ECMA

European Computer Manufacturers Association, wörtl. Vereinigung europäischer Computer-Hersteller, zum Zweck der gemeinsamen Entwicklung von Normen und Standards gebildeter Hersteller-Zusammenschluß (enge Zusammenarbeit mit ISO, u. a. CD-Standards).

EDI

Electronic Data Interchange, Konzept bzw. Standard zur Festlegung der Datenstruktur beim elektronischen Datenaustausch.

EDIFACT

Electronic Data Interchange for Administration, Commerce and Transport, → EDI für Verwaltung, Handel und Transport, Standard für den internationalen Datenaustausch in den genannten Bereichen, der vor allem auch beim Datenaustausch mit bzw. zwischen internationalen Behörden Anwendung findet.

Editor

- Programm oder Programmmodul bzw. Unterprogramm, das der Eingabe von Daten (Programmcode, Texte usw.) dient; meist als Eingabemaske oder als ein sog. Eingabefenster realisiert;
- ein reines Texteingabe- bzw. → Texterfassungsprogramm (in Unterscheidung zu einem kompletten → Textverarbeitungsprogramm);
- ein Herausgeber von Druckwerken.

EDO-DRAM

Extended Data Output -DRAM, Bezeichnung für → DRAM-Module, bei denen (verglichen mit Standard-DRAMs) ein beschleunigtes Auslesen der Daten erfolgen kann, bei sog. Burst-EDO-DRAM-Speichern kann zudem auch schneller in den RAM geschrieben werden. Bei schnellen 64-Bit-Rechnern wird der Hauptspeicher inzwischen meist aus → SDRAMs gebildet.

EDP
Electronic Data Processing, elektronische → Datenverarbeitung.

edu
education, → Bereichsname im Internet, → *top-level-domains.*

Edutainment
Kunstwort aus *education* (Erziehung) und *entertainment* (Unterhaltung), Bezeichnung für das Konzept der spielerisch-unterhaltenden Vermittlung von Lerninhalten.

Edutainment-Software
Computerspiele, die Wissen vermitteln. Die Palette derartiger Spiele reicht von Vokabel-Lernprogrammen bis hin zur mit einer Spielaufgabe verbundenen Simulation komplexer ökologischer, ökonomischer oder politischer Systeme.

EDV
Elektronische → Datenverarbeitung, vgl. → EDP.

EEMS
Enhanced EMS, erweitertes → EMS.

EEPROM
Electrical Erasable Programmable Read Only Memory, ROM-Baustein, der durch Strom (anstatt durch UV-Licht) gelöscht und (wieder-) beschrieben werden kann. Vgl. → EPROM, Flash → EEPROM.

EFM
Eight-to-Fourteen-Modulation, 8:14-Modulation, Darstellung eines aus acht Bits bestehenden Bytes durch 14 Bits, wird bei → CDs eingesetzt.

EFNet
das größte → IRC-Netz. In Deutschland bieten mehrere Universitäts-Server EF-Net-Zugang: fu.berlin.de, informatik.rwth-aachen.de, uni-kl.de, uni-erlangen.de, uni-karlsruhe.de, tu-muenchen.de, uni-paderborn.de, uni-rostock.de und uni-stuttgart.de

EFT
Euro File Transfer, ein → Zmodem-Protokoll für Filetransfer über → ISDN-Verbindungen.

EGN
→ Einzelgesprächsnachweis.

EGP
→ *Exterior Gateway Protocol.*

EIA
Electronic Industries Association, Vereinigung der Elektronik-Industrie, eine der → DIN entsprechende amerikanische Normungsinstitution, die nationale Standards festlegt (etwa für → Schnittstellen, → RS232).

E-IDE
siehe → IDE.

Eigenfrequenz
die Frequenz, mit der ein Objekt schwingt, wenn es durch einmalige Erregung in Schwingung versetzt wird (Pendel, Saite usw.); sie hängt von der Beschaffenheit (Material, Struktur, äußere Form usw.) des Objektes ab. Wird ein Objekt durch ständigen äußeren Einfluß in eine dauerhafte Schwingung in der Eigenfrequenz oder aber in einer sonstigen Frequenz gezwungen, spricht man von einer → erzwungenen Schwingung.

einbauen
Abbildungen mitten in einen Text plazieren (Gegenteil von → freistellen, vgl. auch → umfließen bzw. → umspinnen); bisweilen auch allgemeine Bezeichnung für das Einfügen von Texten oder Abbildungen auf eine Seite (meist → einspiegeln).

einbringen
Verringern der Wortzwischenräume beim → Ausschließen oder der Zeilenabstände beim → Durchschießen.

EInet Galaxy
→ Suchdienst. http://www.einet.net/www/www.html

Eingabefeld
ein besonders markierter Bereich innerhalb einer → Eingabemaske, in dem eine Eingabe erfolgen kann (in vorgegebener Länge und häufig auch in vorgegebenen Modi – alphanumerisch, numerisch, Datumseingabe usw.).

Eingabefenster
ein speziell hervorgehobener Bildschirmbereich (heute meist durch Umrahmungen zu einem „Fenster" stilisiert, daher die Bezeichnung), der zur Eingabe von Daten (Texteingabe etc.) vorgesehen ist. Unter Windows muß ein solches Fenster bereits aktiv sein bzw. erst durch Anklicken aktiviert werden, bevor eine Eingabe erfolgen kann.

Eingabeformular
→ Eingabemaske.

Eingabemaske
auch Bildschirmmaske oder Eingabeformular, Bezeichnung für einen Formularähnlichen Bildschirmaufbau, bei dem die Texteingabe nur in dafür vorgesehenen Bereichen (in Eingabefelder) erfolgen kann.

eingestrichenes C
siehe → Oktavlage.

Einheitsaufnahme
bibliographisch genormte Beschreibung von Gegenständen des Buchhandels in einem Katalog (etwa dem → VLB).

Einloggen
→ *Log in.*

einrücken
Synonym für → einziehen.

einspiegeln
Text oder Abbildungen auf einer Seite (nach Maßgabe des → Satzspiegels) plazieren.

Einsteckkarte
→ Steckkarte.

Einwahlknoten
auch Einwählpunkt, → *local node* oder → POP, der Rechner oder Server eines Online-Dienstes oder → ISP, zu dem der Teilnehmer eine direkte ISDN- bzw. Telefonverbindung herstellt. Ein solcher Knoten sollte möglichst zum City-Tarif erreichbar sein (auch wenn er – etwa bei bundeseinheitlicher Rufnummer zum Citytarif – geographisch u. U. weit entfernt ist), und sollte zugleich eine möglichst hohe Übertragungsgeschwindigkeit anbieten. Wer viel unterwegs ist und mobilen Internet-Zugang benötigt, sollte sich vor der Entscheidung für einen → ISP vergewissern, daß dieser auch bundesweit (oder ggf. weltweit) preisgünstige Einwahlmöglichkeiten bietet.

Einwählpunkt
→ Einwahlknoten.

Einzelgesprächsnachweis
kurz EGN, von Telekom-Mitbewerbern verwendete Bezeichnung für den → Einzelverbindungsnachweis, wobei nach Wunsch auch die vollständigen Zielrufnummern aufgeführt werden.

Einzelverbindungsnachweis
kurz EVN, von der Telekom erstellte exakte Auflistung aller Gespräche im Abrechnungszeitraum mit Angaben zu Zielrufnummer (unvollständig, ohne die letzten drei Ziffern) und Verbindungskosten. Vgl. → EGN.

einziehen
auch einrücken, die erste Zeile bzw. einen ganzen Absatz mit einem bestimmten Abstand (im Satz: normalerweise um ein → Geviert) vom linken oder rechten Rand formatieren bzw. plazieren.

Einzug
der Abstand vom linken oder rechten Rand, den ein Absatz oder die erste Zeile

des Absatzes beim → Einziehen erhält. Wird nur die erste Zeile eingerückt, spricht man von Erstzeileneinzug; sind nur die Zeilen unterhalb der ersten Zeile des Absatzes eingerückt, nennt man dies einen einem hängenden Einzug.

EISA-Bus
Extended Industry Standard Architecture-Bus, erweiterter → ISA-Bus.

e-journal
electronic journal, elektronisches Journal, ein nur in einem Netz oder im Internet verbreitetes (akademisches) Journal.

ELAP
EtherTalk Link Access Protocol, EtherTalk Datenübertragungsprotokoll, siehe → EtherTalk.

elapsed time
Ablaufzeit, der seitherige Zeitbedarf bzw. die gesamte → Laufzeit eines Programms.

Elchtest
Scherzbezeichnung für die schwedischen Testverfahren und Standards (→ MPR, → TCO), nach denen der → TÜV (im Auftrag der Hersteller) PCs und Monitore prüft.

electronic banking
Elektronisches Bankgeschäft, Sammelbegriff für die Abwicklung der zwischen einer Bank und ihren Kunden stattfindenden kommunikativen Abläufe per DFÜ (*online banking*) oder über den → beleglosen Datenträgeraustausch.
Viele Banken in Deutschland bieten Privatkunden inzwischen Möglichkeiten an, via Btx oder Internet-Zugriff Kontoauszüge abzurufen, Überweisungen zu veranlassen und Daueraufträge einzurichten oder abzuändern (→ *homebanking*), für Geschäftskunden werden oft noch weitere DFÜ-Leistungen sowie vor allem auch belegloser Datenträgeraustausch angeboten.

electronic book
→ *e-book*.

Electronic Bulletin Board
→ bbs.

electronic cash
siehe → eCash.

electronic circuit board
kurz board, elektronische Leiterplatte, meist speziell das → *motherboard* des Computers.

electronic commerce
elektronischer Warenhandel, Angebot und Verkauf via Internet (also das Gegenstück zum → *electronic shopping*).

Electronic Data Interchange
→ EDI.

electronic data processing
kurz EDP, elektronische Datenverarbeitung (EDV).

Electronic Industries Association
→ EIA.

electronic journal
→ *e-journal*.

electronic magazine
→ *e-zine*.

electronic mail
→ E-Mail.

electronic publishing
elektronisches Publizieren, Schlagwort für das Publizieren via Internet (daher auch häufig *online publishing* oder *web publishing* genannt); vereinzelt auch als Begriff für die Veröffentlichung von Multimedia-CDs oder als Synonym für → DTP oder → *Printing on Demand* verwendet.
Im Verlagsbereich wird unter *electronic publishing* nicht jede Veröffentlichung von Informationen im Netz schlechthin begriffen, sondern die Ausweitung oder

technische Verlagerung der traditionell von Verlagen erbrachten Leistungen vom Print-Bereich hin zum Online-Bereich, also in erster Linie die online-Veröffentlichung von Literatur oder Presse- und Zeitschriften-Inhalten. Da die ökonomische Basis von Verlagen (meist) nicht als Verkauf von bedrucktem Papier, sondern als Verwertung von geistigen Schöpfungen anzusehen ist, spielt das Medium als solches theoretisch nur eine sekundäre Rolle beim Verlegen – dennoch gerät *electronic publishing* erst langsam in Schwung.

Bislang geschieht ein solches verlegerisches Veröffentlichen noch hauptsächlich als bloße Ausweitung der Leistungspalette der Zeitungs- und Zeitschriftenverlage: viele Tageszeitungen und Zeitschriften offerieren inzwischen WebSites mit aktuellen Artikeln (und bieten weitere Leistungen wie beispielsweise die Recherche in Archiven), wobei der Zugang zu diesen Veröffentlichungen aus dem Internet heraus für den User meist kostenlos ist. Nur bei Fachzeitschriften (insbesonders im Bereich wissenschaftlicher Publikationen) werden Artikel inzwischen auch zunehmend gegen Lizenzierung des Zugriffs in Datenbanken bereitgehalten – da solche Publikationen bisher hauptsächlich über Abonnements vertrieben werden und die Abonnenten üblicherweise über Internet-Zugang und entsprechende Kenntnisse verfügen, kann speziell in diesem Bereich der Übergang von Papier auf Online-Medien relativ problemlos gestaltet werden.

Die online-Veröffentlichung von „elektronischen Büchern" erfolgt zur Zeit zumeist noch nicht durch Verlage – die im Netz erhältlichen literarischen Texte sind zumeist gemeinfreie Werke, die von verschiedenen Organisationen und Institutionen für den kostenlosen Download angeboten werden (dies geschieht vorwiegend in den USA, siehe → *Library of Congress*, → IPL, → *MeDoc* oder → *Project Gutenberg*). Neue Standards wie → DOI sollen jedoch zukünftig den bislang noch als recht unzureichend aufgefaßten technischen Schutz vor Verletzungen des → Urheberrechts bieten und damit die Möglichkeit schaffen, auch literarische Werke via Internet ökonomisch zu verwerten.

Als Neben-Komponente des eigentlichen *electronic publishing* etabliert sich allmählich auch die Verwertung von multimedialen Basiselementen (→ *assets*), also der Einkauf oder Weiterverkauf von digitalen Informationen bzw. Publikationsrechten.

electronic shopping

auch *home shopping, tele shopping*, Tele-Einkauf, elektronisches Einkaufen usw.; die Auswahl, Bestellung und ggf. auch Bezahlung von Waren über ein Datennetz, das Gegenstück zum → *electronic commerce*.

electronic text

→ *e-text*.

elektronische Bildbearbeitung

→ Bildbearbeitung.

elektronische Klangerzeugung

Sammelbegriff für die Erzeugung von → Klängen mittels elektronischer Vorrichtungen (Expander, Synthesizer, Computer usw., im Unterschied zur herkömmlichen Musikerzeugung per Instrument oder Stimme). Die durch verschiedene Techniken der → Synthese konkret bewerkstelligte Erzeugung hörbarer → Schwingungen bzw. → Wellenformen beruht auf der Erzeugung von Schwingungen (durch → Oszillatoren) und auf der präzisen Kontrolle der verschiedenen Parameter, die eine Wellenform bzw. einen Klang charakterisieren (außer durch rechnerische bzw. digitale Methoden erfolgt diese Kontrolle durch Filter, Verstärker und diverse Verschaltungen von Oszillatoren usw. hintereinander). Kontrolliert bzw. beeinflußt werden dabei u. a. die → Frequenz (Tonhöhe), die → Amplitude (Lautstärke, Intensität, Pegel), die spezielle → Klangfarbe (die Zusammensetzung der Partialtöne), und die → Klangdynamik, also etwa die → ADSR-Kurve einer Schwingung bzw. die → Hüllkurve eines Schwingungsgemischs, das → Portamento, → Vibrato, oder die Verzerrung (etwa → Phasenverzerrung) des Klangs.

elektronische Musik
ungenaue Bezeichnung, wird u. a. für Musik verwendet,
- die unter Benutzung → elektronischer Klangerzeugungsverfahren (vgl. auch → Synthese) hergestellt wird (also nicht oder nicht ausschließlich per Instrument oder Stimme entstanden ist);
- die durch Einsatz elektronischer Mittel verändert (verstärkt, verfremdet usw.), gespeichert, übermittelt oder präsentiert wird (also nicht direkt bzw. *live&unplugged* ankommt);
- die technisch oder künstlich klingt (also nicht so, wie man das von „traditionellen" Instrumenten üblicherweise gewöhnt ist).

elektronische Post
→ E-Mail.

elektronischer Briefkasten
→ *mailbox*.

elektronisches Piano
→ Digitalpiano.

elektronisches Klavier
→ Digitalpiano.

Elektropiano
→ Digitalpiano.

ELSET
electronic set, elektronische Bühne, siehe → *blue room*.

em
- *Electronic Mail*, → E-Mail;
- → *Expanded Memory*;
- *End of Memory*, Steuerzeichen für das Ende einer Aufzeichnung bzw. das Ende des Speichermediums (ASCII 25).

eMail
→ E-Mail.

E-Mail
electronic mail, auch eMail, e-Mail, Internet-Mail, → Mail, SMTP und so weiter, elektronische Post bzw. elektronische Nachricht in einem Computernetz von einem Nutzer zum anderen, im Unterschied zu → *netnews* nicht öffentlich. Die herkömmliche (papiergebundene) Post wird von E-Mail-Nutzern meist → sMail genannt (und ggf. per → P-net versendet). Neben den beiden Internet-E-Mail-Standards → SMTP (reine Text- bzw. ASCII-Mails, Anhänge sind ggf. mit → uuencode anzupassen) und → SMTP/MIME (Mails mit beliebigen binärcodierten Anhängen) gibt es diverse weitere E-Mail-Protokolle, u. a. → X.400. Die Umsetzung der jeweiligen Mail-Formate in ein Empfänger-kompatibles Format wird über → *gateways* bewerkstelligt, so daß im Internet zumindest Textnachrichten zwischen allen E-Mail-Teilnehmern ausgetauscht werden können (zuweilen existieren Einschränkungen bezüglich der Dateigröße). Vgl. auch → *mail*, → *message handling*.

email
- → E-Mail;
- in dieser Schreibweise auch als Verb gebraucht (Versenden einer E-Mail).

E-Mail address
→ E-Mail-Adresse.

E-Mail-Adresse
die eindeutig zuzuordnende Adresse eines Users, der an einem der E-Mail-Dienste teilnimmt. Man unterscheidet je nach Protokoll und Provider verschiedene → E-Mail-Adressierungs-Formate, am häufigsten kommt inzwischen die Adressierung nach der Form „Username @DNS-Adresse" vor, die sich aus dem registrierten → *login name* eines Teilnehmers und dem Hostnamen (in der Notation nach dem → *domain name system*) ergibt. Unbekannte E-Mail-Adressen lassen sich über verschiedene Internet-Dienste wie → finger oder

→ WHOIS abfragen, da Netzbetreiber oder Online-Dienste meist entsprechende Adreßverzeichnisse (→ *directory service*, → *white pages*) mit den E-Mail-Adressen ihrer User bzw. Abonnenten zur Verfügung stellen. Zusätzlich gibt es inzwischen auch im WWW spezielle → Suchdienste, die eine globale oder regionale (also nicht auf einzelne Netze bzw. Online-Dienste eingeschränkte) Suche nach E-Mail-Adressen ermöglichen, etwa http://www.suchen.de oder http://www.bigfoot.de

E-Mail-Adressierungs-Formate
in den verschiedenen Subnetzen des Internet bzw. bei den diversen → ISP und → Online-Diensten werden unterschiedliche E-Mail-Systeme eingesetzt, und entsprechend unterscheiden sich auch die Subnetz-internen E-Mail-Adressen von Fall zu Fall. Die meisten Provider bieten ihren Kunden inzwischen die Möglichkeit an, anstelle der jeweiligen Dienst-internen Adresse die im Internet standardmäßig verwendete → Domain-Adresse zu verwenden. Wurde diese Möglichkeit zur (fast) freien Wahl einer standardisierten eigenen E-Mail-Adresse noch nicht genutzt, lassen sich die Teilnehmer aus dem Internet heraus meist durch Umwandlung des im jeweiligen Netz spezifischen Adresstyps in eine nach dem User@DNS-Schema („User@host.domain" bzw. „User@Online-Dienst") aufgebaute E-Mail-Adresse erreichen, da die meisten Netzbetreiber wenigstens entsprechende Internet-Gateways installiert haben. Adressiert wird dann beispielsweise: „Username@aol.com", „UserNr1.UserNr2@compuserve.com" oder „UserTelefonnummer-0001@t-online.de".
Zwischen einzelnen Online-Diensten oder Netzen besteht häufig auch noch eine direkte Mail-Verbindung (über spezielle Gateways), so daß eine beschleunigte Direkt-Auslieferung der E-Mail ohne langen Umweg über das Internet erfolgen kann. Hierbei müssen jedoch u. U. noch andere Adressierungsarten verwendet werden, die beim jeweiligen Provider bzw. SysOp erfragt werden können.

E-Mail signature
→ *signature*.

E-Mail-Spiel
ein Spiel, an dem mehrere Teilnemer via E-Mail-Dienst gleichzeitig spielen können.

EMI
electromagnetic interference, elektromagnetische Interferenz, die Einwirkung elektromagnetischer Felder auf Übertragungskanäle, durch die Störungen oder Unterbrechung der Datenübertragung herbeigeführt werden können.

EMM
Expanded Memory Manager, Erweiterungsspeicher-Verwalter, Verwaltungssystem bzw. Programm (EMM386.sys), das bei PCs den Erweiterungsspeicher (oberhalb 640 KB) verfügbar macht, Nachfolger von → EMS (ab PCs mit 386-CPU).

emoticon
emotional icon, Emotions-Zeichen, ein meist aus mehreren Zeichen zusammengesetztes Bildchen, das Gefühle oder persönliche Zustände ausdrücken soll. *Emoticons* werden im Text eingestreut und aus normalen (ASCII-)Textzeichen gebildet; am meisten verwendet werden → *smileys*, also lachende (oder weinende) Gesichter, bei denen das Lachen per Klammer dargestellt wird :-) und bei denen der Text um 90° gedreht werden muß, um das Gesicht zu erkennen. Bei den → *bixies* ist diese Drehung nicht erforderlich.

EMS
- *Electronic Mail System*, elektronisches Mitteilungssystem, E-Mail-System.
- *Expanded Memory Specification*, von Lotus, Intel und Microsoft entwickeltes

Speicherverwaltungssystem für PCs, das die Verwaltung von als 640 KB RAM ermöglichte, später durch → EMM abgelöst (inzwischen durch die Speicherverwaltung unter Windows meist überflüssig geworden).

Emulation
die Nachahmung der Funktion bzw. des Verhaltens einer bestimmten Soft- oder Hardware, die meist über Emulationsprogramme bzw. Treiber, bisweilen auch über spezielle Hardwarefunktionen realisiert wird. Zu den bekanntesten Emulations-Anwendungen zählen Terminalemulationen, die einen PC dazu bringen, sich wie ein Terminal aufzuführen, Druckeremulationen, die einen Drucker dazu bringen, sich wie ein anderer Drucker zu verhalten, oder auch Betriebssystem-Emulationen, die es einem Rechner ermöglichen, Programme eines anderen Betriebssystems ablaufen zu lassen.

E-Musik
ernste Musik, klassische Musik (im Gegensatz zur U-Musik bzw. zum Pop).

enabled
freigeschaltet, eingeschaltet (Gegenteil: → *disabled*).

encapsulation
Kapselung, das „Einpacken" von Daten in andere Daten bzw. in Steuerdatenstücke (Kopf bzw. *header* oder Prolog und Endstück bzw. *trailer* kapseln die Daten sozusagen ein).

- Bei → EPS versteht man unter *encapsulation* die Verpackung einer kompletten Datei, die im PostScript-Format vorliegt, in einen Prolog-Bereich und einen Trailer; diese Steuerdaten dienen dazu, Herkunft und Verwendungszweck, Umfang und Art der Postscript-Daten sowie sonstige zur Ausgabe bzw. Darstellung des PostScript-Codes erforderliche Angaben festzuhalten.
- Im Bereich der DFÜ wird unter *encapsulation* das Verpacken von → Datenpaketen des einen Protokolls in die Steuerdaten (→ *data frame*) eines anderen Protokolls (des Protokolls einer nach dem → *OSI Reference Model* tiefer gelegeneren Schicht) verstanden. Ein Datenpaket besteht aus einem protokollabhängigen → *header* (einleitenden Steuerinformationen) und den → Nutzdaten (ggf. noch gefolgt von einem → *trailer*). Ist beim Übergang in eine tiefere Schicht ein zusätzliches Protokoll erforderlich, interpretiert jedes Protokoll die angelieferten Datenpakete insgesamt als Nutzdaten und versieht diese Daten seinerseits mit den eigenen Steuerinformationen. Hierdurch ergibt sich ein Schichten-Aufbau der Datenpakete bzw. eine zwiebelartige „Einkapselung" von Nutzdaten in mehrere Schichten von *Headern (*und ggf. *Trailern*). Eine solche „Datenzwiebel" könnte also beispielsweise aus einem *Ethernet-Header*, einem *IP-Header*, einem *TCP-Header*, einem Anwendungsprogramm-spezifischen *Header* und schließlich den eigentlichen Informationen bestehen. (Vgl. hierzu auch → *tunneling*).

Encapsulated PostScript
→ EPS.

encipher
Verschlüsseln (von Daten).

encode
Codieren (von Daten).

encryption
auch → *data encryption*, Datenverschlüsselung.

Endanwender
→ Endbenutzer.

Endbenutzer
end-user, auch Anwender, Endanwender, im Unterschied zum Entwickler, Programmierer, Beta-Tester usw. der eigentliche Anwender, also derjenige, für den ein Programm entwickelt wird. Wird

scherzhaft auch als → Normalo oder → Finalo bezeichnet.

Endgerät
terminal equipment, bei Datenübertragung auch Datenendgerät (DEGt) oder Datenendeinrichtung (DEE), engl. DTE, ein Telekommunikationsgerät, das an ein Netz angeschlossen ist (Telefon, Modem, PC usw.), dabei jedoch nicht als notwendiger Bestandteil des Netzes selbst gilt (dieses endet an der Dose).

Endgeräte-Auswahlziffer
kurz EAZ, Typen-Kennziffer von → ISDN-Endgeräten, anhand derer eine Durchwahl zum entsprechenden Gerätetyp (Telefon, Fax, Modem) möglich ist. Im → Euro-ISDN wird statt der EAZ die → Mehrfachrufnummer verwendet.

end-to-end
direkt, Direktverbindung.

end-user
→ Endbenutzer.

ENET
→ Ethernet.

E-Netz
nach dem → DCS-Standard im 1800-MHz-Bereich betriebenes → Mobilfunknetz, E1 bzw. → E Plus (E2 derzeit noch im Aufbau).

engaged
bereits in Anspruch genommen, besetzt (Leitung bzw. Telefonanschluß).

englaufend
condensed, siehe → Schriftbreite.

ENQ
enquiry, Steuerzeichen zur Antwortaufforderung (ASCII 5), beim *handshake* vom Sender verwendet, um die Empfangsmöglichkeiten des Empfängers zu überprüfen (erwartetes Antwortsignal → ACK oder → NAK).

Enter
Eingabe; Eingabetaste, häufig mit einem geknickten Pfeil ↵ gekennzeichnet (vgl. auch → *Return* bzw. → CR).

enterprise network
→ *corporate network*.

Entpacken
puff, das Wiederherstellen des Originalzustands von komprimierten Dateien (→ Kompression).

Entropolis
eine → *virtual mall*.

Entzerrer
equalizer, ein Filter, der ungewollte Störungen bei Datenübertragungen (etwa → Rauschen oder → Nebensprechen) minimieren soll. Bei Modems kommen vor allem adaptive Entzerrer (sogenannte Adaptivfilter) zum Einsatz, die Modulation und Geschwindigkeit automatisch an die Leitungsqualität anpassen.

envelope
Hülle, Umschlag, Briefumschlag;

- bei E-Mails: Bezeichnung für Zusatzinformationen zu einer Mail-Datei, mit deren Hilfe die Datei (sozusagen wie ein Brief in einem Umschlag) durch einen Netzabschnitt geleitet wird. *Envelopes* werden meist eingesetzt, wenn bei der Weiterleitung der Daten Protokollwechsel oder andere Umstände das vorübergehende Umkodieren einer Datei oder das Erweitern der eigentlichen → *Header*-Informationen erforderlich machen (vgl. → *encapsulation*, → *tunneling*) – die *envelope*-Zusatzinformationen (Adressen, Kodierungsverfahren etc.) dienen dann dazu, die Datei korrekt durchzuschleusen und den Originalzustand wiederherzustellen.
- in der Musik: → Hüllkurve.

EOB
End of Block, Ende des (Programm- oder Daten-) Blocks, Steuercode.

EOF
End Of File, Dateiende-Markierung (Steuerzeichen).

EOM
End of Message, Ende der Nachricht;

EOT
End of Transmission, Ende der Übertragung (Steuerzeichen).

E Plus
E1, digitales → Mobilfunknetz (die Kommunikation erfolgt über → digitale Signale) nach dem → DCS-Standard im 1800-MHz-Bereich. Die Reichweite ist gegenüber jener im → D-Netz (max. 50 km) recht eingeschränkt (max. 8 km), die Handys können daher auch mit weniger Sendeleistung betrieben werden. Inzwischen gibt es → Dualband-Handys, die Zugriff auf beide Netztypen gewähren.

EPROM
Erasable Programmable Read Only Memory, durch UV-Licht löschbarer und (wieder-) beschreibbarer Speicherbaustein, für den Nur-Lese-Betrieb (ROM). Vgl. → EEPROM, Flash → EEPROM.

EPS
Encapsulated PostScript, Bezeichnung für ein speziell für die Ausgabe bzw. den Datenaustausch zwischen unterschiedlichen Anwendungsprogrammen verwendetes Dateiformat für → PostScript-Daten. Diese Daten werden in Steuerdaten verpackt (siehe → *encapsulation*) und können nur noch an ein Ausgabegerät gesendet oder als Ganzes in andere Daten eingebunden werden (etwa als Bild innerhalb eines Textes), da außer einer Veränderung der Formatgröße normalerweise keine weiteren Änderungen an EPS-Daten vorgenommen werden können.

EPSF
EPS-*file*, Datei im → EPS-Format.

EQ
equalizer, → Entzerrer.

equalizer
→ Entzerrer.

equipment
Ausstattung, Ausrüstung, die Hardware.

Ereignis-gesteuert
→ *event driven*.

Ergänzungsschnitt
Sonderschnitt einer Schrift (vom normalen Erscheinungsbild abweichend), also kursive, fette oder halbfette Schnitte. Solche Schriften bzw. Schnitte werden in der Regel für das → Auszeichnen verwendet, man nennt sie daher auch Auszeichnungsschriften.

ERMES
European Radio Message System, Nachrichtensystem für die europaweite Vermittlung von Textnachrichten (wie → SMS- oder → Pager-Botschaften).

Eröffnungsseite
→ *homepage*.

Erregerfrequenz
eine → Schwingung (→ Welle) oder auch speziell die Frequenz dieser Schwingung, die auf ein Objekt trifft, das zur → erzwungenen Schwingung bzw. zur → Resonanz angeregt wird.

error byte
Fehlerbyte.

error check
Fehlerkontrolle, Überprüfung empfangener Daten auf Übertragungsfehler.

error control
synonym zu → *error check*.

error correction
Fehlerkorrektur.

error detection
Fehlererkennung.

error handling
Fehlerbehandlung.

error interrupt
Fehlerunterbrechung.

error message
Fehlermeldung.

error rate
Fehlerhäufigkeit.

Erstzeileneinzug
→ Einzug der ersten Zeile eines Absatzes.

Erweiterungsbus
ein auf dem internen → Bus aufsitzendes Bus-System zum Anschluß zusätzlicher Peripheriekomponenten (Harddisk, Grafikkarten, Soundkarten, ISDN-Karten usw.). Ein solcher Bus kann direkt auf dem *motherboard* plaziert sein, häufig ist er jedoch auch als eigene Schnittstellenkarte ausgeführt (z. B. der → SCSI-Hostadapter).

Erweiterungskarte
→ Steckkarte, die auf dem internen Bussystem des Computers aufsitzt und den Computer um nicht serienmäßig vorhandene Komponenten erweitert.

erzwungene Schwingung
die künstlich bzw. durch mehrmaligen oder ständigen äußeren Einfluß herbeigeführte → Schwingung eines Körpers, eines Gases oder einer Flüssigkeit; bisweilen auch speziell Bezeichnung für die → Frequenz oder die → Wellenform dieser Schwingung (die sich aus der → Interferenz zwischen der → Eigenfrequenz und der → Erregerfrequenz ergibt).
Treffen → Wellen (beispielsweise Schallwellen) auf beliebige Objekte, werden diese ebenfalls zum Schwingen in der Erregerfrequenz angeregt. Hierbei tritt immer eine Energieübertragung bzw. ein Energieverlust ein, es findet eine Zeitverzögerung bzw. eine → Phasenverschiebung zwischen Erregerfrequenz und erzwungener Frequenz statt, und die Erregerfrequenz überlagert sich mit der Eigenfrequenz des Objektes. Stimmen Erregerfrequenz und Eigenfrequenz überein, tritt bei ausreichender Energiezufuhr (und ausreichender Dauer der Erregerschwingung) → Resonanz auf, ansonsten erfolgt eine → Dämpfung der Schwingung.

ESC
escape, flüchten, entkommen.
- Steuercode (ASCII 27) für den Abbruch eines Prozesses oder für den Beginn einer → Escape-Sequenz;
- das Escape-Signal (ASCII 27) oder das Escape-Zeichen (meist wird ^ verwendet, also ASCII 94);
- die Escape-Taste, die zum Abbruch bzw. Beenden eines Programmteils verwendet wird.

escape
→ ESC.

escape character
(seltenes) Synonym für → *control character*.

Escapen
eingedeutscht für → *escaping*.

Escape-Sequenz
Steuerzeichenfolge, die mit dem Zeichen → ESC (ASCII 27) eingeleitet wird, u. a. zur Druckersteuerung üblich.

escaping
Codieren von unerlaubten Zeichen mit Hilfe von reservierten Zeichen bzw. Steuerzeichen (etwa Escape-Zeichen). Dies wird beispielsweise angewendet beim Übergang von 8-Bit- auf 7-Bit-Codes (jedes 8-Bit-Zeichen > 127 kann als Kombination aus (7-Bit-Steuerzeichen)+(8-Bit-Zeichen minus 127) codiert werden). Vgl. → *uuencode*.

ESPRIT
European Strategic Program for Research and Development in Information

Technology, Förderprogramm der Europäischen Gemeinschaft, das die informationstechnische Forschung und Entwicklung in Europa unterstützt.

ETB
End of Transmission Block, Ende des Datenübertragungsblocks, Steuerzeichen (ASCII 23), vgl. → EOT.

E-text
auch *e-text, etext, eText, ETEXT, usw.*, selten ausgeschrieben *electronic text*,
- allgemeine Bezeichnung für einen Text, der in computergerechter Form gespeichert und bereitgehalten wird, also beispielsweise über Datennetze oder CD-ROM zugänglich ist (u. U. aufbereitet als → Hypertext bzw. → HTML-Dokument);
- oft speziell Begriff für die im Internet bereitgestellten Dateien mit gemeinfreien Texten der Weltliteratur (→ *e-books*), Verlautbarungen öffentlicher Institutionen wie Gesetzestexten und Normenangaben oder sonstigen kostenlos abrufbaren Informationstexten (z. B. Basistexte von Religionsgemeinschaften). Die meisten dieser Texte liegen in Englisch vor, neben HTML-Dokumenten werden hauptsächlich ASCII-Dateien *(→ plain vanilla ASCII-text)* zur Verfügung gestellt. Die von Bibliotheken (z. B. der → LOC), Universitäten oder sonstigen öffentlichen oder gemeinnützigen Einrichtungen (z. B. → *Project Gutenberg*) angebotenen *eTexts* sind zum großen Teil nicht nur bei der jeweiligen Organisation abrufbar, sondern auch über zentrale Katalog-Dienste einfach zugänglich (z. B. über die → IPL), zum Aufspüren von eTexten aus anderen Quellen ist meist die Anfrage bei → *search-engines* sinnvoll.

Ethernet
sehr verbreiteter, von Xerox bzw. → DIX entwickelter → LAN-Standard, ermöglicht eine Datenübertragungsrate von bis zu 10 MB/s. Die Rechner sind über ein Koaxialkabel verbunden (vgl. → *backbone*, → *bus topology*), der Netzbetrieb erfolgt über ein → CSMA/CD-Protokoll. Vgl. auch → *cheapernet*.

Ethernet-Adresse
6-Byte bzw. 48-Bit lange, eindeutige Hardware-Adresse für → Ethernet-Karten, weltweit vom → IEEE nach Herstellern festgelegt (siehe → UAA).

Ethernet-Karte
Steckkarte zum Anschluß von PCs an → Ethernet-LANs.

EtherTalk
AppleTalk-Protokoll, mit dem → DDP-Datenpakete in → Ethernet-→ *control frames* gepackt und via → Ethernet übertragen werden können.

ETLA
Extended Three-Letter Acronym, erweitertes Drei-Buchstaben-Akronym, selbstbezüglicher Scherzbegriff für ein aus vier Buchstaben gebildetes → Akronym.

ETS
European Telecommunications Standard, vom → ETSI entwickelte Norm.

ETSI
European Telecommunications Standards Institute, Europäisches Institut für Telekommunikationsstandards, von Herstellern, Anwenderverbänden, Telekommunikationsnetzbetreibern und staatlichen Einrichtungen getragenes europäisches Normungsinstitut, Nizza.

ETX
- *End of Text*, Steuerzeichen für Textende (ASCII 3);
- beim → *handshake* Steuerzeichen für das Eingabeende (Antwortsignal: → ACK).

Eule
→ Suchdienst. http://www.eule.com

EUnet
European UNIX Network, der europäische Teil des Internets, ursprünglich ein

europäisches Universitäts-Netz, basierend auf dem → UUCP-Protokoll. Inzwischen von der → EUnet Deutschland GmbH betrieben, arbeitet das Netz auch mit TCP/IP und bietet in vielen deutschen und europäischen Städten → POPs (die u. a. auch von → MSN als POPs mitbenutzt werden). Der deutsche Teil des EUnets wird häufig auch als → DNet bezeichnet.

EUnet Deutschland GmbH
an der Universität Dortmund (unido) gegründeter überregionaler → IAP, Dortmund, Betreiber des EUNet. Der Zugang zu EUnet kann außer über deutsche → POPs auch über andere EUnet-Einwahlknoten erfolgen. http://www.germany.eu.net/

Eurofiletransfer
Standard für die Datenübertragung zwischen zwei PCs über ISDN (nach → X.75).

Euro-ISDN
gemeinsamer europäischer → ISDN-Standard, seit 1994 in ganz Europa verwendet. In Deutschland wird Euro-ISDN meist nur kurz als → ISDN bezeichnet, obwohl sich das vor 1994 zum Einsatz kommende „deutsche“ ISDN vom seitherigen Euro-Standard leicht unterschied (durch ein anderes Protokoll für den D-Kanal, deutsch: 1TR6, euro: DSS1).

EURONET
European Network, das Datennetz der Europäischen Gemeinschaft (betrieben über → DIANE).

European Academic and Research Network
→ EARN.

European Broadcasting Union
→ EBU.

European Center for Particle Physics
→ CERN.

European Particle Physics Laboratory
→ CERN.

EUTELSAT
European Telecommunications Satellite Organization, die Betreiber-Organisation der europäischen Telekommunikationssatelliten.

EVA
Eingabe, Verarbeitung, Ausgabe – Grundschema der Abläufe in der Datenverarbeitung.

even parity
gerade Parität, siehe → *parity check*.

event
Ereignis, Aktivität, bei Programmen ein meist von Außen beeinflußtes Ereignis, das als Auslöser für bestimmte Programmschritte gesetzt wurde.

event driven
Ereignis-gesteuert, ein Ablauf (Programmablauf), der in Abhängigkeit von bestimmten Ereignissen (Ankunft von Daten, Auswahl eines bestimmten Menüpunktes durch den Benutzer, Rückmeldung von Peripheriegeräten usw.) gestartet bzw. ausgeführt wird.

EVN
→ Einzelverbindungsnachweis.

evoke
Aufrufen (und Starten) eines Programmes oder eines Unterprogramms.

EVSt
Endvermittlungsstelle.

exchange
- Austausch, allgemeine Bezeichnung für Austauschen oder Auswechseln;
- Austausch von Daten (im Sinne von Telekommunikation);
- Vermittlungsamt, Knotenamt (im Telefonnetz).

exchange on/off
→ XON, → XOFF.

Excite
→ Suchdienst. http://www.excite.com

excl
- *exclamation,* Ausruf;
- *exclamation point,* das Ausrufezeichen, meist → *bang* genannt.

excommunication
Bann, Ausschluß eines Users vom Netz bzw. aus einem Chat (meist wegen Fehlverhaltens).

Executive
der auf → HAL aufsetzende Kern (vgl. → *kernel*) des Windows-NT-Betriebssystems (mit elementaren Funktionen für die Speicherverwaltung, Ein- und Ausgabe, Prozeßkommunikation etc.).

exit
Ausgang, Programmende.

Expander
- das Modul des → Synthesizers, in dem die Klangerzeugung stattfindet
- ein bloßes Klangerzeugungsgerät, also ein Synthesizer ohne Tastatur, der beispielsweise an einen Computer angeschlossen werden kann.

exportieren
Daten in einem bestimmten Format speichern, das nicht dem üblichen Speicherformat des Programms entspricht (um sie dadurch unter einem anderen Programm verwenden zu können).

export warnings
Verbot, Daten auf die eigene Festplatte zu laden.

Extended AT-Modem Command-Set
der um die sogenannten „&-Befehle" erweiterte → AT-Kommando-Satz zur Steuerung von Modems, eingeführt von der Firma → Hayes.

extended character set
erweiterter Zeichensatz, die von ASCII 128 bis ASCII 255 reichenden Zeichen des (ursprünglich nur bis 127 reichenden) → ASCII-Code (Grafik-Sonderzeichen, Umlaute usw.)

Extended MIDI
erweitertes MIDI-Format.

extension
Datei-Endekennung, Dateinamens-Erweiterung bzw. → Suffix, Begriff für die durch einen Punkt vom eigentlichen Dateinamen getrennten Bezeichnungen, die meist bestimmte Dateitypen bzw. Datenformate charakterisieren (.HTM, .EXE, .BAT, .ZIP usw.)

extension-cable
Verlängerungskabel.

Exterior Gateway Protocol
kurz EGP, ein (beliebiges) → Protokoll, das die Verbreitung von Routing-Informationen unter autonomen Netzwerken (→ *autonomous systems)* regelt; bisweilen ist auch eingeschränkt das in RFC 904 definierte EGP gemeint. Das Gegenteil eines EGP ist ein → *Interior Gateway Protocol* (IGP).

externer Cache
→ *second level cache.*

externes Modem
ein als separates Gerät ausgelegtes → Modem, das an die → serielle Schnittstelle angeschlossen wird (in Unterscheidung zum → internen Modem).

eye catcher
Blickfang.

e-zine
electronic magazine, Elektronisches Magazin, ein nur in einem Netz (bzw. nur im Internet) verbreitetes Magazin (mit nicht oder nicht ausschließlich wissenschaftlichen Inhalten, vgl. → *e-journal*).

f
forte.

f.
folgende Seite.

Facettenklassifikation
ein → Klassifikationsverfahren, bei dem die Einteilung nicht nach Wissensgebieten, sondern nach allgemeinen begrifflichen Kategorien (Facetten) erfolgt.

Fachzeitschriften
Zeitschriften für bestimmte Branchen, Berufe oder Sachgebiete.

facsimile
ein → Faksimile, eine exakte Kopie, Fernkopie, → FAX.

Fadenzähler
zusammenklappbare Stehlupe, entwickelt in der Textilindustrie; in der Reprotechnik und beim Drucken u. a. zur Kontrolle des Rasters verwendet.

fading
langsames Ausblenden *(fade out)*, die allmähliche Abschwächung eines Audio- oder Videosignals, bzw. langsames Aufblenden *(fade in)*, also umgekehrt die allmähliche Anhebung des Signalpegels. *Fading* wird oft zur Erzeugung weicher Übergänge zwischen Sequenzen (bei gleichzeitiger Zumischung einer anderen Sequenz), häufig aber auch zur klaren Trennung *(fade out, fade in)* von thematisch, räumlich oder zeitlich nicht zusammenhängenden Sequenzen benutzt.

Fahne
→ Fahnenabzug.

Fahnenabzug
der Korrekturabzug von Druckspalten direkt nach dem Setzen, noch vor dem Seitenumbruch; bisweilen auch als Synonym für Korrekturabzug, Korrekturbelichtung usw. gebraucht.

fake mail
Schwindel-Post, E-Mails mit gefälschten Absenderangaben bzw. Adressen.

Faksimile
originalgetreue Wiedergabe einer Vorlage.

Faksimile-Ausgabe
Auflage eines Werkes, bei der kein Satz erstellt, sondern auf die Seiten einer Originalausgabe zurückgegriffen wird, diese werden möglichst originalgetreu reproduziert. Bei verlagsinternen Neuauflagen früher zur Einsparung von Satzkosten (bei fehlendem Stehsatz, verlorengegangenen Platten oder Filmen) oder als einfaches Verfahren zum Übergang von Hochdruck- auf Offsetverfahren eingesetzt; heute vor allem für erneute Ausgabe eines Werkes mit erloschenem Urheberrechtsschutz, für die Druckausgabe von Handschriften oder bei Bibliophilen Ausgaben gebräuchlich; häufig auch bei Raubdrucken anzutreffen.

Faksimile-Übertragung
möglichst originalgetreue Fernübertragung einer Vorlage, früher nahezu ausschließlich (per Bildfunk oder über Telefonleitungen) im Verlagswesen (Zeitungen) gebräuchlich, heute vor allem auch als → Telefax (in zumeist nicht reprofähiger Qualität) allgemein verbreitet.

fallback
- Rückfall, Rückschaltung;
- automatische Funktion von Modems, die Übertragungsgeschwindigkeit zu verringern. Diese (ggf. in Stufen erfolgende) Zurückschaltung der Baudrate dient dazu, die Übertragung auch bei schlechter Leitungsqualität oder einem entspre-

chend langsam arbeitenden Empfangsgerät auf der Gegenüberseite zu gewährleisten.

Falz
auch Falzbruch oder Bruch, die Knickstelle im Papier, die beim → Falzen entsteht.

Falzen
Falten von Papier zu einem kleineren Format. Die Knickstelle wird Falz oder Bruch genannt.

Falzregister
durch das Falzen entstehende (und beeinflußbare) Deckung übereinanderliegender Satzspiegel in der → Lage, siehe → Register.

Falzschema
Festlegung der Falzbrüche eines Bogens vor dem → Ausschießen.

Familie
siehe → Schriftfamilie.

FAQ
Frequently Asked Questions, häufig gestellte Fragen, eine Sammlung von Fragen (und deren Beantwortung) zu technischen Details oder zum Umgang mit irgendeinem Gerät bzw. einer Software. Meistens enthält diese Sammlung typische Anfängerfragen, und bevor Hotline, Sysop oder andere User genervt werden, sollte man sich (sofern vorhanden bzw. zugänglich) erst in solchen Dokumenten nach Antworten auf eigene Fragen umsehen (sonst erhält man knappe Antworten wie „rtfm!“ oder „see FAQ 14"). FAQs zu speziellen Internet-Details finden sich in den → FYIs oder in den → RFCs (etwa RFC 1883).

FAQL
Frequently Asked Questions List, Liste bzw. Inhaltsverzeichnis der → FAQ zu einem bestimmten Thema; bisweilen auch synonym zu → FAQ verwendet.

Farbanimation
siehe → *colourcycling.*

Farbauszüge
durch → Farbfilter (mit Hilfe einer Reprokamera oder durch Scanner bzw. CCD-Sensoren) oder rechnerisch hergestellte Wiedergaben der jeweiligen Grundfarben. Farbauszüge werden für den Druck bzw. für die Herstellung von Farbenformen verwendet.

Farbauszugsfilter
siehe → Farbfilter.

Farbauszugsgerät
veraltet für → Scanner.

Farbbildschirm
→ Farbmonitor.

Farbdichte
colour saturation, optische Dichte der Farbe (Sättigung).

Farbdrucker
Computerausgabegerät (→ Drucker) für die Mehrfarben-Ausgabe, meist Tintenstrahldrucker (siehe → Druckertechnologien). Vergleichbar mit dem → Vierfarbendruck, werden meist drei Grundfarben und Schwarz zur Erzeugung des Farbbildes verwendet, etliche Drucker sind jedoch auch mit 6 oder mehr Farben ausgerüstet.

Farbendruck
siehe → Zweifarbendruck, → Vierfarbendruck.

Farbenform
die für eine einzelne Farbe benötigte Druckform oder Druckplatte (im Mehrfarbendruck).

Farbfächer
zu einem Fächer zusammengefaßte Musterstreifen, welche die Farben einer genormten Druckfarbenskala mit Bezeichnung und evtl. Mischrezepten enthalten.

Farbfilm
kurz für Farbnegativfilm, siehe → Farbfotografie.

Farbfilter
auch Auszugsfilter bzw. Farbauszugsfilter, Lichtfilter, die in Komplementärfarben eingefärbt sind und zur → Farbtrennung bzw. zur Erstellung von Farbauszügen dienen. Da nur die Lichtstrahlen in der Wellenlänge der Eigenfarbe des Filters passieren können, wird die Komplementärfarbe abgebildet bzw. die eigentlich gewünschte Farbe herausgefiltert.
In der Reprotechnik werden aus Folien oder Glas hergestellte Lichtfilter eingesetzt; bei der Belichtung entsteht ein Negativ, bei dem die gewünschte Farbe weiß bleibt (im Positiv also: Schwärzung). Für den jede Farbe wird ein eigenes Negativ (Farbauszug) erstellt, für den (üblichen) Vierfarbdruck sind also vier Farbauszüge herzustellen (vgl. → CMYK-Farbmodell).
Bei CCD-Sensoren (in Scannern, Video- und Digitalkameras) werden mehrere Technologien eingesetzt, um die drei Grundfarben zu trennen (→ RGB-Farbmodell). Ähnlich zur Vorgehensweise in der Reprotechnik sind bei einigen Systemen vor dem Sensor bzw. im Objektiv und meist auf motorisch drehbaren Filterrädern angebrachte Glas- oder Folienfilter vorhanden, teils werden auch LCDs eingesetzt, deren Kristalle bei Spannungswechsel unterschiedliche Farben annehmen können. Zur Herstellung eines kompletten Farbbildes sind bei solchen Systemen drei Belichtungen bzw. Scannings erforderlich (je Farbe ein Durchgang oder eine Belichtung, Three-Pass- oder Three-Shot-Technik).
Andere Systeme verwenden meist trilineare → Zeilensensoren (jeweils eine Halbleiter-Zeile pro Farbe) oder → Flächensensoren, bei denen die Farbfilter abwechselnd direkt auf die einzelnen Sensor-Pixel aufgedampft wurden (→ RGB-Sensoren, zusätzliche → Farbinterpolation erforderlich); derartige Systeme kommen mit einem einzigen Scanvorgang bzw. einer einzigen Belichtung zur Erstellung eines Farbbildes aus (bei Scannern: Single- oder One-Pass-Technik, bei Kameras: One-Shot-Technik).

Farbfotografie
fotografisches Verfahren zur Erzeugung farbiger Halbtonabbildungen; basiert auf einem Farbnegativfilm, der in drei übereinanderliegenden Schichten die Grundfarben Yellow, Magenta und Cyan abbildet, oder einem Farbumkehrfilm (Diapositivfilm).

Farbinterpolation
rechnerische Ermittlung der Farbwerte eines Bildpunkts oder -Ausschnitts, u. a. beim digitalen Zoomen, bei der Kompression von Bilddateien, beim Umsetzen verschiedener Grafikformate und Farbmodelle (RGB zu CMYK) oder zur Ermittlung der Pixelwerte bei → RGB-Sensoren eingesetzt.

Farbkopie
siehe → Fotokopie.

Farbkreis
kreisförmig in der Reihenfolge des Spektrums geordnete Darstellung der Grund- und Komplementärfarben.

Farbmanagement
Regelung der einheitlichen Farbwiedergabe auf allen Stufen eines Produktionsprozesses (durch Mitführung von Farbmustern, Kalibrierung, automatische Farb- und Helligkeitsanpassung usw.).

Farbmischung
Vermischung verschiedener Farben bzw. Effekt einer solchen Mischung. Additive Farbmischung bezeichnet die Überlagerung verschiedenartigen Lichts (also verschiedener Lichtfarben bzw. Licht unterschiedlicher Wellenlängen), die Mischung aller Farben führt zu Weiß, die Grundfarben sind Rot, Grün und Blau. Subtraktive Farbmischung bezeichnet die Überlagerung verschiedener materieller Farbschichten (Körperfarben), die Mischung aller Farben führt zu Schwarz, die

Grundfarben sind Cyan (früher: Violett), Magenta (früher: Purpur) und Yellow (früher: Gelb). Aus den Grundfarben (RGB bzw. CMY) lassen sich jeweils sämtliche Farben des Spektrums durch Mischung erzeugen.

Farbmittel
Sammelbegriff für → Pigmente und → Farbstoffe.

Farbmodell
Bezeichnung für die bei der → Farbmischung jeweils verwendeten Grundfarben; meist unterscheidet man das RGB-Farbmodell (additive Farbmischung, Lichtfarben Rot/Grün/Blau) und das CMY- bzw. CMYK-Farbmodell (subtraktive Farbmischung, Körperfarben Cyan, Magenta, Yellow und ggf. Black). In Bildbearbeitungs- oder Malprogrammen wird häufig auch das HSV-Modell verwendet, bei dem die Farben anhand der Lichtwellenlänge *(hue)*, der Sättigung *(saturation)* und der Helligkeit *(luminance-* bzw. *brightness-value)* definiert werden.

Farbmonitor
auch Farbbildschirm oder RGB-Monitor, ein Computer-Bildschirm, der mit drei Kathodenstrahlen betrieben wird und dessen Bildfläche mit in Gruppen angeordneten Phosphorpünktchen für jede der drei Grundfarben (RGB) beschichtet ist. Damit diese sog. Farbtripel exakt getroffen werden, ist vor der Schirm-Beschichtung eine Lochmaske angebracht, durch die die Elektronenstrahl geleitet werden. Im Vergleich zu Fernsehbildschirmen weisen Computermonitore eine höhere Auflösung auf.

Farbsatz
alle zu einem Mehrfarben- oder Vierfarbendruck gehörenden Teilfarben-Auszüge, -Negative oder Druckplatten.

Farbsättigung
→ Farbdichte, → Sättigung.

Farbseparation
→ Farbtrennung.

Farbskala
skalenförmige Anordnung von Farben, im engeren Sinn der Grundfarben beim Mehrfarbendruck, im weiteren Sinn aller Farben (eines Herstellers, einer Druckerei), siehe auch → Farbfächer.

Farbstich
falsche Grundtönung eines farbigen Bildes, etwa bei der Farbfotografie.

Farbstoffe
stark färbende, in Lösung nicht sichtbare Verbindungen, chemisch erzeugt (Anilinfarben) oder natürlicher Herkunft, zur Färbung von Lacken und Bindemitteln und zur Herstellung von → Pigmenten, auch in der Papierherstellung verwendet.

Farbstrahldrucker
→ Tintenstrahldrucker.

Farbtemperatur
physikalischer Begriff für die Temperatur, bei der ein sog. absolut schwarzer Körper Licht einer bestimmten Farbe bzw. Spektralzusammensetzung abstrahlt. Die in Kelvin angegebene Farbtemperatur wird als Maß für bestimmte Farben bzw. für ganz genau definiertes Licht verwendet, je höher die Kelvin-Zahl, desto bläulich-kälter erscheint das Licht (Kerzenlicht liegt bei ca. 2000 Kelvin, helles Tageslicht im Gebirge bei etwa 25000 Kelvin). U. a. werden Beleuchtungseinrichtungen (Glühbirnen, Halogenstrahler, Leuchtröhren), Bildschirme oder auch das Tageslicht in Kelvin gemessen, bei Computermonitoren läßt sich meist zwischen 9300 Kelvin (ein leicht bläulicher Ton) und 6500 Kelvin (mild-beiger Ton) umschalten.

Farbtiefe
colour depth, die bei der CCD-Erfassung, Speicherung, Bearbeitung und Darstellung von digitalen Bildern benutz-

te Anzahl der Bits, die je Pixel für die Darstellung der Farbabstufungen bzw. Graustufen verwendet wird. Je mehr Bits verwendet werden, desto feinere Abstufungen sind möglich, und desto realistischer erscheint die Abbildung. Gängige Größen für die Farbtiefe auf PCs sind 1 Bit (schwarz/weiß), 4 Bit (16 Graustufen, meist bei LCD-Displays), 8 Bit (256 Farben), 16 Bit (65536 Farben) und 24 Bit (16,7 Millionen Farben), Scanner und Digitalkameras bieten teilweise auch noch höhere Formate (30 Bit, 36 oder sogar 42 Bit).

Farbton
grundsätzliche oder auch zusätzliche Eigenart der Erscheinung einer Farbe.

Farbtrennung
colour separation, Farbseparation, die Zerlegung eines Farbbildes bzw. eines Motivs in seine Grundfarben, optisch bewirkt durch den Einsatz von → Farbfiltern oder Prismen (vgl. → Multi-Chip-Kamera).

Farbtripel
Bezeichnung für eine Gruppe aus drei kleinen Pünktchen in den Farben Rot, Grün und Blau, die zusammengefaßt einen einzelnen Bildpunkt eines → Farbmonitors bildet.

Fast Class Modem
ein Modem, das nach → V.34 betrieben werden kann (28.800 bit/s).

Fast Ethernet
→ Ethernet mit hoher Datenübertragungsrate (100 MBit/s).

fast packet
→ *Asynchronous Transfer Mode*..

Fax
→ *facsimile*, Telefax, Fernkopie bzw. Übertragung der gescannten Kopie einer Originalvorlage via Telefonverbindungen; auch Kurzbezeichnung für ein gefaxtes Dokument oder ein Telefaxgerät. (Früher wurde übrigens auch ein Setzerei-Leiter Faktor bzw. Fax genannt).

Fax-Broadcasting
Versendung von Fax-Nachrichten an einen großen Kreis von Empfängern, vgl. → Faxmailing, → Direktmarketing.

Faxdrucker
ein multifunktionales PC-Peripherie-Gerät, das teilweise auch autonom arbeiten kann und mit dem gefaxt, gedruckt, fotokopiert und gescannt werden kann.

Faxgateway
→ *gateway* für das Versenden bzw. Empfangen von Faxen via Internet.

Faxgerät
eigenständiges Gerät, mit dem Telefaxe empfangen und versendet werden können.

Faxkarte
Adapterkarte für PC's, für FAX-Empfang bzw. Senden (heute häufig durch faxfähige Modemkarten bzw. → Faxmodems ersetzt).

Faxmailing
kurz für *Fax-Direct-Mailing*, personalisierte Werbung über Fax, üblicherweise via Computer/Faxmodem gesendet. Vgl. → *Fax-Broadcasting*, → *Direct-Mailing*, → Direktmarketing.

Faxmodem
ein → Modem, mit dem auch Faxe versendet oder empfangen werden können (die meisten modernen Modems verfügen über diese Funktionalität).

Faxpolling
vom Empfänger veranlaßter (und bezahlter) Abruf von Informationen, die auf einem anderen Faxgerät bzw. einem Faxserver bereitgehalten werden.

Faxserver
ein → Server bzw. ein → Serverprogramm zur Erledigung des Faxbetriebs

(innerhalb eines → LAN) oder zur Durchführung von → Faxmailing- oder → Faxpolling-Diensten. Bisweilen verfügen auch → Faxgeräte über eine Faxserver-Funktion, können also (mit entsprechend eingeschränkter Kapazität) als Server für Faxpolling dienen.

FAXT
Far End Crosstalk, → Nebensprechen (am entfernten Leitungsende), vgl. NEXT.

Faxweiche
ein Schaltgerät, das anhand des → *calling tone*-Signals eingehende Anrufe identifiziert und auf Faxgerät oder Telefon bzw. Anrufbeantworter weiterschaltet. In kombinierten Geräten (Fax, Telefon und Anrufbeantworter in einem Gerät) eingebaut, aber auch als separates Gerät erhältlich. Nur für Analog-Anschlüsse erforderlich, da unter ISDN automatisch die → Dienstekennung übermittelt und ggf. entsprechend durchgeschaltet wird.

FBAS-Signal
Farb-Bild-Austast-Synchron-Signal, das reine Farbfernsehsignal (ohne Trägerwelle).

FCC
Federal Communications Commission, US-amerikanische Zulassungsbehörde im Fernmeldewesen, vergleichbar dem deutschen → BZT.

FD
- *Floppy Disk*, Diskette;
- *Full Duplex*, Vollduplex, siehe → duplex.

FDA
→ Freier Deutscher Autorenverband.

FDDI
Fiber Distributed Data Interface, ursprünglich nur über → Glasfaserkabel, inzwischen auch mit Kupferkabeln (→ CDDI) realisierter LAN-Standard (definiert in ANSI X3T9), Übertragungsleistung bis 100 MBit/s.

fdisk
- *fixed disk*, → Festplatte;
- DOS-Befehl zur Formatierung bzw. Partitionierung von Festplatten.

FDM
Frequency Division Mulitplexer, → Multiplexer bzw. *Frequency-Division Multiplexing* frequenzbezogenes → Multiplexing.

FDX
Full Duplex Transmission, Vollduplex-Übertragung, siehe → duplex.

FDZ
frei definierbarer Zeichensatz (zum Aufbau von → BTX-Seiten, englisch siehe. → DRCS).

feature
- Merkmal, Besonderheit, Charakteristikum;
- ein bestimmtes Ausstattungs-Merkmal, also eine spezielle Fähigkeit, Funktion oder Funktionsweise eines Programms oder eines Hardware-Bausteins (vgl. → *undocumented feature*);
- ein Beitrag in Zeitung, Zeitschrift, Rundfunk oder Fernsehen, der lebendig berichtend auf Charakteristika eingeht.

Federal Communications Commission
→ FCC.

feed
- → *newsfeed*;
- Vorschub (→ *form feed*, → *line feed*);
- Fütterung (eines Computers mit Daten).

feedback
Rückkoppelung; auch Rückmeldung, Reaktion, Antwort.

Fehldruck
→ Makulatur bei Briefmarken, Banknoten und ähnlichen Wertdrucken.

Fehlerdämpfung
return loss, Signalverlust durch Reflexion (am Kabelende bzw. am Stecker), wird in dB gemessen.

Fehlerkorrekturverfahren
Verfahren zur Erkennung und Korrektur von Fehlern, die bei der Datenübertragung oder beim Auslesen der Daten von Speichermedien als Verfälschung der Originaldaten auftreten. Zur Fehlererkennung werden meist → Prüfsummen verwendet, zur Korrektur bzw. Rekonstruktion der Originaldaten müssen Informationen verwendet werden, die zusätzlich zu den eigentlichen Daten als Redundanzdaten auf dem Medium gespeichert oder bei der Übertragung mitgesendet werden. An die Stelle einer tatsächlichen Fehlerkorrektur auf Empfängerseite bzw. beim Lesen tritt bisweilen auch die Aufforderung zum erneuten Senden der Daten bzw. zum erneuten Auslesen.
Bei der Datenübertragung sind die Maßnahmen zur Erkennung und Beseitigung von Übermittlungsfehlern Bestandteile des jeweiligen Protokolls, sie sind teilweise als Software-Lösung, teils aber auch fest in der Hardware implementiert. Bei CDs ist das verwendete Fehlerkorrekturverfahren in den jeweiligen CD-Standards (etwa → *Yellow-Book*) vorgeschrieben und teilweise bereits auf Hardwareebene im Laufwerk integriert.

Feld
zusammengehörende Bytes, ein in der Länge genau festgelegter Bereich innerhalb eines Speichers bzw. innerhalb einer Datenbank.

Fenstertechnik
→ Windowtechnik.

FEP
Front-End-Processor, siehe → Front-End.

Fernecho
siehe → Echo.

Fernmeldetechnisches Zentralamt
FTZ, heute → Bundesstelle für Zulassungen Telefon.

Fernnetz
Long Distance Network, das Fernmeldenetz, das Ortsnetze verbindet.

Fernschreiber
Telexgeräte, Schreibmaschinen mit Empfangs- und Sendeeinrichtung für den → Telexdienst.

Fernschreiben
Telex, ein über den Telexdienst versandtes/empfangenes Schriftstück.

Fernsehnormen
siehe → NTSC, → PAL, → SECAM.

Fernsprechdienst
ein Dienst, der das Fernsprechen ermöglicht, öffentlicher oder privater Telefondienst. Alle Telefondienste weltweit bilden das größte Kommunikations-Netzwerk mit knapp einer Milliarde Teilnehmern.

Fernsprechen
bidirektionale Sprachübertragung über ein Netzwerk, Telefonieren.

Fernwirken
→ Telematik, die Überwachung, Wartung oder Steuerung von Geräten per Telekommunikation. Im ISDN ist hierfür eine eigene → Dienstekennung vorhanden. Auch ISDN-Anschlüsse können unter Umständen über Fernwirken von Außen gesteuert werden (bei einigen Telefongeräten mit Freisprecheinrichtung besteht Abhörgefahr).

FES
Front-End-System, siehe → Front-End.

Festfrequenz-Monitor
ein Monitor, der im Unterschied zu den (heute meist eingesetzten) Multifrequenz-Monitoren nur in einer bestimm-

ten Bildwiederholfrequenz bzw. Horizontal- und Vertikalfrequenz betrieben werden kann.

feste Rubrik
siehe → Rubrik.

fester Freier
siehe → freie Mitarbeit.

Fester Kauf
kurz „fest", ein Kaufvertrag in der üblichen Form, demzufolge sich der Verkäufer zur Warenlieferung und der Käufer zur Abnahme und Bezahlung verpflichtet, wobei die Ware bis zur vollständigen Bezahlung Eigentum des Verkäufers bleibt und neben den gesetzlichen Bestimmungen zu Minderung und Wandlung keine speziellen Rücknahmeverpflichtungen gelten; sofern nicht ausdrücklich anders bezeichnet (siehe → bedingt).

Festhonorar
vorab fest vereinbartes Honorar, siehe → Werkvertrag.

Festplatte
fixed disk, oder *hard disk*, ein als Plattenstapel angelegter Datenträger zur Speicherung von Massendaten (schneller Zugriff).

Festplattencontroller
Steuerelektronik zum Betrieb einer Festplatte.

Festverbindung
→ Standleitung.

FeTAp
Fernsprechtischapparat (Telefon).

fetch
eine Datei von einem entfernten Rechner auf den eigenen Host laden.

fett
im herkömmlichen Satz Bezeichnung für eine Schrift mit sehr kräftigem Strich, im Werk- und Akzidenzsatz eher selten verwendet (siehe dagegen → halbfett); bei Linien Bezeichnung für eine Linie in voller Kegelbreite.

Feuilleton
siehe → Ressorts.

FeWAp
Fernsprechwandapparat (Telefon).

FEXT
Far End Crosstalk, → FAXT, → Nebensprechen.

ff
- sehr fein;
- fortissimo
- *form feed*, Steuerzeichen für den Seitenvorschub bzw. Papierauswurf (ASCII 12).

ff.
folgende (Seiten).

FFT
Fast Fourier Transformation, schnelle Fourier-Verwandlung, eine für die Auflösung digitaler Klänge in die jeweiligen Grund- und Obertöne verwendete Variante der → Fourier-Analyse.

FhG
→ Fraunhofer Gesellschaft.

Fiber Distributed Data Interface
→ FDDI.

FID
Federation Internationale Documentation (frz.), siehe → IFD.

FidoNet
nichtkommerzielles Netz für E-Mail, Diskussionsgruppen und allgemeinen File-Transfer, hierarchisch aufgeteilt in Zonen (Kontinente), Regionen (meist einzelne Länder), Netze (regional begrenzt innerhalb eines Landes), *nodes* und *points*. Das FidoNet wurde 1984

gegründet und nach dem Hund seines Gründers Tom Jennings benannt.

FIF
Fractal Image Format, Grafikformat, bei dem Verfahren der → fraktalen Kompression verwendet werden.

FIFO
First In, First Out,
- die Abfolge eines Programms, bei der die zuerst eingelesenen Daten auch zuerst wieder geschrieben oder in sonstiger Form bearbeitet werden;
- Speicher- bzw. Pufferspeicherverwaltung nach dem Prinzip, daß die zuerst gespeicherten Daten auch zuerst weitergegeben werden (wie etwa bei der → seriellen Schnittstelle, siehe → UART 16550).

fiktive Adresse
eine frei erfundene E-Mail-Adresse (z. B. birne@bonn.de oder pope@church.org), die Internet-Neulingen zum Ausprobieren „empfohlen" oder für sonstige Albernheiten (falsche Antwortadresse bei E-Mails) eingesetzt wird. Sie hat selbstverständlich auch nichts mit einer virtuellen Adresse (→ *virtual address*) zu tun.

file
Datei; Akte.

file request
Dateianforderung, Begriff aus dem FidoNet zum Download einer Datei.

file server
ein → Server, der für die zentrale Verwaltung von Datenbeständen zuständig ist.

file transfer
Übertragung von Dateien zwischen verschiedenen Rechnern über ein Datennetzwerk.

File Transfer Protocol
ein Datei-Übertragungsprotokoll, meist ist speziell das Internet-→ FTP gemeint (weitere Protokolle sind beispielsweise für Modemeinsatz u. a. → XModem, → YModem, → ZModem).

filebase
Bereich innerhalb einer Mailbox, in dem Dateien für den → *download* bereitgehalten werden.

filler
Füller, Füllzeichen; im Printmedienbereich wird die Bezeichnung auch für redaktionelle Beiträge oder Anzeigen verwendet, die nur zum Auffüllen der Seite oder Spalte dienen.

Film
transparenter, mit einer lichtempfindlichen Schicht überzogener Träger aus Kunststoffen (selten Glas); in der Reproduktionstechnik unterscheidet man Strichfilme (für Strich- oder Textvorlagen oder zur Rasterung) und Halbtonfilme (zur Darstellung von Halbtönen).

filmlose Plattenherstellung
auch Direktform-Aufnahme oder optische Druckfolienbelichtung genannt, eine Methode der Druckformherstellung für Offset- und Kleinoffset-Druck, bei der von der Vorlage direkt auf die Platte belichtet wird (anstatt erst Filme herzustellen).

FILO
First-In Last-Out, Stapelspeicher, aus dem die zuletzt gespeicherten Daten als erste wieder entnommen werden, vgl. → FIFO.

Filter
Hard- oder Software (Filterprogramm)
- zur Umwandlung von Daten (Konvertierung in ein anderes Format) bzw.
- zum Herausfiltern unerwünschter Informationen (Übertragungsstörungen, unerwünschter → eMüll etc.).

Filterrad
siehe → Farbfilter.

Finalo
→ Endbenutzer. → Normalo.

Finfin
ein virtuelles Lebewesen in einer virtuellen Landschaft (auf dem PC), mit dem der Benutzer über Stimmeingabe kommunizieren kann (zugleich auch geschützter Produktname des Programms).

FINGER
ein – häufig aus Sicherheitsgründen inaktiviertes – Dienstprogramm (*daemon*) unter TCP/IP, das Informationen zum System bzw. zu angeschlossenen Teilnehmern (User-Name, Log-In-Zeitpunkt, Terminalname etc.) liefert. FINGER ist in RFC 1288 spezifiziert.

fingerd
→ FINGER (daemon).

fingerprint
Fingerabdruck
- die durch beliebige Aktivitäten in einem System hinterlassenen Spuren (Adressen, Logbucheinträge usw);
- die eindeutige Signatur eines Textes bzw. einer Datei, z. B. → DOI, → *message digest*.

firewall
- Brandmauer;
- alle Schutzmaßnahmen in einem Programm oder einem System vor unbefugten oder Schaden auslösenden Zugriffen wie Hacker-Attacken, Sabotage, Spionage und Diebstahl von Rechenzeit.

firewall machine
Programm oder Rechner (siehe → *bastion host*) zur Realisierung einer → *firewall*. Die *firewall machine* überwacht den gesamten Datenverkehr zwischen Internet und Intranet (oder Subnetz) sowie ggf. auch Modemverbindungen, um unbefugtes Eindringen in das Netz, Einbringen von Virus-Programmen und ähnliche Attacken abzuwehren.

Firewire
Feuerdraht, Bezeichnung für den IEEE-1394-Standard für ein Netzwerk mit bidirektionaler serieller Übertragung bei Übertragungsraten bis 400 MB/s und der Möglichkeit, bis zu 64 Geräte über kurze Distanzen miteinander zu verbinden.

firmware
die in einem Prozessor oder einem → ROM-Baustein fest verankerte Basis-Software (etwa → BIOS).

first level cache
CPU-interner → *cache*, vgl. → *second level cache*.

Fisch
- Setzer-Begriff für eine Bleiletter, die im Setzkasten im falschen Fach liegt (siehe auch → verfischter Kasten, → Zwiebelfisch),
- auch Bezeichnung für einen einzelnen gedruckten Buchstaben innerhalb eines Wortes, der der falschen Schrift oder dem falschen Schnitt angehört (da er mit einer solchen Letter gesetzt wurde; heute natürlich: da er falsch formatiert wurde).

FISH
First In, Still Here, Scherzbezeichnung für einen fehlerhaften Programmablauf (vgl. → FIFO).

FITNR
fixed in the next release, der Fehler wird in der nächsten Version korrigiert (berühmt-berüchtigte Vertröstung, wenn die Software wieder mal voller Bugs steckt).

fixed disk
kurz fdisk, → Festplatte.

fix up
berichtigen, vgl. → *bugfix*.

FKTO
Fernmeldekonto, das Buchungskonto der Telekom, über das die monatliche Ab-

rechnung der Telekommunikationskosten erfolgt. Die FKTO-Nummer wird einfach aus Vorwahl- und Telefonnummer gebildet – sie ist bei Banküberweisungen und Einzahlungen anzugeben bzw. erscheint beim Lastschrifteinzugsverfahren auf dem Kontoauszug.

Flachdruck
alle → Druckverfahren, bei denen die Druckelemente der Form und die nichtdruckenden Partien auf nahezu gleicher Höhe nebeneinander liegen; die druckenden Flächen sind farbfreudig und wasserabstoßend, nicht druckende Partien wasserfreudig präpariert. Nachdem Wasserwalzen die Druckform eingefeuchtet haben, wird die mittels Farbwalzen auf die farbfreudigen Flächen aufgetragene Farbe im Offsetverfahren indirekt von der seitenrichtigen Form über einen Gummituchzylinder auf den Bedruckstoff übertragen, bei einigen Sonderverfahren (Steindruck, DiLitho) wird von einer seitenverkehrten Form direkt auf den Bedruckstoff gedruckt.

Flachform
flache Druckform, im Unterschied zur (für die Verwendung auf Zylindern gebogenen) Rundform.

Flächensensor
als rechteckige Pixel-Matrix ausgebildeter → CCD-Chip.

flag
Flagge, Markierung. Eine solche Markierung dient der Programmsteuerung; ein *flag* wird üblicherweise durch ein (auf 1) „gesetztes" Bit repräsentiert. Vgl. → *flagregister.*

flagregister
Register bzw. Liste für den Eintrag von Markierungen, wird für die Steuerung von → *interrupts* verwendet (jedes gesetzte Bit gilt als → *flag,* somit sind beispielsweise bei einem 16-Bit-Register 16 verschiedene → IRQs verwaltbar).

flame
- (auch *flaming*) leidenschaftliche Anmekkerei, Beschimpfung oder Beleidigung in einer E-Mail, manchmal durch ein entsprechendes Hervorheben (etwa durch: *FLAME ON*) eingeleitet;
- unsachlicher Beitrag mit persönlichen Untertönen bzw. gegenseitige Beschimpfung in einer Diskussionsgruppe.

flame session
leidenschaftliche Diskussion mit vielen persönlich gemeinten, unsachlichen Argumenten.

flame war
Status einer Diskussion, eines Chats oder eines Austauschs von E-Mails, bei dem nur noch *flaming* stattfindet.

flaming
Anmeckern, → *flame.*

flanking channel
Nachbarkanal.

Flash-EEPROM
→ EEPROM-Baustein, der sehr schnell und elektrisch (also direkt im PC) beschreibbar ist. Flash-EEPROMS werden u. a. auf → PC-Cards (als Speichermedium) oder auch in → Modems (als Konfigurationsspeicher, zur späteren Änderung der Protokolle usw.) verwendet.

Flash Memory Card
→ PC-Card mit → Flash-EEPROM-Bausteinen.

Flashpix
von Kodak, Hewlett-Packard, Microsoft und anderen Unternehmen gemeinsam entwickelter Standard zur Speicherung digitaler Bilder (Festlegungen von Aufzeichnungsformat, Hardware-Ausrüstungen usw.). Ähnlich dem → PCD-Format wird ein Bild in verschiedenen Auflösungen in einer Datei abgelegt, zusätzlich können auch noch weitere zum Bild gehörende Daten (Audiodaten, Kamera-

Einstellungen usw.) in der Datei gespeichert werden. http://www.livepicture .com

flat ASCII
auch → *plain ASCII*, 7-Bit-ASCII-Code (entspricht bei „normalem" 8-Bit-ASCII-Code dem Zeichenumfang ASCII 0 bis ASCII 127) bzw. ein Text in dieser Codierung.

Flat Shading
siehe → *rendering*.

Flattermarke
im Bund mitgedrucktes Kontrollzeichen; dicke Linie, die im Werkdruck bei jedem Druckbogen fortlaufend versetzt wird und nach dem Zusammentragen die einfache Sichtkontrolle der richtigen Bogenfolge ermöglicht.

Flattersatz
typographische Satzanordnung, bei der verschieden lange Zeilen ohne Ausschluß linksbündig untereinander angeordnet werden, so daß der rechte Rand „flattert"; beim rechtsbündigen Flattersatz werden die Zeilen rechtsbündig untereinandergestellt, so daß der linke Rand flattert.

Flatterzone
bei einigen DTP- oder Textverarbeitungsprogrammen einstellbarer Randbereich, innerhalb dessen die Zeilen beim → Flattersatz „flattern" dürfen.

Fleisch
die nichtdruckenden Flächen um das Schriftbild herum, nichtdruckende Innenflächen von Buchstaben nennt man → Punzen (vgl. → Letter).

Fliegenkopf
versehentlich erzeugte → Blockade.

Fließsatz
→ Fließtext.

Fließtext
Fließsatz, bei DTP-, Layout- und Textverarbeitungsprogrammen Bezeichnung für einen fortlaufenden Text ohne festgelegten Umbruch (ohne festgelegte Zeilenlänge bzw. ohne Zeilenende-Markierung), der in ein Layoutschema (eine Spalte, einen markierten Bereich) einfließt und erst dabei umbrochen wird.

flimmerfrei
eine Bildschirmanzeige, bei der die mit Abdunkeln und erneutem Aufhellen verbundene Wiederholung der Einzelbilder nicht mehr wahrgenommen werden kann, wird als „flimmerfrei" bezeichnet. Mindestvoraussetzung für die flimmerfreie Darstellung bildet eine → Bildwiederholfrequenz von etwa 73 Hz bei kleineren Monitoren, bei größeren Formaten sollte sie entsprechend höher liegen.

Flip-Flop
auch bistabile Kippstufe, Begriffe für das Prinzip eines Speicherelements mit nur zwei Zustandsmöglichkeiten, zwischen denen umgeschaltet werden kann. Flip-Flops sind technische Realisierungen eines → Bits und elementarste Voraussetzung für maschinelle Verarbeitung von Daten bzw. Informationen überhaupt.

Flipper
→ Suchdienst. http://flp.cs.tu-berlin.de /flipper

Flix
→ Suchdienst. http://www.flix.de

flood
fluten, im → IRC Bezeichnung für das Senden übermäßiger Textmengen.

flow control
→ Datenflußkontrolle.

Flüssigkristallanzeige
→ LCD, Anzeigefeld an technischen Geräten, Taschenrechnern usw.

flüstern
die Zusendung einer persönlichen Mitteilung an einen einzelnen Teilnehmer innerhalb eines Chats. Dies kann in einigen Chat-Systemen beispielsweise dadurch realisiert werden, daß man einer solchen „privaten“ Mitteilung „/Empfängername“ voranstellt.

Flußkontrolle
→ Datenflußkontrolle.

Fly Through
wörtl. Hindurchfliegen, siehe → *immersion.*

FM
Frequenzmodulation, siehe → Modulation;

FMS
File Management System, Dateiverwaltungssystem.

FMT
Format (auch Textformat, Bildschirmmaskenformat).

FNC
Federal Networking Council, US-amerikanische amtliche Organisation, die Standards für die staatlichen (administrativen, militärischen, etc.) Netzwerke definiert und Domain-Namen (innerhalb der → *top-level-domains* .edu, .gov und .mil) vergibt. http://far.mit.edu/diig/Surveys/fnc.html

fogging
Erzeugung von Nebel-Effekten (in Bildbearbeitungs- oder Animationsprogrammen).

FOGRA
→ Deutsche Forschungs-Gesellschaft für Druck- und Reproduktionstechnik e. V.

fol.
→ Folio, Folioblatt.

folder
- ein Akten-Ordner;
- Dateiverzeichnis (*directory*);
- E-Mail-Ordner (Datei mit zusammengehörenden Mails).

Folgeauflage
weitere Auflage eines Werks, bei der ganz auf Stehsatz bzw. noch vorhandene Filme oder Druckplatten zurückgegriffen werden kann.

Folienraster
ein → Kontaktraster aus Kunststoff.

Folio
2°, Ein-Bruch-Bogen, ein einmal gefalzter Bogen (4 Druckseiten bzw. 2 Blatt); auch Formatbezeichnung für Bücher von über 35 cm bis etwa 45 cm Rückenhöhe.

followup
posting, bei deutschsprachigen Gruppen auch Kommentar genannt, öffentliche Antwort eines Teilnehmers auf einen Artikel, der innerhalb einer *newsgroup* veröffentlicht wurde. Nichtöffentliche Antworten, die nur dem Verfasser des Artikels zugesandt werden, nennt man → *reply*.

Font
ein → Zeichensatz oder Zeichenvorrat bzw. eine Schrift-Datei (im Fotosatz auch: ein Schriftbildträger), die einen solchen Zeichenvorrat enthält.

Font-Manager
Programm zur Verwaltung, Bildschirm-Darstellung und Drucker-Ausgabe von Schriftfonts (ATM/PostScript, TrueType etc.).

foot
Fuß, englische Maßeinheit, 1 *foot* = 12 *inches.*

form
- ein auf dem Bildschirm angezeigtes und vom Benutzer auszufüllendes Formular (vgl. auch → *dialog box*);

- ein → *HTML-tag*, durch das Benutzereingaben realisiert werden können (Eingabefelder, → Radio-Buttons usw.);
- Form: kurz für eine → Druckform.

Formanten
die spezifischen Ausprägungen der Frequenzbereiche und der → Hüllkurven von instrumentellen Klängen oder auch Sprachlauten (Vokalen), die sich aus den speziellen → Resonanz-Eigenschaften der Instrumente bzw. des menschlichen Stimmapparats ergeben.

Formatbogen
→ Standbogen.

Formatierung
in Textverarbeitungs- und DTP-Programmen gebräuchliche Bezeichnung für das Festlegen (oder die Zuweisung) von Schriftart und Schriftgrad, Seitenmaßen, Layoutangaben usw. für einen Text oder Teile eines Textes.

Formatpapier
bereits im Endformat (meist DIN-Format) angelieferte Papierbogen.

Formatvorlage
siehe → Druckformatvorlage, → Layoutvorlage.

Form-CD
auch Cut-CD oder speziell → Shape-CD, allgemeine Bezeichnung für Audio-CDs (selten CD-ROMs) mit einem unregelmäßigen (also nicht runden) äußeren Rand. Form-CDs werden vor allem in der Werbung (als Werbegeschenke) eingesetzt. Bei nahezu unbegrenzter Vielfalt möglicher Formen ist beim Entwurf nur auf einen korrekten Schwerpunkt zu achten, in Audio-Laufwerken können die meisten dieser CDs ohne Probleme eingesetzt werden. Auf CD-ROM-Laufwerken sollte wegen der höheren Umdrehungsgeschwindigkeiten und der dabei auftretetenden Probleme schon bei geringsten Unwuchten keine Form-CD abgespielt werden; als Alternative bietet sich die Verwendung von → Clear-CDs an.

Formelsatz
auch wissenschaftlicher Satz genannt, besonders arbeitsintensiver Satz wissenschaftlicher oder mathematischer Formeln.

Formsatz
Satz, der um eine Abbildung herum (in seinem Verlauf den Rändern der Abbildung folgend) geformt wird, siehe auch → Umspinnen.

Fortdruckstörungen
beim Fortdruck (also während des Druckens innerhalb der Druckmaschine) auftretende technische Störungen, die sich teilweise auch im Druckerzeugnis abzeichnen. Vgl. → Druckfehler.

Forum
deutsche Bezeichnung bzw. CompuServe-Begriff für → *newsgroup*.

forward
- vorwärts;
- als Verb gebraucht: übermitteln, weiterleiten (etwa die Weiterleitung von → Datenpaketen durch einen → *router*).

FOSSIL-Treiber
Fido Opus Seadog Standard Interface Layer, ein gängiges Treiberprogramm, durch das → AT-Kommandos in → CAPI-Befehle übersetzt werden. Hiermit kann jede Software, die eigentlich für Modems geschrieben wurde, ISDN-Einrichtungen nutzen.

Foto-CD
→ Photo-CD

fotoepileptoides Syndrom
durch schnelle, kontrastreich-abwechselnde Lichtreize (Stroboskopeffekte o. ä.) hervorgerufene neuro-physiologische Störungen, ähnlich epileptischen Anfällen.

Fotografie
Lichtbild; optische Verfahren zur Herstellung eines dauerhaften Abbildes.

Fotogramm
Verfahren, bei dem man beliebige Gegenstände direkt auf Fotopapier, Film oder eine lichtempfindliche Druckplatte legt, eine anschließende Belichtung ergibt entweder eine Kontaktkopie, oder grafische Spezialeffekte (Silhouetten).

Fotographische Reproduktion
→ Reprofotografie.

Fotojournalismus
siehe → Bildberichterstattung.

Fotokopie
Prozeß oder Resultat fotografischer, elektrografischer oder elektronischer Vervielfältigung. Als fotografische Kopie einer Vorlage gelten neben der → Fotografie auch Verfahren der Diazokopie, der Kontaktkopie oder der Mikrofilmkopie. Bei der elektrografischen Fotokopie (als Xerografie Ende der 30er Jahre von der Firma Rank-Xerox entwikkelt) wird ein Abbild der Vorlage auf eine elektrisch geladene Platte oder Trommel projiziert, wodurch Bereiche unterschiedlicher Ladung entstehen. Anschließend wird elektrisch negativ geladenes Farbpulver aufgetragen, das nur an den schwärzenden Stellen mit positiver Ladung haften bleibt. Das Farbpulver wird danach auf einen wiederum negativ geladenen Druckbogen übertragen und durch Erhitzen fixiert. Bei der elektronischen Fotokopie wird die Vorlage gescannt (→ Scanner), danach werden die Ladungsunterschiede auf der Trommel durch einen Laserstrahl erzeugt. Auf dem elektronischen Fotokopierverfahren beruht heute auch die Herstellung von mehrfarbigen Fotokopien.

Fotolithografie
siehe → Reprofotografie.

fotomechanischer Nachdruck
meist in Urheberrechtsvermerken verwendete Bezeichnung für die (ausdrücklich untersagte) drucktechnische Übernahme der originalen Seitengestaltung eines Werkes (durch Herstellung eines Klischees oder einer Offset-Druckplatte mit Hilfe fotografischer Verfahren); da auch die Gestaltung eines Werks geschützt ist, ist eine solche Übernahme (auch von gesetzlich erlaubten neuen Nachdrucken gemeinfreier Werke) nicht gestattet.

Fotosatz
Schriftsatzherstellung auf Film oder Fotopapier (oder die Ergebnisse dieser Herstellung); im engeren Sinn nur die optomechanischen Verfahren, bei denen die Belichtung des Films optisch durch Schablonen hindurch erfolgt, in Unterscheidung zu den → Lichtsatzverfahren; siehe → Satzherstellung.

Fotoschablone
fotographisch hergestellte Siebdruckschablone.

Fourier-Analyse
auch harmonische Analyse, mathematische Zerlegung einer zusammengesetzten Welle (etwa eines → Klangs bzw. Tons) in die Teilschwingungen (→ Teiltöne), wobei sich eine Grundschwingung (Grundton, Grundfrequenz) und eine dazugehörige Schar von Schwingungen (Obertönen) ergibt, die jeweils als ganzzahlige Vielfache der Grundfrequenz auftreten.

Fourier-Synthese
Prinzip der additiven Klangerzeugung, siehe → Synthese.

fps
frames per second, Bilder je Sekunde, Maß für die → Bildrate.

FPU
Floating Point Unit, Fließkommaeinheit, früher als sogenannter mathematischer

Coprozessor realisiert, in heutigen → CPU-Chips (ab Intel 486 und kompatible) üblicherweise integriert.

FQA
Frequently Quested Acronym, ein → Akronym, nach dessen Bedeutung häufig gefragt wird.

FQDN
→ *Fully Qualified Domain Name.*

fragmentation
Fragmentierung, bei Datenübertragungsprotokollen (etwa → IP) die Aufteilung von größeren Datenpaketen (eines anderen Protokolls) in Protokoll-konforme Bruchstücke (Fragmente), die nach der Übermittlung vom Empfängerhost wieder zusammengebaut werden.

Fragmentierung
→ *fragmentation.*

fraktale Kompression
Kompressionsverfahren für Bilddaten, bei dem das Bild in selbstähnliche geometrische Figuren (gleich geformte Flächen mit gleicher Farbe) zerlegt wird und nur die Formeln für diese Figuren gespeichert werden. Die Kompression ist recht zeitaufwendig, erzeugt jedoch minimalen Code. http://www.iterated.com/

Fraktur
häufig eine für alle gebrochenen Schriften benutzte Bezeichnung; nach der Schriftgruppenklassifikation nach DIN Bezeichnung für eine der Untergruppen der gebrochenen Schriften.

frame
Fenster, Rahmen; meist Bezeichnung für eine Bildschirmdarstellung bzw. einen Bildschirminhalt oder Abkürzung für → *control frame* oder → *data frame,* vgl. auch → *encapsulation.*

frame grabber
wörtl. Rahmen- bzw. Bildschnapper, vgl. → *grabber*

- ein Programm zum Abspeichern von Einzelbildern (aus einer Videosequenz);
- eine Digitalisierkarte, mit der analoge Fernsehsignale in digitale Bildsequenzen umgesetzt und ggf. einzelne Bilder auf dem PC gespeichert werden können.

frame relay
verbindungs-orientierte Paketvermittlung, Weiterentwicklung des X.25-Standards. Eine Fehlerkorrektur ist nicht enthalten, sie muß durch Protokolle höherer Schichten (→ OSI Reference Model) erledigt werden.

frames per second
kurz fps, Maß für die → Bildrate.

frame switching
siehe → Paketvermittlung.

Frankfurter Buchmesse
alljährlich in Frankfurt am Main stattfindende internationale Buchmesse.

Fraunhofer Gesellschaft
siehe → Medienzentrum.

freenets
Bezeichnung für die im → NPTN zusammengeschlossene öffentlichen und kostenlosen Netze, die meist von Gemeinden oder privaten Enthusiasten unterhalten werden.

Free Software Foundation
→ FSF.

freeware
auch *Public Domain Software,* frei kopierbare und kostenlos nutzbare Software, die von Hobbyprogrammierern oder Firmen zur Verfügung gestellt wird. Außer über Datennetze wird *freeware* auch durch spezielle Firmen vertrieben (gegen eine geringe Kopiergebühr) oder Fachzeitschriften auf Diskette oder CD-ROM beigelegt.

freie Mitarbeit
unregelmäßige oder auch regelmäßige („fester Freier") Mitarbeit in einem Un-

ternehmen. Der Begriff soll von festangestellten Mitarbeitern unterscheiden, er charakterisiert nicht die Art der Selbständigkeit (gewerblich oder freiberuflich).

Freier Deutscher Autorenverband
FDA, 1973 gegründete Schriftstellervereinigung.

freie Richtung
→ Freimanier.

Freiexemplare
engl. *complimentary copies*, kostenlos an den Verfasser, an Bibliotheken, Rezensenten und andere abgegebene Bücher; bei Zeitungen spricht man meist von → Freistücken.

Freimanier
völlig freie (nicht bündige oder zentrierte) Anordnung von Satzelementen, häufig auch als → Rauhsatz bezeichnet.

Freiraum
beim Umbruch entstehende leere Fläche innerhalb des Satzspiegels, nach Möglichkeit mit → Durchschuß (oder ggf. durch Einspiegeln von → Füllern) zu vermeiden.

freischlagen
Bleisatz-Ausdruck: im Satz oder in der Form durch Einbau von Blindmaterial oder Stegen Platz für eine später einzufügende Autotypie schaffen (siehe auch → blankschlagen), heute vereinzelt noch sinngemäß für das Freihalten von Flächen auf einer Seite (zum späteren Einfügen einer Abbildung) verwendet.

Freisprechen
Telefonieren ohne Telefonhörer (über Lautsprecher und Mikrofon, die im Telefon eingebaut bzw. als spezielle Installation im Auto vorhanden sind).

freistehende Abbildung
eine Abbildung ohne Hintergrund und Einrahmung.

freistellen
eine Abbildung so auf einer Seite plazieren, daß sie nicht von Text (oder einem Rahmen) umgeben ist; Gegenteil von → einbauen.

Freizeichen
ringing tone, Freiton, ein Signal beim Telefonieren, das anzeigt, daß der angerufene Anschluß nicht besetzt ist.

Fremdspannungsabstand
Synonym für → Dynamik.

frequently asked question
→ FAQ.

Frequenz
frequency, die Anzahl von Schwingungen (periodische Wiederholungen) pro Zeiteinheit. Bei elektromagnetischen Wellen wird als Maß → Hertz (Hz) verwendet (Schwingungen pro Sekunde).

Frequenzband
kurz Band, ein mehrere Frequenzen umfassender Bereich, dessen Umfang als → Bandbreite bezeichnet wird.

Frequenzmodulation
FM, siehe → Modulation.

Frequenzmultiplexing
→ Multiplexing.

Frequenzwahl
Kurzbezeichnung für das Mehrfrequenz-Wählverfahren, → MFV.

From:
Zusatzinformation in einer E-Mail, bezeichnet die Absenderadresse.

Front-End
vorderes Ende, Eingabe- oder Vorverarbeitungsbereich einer Anlage, meist eine eigenständig arbeitende Untereinheit, Gegenstück zum → Back-End. Bei → Client-/Server-Architekturen wird bisweilen auch der → Client als Front-End bezeichnet.

Front-End-Processor
siehe → Front-End.

Front-End-System
siehe → Front-End.

Frontlist
alle Neuerscheinungen eines Verlages aus dem laufenden Jahr.

Frontpage
→ Microsoft Frontpage.

Froschauge
- spezielles, übermäßiges Weitwinkelobjektiv für Trickaufnahmen bzw. Spezialeffekte, eingesetzt für Aufnahmewinkel von 135° und mehr; im Unterschied zu → Panorama-Aufnahmen treten besonders starke (beabsichtigte) Verzerrungsphänomene auf;
- bei Bildbearbeitungsprogrammen auch Bezeichnung für Filter, die ein Bild nach Art eines Froschauge-Objektivs verzerren (die Randpartien des Bildes werden übermäßig vergrößert, das Bild erscheint nach innen gewölbt).

FSF
Free Software Foundation, eine Organisation, die sich um die Entwicklung und Verteilung von kostenloser Software bemüht, wobei Quellcode und Dokumentation der jeweiligen Programme frei erhältlich sind und die Software somit von jedem Programmierer weiterentwickelt oder angepaßt werden kann. Eines der FSF-Projekte ist → GNU. http://www.gnu.ai.mit.edu

FSK
- *Frequency Shift Keying,* Frequenzmodulation bzw. Frequenzumtastung, Übermittlung binärer Signale über zwei Frequenzen (etwa bei → V.21 angewandt);
- Freiwillige Selbstkontrolle, die für die Altersfreigabe zuständige Institution der Filmindustrie.

FSN
Full Service Network, ein Datennetzwerk bzw. dessen Betreiber-Unternehmen, das alle (oder fast alle) Möglichkeiten und Ebenen der Dienstleistung im Telekommunikationsbereiche anbietet.

ft.
→ *foot.*

FTAM
File Transfer Access and Management, Protokoll für den Datenaustausch zwischen Anwendungen (Ebene 7 → *OSI Reference Model,* ISO 8571).

FTC
Federal Trade Commission, US-amerikanische Kartellbehörde.

FTP
- *File Transfer Protocol,* ein → Protokoll bzw. ein Dienst (aus → *ftp client* und → *ftp server*), mit dessen Hilfe Dateien in einem Netzwerk von einem Rechner zum anderen übertragen werden können. Das Internet-FTP ist in → RFC 959 definiert und funktioniert auch zwischen heterogenen Betriebssystemen oder Sub-Netzen, wobei Datenkonvertierungen ggf. automatisch erfolgen. Wird eine ftp-Sitzung gestartet, übernimmt der *ftp server* die Rolle eines Dateimanagers: über → ftp-Kommandos lassen sich Verzeichnisse anzeigen und wechseln oder Dateien transferieren. In → WWW-Browsern wird das Laden einer Datei (→ *download*) via ftp einfach durch Angabe der → URL (ftp://adresse) veranlaßt. Vgl. auch → *anonymous FTP.*
- seltener auch allgemeine Bezeichnung für Transport-Protokolle (Internet-FTP oder XModem, YModem usw.).

ftp client
ein → Client-Programm für den Zugang zu einem → *ftp server.*

ftp-Kommandos
das ftp-Programm verfügt über eine eigene Kommando-Sprache, mit der ein umfangreicher Zugriff auf den → *remotehost* möglich ist. ftp zeigt eine Liste der zulässigen Befehle an, wenn man *help* oder ? eingibt.

ftp server
ein Programm bzw. Rechner für den ftp-Zugriff auf beliebige → *ftp sites*.

ftp site
ein → *host*, der ftp-Dateien zur Verfügung stellt.

ftp space
Gesamtheit aller *sites*, Verzeichnisse und Dateien, die per → ftp zugänglich sind.

FTS
FidoNet Technical Standard, ein → Protokoll oder ein sonstiger Standard im FidoNet.

FTZ
→ Fernmeldetechnisches Zentralamt, heute → BZT; manchmal auch Abkürzung für Forschungs- und Technologiezentrum.

Führungskräfte der Druckindustrie e. V.
Berufsverband, Nachfolger des Deutschen Faktoren-Bunds, Herausgeber der Zeitschrift → Deutscher Drucker.

Füller
Artikel oder Eigeninserate, die beim Zeitungs-Umbruch zum Füllen einer Seite eingefügt werden.

Full Duplex
Vollduplex, siehe → duplex.

Full Duplex Ethernet
→ Ethernet mit → *Twisted-Pair*-Kabeln, bei denen beide Kabel benutzt werden, 20 MBit/s.

full screen modus
Darstellungsmodus (unter Windows), bei dem ein Programmfenster den gesamten Bildschirm ausfüllt.

full stop
Punkt, Satzendezeichen.

Fully Qualified Domain Name
kurz FQDN, wörtl. „voll qualifizierter Domain-Name“, eine → DNS-Adresse, die einen → *host* bis in alle Einzelheiten (nach dem Muster host.subdomain3.subdomain2.subdomain1.domain) charakterisiert. Heute kann die Angabe eines FQDN meist entfallen, da die einzelnen Organisationen spezielle *name server* bzw. → *gateways* unterhalten, die eine weitere Zuordnung automatisch durchführen, so daß meist host.orgname.domain zur Adressierung ausreicht.

Funkrufdienst
ein Telekommunikationsdienst, bei dem alphanumerische Zeichen an einen sog. Funkrufempfänger (Pager) übermittelt werden können (etwa Scall, Quix).

Funkrufempfänger
auch Pager, ein Empfänger für den → Funkrufdienst.

Funkzelle
ein Sende- und Empfangs-Bereich in einem Mobilfunknetz, der von einer → BTS aufgebaut wird.

Fuß
- → *foot;*
- unterer Teil der Letter oder des Klischees.

Fußnoten
am unteren Rand einer Seite plazierte Anmerkungen zum Text; der Fußnotenbereich darf bis zu drei Viertel des Seiteninhalts umfassen (Abstand zum Text normalerweise eine Zeile, selten wird auch eine Trennlinie eingefügt) und auf Folgeseiten ausgedehnt werden. Fußnoten zählen zum Text bzw. zum eigentlichen Seiteninhalt und werden (im Gegensatz zu → Fußzeilen) innerhalb des Satzspiegels angeordnet.

Fußnotenzeichen
Notenzeichen, hochgestellte Ziffer (Bruchziffer) oder Stern (Asteriskus).

Fußrille
Kerbe im Fuß der → Letter.

Fußsteg
unterer Rand einer Seite; der den → Unterschlag bildende Steg.

Fußzeile
am unteren Seitenrand befindlicher Text, meist einzeilig (häufig nur die → Pagina). Da die Fußzeile (im Unterschied zu → Fußnoteneinträgen) nicht zum → Satzspiegel zählt, wird sie in den meisten Textverarbeitungsprogrammen separat definiert (vgl. → Kopfzeile).

fuzzy logic
unscharfe Logik, mathematisches Modell bzw. Programm zur Realisierung einer nicht-dualen Logik, u. a. bei der Bildverarbeitung, der Zeichenerkennung (siehe → OCR) und zur Steuerung von Prozessen eingesetzt.

fuzzy technology
Technologie bzw. ein Gerät oder ein Programm, das mit → *fuzzy logic* arbeitet.

FVst
→ Fernvermittlungsstelle.

fx
effects, Effekte.

FYI
For Your Information, zu Ihrer Information, wird außer als Abkürzung beim Chatten auch als offizielle Bezeichnung einer Serie der → RFCs benutzt, die sich nicht mit technischen Details und Normen, sondern mit allgemeinen Informationen zum Internet bzw. zum TCP/IP-Protokoll beschäftigt.

G
→ Giga.

G3
Gruppe 3 Fax (analog), → CCITT-Norm G3.

G4
Gruppe 4 Fax (digital), → CCITT-Norm G4.

gain
verstärken (von Signalpegeln, vgl. → *automatic gain).*

Galaxy (Elnet)
→ Suchdienst. http://www.einet.net/www/www.html

Galileo
→ Reservierungssystem.

gallery
- Galerie, Bilderverzeichnis (häufig Bezeichnung für ein *directory,* das Bilder enthält, ähnlich *images*);
- als *Virtual Gallery* häufig Bezeichnung für ein „virtuelles Museum" im WWW oder eine (kommerzielle) Kunstgalerie.

Gameport
Schnittstelle bei PCs für den Anschluß von → Joysticks oder sonstige zur Bedienung von Computerspielen benötigten Eingabegeräte.

Games on Demand
GOD, wörtl. Spiele auf Abruf, von einem Anbieter via Datennetz gebotene Dienstleistung, bei der Computerspiele Online gegen andere Spieler oder gegen einen Computer gespielt werden können.

Gamma
auch Gamma-Wert, der Meßwert für die → Gradation (weich < 1 < hart).

GAN
Global Area Network, weltweites Datennetz.

Gangunterschied
Synonym für → Phasenunterschied.

Ganzseitenbildschirm
Page View Screen, Ganzseitenmonitor; ein Bildschirm, auf dem eine ganze DIN A4-Seite angezeigt werden kann (großer, hochauflösender Monitor oder spezieller Monitor im Hochformat).

Ganzseitenumbruch
bei der Zeitungs- und Zeitschriftenherstellung: elektronischer Umbruch, der das Belichten einer ganzen Seite in einem Arbeitsgang und ohne zusätzliche manuelle Seitenmontage ermöglicht.

Ganztonschritt
ein Abstand von einem ganzen Ton (zwischen zwei Tönen), entspricht einem Abstand von zwei → Halbtönen.

Garmond
auch Korpus, → Schriftgradbenennung (10p).

Gast
siehe → *guest account.*

Gastgeberprotokoll
beim → *tunneling* Bezeichnung für das Protokoll jenes Netzes, das die Datenpakete durchlaufen müssen.

gate
→ *gateway.*

Gates, Bill
William Henry (III) Gates, geb. 1955, Mitbegründer, Miteigentümer und Vorstandsvorsitzender von → Microsoft.

gateway
Übergang, Zugang, Schnittstelle; allgemeine Bezeichnung für eine Hard- bzw. Software-Einrichtung, die der Verbindung zweier Netze bzw. dem Datentrans-

fer zwischen Netzen dient; Oberbegriff für so unterschiedliche Einrichtungen wie → *routers*, → *bridges* oder → Protokoll-Konverter. Zur näheren Unterscheidung werden vereinzelt auch Begriffe wie „*layer 7 gateway*" (ein *gateway* auf der Applikationsebene – etwa ein *E-Mail-gateway*) oder „*level 3 gateway*" (ein Transportschicht-*gateway*, etwa ein *router*) verwendet.

gateway provider
Internet gateway provider, → *provider*.

gateway requirements
Titel einer Subreihe der RFCs, die aktuelle Gateway-Standards referiert.

GBG
→ Geschlossene Benutzergruppe.

GBytes
→ Gigabytes.

GDI
Graphical Device Interface, Windows-Schnittstelle bzw. Funktionen-Bibliothek für die Grafik-Ausgabe auf beliebige Geräte. Windows-Programme rufen vorgefertigte grafische Routinen auf, die von GDI ausgeführt und über GDI-Gerätetreiber an Bildschirm (via → DCI) oder Drucker weitergeleitet werden.

GDDS
Group Decision Support System, im Rahmen von CSCW-Konzepten eingesetztes System, das Entscheidungsprozesse in Arbeitsgruppen unterstützen soll. Meist erfolgt in sogenannten *decision rooms* die Nachbildung virtueller Konferenzräume bei gleichzeitiger Untergliederung der Projekte bzw. Themen nach semantischen Ebenen oder funktionalen Teilthemen. GDDSs sind zur Zeit noch vorwiegend als Forschungsprototypen realisiert.

Gebrauchsgrafik
eine praktischen Zwecken dienende bzw. zu solchen Zwecken entworfene grafische Darstellung (im Unterschied zu einer Kunst-Grafik).

Gegenbetrieb
Übermittlung in beide Richtungen, siehe → duplex.

Gegendarstellung
Presserechtlich garantierte berichtigende Stellungnahme einer beteiligten Behörde oder Privatperson zu einer Meldung, die in einem öffentlichen Medium erschienen ist. Sie muß im jeweiligen Medium und an vergleichbarer Stelle (etwa: Titelseite, Fernsehsendung) veröffentlicht werden.
Vergleichbare Verhältnisse im Online-Bereich (Internet usw.) sind bislang erst für presseähnliche Dienste (Nachrichten-Service, Homepage einer Zeitung o. ä.) anzunehmen; für weite Bereiche der Netz-Welt (→ *newsgroups* usw.) existieren solche Vereinbarungen dagegen nicht.

Gegenstände des Buchhandels
in der → VeO vorgenommene Festlegung der Produkte und Dienstleistungen des Buchhandels (in Deutschland).

Geheimzahl
siehe → PIN.

geistige Schöpfung
siehe → Urheberrecht.

gekippte Bits
falsch eingetragene oder auch nur falsch gelesene Bits (im Hauptspeicher oder auf einem Datenträger). Das Phänomen, das zu Programmabstürzen, zum Systemstillstand oder zum Abbruch von Kopier- und Lesevorgängen (vgl. → CRC-Error) führt, kann auf fehlerhaften RAM-Bausteinen oder Stromschwankungen beruhen sowie durch Magnetfeldeinflüsse, Beschädigungen der magnetischen Beschichtung des Datenträgers, falsche Positionierung des Lesekopfes usw. hervorgerufen werden.

GEMA
Gesellschaft für musikalische Aufführungs- und mechanische Vervielfältigungsrechte, die → Verwertungsgesellschaft im Bereich der Musik. Als Nachfolgerin der 1903 gegründeten Anstalt für musikalische Aufführungsrechte (AFMA) wurde die 1933 eingerichtete STAGMA (Staatlich genehmigte Gesellschaft zur Verwertung musikalischer Urheberrechte) 1947 in GEMA umbenannt; sie ist die älteste Verwertungsgesellschaft Deutschlands und vertritt aufgrund gegenseitiger Abkommen mit anderen Musikverwertungsgesellschaften auch weltweite Musikurheberrechte. http://www.gema.de

Gemeine
Kleinbuchstaben, Minuskeln.

Gemeinfreie Werke
Verleger-Ausdruck für musikalische oder schriftstellerische Werke, deren urheberrechtliche Schutzfrist abgelaufen ist (70 Jahre nach dem Tod des Urhebers) und die somit beliebig veröffentlicht werden dürfen.
Bei schriftstellerischen Werken ist es seit über zwei Jahrtausenden üblich, ihrer jeweiligen Bedeutung bzw. ihrem jeweiligen (ökonomischen) Erfolg entsprechend immer wieder neue Abschriften oder Veröffentlichungen anzufertigen. Im Bereich des traditionellen Buch-Verlegens werden solche Werke heute meist nicht als einfacher → Reprint irgendwelcher historischer Auflagen, sondern als neue Ausgabe aufgelegt; in der Regel sind solche Auflagen neu gestaltet und erscheinen in urheberrechtlich relevanter Überarbeitung, also in neuer Übersetzung oder in Anpassung der Schreibweise oder der Sprache, bisweilen sind sie auch zusätzlich mit Fachkommentaren, neu geschaffenen Glossaren oder Stichwortverzeichnissen versehen. Seit einiger Zeit sind von etlichen Werken auch parallel zum Buch Ausgaben auf CD-ROM erhältlich. Drastische Zunahme erfährt die Veröffentlichung gemeinfreier Werke der Literatur jedoch vor allem im → WWW, wo inzwischen tausende von Texten kostenlos abrufbar sind (siehe → IPL, → *MeDoc* oder → *Project Gutenberg*).

General MIDI
kurz GM, erweiterter → MIDI-Standard, der die exakte Belegung bzw. Zuordnung der Instrumentalklänge für Synthesizer regelt. Unter GM sind 128 Instrumente zugeordnet, wobei bis zu 24 gleichzeitig angesprochen werden können (vgl. → Polyphonie).

General Synthesizer
eine nicht allgemein unterstützte Erweiterung des General MIDI-Standards, die verschiedene Spezialeffekte vorsieht.

Genlock
(aus *generator* und *locked*) PC-Steckkarte zur Vermischung und Synchronisation digitaler und analoger Signale. Genlocks werden vorwiegend zur Videobetitelung bzw. zur Herstellung von Untertiteln eingesetzt, wobei ein eingelesenes Videobild mit einem Text vermischt und wieder als Videobild ausgegeben wird.

Genormte Schrift
eine Schrift, bei der die Form der einzelnen Zeichen exakt festgelegt wurde, um einen maschinellen Erfassungsvorgang (durch Belegleser) zu erleichtern (z. B. die → OCR-Schrift).

gerade Parität
even parity, siehe → *parity check*.

geradestehend
in der Typografie Bezeichnung für eine Schrift, bei der die senkrechte Buchstabenachse genau rechtwinklig zur Zeile steht.

Gerätetreiber
→ Treiber.

Geräuschspannungsabstand
→ Dynamik.

Germany.Net
deutscher → *provider*, überregionaler → IAP mit über ganz Deutschland verteilten → Einwahlknoten; Internet-Zugang über → Proxy-Server. http://www .germany.net

Gesamtauflage
Summe aller bisherigen Auflagenhöhen eines Werkes.

Geschlossene Benutzergruppe
kurz GBG, im ISDN Bezeichnung für eine Gruppe von Teilnehmern, die nur untereinander verbunden werden können, bzw. für eine Gruppe von Teilnehmern, die zu einem bestimmten Dienst (etwa zu einem bestimmten Btx-Angebot) zugelassen sind.

Gesellschaft für musikalische Aufführungs- und mechanische Vervielfältigungsrechte
→ GEMA.

Gesetz gegen unlauteren Wettbewerb
→ UWG.

Gesetz gegen Wettbewerbsbeschränkungen
→ GWB.

gesperrt
Methode zur Hervorhebung (Auszeichnung) von Text: werden die Abstände zwischen den Buchstaben eines Wortes vergrößert, spricht man von „Sperren", eine so formatierte Textpassage gilt als gesperrt (engl. *spaced*) oder als „in Sperrschrift" (engl. *spaced characters*) ausgeführt. Sperren reduziert die Lesbarkeit eines Textes u. U. drastisch.

get
- Empfang von Dateien;
- → ftp-Kommando zum Kopieren von Dateien (von einer *ftp site* auf den eigenen Rechner).

Geviert
auch Quadrat bzw. Quadrätchen genanntes Stück → Blindmaterial, dessen Breite (→ Dickte) dem Schriftgrad entspricht (z.B. hat ein Cicero-Geviert eine Dickte von 12p, ein Nonpareille-Geviert von 6p, usw.). Neben Gevierten waren im Bleisatz auch Halbgevierte (halbe Dickte eines Gevierts) sowie Drittel- und Viertelgevierte üblich. Absatzeinzüge oder Wortzwischenräume usw. werden auch im Fotosatz oder beim DTP nach Gevierten, Halb- oder Drittelgevierten (bzw. in Abhängigkeit vom Schriftgrad) errechnet.

Ghostwriter
wörtl. „Geister-Autor", ein Autor oder Mitautor eines Werkes, der nicht als Verfasser genannt wird. Üblicherweise erfolgt seine Arbeit im Rahmen eines → Werkvertrags mit dem Verlag bzw. dem (angeblichen) Verfasser und wird nach Vereinbarung bezahlt; der Ghostwriter gilt in der Regel auch nicht als → Urheber des Werkes. (In der Politik werden die häufig als Referenten o. ä. festangestellten und öffentlich nicht in Erscheinung tretenden Schreiber von Politiker-Reden oder sonstigen Texten häufig auch „Sherpas" genannt.)

GHz
Gigahertz, Schwingungsmaß: Milliarden Schwingungen je Sekunde (bzw. Milliarden Hz, 1.000.000.000 Hz).

GIF
Graphic Interchange Format, von CompuServe entwickeltes Bild-Datei-Format (8 Bit bzw. 256 Farben), das heute vor allem im Internet bzw. WWW sehr verbreitete ist. Bilder in diesem Format können *interlaced* (schichtenweise) abgespeichert werden, beim Bildaufbau im Browser werden sie dann nicht zeilenweise, sondern Schicht für Schicht (das ganze Bild, jedoch immer vollständiger) aufgebaut; durch Vorgabe eines Transparenz-Wertes (etwa für den Bild-Hinter-

grund) lassen sich zudem spezielle Effekte erzielen. Eine GIF-Datei kann mehrere Bilder sowie Steuerungsbefehle enthalten, hierdurch lassen sich → *animated gifs* realisieren.

Giga
Mengenbegriff für 1.000.000.000 (Milliarde), häufig zu G abgekürzt; in der Verbindung GBytes jedoch abweichend: 1.073.741.824 Bytes.

Gigabytes
auch kurz GBytes, 1.073.741.824 Bytes (aus 2^{10}x2^{10}x2^{10} bzw. 1024x1024x1024 Bytes).

Glasfaserkabel
Lichtwellenleiter-Kabel, ein aus vielen einzelnen Glasfasern bestehendes Kabel, das zur Datenübertragung mittels Lichtwellen dient. Im Vergleich zu Kupferkabeln weisen Glasfaserkabel geringere Kabelverluste und weit höhere Datenübertragungsraten auf, gegen elektromagnetische Einflüsse sind sie völlig unempfindlich.

Glasraster
siehe → Distanzraster, → Raster.

Glatter Satz
Synonym für → Blocksatz; Gegenteil siehe → Rauhsatz.

Glossar
glossary, ein alphabetisch geordnetes Verzeichnis, das besondere Begriffe (oft fremdsprachliche oder fachspezifische Ausdrücke) und deren Definition enthält.

GM
→ General MIDI.

GMT
→ UTC.

GNN (Global Net Navigator)
→ Suchdienst. http://www.gnn.com

G-Normen
→ CCITT-Normen.

GNU
GNU's not Unix, ein aus einem Projekt der → FSF zur Entwicklung eines kostenlosen Unix-Betriebssystems entstandenes Software-Paket für die Entwicklung von Betriebssystemen (Editoren, Compiler usw.), die damit entwickelte Unix-Variante heißt *Hurd.* Auch → Linux greift auf GNU zurück.

Gochi
siehe → Tamagochi.

GOD
→ *Games on Demand.*

Goldener Schnitt
traditionelle optische bzw. grafische Aufteilung einer Strecke, einer Seite oder eines Bildes in einem ausgewogenen, als harmonisch empfundenen Verhältnis (21:34, häufig auch geringfügig abweichend 5:8). Früher spielte der Goldene Schnitt eine bedeutende Rolle (außer in der Typographie vor allem bei der Komposition von Kunstwerken), heute entsprechen allerdings weder die Papierformate nach DIN, noch gängige Foto-Formate, noch die üblichen Pixel-Aufteilungen von Bildschirmen den Seitenverhältnissen nach dem Goldenen Schnitt.

gopher
(eigentlich Eichhörnchen, Ratte; übertragen Laufbursche) einer der → Dienste im Internet. Gopher wurde an der *University of Minnesota* entwickelt und stellt eine Art textorientierten Vorläufer des WWW dar (bzw. ist heute im WWW integriert): mit gopher kann auf eine Sammlung hierarchisch gegliederter und weltweit beliebig verteilter Informationen zugegriffen werden. Gopher ist in RFC 1436 festgelegt. (Vgl. → veronica, → WAIS.) http://gopher.micro.umn.edu

gopher client
ein → Client-Programm für den Zugang zu einem → *gopher server,* ermöglicht

die Suche in einem baumartigen Verzeichnis oder nach Stichworten.

gopher server
ein Programm bzw. Rechner für den gopher-Zugriff auf beliebige → *gopher sites*.

gopher site
ein → *host*, der *gopher*-Dateien zur Verfügung stellt.

gopher space
Gesamtheit aller *sites*, Verzeichnisse und Dateien, die per → gopher zugänglich sind.

Gotische Schrift
Fraktur-Schriftart, bei der die Vertikalen der Buchstaben betont sind, mit gebrochenem Schriftzug und zungenartigen Ausläufern.

Gouraud Shading
siehe → *rendering*.

gov
government, → Bereichsname im Internet, vgl. → *top-level-domains*.

GPP
Guide Professional Publisher, professionelles hyptertext-basiertes Autorensystem. http://www.infoaccess.com

grabber
wörtl. Schnapper, Programm zum Abspeichern von Bildschirminhalten bzw. Bildspeicherinhalten. *Grabber* werden meist eingeteilt in → *frame grabber*, → *motion grabber* und → *screen grabber*.

Grad
→ Schriftgrad.

Gradation
das Verhältnis des → Tonwertumfangs einer Vorlage (eines zu reproduzierenden Originals) im Vergleich zu jenem der Reproduktion (u. a.: des Fotos, der Bildschirmdarstellung, der Druckplatte, oder des Drucks), meist ausgedrückt durch den sogenannten → Gamma-Wert. Bei völliger Übereinstimmung der Tonwertumfänge ist das Verhältnis 1 (bzw. 1:1), weist die Reproduktion einen größeren Tonwertumfang als die Vorlage auf, spricht man von einer „weichen" Gradation (Gamma<1), ansonsten von einer harten Gradation (1<Gamma).

Grafikdatei
eine Bilddatei bzw. eine Datei, die eine grafische Abbildung enthält.

grafikorientiert
in Unterscheidung zu → zeichenorientiert (oder → textorientiert) verwendeter Ausdruck für die Darstellung, Eingabe oder Übertragung von Grafik (und Text).

Grafiktablett
→ Digitalisiertablett.

Grafische Benutzeroberfläche
→ GUI *(Graphical User Interface)*.

Grafische Notation
nicht offiziell standardisierte Notation im Bereich der modernen Musik (für besondere Geräusche und Klänge ebenso wie für Gesang).

Grafisches Gewerbe
Sammelbegriff für die Gewerbe, die an der Herstellung von Druckwerken beteiligt sind.

Graphical User Interface
→ GUI.

Graphics Interchange Format
→ GIF.

Grauskala
gray skale oder *grey skale*, Synonym für → Graustufen.

Graustufen
grey skale, die → Halbtöne bzw. Tonwerte einer Schwarz-Weiß-Darstellung. Bei PCs werden für die SW-Darstellung meist 1 bis 8 Bit verwendet (was 2 bis 256 Graustufen entspricht).

Green Book
Aufzeichnungsstandard für → CD-I (entspricht → *Yellow Book, Mode 2*).

green bytes
→ Meta-Daten, jene Informationen innerhalb einer Datei, die nicht zum eigentlichen Inhalt der Datei dienen, sondern Angaben zur Datei selbst enthalten (Dateilänge, Verwendungszweck usw.).

grid
Gitter,
- Bezeichnung für das Zeichen #;
- ein in CAD- oder Malprogrammen verwendetes und nur auf dem Bildschirm, nicht aber bei der Druckausgabe angezeigtes Gitter aus Hilfslinien (bisweilen auch nur Punkte, die die Schnittpunkte solcher Hilfslinien markieren).

Griffregister
auch als Daumenindex oder Daumenregister bezeichnete halbrunde Aussparungen am Seitenrand von Büchern, die bis zur ersten Seite des gewünschten Abschnitts reichen (meist bei Adreßbüchern, Kalendern usw.).

Grobumbruch
vorläufiger Seitenumbruch.

Größe
Schriftgröße, siehe → Schriftgrad.

Großbuchstaben
capitals, bisweilen auch *shifted (characters)*; in der Typographie meist Majuskeln bzw. Versalien, je nach Kontext auch → Initialen genannt.

Grosso
Grossist im Zeitungs- und Zeitschriftenhandel, ein Distributions-Unternehmen zwischen den Verlagen und Einzelverkäufern.

Grotesk-Schrift
auch Blockschrift oder serifenlose Linear-Antiqua, Fachbezeichnung für eine Antiqua-Schrift ohne → Serifen, deren Zeichen bei einheitlicher Strichstärke aus einfachen graphischen Elementen gebildet werden (etwa: Arial, Helvetica).

group
- Gruppe; Arbeitsgruppe, Team;
- Kurzbezeichnung für → *newsgroup*.

GroupMail
moderiertes → *newsgroup*-Verfahren im FidoNet, bei dem alle Nachrichten zuerst an einen Moderator gehen, der über ihre Veröffentlichung entscheidet.

groupware
Software für Team-Arbeit bzw. Arbeitsteams, worunter sowohl speziell zur Koordination von Teams gedachte Software (Projektplaner, diverse Verwaltungssoftware) gerechnet wird als auch alle Programme, welche die gemeinsame Bearbeitung von Daten ermöglichen (etwa durch integrierte Überarbeitungsfunktionen, spezielle Zugriffsregelungen, Netzwerkfunktionen, etc.). Vgl. → CSCW, → *workgroup computing*.

Grundfarbe
- der Grundton eines Bildes, also die am häufigsten auftretende Farbe;
- innerhalb eines Farbmodells eine der drei Farben, aus denen sich der Farbkreis zusammensetzt bzw. aus deren Mischung sich das gesamte Farbspektrum (oder der Aufbau des Farbfächers) ergibt (vgl. → Farbmischung).

Grundschrift
bodytype, die Standard-Schrift bzw. Schriftgröße für ein Druckerzeugnis oder eine Online-Seite.

Grundschwingung
Synonym für → Grundton.

Grundton

- Synonym für → Grundfarbe.
- in der Physik: die am lautesten hörbare → Sinusschwingung eines → Klangs, auch Grundschwingung genannt. Sie wird in Frequenz oder Wellenlänge angegeben
- in der Musik: der erste → Teilton (einer Mischung aus unterschiedlichen Tönen), also der Ton, nach dem der Tonname bzw. die Tonzahl bestimmt wird.

Gruppe

deutsche Bezeichnung für → *newsgroup*.

Gruppe 3 Fax

analoges Fax, → CCITT-Norm G3.

Gruppe 4 Fax

digitales Fax, → CCITT-Norm G4.

GSM

Global System for Mobile Communications, internationale Norm für Mobilfunk (in Deutschland wird das → D-Netz nach GSM betrieben).

GSM-Adapterkarte

Datenfunk-Adapterkarte für Notebook-Rechner, also eine → PCMCIA-Karte, den Zugang zu einem Mobilfunknetz nach dem GSM-Standard (D-Netz) ermöglicht.

GÜFA

Gesellschaft zur Übernahme und Wahrnehmung von Filmaufführungsrechten, die → Verwertungsgesellschaft für Urheber- und Produzentenrechte im Bereich erotischer und pornographischer Filme.

guest

Gast, → *guest account*.

guest account

Gast-Zugriff auf einen *remote host*. Viele → Online-Dienste oder → bbs bieten den einfachen Zugang über eine Gast-Kennung an, beim *Login* ist hierfür als *User-ID* einfach *guest* (in Deutschland vereinzelt auch „Gast") anzugeben. Ähnlich zum → *anonymous FTP* sind die Zugriffsrechte von Gästen in der Regel beschränkt.

GUI

Graphical User Interface, Grafische → Benutzerschnittstelle, also ein Darstellungsmodus, bei dem die Darstellung (von Zeichen) im Grafik-Modus erfolgt und ggf. andere grafische Elemente (Fenster, Bilder etc.) auf dem Bildschirm zu sehen sind. Zusätzlich ist meist eine spezielle Eingabeeinheit (etwa Maus oder Lichtgriffel) vorhanden, mit der per bewegbarem Zeiger und Tastendruck oder durch Antippen des Bildschirms Aktionen ausgelöst werden können.

Guide

siehe → GPP.

guided tour

ein virtueller Rundgang innerhalb einer Reihe von *WebPages* oder innerhalb eines Intranets, der durch ein entsprechendes Programm realisiert wird und von Gästen (virtuellen Besuchern) aufgerufen werden kann. Häufig stehen *guides* (ein virtueller Reiseführer, bisweilen sind es auch mehrere) zur Verfügung.

Gutenberg

Johannes Gensfleisch, genannt Gutenberg, geboren kurz vor 1400 in Mainz, erfand den → Satz mit gegossenen und wiederverwendbaren → Lettern und konstruierte die ersten Maschinen, mit denen er die aus seinen Lettern gesetzten Seiten drucken konnte. Seine Erfindung ermöglichte bald die (relativ) preiswerte Vervielfältigung von Büchern.
(Siehe auch → *Project Gutenberg*.)

GVL

Gesellschaft zur Verwertung von Leistungsschutzrechten mbH, 1959 zur Wahrnehmung der Leistungsschutzrechte von ausübenden Künstlern, Tonträgerherstellern, Video- und Filmproduzenten gegründete → Verwertungsgesellschaft.

GWA

Gesamtverband Werbeagenturen.

GWB

Gesetz gegen Wettbewerbsbeschränkungen, auch Kartellgesetz genannt. Es regelt die zulässigen und unzulässigen Be- oder Verhinderungen des freien Wettbewerbs (durch Monopolbildung bzw. durch Verträge oder Verbindungen zwischen Unternehmen). Die in Deutschland vorhandene → Preisbindung bei Verlagserzeugnissen ist nach § 16 GWB gestattet.

GWFF

Gesellschaft zur Wahrnehmung von Film- und Fernsehrechten, die → Verwertungsgesellschaft der Film-, Fernseh- und Videoproduzenten.

h
→ hex.

H
→ Hardware; → hexadezimal.

H.320
siehe → CCITT-Normen.

Haarlinie
sehr feine Linie.

Haarspatien
feine Spatien.

Haarstriche
im Schriftbild von Buchstaben die feinen Striche zwischen den breiteren senkrechten Grundstrichen (vor allem bei Antiquaschriften).

hack

- hacken;
- etwas schnell zusammenpfriemeln;
- etwas in einen Computer eingeben.
- sich als → Hacker betätigen.

Hacker
(eingedeutscht) ein User, der die ihm offiziell eingeräumten Benutzungsrechte heimlich ausdehnt, bzw. ein Computerfreak, der sich in Datennetze bzw. Rechner einschleicht. Viele Hacker betreiben ihr Tun als eine Art Sport – ein solcher Hacker richtet möglichst keine Schäden am System bzw. an den dortigen Daten an und zieht aus seiner Tätigkeit auch keinen ökonomischen Gewinn. Daneben gibt es jedoch auch kriminelle Hacker sowie ebenfalls per *hacking* arbeitende EDV-Spezialisten, die beispielsweise im Kundenauftrag mögliche Sicherheitslükken aufspüren sollen (oder einer Konkurrenzfirma geheime Informationen entwenden). Auch bei Geheimdiensten und Militärs sind angeblich Hacker tätig.

hängender Einzug
der → Einzug bzw. das Einrücken eines ganzen Absatzes, bei dem die erste Zeile nicht mit eingerückt wird (etwa bei Fußnoten, in Inhaltsverzeichnissen, Glossaren usw.).

Haftung
siehe → V.i.S.d.P.

HAL
Hardware Abstraction Layer, Hardware-Abstraktions-Schicht, der die Verbindung zur Hardware herstellende Teil des Windows-NT-Betriebssystems, bestehend aus elementaren Programmroutinen für Hardwarezugriffe (in DLLs zusammengefaßt). Alle Zugriffe auf CPU, Speicher usw. werden vom Betriebssystem (vgl. → Executive) über HAL abgewickelt; beim Wechsel wichtiger Hardware-Komponenten bzw. der gesamten Plattform sind nur die HAL-DLLs auszuwechseln bzw. anzupassen.

Halbbild-Verfahren
siehe → interlaced.

halbduplex
siehe → duplex.

halbfett
Im Satz bzw. bei professionellen DTP-Programmen: Schrift mit etwas kräftigerem Strich (als die Grundschrift), meist zur → Auszeichnung verwendet. In Textverarbeitungsprogrammen (bzw. bei PC-Schriften) wird eine solche Schrift meist nur als fett bezeichnet.

Halbleiter
elektronische Bauteile wie Dioden, Transistoren usw.

Halbpetit
→ Diamant, Schriftgrad, 4 p.

Halbton
- Grauabstufung eines Schwarz-Weiß-Bildes, → Tonwert;
- in der Musik ein Zwischenton zwischen zwei ganzen Tönen, vgl. → Halbtonschritt.

Halbtonbild
ein Bild mit (potentiell unendlich fein) abgestuften Grauwerten bzw. → Tonwerten. Zu den echten Halbtonbildern zählen Fotografien; von unechten Halbtonbildern spricht man bei der Anwendung von Verfahren, die nur den optischen Eindruck von Halbtönen erzeugen (optische Täuschung), wie etwa → Rastern.

Halbtonfilm
siehe → Film.

Halbtonreproduktion
→ Halbtonwiedergabe.

Halbtonschritt
kleinster Abstand zwischen zwei Tönen; zwölf Halbtonschritte ergeben eine → Oktave. Vgl. Ganztonschritt.

Halbtonwiedergabe
Wiedergabe abgestufter Tonwerte durch Halbtonreproduktion oder Rasterreproduktion; im Tiefdruck erfolgt (trotz der aus technischen Gründen vorgenommenen Rasterung der Druckform) echte Halbtonwiedergabe (Halbtonreproduktion), während in den anderen Druckverfahren eine unechte Halbtonwiedergabe durch Rasterreproduktion erfolgt.

halfduplex
halbduplex, siehe → duplex.

halten (einer Verbindung)
hold, die Möglichkeit zur Gesprächsunterbrechung ohne aufzulegen (also mit später stattfindender Weiterführung des Gesprächs), bei Mobiltelefonen, hausinternen Telefonanlagen und ISDN-Anschlüssen für die Annahme und interne Weiterleitung eines Gesprächs oder für interne Rückfrage gebrauchte Funktion.

Hammond-Orgel
optisch und von der Bedienungsweise her an eine Kirchenorgel erinnerndes frühes elektronisches Instrument (1934), Vorläufer moderner → Synthesizer.

handle
der Name, unter dem ein Teilnehmer in einem Netz bzw. beim Chatten geführt wird (Login-Name, Spitzname, Username).

handover
die automatische unterbrechungsfreie Übergabe eines laufenden Mobilfunk-Gesprächs von einer → BTS zur nächsten, wenn der Teilnehmer seinen Standort wechselt und damit die aktuelle → Funkzelle verläßt.

Handsatz
manuelle Herstellung von → Bleisatz; manuell hergesteller Bleisatz.

Handscanner
ein kleiner → Scanner, der manuell über die Vorlage gezogen werden muß; für professionellen Einsatz meist ungeeignet.

handshake
wörtl. Händeschütteln, wechselweise zwischen zwei Rechnern oder einem Rechner und einem Peripheriegerät (Drucker, Scanner usw.) ausgetauschte Signale (→ Steuerzeichen) zur Steuerung der Datenübertragung. Erfolgt dieser Signalaustausch über eine eigens dafür reservierte Leitung (Steuer- oder Signalleitung), spricht man von *hardware-handshake* (vgl. → RTS/CTS), als *software-handshake* bezeichnet man jene Verfahren, bei denen die Steuersignale gemeinsam mit den Dateninhalten über eine Leitung gesendet werden (vgl. → XON/XOFF). Die Benutzung getrennter Kanäle für Daten und Steuersignale erhöht (meist) den Datendurchsatz.

Handy
cellular phone, offiziell eigentlich → Mobiltelefon; ein batteriebetriebenes Telefongerät für den → Mobilfunk, auch in Ausführungen auf dem Markt, die den Anschluß eines Notebook-Computers (via → GSM-Adapter) und damit den mobilen Zugang zum Internet gestatten. Das englische Wort *handy* bedeutet übrigens „handlich" und hat in englischsprachigen Ländern überhaupt nichts mit Mobiltelefonen zu tun. Möglicherweise stammt das urdeutsche Wort Handy daher aus dem Schwäbischen: „Ja waas – hen die koi Telefonheisle drom rom?".

hang
Hänger, Aufhänger, Bezeichnung für einen Computer oder ein Programm, das nicht mehr reagiert, oder ein Modem, das die Verbindung nicht (oder im falschen Moment) unterbricht.

hang up
aufhängen, einhängen, eine Telefonverbindung beenden.

happy faces
→ *smileys*.

hardcopy
auch → *screen dump*, Druckausgabe des Bildschirminhalts.

harddisk
hd, → Festplatte.

Hardware
Eisenwaren; in der EDV alle „festen Teile" (Computer und deren Bestandteile, Leitungen, Modems usw.), im Unterschied zu den „weichen Teilen" (den Programmen).

hardware address
die physische Adresse einer Schnittstelle, eines Rechners usw. (im Unterschied zur logischen Adresse, vgl. → *logical*).

hardware flow control
über Hardware gehandhabte → Datenflußkontrolle.

hardware handshake
siehe → *handshake*.

hardware-interrupt
durch Hardware-Komponenten (Festplatte, Modem usw.) ausgelöster → *interrupt*.

Hardware-Schnittstelle
siehe → Schnittstelle.

Harmonie
Zusammenklang, Gleichklang; vgl. → Akkord.

harmonische Analyse
→ Fourier-Analyse.

harmonischer Ton
Synonym für → Teilton.

harmonisches Moll
siehe → Moll-Tonleitern.

harp
Harfe; im Amerikanischen bzw. im Zusammenhang mit Blues Bezeichnung für eine Mundharmonika (eigentlich *mouthorgan*).

hash
das Zeichen #.

hat
das Zeichen ^.

Hauptanschluß
direkt mit einer Vermittlungsstelle verbundener Telefonanschluß (im Unterschied zu einem hausinternen Nebenanschluß).

Hauptpaßwort
→ *master password*.

Hauptplatine
→ *motherboard*.

Hauptprozessor
→ CPU.

Hauptspeicher
auch → RAM, der Speicherbereich, auf den eine → CPU direkt zugreifen kann und in dem Programme (während ihrer Ausführung) sowie Daten abgelegt werden. Der Inhalt des Hauptspeichers geht beim Ausschalten des Rechners verloren.

Haupttitel
der eigentliche Titel oder die Titelseite eines Buchs.

Hauptverzeichnis
root directory, das oberste Verzeichnis innerhalb einer Verzeichnis-Hierarchie.

Hayes
Hayes Microcomputer Products, Inc., bekannter Modemhersteller, dessen proprietäre Standards zur Datenübertragung per Modem inzwischen allgemeine Standards wurden (siehe → AT-Kommandos). http://www.hayes.com

Hayes AT command set
→ AT-Kommandos.

Hayes-Befehlssatz
→ AT-Kommandos.

Hayes-kompatibel
kompatibel zu Hayes-Modems bzw. zu irgendwelchen Hayes-Standards (→ AT-Kommandos). Der Begriff ist inzwischen überflüssig geworden, da heute alle auf dem Markt befindlichen Modems (auf irgendeine Art und Weise bzw. nach irgendwelchen Hayes-Standards) Hayes-kompatibel sind.

hd
harddisk, → Festplatte; auch *high density,* hohe Dichte (Diskettenspezifikation).

HDLC
bisweilen auch HLDLC abgekürzt, *High Level Data Link Control,* Protokoll der → ISO für die Datentransferrate bei bitorientierter synchroner Übertragung, unterstützt variable → *frames;* entspricht dem ANSI-Standard → ADCCP.

HDR
→ *header.*

HDTV
High Definition Television, hochauflösendes Fernsehen im 16:9-Format.

HDX
Half Duplex, Halbduplex, siehe → duplex.

head crash
Berührung des Lese-/Schreibkopfes einer Festplatte mit der Festplattenoberfläche (wobei diese in der Regel zerstört wird); ist meist mit Datenverlusten verbunden.

header
- Kopfteil, Kopfinformationen;
- zusätzliche Informationen über eine Datei (etwa eine Grafikdatei, HTML-Datei, oder eine E-Mail), die sich am Beginn dieser Datei selbst befinden;
- Informationen über ein Datenpaket, die zu Beginn dieses Pakets stehen. Die im *header* einer Internet-Mail stehenden Einträge sind in RFC 822 definiert. (Gegenstück: → *trailer*).

head exchange
Zentralvermittlungsstelle (im Telefonnetz).

heading line
Kopfzeile.

headline
Kopfzeile, Überschrift.

head mounted display
kurz HMD, ein Datenhelm bzw. eine Datenbrille mit eingebauten Ohrhörern (und ggf. Mikrofon), ermöglicht mittels zweier getrennter (LCD-)Displays und Stereo die dreidimensionale Raum- und Klangwahrnehmung und wird meist für → VR-Anwendungen eingesetzt.

headphones
Kopfhörer (meist nur *phones*).

headset
Kombination aus Mikrofon und Kopfhörer.

heavy metal
Schwermetall, übertragen: ein Supercomputer (auch *big iron*).

heavy print
Fettdruck (Schriftauszeichnung).

Heimarbeit
festes Arbeitsverhältnis, bei dem der Arbeitnehmer in seiner eigenen Wohnung gewerblich arbeitet; oft auch (arbeitsrechtlich fälschliche) Bezeichnung für → freie Mitarbeit oder sonstige selbständige bzw. werkvertraglich geregelte Tätigkeiten, bei denen der wesentliche Teil der Arbeit außerhalb des auftraggebenden Unternehmens beim Auftragnehmer zu Hause geleistet wird. Vgl. auch → Telearbeit.

help
Hilfe, helfen.

Herausgeber
jemand, der etwas veröffentlicht; Autor, Betreuer einer Sammelausgabe oder sonstige mit der Herausgabe eines Werks beschäftigte Person oder Institution (gesetzlich oder fachlich nicht exakt festgelegte Bezeichnung).

Herausgebervertrag
vertragliche Festlegung der Beziehungen zwischen Verlag und → Herausgeber.

Hersteller
heute meist Producer oder Produktioner, im Medienbereich (Verlag, Werbeagentur, TV/Film etc.) der für die kaufmännischen und organisatorischen Belange der Produktion (→ Herstellung) zuständige Mitarbeiter. Das Aufgabengebiet umfaßt neben der Bestimmung der Gestaltung und Ausstattung des Mediums und der Festlegung der für die Produktion erforderlichen Verfahren und Arbeitsabläufe auch das Einholen von Angeboten, die Kalkulation der Herstellungskosten, die Auftragsvergabe, die Terminkoordination der Produktion sowie die Qualitätssicherung.

Herstellung
bei der Buch- bzw. Medienproduktion meist nicht Begriff für die (technische) Produktion als solche, sondern für die Festlegung, Kalkulation, Koordination und Überwachung der Produktion (vgl. → Hersteller).

Hertz
abgekürzt Hz, die Basis-Maßeinheit zur Messung von Schwingungen pro Zeiteinheit (siehe → Frequenzen). 1 Hz = 1 Schwingung pro Sekunde, davon abgeleitet 1 kHz=1.000 Hz und 1 MHz = 1000 kHz.

heterogen
- (altgriech.: von unterschiedlicher Herkunft) aus ungleichen Komponenten bestehend, also etwa: ein → heterogenes Netz besteht aus verschiedenartigen Rechnern (oder *subnets*);
- bisweilen auch im Sinne von „nichtgleich", „unterschiedlich" angewandt (etwa: „heterogene Betriebssysteme"). Das Gegenteil von heterogen ist → homogen.

heterogenes Netz
(Gegenteil: → homogenes Netz)
- ein Netzwerk, das verschiedene Netzwerkprotokolle umfaßt (auf physischer Ebene oder Transportebene, vgl. → *OSI Reference Model*), also beispielsweise aus unterschiedlichen Subnetzen besteht, oder unterschiedliche Verbindungsarten realisiert (etwa LAN und ISDN-Telefonie);
- ein Netzwerk aus unterschiedlichen Komponenten, also beispielsweise verschiedene oder von verschiedenen Herstellern stammende und zu einem einzigen Netz verbundene Computer (PC, Großrechner).

heterogenous
→ heterogen.

Hewlett Packard
kurz HP, US-amerikanischer Hardware-Hersteller. http://www.hp.com

hex
- hexadezimal, Zahlendarstellung in hexadezimaler Schreibweise (mit Ziffern und den Buchstaben A-F, wobei meist der Buchstabe h oder die Abkürzung hex vorangestellt wird);
- Bezeichnung für das Zeichen #.

Hexadezimal
→ hex.

Hexadezimalsystem
Zahlensystem auf der Basis 16, vgl. → hex.

hf
Abkürzung für → holzfrei (Papier) oder → halbfett (Schrift).

HGB
Handelsgesetzbuch, eingeführt am 10.5.1897, legt das Handelsrecht in der Bundesrepublik Deutschland fest.

Hi8
hochauflösendes Videoformat (8 mm-Magnetband) für den semiprofessionellen Einsatz, ähnlich → S-VHS.

hidden
verborgen, Dateiattribut zum Verstecken einer Datei oder eines Verzeichnisses (der Name und sonstige Angaben werden im Verzeichnis nicht angezeigt).

hierarchical
hierarchisch (stufenförmig bzw. nach Rangfolge aufgebaut).

hierarchical file system
hierarchisches Dateisystem, die Verwaltung von Dateien in einer baumartig verzweigten bzw. stufenförmig geschichteten Struktur (etwa der Form Domain-Subdomain-Host-Laufwerk-Verzeichnis-Unterverzeichnis-Datei).

hierarchical name
ein Name, dessen einzelne Bestandteile dem hierarchischen Aufbau von Netzwerken entsprechen (vgl. → DNS, → IP-address).

Hieroglyphen
ägyptische Bilderschriftzeichen, umgangssprachlich unleserliche Schriftzeichen.

HiFi
High Fidelity (hohe Wiedergabe-Treue), nach DIN 45500 spezifizierter und längst veralteter bzw. von modernen Geräten vielfach übertroffener Mindest-Standard für elektroakustische Wiedergabegeräte.

High Level Data Link Control
→ HDLC.

high level language
höhere Programmiersprache, eine Sprache mit einem meist recht umfangreiche Befehlssequenzen repräsentierenden Vorrat an Befehlen, in der Programme für einen Computer geschrieben werden. Dieser → Quellcode wird anschließend meist durch einen → Compiler in einen Objektcode (→ *object code*) umgesetzt, der sich aus den Befehlen der jeweiligen → Maschinensprache zusammensetzt.

highlight
Hervorhebung.

high resolution
→ Hochauflösung.

High Sierra
Del Webb's High Sierra Hotel & Casino, in Nevada liegender Tagungsort für eine (offensichtlich mit der Unterbringung und dem Verlauf der Tagung sehr zufriedene) Gruppe von Vertretern verschiedener Hardware-Firmen, die sich dort im

Herbst 1985 trafen, um CD-Standards zu vereinbaren. Die sich selbst als *High Sierra Group* bezeichnende Truppe veröffentlichte als Resultat ihrer Mühen bereits nach einem guten halben Jahr den *High Sierra Group Proposal*, der Umfang und Dateistruktur von CDs beschrieb und inzwischen in ISO 9660 bzw. im → *Yellow Book-Standard* aufgegangen ist.

Hilfskanal
→ *backward channel.*

hinken
nebeneinanderliegende Spalten oder Seiten hinken, wenn sie nicht gleich lang sind (nicht die gleiche Zeilenzahl haben).

Hintergrundbericht
journalistischer Bericht, der sich vertiefend (häufig auf Quellen gestützt) mit den biografischen, ökonomischen, politischen, religiösen oder sonstigen Hintergründen einer bestimmten Person, einer Situation oder eines Ereignisses beschäftigt.

Hintergrundprogramm
→ TSR.

history
- Auflistung der Aktivitäten oder Kommandos eines Benutzers;
- bei → gopher oder in einem → WWW-Browser die Auflistung der Menüs bzw. WWW-links (URLs), die ein Benutzer bereits im Zugriff hatte.

hit
Zugang, Zugriff, Treffer.

hit rate
Trefferrate; im Zusammenhang mit dem Betrieb von Servern Bezeichnung für die Anzahl der Zugriffe auf den Server bzw. auf bestimmte Dateien des Servers, beim Veröffentlichen von WebPages Bezeichnung für die Anzahl der Zugriffe auf die Seite.

h&j
hypenation and justification, Silbentrennung und Zeilenumbruch.

HLDLC
siehe → HDLC.

HLL
→ *high level language.*

HMD
→ *head mounted display.*

HMI
Human Machine Interface, → Mensch-Maschine-Schnittstelle.

H-Normen
siehe → CCITT-Normen.

Hochauflösung
high resolution, nicht genau definierte Bezeichnung für Auflösemodi bzw. die Fähigkeit von Grafikkarten und Computer-Monitoren, hohe Auflösungen (meist 1024 x 768 und höher) darzustellen.

Hochdruck
alle → Druckverfahren, bei denen die druckenden Elemente der Druckform erhöht liegen, nicht druckende Partien sind deutlich vertieft angelegt (wie bei einem Bürostempel). Die mittels Farbwalzen auf die erhöhten Flächen aufgetragene Farbe wird beim Druckvorgang direkt auf den Bedruckstoff übertragen. Früher wurde Hochdruck meist als → Buchdruck bezeichnet.

Hochgeschwindigkeitsmodem
high speed modem, ein Modem, das eine „sehr schnelle“ Datenübertragung ermöglicht.

Hochleistungslaserdrucker
Laserdrucker, die im → Endlosdruck arbeiten und besonders hohe Ausgabeleistungen (über 10000 DIN-A4-Seiten pro Stunde) erreichen.

Hochsprache
→ *high level language*.

Hochzeit
Satzfehler: ein versehentlich doppelt gesetztes Wort.

höhere Programmiersprache
→ *high level language*.

Hörgrenzen
die Grenzen des Hörvermögens sind von Individuum zu Individuum verschieden, als Standardwerte (für Menschen) gelten 20 Hz bis 20 kHz für den Tonumfang und 20 db bis 120 db für die Dynamik.

hold
→ halten.

holding time
Verbindungsdauer.

holzfreies Papier
aus Zellulose oder Hadern hergestelltes Papier ohne Holzanteile.

holzhaltiges Papier
mittelfeines Papier, Papier mit mehr oder weniger starken Anteilen von Holzschliff.

Holzschliff
zermahlenes oder zerriebenes Holz, das noch Lignin, Harze und Gerbstoffe enthält.

Holzschrift
Synonym für Plakatschrift, also eine Schrift mit besonders großem Schriftgrad (nach den im Hochdruck früher hierfür verwendeten Holz-Lettern).

home
Zuhause; vorne, Anfang.

home banking
→ *electronic banking* für Privatkunden, Abwicklung von Standard-Bankgeschäften (Kontoauszüge, Überweisungen, Daueraufträge) per DFÜ. *Homebanking*-Geschäfte werden von Banken sehr gefördert – sie verursachen verschiedenen Schätzungen zufolge für die kontoführende Bank nur ungefähr ein Prozent derjenigen Kosten, die bei Abwicklung derselben Transaktion durch persönliches Erscheinen in einer Filiale entstehen.

home directory
vom Netzadministrator zugewiesenes privates Verzeichnis eines Users (von dem aus weitere Verzeichnisse angelegt werden können). Bei der im WWW verwendeten Adressierung nach dem → URL-Verfahren kann das → *home directory* durch die → Tilde abgekürzt werden.

homepage
- Startseite, Eingangsseite, Eröffnungsseite;
- die erste Seite, Titelseite bzw. Anfangsseite einer WWW-Site, üblicherweise → index.html. Ist in der → URL-Adresse keine andere Datei angegeben, wird diese Seite automatisch aufgerufen. Von dieser *homepage* aus läßt sich in der Regel auf weitere HTML-Dokumente oder andere *homepages* verzweigen.
- im weiteren Sinn Bezeichnung für die WWW-*homepage* eines einzelnen Teilnehmers sowie auch für ganze Reihen zusammengehörender HTML-Dokus, die von einer *homepage* aus erreichbar sind. Nahezu alle → Provider bieten auch Privat-Account-Inhabern die Möglichkeit an, relativ umfangreiche (2 MB und mehr) *personal home pages* ins Netz zu stellen.

home shopping
→ *electronic shopping*.

homogen
(altgr.: von gleicher Herkunft) aus gleichen Elementen bestehend (Gegenteil: → heterogen).

homogenes Netz
mit einem einheitlichen Protokoll betriebenes Netzwerk oder ein Netz, das aus

gleichen Komponenten besteht, Gegenteil zu → *heterogenous network*.

Honorar
bei Autoren im → Verlagsvertrag als Prozentsatz vom Ladenpreis bzw. Netto-Verlags-Verkaufspreis festgelegte Vergütung; als Vergütung für freie Mitarbeiter anhand definierter Zeit- oder Mengenabrechnungen errechnet, bisweilen auch als Pauschalbetrag fest vereinbart.

hop
ein Hüpfer: die jeweilige Übertragung eines Datenpakets zwischen zwei → *routern*. Meist sind mehrere *hops* erforderlich, um die Daten vom Sender zum Empfänger zu befördern. Vgl. → *routing*.

hop count
Entfernungszähler im Internet, gibt die Anzahl der → *hops* zwischen Sender-Host und Empfänger-Host an.

hopping
etappenweise Datenübertragung innerhalb eines Netzes (von Knoten zu Knoten, siehe → *hop*).

horizontale Verbindung
eine Verbindung zwischen zwei Rechnern (bzw. Teilnehmern) der gleichen Netzwerkebene (ohne Verlassen der Ebene, vgl. → LAN, → WAN, → GAN)

Horizontalfrequenz
auch horizontale Abtastfrequenz oder horizontale Synchronisation, Zeilenfrequenz, die in Hz angegebene Anzahl der pro Sekunde geschriebenen Bildschirm-Zeilen.

host
(eigentlich Gastgeber, Wirt) zentraler Rechner in einem Netzwerk, der den angeschlossenen Computern oder Terminals allgemeine Kapazitäten (Rechenleistung, Speicherplatz) und spezielle Dienstleistungen (Programme und Dateien) anbietet (in diesem Sinn synonym zu → *server*); in der DFÜ meist allgemeine Bezeichnung für einen beliebigen (auch fremden) Netzrechner, auf den vom eigenen Rechner aus zugegriffen werden kann.

Hostadapter
kurz für → SCSI-Hostadapter.

host address
die → DNS-Adresse oder IP-Adresse (→ *IP address)* eines Rechners.

host mode
→ Hostmodus.

Hostmodus
Betriebsart eines Rechners, bei der automatisch und ohne Operator Anrufe entgegengenommen und ggf. Kommandos des Anrufers ausgeführt werden.

host name
alphanumerische Bezeichnung des Hosts in der Adressierung nach → DNS, vgl. → DNS-Adresse, → *Fully Qualified Domain Name*.

host number
→ IP-Adresse.

Hostrechner
→ *host*.

host requirements
Subserie der → RFCs, in der die erforderliche Ausstattung von Internet-Hosts (Protokolle etc.) beschrieben wird.

HotJava
- ursprüngliche, vollständige Bezeichnung für die Programmiersprache → Java;
- eine → VRML-kompatible → Java-Variante, mit der 3D-Szenarien von Browsern geladen und generiert werden können.

hotkey
eine Taste oder Tastenkombination zum Auslösen von Programmfunktionen oder Aufrufen von Hintergrundprogrammen.

Hotline
Notrufdienst, Servicetelefon, telefonischer Kundendienst.

hotlist
eine Liste mit → URLs, vgl. → *bookmark*.

hotspot
spezieller Text- oder Bildbereich innerhalb eines Hypertext-Dokuments oder auf dem Bildschirm, der meist besonders hervorgehoben wird und dessen → Anklicken Aktionen auslöst.

HP
die Firma → Hewlett-Packard Inc.

HPO
Head Post Office, Hauptpostamt, → GPO.

HPPI
High Performance Parallel Interface, ANSI-Standard für die direkte lokale Verbindung von Supercomputern mit anderen Computern, *routern*, Speicher- oder Ausgabegeräten.

HR
high resolution, hohe Auflösung (bei Monitoren).

HS
high speed, Hochgeschwindigkeit.

HSB
hue, saturation, brightness, siehe → HSV.

HSL
hue, saturation, luminance, siehe → HSV.

HS-LAN
High Speed Local Aerea Network, Hochgeschwindigkeits-LAN.

HST
- *High-Speed Transmission*, Hochgeschwindigkeits-Datenübertragung;
- *High Speed Technology*, proprietäres DÜ-Protokoll der Firma U.S. Robotics, nur auf Robotics-Modem verfügbar, bis 16800 bps, asymmetrisch.

HSV
oft → HSB oder → HSL, *hue, saturation, (brightness, luminance) value*, Wellenlänge, Sättigung, Leuchtkraft; ein in Bildbearbeitungs- oder Malprogrammen oft zusätzlich zu RGB (und CMY) verwendetes → Farbmodell, bei dem die Wellenlänge bzw. der Farbton anhand eines Farbkreises (und daher meist in Winkelangaben, 0° bis 360°), der Wert für die Sättigung meist in Prozent (0 bis 100, bei 0 ist die Farbe nicht, bei 100 vollständig vorhanden), sowie der Wert für die Leuchtkraft ebenfalls in Prozent (0 bis 100, 0 ist immer schwarz, 100 völlig weiß) angegeben werden. Einige Programme verwenden auch abweichende Wertbereiche, so beispielsweise von 0 bis 255 (um die interne 8-Bit-Darstellung je Wert voll auszunutzen).

HT
horizontal tabulator, Tabulator, Steuerzeichen für den Tabulator (ASCII 9).

HTML
Hypertext Markup Language, Sprache zur Auszeichnung von → Hyptertext, inoffizieller weltweiter Standard für die Erstellung und Darstellung von → Hypertext-Dokumenten, aus denen das → WWW besteht. HTML ist eine von allen → WWW-Browsern unterstützte → Dokumentenbeschreibungssprache (nach → SGML), die nur die logische Struktur von Dokumenten festlegt – die Darstellung der Dokumente kann daher von Browser zu Browser (und je nach Benutzer-spezifischen Vorgaben) unterschiedlich ausfallen. Neben reinen Formatierungsfunktionen verfügt HTML als → Scriptsprache u. a. auch über Funktionen zum Aufruf von Binärdateien oder zur Herstellung von → *hyperlinks*; die Sprachelemente nennt man (→ *HTML-tags*).

HTML-Dateien
synonym zu → HTML-Dokumente.

HTML-Dokumente
Dateien, die dem HTML-Standard entsprechen, die Grundelemente des → WWW. HTML-Dokumente sind Textdateien (reiner ASCII-Code, ohne Steuerzeichen) mit einer vorgegebenen Struktur (grob: HTML-ID, *Header* mit Titelangaben, *Body* mit den eigentlichen Informationen, HTML-Endemarke). Durch → *HTML-tags* werden neben der Grundstruktur des Dokuments Textauszeichnung- und Strukturierung, Formatierungensmerkmale, die Einbindung von Binärdateien (Audio-Dateien, Bilder, Videos) oder → *hyperlinks* definiert.
Die HTML-Dokumente werden durch → Browser (→ WWW-Browser) dargestellt, je nach Browser kann die Darstellung unterschiedlich ausfallen. Durch die Einbindung von (teils Browser-spezifischen) HTML-Spracherweiterungen oder zusätzlichen → Scriptsprachen (→ Active-X, → JavaScript) hat sich der ursprüngliche Charakter von HTML-Dokumenten (vorwiegend Text-bezogenes Hypertext-Präsentationsmedium) stark gewandelt: HTML-Dokumente können inzwischen fast ganz bzw. zu großen Teilen aus Scriptprogramm-Code bestehen, der vom Browser interpretiert wird. Waren solche Programme anfänglich hauptsächlich zur Erweiterung der Darstellungsmöglichkeiten (im Hypermedia-Sinn) eingesetzt worden, dienen sie inzwischen zunehmend zur Generierung von komplexeren → Anwendungsprogrammen, die aus dem Internet (oder einem intranet) geladen und auf dem angeschlossenen PC ausgeführt werden.

HTML-Editor
ein Programm zum Erzeugen und Manipulieren von → HTML-Dokumenten. HTML-Dokumente können mit jedem beliebigen Editor oder Textverarbeitungsprogramm, ggf. mit entsprechenden Makros zur Arbeitserleichterung, leicht erstellt werden (als ASCII-Text mit den entsprechenden *HTML-tags*), die Verwendung eines HTML-Editors kann die Arbeit jedoch wesentlich beschleunigen.

HTML-Files
synonym zu → HTML-Dokumente.

HTML-Kommando
→ *HTML-tag*.

HTML-tag
ein in <Winkelklammern> eingeschlossenes Sprachelement in HTML-Dokumenten, beispielsweise Formatier-Anweisungen, Dialogbefehle *(→ form)* oder Festlegungen von → *links*.

HTTP
Hypertext Transfer Protocol, das auf TCP/IP aufsetzende Protokoll (definiert in RFC1945) bzw. der über → HTTP-Server und → HTTP-Clients realisierte Internet-Dienst für den Zugriff auf die im WWW vorhandenen Ressourcen (→ HTML-Dokumente) und auf sonstige Internet-Dienste wie → FTP, → gopher, → mailto und → news. Zwischen Client und Server wird (im Unterschied etwa zu → FTP) keine Dauerverbindung aufgebaut: Dateien oder Dienste werden vom HTTP-Client in einer Anfrage (→ *request*) mittels → URLs genau bezeichnet und vom HTTP-Server an den Client übertragen (→ *response*), danach wird die Client-Server-Verbindung sofort wieder geschlossen. Es bleibt so beim HTTP völlig dem Client überlassen, weitere Anfragen zu starten bzw. sich die aktuelle Position im WWW zu merken – die Navigation im Netz wird ausschließlich vom Client kontrolliert bzw. durchgeführt. Da jedoch im WWW die von HTTP benötigten URLs meist als → *hyperlinks* in → HTML-Dokumenten definiert sind, reicht es für eine solche Navigation aus Sicht des Users normalerweise aus, eine erste Adresse von Hand einzugeben (oder von einer → *hotlist* aus zu starten), alle weiteren HTTP-

Aufrufe können dann in der Regel per Mausklick geschehen.

HTTP client
Programm, mit dem Anfragen an einen → HTTP *server* gerichtet werden können.

HTTP server
ein Programm, das Anfragen eines → HTTP *clients* bearbeitet (und danach die Verbindung wieder abbricht).

HTTPS
→ HTTP über → SSL.

HTX
→ *hypertext*.

Hub
- Konzentrator, ein Bauteil, das es gestattet, verschiedene Geräte an einem einzigen Punkt an ein Netz anzuschließen (Anschlußbündelung);
- der zentrale Rechner innerhalb eines sternförmig aufgebauten Netzes, vgl. → *active star*, → *passive star*;
- auch allgemein für Rechner oder Hardwarebauteile, die der Weiterleitung von Daten innerhalb eines internets dienen (vgl. → *bridge*, → *gateway*, → *node*, → *repeater*).

Hüllkurve
envelope, die bei wechselnder Amplitude eines → Klangs (also der Veränderung der Lautstärke) aus den jeweiligen Spitzenpunkten der Amplitude (aus den Wellengipfelpunkten) zu zeichnende Kurve; als eine Welle aus Wellen bzw. Kurve aus Kurven „umhüllt" sie in der Darstellung die eigentlichen → Wellen oder Kurven des Klangs. Die Klangcharakteristik wird wesentlich durch die Hüllkurve bestimmt. Bei der Klangcharakteristik von Instrumentalklängen oder der Ausprägung der Hüllkurve von Sprachlauten (oder Stimmen) spricht man auch von → Formanten.

huff
→ Datenkompression per → Huffman-Codierung, Gegenteil zu → *puff*.

Huffman-Codierung
kurz huff, auch *squeezing* genannt, oft verwendetes Verfahren zur Datenkompression, bei dem die Zeichen in einer Datei nach der Häufigkeit ihres Vorkommens sortiert und dann in Bitfolgen unterschiedlicher Länge codiert werden (je häufiger das Zeichen, desto kürzer die Bitfolge).

human engeneering
Ergonomie.

humanities
Menschliches und Zwischenmenschliches (Name der → *news hierarchy* im → UseNet, die sich auf entsprechende Themen bezieht).

human-machine-interface
Mensch-Maschine-Schnittstelle.

Human Relations
innerbetriebliche Public-Relations-Aktivität, also Kommunikationsbemühungen eines Unternehmens, die der Erzeugung bestimmter Einstellungen der Mitarbeiter gegenüber dem Unternehmen dienen.

HURD
eine aus → GNU entwickelte Unix-Variante, ähnlich → Linux.

Hurenkind
engl. *orphan* (wörtl.: Waisenkind), typographische Bezeichnung für die Ausgangszeile (letzte Zeile) einer Spalte oder eines Absatzes, die nach dem Umbruch als erste Zeile einer neuen Seite oder Spalte erscheint; vereinzelt auch Bezeichnung für eine Seite (auf der eine solche Zeile auftritt). Hurenkinder gelten (ebenso wie die → Schusterjungen) als typographische Pannen und sind nach

Möglichkeit zu vermeiden; in vielen Computersatz- und Textverarbeitungsprogrammen gibt es automatische Funktionen zur Unterbindung.

HV
High Voltage, Hochspannung.

HVSt
Hauptvermittlungsstelle (im Telefonnetz).

hx
Halbduplex, siehe → duplex.

Hybrid-Modem
ISDN-Karte mit integriertem → Modem (bzw. ein entsprechendes externes Gerät). Hybrid-Modems sind nur zur direkten Kommunikation mit Modem-Gegenstellen oder auch für den sonst evtl. nicht zu bewerkstelligenden Aufbau von Faxverbindungen (zu alten Faxgeräten an einem Analog-Anschluß) erforderlich, für den üblichen Zugang zum Internet-Provider oder für den ISDN-Datenaustausch reichen übliche ISDN-Karten aus.

HYP
- → *hypertext*;
- *hyphenation*, Silbentrennung.

hyphenation and justification
kurz h&j, Silbentrennung und Zeilenausschluß.

hyperlink
auch *anchor* oder *hypermedia link* bzw. *hypertext link*, in Hypertextdokumenten eine durch Adress- und Aktionsparameter bestimmte Verzweigung zu einer anderen Stelle des Dokuments oder zu einem anderen Dokument (oder einer sonstigen Datei oder einem Programm). Eine solche Verbindung kann fest vorgegeben sein (so daß die entsprechende Datei, etwa eine Grafikdatei, automatisch geladen wird) oder durch Benutzereingabe aktiviert werden (→ *hotspot*, → *living link*). Vgl. auch → HTML-Dokument, → URL, → WWW.

Hypermedia
auch Hypertext, Konzept des Aufbaus und der Organisation von Computer-Dateien und des Umgangs mit den in → Hypertext-Dokumenten enthaltenen Daten. Wesentliches Merkmal ist die Verknüpfung unterschiedlicher technischer Komponenten sowie unterschiedlicher Daten (neben Texten sind auch Bild- oder Toninformationen sowie Filme integrierbar) bzw. Dateien. Der Zugriff auf Hypermedia- bzw. Hypertextdaten kann nicht nur sequentiell oder satzweise erfolgen, sondern durch im Hypertextdokument vorgegebene (und teils durch den jeweiligen Nutzer erst aktivierte) Sprünge (→ *hyperlinks*); die Daten können sich dabei auch in einem Netzwerk oder Internet und auf völlig unterschiedlichen Rechnern (mit unterschiedlichen Betriebssystemen, Zeichensätzen usw.) befinden.

hypermedia link
→ *hyperlink*.

hyperspace
- Hyperraum (Science-Fiction-Ausdruck);
- übertragen für: irgendwo ganz weit weg, unerreichbar (meist im Hinblick auf Daten); vgl. → nirvana.

Hypertext
Synonym für → *hypermedia*, bisweilen nur auf Text-Anwendungen (ohne Einbindung von binären Daten) bezogen, in denen Texte nicht nur sequentiell, sondern mit Querverweisen bzw. -Sprüngen verbunden sind oder der Text auf mehrere untereinander verbundene Dateien oder Computer verteilt ist.

Hypertext-Dokument
Datei, die Kriterien des Hypermedia- bzw. Hypertext-Konzeptes (Verbindung unterschiedlicher Daten und Dateien, Sprünge etc.) erfüllt; meist speziell für

WWW-Dateien im → HTML-Format (sog. → HTML-Dokumente) gebrauchter Ausdruck. Vgl. auch → *homepage*, → Webseite.

Hypertext Markup Language
→ HTML.

Hypertext Transfer Protocol
→ HTTP.

hyphenation
Silbentrennung, vgl. → h&j.

Hz
→ Hertz.

IA-5

Internationales Alphabet 5, 7-Bit-codiertes Standard-Alphabet für E-Mails, ohne Umlaute oder spezielle Sonderzeichen (entspricht 7-Bit-ASCII-Code).

IAB

Internet Architecture Board, früher *Internet Activities Board,* die für die technische Weiterentwicklung des Internets zuständige Interessengemeinschaft innerhalb der → ISOC. Der Interessengemeinschaft gehören in erster Linie Vertreter (amerikanischer) Hard- und Software-Firmen an (Microsoft, AT&T usw.). → IETF und → IRTF sind die mit den Forschungsaufgaben befaßten Unterabteilungen des → IAB; daneben ist das IAB u. a. mit → IANA in Kontakt, überwacht die Bereitstellung von → RFCs und veröffentlicht regelmäßig die aktuellen Internet-Standards (in der RFC-Subreihe → *IAB Official Protocol Standards*). http://www.iab.org

IAE

ISDN-Anschluß-Einheit, Bezeichnung für eine der am → ISDN-Basisanschluß bzw. → NT befindlichen Steckdosen.

IAHC

Internet Ad Hoc Committee, ein zur → IANA gehöriges Gremium, das Vorschläge für neue → *top level domains* erarbeitet. http://www.iahc.org

IANA

Internet Assigned Numbers Authority, von der → ISOC (→ IAB) und dem → FNC beauftragte Institution für die Zuweisung einheitlicher Parameterwerte für Internetprotokolle. Die IANA befindet sich am Information Sciences Institute (→ ISI). http://www.iana.org

IAP

Internet access provider, kommerzieller oder als Verein organisierter Dienstleister, der Internet-Zugang ermöglicht und gegebenenfalls damit verbundene Service-Leistungen erbringt (jedoch nicht oder nur in geringem Umfang die Leistungen eines → Online-Dienstes anbietet).

IBC

Illinois Benedictine College, siehe → *Project Gutenberg.*

IBM

International Business Machines Corporation. http://www.ibm.com

IC

- → *incoming call,* ankommender Ruf;
- *independent carrier,* unabhängiger (privater) Telekommunikationsdienstleister, vgl. → AC;
- *Integrated Circuit,* integrierter Schaltkreis, Chip;
- → Internet café.

ICMP

Internet Control Message Protocol, im Internet-Protokoll (IP) enthaltenes Nachrichtenprotokoll (definiert in RFC 792), das Fehlermeldungen und Kontrollangaben an den Absender zurückleitet (u. a. basiert auch → PING auf diesem Protokoll).

Icon

Zeichen, kleines (Sinn-)Bild bzw. Symbol, das zur Steuerung von Programmen dient oder zum Start eines Programmes führt (aus einer Bedieneroberfläche heraus, vgl. → GUI), wobei durch Auswählen und Anklicken mit der → Maus die entsprechende Funktion gestartet wird.

ID

Identification, Benutzer-Identifikation (vgl. → *user ID*).

I-D
Internet-Draft, Begriff für → RFCs im Entwurfsstadium, auch Kurzbezeichnung für die Vorschläge der → IETF (→ IDEAS).

IDE
Integrated Drive Electronics oder *Integrated Device Equipment,* eine auf dem → *motherboard* integrierte Schnittstelle für den Anschluß von bis zu vier Festplatten-, CD- oder Floppy-Laufwerken, auch als zusätzliche Steckkarte erhältlich. Die usprünglichen IDE-Schnittstellen sind inzwischen meist zu E-IDE-Schnittstellen *(Enhanced IDE)* mit Übertragungsleistungen von bis zu 33 MB/s erweitert oder werden (im Profi-Bereich) durch die → SCSI-Schnittstellen ersetzt.

IDEAS
Internet Design, Engineering and Analysis Notes, → I-Ds bzw. Arbeitsberichte der → IETF.

Identifizieren
im ISDN vorhandene Möglichkeit, die Rufnummer eines Anrufers festzustellen und anzuzeigen (intern immer möglich, extern nur nach Freischaltung durch die Telekom).

Idiom
Sprache; Ausdrucksweise; Sprichwort, Redensart, Redewendung.

IDN
Integrated Digital Networks, integriertes Text- und Datennetz. Früher Bezeichnung für Telex, Datex-L und Datex-P, heute im ISDN integriert.

IEC
International Electrotechnical Commission, Internationale elektrotechnische Kommission, eine Institution zur Erstellung elektrotechnischer Normen.

IEEE
- *Institute of Electrical and Electronics Engineers,* ein amerikanischer Fachverband (ähnlich dem deutschen ZVEI) bzw. Institut, beteiligt an der Entwicklung von Standards;
- in der Schreibweise „ieee" UseNet-Name der → *news hierarchy* mit IEEE-spezifischen Inhalten.

IEEE 1394
→ *Firewire.*

IEEE 802.x
die IEEE-Standards für Netzwerke.

IEN
Internet Experiment Notes, Arbeitspapiere zu Internet-Themen, Vorläufer der → RFC.

IEPG
Internet Engineering Planning Group, freie und offene Interessengemeinschaft (vorwiegend SysOps) zur Entwicklung weltweit einheitlicher Operating-Bedingungen für Internet-Rechner.

IESG
Internet Engineering Steering Group, die technischen und organisatorischen Leiter der → IETF.

IETF
Internet Engineering Task Force, eine Unterabteilung des → IAB, die sich mit der Koordination des Betriebs, der Verwaltung und der Weiterentwicklung des Internets beschäftigt und bei aktuellen Problemsituationen eingreift. Die IETF-Vorschläge für neue Protokolle sind die → IDEAS. http://www.ietf.org

IFD
International Federation for Documentation, Internationale Vereinigung für Dokumentation, entwickelt u. a. Standards für das Bibliotheks- bzw. Dokumentationswesen (vgl. → BSO).

IG Medien
aus mehreren ehemaligen Einzelgewerkschaften (IG Druck- und Papier usw.) entstandene Industriegewerkschaft des Deutschen Gewerkschaftsbundes, zu-

ständig auch für die Arbeitnehmer im Bereich Multimedia.

ignore
im → IRC der Befehl, mit dem man das Anzeigen der Beiträge eines bestimmten Teilnehmers abschalten kann (/ignore name).

IGP
- *Internet gateway provider*, synonym zu → IAP (*Internet access provider*), siehe → *provider*;
- → *Interior Gateway Protocol*.

IGRP
Interior Gateway Routing Protocol, synonym zu IGP, → *Interior Gateway Protocol*.

IIC
Information Identifier Committee, 1996 von → IPA und → STM gegründetes Komittee zur Entwicklung bzw. Förderung von Informations-Identifikationssystemen. Vgl. → DOI.

IMA
Interactive Multimedia Association; International MIDI Association.

Image
- ein Bild, eine Abbildung;
- die Vorstellung, die ein Mensch von anderen Menschen (Politikern, Stars), öffentlichen Einrichtungen oder Firmen oder auch von bestimmten Waren oder Dienstleistungen hat.

image communication
Bildübertragung.

image library
Bild-Bibliothek (meist → *images* oder → *gallery*).

Image Processing
Sammelbegriff für alle Vorgänge, die der elektronischen Verarbeitung von Bildern (Scannen bzw. Digitalisieren, Bearbeitung jeglicher Art, Ausgabe) zuzurechnen sind.

images
Bilder (häufig Bezeichnung für ein *directory* mit Abbildungen).

IMAP
Internet Message Access Protocol, E-Mail-Protokoll, das selten anstelle von → POP eingesetzt wird. Mails können auf Anfrage auf den Client übertragen werden, auch Teilübertragungen sind möglich; nur während der Übertragung ist eine Client-Server-Verbindung erforderlich.

immersion
(wörtl. Eintauchen, Versenken) die Einbindung eines Nutzers in ein VR-System, der Grad der Verschmelzung seiner Sinneswahrnehmungen, Reaktionen und Aktivitäten mit der virtuellen Realität. Bisweilen werden fünf verschiedene Ebenen der Immersion bzw. der VR-Präsentation unterschieden:
- *Through Window*, der Nutzer schaut wie durch ein Fenster in die virtuelle Welt (via Monitor);
- *Into the Room*, der Nutzer erfährt mittels Stereo-Display-Brille oder → HMD eine dreidimensionale Raumwahrnehmung;
- *Video Mapping*, der Nutzer wird zusätzlich als Gestalt in die virtuelle Welt eingeblendet und kann sich dort stehen sehen;
- *Fly Through*, der Nutzer kann sich in der virtuellen Welt bewegen und seinen Blickwinkel frei verändern (ein entsprechend ausgerüstetes HMD meldet auch die Kopfbewegungen des Benutzers an das VR-System);
- *Immersive Systems*, auch *Reactive VR* genannt, der Nutzer kann sich in der virtuellen Welt frei bewegen und kann mit Objekten in dieser Welt agieren bzw. interagieren (technische Mindestausstattung hierbei: HMD und → Datenhandschuh).

Immersive Systems
wörtl. Eintauch-Systeme, siehe → *immersion.*

Impedanz
Gesamtwiderstand (eines elektrischen Leiters).

implemented
implementiert, eingebaut, eingeführt, realisiert.

importieren
Daten in ein Programm einlesen, die in einem Datei- bzw. Speicherformat vorliegen, das nicht dem üblichen Format des Programms entspricht.

Impressum
die bei veröffentlichten Druckwerken gesetzlich geforderte Angabe des Verantwortlichen im Sinne des Urheberrechts bzw. des Presserechts (vgl. V.i.S.d.P.). Bei Presse-Erzeugnissen wird üblicherweise außer dem Verlag (Firma, Verlagsort) auch ein verantwortlicher Redakteur benannt, bei Büchern ist außer dem Verlag vor allem der Autor oder Herausgeber anzugeben, bei sonstigen Schriften (Flugblättern usw.) ist ggf. außer einer juristischen Person (Partei, Verein usw.) auch immer eine natürliche Person zu nennen.

Imprimatur
- Druckreiferklärung durch den Autor oder den Verlag (gegenüber der Druckerei), letzte Freigabe zum Druck nach Durchsicht der Korrekturfahnen;
- früher auch Bezeichnung für die durch eine offizielle (staatliche oder kirchliche) Zensurbehörde erteilte und im jeweiligen Werk benannte Druckerlaubnis.

Impuls
Stoß bzw. kurzer Stromstoß.

Impulsmodulation
Modulationsart, bei der Informationen durch Impulsfolgen übertragen werden, wie etwa beim → IWV.

Impulswahl
→ IWV.

IMR
Internet Monthly Report, Informationsmedium für die → IRG.

in.
→ *inch.*

inch
Zoll, englische Maßeinheit, entspricht 2,54 cm, wird meist durch das Zeichen " dargestellt oder *in.* abgekürzt. Während bei der Angabe von Diskettengrößen durchaus noch das Zoll-Maß üblich ist, wird die Bildschirmdiagonale bei Computermonitoren in Zentimeter gemessen (oder, bei Zoll-Angabe, um entsprechende Zentimeter-Angaben ergänzt).

include
- einschließen;
- zitieren (einer Nachricht, vor der eigenen Stellungnahme).

incoming call
ankommender Ruf, durch das RI-Signal (→ *ring indicator*) angezeigter Status einer → seriellen Schnittstelle, der am Beginn des Aufbaus einer Datenübertragungsverbindung steht.

INCOTERMS
International Commercial Terms, international gültige Geschäftsbedingungen.

Indeo
(Intel-Video) von Intel entwickelter Software-Standard für die Kompression/ Dekompression digitaler Videos.

Index
- alphabetisches Stichwortverzeichnis in Büchern;
- ein numerisch geordneter (etwa nach Teile- oder Artikelnummern) oder nach Schlagworten geführter Katalog (der auf weitere Informationen außerhalb des Katalogs, auf bestimmte Artikel, Ersatzteile usw. verweist);

- ein maschinell oder auf Papier geführtes Verweis-Verzeichnis, das Informationen enthält, die auf andere Informationen (die eigentlichen Originaldaten) verweisen, also beispielsweise eine → Indexdatei (im Rahmen einer → Datenbank);
- früher auch Kurzbezeichnung für das von der Katholischen Kirche bis 1966 geführte Verzeichnis verbotener Bücher (lat. *Index librorum prohibitorum*);

Indexdatei
eine Datei mit → Verweisdaten.

Indexdaten
→ Verweisdaten.

index.html
Standardbezeichner für die → *homepage*, die von → HTTP-Systemen automatisch aufgerufen wird, wenn keine (andere) Datei spezifiziert ist (vgl. → URL).

index-sequentiell
index-sequential, siehe → ISAM.

indirekter Zugang
zu einem Netz liegt immer dann vor, wenn ein Rechner nicht auf Dauer im entsprechenden Netz eingebunden ist, also nicht über eine eigene, permanente Hardware-Adresse innerhalb dieses Netzes verfügt. Ist ein PC beispielsweise in einem LAN fest eingebunden, ist der Zugang zum LAN direkt, sein Zugang zum Internet kann jedoch durchaus indirekt sein – meist ist nur ein einziger Rechner des LANs (falls überhaupt) als Internet-Rechner definiert (also als Internet-Host mit einer eigenen IP-Adresse registriert). Der Zugang zu einem Netz per Telefon, also beispielsweise über Internet-Provider ins Internet, ist meist indirekt, da hierbei eine Netzadresse (normalerweise) jedesmal neu und nur vorübergehend vergeben wird (siehe → *dynamic SLIP addressing*).

Individual Network e. V.
als privater Verein organisierter überregionaler → IAP, Oldenburg. http://www .rhein.de/IN/index.html

indoor
im Hause, innerhalb der eigenen vier Wände.

inedited
unveröffentlicht.

INET
- Abkürzung für das Internet;
- von der → ISOC alljährlich abgehaltene Konferenz.

INFO
- Information;
- im → UseNet Bezeichnung der → *news hierarchy*, die Internet-Informationen bereithält bzw. diskutiert.

Infobahn
→ Datenautobahn.

infonaut
Synonym für → cybernaut.

Information Highway
→ Datenautobahn.

Information Super Highway
→ Datenautobahn.

Information Science Institute
→ ISI.

Informationsdienst
ein Unternehmen, das spezielle Informationen (Brancheninfos, Daten zum Börsengeschehen, Unternehmens- oder Personendaten usw.) beschafft und an die Presse oder auch, redaktionell aufbereitet, direkt an Leser oder an Unternehmen verkauft. (Informationsdienste, die allgemein interessierende Nachrichten aller Art sammeln und weiterleiten, nennt man meist Nachrichtenagentur bzw. Nachrichten- oder Pressedienst.)

Informationsfreiheit
das Recht eines Bürgers, sich ungehindert durch staatlichen Eingriff aus allgemein zugänglichen Quellen zu unterrich-

ten (das in Deutschland durch Artikel 5 des Grundgesetzes garantiert wird, siehe → Meinungsfreiheit).

Informationsreduktion
Verringerung des Informationsgehaltes, beispielsweise bei Bildern durch Verringerung des Farbdarstellungsmodus (von 24-Bit auf 8-Bit) oder durch Wahl einer geringeren Auflösung (weniger Bildpunkte) erzielbar; wird meist zur → Datenreduktion eingesetzt und läßt keine Wiederherstellung des Originalzustandes mehr zu.

Informations- und Kommunikationsdienste-Gesetz
→ IuKDG.

Initial
auch Schmuckbuchstabe, typographische Bezeichnung für einen durch seine Größe oder Ausgestaltung (Schnitt, Verzierungen usw.) besonders hervorgehobenen und bisweilen auch aus dem Text herausgerückten oder farbig ausgeführten Anfangsbuchstaben, der einen neuen Textabschnitt (Kapitel, Verse usw.) einleitet (daher in der Regel auch ein Großbuchstabe).

initial conditions
Anfangs-, Ausgangs-, Startbedingungen, ursprüngliche Bedingungen.

Initiative „Schulen ans Netz"
→ Schulen ans Netz.

Initiator
einleitendes Zeichen eines Btx-Befehls (*); Gegenteil → Terminator.

Inlay
siehe → Video-Inlay.

inline graphic
eine in ein HTML-Dokument direkt eingebundene Grafik (im Unterschied zu einer Grafik, die per → Link aufgerufen wird).

Innentitel
die Haupttitel-Seite im Innern eines Buchs.

input
Eingabe; → Dateneingabe.

Integrated Services Digital Network
→ ISDN.

Intel
Integrated Electronics Corporation, US-amerikanischer Mikroprozessor-Hersteller, 1968 gegründet. http://www.intel.com

intelligent assistant
intelligenter → Assistent, ein Programm bzw. eine in größeren Programmen implementierte Funktion zur Unterstützung des Benutzers bei der Erledigung von Standard-Abläufen.

Intel VideoPhone
Software für PC-Videoconferencing nach CCITT H.324-Norm.

intensity
→ Intensität.

Intensität
intensity, meist die Reinheit einer Farbe bzw. ihre Vermischung mit Weiß oder Grau; vereinzelt auch Synonym für die → Sättigung einer Farbe oder auch die → Farbdichte.

interactive session
Dialogverkehr, wechselseitige Kommunikation mit einem Rechner im → *dialog mode*.

interaktiv
- einen Dialog bzw. einen Dialog-Verkehr (siehe → *interactive session*) betreffend;
- bei der Nutzung moderner Medien jene Form des Zugangs zu Informationen, bei welcher der Nutzer den Umfang, die Auswahl und die Reihenfolge der dargebotenen Informationen im Rahmen einer wechselseitigen Kommunikation mit dem Medium jederzeit selbst bestimmt.

interaktives Fernsehen
Konzept für Fernsehen mit Rückmeldung des Zuschauers zum Sender (per Set-Top-Box, Telefonleitung usw.), soll Mitwirkung bei der Gestaltung von Sendungen und die individuelle Programmauswahl ermöglichen. Vgl. → Pay-TV.

Intercom
→ VIAG Intercom.

Interessenvereinigung Deutsches NIC
→ IV DENIC.

interface
→ Schnittstelle.

Interferenz
- Überlagerung von Wellen;
- Sammelbegriff für die bei der Überlagerung von Wellen auftretenden Phänomene. Im Bereich der Schallwellen führt u. a. die Interferenz von Tönen leicht unterschiedlicher Höhe (minimale Frequenz- bzw. Wellenlängenabweichung) zu regelmäßig an- und abschwellenden Klängen (→ Schwebung), durch entsprechende → Phasenverschiebung von Wellen gleicher → Amplitude kann die auch die gegenseitige Auslöschung von Tönen erzielt werden, und durch die Interferenz von Schwingungen mit den Eigenfrequenzen von Objekten (etwa Instrumenten, vgl. → erzwungene Schwingung) läßt sich auch eine → Dämpfung unerwünschter Schwingungen oder eine Verstärkung durch → Resonanz hervorrufen.

Interior Gateway Protocol
kurz IGP, ein → Protokoll, das die Verbreitung von Routing-Informationen innerhalb eines unabhängig betriebenen Netzwerks (→ *autonomous system*) festlegt. Die Verteilung von Routing-Infos beim Routing zwischen mehreren autonomen Systemen wird durch ein → *Exterior Gateway Protocol* (EGP) definiert.

interlaced
(wörtl.: geflochten, gewebt) Halbbild- bzw. Zeilensprungverfahren, Bildschirm-Anzeigemodus, bei dem pro Durchgang nur jede zweite Zeile des Bildschirms vom Kathodenstrahl beschrieben wird (beim nächsten Durchgang werden dann nur die jeweils fehlenden Zeilen bzw. das andere „Halbbild" geschrieben).
Das Verfahren kommt bei Computermonitoren zum Einsatz, wenn die Leistung der Grafikkarte bzw. des Bildschirms nicht für die Produktion einer hohen Auflösung in einem einzigen Durchgang (der sogenannten *non-interlaced*-Darstellung) ausreicht. Bei → NTSC und → PAL wird das Fernsehbild immer aus Halbbildern aufgebaut (dagegen arbeitet → SECAM als *non-interlaced*-Verfahren).
Auch einzelne Grafiken bzw. Bilder können als *interlaced-graphics* aufgebaut werden – vor allem im Online-Betrieb können entsprechend formatierte Bilddateien (GIF-Format) dann schon nach kurzer Zeit wenigstens in gröberer Darstellung gezeigt werden.

International Association of Scientific, Technical and Medical Publishers
→ STM.

International DOI Foundation
internationale Organisation, betreibt das → DOI-System.

Internationale Organisation für Normung
International Standardisation Organization, → ISO.

Internationales Urheberrechtsabkommen
Universal Copyright Convention, kurz *UCC*, siehe → Berner Konvention.

International Federation for Documentation
→ IFD.

International Publishers Organisation
→ IPA.

International Standardisation Organisation
→ ISO.

International Telecommunications Union
→ ITU.

International Telecommunications Union – Telecommunications Standards Sector
→ ITU-TSS.

interner Cache
in der CPU eingebauter Pufferspeicher, → *first level cache*.

internes Modem
ein Modem, das als → Steckkarte direkt in den PC eingebaut wird.
Bei älteren PCs, die nicht mit einer gepufferten → seriellen Schnittstelle (siehe→ UART 16550) ausgerüstet sind, können → externe Modems nicht mit hohen Übertragungsraten (über 2400 Bit/s) betrieben werden; der Einbau eines internen Modems ist daher oft die einfachste Möglichkeit, höhere Datenübertragungsraten zu erzielen (und meist auch kostengünstiger als die Anschaffung einer zusätzlichen Schnittstellenkarte mit schnellem Schnittstellenbaustein und eines externen Modems).

internet
ein als Netz anzusehender Datennetz-Verbund, also ein Meta-Datennetz, das aus mehreren unabhängig voneinander betriebenen Datennetzen (Subnetzen) besteht, die über → *router* untereinander verbunden sind, so daß von jedem Rechner in jedem Netz zu jedem anderen Rechner eine Verbindung hergestellt werden kann. Ein internet als übergeordnetes Netz-der-Netze entsteht dabei (außer durch die physikalische Verbindungen) durch die Verwendung einheitlicher → Protokolle für die Verbindung zwischen den Netzen, also durch standardisierte Methoden des Zugriffs auf Daten und ihres Transports durch das Netz sowie der Adressierung von Ressourcen (Rechnern, Daten) und Teilnehmern. Das weltweit größte internet ist das → Internet.

Internet
bisweilen auch INTERNET geschrieben, das größte → internet, das aus dem → ARPANet entstand und heute die ganze Erde umspannt. Das Internet wird seit 1982 auf Basis der → TCP/IP-Protokolle betrieben; als echter Internet-Host gilt ein Rechner mit einer eigenen → IP-Nummer und der Fähigkeit, über TCP/IP mit anderen Rechnern zu kommunizieren.
1969 wurden die ersten vier Rechner im Rahmen des ARPANet miteinander verbunden, 1989 wurden mehr als 100.000 Rechner im Internet gezählt, und 1996 waren bereits über 9 Millionen Hosts dem Internet angeschlossen (http://www.nw.com/zone/WWW/dist-bynum.html).
Ursprünglich war das Internet als nonkommerzielles Netz im Wissenschaftsbereich genutzt worden, an das sich allmählich einzelne Hobby-Netze und auch schon die ersten Online-Dienste anschlossen. Gewaltigen Aufschwung erfuhr das Internet bzw. die Internet-Nutzung mit der Einführung des → http-Protokolls und der damit hergestellten Verwandlung des Netzes in ein auf einfachste Art und Weise zu durchstreifendes World Wide Web (→ WWW). Wer mit einem Internet-Host eine Verbindung aufnehmen kann und dort auch über eine eigene E-Mail-Adresse verfügt, die ihn im Netz adressierbar macht, ist Internet-User (1997 geschätzt: mehr als 50 Millionen, weltweit).

Internet access provider
→ IAP.

Internet Activities Board
früherer Name des *Internet Architecture Board* (→ IAB).

Internet address
→ *IP address*.

Internet Ad Hoc Committee
→ IAHC.

Internet-Adresse
- die → *IP address* bzw. → DNS-Adresse;
- im erweiterten Sinn jede im Internet verwendete Adresse (u. a. → E-Mail-Adresse, → URL).

Internet Architecture Board
→ IAB.

Internet Archive Listing Service
→ archie.

Internet Assigned Numbers Authority
→ IANA.

Internet café
ein Kaffeehaus (oder auch eine Ecke in einem Café oder Kaufhaus) mit PCs, über die auf das Internet zugegriffen werden kann.

Internet Control Message Protocol
→ ICMP.

Internet Design, Engineering and Analysis Notes
→ IDEAS.

Internet-Draft
→ I-D.

Internet Engineering Planning Group
→ IEPG.

Internet Engineering Steering Group
→ IESG.

Internet Engineering Task Force
→ IETF.

Internet Experiment Notes
→ IEN.

Internet gateway provider
kurz IGP, Synonym für *Internet access provider* (→ IAP).

Internet Monthly Report
→ IMR.

Internet Network Information Center
→ InterNIC.

Internet number
→ IP-Nummer.

Internet Protocol
kurz IP, das in RFC 791 definierte → Protokoll, durch das der Transport von → Datenpaketen (→ Adressierung, → *routing* usw.) im Internet geregelt wird. Die Daten werden im Internet → verbindungslos → paketvermittelt, die Sicherheit der Übertragung wird durch das → TCP (*Transmission Control Protocol*) geregelt (daher die Bezeichnung → TCP/IP). Die (derzeit aktuelle) Version 4 des IP (kurz IPv4 genannt) verwendet Adressen von 4 Byte Länge, die Version 6 (IPv6, auch → IPng genannt, definiert in RFC 1883ff.) adressiert mit 16 Bytes (vgl. → *IP address*).

Internet-Protokoll
- speziell das Internet-Basis-Protokoll, also das → *Internet Protocol* (IP) bzw. das → TCP/IP;
- auch allgemein für irgendein im Internet verwendetes Protokoll (wie etwa → AFTP, → FTP, → HTTP, → IRC, → MAILTO, → POP, → RIP, → SLIP, → TELNET usw.).

Internet provider
→ IAP.

Internet Public Library
→ IPL.

Internet-Registrierung
für die Teilnahme am Internet benötigt jeder Rechner eine individuelle Adresse (→ *IP address*). Die Registierung in einem zentralen *Internet Registry* stellt sicher, daß bei solchen Adressen keine Überschneidungen auftreten und daß die Adressen weltweit abgefragt bzw. konvertiert werden können (siehe → DNS). Die Anmeldung von *Hosts* erfolgt bei der → IANA bzw. einer von ihr beauftragten Stelle, etwa einem nationalen → NIC wie → IV DENIC, oder über → InterNIC.

Internet Registry
kurz IR, → Internet-Registrierung.

Internet Relay Chat
→ IRC.

Internet Research Steering Group
→ IRSG.

Internet Research Task Force
→ IRTF.

Internet Schichtenmodell
Beschreibung des Internets anhand des → *OSI Reference Models*.

Internet service provider
kurz ISP, siehe → *provider*.

Internet-Shopping
Einkauf via Internet, das Gegenstück zum → *electronic commerce*.

Internet Society
→ ISOC.

Internet Society News
vierteljährlich erscheinende Informationsschrift der → ISOC.

Internet-Telefon

- Bezeichnung für alle Verfahren, die es erlauben, über das Internet Ferngespräche zu führen (→ WebCall). Mit entsprechender Ausrüstung ist es möglich, die Audio-Daten zu digitalisieren und via TCP/IP zwischen den Teilnehmern zu übertragen. Dabei fallen (auf beiden Seiten) nur die Kosten für die Online-Verbindung (Ortsgesprächs-Tarif, ggf. Provider-Gebühren) an.
- die Hard- und Software-Ausstattung für ein Telefongespräch via Internet; neben der üblichen Online-Ausstattung (PC, schnelles Modem, Kommunikationsprogramm) sind → Soundkarte und Mikrofon/Lautsprecher und ein Internet-Telefon-Programm erforderlich.

Internet tools
Internet-Werkzeuge, Bezeichnung für auf dem → Provider-Rechner zur Verfügung stehende bzw. im Internet allgemein verfügbare → Dienste wie → archie, → ftp, → gopher, → http, → mailto, → news, → telnet, → veronica, usw.

internetwork
ein → *internet*, also verschiedene über → *router* verbundene Netzwerke.

Internetwork Packet Exchange
kurz IPX, ein proprietäres Protokoll von → Novell zur internet-Verbindung von LANs (Datenpaketgröße 512 Bytes, bei LIPX 1024 Bytes).

internetworking
Netzwerkverbund, Zusammenschluß mehrerer eigenständiger Datennetze zu einem gemeinsamen Datennetz.

internetworking elements
Hard- und Softwareeinrichtungen, die das → *internetworking* ermöglichen.

InterNIC
Internet Network Information Center, die seit April 1993 für die weltweite Vergabe von Internet-Adressen (→ *IP address* und Adressierung nach dem → DNS, nur für die nicht nach Länderkennzeichen benannten und nicht vom → FNC überwachten → *top-level-domains* wie .com, .net oder .org.) zuständige Organisation. InterNIC entstand im Rahmen eines Projektes der → NSF und wird von AT&T und Network Solutions betrieben. Seit 1995 werden für die Registrierung jährliche Gebühren erhoben (100 US Dollar für die zwei Jahre gültige Erstregistierung, für jedes weitere Jahr 50 USD). Der Vertrag zwischen NSF und InterNIC läuft 1998 aus, danach wird die Registrierung möglicherweise an andere Firmen vergeben. http://www.internic.net

Interoperabilität
Bezeichnung für die → plattformübergreifende → Kompatibilität eines Software-Produkts.

Interpolation
Errechnung von Zwischenwerten (meist Mittelwerten) aus gegebenen Ausgangswerten (z. B. bei der → Farbinterpolation). Interpolierte Werte liegen immer zwischen schon bekannten Werten – die Errechnung von Werten außerhalb des bekannten Wert-Umfangs (etwa die Fortschreibung bzw. Fortsetzung einer

Zeitreihe in unbekannte Zukünfte) wird Extrapolation genannt.
Bei der → Farbinterpolation bzw. der Interpolation der Auflösung (bei Scannern häufig verwendet) bedeutet Interpolation, daß einem Bild nicht nur physikalisch (tatsächlich) ermittelte, sondern auch viele rechnerisch „geschätzte" Daten zugrundegelegt werden – eine solchermaßen erzeugte Abbildung kann daher u. U. starkes → Rauschen aufweisen.

interpoliert
durch → Interpolation ermittelt.

Interpreter
ein Programm, das den Quellcode von Programmen, die in einer Interpreter-Sprache geschrieben wurden, lädt und interpretiert, d. h. Anweisung für Anweisung in Maschinencode übersetzt und sofort ausführt. Neben dem DOS-Kommandointerpreter (COMMAND .COM) und den Interpretern verschiedener Programmiersprachen wie BASIC oder PROLOG sind im weitesten Sinne auch WWW-Browser als Interpreter anzusehen – sie „interpretieren" → HTML-Anweisungen und Sprachen wie → Java oder → ActiveX.

Interpreter-Sprache
eine Programmiersprache, deren Befehle erst während der Laufzeit eines Programms von einem speziellen Programm (dem Interpreter) in Maschinencode übersetzt werden müssen, bevor sie ausgeführt werden können. Programme in einer Interpreter-Sprache sind in der Ausführung langsamer als Programme, die in einer → Compiler-Sprache verfaßt und in sofort lauffähige Programme (Maschinenprogramme) übersetzt wurden. Bei einigen Interpretersprachen wird zur Steigerung der Ausführungsgeschwindigkeit bzw. zur Code-Minimierung zuerst eine Umsetzung des Quellcodes in → Bytecode vorgenommen, so daß nur dieser fertige Bytecode vom Interpreter weiterverarbeitet werden muß (vgl. → Java). Einige Programmiersprachen (etwa BASIC oder PROLOG) sind sowohl als Interpreter- als auch als Compiler-Versionen erhältlich, vereinzelt können auch Programme, die zunächst in einer Interpreter-Umgebung entwickelt wurden, nachträglich compiliert werden. Vgl. auch → Script-Sprache.

Interpunktion
Zeichensetzung, Setzung der Satzzeichen nach den Interpunktionsregeln der jeweiligen Sprache.

Interpunktionszeichen
auch Satzzeichen, alle Zeichen, die im Rahmen einer bestimmten Sprache zur Interpunktion (Zeichensetzung) verwendet werden (Punkt, Komma, Strichpunkt, Doppelpunkt usw. einschließlich Klammern und Anführungszeichen).

interrupt
Unterbrechung eines laufenden Prozesses, die durch einen Hardware-Baustein *(hardware-interrupt)* oder ein Programm *(software-interrupt)* herbeigeführt wird.
Interrupts werden dazu benutzt, auf aktuelle Ereignisse zu reagieren und die einzelnen Komponenten und Abläufe untereinander abzustimmen. Ein spezieller → *Interrupt-Controller* bzw. → *Interrupt-Handler* verwaltet zur Steuerung dieser Abläufe eine Liste *(→ flagregister)*, in die bei jeder auftretenden Unterbrechungsanforderung (→ IRQ) an der entsprechenden Stelle eine Markierung (→ *flag*) angebracht wird. Diese Liste wird ständig abgefragt, bei gesetztem *flag* wird der aktuelle Ablauf unterbrochen, und mit Hilfe einer weiteren Liste (→ Interruptvektortabelle) wird auf die gewünschte → Interruptroutine verzweigt. Nach Ausführung dieser Routine wird das *flag* wieder gelöscht und der vorige Prozess fortgesetzt.

interrupt-controller
Hardwarebaustein zur Verwaltung von → *interrupts*, leitet durch → IRQs entstehende Anforderungen als Steuersignale an den Prozessor weiter.

interrupt-handler
Programm oder Hardwarebaustein zur Verwaltung von → interrupts.

interrupt request
Unterbrechungsanforderung, → IRQ.

Interruptroutinen
Programme oder hardwareseitige Abläufe, die durch eine Unterbrechungsanforderung (→ IRQ) ausgelöst werden.

Interruptvektor
Adresse der → Interruptroutine, auf die bei einem Interrupt verzweigt wird. Das „Verbiegen“ eines Interruptvektors bedeutet, daß die ursprüngliche Adresse durch eine andere ersetzt wird (wodurch dann beim entsprechenden Interrupt eine andere Interruptroutine durchgeführt wird).

interspace
Zwischenraum.

Intervall
Abstand, Zwischenraum.

Intervallbezeichnungen
in der Musik benennt man die unterschiedlichen Abstände zwischen Tönen bzw. Tonhöhen traditionell mit speziellen Intervallbezeichnungen (die Zahlen geben die Anzahl der Halbtonschritte an):
0 Prime (kein Tonhöhenabstand),
1 kleine Sekunde,
2 große Sekunde,
3 kleine Terz,
4 große Terz,
5 Quarte,
6 übermäßige Quarte oder ver minderte Quinte,
7 Quinte,
8 kleine Sexte,
9 große Sexte,
10 kleine Septime,
11 große Septime,
12 Oktave,
13 kleine None,
14 große None,
15 kleine Dezime,
16 große Dezime.

Intranet
globales, regionales oder lokales internes Datennetz eines Unternehmens, einer Behörde oder einer sonstigen Institution, das mit denselben Übertragungsprotokollen (→ TCP/IP), Netzbestandteilen und → Diensten (→ E-Mail, → WWW usw.) wie das Internet betrieben wird. Die Internet-Technologie bietet eine weltweit standardisierte Verbindung → heterogener und/oder räumlich weit verteilter Systeme und kann vor allem aufgrund der großen Verbreitung von preiswerten Internetdiensten und Internet-Anwendungen (Server, Browser etc.) zu Kostenvorteilen gegenüber anderen Lösungen führen.

Into the Room
wörtl. ins Zimmer hinein, siehe → *immersion.*

Inversion
Umkehrung, Vertauschung, beispielsweise der Zeichen- oder Wortreihenfolge, oder der Darstellung von Zeichen auf dem Bildschirm (Schwarz/Weiß-Umkehrung).

I/O
Input/Output.

I/O-Adresse
Eingabe/Ausgabe-Adresse, siehe → I/O-Port.

Iomega
Hardware-Hersteller (spezialisiert auf Peripheriegeräte wie Bernoulli-Wechselplatten-Laufwerke, ZIP-Drive usw.); http://www.iomega.com

I/O-Port
auch I/O-Adresse, Bezeichnung für einen aus mehreren Bytes bestehenden reservierten Speicherplatz innerhalb einer im

RAM eines PCs angelegten Tabelle, der zur indirekten Kommunikation der CPU mit der Peripherie oder einzelner Peripheriekomponenten untereinander benutzt wird.
Den einzelnen, einfach nur durchnumerierten I/O-Ports sind bestimmte Geräte zugeordnet, die nicht direkt angesprochen werden, sondern nur über die ihnen zugewiesenen I/O-Ports Daten erhalten oder senden können – Daten für einen Drucker werden also zuerst in den zuständigen I/O-Port geschrieben, dort von der Parallel-Schnittstellen-Hardware abgeholt und schlußendlich an den Drucker geleitet. Da diese Zuordnung von Geräten zu Ports von allen Seiten her identisch sein muß, müssen neu zu installierende Komponenten (Steckkarten) daraufhin überprüft werden, ob die auf der Karte eingestellte Port-Zuordnung mit der vom System gerade vorgenommen Zuordnung (also z. B.: I/O-Port 9 = Soundkarte) jeweils übereinstimmt. Meist lassen sich die Einstellungen zumindest auf einer Seite verändern (auf Karten-Seite per Jumper, auf PC-Seite beispielsweise durch den Gerätemanager unter Windows 95). Bei sog. → Plug-and-Play-Karten wird (theoretisch) der jeweilige Gerätetyp vom PC identifiziert, ihre Port-Adressierung wird ebenfalls erkannt und die des PCs automatisch passend zugeordnet.

IP
→ *Internet Protocol.*

IPA
International Publishers Organization, Internationaler Verleger-Verband. http://www.ipa-uie.org

IP address
IP-Adresse, die in RFC 791 festgelegte 4-Byte-Adresse im Rahmen des → *Internet Protocols* (IP). Jeder Internet-Host muß als ein solcher registriert sein, er erhält dabei eine eindeutige *IP address* zugewiesen. Jedes Datenpaket, das einem solchen Rechner über das IP zugesendet wird, enthält im *header* die IP-Adressen des Absenders und des Empfängers, die den jeweiligen *host* genau spezifizieren und so das → *routing* überhaupt erst ermöglichen. Die einzelnen Bytes der „Internet-Adresse" werden in → Dezimalnotation geschrieben und durch Punkte voneinander getrennt (daher nennt man sie auch *dot address*). Die heute fast ausschließlich verwendeten alphanumerischen → DNS-Adressen müssen für das → *routing* immer zuerst in IP-Adressen umgesetzt werden. Durch die gewaltige Ausdehnung des Internets in den letzten Jahren werden die IP-Adressen knapp, in der zukünftigen Version 6 des IP (IPv6) werden daher 16 Bytes (128 Bit) zur Adressierung verwendet werden.

IP-Adresse
→ *IP address.*

IP Aliasing
über Netzwerk-Betriebssysteme bzw. WWW-Server-Programme realisierbare Funktion, bei der einem Rechner über das → DNS gleich mehrere IP-Adressen (→ *IP address)* zugewiesen werden können, so daß auf ihm auch mehrere Internet-Server (sogenannte → virtuelle Server) zur gleichen Zeit betrieben werden können.

IP datagram
kurz → *datagram,* ein → Datenpaket nach *Internet Protocol*-Spezifikation.

IPDU
Internet Protocol Data Unit, siehe → PDU.

IPL
Internet Public Library, eine aus einem Studenten-Projekt an der *School of Information (University of Michigan)* 1995 hervorgegangene öffentliche Institution, die sich als virtuelle Bibliothek für Internet-User versteht. An der IPL werden nicht → Etexte erfaßt, sondern Kata-

loge mit Referenzen (Links) auf Standorte elektronischer Bücher geführt (die Kataloge umfassen zum größten Teil → gemeinfreie Werke der Literatur, öffentliche Schriften von staatlichen Institutionen, etc.). http://www.ipl.org

IPng
→ *Internet Protocol Version 6,* (Spitzname „*next generation*").

IP-Nummer
eine nach dem *Internet Protocol* spezifizierte Nummer bzw. Adresse eines Rechners in einem Netz. Da solche Nummern auch in → Intranets verwendet werden, gilt eine IP-Nummer nur dann als → Internet-Adresse, wenn sie auch als offizielle → *IP address* registriert wurde.

IPv4
→ *Internet Protocol Version 4,* die derzeit im Internet verwendete Version des IP.

IPv6
→ *Internet Protocol Version 6,* die zukünftige Version des IP.

IPX
→ *Internetwork Packet Exchange.*

IR
Internet Registry, → Internet-Registrierung.

IRC
Internet Relay Chat, u. a. auch *party line* oder Quasselbude genannt, das Internet-Protokoll bzw. der Dienst (→ *IRC Server* bzw. → *IRC Client*), der die Online-Unterhaltung zwischen mehreren Usern ermöglicht (vgl. → Chatten, → *newsgroup*).
Eine Unterhaltung findet schriftlich (in Echtzeit) statt und wird über meist nach Themen benannte Kanäle (→ *channels*) abgewickelt, die von irgendeinem Benutzer (vgl. → *channel operator*) geöffnet werden und meist so lange offen bleiben, bis der letzte Teilnehmer den Kanal verläßt (über → ircbots ist es auch möglich, Kanäle permanent offenzuhalten).

ircbot
IRC-Roboter, ein Programm, das im → IRC bestimmte Dienste ausführt (Kanäle offenhalten, Datentransfer etc.).

IRC Channel
thematisch eingegrenztes Unterhaltungs-Forum im → IRC. Ein WWW-Übersicht bekannter *Channels* kann man u. a. unter folgender Adresse finden: http://urth .acsu.buffalo.edu/irc/WWW/ircdocs.html

IRC Client
ein Programm, das den Zugang zu einem → *IRC Server* bzw. das → Chatten ermöglicht.

IRC-Kommandos
Chatten wird heute meist über eine Werkzeugleiste (bei den weitverbreiteten IRC-Clients unter Windows) gesteuert, man kann jedoch auch Kommandos eingeben, die durch einen vorangestellten Schrägstrich als Befehle markiert werden. Eine Übersicht über verfügbare Kommandos erhält man durch Eingabe von /help.

IRC-Netz
ein Netzwerk, das IRC-Service anbietet, u. a. → EFNet, → IAONet, → IdealNet, → Undernet.

IRCOP
IRC Operator, der Betreiber eines → *IRC-Servers.*

IRC Server
ein *IRC-Server*-Programm bzw. der *host,* auf dem dieses Programm läuft. *IRC-Server* sind im jeweiligen Netz untereinander verbunden, die *IRC-Channels* sind daher netzweit erreichbar. Zur Einwahl sollte nach Möglichkeit der geographisch nächstgelegene *host* benutzt werden.

IrDA
Infrarot-Datenaustausch, eine Infrarot-Schnittstelle zum Anschluß von Peripheriegeräten (Maus) oder für die Kopplung von PCs untereinander.

IRQ
Interrupt Request, Unterbrechungsanforderung (wird gefolgt von der Nummer der jeweiligen Unterbrechung), das im Zusammenhang mit → *interrupts* benützte Signal.

IRQ-Konflikt
ein Fehler, der vorwiegend bei bzw. nach der Installation einer neuen Komponente auftritt: verschiedene Anwendungen bzw. Geräte versuchen, denselben → *interrupt* zu benützen (Soundkarte, Maus, Modem usw. kommen sich gegenseitig in die Quere). In den meisten Fällen kann eine Änderung der Setup-Einstellungen, eine Änderung der Einträge in den jeweiligen Konfigurationsdateien (win.ini, system.ini, config.sys, usw.), oder auch eine Neuinstallation der jeweiligen Treiber den Fehler beheben.

IRSG
Internet Research Steering Group, die administrative Leitung der → IRTF.

IRTF
Internet Research Task Force, eine dem → IAB unterstellte Internet-Forschungsgruppe (ähnlich der → IETF), die sich mit der langfristigen Weiterentwicklung des Internet beschäftigt.

ISA-Bus
Industry Standard Architecture-Bus, Industriestandard-Bus, auch AT-Bus, inzwischen veraltetes → Erweiterungsbus-System.

ISAM
index-sequential access mode, indexsequentielles Zugriffsverfahren. Bei diesem Standard-Verfahren der Organisation von (und des Zugriffs auf) Datenbank-Daten werden die eigentlichen Inhalte der Datenbank (oder bestimmte, ausgewählte Felder der jeweiligen Datensätze) in einer bestimmten Reihenfolge nacheinander (sequentiell) abgelegt (häufig einfach in der Reihenfolge der Dateneingabe). Zusätzlich werden sogenannte Indexdateien angelegt, in denen einzelne Datenfelder (oder Duplikate von Datenfeldern) in stets aktuell sortierter Reihenfolge vorliegen, wobei jeweils „Zeiger" auf die anderen Daten (die Adressen bzw. Reihenfolge-Nummern der Datenbank-Sätze) mitgeführt werden. Der Zugriff auf die Daten erfolgt dann über den Index auf die sequentiell gespeicherten Inhalte.

ISAPI
Internet Server Application Programming Interface, ein von Microsoft und Process Software entwickelter Standard zur Kopplung von Server-Software und externer Software, Alternative zu → CGI.

ISBD
International Standard Bibliographic Description, international genormtes System zur Erfassung bibliografischer Angaben (Titelerfassung), wird seit 1969 in Bibliotheken und im Buchhandel verwendet.

ISBN
International Standard Book Number, Internationale Standard-Buchnummer, eine aus zehn Ziffern zusammengesetzte genormte Kennzahl, die vom Verlag für ein Buch gewählt wird und numerische Kürzel für Sprachgruppe, Verlag und Buchtitel sowie eine Prüfziffer umfaßt.

ISDN
Integrated Services Digital Network, digitale Dienste integrierendes Kommunikationsnetz, im Unterschied zum herkömmlichen (analogen) Telefonnetz digital betriebenes Netz zur Übertragung von Sprache oder beliebigen Daten. Ne-

ben Telefonen können damit auch beliebige sonstige Geräte zur Datenübertragung untereinander verbunden werden. Das in Deutschland von der Deutschen Telekom betriebene ISDN entspricht seit 1994 dem → Euro-ISDN und arbeitet mit einer Übertragungsgeschwindigkeit von 64 Kbit/s, mit → Kanalbündelung und → Datenkompression können bis zu 300 Kbit/s erreicht werden.

ISDN-Anschluß
unterschieden werden → ISDN-Basisanschluß (2 Nutzkanäle, 1 Steuerkanal) und → Primärmultiplexanschluß (bis zu 30 Nutzkanäle und ein Steuerkanal).

ISDN-Anschlußeinheit
→ IAE.

ISDN-BA
→ ISDN-Basisanschluß.

ISDN-Basisanschluß
auch S_0-Anschluß, beim Anwender installierte Schnittstelle (NT, → *Network Terminator*, mit → S_0-Schnittstellen) für den Zugang zum ISDN-Netz der Telekom, umfaßt drei Kanäle (zwei Nutzkanäle und einen Steuerkanal) und ermöglicht so die gleichzeitige Kommunikation auf zwei Leitungen oder die gemeinsame Nutzung beider Nutzkanäle gleichzeitig (→ Kanalbündelung).

ISDN-Endgeräte
Kommunikationsgeräte (Fax, Telefon, Modem u. a.), die an ISDN angeschlossen werden können. Sie verfügen über eine → Dienste-Kennung und werden über die Mehrfachrufnummer (frühere Bezeichnung: → Endgeräte-Auswahlziffer) direkt angesprochen.

ISDN-Karte
eine PC-Steckkarte, die den Anschluß an ISDN ermöglicht. Aktive ISDN-Karten verfügen über einen eigenen Prozessor, bei passiven Karten muß die → CPU alle Verbindungsaufgaben erledigen.

ISDN-Terminaladapter
auch A/B-Terminaladapter, A/B-Wandler oder TA, Geräte zum Anschluß von Kommunikationsgeräten an die → S_0-Schnittstelle, die eine Signalwandlung (analog/digital) bewerkstelligen sowie die Dienste-Kennung übermitteln.

ISH
Information Super Highway, amerikanisches → Datenautobahn-Modell.

ISI
Information Science Institute, *University of Southern California* (USC, in Marina del Rey), offizielle → IANA-Institution.

ISO
International Standardisation Organization, Internationale Organisation für Normung, Sitz Genf. Nach dem zweiten Weltkrieg als internationaler Zusammenschluß von inzwischen knapp hundert nationalen Normungsinstitutionen (wie etwa → DIN oder → ANSI) aufgebaut, um international gültige Normen zu entwickeln. http://www.iso.ch

ISO 9660
siehe → *Yellow Book*.

ISOC
Internet Society, 1992 gegründete nichtkommerzielle Internet-Gesellschaft, sozusagen Dachorganisation des Internet, unterstützt und betreibt die Weiterentwickung des Internets (legt Standards fest, vergibt Adressen, usw.). Die ISOC wird von einem *Board of Trustees* (Vorstand) mit 15 Mitgliedern (davon 9 US-Amerikaner) geleitet, ist dem → IAB übergeordnet und richtet gemeinsam mit dem → FNC die → IANA ein, veröffentlicht vierteljährlich die *Internet Society News* und hält eine jährliche Konferenz (INET) ab. Die → DIGI ist der deutsche Ableger der ISOC. http://www.isoc.org

isochron
→ synchron.

ISODE
ISO Development Environment, Entwicklungsumgebung für die Verbindung von OSI-Diensten und → TCP/IP.

ISO Development Environment
→ ISODE.

ISONET
World-wide Information Network on Standards, von der → ISO betriebenes weltweites Informationsnetz über Normen.

ISO-Normen
die von der → ISO entwickelten Normen. Außer unter der Adresse der ISO kann man auch über den Server des → DIN Online-Zugriff auf ISO-Normen realisieren (siehe → DIN-Normen). Im Multimediabereich besonders bekannt ist u. a. die Norm ISO 9660 (für CDs).

ISO/OSI Reference Model
→ *OSI Reference Model.*

ISORM
ISO/OSI Reference Model, siehe → *OSI Reference Model.*

ISP
Internet Service Provider, → *provider.*

ISSN
International Standard Serial Number, Internationale Standard Serien-Nummer, die → ISBN-Variante für → Periodika.

IT
Information Technology, Informationstechnologie (alle mit EDV und DFÜ zusammenhängenden Technologien).

ITC
International Trade Commission, Internationale Handelskommission.

ITS
intelligente tutorielle Systeme, also Lehr- bzw. Lernprogramme, die sich generativ und adaptiv verhalten, also Lehrelemente und Lernschritte individuell an den Benutzer anpassen.

ITU
International Telecommunications Union, internationales, den Vereinten Nationen unterstelltes Gremium mit Sitz in Genf, aus der früheren → CCITT hervorgegangen. ITU erarbeitet Empfehlungen für internationale Telekommunikationsstandards. Für die Weiterentwicklung der CCITT-Normen ist die → ITU-TSS zuständig.

ITU-Normen
die von der → ITU-TSS erstellten Normen, meist noch nach dem alten Namen der ITU als → CCITT-Normen bezeichnet.

ITU-TSS
International Telecommunications Union – Telecommunications Standards Sector, die für die Erstellung von Telekommunikationsnormen (ITU-Normen) zuständige Unterorganisation der → ITU.

IUAP
Internet User Account Provider, etwas umständliche Bezeichnung für → *Provider.*

IuD
Information und Dokumentation.

IuK
Information und Kommunikation.

IuKDG
Gesetz zur Regelung der Rahmenbedingungen für Informations- und Kommunikationsdienste, kurz Informations- und Kommunikationsdienste-Gesetz (in den Medien oft auch einfach als Multimediagesetz bezeichnet), in der ersten Fassung im Juni 1997 vom Deutschen Bundestag verabschiedetes und am 1. August 1997 in Kraft getretenes Gesetz-Paket (http://www.bundestag.de/ftp/13182a.zip). Das Gesetz umfaßt u. a.:

- das Teledienstegesetz (kurz TDG), das einheitliche wirtschaftliche Rahmenbedingungen für IuK-Dienste regelt (u. a.: solche sog. → Teledienste sind anmelde- und zulassungsfrei, die rechtliche Verantwortung für selbst produzierte Inhalte der Diensteanbieter liegt bei diesen, für andere über die Dienste verbreitete Inhalte sind sie ggf. verantwortlich, soweit sie von solchen Inhalten Kenntnis haben und es technisch möglich und zumutbar ist, den Zugriff auf diese Seiten zu unterbinden (vgl. → Zensur));
- das Teledienstedatenschutzgesetz (kurz TDDSG), das den Datenschutz bei Telediensten näher bestimmt (u. a.: personenbezogene Daten der Nutzer von Telediensten unterliegen dem – üblichen – Datenschutz, der Nutzer ist vor der Erhebung solcher Daten über Art, Umfang, Ort und Zwecke der Erhebung und weiteren Verwendung solcher Daten zu informieren; die anonyme Inanspruchnahme – und Bezahlung – von Telediensten ist zu ermöglichen; die jederzeitige unentgeltliche Einsichtnahme in die beim Diensteanbieter zu einem Nutzer gespeicherten Daten gehört zu den Rechten des Nutzers; der Bundesbeauftragte für den Datenschutz beobachtet die Einhaltung des Datenschutzes bei Telediensten);
- das Gesetz zur digitalen Signatur (Signaturgesetz, kurz SigG), das Rahmenbedingungen für die Verwendung → digitaler Signaturen schafft (u. a. werden Signaturschlüssel, Signaturschlüssel-Zertifikate und der Umgang mit solchen Zertifikaten, der Betrieb von Zertifizierungsstellen, der Datenschutz im Rahmen der Verwendung digitaler Signaturen und die Verwendung eigener, geprüfter, technischer Komponenten gesetzlich geregelt);
- Änderungen des Strafgesetzbuchs und des Gesetzes über Ordnungswidrigkeiten;
- eine Änderung des Gesetzes über die Verbreitung jugendgefährdender Schriften (u. a.: der Schutz des Gesetzes wird auf die durch IuK-Dienste verbreiteten Inhalte ausgeweitet – insbesonders sind auch elektronisch dargebotene Inhalte, sofern sie inhaltlich mit sonstigen Verbreitungsformen bereits als pornographisch indizierter Schriften übereinstimmen, den einschlägigen Vorschriften unterworfen; von den IuK-Diensteanbietern sind Jugendschutzbeauftragte zu bestellen oder Organisationen zur freiwilligen Selbstkontrolle zu verpflichten);
- eine Änderung des Urheberrechtsgesetzes (u. a.: Ausweitung des Urheberrechtsschutzes auf Sammelwerke und Datenbankwerke; die Schutzfrist für solche Werke wird auf 15 Jahre ab Veröffentlichung bzw. Herstellung festgesetzt);
- eine Änderung der Preisangabenverordnung (im Kern: die laufenden Nutzungskosten sind unentgeltlich gesondert anzuzeigen, wenn per Bildschirmanzeige erbrachte Leistungen nach Zeit- bzw. Nutzungs-Einheiten berechnet werden).

IVD
Integrated-Voice-Data, die gemeinsame bzw. gleichzeitige Behandlung (etwa Übertragung) von Sprache und Daten. Vgl. → DSVD, → DVD.

IV DENIC
Interessenvereinigung Deutsches → NIC, eine der → RIPE zugeordnete Organisation deutscher Provider, der u. a. die Adressvergabe im deutschen Bereich des Internet obliegt. http://www.nic.de/ivdenic.html

I-WAY
→ *Information Highway.*

IWV
Impulswählverfahren. Jeder Ziffern-Taste des Telefons bzw. jeder Ziffer der Wählscheibe ist ein Impulscode zugeordnet, die Übermittlung der gewünschten Telefonnummer erfolgt über elektrische Impulse (die als „Knacken“ hörbar sind). Die meisten Ortsnetze in Deutschland sind auf das Mehrfrequenz-Wählverfahren (→ MFV) umgestellt, das auch international das gebräuchlichere Verfahren ist.

jack

Buchse, Steckdose (*phone jack*: Telefonsteckdose).

jaggies

siehe → *aliasing*.

jam

- Marmelade;
- Durcheinander; Dreck (im PC).

Java

von Sun Microsystems/JavaSoft entwickelte Programmiersprache (Hot Java), mit der eigenständige Programme oder sogenannte → Java-Applets für Internet-Anwendungen erzeugt werden können. Als Script-Variante von Java gibt es → Java Script. Java ist eine Interpreter-Sprache, die inzwischen in allen gängigen Web-Browsern implementiert ist. Eine komplette und überdies selbst in Java geschriebene Entwicklungsumgebung (Java Workshop) kann kostenlos via Internet von Sun bezogen werden, daneben gibt es viele weitere Entwicklungstools. http://www.javasoft.com, http://java.sun.com, ftp://ftp.javasoft.com/pub, http://www.gamelan.com

Java-Applet

ein in → Java geschriebenes und in einen Bytecode übersetztes Programm, das aus einer Web-Page heraus über das Netz geladen wird und vom → WWW-Browser ausgeführt wird. Da die Umsetzung des Java-Bytecodes in den jeweiligen Maschinencode vom Browser übernommen wird, sind die Java-Applets selbst maschinenunabhängig und daher auf allen Plattformen einsetzbar. Für viele Standard-Zwecke stehen bereits fertige, kostenlos nutzbare Java-Applets zur Verfügung. http://www.gamelan.com

Java Beans

Softwaremodell bzw. Komponentenmodell für in → Java geschriebene Software-Komponenten (eines größeren Programmpakets oder eines Betriebssystems).

JavaScript

von → Netscape entwickelte und zuerst nur in → Netscape Navigator implementierte → Script-Sprache auf der Basis von → Java, deren Befehle in → HTML-Dokumente integrierbar sind und inzwischen auch von anderen → Browsern interpretiert werden können. Die Ausführung von Script-Befehlen nimmt mehr Zeit in Anspruch als die Ausführung von Java-Applets (die Interpretation des Applet-Bytecodes geschieht bedeutend schneller), ein Script-Programmcode ist zudem vollständig Bestandteil der *Web-Page* und kann im Quelltext beliebig eingesehen bzw. kopiert und verändert werden. Gerade diese Code-Transparenz ist jedoch vielfach erwünscht. Da der Script-Code ohne viel Aufwand erzeugt werden kann und viele fertige Scripts über das Internet bezogen und frei verwendet werden können, erfreut sich Java-Script einiger Beliebtheit. http://www.gamelan.com

JavaSoft

Tochterunternehmen von → Sun, das mit der Weiterentwicklung und Vermarktung von → Java beschäftigt ist. http://www.javasoft.com

Java VirtualMachine

ein → Interpreter-Programm zur Übersetzung des → Bytecodes von → Java-Applets in → Maschinencode. Eine Java VirtualMachine ist meist kein eigenständiges Programm, sondern in einem → Browser oder in einem Betriebssystem (etwa → OS/2 Warp 4) integriert.

JEIDA

Japanese Electronics Industry Development Association, Verband der japanischen Elektronik-Industrie.

Jewel-Case
vereinzelt auch *jewel-box*, die für den Verkauf bzw. die Aufbewahrung von CDs verwendete Plastik-Verpackung.

jiffy
→ Halbbild.

jitter effect
(wörtl. Zitter-Effekt) zeitliche Versetzung von Signalen bei der Datenübertragung, häufig durch zu lange Übertragungswege entstanden, bei CDs auch durch Erschütterungen des Laufwerks beim Lesen oder durch Verformungen der CD hervorgerufen. Bei CD-Laufwerken führen *jitters* meist zur Meldung eines Lesefehlers (Zeitüberschreitung).

job
auszuführende Anweisung bzw. Programm (auf Betriebssystemebene).

Joint Pictures Experts Group
→ JPEG.

joker
Bezeichnung für das Zeichen *.

Jokerzeichen
alle Zeichen, die als Platzhalter für andere Zeichen oder Zeichenketten eingesetzt werden können, also *?~.

Joliet
Erweiterung des ISO 9660-Standards, in der → TOC einer CD sind 64 Byte lange Dateinamen unter Benutzung beliebiger Zeichen erlaubt.

Journalist
Urheber von Bild- oder Textbeiträgen, syn. zu → Redakteur oder → Reporter.

joystick
Steuerknüppel (der Begriff stammt aus der Fliegerei und wird oft wörtlich, aber falsch mit Freuden-Stab, Spaß-Stecken usw. übersetzt), ein an den → Gameport anschließbares Eingabegerät für die Bedienung von Computerspielen (seltener auch für ernsthafte Zwecke – etwa Maschinensteuerung – eingesetzt).

JPEG
Joint Photographic Experts Group

- ein aus ISO- und ITU-Mitgliedern bestehendes Gremium zur Erarbeitung von Grafik-Normen; http://www.jpeg.org
- ein Codierungs- bzw. Kompressionsverfahren, das von diesem Gremium erarbeitet wurde und vor allem im → WWW häufig genutzt wird. Abbildungen werden beim JPEG-Verfahren in Pixel-Quadrate einheitlicher Größe aufgeteilt, je nach Wahl dieser Größe kann eine hohe Kompression (bei entsprechender → Informationsreduktion) erzielt werden. Bild-Dateien, die nach diesem Standard codiert sind, werden (nach ihrer → *extension*) auch → JPG-Dateien genannt.

JPG
Dateiendekennung für Bild-Dateien, die nach dem → JPEG-Verfahren komprimiert wurden.

jugendgefährdende Schriften
Druckerzeugnisse, die von der Bundesprüfstelle für jugendgefährdende Schriften indiziert wurden, da sie Kinder und Jugendliche sittlich gefährden; sinngemäß übertragen auch auf Inhalte von Online-Angeboten anwendbarer Begriff.

Jumper
eine kleine Steckbrücke (meist als ein miniaturisierter Stecker ausgelegt), über die Kontakte auf elektronischen Bauteilen miteinander verbunden werden.

Jungfer
auch Jungfrau, engl. jedoch *clean proof* (sauberer Abzug), Begriff aus der Setzersprache für eine fehlerfrei gesetzte Seite bzw. eine Korrekturfahne, die keine Satzfehler aufweist (eigentlich nach lat. *immaculata*, die Reine, Fehlerfreie, im Katholizismus auch Beiname für Maria, die „heilige Jungfrau").

K
→ Kilo.

Kabeltypen
siehe → Glasfaserkabel, → Koaxialkabel, → *Twisted Pair*.

Kabelverlust
cable loss, die im Übertragungskabel erfolgende Abschwächung der Signale, vgl. → Dämpfung.

Kalligraphie
die Schreib- bzw. Schönschreibkunst.

Kanal
→ *channel*.

Kanalbündelung
channel bundling, Mehr- bzw. Zweikanalbetrieb, beispielsweise die Zusammenfassung beider ISDN-B-Kanäle zur Erzielung einer höheren Datenübertragungsrate. ISDN-Kanalbündelung ergibt bei der bloßen Datenübertragung (etwa beim Online-Surfen) nur dann eine Halbierung der Übertragungszeit bzw. eine Verdoppelung der Datenübertragungsrate, wenn auch genügend Daten für die Sendung bereitstehen bzw. in angemessener Zeit empfangen werden können, ansonsten wird das Verfahren hauptsächlich zur gleichzeitigen Bild- und Ton-Übertragung (etwa beim Bildtelefon) oder für Videokonferenzen usw. genützt.

Kapitälchen
Großbuchstaben, die von der Höhe der Mittellänge von Kleinbuchstaben sind; bei der Schreibung mit Kapitälchen werden diese anstelle von Kleinbuchstaben verwendet. Außer zur Auszeichnung werden Kapitälchen bisweilen auch eingesetzt, um den typographischen Gesamteindruck bei in den Text eingestreuten längeren Akronymen (ab 4 Buchstaben) oder üblicherweise versal geschriebenen Marken- oder Firmennamen zu verbessern.
Außer durch Großschreibweise und Text-Formatierung in entsprechend kleinerem Schriftgrad lassen einige Textverarbeitungsprogramme auch die direkte Formatierung als Kapitälchen zu – dabei ist es dann jedoch erforderlich, den Text in normaler (Groß- und) Kleinschreibweise zu schreiben und anschließend mit dem Kapitälchen-Attribut zu versehen (aus isdn wird also ISDN – in Großbuchstaben ISDN).

Kapitel
ein in sich abgeschlossener Textabschnitt (als Gliederungseinheit eines größeren Werks).

Karaoke
aus Japan stammender Brauch, unter Benutzung eines (meist ebenfalls von dort stammenden) umfangreichen technischen Equipments zu Playback-Musik zu singen, wobei der Text des Musikstücks synchron zur Musik auf einem Bildschirm eingeblendet wird und von dort abzulesen ist.
Die Herkunft des Brauchs liegt ebenso wie sein Sinn weitgehend im Dunkeln – einige europäische Beobachter meinen jedoch, daß es sich bei Kara-oke um eine aus dem Bereich der psychologischen Kriegsführung stammende Variante des Kara-te handeln könne.

Kartellgesetz
→ GWB.

KB
→ Kilobytes; selten auch → *keyboard*.

KBD
→ *keyboard*.

KBit/s
Kilobit (1024 Bit) je Sekunde, wird zur Angabe der → Datenübertragungsrate

oder des höchstmöglichen Datendurchsatzes (der in einem Medium oder mit einem Modem erzielbar ist) verwendet.

KBPS
→ KBit/s.

KBS
→ KBit/s.

KBytes
→ Kilobytes.

Kegel
Schriftkegel, im Bleisatz Bezeichnung für die seitliche Länge einer → Letter (bisweilen größer als der → Schriftgrad, da aus technischen Gründen manche Schriften auf größerem Kegel gegossen wurden – also etwa 9p-Schrift auf 10p-Kegel); heute manchmal als Synonym für den Schriftgrad verwendet, also die Größe einer Schrift von den Unterlängen bis zu den Oberlängen der Buchstaben.

Kelvin
Maß für die → Farbtemperatur.

Kermit
ein Programm bzw. Modem-Protokoll für die Übertragung binärer Dateien, entwickelt an der Columbia Universität (NY). Es ist praktisch auf allen Rechnern bzw. Hosts verfügbar, wird heute jedoch meist durch schnellere Verfahren (→ Xmodem, → Z-Modem) ersetzt.

kernel
der Kern, die elementaren Funktionen des → Betriebssystems (bei UNIX-Systemen). Vgl. → *shell.*

Kerning
→ Unterschneiden.

key entry
Tastatureingabe.

keyboard
Tastatur.

kHz
Kilohertz (1000 Hz), Frequenzmaß (1000 Schwingungen pro Sekunde).

KI
→ Künstliche Intelligenz.

killer application
Killer-Anwendung, Bezeichnung für Programme oder aufwendig gestaltete *homepages,* durch die der Rechner des Benutzes oder Datenübertragungswege so überlastet werden, daß es zum Systemabsturz oder zum Netzzusammenbruch kommt.

killfile
Filter-Datei im USENET. Einträge in diese Datei führen zum Ausschluß von E-Mails oder Nachrichten (die mit bestimmten Schlüsselworten, von definierten Absendern usw. ankommen).

Kilo
Mengenangabe (1000), als Kilobytes 1024 Bytes.

Kilobit/s
→ KBit/s.

Kilobytes
1024 Bytes.

KIS
→ *knowbot.*

KIT
„Kernsoftware für Intelligente Terminals", ein Btx-Standard (Btx Plus) für die Darstellung von Bildschirmseiten. Bei einer Sitzung werden für den Bildaufbau nur noch die Daten angefordert, die noch nicht auf dem Client-Rechner vorliegen. Die Technik kann u. a. auch dazu benützt werden, Grafiken oder andere dauerhaft verwendbaren Daten via CD-ROM zu verteilen und nur variable Daten aus dem Netz dazuzuladen – so lassen sich beispielsweise Preislisten für Produktkataloge aktuell aus dem Netz abfragen,

während die Produktdarstellungen und Produktbeschreibungen auf einer CD-ROM verfügbar sind.

Klammeraffe
das Zeichen @ (→ *commercial at*).

Klang
(in der Musik meist: Ton) eine auf Schall (→ Schallwellen) beruhende, für Menschen hörbare → Schwingung bzw. ein Gemisch aus solchen Schwingungen. Schwingungen werden üblicherweise als → Wellen dargestellt, sie können periodisch (in regelmäßiger Wiederholung) oder nichtperiodisch auftreten und sich in der Mischung addieren oder in anderen Formen überlagern. Natürliche Klänge sind immer Mischungen aus verschiedenen Einzelschwingungen, die als solche (in „reiner" Form, also als → Sinusschwingungen) in der Natur zwar nicht auftreten, jedoch mathematisch analysierbar sind.
Die Lautstärke eines Klangs wird durch die Amplitude der gesamten Welle (die Höhe des Wellenbergs) angezeigt, die Tonhöhe als Frequenz des Grundtons angegeben (bisweilen jedoch auch als Wellenlänge; eine höhere Frequenz bzw. kürzere Wellenlänge bezeichnet einen „höheren" Ton). Die → Klangfarbe wird durch die spezielle Zusammensetzung des Klangs aus einzelnen Schwingungen bzw. Teiltönen bestimmt. Als Tondauer bezeichnet man die Dauer der Hörbarkeit eines Klangs, sie wird meist in Millisekunden, in der Musik häufig auch in Notenlängen, angegeben. Ein spezifischer → Klangcharakter (Klangdynamik) ergibt sich durch die wellenförmige Änderung der Lautstärke des Klangs (wellenförmiges An- und Abschwellen der Amplitude), die aus der spezifischen Art der Überlagerung der Teiltöne (siehe. → Interferenz, → Phasenverschiebung; vgl. auch → Schwebung) zustandekommt. Der Klangcharakter läßt sich in der → Hüllkurve darstellen.

Klangcharakter
auch Klangdynamik, die spezielle Ausbildung des in der → Hüllkurve darzustellenden Verlaufs der Klang-Amplitude, also die jeweiligen Lautstärke-Änderungen während der Tondauer eines → Klangs. Die Dynamik bzw. der spezielle Charakter eines Klangs kommt durch die additive Überlagerung der einzelnen Schwingungen oder Teiltöne zustande (vgl. → Interferenz, → Klangfarbe, → Phasenverschiebung).

Klangdynamik
Synonym für → Klangcharakter.

Klangerzeugung
kurz für → elektronische Klangerzeugung, manchmal auch Synonym für → Synthese.

Klangfarbe
auch Klangvolumen, Begriff für die Zusammensetzung eines Tons bzw. → Klangs aus einzelnen → Teiltönen. Setzt sich ein Klang nur aus Teiltönen zusammen, die der → Tonleiter entstammen, wird auch der Begriff „Tonumfang" verwendet.

Klangvolumen
synonym zu → Klangfarbe.

Klassik
klassische Musik (im Unterschied zu Pop usw.).

klassische Musik
→ Klassik.

Kleinbuchstabe
lower case character oder *lower case letter*, bisweilen auch *einfach small character* bzw. *small letter;* in der Setzersprache werden Kleinbuchstaben meist Gemeine oder Minuskeln genannt.

klicken
kurz die Maustaste drücken; vgl. → anklicken.

KNO
Koch, Neff & Oetinger & Co. GmbH; größtes → Barsortiment in Deutschland.

Inzwischen unterstützt KNO auch, in Zusammenarbeit mit über 400 Sortimentern, *electronic homeshopping,* also die (private) Buchbestellung bzw. den Bücherkauf via Internet. (Die über den KNO-Server bestellten Bücher werden dabei vom lokalen Buchhandel ausgeliefert.) http://www.buchkatalog.de

Knoten
→ *node,* → PSN.

knowbot
- *knowledge robot,* wörtl. „Wissens-Roboter", allgemein für ein Internet-Suchprogramm, das Informationen im Netz anhand vorgegebener Kriterien aufspürt;
- geschützter Programmname für die Suchmaschine der *Knowbot Information Services (Corporation for National Research Initiatives).*

Koax
→ Koaxialkabel.

Koaxialkabel
ein Kabel aus einem Leiter, der von einer Isolierung, einem weiteren Leiter (zur Abschirmung) und einer weiteren Isolierung umschlossen ist. Solche Kabel sind wenig anfällig für Störungen und werden u. a. für → LAN-Verbindungen (etwa → Ethernet) verwendet.

Kobold
sprite, unter Macromedia → Director die aktuelle Realisierung eines → Darstellers (eines Daten-Objektes) auf der Bühne bzw. auf dem Bildschirm.

Kodak
Kamera- und Filmhersteller, http://www .kodak.com

Kodak Photo-CD
→ Photo-CD.

Kode
→ Code.

Kollision
→ *collision,* Zusammenstoß.

Kollisionserkennung
collision detection, Erkennung von Datenpaket-Zusammenstößen und Rückmeldung an die betreffenden Sender, die das Paket nach einer kurzen Pause (mit zufälliger Dauer) erneut senden; vgl. → CSMA/CD. Kollisionen können auftreten, wenn zwei Stationen (bei freier Leitung) gleichzeitig zu senden beginnen.

Kollisionsvermeidung
collision avoidance, Vermeidung von Datenpaket-Zusammenstößen in Netzwerken: jede Station überprüft vor dem Senden den Leitungsstatus und sendet nur dann, wenn gerade keine Datenpakete von anderen Stationen unterwegs sind; vgl. → CSMA/CA.

Kolonel
Bezeichnung für einen → Schriftgrad (7p).

Kolophon
ein am Ende (anstatt auf oder nach der Titelseite) eines Werks angebrachtes → Impressum.
Die moderne Variante ist die am unteren Ende einer *homepage* angebrachte E-Mail-Anschrift des *sysops* oder *postmasters,* oder ein Link (in ca. 98% aller bekannten Fälle als ein Knopf mit der Aufschrift ABOUT – oder sogar ABOUT ME – dargestellt, ansonsten ebenso einfallsreich INFO) zu einer Seite mit Angaben über den Verfasser der Seite, oder über den Verein, die Organisation, den Vorstand eines Unternehmens usw., die die *page* herausgeben.

Kolumnentitel
Überschrift einer Buchseite, ausgeführt als → lebender Kolumnentitel (veränderlich, innerhalb des → Satzspiegels) oder → toter Kolumnentitel (unveränderlicher Inhalt, außerhalb des Satzspiegels).

In Textverarbeitungsprogrammen werden Kolumnentitel üblicherweise über die → Kopfzeilen-Funktion realisiert.

Kolumnenziffer
bei einspaltigen Layouts Synonym für die → Pagina, bei mehrspaltigen Werken (selten) auch eine über oder unter der Spalte angebrachte fortlaufende Spalten-Nummer.

Komfortanschluß
ISDN-Anschluß mit zusätzlichen Leistungen.

Kommandointerpreter
auch Befehlsprozessor, ein → Interpreter-Programm auf Betriebssystem-Ebene. Auf PCs ist COMMAND.COM (unter DOS) ein solcher Interpreter, der Betriebssystemkommandos von der Tastatur einliest, aus → *batch files* übernimmt oder von Anwendungsprogrammen erteilt bekommt und ausführt. Bei UNIX-Systemen wird der Kommandointerpreter als → *shell* oder *command shell* (csh) bezeichnet.

Kommandozeile
Eingabezeile.

Kommentar
→ *comments*; → *followup*.

Kommunikation
- der Austausch von Informationen;
- kurz für → Telekommunikation (→ Datenübertragung).

Kommunikationsprogramm
- ein Programm, das den Datenaustausch bzw. die Datenübertragung steuert;
- ein → Terminalprogramm.

Kommunikationsprotokoll
synonym zu → Übertragungsprotokoll.

Kommunikationsschicht
session layer, die 5. Schicht des → *OSI Reference Model*.

kompatibel
passend, vereinbar, verträglich; bei Hardware Bezeichnung für das Zusammenpassen verschiedener Komponenten zueinander bzw. ihre Austauschbarkeit untereinander, bei Software die Fähigkeit von Programmen, die Daten anderer Programme (oder wenigstens die aus eigenen Vorgänger-Versionen) verarbeiten zu können oder auch die Möglichkeit, innerhalb eines bestimmten Betriebssystems ablaufen zu können.
Abwärtskompatibel bedeutet Kompatibilität zu früheren (meist im Funktions- oder Leistungsumfang „kleineren") Geräten oder Programmen, von Aufwärtskompatibilität wird gesprochen, wenn die entsprechenden Bauteile oder Programme Möglichkeiten für zukünftige Aufrüstung bzw. Erweiterungen vorsehen.

Kompatibilität
Verträglichkeit; Zusammenpassen (verschiedener Komponenten); siehe → kompatibel.

Kompresser Satz
Satz ohne → Durchschuß (Gegenteil: → Splendid).

Kompression
Datenkompression, basierend auf digitalisierten Daten (bei Analog-Signalen nicht möglich);
- Verfahren zur Reduzierung des Umfangs von Dateien, um eine effiziente Speicherung auf Datenträgern oder aber eine Reduzierung des Übertragungsvolumens bei der DFÜ zu ermöglichen. Text-Daten können mittels spezieller Programme (→ Packer) in → Datenformate mit geringerer Redundanz umgesetzt und bei Bedarf wieder vollständig in die Originalformate verwandelt werden (je nach Inhalt, ursprünglichem Datenformat und Kompressionsverfahren kann bis auf 20 Prozent der ursprünglichen Größe komprimiert werden). Bei Bild- oder Videodaten werden meist schon bei der Herstellung der Dateien Kompressions-Ver-

fahren (und häufig auch Verfahren der → Datenreduktion) angewandt, die eine vollständige Herstellung der Ausgangsdaten nicht mehr möglich machen (etwa → JPG oder → MPEG, siehe auch → fraktale Kompression), solcherart vorkomprimierte Dateien lassen sich durch den weiteren Einsatz von Packern auch meist nicht mehr sonderlich verkleinern.

- durch Protokolle festgelegte und in Datenübertragungseinrichtungen (etwa Modems) integrierte Verfahren zur Reduzierung des Umfangs der Datenübertragung (etwa → MNP5, → V.42bis). Bei bereits komprimierten Dateien (ZIP-Files, JPG-Bildern etc.) lassen sich normalerweise keine weiteren Kompressionen vornehmen, die Anwendung eines solchen Modem-internen Protokolls kann im Gegenteil zu einer erheblichen Vergrößerung des Datenvolumens führen und sollte daher ggf. durch entsprechende Steuerbefehle unterbunden werden (MNP5 muß abgeschaltet werden, V.42bis schaltet Kompression ggf. automatisch ab).

Komprimierung
jede Art der → Kompression, bei der keine Informationsverluste entstehen bzw. die Originaldaten wieder vollständig hergestellt werden können.

Konfiguration
Gestaltung, Ausgestaltung; Ausstattung (einer Anlage), Festlegung bzw. Einstellung von Ausstattungsmerkmalen (Treiber, Parameter etc.).

Kontaktraster
ein → Raster, bei dem die Rasterlinien in direktem Kontakt mit der Oberfläche des zu belichtenden Films stehen, so daß (im Gegensatz zum → Distanzraster) keine nennenswerte Lichtstreuung unterhalb des Gitters auftreten kann. Üblicherweise werden Kontaktraster als Folienraster gefertigt (also als Rasterfolien aus Kunststoff, wobei die Gitterlinien auf der Folienunterseite angebracht sind).

Kontern
in der Reprotechnik Bezeichnung für das Herstellen einer seitenverkehrten Abbildung.

Kontext
die Umgebung eines Worts oder eines Satzes, der größere Zusammenhang, in dem eine Textpassage steht bzw. aus dem sie ihren Sinn erhält.

Kontraoktave
siehe → Oktavlage.

Kontrast
der Umfang der Grautöne bzw. Farbhelligkeits-Abstufungen eines Bildes.

Kontrollkästchen
check box, ein als kleines Quadrat gestalteter Auswahlschalter innerhalb einer → *dialog box*, wird ggf. durch ein X als markiert bzw. angeklickt gekennzeichnet. Im Unterschied zu → *radio buttons* können auch mehrere Kontrollkästchen zugleich als markiert gesetzt werden.

Kontrollzeichen
Zeichen, die der Überwachung und Sicherung dienen, etwa Prüfbits bei der Datenübertragung.

Kontur
→ *outline*, → *contour*, Umriß, Schattenlinie, der äußere Rand (Umrandung) einer Fläche bzw. die Kante zwischen hellen und dunklen Partien eines Bildes.

Konus
siehe → Letter.

Konventionen
siehe → netiquette.

Konvertierung
conversion, auch *adaption* oder *transposition*, die Umgestaltung bzw. Umwandlung von Daten oder Dateien in andere Codes oder Formate.

Konzentrator
→ Hub.

Kopfhöhe
siehe → Letter.

Kopfsteg
am oberen Seitenrand befindlicher Steg, der unbedruckte Seitenrand oberhalb des Satzspiegels.

Kopfzeile
am oberen Rand einer Seite plazierter Textabschnitt, in der Regel einzeilig. In der Kopfzeile erscheint meist der → Kolumnentitel und/oder die → Pagina, bei Computer-Ausdrucken auch Datei- und Bearbeitername, URL usw. Da Kopf- und Fußzeilen nicht zum Text zählen und außerhalb des Satzspiegels stehen, werden sie bei Textverarbeitungsprogrammen normalerweise in dem durch Rand oben bzw. Rand unten definierten Bereich und mittels eigener Plazierungsangaben (Abstand vom Seitenrand) eingefügt.

Kopierschutz
siehe → *dongle*, → SCMS.

Kopierverfahren
Sammelbegriff für alle Vervielfältigungsverfahren, die keine → Druckform benötigen und daher nicht zu den → Druckverfahren gezählt werden; im engeren Sinn: Fotokopierverfahren.

Koppler
→ Akustikkoppler.

Korpus
auch Garamond, → Schriftgradbezeichnung (10p).

Korrektor
jemand, der Text bzw. Satz korrigiert (nach Duden, ggf. auch Fachwörterbüchern und individuellen Satzanweisungen).

Korrekturabzug
in Druckereien der nach Abschluß der Satzarbeiten hergestellte Probe-Abzug, der dem Korrektor sowie dem Autor zur Überprüfung des Satzes dient.

Korrekturandruck
Probedruck, der zur Überprüfung des Standes von Text und Bildern und der Farbgebung dient.

Korrekturbogen
Korrekturandruck eines Druckbogens.

Korrekturfahne
Synonym für Korrekturabzug.

Korrekturzeichen
nach DIN 16511 genormte Zeichen und Abkürzungen, die der Kenntlichmachung von Fehlern und der Angabe der ggf. erforderlichen Änderungen im Satz dienen.

Kreuz
das Zeichen #, in der Musik als → Versetzungszeichen für die Verschiebung eines Tons um einen Halbtonschritt nach oben verwendet.

Krypto-Programm
ein Programm zum Verschlüsselung von Daten bzw. Nachrichten (z. B. → PGP).

Kryptographie
technische Verfahren zur Datenverschlüsselung.

Kryptologie
der Wissenschaftszweig, der sich mit Datenverschlüsselung beschäftigt.

KSVG
Künstler-Sozialversicherungs-Gesetz, seit 1983 in Kraft.

Künstliche Intelligenz
kurz KI, Forschungsbereich innerhalb der Informatik, der sich damit befaßt, Maschinen die Verrichtung von Arbeiten beizubringen, zu deren Erledigung übli-

cherweise Menschen benötigt werden, sowie Maschinen mit allgemein „geistigen“ Fähigkeiten wie Mustererkennung, unscharfe Logik usw. zu entwickeln.

Kursivschrift
auch Schrägschrift, eine leicht schräg nach rechts geneigte Schrift, meist zur Auszeichnung von Zitat-Passagen verwendet.

Kurve
kurz für Sinuskurve, siehe → Welle.

Kurznachrichten
→ SMS.

Kurzschrift
Stenographie, Schnellschrift mit speziellen Kurzformen zur Beschleunigung des Schreibens.

KVSt
Knotenvermittlungsstelle.

Kybernetik
die Wissenschaft von der Steuerung und Kommunikation in Lebewesen und Maschinen (frei nach Norbert Wiener), die funktional und behaviouristisch alle organisierten, determinierten oder reproduzierbaren Verhaltensformen untersucht (frei nach W. R. Ashby ergänzt).

L2-cache
→ *second level cache*.

LabCam
eine → WebCam, die ein Labor oder einen Seminarraum einer Universität oder Schule zeigt, etwa http://buckman.pps.k12.or.us/picturecam.html oder http://www.scp.caltech.edu/~mep/WSCP.html. Die erste WebCam überhaupt steht in einem Labor in Cambridge und zeigt den Füllzustand einer Kaffeemaschine an: http://www.cl.cam.ac.uk/coffee/coffee.html

Label
Etikett, Aufkleber; → Markenzeichen.

Ladenpreis
im deutschen Buchhandel durch → Preisbindung verbindlich festgelegt, ansonsten frei festgesetzt; Bücher und Zeitschriften (einschließlich darin evtl. enthaltener Beilagen) unterliegen einem reduzierten Mehrwertsteuersatz.

Lage
ein gefalzter Druckbogen; siehe auch → Schriftlage.

LAN
Local Area Network, lokales Netzwerk von geringer räumlicher Ausdehnung (Abteilung, Gebäude, Grundstück). Vgl. → ARCnet, → ATM, → CDDI, → Cheapernet, → FDDI, → Ethernet; → GAN, → WAN.

Länderkennung
ein geographischer bzw. nach Ländern vergebener → Bereichsname in der → IP-Adresse bzw. → DNS-Adresse. Diese → *top level domain*-Benennung erfolgt im → DNS mit zwei Buchstaben, die den in ISO 3166 definierten Ländercodes entsprechen (ch für Schweiz, au für Austria, de für Deutschland, gb für Großbritannien, usw.).

land
Boden, (Ober-)Fläche; siehe → *Compact Disc*.

Landespressegesetz
presserechtliche Bestimmungen, in der Bundesrepublik Deutschland durch die einzelnen Bundesländer bzw. deren Parlamente erlassen.

landscape
Quer- bzw. Breitformat, das Gegenteil ist → *portrait*.

LAP
Link Access Protocol, Datenübertragungs-Protokoll unter → AppleTalk.

LAPB
Link Access Procedure, balanced, ISO-Datenübertragungs-→ Protokoll für die bitsynchrone Datenübertragung, bei dem Sender und Empfänger gleichberechtigt (*balanced*) sind; meist in Verbindung mit → HDLC implementiert.

Laplink
geschützter Programmname für ein Programm der Firma *Travelling Software*, das die einfache Verbindung zweier PCs via → Nullmodem oder über die parallele Schnittstelle realisiert.

LAPM
Link Access Procedure for Modems, eine Anpassung des LAPB-Protokolls für Modems, wird von CCITT V.42 verwendet.

Laser
Light Amplification by Stimulated Emission of Radiation, wörtl. „Lichtverstärkung durch Anregung der Aussendung von Strahlung“, erzeugt einen stark gebündelten (und unter Umständen hochenergetische) Lichtstrahl einheitlicher Wellenlänge (*laser beam*).

Laserbelichter
ein Filmbelichtungsgerät für die Ausgabe von → PostScript-Daten, das meist mit weitaus höherer Auflösung als ein Laserdrucker arbeitet und für die Herstellung von Druckvorlagen (Filme, Offsetfolien, Fotopapier) eingesetzt wird.

Laserdrucke
- per Laserdrucker hergestellte Drucke beliebiger Art (Büro, privat usw.);
- auch Drucke, die als Vorlagen für die Formherstellung bzw. als per PC und Laserdrucker erzeugter Satz dienen (zur Herstellung von Druckerzeugnissen nach herkömmlichen Druckverfahren);
- im Laserdruckverfahren produzierte professionelle Druckerzeugnisse, solche Drucke werden vor allem im → *Direct Mailing* als personalisierter Anschreiben per Hochleistungslaserdrucker hergestellt, daneben werden aber auch zunehmend kleinste Auflagen von Buchwerken oder Zeitschriften im Rahmen eines → *electronic publishing*-Konzepts als Laserdrucke erzeugt (vgl. auch → *Printing on Demand*).

Laserdrucker
EDV-Ausgabe-Gerät, bei dem das Druckbild (ähnlich wie bei der elektrografischen → Fotokopie) zunächst seitenverkehrt auf einer Trommel entsteht und von dort auf das Papier übertragen wird. Auf der lichtempfindlichen und zunächst einheitlich elektrostatisch geladenen Oberfläche der Trommel führt ein elektronisch gesteuerter Laserstrahl Ladungsunterschiede (Entladungen) herbei, danach wird elektrostatisch gegenteilig geladenes Farbpulver auf die Trommel aufgebracht, wo es nur an den entsprechend geladenen Stellen haftet und so das seitenverkehrte Druckbild erzeugt; dieses Bild wird anschließend auf das ebenfalls elektrostatisch geladene Papier übertragen und durch Hitzeeinwirkung mit dem Papier verbunden. Die Bildauflösung von Laserdrucken liegt derzeit bei 300 dpi und darüber, die Druckleistung reicht je nach Modell von 4 DIN A4-Seiten pro Minute bis zu weit über 10000 Seiten pro Stunde (→ Hochleistungslaserdrucker). Außer zur Erzeugung von → Laserdrucken eignen sich Laserdrucker auch zur Herstellung reproreifer (Papier-) Vorlagen.

Laserdruckverfahren
Druck mit einem → Laserdrucker bzw. → Hochleistungslaserdrucker.

latency
Latenzzeit, Wartezeit, Verzögerungszeit, die Zeit zwischen einer Aktion und einer darauf folgenden Reaktion, vgl. → Laufzeit.

Lauf
→ Schriftlauf.

Laufrichtung
Hauptrichtung des Faserverlaufs in maschinell hergestelltem Papier; bei Breitbahn sind die Fasern parallel zur kürzeren, bei Schmalbahn parallel zur längeren Papierseite ausgerichtet.

Laufweite
Länge eines Wortes oder einer gesetzten Zeile, abhängig von der → Schriftbreite und dem vorgegebenen Abstand zwischen den Buchstaben. Beim Blei- und Fotosatz und einfachen Textverarbeitungsprogrammen kann die Laufweite nur durch Vergrößerung des Buchstabenabstandes (→ Austreiben, → Spationieren, → Sperren) beeinflußt werden, beim Computersatz bzw. bei DTP- oder Textverarbeitungsprogrammen ist durch den Einsatz → vektorisierter Schriften teilweise auch eine (globale) Beeinflussung der Schriftbreite sowie zusätzlich zur Vergrößerung auch eine Verringerung des Buchstabenabstandes möglich (vgl. → Unterschneiden).

Laufzeit
- die Zeitspanne, die ein Signal oder ein → Datenpaket benötigt, um vom Sender

zum Empfänger zu gelangen (→ *propagation time*);
- die durch die Zeitspanne der Übertragung (*propagation time*) entstehende Verzögerung (→ *propagation delay*);
- die Zeit, während der ein Programm abläuft (→ *runtime*);
- die Zeit, die ein Prozess bzw. Programm insgesamt zur vollständigen Ausführung benötigt (→ *elapse time*) oder bislang benötigt hat (*elapsed time*).

Laufzeitfehler
ein zur → Laufzeit auftretender Fehler.

Lauthören
Telefonfunktion: das Gespräch kann über einen Lautsprecher mitverfolgt werden; vgl. → Freisprechen.

Lautschrift
- im Unterschied zur Bilderschrift eine Schrift, deren Zeichen einzelne Laute darstellen;
- die in Wörterbüchern oder linguistischen Texten verwendeten → phonetischen Zeichen.

Lautsprecher
siehe → Boxen.

Lautstärke
Pegel, die Amplitude einer Schallwelle, siehe → Klang.

Lautzeichen
→ phonetisches Zeichen.

layer
Schicht, Ebene, vgl. → *OSI Reference Model*.

Layout
schriftliche bzw. in Skizzen festgehaltene und als verbindliche Anbeitsanweisungen benützte Festlegung der typographischen und sonstigen Gestaltung eines Druckerzeugnisses. Layouts umfassen je nach Erfordernissen alle Angaben zu Seitenformat, zu Bild- und → Satzspiegel (global oder auf spezielle Seiten bezogen, im Detail auch Angaben zum Stand einzelner Textblöcke oder Bilder), zu Schriftart, Schriftcharakter und Schriftgrad, zu Druckfarben, Reproarbeiten (Bildfreistellungen, Ausschnittvergrößerungen usw.), zu Falzarten, zur Anbringung von Falz- und Flattermarken usw.
Bei Satzprogrammen (Fotosatz, Computersatz) oder innerhalb von Textverarbeitungsprogrammen (auf dem Mac bzw. dem PC) werden die auf den reinen Text bezogenen Layoutanweisungen häufig vorab in → Druckformatvorlagen bzw. Layoutvorlagen festgelegt, das Programm wendet sie dann entsprechend an und setzt die Layoutanweisungen gleich in fertige Formatierungen um.
Im → WWW, teils aber auch bei → Autorensystemen, erfolgt die Layoutfestlegung durch in den Text bzw. in die zu übertragende Datei eingebundene *tags* bzw. → Scriptbefehle (vgl. → HTML-tags), die Umsetzung des Layouts bzw. die tatsächliche Realisierung der Darstellung erfolgt dann jedoch ausschließlich durch → Viewer und → Browser und abhängig von den aktuellen Fähigkeiten der jeweiligen Programme. Bislang ist daher zu berücksichtigen, daß die vorgesehenen Darstellungsweisen, Gestaltungsmerkmale usw. oft nicht in der gewünschten Form realisiert werden, da die von verschiedenen Firmen hergestellte Browser-Programme (oder auch Browser von derselben Firma, aber in unterschiedlichen Programmversionen oder bei verschiedenen Benutzer-spezifischen Konfigurationen) bisweilen zu unterschiedlichen Ergebnissen bei der Interpretation der jeweiligen Script-Anweisungen, bei der Einbindung von → Plug-Ins, der Ausführung von → Applets etc. gelangen.

Layoutansicht
Synonym für → Layoutmodus.

Layoutmodus
bei Textverarbeitungsprogrammen jener Darstellungsmodus, bei dem ein Text genau so auf dem Bildschirm erscheint, wie er später gedruckt wird (Schriftarten und -Größen, Absatzformate etc. werden exakt angezeigt). Vgl. → WYSIWYG.

Layoutmuster
→ Layoutvorlage.

Layoutprogramm
ein Computerprogramm, das die Erstellung und Bearbeitung von → Layouts (und ggf. auch den darauf aufbauenden Umbruch, vgl. → Umbruchprogramm) bewerkstelligt; heute außer bei verschiedenen Spezialanwendungen im Satzbereich (etwa im Zeitungssatz, oder bei speziellen Satzprogrammen für Lexikas etc.) meist kein eigenständiges Programm, sondern eine in DTP- oder Textverarbeitungsprogrammen integrierte Unterfunktion.

Layoutvorlage
Layoutmuster, Druckformatvorlage oder Formatvorlage, in DTP- oder Textverarbeitungsprogrammen bisweilen integrierte Funktion zum Erstellen oder Einbinden bereits vorgestalteter → Layouts.

LCD
Liquid Cristal Display, Flüssigkristallanzeige; Funktionsprinzip: eine Geleeartige Masse zwischen zwei → Polarisationsfiltern ändert die Polarisationsebene des durchfallenden Lichts, wenn sie elektrisch aktiviert wird – die entsprechende Stelle erscheint dadurch undurchsichtig.

LCP
Link Control Protocol, in → PPP enthaltenes Protokoll zur Verbindungskontrolle.

LCR
Least Cost Routing, → *routing* unter besonderer Berücksichtigung der günstigsten Übertragungskosten.

LDA
Logical Device Adress.

lead in
bei → *Compact Discs* der am Beginn einer → *session* vor den Nutzdaten anzubringende Einleitungs-Bereich, er enthält das Dateiverzeichnis (→ TOC) der jeweiligen *session* bzw. der ganzen CD und umfaßt ca. 9 MB.

lead out
das Gegenteil zum → *lead in*, ein leerer Bereich auf der CD, der auf die Nutzdaten einer → *session* folgt (ca. 13 MB bzw. bei mehreren *sessions* je weiterer *session* 4 MB lang).

leased line
Mietleitung, → Standleitung.

Leasing
Mieten (oder Vermieten) von Wirtschaftsgütern; häufig mit der Möglichkeit zum Kauf des Gutes nach Ablauf des Mietvertrages verbunden. Leasing kann u. U. dadurch Kostenvorteile bieten, daß entstehende Kosten im jeweiligen Wirtschaftsjahr direkt abgerechnet werden, es bedarf weder einer Vorfinanzierung noch müssen die Kosten über mehrere Jahre abgeschrieben werden. Zudem besteht bisweilen auch die Möglichkeit zur regelmäßig durch den Leasing-Geber vorgenommenen Wartung oder zum regelmäßigen Austausch des Gutes (etwa bei technischen Fortentwicklungen während der Vertragslaufzeit).

Least Cost Routing
→ LCR.

lebender Kolumnentitel
→ Kolumnentitel, der im Unterschied zum → toten Kolumnentitel neben der → Pagina weitere und bisweilen von Seite zu Seite wechselnde Angaben (Autorenname, Kapitel, Stichworte usw.) enthält; er wird zum → Satzspiegel gezählt (bzw. innerhalb des Satzspiegels plaziert).

LED
Light Emitting Diode, Leuchtdiode.

LED-Drucker
→ Laserdrucker-ähnliches Ausgabegerät, bei dem die Belichtung der Trommel

durch eine LED-Zeile (anstatt durch einen Laser) erfolgt.

Leerzeile
→ Blindzeile.

left adjusted
→ linksbündig.

Legende
caption, legend, Abbildungslegende, eine Bildunterschrift oder auch Tabellenunterschrift, also ein erklärender Text, der einer Abbildung bzw. einer Tabelle zugeordnet wird (häufig mit fortlaufender Numerierung der Abbildung, Titel, usw.) und meist unterhalb der Abbildung angeordnet ist.

Leiche
aus der Setzersprache: ein im Satz vergessenes Wort.

Leiharbeit
Arbeiten, die im Unternehmen und zur Erfüllung der Unternehmenszwecke von Arbeitnehmern durchgeführt werden, die bei einem anderen Unternehmen beschäftigt sind; vgl. → Zeitarbeit.

Leitartikel
an bevorzugter Stelle, meist auf der Titelseite einer Zeitung, abgedruckter und eine persönliche Meinung wiedergebender Kommentar zu aktuellen Ereignissen.

Leiter
- elektrisch leitfähiges Material;
- ein Kabel, durch das Strom oder Lichtwellen geleitet werden können.

Leitersprosseneffekt
Bezeichnung für eine bei der → Silbentrennung auftretende und optisch unschöne Häufung von (korrekt gesetzten) Trennzeichen am Rand direkt aufeinanderfolgender Zeilen. Nach Möglichkeit sollten nicht mehr als drei Zeilentrennungen zusammenkommen.

Leitseite
→ Btx-Leitseite.

Leitungsgeschwindigkeit
→ *line speed.*

Leitungsschicht
data link layer, die 2. Schicht im → *OSI-Reference Model.*

Leitungsvermittlung
- *cable switching, circuit switching* oder *connection switching,* Prinzip des Betriebs von Datennetzen (Telefonnetz) bzw. Begriff für Datenübertragungen, bei denen für die Dauer der Kommunikation zwischen den Teilnehmern eine stehende Verbindung geschaltet wird, über welche die Datenströme direkt vom Sender zum Empfänger geleitet werden. Die Kommunikation über Leitungsvermittlung erfolgt in der Regel sehr rasch, da die Daten auch ohne nennenswerten → *overhead* versandt und ohne Umwege oder verkehrsbedingte Pausen zugestellt werden, sie kann jedoch im Unterschied zur → Paketvermittlung leicht unterbrochen werden.
- *connection oriented routing,* bisweilen synonym zu *circuit switching,* meist Bezeichnung für → *routing* unter Berücksichtigung bestehender Leitungs-Verbindungen bzw. unter Herstellung einer solchen Verbindung (Wählverbindung).

Leitweg
transmission path, auch Übertragungsweg, die Strecke, die Daten zwischen Sender und Empfänger zurücklegen bzw. die physikalische Verbindung, über die Daten ihren Weg nehmen. Bei einer Festverbindung oder unter → Leitungsvermittlung entspricht der Leitweg der Kabel-Verbindung zwischen Sender und Empfänger. Bei der → Paketvermittlung besteht in der Regel kein fester und dauerhafter physikalischer Kontakt zwischen Sender und Empfänger. Der Datenaustausch erfolgt über Zwischenstationen,

wobei der jeweilige (weitere) Leitweg der Daten an jeder Zwischenstation erneut ermittelt wird (siehe → *routing*).

Leitweglenkung
→ *routing*.

Lesegerät
Bildschirmgerät zum Lesen von → Microfiches; Lesemaschine.

Lesemaschine
OCR-Gerät, siehe → Datenerfassungsgeräte.

Lesering
→ Buchgemeinschaft.

Lesezeichen
bookmark, Hilfe zur Markierung der zuletzt gelesenen Seite oder des zuletzt gelesenen Eintrags, in Browsern meist Sprungmarke zu einem Eintrag.

Letter
Drucktype aus Schriftmetall („Blei"), von Gutenberg entwickeltes Hauptelement des Buchdrucks; bei großen Schriftgraden fanden auch Lettern aus Holz oder Messing Verwendung. Die einzelnen Teile einer Letter nennt man Schriftbild (druckende Fläche, spiegelverkehrtes Buchstabenbild), Punzen (nichtdruckende Innenflächen des Buchstabenbildes), Fleisch (nichtdruckende Fläche um das Buchstabenbild herum), Konus (seitliche Abschrägung um das Schriftbild herum), Schriftlinie (unterer Rand der Buchstabenmittellängen), Schrifthöhe (Letternhöhe, Normalschrifthöhe nach Didot 62 2/3 p, 23,566 mm), Achselfläche oder Schulter (Grundfläche der Letter, aus der das Schriftbild herauswächst), Achselhöhe oder Schulterhöhe (Höhe der Letter bis zur Achselfläche), Kopfhöhe (Höhe der Letter zwischen Achselfläche und Schriftbildfläche), Kegel (seitliche Länge der Letter, entspricht meist dem Schriftgrad), Dickte (Breite der Letter, abhängig vom Buchstabenbild), Signatur (Kerbe an der Vorderseite der Letter) und Fußrille (Kerbe im Fuß der Drucktype). Alle Lettern insgesamt bilden eine Schrift, die in der Regel neben den großen und kleinen Buchstaben des Alphabeths sowie Ziffern auch andere Zeichen wie Satzzeichen oder → Ligaturen sowie Blindmaterial (Ausschluß, Quadrate) umfaßt.
Im Bleisatz wurden diese Lettern im Winkelhaken zu Textzeilen zusammengesetzt, diese Zeilen wurden zu Kolumnen- oder Seitensatz zusammengefaßt und gedruckt; nach dem Druck konnte der Satz wieder abgelegt werden, die Lettern waren wiederverwendbar.
Obwohl der Bleisatz heute kaum noch in der Produktion eingesetzt wird, verwendet man viele der erwähnten Fachbegriffe auch heute noch im Satzbereich.

LF
line feed, Zeilenvorschub, Steuerzeichen (ASCII 10) zur Druckersteuerung (meist in Verbindung mit → CR) bzw. zur Absatzendemarkierung (in Textverarbeitungsprogrammen).

LFO
Low Frequency Oscillator, Niederfrequenz-Oszillator, ein → Oszillator zur Erzeugung von → Schwingungen bis 100 Hz, wird beispielsweise in → Synthesizern eingesetzt.

LHARC
verbreitetes → Packer-Programm.

Library
Bibliothek; in der EDV meist Programmbibliothek (siehe → DLL) oder Bildarchiv.

Library of Congress
→ LOC.

Lichter
hellste → Tonwerte eines Bildes oder eines Diapositivs bzw. dunkelste Stellen eines Negativs. Gegenteil: → Tiefen.

Lichtfarben
siehe → Farbmischung, → Farbmodell.

Lichtfilter
siehe → Farbfilter.

Lichtmedium
ein Medium bzw. ein Gerät, das Farben und Formen mit Hilfe von Licht herstellt (Laserkanone, TV-Bildschirm, Monitor usw.). Zur Farbdarstellung wird meist das → RGB-Farbmodell mit drei Grundfarben umgesetzt.

Lichtsatz
allgemeine Bezeichnung für jene Satzherstellungsverfahren mittels Computern, bei denen die Ausgabe auf Film nicht optisch anhand einer Maske, sondern mit elektronisch gespeicherten Schriftfonts und mit Hilfe von Laserbelichtern oder Belichtungsgeräten mit → CRT-Technologie erfolgt.

Lichtwellenleiter
kurz LWL, ein Glasfaserkabel.

LIESMICH
→ README.

Ligatur
Bleisatz-Begriff für aus optischen oder technischen Gründen auf einer Letter zusammengefaßte Doppelbuchstaben (beispielsweise ch, ck, ff, fi, fs, sf, tz). Aus Rationalisierungsgründen zusammengegossene Silben oder Worte nannte man Logotypen oder Polytypen.

light
- leicht;
- im Zusammenhang mit Software häufig Bezeichnung für Programme mit eingeschränktem Funktions- oder Leistungsumfang, die bei Gefallen und gegen Bezahlung gegen eine → Vollversion eingetauscht werden können *(→ upgrade)*.

Lignin
neben Zellulose Hauptbestandteil von Holz; Ursache für das Vergilben holzschliffhaltiger Papiere.

LILO
- *Last In, Last Out,* anders herum gedacht für → FIFO;
- *Linux Loader,* Name des Programms für das → *booting* von → Linux.

line
Zeile; Leitung, Leitungsverbindung.

lineare Synthese
elektronische Klangerzeugung mit einem direkten (linearen) Verhältnis zwischen Input und Output, häufig auch → analoge → Synthese genannt.

line feed
→ LF.

line in/out
Anschlußbuchsen (Eingang/Ausgang) für analoge Audiogeräte (Stereo, für übliche Klinkenstecker). Die Ausgabe erfolgt ohne Verstärkung (im Unterschied zum *speaker*-Ausgang ist keine Regelung der Lautstärke möglich).

Line Mode Browser
Name des ersten, am → CERN entwickelten → Web-Browsers.

line speed
Leitungsgeschwindigkeit, auch Schrittgeschwindigkeit; die in → Baud oder → KBit/s angegebene generelle bzw. maximale Leistungsfähigkeit eines Datenübertragungskanals bzw. einer Leitung. Bisweilen wird sie mit der (tatsächlich erreichten) Datentransferrate *(→ data transmission rate)* verwechselt.

line spoofing
Vortäuschen einer Kommunikationsverbindung; den Rechnern wird (beispielsweise von den → *routern*) ein aktiver Kanal vorgetäuscht, obwohl die Leitung bzw. der Kanal abgeschaltet wurde oder vorübergehend für andere Zwecke genutzt wird. Vgl. → *spoofing*.

Lingo
an → BASIC angelehnte interne Programmiersprache (→ Scriptsprache) bei → Macromedia Director.

Linie
siehe → Schriftlinie.

link
- beim Programmieren die Verknüpfung verschiedener Module zu einem Programm;
- sonst die Verbindung zu einer anderen Datei oder einem anderen Computer (vgl. auch → *hyperlink*) oder die Herstellung dieser Verknüpfung.
- nicht mehr aktuelle *links* werden als → *dead links* bezeichnet, dynamisch während des Programmablaufs erzeugte bzw. aktivierte Verknüpfungen nennt man → *living links*.

linken
eingedeutscht für die Herstellung oder Aktivierung eines → *links*.

Link Layer
Verbindungsschicht, zweite Schicht des → *OSI Reference Model*.

linksbündig
eine Satz- bzw. Textanordnung, bei der die Zeilenanfänge in Reihe untereinander stehen.

Linux
eine von dem Norweger Linus Torvalds entwickelte → *freeware*-Variante von → UNIX, die zunehmend als Internet-Server-Umgebung eingesetzt wird. Linux wird von der → FSF unterstützt (vgl. auch → GNU). http://www.linux.org. (Komplette CD-Distributionen sind u. a. erhältlich über http://www.delix.de)

LIPX
Large → *IPX*.

LISP
List Processing Language, Programmiersprache, hauptsächlich im Bereich der → Künstlichen Intelligenz im Einsatz.

listener
ein (lebendiger) Zuhörer; auch Begriff für Geräte, die Daten ausschließlich empfangen (etwa Drucker).

Listenfeld
eine Liste innerhalb einer *dialog box*, aus der ein einzelnes Element durch Anklikken ausgewählt werden kann. Listenfelder sind auch als einzeilige Felder vertreten, eine größere Liste wird dann ggf. nach einem erstmaligen Anklicken aktiviert.
In Listenfeldern kann keine Texteingabe erfolgen, Änderungen bzw. Ergänzungen der Liste können daher ggf. nur über separate Textfelder eingegeben werden.

listing
- Liste, Drucker-Output;
- Bezeichnung für den Ausdruck oder die Bildschirmdarstellung eines Programmcodes.

listserv
List Server, Programmname für ein Programm, das eine BITNET- bzw. EARN-Variante von → *newsgroups* darstellt und über E-Mail-Service funktioniert. Die in einer → *mailing list* erfaßten Teilnehmer erhalten jeden Beitrag automatisch per E-Mail zugestellt, jede eigene Einsendung wird an alle anderen Teilnehmer weitergeleitet.

Lithofilm
auch Strichfilm, ein Film mit harter → Gradation, in der Reprotechnik für Strich- oder Textvorlagen oder zu Rasteraufnahmen verwendet.

little-endian
siehe → *big-endian*.

LiveCam
Synonym für → *WebCam*.

liveware
im Unterschied zu Hard- und Software: ein Lebewesen oder ein Mensch, vgl. auch → *wetware*.

living links
dynamisch bzw. aktuell erzeugte Verknüpfungen, siehe → *link*.

LNB
Low-Noise Block Converter, die Empfangselektronik bei Parabolspiegeln (Satelliten-Empfang).

loading
laden
- die Übertragung von beliebigen Programmen oder Daten (Dateien oder etwa auch Fonts) von einem Peripheriegerät oder einem Datenträger in den Hauptspeicher eines Rechners, bisweilen auch als *uploading* (Heraufladen) bezeichnet;
- das „Herunterziehen" von Daten von einem größeren Rechner (etwa → *host*) auf einen angeschlossenen Client-Rechner, meist mit → *downloading* bezeichnet);
- eine Datenübertragung, die auf Aufforderung eines (späteren) Empfängers hin erfolgt (der sich beispielsweise von einem Anbieter Software oder Daten per → ftp holt).

LOC
Library of Congress, Kongress-Bibliothek, die in Washington, DC, angesiedelte amerikanische National-Bibliothek. Sie ist amerikanisches Copyright-Depot und bietet u. a. auch ein umfangreiches Online-Archiv frei erhältlicher Texte (→ e-texte). http//lcweb.loc.gov (oder lcweb2.loc.gov)

Local Area Network
→ LAN.

local bus
- internes → Bus-System;
- häufig Abkürzung für → *local bus connector*.

local bus connector
ein → Erweiterungsbus zur schnellen Verbindung von zusätzlicher Hardware (Grafikkarten, Soundkarten, etc.) mit dem internen Bus-System bzw. der CPU eines PC, wie etwa → VESA-Bus oder PCI-Bus.

local call
Ortsgespräch.

local exchange
Ortsvermittlung.

local host
der *Host*, zu dem ein User gerade Zugang hat, auf dem er sich gerade (virtuell) befindet bzw. dessen Dienste er gerade in Anspruch nimmt. Dies ist nicht immer der Rechner, zu dem eine direkte Telefonverbindung besteht (also der → Einwahlknoten, → *local node*), sondern kann auch ein, von diesem *local node* aus gesehen, → *remote host* sein.

local node
Der Einwahlknoten, also jener Rechner im Netz, mit dem ein User direkt per Telefonleitung verbunden ist.

locative domain name
eine Domainbezeichnung, die sich vom Ort ableitet, vgl. → Länderkennung.

Lochmaske
bei Bildschirmen hinter der Frontscheibe aufgebrachtes Lochgitter aus Metall oder Keramik, das den Kathodenstrahl nur durch diese Löcher auf den beschichteten Bildschirm treffen läßt.

log file
eine Logbuch-Datei bzw. → Protokoll-Datei.

logical
logisch; übertragen „nicht physisch", virtuell, noch nicht endgültig, usw.
In der EDV-Technik wird „logisch" besonders häufig im übertragenen Sinn

verwendet und besagt dann meist, daß irgendeine Entität mit einem Pseudonamen oder einer Zwischenadresse (vgl. → *logical address*, → *logical device*, → *I/O-Port*) versehen und nur unter diesem Namen bzw über diesen Namen angesprochen wird. Erst in weiteren Schritten erfolgt dann die Umsetzung des Logischen ins Physische (vgl. → AMT, → DNS, I/O-Port).

Eine solche Entkopplung von logischem und endgültigem physischem Bereich hat viele praktische Gründe – sie kann u. a. dazu dienen, Operationen oder Daten durch einen einfachen Adressenaustausch auf beliebige Geräte oder Adressen umzulenken, oder Programme bzw. Daten im Speicher nach Belieben zu verschieben (oder auch auszulagern). Durch eine solche Trennung ist es auch möglich, die Handhabung von Daten, Adressen oder Computersystemen für den Benutzer so bequem und einfach wie möglich zu gestalten: sämtliche Geräte- oder Dateinamen, URLs, E-Mail-Adressen usw., mit denen Benutzer umgehen, sind in der Regel „logischer" Natur und müssen erst in „physische" Adressen übersetzt werden.

logical address

logische Adresse, eine vom User oder vom System vergebene relative Adresse, die erst noch in eine „tatsächliche", physikalisch wirklich vorhandene Adresse umgesetzt wird (oder eine solche Adresse einfach ersetzt). Vgl. → *logical*, I/O-Adresse.

logical device

logisches Gerät, die vom System vergebene Gerätebezeichnung bzw. Adresse, im Unterschied zur „realen" physikalischen Adresse bzw. Verbindung zu diesem Gerät. Vgl. → *logical*, → *port*.

logical link

logische Verbindung, eine über logische Adressen, Codes usw. definierte Verbindung (im Unterschied zur realen Kabel-Verbindung und Bitströmen); eine Verbindung auf der 2. Ebene (*data link layer*) des → *OSI Reference Model*. Vgl. → *logical*.

login

auch *log in*, *log on*, *logon* oder eingedeutscht „einloggen", aktivierendes Anmelden eines Terminals bzw. eines Users beim → *Server*, Eröffnen der Verbindung zu einem → *Host*. Die Bezeichnung hat damit zu tun, daß ein solcher Vorgang immer in einer Logbuch-Datei protokolliert wird. Das Gegenstück zum *login* ist der → *logoff*.

login name

der Name, unter dem sich ein *User* beim Server anmeldet und der meist nicht mit seinem realen Namen, jedoch mit den User-Angaben in seiner → E-Mail-Adresse übereinstimmt.

login script

eine Datei, die alle für den → *login* bei einem bestimmten *host* erforderlichen Angaben enthält und für einen automatischen *login* verwendet wird.

logisch

→ *logical*.

logische Adresse

→ *logical address*.

logische Adressierung

- indirekte Adressangabe, die eigentliche Adresse oder der jeweilige Empfänger steht in einem speziellen Verzeichnis und wird erst beim Zugriff ermittelt (vgl. → *DNS*);
- indirekte Datenübergabe an ein externes Gerät oder eine Hardware-Komponente; die Daten werden nicht direkt an das Gerät gesendet, sondern an eine Schnittstelle (etwa die → serielle Schnittstelle) oder einen Port (vgl. → I/O-Adresse). Vgl. → *logical*.

logische Schaltung

siehe → logisches Gatter.

Logisches Gatter
auch logische Schaltung, Schaltung bzw. Schalter zur Realisierung von Logikfunktionen (Boole'schen Funktionen).

logisches Laufwerk
Bezeichnung für den Speicherbereich einer Festplatte, der als „zusätzliche" Festplatte formatiert wurde und wie ein weiteres Laufwerk angesprochen werden kann. Vgl. → *logical.*

logische Verknüpfung
die Verbindung zweier Wahrheitswerte (wahr/falsch) oder Bits (0/1) nach den Regeln der klassischen Logik bzw. der → Booleschen Algebra.

Logo
ein → Signet.

logoff
auch *log off, log out, logout* oder eingedeutscht „ausloggen", die korrekte Abmeldung eines Terminals oder die Beendigung einer *remote*-Verbindung, also das Gegenteil von → *login.*

logon
auch *log on,* → *log in.*

Logotype
zu einer einzelnen → Letter zusammengefügte Silben oder Wörter (beispielsweise usw., ung), siehe auch → Ligatur.

logout
auch *log out,* → *logoff.*

Lokales
siehe → Ressorts.

Lokales Netzwerk
→ LAN.

Lokalprogramm
über Kabel oder (erdgebundene) Sender mit kurzer Reichweite ausgestrahltes Hörfunk- oder Fernsehprogramm.

Lokalzeitung
vorwiegend Lokalthemen enthaltende Zeitung mit örtlich eingegrenztem Verbreitungsgebiet.

Long Distance Network
→ WAN.

Longitudinal Time Code
Längszeitcode, siehe → LTC.

Longitudinalwelle
eine Welle, bei der die einzelnen Teilchen des Mediums in der Ausbreitungsrichtung der Welle schwingen, also beispielsweise eine Schallwelle.

loopback
Rückwärtsschleife, der Weg eines zu Testzwecken gesendeten Signals, das wieder zum Sender zurückgeschickt wird. Im IP ist die Standardadresse des *local host* beim *loopback* immer mit 127.0.0.1 bestimmt.

Loop Point
wörtl. Schleifen-Punkt, beim → *Sampling* bzw. → *waveshaping* genau die Stelle innerhalb einer Welle, von der aus das Signal bearbeitet werden soll. Einige Sampler gestatten es, den Punkt per *Auto-Loop*-Funktion automatisch bestimmen zu lassen.

LoS
Loss of Signal, Signalverlust, führt zum Abbruch einer Datenübertragung.

lower case character
auch *lower case letter*, Kleinbuchstabe, Minuskel.

lparen
left parenthesis, das Zeichen (, linkes Klammerzeichen; Klammer auf.

LPT
- *lineprinter,* (Zeilen-)Drucker;
- auch Bezeichnung für die Schnittstelle zu einem Drucker (→ Parallelschnittstelle).

Da in der Regel mehrere solcher Schnittstellen vorhanden sind, wird nach LPT 1, LPT 2 usw. unterschieden.

LRC
Longitudinal Redundancy Check, ein Längsparität-Prüfsummenverfahren zur → Fehlerkorrektur.

LTC
Longitudinal Time Code, Längszeitcode, eine Zeitbestimmungs- bzw. Halbbildzählmethode für → VHS, mit deren Hilfe die halbbildgenaue Positionierung des Bandes für den Schnitt möglich ist. LTC muß vom Bandbeginn aus gestartet werden und richtet sich nach dem Impuls der Vertikal-Synchronisation. Für professionelle Zwecke ist üblicherweise der → VITC im Einsatz.

LTE
Line Terminating Equipment, Leitungsendeinrichtung, eine Anschlußeinheit ans Telefonnetz (im ISDN → NT bzw. → NTBA).

Luftbildperspektive
→ Vogelperspektive.

LWL
Lichtwellenleiter, ein Glasfaserkabel.

Lynx
- Übertragungsprotokoll, Vorläufer von → Puma;
- ein WWW-Browser für Unix-Systeme, entwickelt an der *University of Kansas*.

LZW
ein nach den Initialen der Entwickler (Lempel, Ziv und Welch) benanntes Verfahren zur → Datenkompression. Im Unterschied zum → Huffman-Verfahren werden nicht einzelne Zeichen, sondern ganze Zeichenfolgen bearbeitet bzw. durch eine kurze Verweisangabe ersetzt. Dieser Verweis erfolgt auf eine vorangehende Original-Stelle in der zu komprimierenden Datei (ergänzt um eine Angabe, wieviele Zeichen ersetzt wurden). Dieses ursprüngliche Verfahren wird heute mit LZ77 bezeichnet, es wurde weiter verändert: in der LZ78-Variante der LZW-Kompression wird auf eine in der bearbeiteten Datei speziell angelegte Liste von häufig in der Datei auftretenden Zeichenfolgen verwiesen.

M
→ Mega.

MAC
- → *Media Access Control*;
- → MacIntosh.

MAC address
Media Access Control Address, die physikalische Adresse eines Gerätes innerhalb eines Netzwerks, meist eine → Ethernet-Adresse.

machinable
machine readable, maschinenlesbar; von Maschinen zu verarbeiten.

MacIntosh
kurz Mac, eine bereits seit 1984 auf dem Markt befindliche proprietäre Rechnerfamilie der Firma Apple. Macs werden besonders gerne im DTP- und Grafik- bzw. Multimedia-Bereich verwendet. Im Unterschied zu Industriestandard-PCs sind Macs mit Motorola-Prozessoren ausgerüstet und werden meist über ein eigenes Betriebssystem (MacOS) gesteuert (sie können jedoch auch unter Unix oder anderen Betriebssystemen betrieben werden, zukünftige Zusammenarbeit mit Microsoft ist angekündigt). Sound-, Grafik- und Netzwerkfähigkeiten und entsprechende Schnittstellen sind serienmäßig vorhanden, so daß mit wenig Aufwand auch ein aus Macs bestehendes LAN (vgl. → AppleTalk-LAN) hergestellt werden kann. Auch für DTP oder Bildverarbeitung ist eine spezielle Hochrüstung mit Steckkarten meist nicht erforderlich.

macro
→ Makro.

Macromedia Director
professionelle → Autorensoftware von Macromedia, für die Erstellung von Multimedia-Anwendungen und *Web-Pages* geeignet, http://www.macromedia .com

macro recorder
spezielles Programm, mit dessen Hilfe beliebige Eingaben (über Tastatur, Trackball oder Maus) aufgezeichnet und bei Bedarf wiedergegeben werden können. Solche Programme werden benutzt, um in Programmen ohne eigene Makro-Funktion → Makros zu realisieren.

macro virus
→ Makrovirus.

Mäuseklavier
→ *dip switch*.

Magazinumbruch
Seitenlayout mit mehrspaltigem Satz (üblicherweise bei Zeitschriften, Magazinen usw.).

Magenta
- im Druck Name der früher als Purpurrot bezeichneten roten → Grundfarbe der Druckfarbenskala (nach DIN 16538 bzw. 16539), die neben Cyan, Yellow und Schwarz beim → Vierfarbendruck eingesetzt wird
- in der Reprotechnik die Bezeichnung für den entsprechenden → Farbauszug.

magneto-optical
magneto-optisches Schreib-/Lese-Prinzip bei Speichermedien: zur Aufzeichnung der Daten wird die betreffende Stelle mit Hilfe eines Lasers erhitzt, wobei sich bei gleichzeitiger Einwirkung eines Magnetfelds die Polarisation (magnetische Ausrichtung) innerhalb der Speicherschicht ändert. Diese Änderung erzeugt ein anderes Reflexionsverhalten der Schicht, was wiederum beim Auslesen der Daten via Laser genutzt wird.

Magneto-Optical Disc
kurz MOD, magneto-optische Platte, auch Bildplatte, optische Platte, ein per Laser und Magnetfeld beschreibbares und durch Laserlicht abtastbares Speichermedium.

mail
- etwas versenden;
- UNIX- bzw. Netware-Befehl für das Senden und Empfangen von Nachrichten;
- Abkürzung bzw. Synonym für → E-Mail.

Mailadresse
→ E-Mail-Adresse.

Mail Application Programming Interface
→ MAPI.

mailbomb
jemanden mit E-Mails bombardieren, seine Mailbox mit übermäßig großen E-Mails oder übermäßig vielen E-Mails völlig zuschütten.

mailbot
→ Mailserver.

mailbox
- elektronischer Briefkasten bzw. ein System, das einen privaten Postdienst (→ E-Mail) in einem Datennetz zur Verfügung stellt;
- der persönliche „Briefkasten" eines E-Mail-Teilnehmers, also der auf dem E-Mail-Server für eingehende E-Mails reservierte Speicher;
- im deutschen Sprachraum auch Bezeichnung für ein System, das Dateien, Nachrichten und Informationen aller Art verwaltet und öffentlich zugänglich macht (→ *bulletin board system* (BBS) oder → *newssystem*). Mailboxen (BBSs) werden oft privat betrieben und sind häufig nur zeitweise (nachts, am Wochenende) per Telefonzugang erreichbar, da keine Verbindung zum Internet besteht.

Mailboxnetz
ein Netz aus untereinander verknüpften Mailbox-Computern, etwa → FidoNet, → MagicNet, → MausNet, oder → Zerberus. Etliche Mailboxnetze sind über → *gateways* auch wieder untereinander oder mit dem Internet verbunden.

mail bridge
(*bridge* Brücke) ein spezielles → *mail gateway*, das → E-Mails nur passieren läßt, wenn sie bestimmte adminitrative Kriterien erfüllen.

mailer
ein → MTA oder ein → MUA; vereinzelt auch für *mail exchanger* verwendet.

mail exchanger
(*exchange* austauschen, versenden, wechseln) kurz MX, ein Rechner, der E-Mails verwaltet (empfängt, versendet und für den Benutzer zur Verfügung stellt).

mail exploder
ein Programm, das Mails an verschiedene Empfänger weiterleitet. *Mail exploders* werden eingesetzt, um → *mailing lists* durchzuführen.

mail gateway
ein → *gateway*-Rechner für E-Mail-Transfer zwischen mehreren Mail-Systemen bzw. Netzen, führt ggf. erforderliche Umcodierungen oder Adreß-Übersetzungen durch.

mailing list
eingedeutscht auch Mail-Liste oder Mailing-Liste, eine über → E-Mail abgewickelte Form der → *newsgroup* bzw. die entsprechende Liste, über die dieser Service *(→ listserv)* abgewickelt wird. Jeder Teilnehmer muß sich beim entsprechenden → Mailserver in einer Teilnehmerliste registrieren lassen *(→ subscribe)* und erhält in der Folge alle Beiträge per E-Mail zugesandt, umgekehrt wird jeder eigene per E-Mail an den Mailserver ein-

gesandte Beitrag an alle anderen registrierten Teilnehmer weitergeleitet. Zur Beendigung der Teilnahme ist eigens eine Abmeldung *(→ unsubscribe)* erforderlich. Mailinglisten sind bisweilen → moderiert, häufig im akademischen Bereich angesiedelt und oft mit sehr spezifischen und nur eingeschränkte Benutzerkreise interessierenden Themen befaßt. Vgl. → *mail reflector*, → *mail exploder*.

Mail-Liste
→ *mailing list*.

mail order
Bestellung per Post oder E-Mail (und Auslieferung per Post oder Lieferdienst).

mail order firm
(auch *mail order house*) Versandhaus.

mail path
vollständige Pfad-Angabe zur direkten Adressierung einer E-Mail, heute kaum noch verwendet, vgl. → *bang path*.

mail program
ein Programm, mit dem E-Mails erstellt, versendet und empfangen werden können, vgl. → *mailer*, → *MUA*.

mail reader
Synonym für *mail program*.

mail reflector
auch → *mailing list*, der Service bzw. die Adresse zur Weiterleitung von E-Mails an eine Gruppe spezifizierter Teilnehmer.

mail server
auch *autoresponder* oder *mailbot*, ein Programm für die automatische Beantwortung von Anfragen, die per E-Mail eingesandt werden. Die Anfragen werden als Kommandos im → *Body* der E-Mail übergeben, die Antwort erfolgt per E-Mail. *Mailserver* werden u. a. für → *mailing list*-Dienste eingesetzt, zudem sind auch → FTP-Zugriffe möglich, wobei die angeforderten Dateien per E-Mail an den User übermittelt werden.

mail space
Gesamtheit aller E-Mail-Rechner, Adressen und Abläufe.

mailto
der Befehl bzw. das Programm zum Versand von E-Mails.

mail transport agent
→ MTA.

mail user agent
→ MUA.

mainboard
häufig auch → *motherboard*, die Hauptplatine des Computers.

mainframe
Großrechner.

main memory
Hauptspeicher.

main program
Hauptprogramm.

main storage
Hauptspeicher.

mains voltage
Netzspannung (*mains* ist das öffentliche Stromnetz bzw. die Hauptstromversorgung).

maintained data
aktuelle Daten, die auf dem Server vorliegen (im Unterschied zu archivierten Daten).

Mainzer
Schriftgradbenennung (11p).

Majuskeln
Großbuchstaben, Versalien (Kleinbuchstaben siehe → Minuskeln).

makeln
Umschalten zwischen Telefongesprächen (bei ISDN).

Makro
bisweilen auch Multicode genannt, eine festgelegte Reihe von Befehlen oder beliebigen Eingaben bzw. Tastaturanschlägen oder Mausbewegungen, die innerhalb eines Programms gespeichert werden kann (unter einem frei zu vergebenden Befehlsnamen, als freie Belegung einer Funktionstaste usw.) und jederzeit wieder abzurufen ist. Durch Makros lassen sich häufig wiederkehrende Abläufe bzw. häufige Eingaben innerhalb von Programmen leicht automatisieren, vor allem beim Computersatz, bei Textverarbeitungsprogrammen oder Tabellenkalkulationsprogramme gehören Makro-Funktionen daher zum Standard. Einige Betriebssysteme bieten auch auf Betriebssystem-Ebene installierbare → *macro recorder*, mit deren Hilfe auch für Programme ohne interne Makro-Funktion beliebige Eingaben gespeichert und als Makros gestartet werden können. Im weiteren Sinne werden bisweilen auch Script-Befehle (vgl. → Script-Sprache) zu den Makros gerechnet.

Makro-Sprache
- der Umfang aller → Makro-Befehle eines Programms;
- bisweilen Synonym für → Script-Sprache.

Makrobefehl
- meist Synonym für → Makro;
- bisweilen auch Bezeichnung für einen speziellen Befehl, mit dem eine ganz bestimmte Taste (Funktionstaste u. dgl.) oder eine Tastenkombination innerhalb eines Makros dargestellt wird (so könnte beispielsweise <ESC> für einen Anschlag der Escape-Taste stehen).

Makrovirus
ein in einer Makro-Sprache geschriebenes → Virusprogramm, das nicht Programme befällt, sondern Dateien von Programmen, die mit Makrobefehlen arbeiten (Textverarbeitungsprogramme, Tabellenkalkulationsanwendungen etc.).

MAN
- *manual*, Handbuch;
- *Metropolitan Area Network*, wörtl. „Stadt-weites Netzwerk", ein regionales Netz, in dem mehrere LANs zusammengefaßt sind (vgl. → MLN).

Management Information Base
→ MIB.

Management Information System
→ MIS.

Mannesmann Arcor
→ Arcor.

Mannesmann Mobilfunk
Betreiber des → D2-Netzes.

manual
Handbuch, Bedienungsanleitung (eines Programms, oder einer Maschine).

manual input
manuelle Dateneingabe.

Manuskript
eine Textvorlage, im engeren Sinn ein handschriftlich abgefaßter Text.

map
Karte, Straßenkarte; im Netzwerk-Zusammenhang ein Verzeichnis der Struktur eines Netzwerks (Knoten und Links), das für das → *routing* verwendet wird (vgl. → *routing table*).

MAPI
Mail Application Programming Interface, eine von Microsoft entwickelte Software-Schnittstelle für den direkten E-Mail-Versand aus einer beliebigen Anwendung heraus (unter Windows), vgl. → VIM.

Marke
Markenartikel, Markenname, → Markenzeichen.

Markenartikel
→ Markenprodukt.

Markenname
→ Markenzeichen.

Markenpiraterie
Nachahmung und Verkauf eines → Markenprodukts.

Markenprodukt
auch Markenartikel, ein durch ein → Markenzeichen gekennzeichnetes Produkt; die Bezeichnung wird auch allgemein als Synonym für „höherwertiges Produkt" verwendet.

Markenschutz
siehe → Markenzeichen.

Markenzeichen
brand oder *trade mark* (kurz TM), Marke oder Logo, ein Name (Markenname) bzw. ein genau definiertes besonderes Zeichen (meist ein besonders gestaltetes Wort, ein Signet oder eine Grafik) für ein bestimmtes Produkt oder eine Reihe von ähnlichen Produkten, in Deutschland üblicherweise als → Warenzeichen gesetzlich geschützt. Markenzeichen rufen einen Wiedererkennungseffekt hervor und vermitteln bestimmte → Images, sie sind daher für den Marktwert eines Produkts häufig mitbestimmend.

Marketing
Gesamtheit der betrieblichen Entscheidungen, Instrumente und Maßnahmen, die in (hauptsächlicher) Abhängigkeit vom Absatzmarkt stehen. Im engeren Sinne umfaßt Marketing nur jene betrieblichen Bereiche und Abläufe, die direkt mit der Absatzseite zu tun haben, u. a. also Informationsbeschaffung bzw. Analyse des Marktes (Absatzanalyse, Kundenanalyse, Produkt-, Preis-, Kommunikationsanalyse), sowie die daraus entwickelten Strategien und Maßnahmen (Produkt-, Preis-, Distributions-, Kommunikationspolitik usw.). Im weiten Sinne kann Marketing auch als generelle „Unternehmensphilosophie" verstanden werden, in einem so ausgerichteten Unternehmen werden dann nahezu alle Entscheidungen primär in Abhängigkeit von Absatzmarkt-bezogenen Kriterien getroffen, das Unternehmen läßt sich sozusagen nur vom Absatzmarkt leiten.

Markt-Standard
→ Quasi-Standard.

Maschinenbefehl
ein Befehl, der von der → CPU verarbeitet werden kann (semiotisch ein Befehl der → Maschinensprache, physikalisch ein Signal, das die CPU zu einer bestimmten Aktion veranlaßt).

Maschinencode
auch Maschinenprogramm, Binär-Code, der von einer → CPU verarbeitet werden kann (ein Programm aus → Maschinenbefehlen).

Maschinenprogramm
synonym zu → Maschinencode.

Maschinenschrift
- ein mit der Schreibmaschine geschriebenes Schriftstück;
- kurz für → Schreibmaschinenschrift.
- kurz für maschinenlesbare Schrift, vgl. → OCR-Schrift.

Maschinensprache
die Gesamtheit aller Prozessorbefehle bzw. Steuerkommandos für eine → CPU. Zum Programmieren einer CPU bedient man sich meist nicht direkt der Maschinensprache, sondern einer „höheren" Programmiersprache (→ *high level language*).

Maske
- kurz für Bildschirm- bzw. → Eingabemaske;
- kurz für → Lochmaske;
- in der Reprotechnik Bezeichnung für manuell oder fototechnisch hgergestellte Abdeckungen (Decknegative), die zur Tonwertkorrektur eingesetzt werden;

analog hierzu auch Bezeichnung für entsprechende Funktionen in Bildbearbeitungsprogrammen.

maskieren
verbergen, verdecken; als maskierte Eingabe bezeichnet man jene Art von Eingabe, bei der die Zeichen nicht auf dem Bildschirm angezeigt werden (statt dessen erfolgt eine akustische Rückmeldung bzw. werden Sternchen u. dgl. gezeigt). Paßwörter werden üblicherweise maskiert eingegeben.

Massenmedien
Zeitungen, Zeitschriften, Hörfunk und Fernsehen.

Massenspeicher
Speichermedium für große Datenmengen (CD, Festplatte, Tape usw.).

mastering
Herstellung eines kopierbaren und möglichst perfekten Audio- oder Video-Originals, das als Vorlage für die Massenherstellung (von CDs, Audio- oder Videocassetten usw.) dient.

mastering-disc
die Ur-CD, die bei der Massenherstellung von CDs als Vorlage dient.

master keyboard
- Tastatur, Klaviatur oder Schalttafel zur zentralen Steuerung von MIDI-Abläufen;
- bei modular aufgebauten → Synthesizern das vom → Expander getrennte Eingabegerät (ebenfalls Tastatur usw., aber auch Drumpads oder sonstige Eingabegeräte).

master password
Hauptpaßwort, das Paßwort für den uneingeschränkten Zugriff auf ein System.

Matrix
- ein gleichmäßig in diskrete Einheiten unterteilter mehrdimensionaler Bereich (Feld, Gitter, Punkt-Netz etc.);
- alle Netze bzw. Stationen, die untereinander E-Mail-Austausch zulassen.

matrixmail
→ *netmail*.

MAU
auch MSAU, *Multistation Access Unit*, ein sogenannter Ringleitungsverteiler, verbindet bei → *Token Ring*-LANs mehrere Stationen an einem Punkt mit dem Netz.

Maus
- Eingabegerät, das in Verbindung mit → GUIs (etwa unter → Windows) zur Plazierung des → Cursors, zur Aktivierung von → Hot-Spots usw. eingesetzt wird;
- ein Teilnehmer des → MausNet.

Maus-Arm
laienhafte Sammelbezeichnung für Erkrankungen, die auf falsche oder übermäßige Belastung des Arms durch Arbeit mit der → Maus zurückgeführt werden (beispielsweise Tendovaginitis oder Epikondylitis). Vgl. → RSI.

Mausknopf
einer der zwei oder drei Knöpfe auf der → Maus.

MausNet
deutschspachiges → Mailboxnetz, mit Gateways zu → FidoNet, → Internet und → Z-Netz.

Mauszeiger
ein durch die → Maus zu bewegendes Symbol (Pfeil, Hand usw.) auf dem Bildschirm.

MAX
Maximum.

Maximum Transmission Unit
→ MTU.

MB
- → Megabytes;
- *Modem Busy*, Modem beschäftigt (belegt).

MBit/s
Megabit (1.048.576 Bit) je Sekunde, Maß für die → Datenübertragungsrate.

MBONE
Multicast Backbone, experimentelles Hochgeschwindigkeits-Netz für → Multicast-Multimedia via Internet.

MBX
→ *mailbox*.

MBytes
→ Megabytes.

MCI
Media Control Interface, von IBM und Microsoft entwickelte hardware-unabhängige Software-Schnittstelle zur Ansteuerung von Multimedia-Komponenten. MCI wird unter Windows vom → *Media Player* (Medienwiedergabe) verwendet.

MD
→ MiniDisc.

MDY
Month Day Year, Monat, Tag, Jahr (Eingabeformat für Datumsangaben).

mean access time
mittlere Zugriffszeit, durchschnittlicher Zeitbedarf für den Zugriff auf Daten bzw. auf ein Speichermedium, meist in msec angegeben.

mean value
Mittelwert, Durchschnittswert.

MEB
Memory Expansion Board, Speichererweiterungskarte.

Media Access Control
kurz MAC, Medien-Zugangs-Kontrolle, ein → Protokoll, das die Art der Nutzung des jeweiligen Übertragungsmediums (Codierung, Modulation) und die Steuerung des Hardware-Zugriffs innerhalb eines Netzwerks (nach → *OSI Reference Model* Ebene 2) umfaßt. Die physikalischen Zugriffe auf einzelne Stationen im Netzwerk erfolgen anhand der → *MAC address*.

Media Control Interface
→ MCI.

Mediäval
lateinische Druckschriften mit schrägen oberen Schraffen und dezentrischen Rundungen (Bauchungen).

Mediävalziffern
auch Minuskelziffern genannt, arabische Ziffern mit Ober- und Unterlängen, selten verwendet, jedoch besonders verwechslungssicher.

Media Player
Medienwiedergabe, in Windows integriertes Tool zur Wiedergabe von Audio- und Videodaten, greift via → MCI ggf. auf CD-Laufwerke und sonstige Komponenten des PCs (Soundkarte etc.) zu.

MediaStudio Pro
professionelles Videoschnitt-Programm für Windows 95/NT, entwickelt von U-Lead.

Medien
- physikalisch: Datenträger bzw. Speichermedien sowie Signal-Übertragungseinrichtungen, vgl. → Medium;
- Verbreitungsträger von Text, Bild, Ton und Wort, also die → Massenmedien, gewöhnlich unterschieden in Printmedien (Zeitungen, Zeitschriften) und Non-Print-Medien (TV, Hörfunk, Online-Medien).

Medienbruch
ein Wechsel des Mediums innerhalb eines Arbeits- oder Produktionsablaufs. Meist ist der Übergang von Papier zu elektronischen Speichermedien oder umgekehrt gemeint, der durch Konzepte wie denen des *electronic banking*, *electronic publishing* usw. vermieden werden soll.

Medienmanagement
Leitung und Durchführung aller technischen und organisatorischen Maßnahmen im Informations- und Kommunikations-Bereich eines Unternehmens; meist ist der Aufgabenbereich eingeschränkt auf die Außenkommunikation des Unternehmens (Pressekontakte, Werbung, PR, Online-Präsenz).

Medienoperating
alle mit der Beschaffung und Verwertung von Multimedia-Inhalten oder Multimedia-Elementen *(→ assets)* zusammenhängenden Tätigkeiten. Dazu gehören u. a. die Erfassung bzw. Produktion von digitalen Inhalten (Digitalisierung von Ton- oder Bildunterlagen, Texterfassung usw.), der Ankauf von fertigen → *assets*, die Sammlung, Bearbeitung, Zusammenstellung zu Multimedia-Applikationen oder intern genutzten Datenbanken, sowie ggf. der Verkauf bzw. die sonstige Weiterverwertung der einzelnen *assets* oder der daraus erstellten Produkte (CD-Verkauf, Lizensierung, Online-Publikation usw.).

Medienzentrum
- allgemeine Bezeichnung für eine Institution, an der mit mehreren verschiedenen oder unterschiedlichen Medien umgegangen wird (u. a. Bezeichnung für Film- und Fernsehproduktionszentren, für Zentraldruckereien, an denen verschiedene Zeitungen bzw. Zeitschriftentitel hergestellt werden, oder für kulturelle Einrichtungen wie das → ZKM);
- Name einer Einrichtung der Fraunhofergesellschaft (FhG) in Stuttgart-Vaihingen, an der u. a. in Zusammenarbeit mit der Industrie Multimedia-Anwendungen entwickelt werden (Multimedia-CDs, Telematik-Projekte etc.).

Medium
- Datenträger (Papier, Floppy etc.);
- physikalischer Träger bei der Datenübertragung (Kabel, elektromagnetische Wellen, Funkwellen, Licht).

MeDoc
Multimediale elektronische Dokumente, ein akademisches → *electronic publishing*-Projekt, http://me-doc.informatik.tu-muenchen.de

Mega
Mengenangabe (1.000.000), als Megabytes 1.048.576 Bytes.

Megabit
MBit, 1.048.576 Bit.

Megabytes
MB, 1.048.576 Bytes.

Megahertz
→ MHz.

Mehrfachrufnummer
meist engl. mit *Multiple Subscriber Number* (oder kurz MSN) bezeichnet, eine 8-stellige Endnummer, die zur Bestimmung des Endgerätes bzw. zur Durchwahl im Euro-ISDN dient. Im früheren deutschen ISDN (vor 1994) wurde eine → Endgeräteauswahlziffer (EAZ) verwendet.

Mehrfrequenzmonitor
ein Monitor, der auf unterschiedliche Frequenzen eingestellt werden kann und bei einem Wechsel der Horizontal- oder Vertikalfrequenz die jeweils andere Frequenz automatisch anpaßt (meist tragen solche Monitore als Typenkennung Bezeichnungen wie Flexscan, Multiscan, Multisync usw.).

Mehrfrequenz-Wählverfahren
→ MFV.

Mehrgeräteanschluß
ein ISDN-Anschluß (2 B-Kanäle), an den bis zu 8 Geräte angeschlossen werden können; vgl. → Basisanschluß.

Mehrpunktverbindung
→ *multicast*.

Mehrwertdienst
value added service, kurz VAS, ein Zusatznutzendienst, z. B. beim Telefon der über das bloße Telefonieren hinausreichende Dienst (etwa Btx, Telex, T-Online), der vom Telefonnetz-Betreiber angeboten wird und den Nutzwert des Telefonnetzes für Teilnehmer und Betreiber erhöht.

Mehrwertsteuer
siehe → Umsatzsteuer.

Meinungsfreiheit
in der Bundesrepublik Deutschland gilt nach Artikel 5 des Grundgesetzes: „Jeder hat das Recht, seine Meinung in Wort, Schrift und Bild frei zu äußern und zu verbreiten und sich aus allgemein zugänglichen Quellen ungehindert zu unterrichten. Die Pressefreiheit und die Freiheit der Berichterstattung durch Rundfunk und Film werden gewährleistet. Eine Zensur findet nicht statt." (wörtl. zitiert). Grenzen dieser staatsbürgerlichen Freiheit sind nach Artikel 5 (Abs. 2) durch Gesetze bzw. die Rechte Anderer gegeben; der Artikel legt darüber hinaus (in Abs. 3) auch noch die Freiheit von Kunst und Wissenschaft, Forschung und Lehre fest.

Melodie
eine Folge von Frequenzen (Tonhöhen) bzw. Klängen.

melodisches Moll
siehe → Moll-Tonleitern.

memory
Gedächtnis, Speicher.

memory mapping
→ *paging*.

Mengensatz
bloße Texterfassung, also mengenmäßiges Erfassen von Text für den Satz ohne spezielle typographische Gestaltung.

Mensch-Maschine-Schnittstelle
Human Machine Interface, Bezeichnung für die Gesamtheit aller (jeweils vorhandenen) Einrichtungen, mittels derer ein Mensch mit einer Maschine kommunizieren kann (oder umgekehrt). Beim Computer gehören hierzu bestimmte Hardware-Elemente (Monitor, Tastatur, Maus usw.), aber auch Software bzw. die nach Außen in Erscheinung tretenden Elemente der Software (also etwa ein → GUI).

menu bar
Menüliste oder Menüleiste (eines Programms).

merchant server
wörtl. Kaufmanns-Server, ein → Server für → *electronic commerce*-Anwendungen.

mesh
Masche, Raute, das Zeichen #.

message
Botschaft, Nachricht;
- eine Nachricht in einem Nachrichtensystem (→ *news* in einer → *newsgroup*);
- eine E-Mail;
- beim Chatten eine persönliche Nachricht von einem IRC-Teilnehmer an einen anderen, die von den weiteren Teilnehmern nicht gelesen werden kann (IRC-Kommando: /msg Empfängername Nachricht);
- ein → Datenpaket.

message area
der Bereich einer → *message base*, in dem, vergleichbar zu einer → *newsgroup*, Nachrichten geschrieben bzw. nachgelesen werden können.

message base
ein in → *message areas* aufgeteiltes Nachrichtensystem (→ *newssystem*) innerhalb einer → *mailbox*.

message digest
ein vorwiegend auf Texte angewandtes Verfahren zur Ermittlung einer eindeuti-

gen Signatur, also zur Herstellung einer Reihe von Zeichen, die den Text identifizieren (→ *fingerprint*). Die in RFC 1319, 1320 und 1321 definierten Verfahren (MD-2, MD-4 und MD-5) erzeugen einen 128-Bit-Schlüssel, der u. a. zur Echtheitsüberprüfung (→ *authentication*, → *verification*) eingesetzt werden kann.

message handling
wörtl. „Umgehen mit Nachrichten", allgemeine Bezeichnung für alle mit dem Empfangen und Versenden, Weiterleiten, Verwalten, Konvertieren und Identifizieren von elektronischen Nachrichten (→ *news*, → E-Mails) verbundenen Tätigkeiten, Dienste oder Geräte.

Message Handling System
kurz MHS, das CCITT-X.400-Protokoll für das → *message handling*. Der plattformübergreifende X.400-E-Mail-Standard ist nicht mit dem Internet-E-Mail-Protokoll identisch, über → *gateways* können jedoch die (vorwiegend auf UNIX-Rechnern) unter X.400 erstellten E-Mails beliebig in Internet-E-Mails konvertiert werden (und umgekehrt), ebenso wie die X.400-E-Mail-Adressen in Internet-E-Mail-Adressen umgesetzt werden können (und umgekehrt), vgl. → X.400-Adresse.

message switching
Synonym für → *packet switching*, → Paketvermittlung.

meta-character
ein Meta-Zeichen, → Platzhalter.

Meta-Daten
alle Daten, die Angaben zur Organisation von Daten enthalten (Prüfsummen, Dateinamen, Dateilängenangaben usw.).

meta-language
Meta-Sprache, eine zur Beschreibung einer anderen Sprache verwendete Sprache.

Meta-Netzwerk
ein aus anderen Netzwerken bestehendes Netzwerk, sozusagen ein Netzwerk höherer Ebene. Die übliche Bezeichnung hierfür ist → *internet*.

Meta-Sprache
→ *meta-language*.

Metasucher
auch Sammeldienst, ein → Suchdienst, der nicht auf eigene Indizes zurückgreift, sondern die Suchanfrage an mehrere andere Suchdienste weiterleitet und deren Ergebnisse dann an den Benutzer ausgibt. Zu den Metasuchern gehören u. a.:

All4One	http://www.all4one.com
All-in-One	http://www.albany.net/all inone
Metacrawler	http://www.metacrawler .com
Metasearch	http://metasearch.com
Savy Search	http://www.cs.ccolostate .edu/~dreiling/smartform .html

Meta-Zeichen
→ Platzhalter.

metronet
überregionaler → IAP in Deutschland, der mit → Einwahlknoten in allen größeren Städten Internetzugang zum Festpreis anbietet. Das Internet ist nur über → Proxy-Server erreichbar. http./www .metronet.de

Metropolitan Area Network
→ MAN.

Metteur
der Umbruchleiter bzw. der für den → Seitenumbruch verantwortliche Redakteur.

MEZ
Mitteleuropäische Zeit (Zeitzone).

MFC
Multi Frequency Code, Mehrfrequenzcode (etwa der Code des → MFV).

Mft
Mobilfunktechnologien.

MFV
Mehrfrequenz-Wählverfahren (engl. → DTMF), Tonwahlverfahren. Jeder Telefon-Taste ist eine bestimmte Doppel-Frequenz (aus Zeilenfrequenz und Spaltenfrequenz) zugeordnet, die Übermittlung der gewünschten Telefonnummer erfolgt nicht über elektrische Impulse (wie beim → IWV), sondern über Töne. Die gewünschten Töne können nicht nur über die Zifferntasten eingegeben werden, sondern auch beispielsweise über einen → *dialer*, per Computer-Lautsprecher oder durch ein simples Tonbandgerät, das an das Mikrofon gehalten wird. In Deutschland sind die meisten Ortsnetze bereits auf das MFV eingestellt.

MHS
→ *Message Handling System*.

MHz
Megahertz (1000 KHz), Frequenzangabe bzw. (bei Computern) die → Taktrate der → CPU.

MIB
Management Information Base, → SNMP-Datenbank mit Daten, die für den Betrieb eines → TCP/IP-Netzwerks erforderlich sind (Konfiguration, Hardware-Adressen etc.), als Internet-Standard definiert in RFC 1156.

Microcom Networking Protocol
→ MNP.

Microsoft
amerikanische Softwarefirma, 1975 von Paul Allen und Bill Gates gegründet, heute marktführende (bzw. marktbeherrschende) Stellung auf dem PC-Software-Markt (Betriebssysteme, Anwendungsprogramme). Betreibt u. a. auch das → Microsoft Network (MSN). http://www.microsoft.de

Microsoft Frontpage
von Microsoft entwickelter → *Web-Publisher*.

Microsoft Network
kurz MSN, internationaler Online-Dienst der Firma Microsoft. http://www.msn.de

Microsoft Windows
→ Windows.

Mid Level Area Network
→ MLAN.

Mid Level Network
MLN, kurz für → MLAN.

MIDI
Musical Instrument Digital Interface, Schnittstellenstandard für den Anschluß von elektronischen Musikinstrumenten (→ Synthesizern) an Computer oder für die Verbindung beliebiger Musikinstrumente und Aufnahme- oder Beschallungsgeräte untereinander.

Mietleitung
eine für längere Zeit gemietete Leitung, → Standleitung.

mil
military, → Bereichsname im Internet, siehe → *top-level-domains*.

Millisekunde
eine tausendstel Sekunde.

MILNET
Military Network, US-amerikanisches Militär-Netz, früher Teil des → ARPAnet, heute im → DDN und Teil des Internets. Im MILNET werden nur für die Öffentlichkeit freigegebene Nachrichten angeboten.

MIME
Multipurpose Internet Mail Extensions, erweitertes E-Mail-Protokoll (definiert in RFC 1341) zum Versenden von beliebigen binär codierten Multimedia-Daten oder Programmcodes über → E-Mail. Auch im WWW wird MIME verwendet, um die mit HTML-Dokumenten assoziierten Binärdateien (Grafiken, Audio-,

Video-Dateien) zu übertragen. Vgl. auch → uuencode.

min
Minute.

MIN
Minimum.

MiniDisc
kurz MD, von Sony entwickeltes magneto-optisches Speichermedium für komprimierte digitale Audio-Aufzeichnungen, die Einführung einer Variante für PCs ist geplant.

Minuskeln
Kleinbuchstaben, Gemeine (Großbuchstaben siehe → Majuskel).

mirror
(wörtl. Spiegel), ein „gespiegelter" Datenbereich, u. a. beispielsweise: die Kopie der Daten einer Festplatte auf einer anderen Festplatte (ggf. auf einem anderen Rechner), oder ein → FTP-Server, der die Daten eines anderen Servers bereithält *(→ mirror site)*. Spiegelung dient außer zur Absicherung gegenüber Systemausfällen vor allem der Beschleunigung von Zugriffen und der Vermeidung von → *traffic*.

mirroring
Plattenspiegelung, eine Betriebsart, bei der permanente Kopien von Daten auf einer zweiten Festplatte bzw. einem zweiten Rechner (*twin*, Zwilling) angelegt werden. Dient der Daten- und Ausfallsicherung (etwa bei Banken, Kreditkarten-Unternehmen, Zeitungen, usw.) und ermöglicht den Austausch einzelner Komponenten (Laufwerke usw.) während des Betriebs und vor allem (nahezu) reibungslosen Fortbetrieb bei Ausfall eines Systems.

mirror site
Spiegel-Server, ein *host*, der die Daten eines anderen oder mehrerer anderer *hosts* vorrätig hält, um häufig benötigte Daten schneller und unter Vermeidung von → *traffic* zur Verfügung stellen zu können. Die gespiegelten Daten sind meist FTP-Archive oder WWW-Seiten, sie werden regelmäßig (oft täglich) abgeglichen. Spiegel-Server sind meist den Übergängen in die nächst höhere Netz-Hierarchie (von LANs zu MLANs, von Mid-Level-Netzen in WANs) vorgeschaltet – kommt eine entsprechende Anfrage, werden die Daten nicht vom Original-Host abgeholt, sondern vom Spiegel-Server geliefert. Vgl. auch → *Proxy*.

MIS
Management Information System, ein computergestütztes Informationssystem, das innerbetriebliche Daten so aufbereitet (etwa betriebswirtschaftliche Kennzahlen ermittelt), daß sie zur Kontrolle und Steuerung des Unternehmens benützt werden können.

misc
- *miscellaneous*, Sonstiges, Vermischtes;
- im → UseNet die → *news hierarchy*, in der jene Themen eingeordnet werden, die unter den anderen Kategorien nicht einzuordnen sind.

miscellaneous
Sonstiges, Vermischtes.

Mittel
Schriftgradbezeichnung, 14p.

Mittellänge
die Höhe eines Kleinbuchstabens ohne Ober- und Unterlängen.

Mittelraster
eine mittlere Rasterweite, → Raster zwischen 34 und 54 Linien/Zentimeter.

Mittenfrequenz
→ Trägerfrequenz.

mittlere Zugriffszeit
→ *mean access time*, die durchschnittliche → Zugriffszeit.

mixed-mode CD
CD mit CD-ROM- und CD-DA-Spuren. Auf Musik-CD-Playern lassen sich nur die Audio-Tracks wiedergeben, via CD-ROM-Laufwerk kann jedoch auf alle Daten zugegriffen werden.

mixer
ein kleines Programm für die Einstellung von Soundkarten, über das die Wiedergabe-Lautstärke der jeweils angeschlossenen Geräte und die Verteilung auf die Stereoausgabekanäle geregelt werden kann.

M-JPEG
Motion-JPEG, aus dem JPEG-Verfahren abgeleiteter Standard für die komprimierte Aufzeichnung von digitalen Videos. Unter M-JPEG werden die Bilder einzeln auf dem Speichermedium abgelegt, die Datenkompressionsrate ist geringer und der Speicherbedarf höher als bei anderen Verfahren. Zum Abspielen der Videos ist eine spezielle Hardware-Ausrüstung erforderlich.

MLA
Multiple Letter Akronym, ein aus vielen Buchstaben bestehendes → Akronym.

MLAN
Mid Level Area Network, auch *Mid Level Network* (kurz MLN) oder *Regional Network* (kurz *Regional*), ein Netzwerk, das mehrere → LANs zusammenfaßt. Unter geographischer Betrachtungsweise werden MLANs bisweilen auch als *Metropolitan Area Networks* (MAN) bezeichnet.

MLN
Mid Level Network, verkürzt für → MLAN.

MMC
MIDI Machine Control, ein Satz von Midi-Befehlen zur Steuerung externer Aufnahmegeräte (Recorder-Steuerung).

MMCD
Multimedia-CD, Bezeichnung für einen Vorläufer der → DVD.

MMPC
→ Multimedia PC.

MMX
geschütztes Warenzeichen der Firma Intel, kennzeichnet spezielle → Pentium-Prozessoren.

MNP
Microcom Networking Protocol, von der Firma Microcom für die eigenen Modems entwickelte Modem-Protokolle zur Sicherung der Datenübertragung bzw. zur Kompression. MNP ist eine Hardware-Lösung (im Modem fest implementiert) und inzwischen auch bei Modems anderer Hersteller fast immer integriert.
MNP führt eine blockweise Übertragung der Daten durch, wobei die Blocklänge und die verwendeten Sicherungs- und Kompressionsverfahren an die Datenstruktur und die Qualität der Übertragungsmedien angepaßt werden. Man unterscheidet bei MNP bislang 10 verschiedene Leistungsklassen (MNP1 bis MNP10, wobei MNP1 und MNP8 heute kaum noch verwendet werden). Die Wahl des jeweils geeignetsten Protokolls wird in der Regel durch die beteiligten Modems automatisch vorgenommen: beim Verbindungsaufbau und auch während der Übertragung stimmen sie sich ständig aufeinander ab.

MobilCom
Telefongesellschaft (MobilCom AG), Netzvorwahl 0 10 19.

MobileCam
eine → WebCam, deren Standort immer wieder wechselt, etwa http://www.stern.de/cam

Mobile Switching Center
→ MSC.

Mobilfunknetz
mobile telephone network oder auch *cellular phone net*, ein über Funk betriebenes Telefonnetz. Ein Mobilfunknetz setzt sich (möglichst flächendeckend) aus von Basisstationen (→ BTS) erzeugten → Funkzellen zusammen, innerhalb derer mit → Mobiltelefonen Verbindungen aufgebaut werden können. Eingeschaltete → Handys sind automatisch mit der BTS verbunden, beim Verlassen der Funkzelle wird ebenso automatisch der Kontakt mit der benachbarten Basisstation geschaltet (→ *handover*). Neben dem (veralteten) → C-Netz werden in Deutschland vor allem die → D-Netze und das → E-Netz betrieben.

Mobiltelefon
cellular phone, eigentlich Mobilfunk-Telefon, in Deutschland jedoch meist → Handy genannt, ein tragbares und batteriebetriebenes Telefon für den Anschluß an ein → Mobilfunknetz.
Geräte für den Anschluß an das Festnetz über eine hausinterne Basisstation werden → schnurloses Telefon genannt.

MOD
- → *Magneto-Optical Disc;*
- Modem;
- Modulation;
- Musikdatei-Format (ursprünglich auf Commodore Amigas, heute allgemein).

Modacom
Mobile Data Communication, Datex-P-Funkdienst der Telekom.

mode
- Zustand, Modus; Betriebsart;
- unter DOS Kommando zur Anpassung von Bildschirm, Druckerschnittstelle und serieller Schnittstelle.

modelling
- modellieren, eine mathematische Nachbildung erstellen;
- bei 3D-Programmen Bezeichnung für das Herstellen des Modells eines dreidimensionalen Gegenstands, vgl. → *Solid Modelling*, → *Surface Modelling.*

Modem
Modulator/Demodulator, ein Gerät zum Anschluß von Computern an das analoge Telefonnetz. Ein Modem übersetzt die digitalen Signale aus dem Computer in analoge Signale, die über das Telefonnetz gesendet und vom Modem auf der Empfängerseite wieder in digitale Signale umgesetzt werden. Modems werden an die → serielle Schnittstelle angeschlossen (→ externes Modem) oder sind als Steckkartenversionen (→ internes Modem) erhältlich, meistens verfügen sie neben den eigentlichen DFÜ-Funktionen (über → CCITT-V-Normen bzw. → MNP international genormt) zusätzlich über Fax- oder Anrufbeantworterfunktionalität. Für den Anschluß eines Computers an das ISDN-Netz wird sinnvollerweise eine → ISDN-Karte verwendet, die Anbindung von Modems via → a/b-Wandler ist weniger leistungsfähig.

Modem-Befehle
→ AT-Kommandos.

Modem Server
ein Server, der externen Teilnehmern den Zugang zum Netz via Telefon ermöglicht.

Modem-Standards
→ AT-Kommandos, → MNP, → V-Normen.

Moderator
einzelne Person oder Gruppe, verantwortlich für das Moderieren von → *newsgroups*, → *mailing lists* usw. Häufig besteht die Aufgabe nur in der Auswahl von Beiträgen, evtl. in der Zusammenstellung von Beiträgen zu einem → *digest*, vereinzelt werden jedoch auch weitergehende Entscheidungen, Beratungen, Betreuungen usw. vom Moderator erledigt.

Modul

ein einzelnes, abgeschlossenes System (Hard- oder Software), das über definierte Schnittstellen in ein anderes System eingebunden bzw. eingebaut werden oder mit anderen Systemen kommunizieren kann.

Modulation

- in der DFÜ Bezeichnung für die Umwandlung digitaler in analoge Signale (Gegenteil: → Demodulation); siehe → Modem;
- bei der Datenübertragung auch Begriff für alle Verfahren, bei denen das → Nutzsignal als Veränderung einer → Trägerfrequenz codiert wird (wodurch diese in der Regel dadurch „moduliert" wird, daß die Trägerwelle durch die Nachrichtenwelle multiplikativ überlagert wird); siehe u. a. → AM, → FM, → PCM, usw.
- in der Musik Bezeichnung für die Beeinflussung von → Klängen durch Veränderung einer → Frequenz bzw. → Schwingung; neben den in der Nachrichtentechnik verwendeten multiplikativen Überlagerungen kommen hierbei auch vor allem additive oder subtraktive Schwingungsgemische vor (vgl. → Modulator, → Synthese).

Modulator

- allgemein Bezeichnung für eine → Schwingung bzw. → Welle, die mit einer anderen Welle (→ *carrier*, Trägerwelle) zusammengemischt wird und diese dadurch gezielt verändert; diese Technik wird sowohl bei der Signalübertragung (bei meist multiplikativer Überlagerung der Schwingungen) als auch in der elektronischen Musik (bei meist additiver bzw. subtraktiver Überlagerung) verwendet, vgl. → Modulation, → Synthese;
- in der DFÜ ein Gerät zur Umwandlung von digitalen in analoge Signale, vgl. → Modem;
- in der Musik ein Gerät bzw. ein Hardware-Element zur Beeinflussung von Klängen bzw. Schwingungen (die durch → Oszillatoren erzeugt wurden), Bestandteil eines → Synthesizers.

Moiré

(frz., ursprüngl. Bezeichnung für eine Textilsorte mit Flammenmuster) ein Muster aus in regelmäßigen Abständen innerhalb einer Abbildung auftretenden Farb-Flecken (oder Tonwert-Schwankungen), das durch Beugung des Lichts beim → Rastern entsteht und bei der erneuten Rasterung einer bereits gerasterten Vorlage häufig auftritt. Bisweilen können derartige Störungen durch Wahl einer anderen Rasterweite oder eines anderen Rasterwinkels verringert oder vermieden werden. Moiré-Effekte treten nicht nur bei der fotographischen Rasterung, sondern auch beim → Scannen gerasterter (oder auch per Laserdrucker erzeugter) Vorlagen auf, in diesem Fall kann die Wahl einer anderen Auflösung oder das schräge Einlegen bzw. Einlesen der Vorlage manchmal Abhilfe schaffen.

MOL

machine-oriented language, maschinenorientierte Programmiersprache

Moll-Tonleitern

(lat. *mollis*, weich) die drei Tonleitern mit „weicherem" Klangbild (als jenem der → Dur-Tonleiter), wobei zwischen natürlichem (oder reinem) Moll, harmonischem und melodischem Moll unterschieden wird. Die Halbtonabstände der einzelnen Töne sind, ausgehend vom Grundton, wie folgt:
natürliches Moll: 2, 1, 2, 2, 1, 2, 2;
harmonisches Moll: 2, 1, 2, 2, 1, 3, 1;
melodisches Moll: 2, 1, 2, 2, 2, 2, 1.

MON

Monitor; → *monitoring*.

monospaced

eine Schrift mit einheitlicher Dickte bzw. Buchstabenbreite (in der Regel eine Schreibmaschinenschrift).

monitoring
Überwachung von Netzwerkfunktionen.

Montagefolie
in der Reprotechnik zur Montage der Filme benützte Trägerfolie aus maßbeständigem Kunststoff.

Montagetisch
Durchleuchtungstisch, zur Begutachtung, Bearbeitung und Montage von Filmen.

Moog
Robert Moog entwickelte Mitte der 60er die ersten weltweit eingesetzten und kommerziell erfolgreichen analogen → Synthesizer (Moog-Synthesizer). In den „Moogs" wurden die jeweiligen Klangparameter nach dem Funktionsprinzip der → Spannungssteuerung beeinflußt, die genaue Einstellung erfolgte anfangs ausschließlich manuell über Regler. Als Hauptnachteil galt eben diese manuelle und häufig kaum noch reproduzierbare oder auf andere Synthies übertragbare Justierung der Basisparameter – die Sage spricht sogar von Musikern, die lieber die Regler mit Klebstoff und Pflasterband permanent fixierten und einen neuen Moog kauften, anstatt die einmal gefundene Ideal-Einstellung zu ändern. Spätere Moogs (etwa der Polymoog) waren polyphon und verfügten über die Möglichkeit, Basis-Einstellungen abzuspeichern, noch spätere Entwicklungen (etwa der Memorymoog) speicherten komplette Sounds ab. Mit der Entwicklung der digitalen Synthesizer ab Mitte der 80er Jahre (durch Firmen wie Yamaha, Roland, Oberheim oder Korg) ging die Bedeutung der Moogs und anderer Analog-Synthies zurück.

Morphing
(abgeleitet von gr. Metamorphose, Verwandlung) eine elektronisch hergestellte → Animation, bei der Übergänge zwischen einem Ausgangs- und einem Endbild durch sukzessive Mischung und der Anpassung der Formen und Farben erzeugt werden.
Hierzu werden zunächst in beiden Bildern Bezugspunkte markiert, jedem Punkt im Endbild ist ein Punkt im Ausgangsbild zugeordnet. Durch Linienverbindungen zwischen den Punkten entstehen in beiden Bildern Polygone. Der Computer errechnet anschließend die erforderlichen Veränderung der Farben bzw. Formen der einzelnen Flächen und stellt die einzelnen Zwischenbilder dar, deren Anzahl voreingestellt werden kann. Je mehr Bezugspunkte und Zwischenschritte gewählt werden, desto geringer werden die einzelnen Veränderungen zwischen den einzelnen Stadien, und desto fließender erscheinen die Übergänge.

MOSAIC
NCSA-Mosaic, der erste → WWW-Browser mit grafischer Oberfläche, entwickelt am → NCSA und für nahezu alle Plattformen als *freeware* oder *shareware* erhältlich. Inzwischen von → Netscape Navigator und → Microsoft Internet Explorer in den Hintergrund gedrängt.

motherboard
die auch *mainboard*, Systemboard oder Systemplatine genannte Hauptplatine eines Computers, also jene zentrale Leiterplatte, auf der Prozessor, Bus- und Erweiterungsbussystem, Speicherbausteine usw. angebracht sind.

motion grabber
wörtl. Film-Schnapper, ein → *grabber* zum Abspeichern von Videosequenzen.

Motion-JPEG
→ M-JPEG.

Motion Pictures Experts Group
→ MPEG.

Motorola
Prozessor-Hersteller, u. a. Motorola 68xxx- oder PowerPC-Prozessoren, die

in Computern der Firma Apple Verwendung finden. http.//www.mot.com

mouse
→ Maus.

mov
Quick-Time-Movie (Dateikennung).

MP2
→ MPEG-Audio (Dateikennung).

MPC
→ Multimedia PC.

MPC Marketing Council
Herstellerkonsortium (unter führender Mitwirkung von Microsoft), das u. a. Vorschläge zu Minimal- und Optimal-Ausstattungen von → Multimedia-PCs veröffentlicht.

MPDU
Message Protocol Data Unit, → PDU.

MPEG
Motion Pictures Experts Group,
- ein → ISO-Gremium zur Erarbeitung von Audio- und Video-Normen;
- die von diesem Gremium erarbeiteten Codierungs- bzw. Kompressionsverfahren, die zunehmend auch im → WWW eingesetzt werden. MPEG-Videos setzen für die *full-screen*-Darstellung eine spezielle Hardware-Ausrüstung (MPEG-fähige Bildschirmkarte) voraus; es wird nicht eine Abfolge aus Einzelbildern, sondern die Veränderung gegenüber einem Vorgängerbild codiert. MPEG-codierte Videos haben die *extension* MPG, Audio-Dateien sind durch MP2 gekennzeichnet.

MPG
→ MPEG-Video (Dateikennung).

MPR
- *Multi-Protocol Router*, ein → *router*, der mehrere → Protokolle unterstützt.
- MPR I, MPR II: Richtlinien für die Emissionswerte von Bildschirmen, die auf einem vom Schwedischen Regierungsinstitut für Meß- und Prüfwesen (schwed. *Mät och Provningsraadet*) entwickelten Verfahren zur Messung der Strahlung (elektromagnetische Felder, Ionisierung) von Bildschirmen beruhen. MPR I wurde 1987 eingeführt, MPR II 1990, die meisten Bildschirme halten jedoch inzwischen die noch strengere → TCO-Norm ein.

MPU-401
Midi Processing Unit, ein 1984 entwickeltes Midi-Interface der Firma Roland (eine Einsteckkarte ohne eigene Sound-Erzeugung); die Technologie wurde zum Quasi-Standard für Midi-Schnittstellen auf → Soundkarten.

MSAU
→ MAU.

MSC
Mobile Switching Center, Mobilfunk-Vermittlungsstelle (vermittelt zwischen Teilnehmern und Netzen).

MSD
Microsoft Diagnostics, im MS-DOS-Betriebssystem-Paket enthaltenes Diagnose-Programm für PCs, das die Hardware eines PCs untersucht und u. a. die vorhandenen Schnittstellen, elektronischen Bausteine und Adressen anzeigt.

MSF
MIDI Standard File, *extension* für MIDI-Dateien. Vgl. → SMF.

msg
message, Nachricht, Botschaft; Meldung.

MSN
- → *Microsoft Network;*
- *Multiple Subscriber Number*, → Mehrfachrufnummer.

MTA
- *Mail Transport Agent*, ein Programm, das Internet-E-Mails weiterleitet; vgl. → *mailer*, → MUA, → SMTP;

- *Message Transfer Agent*, ein Programm, das X.400-Mails weiterleitet.

MTBF
Mean Time Between Failures, durchschnittliche Zeit (Betriebsstunden) zwischen dem Auftreten von Fehlern, ein von Herstellern verwendetes Maß zur Angabe der Betriebssicherheit bzw. Haltbarkeit ihrer Erzeugnisse.

MTC
MIDI Time Code, → Zeitcode für Synchronisationszwecke, nachträgliche Ergänzung des MIDI-Standards. Die Zeit wird absolut nach Stunden, Minuten, Sekunden und Frames angegeben. Vgl. → SPP.

MTU
Maximum Transmission Unit, die größte zulässige Länge für ein *data packet* bzw. → *frame* (gültig für ein bestimmtes Medium oder definiert durch ein → Protokoll).

MUA
Mail User Agent, auch kurz UA (*User Agent*), ein Programm, das einem Benutzer das Empfangen, Bearbeiten und Versenden von E-Mails ermöglicht; vgl. → *mailer*, → MTA.

MUD
Multi User Dungeon, ein Abenteuerspiel (Rollenspiel) für mehrere Teilnehmer, das textbasiert über ein Netzwerk abgewickelt wird. http://santana.uni-muenster.de/~mud/mud.de, http://www.fury.org

multi-carrier-Verfahren
Vielfach-Trägerfrequenz-Verfahren, ermöglicht die simultane Nutzung vieler (etwa bei → PEP bis zu 512) Trägerfrequenzen zur maximalen Ausnutzung einer Telefon-Übertragungsleitung.

multicast
Mehrpunktverbindung; ein Datenpaket gleichzeitig an mehrere (definierte) Stationen im Netz senden.

multicast backbone
→ MBONE.

Multi-Chip-Kamera
Digital- oder Videokamera, in der mehrere → CCD-Chips zur → Farbtrennung bzw. gleichzeitigen Erfassung aller Farbwerte eingesetzt werden. Das eintreffende Licht wird hierbei durch Prismen in seine Farbbestandteile zerlegt und auf den jeweiligen CCD-Sensor geleitet.

Multicode
Synonym für → Makro; bei einigen Computersatz-Systemen auch Bezeichnung für spezielle Funktions-Tasten (Multicode-Tasten), auf denen vom Anwender frei definierbare Zeichen- oder Befehlsketten abgelegt werden können.

multifunction modem
Mehrfunktionsmodem, ein Gerät, das nach mehreren Standards bzw. Protokollen arbeiten kann.

MultiHoming
Betrieb mehrer → virtueller Server auf einem Host-Rechner.

Multimedia
in Deutschland 1995 zum Wort des Jahres erklärter Begriff, der u. a. folgendermaßen zu deuten ist:

- die Kombination verschiedener Dienste in einem Gerät (Telefon, Fax, Internet, Fernsehen etc. im PC vereint);
- die Zusammenfassung verschiedener herkömmlicher Medien (Print-Medien, TV, Computer, Netzwerke etc.) zu einem einheitlichen Gesamtangebot, auf das über eine einheitliche Technologie zugegriffen werden kann;
- die Umsetzung eines Hypertext- oder Hypermedia-Konzepts bzw. die interaktive Integration und Darbietung von Text, Grafik, Audio und Video in einem Programm (z. B. in einer Multimedia-Applikation, oder auch in einem WWW-Browser);

- die weltweite integrative Vernetzung bzw. Kommunikationsverbindung durch einheitliche und umfassende Nutzung bislang vorwiegend unabhänig voneinander existierender bzw. genutzter Medien und Dienste (Internet, Online-Dienste, Fernsehen, Radio, Mobilfunk, Telefon, Fax);
- die durch diese weltweite Vernetzung erst möglich oder kostengünstig gewordenen Einsatzgebiete der Computertechnologie wie Fernsteuerung, Fernüberwachung oder Fernwartung,
- die neuen Möglichkeiten zur Telearbeit, zur bis in globale Dimensionen verteilten Gruppenarbeit, oder zur Umgestaltung bisheriger Arbeits- und Kommunikationsgepflogenheiten (Videoconferencing, E-Mails usw.);
- die Veränderung und Ergänzung des Vertriebs durch *electronic commerce* oder sonstige Vertriebs- oder Marketing-Aktivitäten in Netzwerken;
- die Umgestaltung bisheriger Konsumenten- und Kundengewohnheiten durch *electronic shopping, homebanking* oder sonstige Nutzung elektronischer Medien wie Pay-TV oder *Video-on-Demand*.

Multimediagesetz
umgangssprachlich für das → IuKDG.

Multimediale
Computerkunst-Festival, im Zwei-Jahres-Rhythmus am → ZKM veranstaltet.

Multimedia PC
kurz MPC oder auch MMPC, allgemeine Bezeichnung für einen PC, der für den Einsatz im Bereich Multimedia geeignet ist.
Die allgemein- und letztgültige Definition einer solchen Eignung ist allerdings ebenso uneinheitlich wie letzten Endes (trotz der Vorschläge des → *MPC Marketing Council*) unmöglich, da viele individuell ganz unterschiedliche Anforderungen an die Multimedia-Nutzung gestellt werden. Da PCs modular aufgebaut sind, ständig technischen Neuheiten angepaßt werden, sich ebenso von vornherein bedarfsgerecht ausstatten wie auch nachträglich erweitern lassen, lassen sich jedoch unter Abklärung des tatsächlichen und für die nahe Zukunft zu erwartenden Bedarfs auch jederzeit optimale Geräte – ob fertig oder nach Kundenwunsch zusammengestellt – individuell bestimmen.

Multimedia-System
- Sammelbegriff für die verschiedenen Multimedia-Technologien oder Einsatzbereiche;
- Bezeichnung für Geräte, in denen „multimediale“ Kommunikations- und Informationsfunktionen realisiert sind (etwa TV/Computer-Kombinationsgeräte, Bildtelefone usw.);
- Synonym für → Multimedia-PC.

Multimedia Toolbook
→ Toolbook.

Multiple-Shot-Technik
vereinzelt bei Digitalkameras eingesetzte Technik, bei der mehr als drei Aufnahmen (vgl. → Three-Shot-Technik) zur Erfassung aller Farbwerte erforderlich sind.

Multiple Virtual Storage
→ MVS.

Multiplexer
Hardware-Einrichtung, mit der die Aufteilung eines Kanals in mehrere Kanäle (oder umgekehrt die Rekonstruktion der einzelnen Sendungen) möglich ist, siehe → Multiplexing.

multiplexing
auf der Anwendung von → Modulation beruhende Aufteilung eines Übertragungskanals in mehrere Kanäle. Eine solche Aufteilung kann phasenbezogen (zeitliche Aufteilung) oder frequenzbezogen (Aufteilung der Bandbreite) erfolgen, auch die Mischung beider Formen ist möglich. Multiplexing ist die techni-

sche Voraussetzung dafür, daß mehrere Teilnehmer eine Leitung parallel nutzen können, daß Netzwerke mit → *bus topology* aufgebaut werden können, oder daß der Empfang von Stereosendungen, Videotext usw. möglich ist.

multiprocessing
allgemeine Bezeichnung für sequentielles Abarbeiten mehrerer eigenständiger Prozesse (Tasks, Jobs, Threads), wobei die CPU jedem Prozess eine gewisse Zeitspanne zur Verfügung steht. Da dieser Wechsel zwischen den Prozessen so schnell geschieht, daß der Benutzer nichts wahrnimmt, nennt man den Ablauf → quasi-parallel (im Unterschied zu echter → Parallelverarbeitung). Betriebssysteme wie → UNIX oder Oberflächen wie → Windows gestatten die Ausführung von *multiprocessing*, wobei die den einzelnen Prozessen zur Verfügung gestellte Zeit über Zeitscheiben-Einteilung und die Vergabe von Prioritäten gesteuert werden kann. Vgl. → *multitasking*, → *multithreading*.

Multi-Protocol Router
→ MPR.

Multipurpose Internet Mail Extensions
→ MIME.

Multi-Samples
im Speicher von → Soundkarten oder → Synthesizern abgelegte Klangbilder, die sich über mehrere Tonhöhen (Oktaven bzw. Tonlagen) erstrecken und die zur besseren Wahrung der Klangcharakteristik (→ Formanten, → Klangfarbe etc.) nicht aus einem einzigen, nur digital in der Tonhöhe veränderten Original-Sample erstellt wurden, sondern aus mehreren jeweils einzeln erstellten Samples bestehen. So ist beispielsweise jeder Taste des Synthesizers, oder zumindest mehreren Tasten (aber nicht der gesamten Tastatur) ein individuell „gesampelter" Klang zugeordnet. Die Qualität eines Klangs ist umso besser (originalgetreuer, natürlicher), je kleiner die Tastaturbereiche sind, die ein einzelnes Sample „bedient", im Idealfall entspricht die Sample-Zahl der Tastenzahl.

Multiscan
siehe → Mehrfrequenzmonitor.

multi sessions
(wörtl. Mehrfach-Sitzungen) mehrere in einzelnen Schreibvorgängen auf einer CD gespeicherte Datenbereiche; siehe → *session*.

Multisync
siehe → Mehrfrequenzmonitor.

multitasking
→ *multiprocessing* auf Betriebssystem-Ebene, also quasi-parallele Durchführung mehrerer → *tasks*.

multithreading
→ *multiprocessing* auf Anwenderprogramm-Ebene, also die quasi-parallele Durchführung mehrerer → *threads*.

Multiuser-Betrieb
Mehrbenutzer-Betrieb, vor allem bei Großrechnern oder in Netzen verbreitete Betriebsart, bei der mehrere User zur gleichen Zeit einen Rechner oder ein System (Datenbank, WWW-Server etc.) nutzen. Multiuser-Betrieb setzt → *multiprocessing* bzw. → *multitasking* voraus und wird meist nach dem → *client/server*-Modell realisiert.

MUX
→ Multiplexer.

MVS
Multiple Virtual Storage, Mainframe-Betriebssystem der Firma IBM.

NAC
Network Adapter Card, → Netzwerkkarte.

Nachdruck
Druck einzelner Artikel oder Auszüge aus einem schon veröffentlichten Werk; auch Bezeichnung für den Druck einer unveränderten weiteren Auflage eines gesamten Werks (eigentlich Neuauflage oder Neudruck), vgl. → fotomechanischer Nachdruck, → Raubdruck.

Nachkalkulation
nachträgliche Ermittlung der tatsächlich für die Produktion einer Ware oder für die Erbringung einer Dienstleistung angefallenen Kosten unter Einbeziehung sämtlicher mit dem Produkt oder der Leistung in Verbindung zu bringenden Kosten; dient u. a. zur Kosten- und Gewinnermittlung und zur Erstellung von Kalkulationsgrundlagen für die künftige Vorkalkulation.

Nach Korrektur druckreif
→ Imprimatur.

Nachleuchten
afterglow oder *persistence*, das nachträgliche Leuchten eines Bildschirmpunkts nach dem Vorbeilauf des Kathodenstrahls.

Nachricht
- → *message*, *E-Mail*, → *news*;
- im Journalismus ein aktueller, sachlich-objektiver Bericht, eine unkommentierte Information.

Nachrichtenagentur
gewerbliches Unternehmen zur Beschaffung und Verbreitung von Nachrichten.

Nachrichtenbaum
→ *thread*.

Nachrichtendienst
- ein Geheimdienst *(intelligence service)*;
- im Zusammenhang mit Online-Diensten, Radio oder Pagern: die regelmäßige Ausstrahlung von Nachrichten *(news service)*.

Nachrichtenforum
eine → *newsgroup*.

Nachrichtenteil
Teil der Zeitung, in dem vorwiegend Nachrichten stehen.

Nadeldrucker
Drucker, bei dem in einem Druckkopf angebrachte Nadeln elektronisch gesteuert durch ein Farbband auf das Papier hämmern; der Druckvorgang geschieht zeichenweise (Matrixdrucker) oder in ganzen Zeilen (Zeilendrucker).

Nahecho
siehe → Echo.

Nahnebensprechen
→ NEXT.

nailed connection
Standleitung.

NAK
negative acknowledgement, negative Bestätigung, Steuerzeichen (ASCII 21) beim → *handshake*, das anzeigt, daß die Daten fehlerhaft empfangen wurden oder daß der Empfänger gerade nicht für eine Übertragung bereit ist.

name resolution
Namens-Auflösung, die Umsetzung einer alphabetischen Adresse in die numerische Adresse, meist die Umsetzung der → DNS-Adresse in die entsprechende → IP-Adresse.

name-server
- ein Server, der die → *name resolution* im → DNS durchführt oder die Zuordnung von E-Mail-Adressen vornimmt;
- ein Server, der einen → *White Pages*-Service (etwa ein → *corporate directory*) realisiert.

naming convention
Benennungs-Vereinbarung, eine Übereinkunft über die Art der Adressierung (von Usern, Hosts oder einzelnen Stationen sowie von Programmen oder Dateien) innerhalb eines Netzwerks. Vgl. → UNC, → Internet-Adressen.

NAP
Network Access Point, Netzwerk-Zugangs-Punkt, ein Verbindungspunkt zwischen Netzen bzw. ein Zugang zum Internet.

National Science Foundation
→ NSF.

natürliches Moll
siehe → Moll-Tonleitern.

Naturton
Synonym für → Teilton.

Navigation
die Steuerung der Fortbewegung (der Sprünge) in einem → Hypertext-System oder einer Multimedia-Anwendung.

Navigationsstruktur
die dem Nutzer von einer Multimedia-Applikation oder innerhalb eines Hypertext-Systems angebotenen Möglichkeiten, innerhalb des Datenbestandes bzw. innerhalb des Programms zu navigieren. Diese Handlungsmöglichkeiten (Sprünge, Aktivierung von Abläufen etc.) werden im → Autorensystem vorgegeben bzw. programmiert und können vom Benutzer in der Regel nicht verändert werden.

Navigator
→ Netscape Navigator.

NBP
Name Binding Protocol, ein → AppleTalk-Protokoll zur Umwandlung von → logischen Gerätebezeichnungen in Hardware-Adressen (und umgekehrt).

NC
→ *No Carrier.*

NCI
non coded information, nicht codierte Nachricht.

NCP
- *NetWare Core Protocol,* das Betriebssystem von → *Novell NetWare*;
- früher auch *Network Control Protocol,* das im ARPAnet benutzte Vorgänger-Protokoll von → TCP/IP.

NCSA
National Center for Supercomputing Applications, an der *University of Indiana,* entwickelte u. a. den Web-Browser → MOSAIC. http://www.ncsa.uiuc.edu

NCSA Mosaic
→ Mosaic.

NDA
non-disclosure agreement, Schweigevereinbarung; Vereinbarung zur Nichtveröffentlichung.

NDIS
Network Driver Interface Specification, Microsoft-Protokoll, das zur Spezifikation von → Netzwerkkarten bzw. zum gleichzeitigen Betrieb mehrerer solcher Karten dient.

NDS
Netware Directory Services, eine Datenbank unter Novell Netware mit allen Daten, die für den Betrieb des Netzes erforderlich sind (User-Adressen, Login-Daten, Netzkonfiguration, Hardware-Adressen etc.).

NDÜ
Netz- und Dienste-Übergang, Schnittstelle zwischen verschiedenen Netzen und bzw. oder Diensten.

Nebensprechen
crosstalk, auch Übersprechen; gegenseitiges Stören von Datenübertragungen, die auf benachbarten Leitungen oder Funk-Frequenzen stattfinden. Vgl. → *drop-in*, → FAXT, → NEXT.

Negativ
seiten- und tonwertverkehrte fotografische Reproduktion (meist auf Film); bei Schriften oder Grafiken Bezeichnung für vertauschtes Schwarz-Weiß-Verhältnis (weiße Schrift auf schwarzem Grund).

negative acknowledgement
→ NAK.

net
- *network*, → Bereichsname im Internet, → *top-level-domains*;
- kurz für *network*, das Netz; das Internet;
- in der Schreibweise NET Abkürzung für *Normes Européennes des Télécommunication* (frz.), die Normen der → ETSI.

NetBEUI
NetBIOS Extended User Interface, von Microsoft entwickeltes Netzwerkprotokoll für einfache LANs, von verschiedenen Netzwerk-Betriebssystemen unterstützt.

NetBIOS Extended User Interface
→ NetBEUI.

netfind
→ Telnet-Dienst zur geographisch eingeschränkten Suche nach E-Mail-Adressen.

netiquette
ein Verhaltenskodex für die Teilnehmer an einem Netzdienst bzw. am Internet, der von den meisten → Netsurfern auch freiwillig eingehalten wird. In den *Netiquette Guidelines* in RFC 1855 (FYI 28) sind die von der IETF vorgeschlagenen Regeln nachzulesen.

netlag
im Internet bzw. bei der Benutzung bestimmter Internet-Dienste (vor allem → IRC) auftretende Wartezeiten.

netmail
auch *matrixmail*, im FidoNet Bezeichnung für eine persönliche Mail an einen anderen Teilnehmer.

netnews
öffentliche Nachrichten, meist Synonym für → *newsgroups* oder das → Usenet.

Netscape Communications Corp.
von einem der → MOSAIC-Programmierer gegründetes amerikanisches Softwareunternehmen, das Internet/Intranet-Server und -Client-Produkte entwickelt und vertreibt. http://www.netscape.com (engl.) oder http:/home.de.netscape.com /de/index.html (dt).

Netscape Navigator
verbreiteter grafikorientierter → Web-Browser für diverse Plattformen, entwickelt und vertrieben durch die amerikanische Firma → Netscape Communications, in einer einfachen Version meist kostenlos durch → IAPs bzw. als → *freeware* verteilt (die erweiterte Version des Programms wird unter der Bezeichnung „Netscape Navigator Gold" vertrieben). Netscape unterstützt u. a. Sicherheitsstandards (MD2, MD5 etc.), erweiterte → HTML-*features* und → JavaScript. http://www.netscape.com

Netsurfer
Menschen, die das → Internet (oder andere Datennetze) als Medium zur Freizeitgestaltung nutzen bzw. im WWW-Netz „surfen", also von *page* zu *page* springen.

Netto-Datentransferrate
→ *data rate*.

Netware
von → Novell 1983 entwickeltes Netzwerkbetriebssystem, führend im PC-Bereich, aber auch auf MacIntosh oder Unix-Rechnern verwendet. Netware kann auf allen → LANs (→ Arcnet, → Ethernet, → Token Ring) eingesetzt werden.

Netware Directory Services
→ NDS.

Netware Lite
→ Personal Netware.

Netware Loadable Module
→ NLM.

Netware Management System
→ Netzwerkmanagement-System der Firma Netware.

network
Netz, → Netzwerk, → Datennetz.

Network Access Point
→ NAP.

network adapter card
kurz NAC, → Netzwerkkarte.

network address
→ *network number.*

network configuration
Netzarchitektur, Aufbau eines Netzwerks.

network congestion
Überlastung des Netzwerks, Datenstau (ähnlich *traffic congestion,* Verkehrsstau).

Network Driver Interface Specification
→ NDIS.

Network File System
→ NFS.

Network Information Center
→ NIC.

Network Information Services
→ NIS.

Network Job Entry
→ NJE.

network layer
Netzwerkschicht bzw. Vermittlungsschicht, die 3. Schicht des → *OSI Reference Model.*

Network Management System
kurz NMS, alle für ein → Netzwerkmanagement erforderlichen Programme.

network mask
→ *address mask.*

Network News Transfer Protocol
→ NNTP.

network number
auch als *network address* bezeichnet, die das Netzwerk bezeichnende Nummer innerhalb der → IP-Adresse.

Network Operations Center
→ NOC.

network operating system
kurz NOS, das Betriebssystem (Netware, Windows NT usw.), über das ein Netzwerks verwaltet und betrieben wird.

Network Services Provider
ein → Online-Dienst oder → ISP.

network termination point
Endgerät-Anschluß (beim Telefon- bzw. ISDN-Anschluß).

Network Terminator
→ NT.

Netz
- ein → Datennetz bzw. Datenübertragungsnetz;
- das Internet.

Netzabschluß
→ NT, → Abschlußwiderstand.

Netzbetreiber
→ *provider*.

Netz-Topologie
→ Netzwerk-Topologie.

Netzwerk
ein Kommunikationssystem aus untereinander verbundenen Computern. Man unterscheidet nach der Ausdehnung u. a. *Local Area Networks* (→ LAN), *Metropolitan Area Networks* (→ MAN) und *Wide Area Networks* (→ WAN). Ein Verbund von Netzen untereinander wird als *internet* bezeichnet.

Netzwerk-Adapter
→ Netzwerkkarte.

Netzwerk-Betriebssystem
ein → Betriebssystem bzw. eine Sammlung von Programmen für den Betrieb eines → Servers.

Netzwerkkarte
auch NAC, NIC, LAN-Karte usw., eine Steckkarte zum Anschluß eines Rechners an ein Netz.

Netzwerklaufwerk
ein auf dem zentralen Server in einem Netz allen Teilnehmern zur Verfügung gestelltes Laufwerk (oder Bereich auf einem Laufwerk), das dem jeweiligen Teilnehmer als weiteres (→ logisches) Laufwerk zur Verfügung steht, d. h. wie jedes andere Laufwerk auf dem angeschlossenen Rechner angesprochen werden kann. Vgl. → NFS.

Netzwerkmanagement
- die Steuerung und Überwachung des laufenden Betriebs eines Netzwerks (vgl. → Netware, → LAN Manager);
- vereinzelt Synonym für → Systemverwaltung.

Netzwerk-Protokoll
ein → Protokoll, das die Kommunikation innerhalb eines Netzwerks definiert, es umfaßt im allgemeinen mehrere Schichten des → *OSI Reference Model*.

Netzwerkschicht
→ *network layer*.

Netzwerksoftware
- Software für den Betrieb eines Netzes;
- Software, die netzwerktauglich ist bzw. in einem Netzwerk genutzt werden kann (etwa *workgroup*-Software).

Netzwerkterminator
→ NT.

Netzwerk-Topologie
der Aufbau bzw. die (physikalische) Struktur eines Netzwerks. Man unterscheidet Bus- (alle Rechner an einer Leitung), Ring- (ein zu einem Ring geschlossener Bus), Stern- (alle Rechner sind an einer zentralen Station angehängt) und Baumtopologie (mehrere Sterne hintereinander).

Neuauflage
neue Auflage eines Werks, für die große Teile des Satzes neu hergestellt werden müssen (die Bezeichnung ist rein technisch, unabhängig von etwaigen inhaltlichen Bearbeitungen/Neufassungen).

Neuausgabe
meist anders gestaltete Ausgabe eines bereits veröffentlichten Werks, erfolgt oft erst nach langen Zeiträumen, durch einen anderen Verlag, bisweilen in → Neufassung.

Neudruck
Neuausgabe oder Reprint eines Werks.

Neufassung
völlig überarbeitetes Manuskript oder Werk.

Neusatz
Bezeichnung für Teile eines Satzes, die wegen → Autorkorrekturen oder → Bestellerkorrekturen erneut gesetzt werden müssen.

Neue Medien
als gegenüber den traditionellen Printmedien (Buch, Zeitung, Zeitschrift), Radio und Fernsehen „neue" Medien gelten meist Kabel- und Satellitenfernsehen, Videotext, Btx, Online-Dienste, Internet/WWW sowie „multimediale" CDs.

news
- öffentlich zugängliche Nachrichten, Neuigkeiten;
- Kurzbezeichnung für das Gesamt aller im Internet zugänglichen *newsgroups,* also das → UseNet;
- Abkürzung für → *newsgroup*;
- Name einer → *news hierarchy* im → UseNet zum Thema *news* (technische, organisatorische und sonstige UseNet-Interna).

newsadmin
newsgroup-administrator, Verwalter einer → *newsgroup,* → *admin.*

news article
Artikel, einzelner Eintrag innerhalb einer → *newsgroup* oder in einem → *newssystems.* Die Veröffentlichung eines Artikels wird als → *posting* bezeichnet, die Antwort auf einen Artikel nennt man → *followup.*

Newsartikel
eingedeutscht für → *news article.*

newsfeed
der durch → *news* erzeugte Datenverkehr, die neuen Newsartikel, die im Netz in Umlauf sind; auch der Rechner, der *news* ins Netz einspeist.

newsgroup
kurz ng, auch *area, board, bulletin board, chat, group, discussion group* Gruppe, Diskussionsgruppe, Forum, Diskussionsforum, Brett oder Schwarzes Brett genannt, jede öffentliche, thematisch eingegrenzte Sammlung von Beiträgen (aktuell gechatteten Kommentaren ebenso wie → *news articles*) zu einem bestimmten Thema innerhalb des → *newssystems* eines Datennetzes. Die Bezeichnung stammt aus dem → UseNet.

newsgroup-Themen
die → *newsgroups* sind hierarchisch nach Themen sortiert (vgl. → *news hierarchy*), u. a.:

alt Allgemeines;
comp Computer-Themen;
misc (*miscellaneous*) Vermischtes;
news *newsgroup*-bezogene Themen;
rec (*recreation*) Entspannung, Kunst, Hobbies;
sci (*science*) Wissenschaft und Forschung;
soc (*social*) Politik und Soziales;
talk allgemeine Diskussion.

news hierarchy
wörtl. Nachrichten-Hierarchie. News bzw. → *newsgroups* werden thematisch hierarchisch gegliedert, zudem unterhalten viele → *newssystems* regionale oder lokale *newsgroups* bzw. teilen die *news* nach der jeweils verwendeten Sprache (English, Deutsch usw.) ein. Im UseNet wird die Hierarchie aus folgender Grundeinteilung (die sogenannten Big7) entwickelt: → comp, → misc, → news, → rec, → sci, → soc, → humanities, → talk, daneben auch u. a. → alt, → biz, → ddn, → ieee und → info, wobei dann wiederum jede dieser Kategorien wieder hierarchisch weiter unterteilt ist. Zur Adressierung einer gewünschten *newsgroup* werden einfach die jeweiligen Kategorien bzw. Subkategorien angegeben (mit Trenn-Punkten zwischen den Ebenen), also etwa: soc.rights.tibet.

newsreader
Programm (oder in einen → Browser integriertes Teilprogramm) für den Zugang zu → *newsgroups,* das ein Lesen der einzelnen Artikel bzw. das → *posting* eigener Artikel ermöglicht.

newsserver
- ein Programm oder ein Rechner für die Verwaltung eines → *newssystems*;

• im → UseNet ein → Server, auf dem die *newsgroups* bzw. → *news articles* bereitgestellt werden, und der zudem → E-Mails senden und empfangen kann.

newssystem

ein öffentliches Nachrichtensystem innerhalb eines Netzwerks, häufig auch als *bulletin board system* oder *mailbox* bezeichnet. Ein solches System wird durch die Gesamtheit aller innerhalb des Datennetzes öffentlich zugänglichen, hierarchisch-thematisch (in → *newsgroups*) geordneten Informationen, sowie die zur Bereitstellung und Verwaltung (→ *newsserver*) bzw. zum Zugang (→ *newsreader*) erforderliche Hard- und Software gebildet (daher werden auch die einzelnen Hosts innerhalb eines Netzes bzw. die darauf befindlichen Dateien und Programme oft als *mailbox*, bbs oder eben *newssystem* bezeichnet).

Fast jedes Datennetzwerk verfügt über mindestens ein solches Nachrichtensystem; das *newssystem* des Internets wird durch *news* bzw. das → UseNet gebildet.

newsticker

ein Programm, das regelmäßig aktualisierte und ggf. themenbezogene Nachrichten aufbereitet und für die Darstellung in → WWW-Browsern zur Verfügung stellt. *newstickers* können als → *Clients* auf dem PC eines Teilnehmers realisiert sein (sie durchforschen vorgegebene → *WebPages* nach neuen Informationen) oder als Server-basierte Leistung in frei abrufbare *WebPages* integriert werden (hierfür ist meist eine Registrierung erforderlich).

NEXT

Near End Crosstalk, Nahnebensprechen, → Nebensprechen (am eigenen Leitungsende), vgl. → FAXT.

NFGt

Nachrichtenfernschaltgerät.

NFS

Network File System, ein von Sun Microsystems entwickeltes Dateizugriffsprotokoll, das längst Internet-Standard wurde (RFC 1094, RFC 1813) und den Zugriff auf Dateien via Netzwerk ermöglicht. Die Dateien werden nicht (wie etwa beim → FTP) übertragen, sondern die NFS-Clients (LAN-PCs) können auf Dateien eines NFS-Servers genauso zugreifen wie auf lokale, also auf der eigenen Festplatte vorhandene Dateien. Vgl. → Netzwerklaufwerk.

ng

→ *newsgroup*.

NIC

• *Network Information Center*, ganz am Anfang des Internet bloß Kurzbezeichnung für das → DDN-NIC, mit der Ausweitung des Internet jedoch allgemein verwendet für die Instanzen, die einer → *top level domain* verwaltungstechnisch voranstehen. Ein NIC erledigt nicht nur allgemeine Informations- und Support-Aufgaben innerhalb des Internets, sondern ist auch für die Vergabe und Verwaltung von Namen (Hostnamen, Subdomains etc.) und Netzadressen zuständig bzw. betreibt entsprechende → *name-server*. Das zentrale Internet-NIC ist über http://www.internic.net zu erreichen, das für Deutschland (als Domain DE) zuständige NIC ist das → DE-NIC. Vgl. auch → NOC.
• *Network Interface Card*, → Netzwerkkarte.

nicht-dediziert

siehe → *nondedicated server*.

nicht-linear

siehe → nonlinear.

nickname

(falsch, aber gerne eingedeutscht: Nikolaus-Name) Spitzname, Pseudonym. Beim Chatten im → IRC wird nicht der beim *login* verwendete Name, sondern das (durch das Kommando /NICK definierte) Pseudonym angezeigt.

nickname collision
Namensüberschneidung, Fehlermeldung bei bereits vorhandenem (und zufällig auch von einem weiteren Chat-Teilnehmer gewünschten) *nickname.*

NII
National Information Infrastructure, das U.S.-amerikanische *data highway*-Projekt.

nil
no items located, keine Einträge vorhanden.

nirvana
- (sanskrit) das Erlöschen, die Leere;
- übertragen für etwas Unerreichbares, nicht mehr Auffindbares (etwa: Dateien im Daten-Nirvana); vgl. → *hyperspace.*

NIS
Network Information Services,
- Synonym für → NIC;
- die von einem → NIC angebotenen Informationsdienste (Informationsangebot über Benutzer, Rechner usw.).

NISO
National Information Standards Organization, amerikanische Einrichtung zur Entwicklung von Normen im Bereich der Informationstechnologie.

NIST
National Institute of Standards and Technology, Normungsinstitution, die der amerikanischen Regierung unterstellt ist und u. a. Telekommunikationsnormen entwirft.

NJE
Network Job Entry, IBM-Netzwerkprotokoll (im → Bitnet und bei → EARN eingesetzt).

NK
→ Nutzkanal.

NLM
Netware Loadable Module, dynamisch während des laufenden Betriebs zu ladende bzw. entladende Zusatzprogramme auf → Netware-Servern.

NMI
Non Maskable Interrupt, nicht unterdrückbarer → Interrupt (ein Interrupt, der nicht abgeschaltet werden kann).

NMS
- → *Netware Management System* oder → *Network Management System;*
- *Network Management Station,* oder *Network Monitoring Station,* der Rechner bzw. das Terminal für das Netzmanagement bzw. die Überwachung des Netzwerkbetriebs.

NNTP
Network News Transfer Protocol, im Internet/UseNet zur Übertragung von Newsartikeln verwendetes Protokoll, definiert in RFC 977.

NOC
Network Operations Center, Netzwerk-Betreiber-Zentrale.

no carrier
keine Verbindung (Modem-Meldung).

no dialtone
kein Freizeichen bzw. keine Amtsleitung (Modem-Meldung).

noise reduction
Rauschverminderung, Technologie bei Analoggeräten (meist Bandgeräten) zur Reduzierung des Eigenrauschens.

No-Name-Produkt
ein Produkt, das keinen → Markennamen trägt.

non-interlaced
siehe → *interlaced.*

no parity
keine Parität bzw. keine Paritätsüberprüfung, vgl. → *parity check.*

node
- Knoten, Vermittlungsknoten in einem Datennetz (→ PSN);
- Bezeichnung für eine → *mailbox* bzw. → *site* im → FidoNet.

nodelist
Liste aller in einem Netz vorhandenen Vermittlungsknoten (→ PSN).

noise
→ Rauschen.

non-dedicated server
ein Rechner, der im Gegensatz zu einem → *dedicated server* nicht nur für einen speziellen Zweck als Server eingesetzt wird, sondern auch weitere Server-Aufgaben übernimmt oder als zusätzlicher Arbeitsplatzrechner dient.

Non-Impact-Technologie
→ Berührungsloser Druck. Der Begriff wird teilweise auch verwendet für die Herstellung von Druckplatten (etwa für den Offsetdruck) mit Hilfe von EDV-Ausgabegeräten.

nonlineare Synthese
auch nichtlineare Synthese oder digitale Synthese, Prinzip der elektronischen Klangerzeugung, bei dem die Klänge auf der Basis von in Zahlenwerten vorliegenden Klangformen (samples, wavetables) rechnerisch erzeugt oder umgeformt werden. Siehe → Synthese.

Nonpareille
Schriftgrad, 6 p.

Non plus Ultra
→ Viertelpetit, Schriftgrad, 2 p.

Non-Print-Medien
Sammelbegriff für Radio und Fernsehen.

Non-Print-Verfahren
Sammelbegriff für alle Druck- oder Vervielfältigungsverfahren, bei denen im Gegensatz zu den klassischen Druck-Technologien ohne eine dauerhafte, materielle Druckform gearbeitet wird. Hierzu zählen alle Vervielfältigungen mit Hilfe von EDV-Ausgabegeräten wie Tintenstrahl- oder Laserdruckern (siehe → Drucker), bei denen an die Stelle einer Druckform die Steuerung des Drucks durch in einer EDV-Anlage gespeicherte Daten oder spezielle Steuerungsprogramme tritt; bisweilen werden auch moderne → Kopierverfahren zu den Non-Print-Verfahren gerechnet.

nonswitched line
nicht vorübergehend geschaltete Leitung (sondern permanent geöffnete → Standleitung).

Norm
siehe → Bogennorm.

Normale Breite
eine Schrift ist normal breit, wenn ein „n" von der Breite eines Halbgevierts ist.

Normale Stärke
→ Normalschnitt.

Normalschnitt
Grundschnitt einer Schrift mit einfacher Strichstärke und normaler Breite.

Normalsystem
vereinfacht für deutsch-französisches Normalsystem, → Didot-System.

Normen
siehe → Standards.

NOS
→ *network operating system*.

Notenschrift
Sonderzeichen für die Darstellung von Musik.

Notenzeichen
kurz für → Fußnotenzeichen; Zeichen der → Notenschrift.

Notepad
Notiz- bzw. Klemmbrett, ein → PDA (mit Handschrifterkennung und Eingabe via Display, ohne Tastatur).

Novell
Netzwerksoftware-Hersteller, vgl. → Netware. http://www.novell.de

NP
network performance, Leistungsfähigkeit eines Netzwerks.

NPAP
Netware Printing Alliance Protocol, Netware-Protokoll für Drucker (Statusmeldungen).

NPTN
National Public Telecomputing Network, Hauptsitz Cleveland, Ohio, ein amerikanischer Verband und Verbund von → *freenets*, unterstützt die freie Telekommunikation bzw. freien Zugang zu Informationen für jedermann.

NREN
National Research and Education Network, Subnetz im → NSFnet.

NSA
National Security Agency, der für die innere Sicherheit zuständige Geheimdienst der USA. Seine eigentliche Tätigkeit bleibt natürlich geheim, aber diversen Verschwörungstheorien zufolge liest die Organisation den kompletten globalen Internet-Traffic (und sowieso auch sonst alles) permanent mit und entschlüsselt zu diesem Zweck (ebenfalls permanent) alle verschlüsselten Botschaften. Anderen Theorien zufolge wurde die NSA längst von bill-g in Corbis eingegliedert und versucht seither, in aller Stille die Urheberrechte an allen verschlüsselten Geheim-Botschaften zu erwerben.

NSAPI
Netscape Server Application Programming Interface, ein von Netscape entwickelter Standard zur Kopplung von Server-Software und externer Software, Alternative zu → CGI.

NSF
National Science Foundation, amerikanische Regierungseinrichtung, die Forscher und wissenschaftliche Projekte sowie Infrastrukturmaßnahmen fördert, die der Wissenschaft dienen. Betreiber des → NSFNet.

NSFnet
National Science Foundation Network, von der → NSF betriebenes Netz, bildet gemeinsam mit dem → MILnet das zentrale amerikanische Hochgeschwindigkeits-Backbone-Netz.

NSI
Network Solutions Inc., beteiligt am → InterNIC.

NT
→ *Network Terminator* (der ISDN-Anschluß).

NTP
Network Time Protocol, Internet-Protokoll zur Synchronisation der Uhrzeit auf den Internet-Hosts.

NTSC
National Television System Committee, US-amerikanische Institution zur Entwicklung von Normen (u. a. Standards für Bildschirme, Fernsehen und Farbcodierung). Die auch in Japan verwendete NTSC-Fernsehnorm sieht 525 Zeilen und 60 Halbbilder pro Sekunde vor und stimmt nicht mit dem in Deutschland verwendeten → PAL-Standard überein. Vgl. auch → SECAM.

NUA
Network User Adress, die Datex-P-Adresse eines Teilnehmers.

NÜ
Netzübergang *(→ bridge, → gateway)*.

NUI
Network User Identification, Datex-P-Bezeichnung für das → Paßwort.

null character
NUL, Füllzeichen.

Nullmodem
eine einfache Kabelverbindung zwischen zwei → seriellen Schnittstellen (überkreuzte Sende-/Empfangsleitung), für einfache Dateitransfers zwischen PCs (etwa via → Laplink).

Nullnummer
→ *Dummy.*

number sign
das Zeichen #.

Numerierung
Anbringung fortlaufender Nummern auf Druckerzeugnissen; bei Laserdrucken wird die Nummer jeweils automatisch generiert, bei herkömmlichen Druckverfahren durch ein mechanisches Numerierwerk in der Druckmaschine erzeugt.

Nutzdaten
die eigentlichen Informationen, also alle Zeichen einer Datei oder bei einer Datenübertragung, die nichts mit der Dateiverwaltung, dem Übertragungsprotokoll oder irgendwelchen Prüfsummenangaben zu tun haben.

Nutzen
auch Drucknutzen, Bezeichnung aus der Druckersprache für die bei kleinen Endformaten mögliche Ausnützung des Druckbogen- oder Maschinenformats durch Druck mehrerer Formen nebeneinander (bei entsprechend mehrfach vorhandenem Satz) bzw. durch gleichzeitigen Druck der Schön- und Widerdruckformen (Vorder- und Rückseite des Blatts).

Nutzkanal
der Kanal (bei einer Übertragung über mehrere Kanäle), der die → Nutzsignale überträgt (im Unterschied zum → Steuerkanal).

Nutzsignal
Signal, das die eigentlichen Informationen enthält (in Unterscheidung zum → Steuersignal oder zur → Trägerfrequenz).

NVRAM
non volatile RAM, nicht-flüchtiges RAM, ein batterie-gepufferter RAM-Speicherbereich (etwa zum Abspeichern von Konfigurationsangaben).

OASIS

Open Asset Storage and Interchange Support Project, ein von verschiedenen europäischen Medienunternehmen betriebenes Projekt zur Entwicklung und Förderung technischer und wirtschaftlicher Rahmenbedingungen für den Handel mit und die Verwendung von → *assets.*

Oberlänge

die bei einigen → Minuskeln (h, t, f, k usw.) nach oben herausragenden Teile bzw. der über die → Mittellänge hinausreichende Teil des Buchstabenbildes.

Oberton

Synonym für → Teilton.

object code

Objektcode, ein Programm in seiner fertigen, vom Prozessor interpretierbare binären Form. → *source code,* → *high level language.*

OCR

Optical Character Recognition, optische Zeichenerkennung, das Umsetzen von Text aus grafischen Vorlagen (eingescannte Texte) in Computercode bzw. in Text, der auf dem Computer weiterverarbeitet werden kann. War es früher nur möglich, spezielle OCR-Schriften auf guten Vorlagen zu erkennen, können heutige Systeme auch bei Standard-Schriften und suboptimaler Vorlagenqualität gute Resultate erzielen.

ODA

office document architecture, Büro-Dokument-Architektur. In ISO 8613 (*Office Document Architecture and Interchange Format,* 1989) wurden datentypübergreifende Standards festgelegt, die es ermöglichen, verschiedene Datentypen in einem komplexen Objekt zu vereinen und solche Objekte zu speichern, zu übertragen und darzustellen. ODA ist hierbei die Norm für die Gestaltung bzw. den Aufbau elektronischer Formulare, die für den elektronischen Datenaustausch (vgl. → EDI) vorgesehen sind; die Übertragung der ODA-konformen Dokumente erfolgt nach → ODIF.

Wohl weil ODA von der → OSI entwikkelt wurde, wird übrigens auch häufig (aber nicht ganz richtig) von einer „*open document architecture*" gesprochen.

ODBC

Open Database Connectivity, 1992 von Microsoft eingeführtes Konzept für den einheitlichen Zugriff auf unterschiedliche Datenbanksysteme (inzwischen Quasi-Standard).

ODBC basiert auf Software-Treibern, die in die jeweilige Anwendung (Textverarbeitung, Tabellenkalkulation usw.) eingebunden werden bzw. unter Windows als DLL verfügbar sind, alle ggf. für den jeweiligen Zugriff erforderlichen Übersetzungsarbeiten werden von den ODBC-Treibern übernommen.

odd parity

ungerade Parität, → *parity check.*

ODI

Open Data-Link Interface, Novell-Standard zum gleichzeitigen Betrieb von → TCP/IP und → IPX/SPX (in etwa vergleichbar mit → NDIS).

ODIF

office document interchange format, Büro-Dokument-Datenaustauschformat, Protokoll für den Datenaustausch von → ODA-Dokumenten nach ISO 8613.

Öffentlichkeitsarbeit

zielgerichtete Außenkommunikation eines Unternehmens bzw. einer Institution.

OEM

Original Equipment Manufacturer, Original-Ausrüstungs-Hersteller

- ursprünglich nur Bezeichnung für Hersteller, die Original-Ausrüstung für Markengeräte fertigten (also Zulieferfirmen für Markenhersteller, die allerdings die entsprechenden Komponenten meist selbst entwickelten);
- heute fast ausschließlich Bezeichnung für Hersteller, die fertige Komponenten (etwa Motherboards, CPUs, Festplatten usw.) einkaufen und daraus größere Geräte (etwa PCs) anfertigen, die sie dann unter eigenem Firmen- oder Produktnamen vermarkten. Die eingekauften Fertigkomponenten sind häufig mit jenen Teilen identisch, die auch in den Geräten der Markenhersteller arbeiten (also „Original-Ausrüstung").

Offerte
Angebot.

OfficeCam
eine → WebCam, die irgend ein Büro (oder einen sonstigen Geschäftsraum) zeigt, etwa http://www.kcrw.org/a

Office-Paket
als Programm-Paket verkaufte Standard-Programme für die Erledigung von Standard-Abläufen im Büro (meist Textverarbeitung, Tabellenkalkulation, Datenbank und Präsentationsprogramm, evtl. noch Browser, Fontverwaltung etc.).

offline
auch *off line*, ohne Verbindung; abgeschaltet, nicht (mehr) im Netz.

offline chat
eine Unterhaltung ohne Computer, außerhalb des Internets, kann bei einem → *offline-meeting* passieren.

offline meeting
ein Treffen außerhalb des Internet bzw. des Cyberspace, also im wirklichen Leben (in der → *real reality*).

offline reader
- ein Programm, das zum Lesen von Daten dient, die aus einem Datennetz stammen (E-Mails, HTML-Dateien, *news*). Mit dem *offline-reader* können diese Daten gelesen und ggf. auch manipuliert werden, ohne daß eine aktuelle Verbindung zum Netz hergestellt sein müßte. Auch die gängigen → WWW-Browser können zum *offline-reading* eingesetzt werden.
- ein Programm, das (vorher spezifizierte) Daten aus dem Netz lädt, anschließend die Übertragung sofort wieder beendet und die Daten *offline* zur Verfügung stellt.

offline reading
Lesen von aus einem Datennetz stammenden Daten ohne aktuelle Anbindung ans Netz. Solche Daten können über einen → *offline-reader* (in der zweiten Bedeutung des Wortes) aus dem Netz geladen worden sein, sie können aber auch beispielsweise auf einer CD-ROM vorliegen (vgl. → *offline-surfing*).

Offline-Schnitt
bei Videos bisweilen auch digitale Videobearbeitung genanntes Vorgehen, bei dem alle für den → Schnitt erforderlichen Vorgänge per PC (ohne zusätzlichen Zugriff auf externe Recorder) durchgeführt werden. Die Rohsequenzen (Videosequenzen, Audiosamples, Einzelbilder) werden zunächst auf dem PC abgespeichert, dann ausschließlich dort mittels geeigneter Programme bearbeitet bzw. zu den fertigen Sequenzen zusammengefügt, und erst als fertige Video- bzw. Audiosequenz wieder auf geeignete Medien (Tape, CD) überspielt.
Vorteilhaft ist die Vielzahl der Bearbeitungsmöglichkeiten sowie die Tatsache, daß mit evtl. nur einem einzigen externen Recorder gearbeitet werden kann; eingeschränkt wird die Offline-Verarbeitung hauptsächlich durch die extremen Speicherplatzanforderungen (RAM, vor allem aber auch Festplattenspeicher). Vgl. → Online-Schnitt.

offline surfing
Surfen ohne Internet, meint das Surfen auf der Festplatte (in Dateien, die aus

dem Web geladen wurden) oder auf CD-ROMs, die → HTML-*files* enthalten. Gesurft wird mit speziellen → *offline-readern* oder mit üblichen → WWW-Browsern.

off topic

außerhalb des eigentlichen Themas; am Thema vorbei.

OH

Off Hook, Abheben, bei einem Modem Signal für das Herstellen einer Amtsverbindung (→ *direct trunk call*).

Oktave

- ein Intervall zwischen zwei Tönen, das 12 Halbtonschritte umfaßt (vgl. → Intervallbezeichnungen);
- die aus zwölf Halbtonschritten gebildete Tonskala, die einen Ausgangston und all jene harmonischen Töne umfaßt, die vom menschlichen Ohr als verschieden vom Ausgangston empfunden werden. Die Verschiebung eines Tons um eine Oktave (höher oder tiefer) führt zum selben Ton, jedoch in einer anderen → Oktavlage. Vgl. → Tonleiter, → Tonnamen.

Oktavlage

Bezeichnung für die absolute Lage eines Tons innerhalb des Tonsystems (die absolute Tonhöhe) oder für die Lage des Ausgangstons einer Melodie.

Zur Kennzeichnung der Oktavlage verwendet man (außerhalb der Notenschrift) unterschiedliche Schreibweisen für die Tonnamen: die Tonnamen der als Standard empfundenen Oktavlage werden klein geschrieben (c, d, e usw.), die Oktave wird als „kleine Oktave" bezeichnet. Die Töne der darunterliegenden Oktave (der sog. „großen Oktave") werden groß geschrieben (C, D, E), noch tiefere Oktaven (von oben nach unten: Kontra-, Subkontra- und Subsubkontraoktave genannt) werden durch eine tiefergestellte Ziffer gekennzeichnet, deren Betrag mit dem Abstand von der großen Oktave steigt. Bei den über der „normalen" Lage befindlichen Oktaven verwendet man hochgestellte Ziffern, deren Betrag mit dem Abstand von der kleinen Oktave zunimmt. Anstelle hochgestellter Ziffern waren früher meist entsprechend viele hochgestellte Striche üblich, man spricht daher beispielsweise vom „eingestrichenen" c (c^1).

Beim üblichen Umfang der verwendeten Töne beginnt die tiefste Oktavlage bei C_3 und geht weiter mit C_2, C_1, C, c, c^1, c^2, c^3, c^4, c^5 bis c^6. Im Midi-System werden die Töne in → Halbtonschritten hexadezimal durchnumeriert, beginnend mit C_3=0, C_3#=1, D_3=2 usw. Die Töne der kleinen Oktave (c, c#, d, d#, e, f, f#, g, g#, a, b, h) haben demzufolge die hex-Nummern 30, 31, 32, 33, 34, 35, 36, 37, 38, 39, 3A, 3B (dezimal also 48, 49, usw.).

Oldenbourg

R. Oldenbourg Verlag, im Web erreichbar unter http://www .oldenbourg.de

OLE

Object Linking and Embedding, ein von Microsoft entwickeltes → Hypermedia-Verfahren unter Windows, bei dem Daten aus fremden Anwendungsprogrammen via → *link* (Verknüpfung) in den Datenbestand einer anderen Anwendung eingebettet werden (etwa: eine Grafik oder eine Tabelle wird in einen Text eingebunden). Die Bearbeitung dieser eingebundenen Daten erfolgt bei Bedarf mit den Original-Anwendungsprogrammen.

OMC

Operation and Maintenance Center, zentrale Betriebs-, Ablauf-Überwachungs- und Wartungsstelle (eines Netzwerks).

OMS

Open Music System, Betriebssystem-Erweiterung für den gleichzeitigen Betrieb mehrerer MIDI-Anwendungen auf MacIntoshs.

on
- an, auf, ein;
- in der Schreibweise ON: Ortsnetz.

One-Pass-Verfahren
auch Single-Pass-Verfahren, bei Farb-Scannern angewendete Technologie: das Farbbild wird mit einem → RGB-Sensor oder trilinearen → Zeilensensoren in einem Durchgang aufgebaut. Vgl. → One-Shot-Technik, → Farbfilter.

One-Shot-Technik
Aufnahme-Verfahren bei Digitalkameras, bei dem unter Verwendung von → RGB-Sensoren oder trilinearen Zeilensensoren, vereinzelt auch durch die Erfassung des Bildes mit mehreren CCD-Sensoren zugleich (→ Multi-Chip-Kamera), bei einer einzigen Belichtung alle Farbwerte ermittelt werden. Vgl. → Three-Shot-Technik.

online
auch *on line*, in Verbindung; angeschaltet bzw. im Netz.

online banking
Erledigung von Bankgeschäften via Datennetz, siehe → *electronic banking.*

online chat
→ *chat.*

Online-Datenbank
eine über ein Netzwerk erreichbare → Datenbank, häufig zentrale Datenbank eines → *Corporate Network*, auf die firmeninterne Nutzer zugreifen können.

Online-Dienst
online (information) service, kommerzieller Betreiber eines eigenen Netzwerks. Den Abonnenten werden üblicherweise Internet-Zugang, E-Mail-Service und viele weitere (häufig nur den eigenen Abonnenten gewährte) Dienstleistungen wie Foren bzw. → *newsgroups* in der jeweiligen Landessprache, Nachrichten-Service, Adressen-Dienst, Online-Shopping usw. angeboten. Überregionale Online-Dienste in Deutschland sind u. a. → AOL, → CompuServe, → GermanyNet und → T-Online.

Online-Dokumentation
eine auf dem Rechner gespeicherte und ggf. auf dem Bildschirm anzeigbare Dokumentation (Technisches Handbuch etc.), bisweilen in Online-Hilfen integriert.

Online-Hilfe
eine Sammlung von jederzeit am Bildschirm verfügbaren Hilfstexten, die dem Benutzer eines Programms Auskunft über Programmfunktionen, Wahlmöglichkeiten usw. geben. Hilfen werden meist (auf Anforderung per Funktionstaste oder durch Anklicken eines Hilfe-Buttons) kontextsensitiv, also in Abhängigkeit von der jeweiligen Programmsituation, angeboten und bisweilen auch durch zusätzliche → Online-Dokumentationen oder → Assistenten ergänzt.

online information service
→ Online-Dienst.

Online Kiosk
Bezeichnung für die Veröffentlichung von Artikeln aus Zeitschriften oder Tageszeitungen via Internet/Online-Dienst, vgl. → *electronic publishing.*

Online-Kompression/Dekompression
- Sammelbegriff für Verfahren zur automatisch laufenden Kompression- bzw. Dekompression von Daten, die auf der Festplatte in einer speziellen Kompressionsdatei verwaltet werden. Das zur angeblichen Kapazitätsverdoppelung der Festplatte öfters und lange Zeit propagierte Verfahren, das über spezielle Hintergrund-Programme ausgeführt wurde, die bei jedem Dateizugriff aktiv wurden, ist inzwischen nur noch selten zu finden – dank sinkender Preise für Festplatten werden die entsprechenden Programme immer seltener eingesetzt.
- bei digitalen Videosequenzen bezeichnet der (in diesem Zusammenhang eher sel-

ten verwendete) Begriff die Tatsache, daß während der Erzeugung der Filmsequenz bzw. während der Darstellung auf dem Bildschirm jeweils live im Hintergrund die entsprechenden Kompressions- und Dekompressionsvorgänge durchgeführt werden.

Online Publishing
Schlagwort für → *electronic publishing* via Internet, meist als Bezeichnung für die Veröffentlichung von Texten verwendet, die in einer Datenbank bereitgestellt und bei Bedarf und nach Benutzervorgaben ausgegeben werden. Vom → Online-Kiosk unterscheidet sich Online Publishing (falls überhaupt) durch das Angebot, das ggf. Lexikon-Artikel oder Literatur umfaßt.

Onliner
jemand, der Online-Dienste bzw. das Internet nutzt.

Online-Schnitt
Bezeichnung für den PC-Einsatz beim → Schnitt, bei dem der PC überwiegend die Funktion eines → Schnittsteuergeräts übernimmt, also hauptsächlich externe Recorder steuert. Vgl. → Offline-Schnitt.

online service
→ Online-Dienst.

online service provider
→ Online-Dienst, → *provider.*

Online-Spiele
über das Internet bzw. über DFÜ gespielte Spiele, vgl. auch → *Games on Demand.*

Online-TV
Fernsehen via Internet.

ONK
Ortsnetzkennzahl (ehemals amtlich für: Vorwahl).

On Screen Display
→ OSD.

opak
lichtundurchlässig.

Opazität
Lichtundurchlässigkeit; Gegenteil bzw. Kehrwert der → Transparenz.

OPC
Originating Point Code, Code für den Herkunftsort, die einem Datenpaket bei der Vermittlung mitgegebene Adresse des (sendenden) Vermittlungsknotens.

open
offen, öffnen; zur freien Verfügung, ohne Lizenz- oder Nutzungsgebühren; als allgemeiner Standard anerkannt und verwendet (im Gegensatz zu → proprietär).

OpenScript
in → Toolbook integrierte Programmiersprache.

Open Shortest-Path First
→ OSPF.

Open Systems Interconnection
→ OSI.

operating system
kurz OS, → Betriebssystem.

OPERATOR
Mailbox-Kommando, Aufforderung an den Sysop, sich einzuschalten.

optical coupler
Opto-Koppler, ein Gerät zur Umwandlung elektrischer Signale in Lichtwellen (und umgekehrt), wird zur Datenübertragung mittels Lichtwellenleiter (Glasfaserkabel) verwendet.

Option
Auswahl, Wahlrecht, Wahlmöglichkeit.

optische Mitte
die imaginäre horizontale Mittellinie, die einem Betrachter als Bild-Mitte erscheint – sie liegt etwas oberhalb der mathema-

tisch korrekten Mitte. (Bei der grafischen oder typographischen Gestaltung einer Seite zu berücksichtigen!)

optischer Speicher
ein Speichermedium oder Speicherelement, bei dem das Lesen (ggf. auch das Schreiben) von Daten nicht durch elektrische oder magnetische Prozesse, sondern per Licht (etwa per Laser) erfolgt.

Opto-Koppler
→ *optical coupler*.

Orange Book
Aufzeichnungsstandard für → CD-MO und → CD-WO.

order
Bestellung; vgl. *mail order.*

org
- *organization*, → Bereichsname im Internet, siehe → *top-level-domains*;
- *origin*, Herkunft.
- Original.

Organization:
Schlüsselbegriff im *header* einer E-Mail, bezeichnet die Organisation, welcher der Absender angehört.

Original AT-Modem Command-Set
der ursprüngliche → AT-Kommando-Satz, der von der Firma Hayes mit dem Smartmodem eingeführt wurde (zur Unterscheidung zum → *Extended AT-Modem Command-Set* und dem → *Superset AT-Modem Command-Set*).

Originalausgabe
vom Autor betreute (erste) Veröffentlichung eines Werkes.

originate mode
der Anrufer-Modus bei Modems, Gegenstück zum → *answer-mode*. Bei → Vollduplex-Übertragungen erfolgt die Kommunikation über zwei Frequenzen (bzw. Kanäle), wobei eine dem anrufenden Modem und eine dem angerufenen (antwortenden) Modem zugewiesen wird.

orphan
Waise, Waisenkind; im typographischen Zusammenhang: → Hurenkind.

Ortsnetz
der geographische Bereich, innerhalb dessen Telefonate ohne Angabe einer Vorwahlnummer geführt werden können, bzw. der von außen unter einer einheitlichen Vorwahl erreichbar ist. Ein Ortsnetz kann durchaus mehrere Orte (Gemeinden, Städte) umfassen und ist üblicherweise in mehrere Anschlußbereiche aufgeteilt, wobei jeder dieser Anschlußbereiche durch eine Ortsvermittlungsstelle (→ OVSt) gebildet wird.

OS
Operating System, → Betriebssystem.

OS/2
ein Betriebssystem für PCs, entwickelt von der Firma IBM. Die neueste Version OS/2 Warp 4 enthält Netzwerkfunktionen, bietet → Java als Bestandteil des Betriebssystems und hat mit → *Voice Type* Spracherkennung bereits integriert.

OSD
On-Screen-Display, eine bei Monitoren, Fernseh- oder Videogeräten und Satelliten-Receivern übliche Technik, die Einstellungsparameter (Farbe, Kontrast, Kanal etc.) bei Bedarf am Bildschirm anzuzeigen bzw. ins laufende Bild einzublenden *(insert)*. Die hierfür erforderlichen Bildsignale werden vom jeweiligen Gerät (Monitor, Recorder etc.) selbst erzeugt.

OSF
Open Software Foundation, gemeinsame Institution einiger Hard- und Softwarehersteller (vor allem DEC, HP und IBM) zur Entwicklung gemeinsamer Standards.

OSI

Open Systems Interconnection,

- Arbeitsgruppe der → ISO, für die Erarbeitung von Standards und Modellen für offene Systeme zuständig, vgl. → *OSI Reference Model*;
- → Protokolle, die von dieser Arbeitsgruppe erarbeitet wurden.

OSI-Kommittee

→ die → OSI-Arbeitsgruppe des → ISO.

OSI Reference Model

auch ISORM, *ISO/OSI-Reference Model* oder OSI-Schichtenmodell, ein aus sieben Schichten (*layers*) bestehendes Referenz-Modell der → ISO zur Klassifizierung und Festlegung von Strukturen, Funktionen und Prinzipien von Datenübertragungsnetzwerken (ISO 7498).

Von unten nach oben lassen sich die Schichten in 2 Hardware-Schichten, 2 Übertragungs-Schichten und 3 Anwendungs-Schichten unterteilen:

1. *physical layer*, Physikalische Schicht bzw. Bitübertragungsschicht, die Ebene der Kabel, Stecker und elektrischen Signale;
2. *data link layer,* Leitungsschicht bzw. Datensicherungsschicht, die Ebene des Transports der → Datenpakete zwischen Knoten;
3. *network layer,* Netzwerkschicht bzw. Vermittlungsschicht, die Ebene der Verbindung zwischen Systemen, des → *routings,* der Adressierung und der Verifikationsprozesse;
4. *transport layer,* Transportschicht, die Ebene der Umwandlung von Daten für die Übertragung über ein Netz;
5. *session layer,* Sitzungsschicht bzw. Kommunikationsschicht, die Ebene, auf der die Übertragungs-„Sitzung" aufgebaut oder beendet wird, auf der → *logins,* Sicherheitsüberprüfungen u. dgl. stattfinden;
6. *presentation layer,* Darstellungsschicht, die Ebene, auf der die Daten in die erforderlichen Datenformate konvertiert und den Anwendungsprogrammen zur Verfügung gestellt werden;
7. *application layer,* Anwendungsprogrammschicht, die Ebene, auf der die Daten als „Informationen" bearbeitet bzw. einem User zur Verfügung gestellt werden.

In jeder Schicht darf nur auf Funktionen der eigenen oder der darunterliegenden Schichten zugegriffen werden, umgekehrt werden eben solche ebenen-spezifischen Funktionen jeweils als Dienste für die darüberliegende Schicht angeboten.

Die Datenübertragung im Netzwerk erfolgt physikalisch (selbstverständlich) immer auf der untersten Ebene, logisch jedoch generell schichtspezifisch, also von der jeweiligen Schicht-Ebene des einen Kommunikationspartners zur gleichen des anderen Partners. Die Festlegungen einer solchen Kommunikation zwischen identischen Schichten werden als → Protokoll bezeichnet. Häufig wird auch ein auf einer solchen Festlegung beruhendes Verfahren, Gerät oder Programm mit dem Namen des Protokolls bezeichnet (man spricht beispielsweise vom ftp-Service, oder von einem MNP4-Modem, usw.).

Da Protokolle schichtspezifisch sind, müssen zwischen den einzelnen Schichten Übergänge zwischen den Ebenen vorhanden sein. → Protokoll-Konverter sorgen dafür, daß auf jeder Schicht das entsprechende Protokoll benutzt werden kann. Da die Schichten ansonsten völlig unabhängig voneinander sind, kann in so organisierten Netzen jederzeit ein komplettes Auswechseln einer Schicht erfolgen: beispielsweise kann – bei gleichbleibender Anwendersoftware – die Netz-Hardware ausgetauscht werden, oder es kann ein anderes Transportprotokoll verwendet werden, oder es kann mit entsprechenden Konvertern ein sofortiger Übergang auf die tiefergelegene Schicht eines anderen Netzes erfolgen (vgl. → *tunneling*). Solange definierte Übergänge existieren, ist es auf einer Schicht völlig egal, wie die Vorgänge der anderen Ebenen gestaltet sind.

OSI-Schichtenmodell

→ *OSI Reference Model.*

OSPF
Open Shortest-Path First, ein → IGP-Internet-Standard (definiert in RFC 1131 1247, 1583 und 1793), legt das → *routing* anhand einer aktuellen topologischen Karte des Systems fest, wobei versucht wird, den jeweils kürzesten Weg durch das Netz zu benützen.

Oszillator
Schwingungsgenerator, ein Gerät oder ein Hardwarebaustein zur Erzeugung von → Schwingungen. Oszillatoren dienen als Taktgenerator (etwa zur Erzeugung von Arbeitstakten in PCs), oder als Bestandteil eines → Synthesizers oder einer Soundkarte zur Erzeugung und Manipulation von → Klängen.

o.tel.o
Telefongesellschaft (Eigentümer u. a. Veba, RWE), Netzvorwahl 0 10 11.

outage
- Unterbrechung;
- Ausschluß eines Teilnehmers aus dem Chat bzw. aus dem Netz.

outernet
ein eigenständiges Netzwerk, das nur über E-Mail-→ *gateways* mit dem Internet verbunden ist oder das Internet ausschließlich als Zwischen-Strecke für den Datentransport benützt, jedoch aus der Sicht des Internet bzw. für Internet-Teilnehmer keinerlei Internet-Funktionen oder Dienste (ftp-archive, WWW-space etc.) zur Verfügung stellt.

outline
- Umriß, → Kontur, meist die äußere Umrandung einer Fläche oder eines Bildes;
- bei Schriften bezeichnet Outline eine Schrift, bei der die einzelnen Buchstaben durch eine Linie umrandet sind, häufig bleibt auch das eigentliche Schriftbild weiß (es bleibt bloß bei der Umrandung). Vgl. auch → *contour*.

output
Ausgabe, Datenausgabe.

overdrive processor
ein Prozessor, der ein älteres Prozessormodell ersetzt und die Leistung einer neuen Prozessorgeneration bietet. Overdrive-CPUs werden nach Entfernung des Originalprozessors in dessen Sockel gesteckt, weitere Eingriffe in das System sind in der Regel nicht erforderlich.

overhead
zusätzlicher Aufwand, bei der Kommunikation spezielle Bezeichnung für die über den eigentlichen Informationsgehalt hinausreichenden und mitgesendeten Daten. Solche zusätzlichen Daten dienen beispielsweise zur Steuerung oder technischen Absicherung der Übermittlung (wie → Prüfbits oder → Steuersignale) oder sind erforderlich, um die Daten an den richtigen Empfänger zu leiten (etwa die *header*-Informationen von → Datenpaketen bei der → Paketvermittlung). Vgl. *packet overhead*.

Overlay
siehe → Video-Overlay, → Overlaykarte.

Overlaykarte
eine → Digitalisierkarte, die aus externen Video- bzw. TV-Quellen stammende Fernseh-Signale in digitale Signale umwandelt und auf dem Computermonitor anzeigt. Häufig ist → *frame-grabbing* möglich, die Farbdarstellung ist jedoch (für das Fernsehbild ebenso wie für die restlichen Bildschirmbereiche) meist auf einen 256-Farben-Modus eingeschränkt.

OVSt
Ortsvermittlungsstelle, ein Vermittlungsknoten im Telefonnetz, an den einzelne Teilnehmer direkt angeschlossen sind. Der geographische Bereich, den eine solche Stelle abdeckt, wird → Anschlußbereich genannt.

P

- *packed*, komprimiert;
- *parallel*;
- *parity*, Parität;
- *power*, Strom;
- Punkt, siehe → Typographischer Punkt.

P!

BTX-Zeichen, das persönlichen Daten vorangestellt wird.

Packen

- komprimieren;
- meist eingeschränkte Bezeichnung für ein spezielles Kompressionsverfahren, bei dem mehrere aufeinanderfolgende und gleiche Bytes durch 2 Bytes dargestellt werden (eines enthält die Anzahl der Stellen, das andere das Zeichen).

Packer

seltener auch *Cruncher*, ein Programm zur → Datenkompression. Auf PCs bzw. im Internet weit verbreitet sind ARC, ARJ, LHARC und PKZIP.

packet

→ Datenpaket.

Packet Assembly/Disassembly Facility

→ PAD.

Packet Burst

ein → Netware/→ IPX-Service, der mehrere Datenpakete zusammenfaßt, auf einmal überträgt und verifiziert.

Packet Internet Groper

→ PING.

Packetized Ensemble Protocol

→ PEP.

packet overhead

Maßzahl bei der paketvermittelten Datenübertragung, gibt den prozentualen Anteil des → *overhead* eines Datenpakets im Vergleich zu den → Nutzdaten an.

packet receive sequence number

Paket-Empfangsfolge-Nummer, eine fortlaufende Nummer, die zusammengehörenden Datenpaketen bei der → Paketvermittlung mitgegeben wird und zur korrekten Rekonstruktion der Daten beim Empfänger benutzt wird. Eine solche Kennzeichnung ist erforderlich, da die Datenpakete auf unterschiedlichen Routen und in ungeordneter Reihenfolge eintreffen können.

packet sniffer

Datenpaket-Schnüffler, ein Programm (oder eine Person oder Institution), das bzw. die den *traffic* im Internet nach irgendwelchen Kriterien filtert bzw. abhört.

Packet Switch Node

→ PSN.

packet-switched network

ein Netzwerk, das mit → Paketvermittlung betrieben wird.

Packet Switching (Exchange)

→ Paketvermittlung.

PAD

Packet Assembly/Disassembly Facility, technische Einrichtung für den Übergang zwischen leitungsvermittelten und paketvermittelten Daten (siehe→ Vermittlung) bzw. Netzen, zerlegt kontinuierliche Datenströme in Pakete und rekonstruiert umgekehrt Daten aus Paketen.

pad character

ein Füllzeichen.

page

- Seite (eines Textes, oder eine Bildschirmseite);
- ein → HTML-Dokument (→ *homepage*, → Web-Page);
- ein → Datenblock im Arbeitsspeicher, der bei Bedarf auf einen Datenträger

ausgelagert oder von dort eingelesen werden kann (*memory mapping*, siehe → *paging*);
- ein Arbeitsspeicherbereich, auf den im → *paging mode* zugegriffen werden kann.
- als Verb: eine Bildschirmseite anzeigen; ein Dokument seitenweise auf dem Bildschirm darstellen.

page description language
kurz PDL, Seitenbeschreibungssprache, eine → Beschreibungssprache, mit der Ausgabeseiten (für Bildschirm oder Drucker) aus einzelnen grafischen Elementen aufgebaut werden können; sehr verbreitet ist neben → HTML (im → WWW) die Sprache → PostScript (für die Druckausgabe).

PageMill
→ Adobe PageMill.

Pager
→ Funkrufempfänger.

page views
die Anzahl der Aufrufe einer WebPage.

Page View Screen
→ Ganzseitenbildschirm.

Pagina
→ Seitenzahl.

paging
- bei der Speicheradressierung: Zusammenfassung von fortlaufenden Datenzellen zu „Seiten", in denen die einzelnen Zellen durch einfaches Ändern der Seitennummer fortlaufend angesprochen werden können.
- bei der Speicherverwaltung: Seitenaustausch, Einlesen von Datenblöcken (*pages*, Seiten) in den Arbeitsspeicher eines Computers und Auslagern solcher Blöcke auf RAM-Module oder einen Massenspeicher; diese auch *memory mapping* genannte Technik wird dazu benutzt, den Arbeitsspeicher (nahezu) beliebig zu vergrößern. Vgl. → Auslagerungsdatei, → *virtual memory*.
- bei der Darstellung von Daten: seitenweise Anzeige von Texten. Vgl. → *paging program*.

paging mode
Seitenwechsel-Modus, Betriebsart moderner CPUs, die den direkten Zugriff auf einen beliebigen Speicherblock (im Rahmen des adressierbaren Speichers) zuläßt.

paging program
ein Programm, mit dem Dateien Seite für Seite angezeigt bzw. durchgeblättert werden können.

Paginieren
ein Werk mit fortlaufender → Seitenzahl (Pagina) ausstatten.
Normalerweise beginnt die Zählung mit dem Schmutztitel (auch wenn die Seite frei bleibt), der Haupttitel wird als Seite 3 gerechnet. Paginieren beginnt ab Seite 5, sofern die weitere → Titelei (Inhaltsverzeichnis, Vorwort etc.) mit → römischen Zahlen versehen wird, beginnt die Zählung der Textseiten (und die Ausstattung mit arabischer Pagina) erneut bei Seite 1.

Paket
siehe → Datenpaket.

Paketformat
Bezeichnung für den in einem → Protokoll festgelegten Aufbau eines Datenpakets (*header*, Paketgröße usw.).

Paketnetz
ein DFÜ-Netzwerk, das mit → Paketvermittlung arbeitet.

Paketvermittlung
Packet Switching Exchange, auch als *frame switching* oder *message switching* bezeichnetes Datenübertragungsverfahren (vgl. → Vermittlungsverfahren), bei dem die Daten in Blöcke fester Länge eingeteilt und jeweils mit Adress- und

Steuerinformationen (→ *header*) versehen werden. Solche → Datenpakete werden dann ins Netz eingespeist, wobei eine spezielle Route nicht vorgegeben sein muß bzw. keine Standleitung zwischen Sender und Empfänger aufgebaut werden muß (aber durchaus auch bestehen kann). Anhand der Zusatzinformationen können die einzelnen Rechner innerhalb des Netzes, bei denen die Pakete eintreffen (Paketvermittlungsrechner, → PSN, auch Knoten bzw. *nodes* oder → *router* genannt), den Empfänger identifizieren und die Pakete ggf. an andere Rechner bzw. Knoten im Netz weiterleiten. Die Entscheidung über den weiteren Weg der Pakete (→ *routing*) trifft dabei jeder Knoten anhand verschiedener Kriterien (etwa Richtung der Sendung, Auslastungsgrad der verschiedenen Leitungen, Übermittlungskosten) aktuell und selbständig, so daß ursprünglich direkt aufeinander folgende Datenpakete durchaus auf völlig verschiedenen Wegen und in vertauschter anderer Reihenfolge ans Ziel gelangen können. Ist der Zielrechner schließlich erreicht, werden die zusammengehörenden Datenpakete (wieder mit Hilfe von Zusatzinformationen im *header*) identifiziert und in die richtige Reihenfolge gebracht, erst danach werden schlußendlich die eigentlichen Daten (die Nutzdaten) wieder aus den Paketen rekonstruiert.

Da zur Übermittlung der Pakete nicht eine einzelne, für die Dauer der Übertragung fest geschaltete Leitung zwischen Sender und Empfänger, sondern das gesamte Netz mit allen Verbindungen und Knoten zur Verfügung steht, ist die Übertragung per Paketvermittlung im Unterschied zur reinen → Leitungsvermittlung besonders ausfallsicher, bei hohem Datenaufkommen jedoch auch unter Umständen recht zeitintensiv. Daher werden zunehmend Verfahren eingesetzt, bei denen Paketvermittlung und Leitungsvermittlung kombiniert werden (vgl. → ATM).

PAL

Phase Alternating Line, das in Deutschland für Fernsehen und Video verwendete Standardverfahren (15,5 kHz horizontal, *interlaced*). Es ist weder zu → NTSC noch zu → SECAM kompatibel.

Palette

eine Farbskala, meist im Sinn einer bestimmten Anzahl von Farben, die (zugleich) benutzt werden können.

Palmtop

(*palm*, Handfläche) → PDA.

pan

Panorama, im Zusammenhang mit MIDI bzw. Musik Bezeichnung für die Verteilung der Klangsignale auf die beiden Stereokanäle oder Lautsprecher.

Panorama-Aufnahme

- Landschafts- oder Rundum-Aufnahme mit einem besonders breiten Blickwinkel (135° oder mehr), meist durch Weitwinkelobjektiv und entsprechende Ausschnittwahl, bisweilen auch mit Hilfe spezieller Objektive oder durch Verbindung mehrerer Einzelaufnahmen erzeugt;
- Spezialfunktion bei einigen Kleinbildkameras, die nur den Mittenbereichs des Formats für die Aufnahme freigibt (anstatt 24x36 mm werden nur die inneren 13,3x36 mm des Negativs benutzt), bei der Entwicklung bzw. der Anfertigung von Fotos werden ggf. gleich hierzu passende Spezialformate verwendet.

Pantone Matching System

System zur Überprüfung der Übereinstimmung reproduzierter Farben mit den Originalfarben auf allen Ebenen eines Reproduktionsprozesses (beim Druck, in der Fotografie, bei der EBV usw.), bestehend aus Vergleichsfarben, die auf Musterbögen, Farbfächern usw. verfügbar sind.

PAP

Printer Access Protocol, → AppleTalk-Protokoll für das Ansteuern von Netzwerkdruckern.

paperwhite
- weiß;
- bei Bildschirmen der Darstellung-Modus „schwarze Zeichen auf weißem Hintergrund".

Papierformate
von → Hausformaten abgesehen, wird Papier üblicherweise in → DIN-Formaten geliefert bzw. auf DIN-Formate endbeschnitten.

Papiersorten
Papiere werden u. a. nach Stoffzusammensetzung (etwa: Hanfpapier), Herstellungsart (etwa: handgeschöpft), Verwendungszweck (Druckpapier, Schreibpapier, Fotokopierpapier usw.) oder Oberflächenbeschaffenheit (Naturpapiere, gestrichene Papiere, Spezialpapiere) in Sorten eingeteilt.
Für Laserdrucker und Fotokopiergeräte sind möglichst spezielle Papiere zu verwenden, die sich bei der in den Geräten entstehenden Hitze nicht verziehen und eine glatte Oberfläche aufweisen. Sie sind im Handel als Fotokopierpapier auf Endformat beschnitten erhältlich.

parallel
nebeneinander her (und unabhängig voneinander) stattfindend, gleichzeitig. (vgl. → Parallelverarbeitung, → quasiparallel, → seriell).

Paralleldrucker
ein an die → Parallel-Schnittstelle eines Computers angeschlossener Drucker.

Parallellicht
→ Distanzlicht.

parallel port
→ Parallel-Schnittstelle.

Parallel-Schnittstelle
parallel port, Druckerschnittstelle, → RS-232C-Schnittstelle oder → Centronics-Schnittstelle, eine Schnittstelle, über die Daten → bitparallel gesendet oder empfangen werden können. Außer zum Anschluß eines Druckers wird diese Schnittstelle bei PCs auch beispielsweise zum externen Betrieb von CD-Laufwerken, Streamern oder Harddisks, für die DFÜ oder zum Anbringen von → Dongles benützt.

Paralleltitel
Zweitfassung eines Buchtitels in einer anderen Sprache.

Parallel-Übertragung
parallel transmission, gleichzeitige Übertragung von Daten, → Datenpaketen oder auch den einzelnen Bits eines Bytes (vgl. Parallel-Schnittstelle) über verschiedene Kanäle.

Parallelverarbeitung
gleichzeitig erfolgende Datenverarbeitung. Dies kann der Ablauf völlig eigenständiger Prozesse (Programme, Tasks) auf jeweils eigenen Prozessoren innerhalb eines einzigen Rechners sein, oder die Aufteilung von größeren Prozessen in Unterprozessen bedeuten, wobei diese auf mehreren Stationen (Prozessoren, Rechnern) abgearbeitet und ggf. die Ergebnisse anschließend zusammengefaßt werden. Im Unterschied zum → *multiprocessing* erfolgt der Ablauf der einzelnen Prozesse nicht → quasi-parallel, sondern tatsächlich zur selben Zeit.

param
Parameter.

Parameter
in Fotosatzsystemen, DTP- oder Textverarbeitungsprogrammen frei einstellbare Vorgabewerte (für Schrift-, Absatz-, Seitenformate usw.).

paren
parenthesis, Klammerzeichen.

parent directory
das übergeordnete Verzeichnis.

Parenthese
- eingeschobener (und eventuell in Klammern gesetzter) Satzteil;
- die runden und eckigen Klammern (Satzzeichen).

parenthesis
- Parenthese, Klammerzeichen;
- in Verbindung mit → *unparenthesis* auch nur das linke Klammerzeichen (, Klammer auf.

Parität
Ausgewogenheit; Geradzahligkeit.

Paritäts-Bit
→ Prüfbit, ein zur Kontrolle der Datenkonsistenz (im Speicher, bei der DFÜ, → *parity check*) an eine Bitfolge zusätzlich angehängtes → Bit, das anzeigt, ob eine bestimmte Bitfolge in der Quersumme eine gerade oder eine ungerade Zahl ergibt.

parity
Parität, Geradzahligkeit.

parity bit
→ Paritäts-Bit.

parity check
Paritäts-Überprüfung, Überprüfung des → Paritäts-Bits. Diese Überprüfung kann dazu eingesetzt werden, eine Übertragung bereits auf Zeichen-Ebene zu kontrollieren, indem die Konsistenz der übertragenen Bitfolgen untersucht wird. Die Art des *parity checks* ist bei jeder Übertragung anzugeben bzw. durch das verwendete → Protokoll festgelegt. Man unterscheidet zwei Arten der Überprüfung: *even parity* (gerade Parität), ein Verfahren, bei dem einer festgelegten Bitfolge (meist einem Byte) ein 1-Bit angehängt wird, wenn die Anzahl der 1-Bits der Folge ungerade ist (die Bitfolge samt Prüfbit wird gerade), und *odd parity* (ungerade Parität), das Gegenteil zu *even parity*. Mit *no parity* wird definiert, daß keine Paritätsüberprüfung stattfindet.

parm
Parameter.

Partialton
Synonym für → Teilton.

participant
Teilnehmer.

Partie
im Buchhandel Bezeichnung für eine zwischen Verlag und Sortimenter festgelegte Abnahmemenge (meist 10 Exemplare), für die ein Mengenrabatt durch Lieferung von Freiexemplaren (Partiestücke) gewährt wird; durch Nachbestellungen innerhalb eines (vorab vereinbarten) Partieergänzungszeitraums können Einzelbestellungen zur Partie zusammengefaßt werden.

party line
→ IRC.

Passer
paßgenauer Druck bzw. Übereinanderdruck mehrerer Druckformen.

Paßform
einzelne Druckform beim Mehrfarbendruck (die genau zu den anderen passen muß).

passive routing
die Weiterleitung von Datenpaketen in einem Netz anhand exakter Pfad-Angaben, die im → *header* bereits vorgegeben sind, im Unterschied zum → *active routing*. Dieses erzwungene → *routing* ist allenfalls auf kurze Entfernungen sinnvoll, da es nicht nur die genaue Kenntnis der Zwischenstationen voraussetzt, sondern vor allem auch das aktuelle Funktionieren der angegebenen Verbindung.

passiver Bus
→ Passiver Prüf-Anschluß.

Passiver Prüf-Anschluß
kurz PPA, Bauelement in → TAE-Dosen, das ein Durchmessen der Leitung auch

dann erlaubt, wenn kein Gerät angeschlossen ist.

Passiv-Lautsprecher
siehe → Boxen

pass-key
Hauptschlüssel.

Paßkreuz
bei der Erstellung von → Farbauszügen oder bei der Filmmontage einkopiertes oder bei der Belichtung bzw. beim Druck von DTP-Seiten eingefügtes Kontrollzeichen, das später das exakte Einpassen der Druckformen in die Druckmaschine und die Kontrolle während des Fortdrucks erleichtert.

Paßlöcher
zur Vereinfachung der Montage und zur Herbeiführung paßgenauer Übereinstimmung bei Mehrfarbensätzen in Filme oder Montagefolien sowie Druckplatten gestanzte Löcher, durch die Paßstifte geführt werden können, die sich an speziellen Montagerahmen sowie an der Plattenaufnahme der Druckmaschine befinden.

passphrase
wörtl. Paßsatz, eine Kombination aus mehreren Paßwörtern.

Paß-System
System für die Gewährleistung paßgenauen Arbeitens von der Repro bis zur Druckmaschine; von der Herstellung der Farbauszüge bis zum Einbau der fertigen Druckplatten in die Maschine sorgen eingestanzte → Paßlöcher und Paßstiftvorrichtungen (in der Reprokamera, an Montagegeräten, in der Druckmaschine) während des gesamten Verfahrensablaufs für genaues Passen der zusammengehörigen Teile.

password
→ Paßwort.

Paßwort
persönliches, geheimzuhaltendes Schlüsselwort, das beim → *logon* verwendet wird und sicherstellen soll, daß nur Berechtigte Zugang erhalten.

patch
flicken; Fehlerbereinigung bei Programmen, wobei gemeint ist, daß nicht der gesamte Code neu geschrieben wird, sondern nur einige Bytes an bestimmten Stellen überschrieben werden.

path control
wörtl. Steuerung des Pfades, Festlegung des weiteren Weges eines Datenpaketes im Netz. Vgl. → *routing*, → *dynamic adaptive routing*.

payment
Bezahlung.

Pay-on-Demand-TV
wörtl. „Zahle-nach-Aufforderung-Fernsehen", siehe → *Video-on-Demand*.

Pay-per-View
wörtl. „Zahle-pro-Zuschauen", ausgewähltes Fernsehangebot, bei dem nur die tatsächlich in Anspruch genommenen Zeiten bzw. Ausstrahlungen bezahlt werden.

Pay-Radio
Radiosendungen, die ähnlich dem → Pay-TV über verschlüsselte Kanäle gesendet werden und nur per Decoder (und gegen Bezahlung) gehört werden können.

pay station
Münzfernsprecher.

pay telephone
Münzfernsprecher.

Pay-TV
auch *Pay per Channel*, ausgewähltes Fernsehangebot (Spielfilme, Sport) von Privatsendern, für das extra Gebühren

bezahlt werden müssen. Die per TV-Kabel oder Satellit übermittelten Sendungen sind verschlüsselt und können nur mit Hilfe eines → Decoders betrachtet werden. Vgl. auch → *Pay-per-View*, → *Pay-on-Demand*.

payware

Software, die gekauft werden bzw. sofort bezahlt werden muß (im Unterschied zu → *freeware* oder → *shareware*).

PBX

private branch (telephone) exchange, Nebenstellenanlage; haus- bzw. firmeninternes Telefonnetz (bei intern geführten Gesprächen fallen keine Gebühren an).

PC

- *Personal Computer*, ein persönlicher Computer (im Unterschied zu einem großen System, das allen zur Verfügung steht); meist wird die Bezeichnung nur für die von der Firma IBM 1981 auf den Markt gebrachten Computer (PC-XT) sowie deren Weiterentwicklungen, Abwandlungen und Clones gebraucht;
- *paper change*, Papierwechsel (bei einem Drucker);
- *plug compatible*, Stecker-kompatibel;
- *printed circuit*, gedruckter Schaltkreis;
- *process control*, Prozess-Steuerung;
- *program counter*, Zähler;
- *protocol converter*, → Protokoll-Konverter;
- als Vorsilbe gebraucht (PC-irgendwas) meist Kennzeichnung für Produkte (Hardware oder Software), die für den Einbau in, Anschluß an oder Gebrauch auf einem Personal Computer entwickelt wurden.

PC-Cards

Speicherkarten nach dem → PCMCIA-Standard, meist in Notebooks und Digitalkameras eingesetzt. Neben → *Flash Memory Cards* (PCMCIA Typ I) und *SRAM-Cards* (Typ II) sind auch *Hard-disk-Cards* (Festplatten, PCMCIA Typ III) erhältlich.

PCD

- kurz für → Photo-CD;
- *extension* für Dateien, die Bilder im Original-Photo-CD-Format enthalten. Solche PCD-Dateien enthalten ein Bild in fünf verschiedenen Auflösungen (oberhalb des Basisformats verlustfrei komprimiert), auf die durch entsprechende Voreinstellungen des Viewers oder Bildbearbeitungsprogramms direkt zugegriffen werden kann:
  - 128 x 192 Pixel (Base/16, Thumbnail),
  - 256 x 384 Pixel (Base/4, Preview),
  - 512 x 768 Pixel (Base, Basisformat),
  - 1024 x 1536 Pixel (4Base, für 16:9-Formate wie HDTV),
  - 2048 x 3072 Pixel (16Base, für die EBV bzw. die Farbausgabe auf Druckern).

PCI

Programmable Communication Interface, programmierbare Kommunikations-Schnittstelle.

PCI-Bus

Peripheral Component Interconnect-Bus, ein von der Firma Intel 1994 entwickeltes → *local-bus*-System, das eine schnellere Datenkommunikation zwischen CPU und Steckkarten (als der bis dahin verwendete AT- oder VESA-Bus) sowie → *bus mastering* ermöglicht. Der PCI-Bus verfügt über ein Autokonfigurationsystem, angeschlossene Komponenten werden erkannt und konfiguriert (vgl. → *Plug and Play*).

PCL

printer command language, Druckersteuersprache (für Drucker der Firma Hewlett Packard).

PCM

Pulse Code Modulation, ein Modulationsverfahren, bei dem das Eingangs-Signal in kurze Zeitabschnitte (vgl. → *samples*) eingeteilt und digital codiert wird. Üblicherweise entspricht die Sample-Zahl dem Doppelten der höchsten Frequenz. Die erhaltenen Werte sind unkomprimierte Absolutwerte, eine mit Kompression arbeitende Erweiterung des Verfahrens stellt die → ADPCM-Methode dar.

PCMCIA
Personal Computer Memory Card International Association, Internationale Vereinigung für PC-Speicherkarten
- Herstellervereinigung (u. a. Apple, Epson, IBM, Intel, Lotus, Microsoft, Toshiba) für die Entwicklung von Steckkarten im Mini-Format (Scheckkartengröße);
- Bezeichnung für die von der PCMCIA entwickelten Standards für Schnittstellen bzw. die dazu passenden Steckkarten; außer Speicherkarten (→ PC-Cards) sind auch Modems, CD-Laufwerke und andere Geräte über PCMCIA anschließbar.

PD
- *phase distortion,* → Phasenverzerrung;
- *Public Domain,* öffentlicher (oder öffentlich zugänglicher) Bereich.

PDA
Personal Digital Assistent, auch Palmtop oder → Notepad, ein sehr kleiner leistungsfähiger Rechner, der (auch) mit PC oder Mobiltelefon (für Fax, DFÜ/Internet-Zugang) verbunden werden kann.

PDD
Physical Device Driver, ein Hardware-Gerätetreiber (meist im jeweiligen Gerät eingebaut bzw. als ROM-Software implementiert), im Unterschied zu einem Software-Treiber.

PDF
Portable Document Format, von Adobe entwickelter Seitenbeschreibungs-Standard.

PDL
→ *Page Description Language.*

PDN
public data network, öffentliches, kommerzielles Daten-Netzwerk.

PD-Software
Public Domain Software, → *freeware.*

PD-Synthese
Phase Distortion Synthesis, ein nonlineares Klangerzeugungsverfahren, siehe → Phasenverzerrung, → Synthese.

PDU
Protocol Data Unit, Protokoll-Daten-Einheit, ISO-Slang für ein → Datenpaket bzw. → *data packet.*

Peak
Gipfel, Spitze; im Zusammenhang mit → Wellenformen von → Klängen typisches Bild eines grellen, spitzen, dünnen Tons.

PEARL
Process and Experimental Application Realtime Language, eine Programmiersprache für Automaten- und Robotersteuerung (nicht zu verwechseln mit → PERL).

peer
ein Gleichrangiger; ein gleichrangiges Gerät in einem Netzwerk (→ *peer-to-peer-network*).

Pegel
die Höhe der → Amplitude einer Schwingung bzw. → Welle, beispielsweise bei einem → Klang die → Lautstärke.

peer-to-peer-network
Netz zwischen gleichrangigen Teilnehmern, die je nach Erfordernissen sowohl Server- als auch Client-Funktionen übernehmen können, wodurch ein übergeordneter bzw. dedizierter Server *(→ dedicated server)* entfällt. Ein solches Netzwerkprinzip eignet sich in der Regel nur für kleine → LANs (mit wenigen Teilnehmern).

PEM
Privacy Enhanced Mail, ein E-Mail-Programm oder -System, das Datenverschlüsselungsstandards unterstützt.

Pentium
in PCs verwendete CPUs der Firma Intel, Pentium und Pentium → MMX mit 32-Bit-Adreßbus, Pentium II mit 64 Bit.
Die ersten Pentiums wurden 1993 als Nachfolger der Intel-80486-Serie eingeführt und statt 80586 nach einiger Überlegung Pentium (nach dem griech. Wort für fünf) genannt, da sich herausstellte, daß Zahlen nicht als Warenzeichen schützbar sind. 1994 wurde wegen eines aufsehenerregenden Fehlers bei der Berechnung von Gleitkommazahlen (einige der über 3 Mio. Transistoren waren bei der Produktion vergessen worden) eine weltweite Umtauschaktion durchgeführt.

PEP
Packetized Ensemble Protocol, → *multicarrier*-Übertragungsprotokoll für Hochgeschwindigkeits-Modemverbindungen (max. 19200 Bit/s), das bei → QAM mit bis zu 512 → Trägerfrequenzen gleichzeitig arbeiten kann und dann bis zu 23000 Bit/s erreicht (TurboPEP). Bei Veränderungen der Leitungsqualität erfolgt eine dynamische Anpassung der Anzahl der benutzten Frequenzen (siehe → DAMQAM).

performance
bisweilen kurz *perf*, Ausführung, Aufführung; Ausführungsgeschwindigkeit, Leistungsverhalten.

Periodika
in regelmäßigem Zeitabstand erscheinende und für die Öffentlichkeit bestimmte Druckerzeugnisse (vorwiegend Zeitungen, Zeitschriften).

Peripherie-Gerät
ehemals Sammelbegriff für alle Geräte außer (und außerhalb) der → CPU eines Großrechners (Terminal, Drucker, Plattenspeicher, usw.), bei PCs heute meist nur noch Bezeichnung für die an einen PC angeschlossenen (separaten) Geräte (Modem, Drucker, Scanner, externe Laufwerke, usw.).

Perl
Schriftgrad, 5 p.

PERL
Practical Extraction and Reporting Language, eine vor allem auf UNIX-Servern häufig eingesetzte → Script-Sprache, meist zur Programmierung von → CGIs und für Textbearbeitungsaufgaben verwendet. http://www.perl.com/perl/, http://www.awu.id.ethz.ch/~didi/perl/perl_start.html

Permanentverbindung
eine Standleitung, die ununterbrochen für Übertragungen genutzt wird.

permissions
wörtl. Erlaubnisse, die vom Systemverwalter festgelegten → Zugriffsrechte eines Users.

persMail
kurz pM, persönliche (private) E-Mail.

persönliche homepage
→ *personal home page*, → *homepage*.

personal home page
persönliche bzw. einem privaten Teilnehmer gehörende → *homepage*.

personalisierte Mailings
Massendrucksachen (Drucksachen bzw. Infopost), die meist von speziellen Firmen mittels Computereinsatz mit Adressen, persönlicher Anrede usw. versehen werden und hierdurch den Anschein eines persönlichen Anschreibens erwecken sollen (vgl.. → *Direct Mailing*).

Personal Netware
einfaches Novell-Netware → peer-to-peer-Netz für kleinere PC-Netze, Weiterentwicklung von Netware Lite.

PetCam
eine → *WebCam*, die Tiere zeigt, etwa http://www.mcom.com/fishcam/fishcam.html oder http://www.can.net/parrotcam.html

Petit
Schriftgrad, 8 p.

Pflichtbibliothek
Bibliothek, zu deren Aufgaben die Übernahme von → Pflichtexemplaren gehört; allgemein in der Bundesrepublik Deutschland die → Deutsche Bibliothek, die → Deutsche Bücherei und die jeweiligen Landesbibliotheken; in speziellen Fällen (Dissertation, Habilitation) auch die jeweilige Hochschulbibliothek.

Pflichtexemplare
accessions, gratis und portofrei an bestimmte → Pflichtbibliotheken abgegebene Buchexemplare.

Pflichtleistungsverordnung
→ PLVT.

PFM
Pulse Frequency Modulation.

PGDN
Page Down, Tastenbeschriftung („Seite nach unten" bzw. „Bild nach unten").

PGP
Pretty Good Privacy, sehr verbreitetes → Krypto-Programm, das den → *Data Encryption Standard* benützt. http://www.ifi.uio.no/pgp

PGUP
Page Up, Tastenbeschriftung („Seite nach oben" bzw. „Bild nach oben").

phantom
ein im Hintergrund arbeitendes Programm (→ *daemon* oder → *dragon*).

Phase
Zeitabschnitt, Stadium bzw. Abschnitt eines Ablaufs oder Prozesses; etwa:
- eine Bildfolge innerhalb eines Films;
- ein bestimmter Zeitabschnitt im Verlauf einer → Schwingung bzw. → Welle (häufig angegeben als → Phasenwinkel);
- der Zeitabschnitt, der den verzögerten Verlauf einer einzelnen Welle, bezogen auf einen Referenz-Zeitpunkt, angibt (vgl. → Phasenverschiebung).

Phase Alternation Line
→ PAL.

phase distortion
→ Phasenverzerrung.

Phase Distortion Synthesis
kurz PD-Synthese, Klangerzeugung durch Veränderung der Phase einer Schwingung, siehe → Phasenverzerrung, → Synthese.

Phasenlage
Ausdruck für die Positionierung der Phase, oft Synonym für → Phasenverschiebung.

Phasenmodulation
PM, ein Verfahren zur → Modulation, bei dem die Signale durch Veränderungen der Phase (der Phasenlage, des → Phasenwinkels) einer Trägerfrequenz übertragen werden.

Phasenunterschied
auch Gangunterschied, die Größe der → Phasenverschiebung, meist in → Wellenlänge (bisweilen auch durch den → Phasenwinkel) angegeben.

Phasenverschiebung
die in → Wellenlänge oder durch den → Phasenwinkel ausgedrückte zeitliche Verlagerung eines periodisch auftretenden Ablaufs, bezogen auf einen Referenzzeitpunkt oder einen Referenz-Ablauf. Die Bezeichnung wird meist im Zusammenhang mit der Überlagerung von Wellen verwendet; zwei sich additiv überlagernde Wellen (gleicher Wellenlänge) sind „in Phase" oder „in gleicher Phase", wenn sich die Wellenberge und -Täler beider Wellen exakt überlagern (der Effekt dieser → Interferenz ist eine gegenseitige Verstärkung der Wellen), in entgegengesetzter Phase überlagern sich

Wellenberge und -Täler gegenseitig (es erfolgt eine Auslöschung).

Phasenverzerrung
phase distortion, die Verzerrung einelner Phasenpunkte bzw. die Änderung einzelner → Phasenwinkel einer → Welle, wobei im Unterschied zur → Phasenverschiebung die Phase als Ganzes (in ihrer Lage) ebenso wie die Frequenz der Welle erhalten bleibt. Das Verfahren wird bei → Synthesizern im Rahmen der nonlinearen Synthese von Klängen zur Erzeugung komplexer Schwingungsgemische (PD-Synthese) oder zur Verformung gegebener Klänge (→ *waveshaping*) verwendet.

Phasenwinkel
→ Schwingungen können anstatt durch → Wellen bzw. Sinuskurven auch als Kreis dargestellt werden (Projektion der Sinuskurve auf den Kreis). Hierbei ist jeder Schwingungsphase (jedem Moment der Schwingungsbewegung) ein Punkt auf dem Kreisumfang zugeordnet, dessen Lage trigonometrisch oder als Winkelmaß-Angabe benannt werden kann; der Wellenberg der Sinuskurve liegt in dieser Darstellung zwischen 0° und 180°, das Wellental folgt bis 360°. Außer zur Bestimmung einer speziellen Phase der Schwingung wird der Phasenwinkel u. a. auch zur Angabe von Phasenunterschieden bzw. Phasenverschiebungen eingesetzt; für die Standardwinkel 0°, 90° und 180° verwendet man hierbei auch die Ausdrücke „in Phase", „in Quadratur" und „in Antiphase".

Philips
niederländischer Elektro- und Elektronikkonzern, u. a. führend an CD-Entwicklungen beteiligt. http://www.philips.com

Phon
technisches Vergleichsmaß zur Ermittlung der Lautstärke, ein Ton von 1000 Hz hat bei 60 → dB 60 Phon.

phone jack
Telefon-Steckdose.

Phonem
Laut.

phonetic output
Sprachausgabe.

Phonetik
Lautlehre.

phonetische Zeichen
Lautzeichen, Zeichen zur Darstellung der Aussprache und Betonung von Lauten oder Wörtern; in Wörterbüchern wird allgemein die Lautschrift der International Phonetic Association (IPA) verwendet.

Phong Shading
siehe → *rendering*.

Phonothek
geordnete Sammlung von Tonträgern.

Photo-CD
auch Foto-CD, 1990 von den Firmen Kodak und Philips eingeführter Standard für Bilder-CDs, auch Bezeichnung für eine nach diesem Standard angefertigte CD oder für das gesamte System zur Herstellung solcher CDs.
Die Photo-CD wurde im Rahmen eines Privatkunden-Service entwickelt – in speziell ausgerüsteten Labors werden Kleinbildfilme (24 mm x 36 mm) bzw. einzelne Farb-Aufnahmen oder Dias digitalisiert und auf CD gespeichert.
Die Aufnahmen werden in verschiedenen Auflösungen (vom Thumbnail-Format bis zu 3072 x 2048 Pixeln, siehe → PCD) abgespeichert; eine Foto-CD kann in mehreren Sitzungen *(sessions)* erstellt werden und insgesamt über 100 Aufnahmen fassen.
Der elementare Photo-CD-Standard wurde verschiedentlich erweitert (Photo-CD-Pro, bis max. 4096 x 6096 Pixel; Photo-CD Medical, bis max. 8192 x 12288 Pixel, u. a.), solche Erweiterungen

finden jedoch meist nur für Spezialanwendungen (etwa in der Medizin) Verwendung.

photonisches Netzwerk
ein Netzwerk (der Zukunft), bei dem sowohl die Datenübertragung als auch die → Vermittlung optisch (über Photonen) erfolgen soll. Bei heutigen Glasfasernetzen erfolgt nur die Übertragung mit Hilfe von Licht.

PhotoShop
→ Adobe PhotoShop.

Phrasierung
die sinngemäße (oder die einen bestimmten Sinn erzeugende) Betonung und Aussprache eines Satzes; in der Musik entsprechend die sinn- und stilgemäße Darbietung eines Musikstücks.

physical
- physisch;
- im EDV-Zusammenhang meist als Gegenteil zu → *logical* verwendete Bezeichnung für die tatsächlich vorhandenen Geräte, Adressen usw., vgl. → *port.*

physical layer
physikalische Schicht, die 1. Ebene des → *OSI Reference Model,* umfaßt Festlegungen bzw. Realisierungen von Steckern, Kabeln, Stromstärken usw.

Physical Modeling
physikalische Modellierung, ein vorwiegend rechnerisches Synthese-Verfahren, das sich der Modellierung und Simulation physikalischer Gegebenheiten bedient, um die Schwingungsformen von Klängen zu ermitteln und herzustellen. Bei der elektronischen Klangerzeugung (→ Synthese) wird das Verfahren hauptsächlich dazu benutzt, die Klänge von üblicherweise gar nicht existierenden Instrumenten (etwa Blasinstrumenten oder Trommeln von ungewöhnlichen Ausmaßen oder aus ungewöhnlichen Materialien) zu erzeugen.

physische Adresse
auch physikalische Adresse, die auf Hardware-Ebene existierende Adressierung; eine solche Adresse kann ohne Eingriffe in die Hardware nicht geändert werden (sie bezieht sich etwa auf eine physisch existierende Festplatte). Eine → logische Adresse repräsentiert hingegen nur eine andere (logische oder physische) Adresse, sie kann gegebenenfalls geändert bzw. in eine andere Adresse übersetzt werden (so kann beispielsweise ein bestimmter Bereich der Festplatte logisch als „zweite Festplatte" definiert werden).

piggi back
Huckepack.

piggi back board
Huckepack-Karte, eine Zusatzsteckkarte, die auf eine andere Steckkarte aufgesteckt wird.

Pigmente
im Unterschied zu → Farbstoffen in Wasser unlösliche Farbkörper, nach Herkunft in Mineralpigmente (meist Metalloxide bzw. -Salze), Metallpigmente (Broncen) und Kohlenstoffpigmente (Ruße) unterschieden (außerhalb der Druckindustrie finden auch Erdpigmente und Organische Pigmente Verwendung), wesentliche Bestandteile der → Druckfarben.

pin
Kontakt, Stift.

PIN
personal identification number, persönliche Identifikationsnummer, Geheimzahl. Beim *electronic banking* wird das Konto sofort für weitere Zugriffe gesperrt, wenn die PIN dreimal in Folge falsch eingegeben wird (dies gilt übrigens auch bei der Benutzung einer ec-Karte am Automaten). Für viele Aktionen (wie Überweisungen, Buchungsaufträge etc.) ist zusätzlich noch die Angabe einer zweiten Geheimzahl (siehe → TAN) erforderlich.

pin assignment
Stecker-Zuordnung, die Belegung der Steckkontakte (in einem Stecker).

PING
Packet Internet Groper,
- Dienstprogramm bzw. Tool im Internet, mit dem herausgefunden werden kann, ob ein Rechner erreichbar ist. Mit dem Kommando PING RECHNERNAME wird der Rechner „angepingt", als Reaktion erfolgt eine kurze Rückmeldung (etwa ... *alive,* oder *no answer).*
- im → IRC durch das Kommando /ctcp ping nickname gestartete Anfrage, ob ein Teilnehmer noch anwesend ist.

ping pong
wechselweise Übertragung auf einem Kanal, → Pseudo-vollduplex.

pirated
unter Verstoß gegen → Urheberrechte hergestellt, nachgeahmt bzw. kopiert, vgl. → Raubkopie.

pit
Grube, Loch, Vertiefung; siehe → *Compact Disc.*

Pixel
Picture Element, ein Bildpunkt, einzelner Punk in einer → Bitmap-Grafik oder auf dem Bildschirm.

pkd
packed, gepackt, komprimiert; vgl. → Packer.

PKZIP bzw. **PKUNZIP**
Produktbezeichnung eines weitverbreiteten → Packers (bzw. Un-Packers) der Firma PKWARE, mit dem → ZIP-Files hergestellt bzw. dekomprimiert werden können. PKZIP wird als → *shareware* vertrieben.

Placierung
allgemein alle vom Auftraggeber geforderten Bedingungen zur Streuung von Werbemitteln oder Ausstrahlung einer Werbebotschaft; im Zeitungsbereich die genaue Platzvorschrift für einen Anzeigenauftrag (Erscheinungstag, Seite, Rubrik usw.).

Plagiat
Akt oder Resultat geistigen Diebstahls, Verstoß gegen urheberrechtliche Schutzbestimmungen durch Verwendung der geistigen Leistung anderer.

plain ASCII
auch *flat ASCII,* 7-Bit-ASCII-Code bzw. ein Text in dieser Codierung (Nur-Text, ohne länderspezifische Sonderzeichen bzw. Grafik-Zeichen).

plain text
Klartext, maschinenlesbare Schrift.

plain vanilla ASCII text
(wörtl. ungefähr: ganz gewöhnlicher ASCII-Text) halboffizieller Slang-Ausdruck für eine Textdatei, die zeilenweise aufgebaut ist (mit CR/LF am Zeilenende) und nur aus → *plain ASCII*-Zeichen besteht. Ein solches Format kann von über 95% aller weltweit installierten Computer direkt verarbeitet werden und bildet daher bislang die Codierungs-Grundlage für → eMails, → eTexte usw. Auch HTML-Dateien sind prinzipiell nach diesem Format codiert (bisweilen wird hierbei jedoch CR oder LF als Markierung für das Zeilenende verwendet oder auf die Zeilenende-Markierung gleich ganz verzichtet, da sie von Browsern nicht interpretiert wird).

Plakatschriften
Druckschriften in großen Schriftgraden (mindestens 14 p).

Planfilm
in einzelnen Filmbogen vorliegender Film, in Unterscheidung zum → Rollfilm.

Plano(bogen)
→ Druckbogen (in Unterscheidung zu Rollenpapier).

Plattform
Ausdruck für die gesamten Hard- und Softwarebedingungen (Betriebssystem, Browser), unter denen eine Anwendung läuft.

plattformübergreifend
Anwendungen, die auf Daten zugreifen können, die auf völlig unterschiedlichen → Plattformen verwaltet werden, bzw. Datenbestände, die von völlig unterschiedlichen Plattformen aus bearbeitet werden können, gelten als plattformübergreifend.

plattformunabhängig
Programme, die auf unterschiedlichen → Plattformen einsetzbar sind, gelten als plattformunabhängig oder plattformunspezifisch; Voraussetzung bildet in der Regel die Programmierung in einer → Script-Sprache oder Interpreter-Sprache, die auf den jeweiligen Plattformen verfügbar ist (etwa: JAVA), oder die Verwendung eines entsprechenden Protokolls bzw. Standards (wie etwa: http/HTML).

Platzhalter
ein Meta-Zeichen, ein Zeichen, das für beliebige andere Zeichen steht. Meist werden ? (für ein einziges beliebiges Zeichen) und * (diese Stelle und alle nachfolgenden Stellen beliebig) verwendet (Beispiel: mit „DIR *.ba?" lassen sich unter DOS alle Dateien anzeigen, deren → *extension* mit BA beginnt.) In → URLs ist auch die Tilde (~) gebräuchlich, sie steht für das → *home directory* eines Users.

Platzvorschrift
→ Placierung.

player
Spieler, Abspielgerät, Abspielprogramm; vgl. auch → Runtime-Version.

Plotter
EDV-Ausgabegerät, bei dem das Bild mittels eines elektronisch gesteuerten Schreibstiftes auf das Papier übertragen wird.

plug
einstecken; Stecker.

plug and play
auch *plug'n'play*, Einstecken und Loslegen, ein Verfahren, bei dem das Betriebssystem (etwa Windows 95) die vorhandene Hardware selbst erkennt und ggf. entsprechende Treiber lädt. Die Erweiterung der Hardware durch (plug'n'play-kompatible) Komponenten wird dadurch völlig problemlos. Das Verfahren setzt ein entsprechend modifiziertes → BIOS, intelligente → Bus-Systeme und passende → Treiber voraus.

plug and pray
Einstecken und Beten.

Plug-Compatible
kurz PC, Stecker-Kompatibel.

plug connection
Steckverbindung.

plug-in
einstecken; Stecker.

plug-in card
Steckkarte.

PLVT
Pflichtleistungsverordnung Deutsche Telekom, Festlegung der Pflichtleistungen, die von der Deutschen Telekom im Rahmen ihres sog. Infrastrukturauftrags erbracht werden müssen.

p.m. oder **pm**
post meridiam (lat.), Nachmittag; wird bei 12-Stunden-Schreibweise der Uhrzeit meist zusätzlich angegeben (für den Vormittag: → a.m.).

PM
- Phasenmodulation, siehe → Modulation;
- bisweilen auch für → p.m. angewandte Schreibweise.

pM
→ *persMail.*

pMail
(auch p-Mail) Abkürzung für *pysical Mail* oder *paper Mail,* ein auf Papier geschriebener Brief (als Gegensatz zur E-Mail).

PMxAS
→ Primärmultiplexanschluß.

P-net
- *paper-net* oder Post-Netz, gemeint ist die Briefpost;
- *phone net,* Telefonnetz.

PNG
Portable Network Graphic, speziell für den Gebrauch im Internet entwickeltes Grafikformat, bis 16,7 Mio. Farben bei verlustfreier Kompression. http://www.quest.jpl.nasa.gov/PNG

PNP
→ *Plug and Play;* → Privater Rufnummernplan.

PO
- *Post Office,* Postamt;
- *purchase order,* Bestellung;
- *Phone Order,* telefonische Bestellung.

PoD
→ *Printing on Demand* oder → *Publishing on Demand.*

Poesie
durch Rhythmus oder Reim gebundene Sprachform, Gegenteil von Prosa; Dichtkunst.

POF
Probability of Failure, Fehlerauftritts-Wahrscheinlichkeit.

POI
Point of Information, ein multimediales Informationssystem (Info-Terminals in Warenhäusern, auf Messen etc.)

point
- ein Element der untersten Ebene des FidoNet, also der einzelne Teilnehmer bzw. dessen Rechner (vergleichbar einer → *site*); *points* können von den übergeordneten → *nodes* (den sogenannten → *BossNodes*) Nachrichten abholen (→ *polling*) und dann → *offline* weiterverarbeiten;
- typografisch auch Set, ein in Amerika anstelle des → Didot-Punkts verwendetes → typographisches Maß, entspricht etwa 0,94 p oder 0,35 mm.

Point and Shoot-Kamera
(Zielen und Schießen-K.) eine kompakte, einfach zu bedienende Kamera für den Amateurbereich (Kleinbild- oder APS-Film oder auch Digitalkamera mit geringer Auflösung).

pointer
ein Zeiger, Verweiszeiger.

point of information
→ POI.

point of presence
→ POP.

point of sale
→ POS.

point-to-point-connection
Standverbindung, Standleitung, Telefonleitung.

Point-to-Point-Protocol
→ PPP.

Polarisationsfilter
ein optischer Filter (aus Glas oder Kunststoff), der nur die in einer bestimmten Ebene schwingenden Lichtwellen durchläßt. Polarisationsfilter werden u. a. in der Fotografie sowie zur Herstellung von → LCDs verwendet.

policy
FidoNet-Ausdruck für die dort geltende → *netiquette.*

Politik
siehe → Ressorts.

pollen
(eingedeutscht von *to poll*) → *polling*.

polling
- Sendeaufruf, zyklisches Abfragen bzw. Überprüfen des aktuellen Zustandes eines angeschlossenen Gerätes (Statusabfrage, etwa die zyklische Abfrage von Druckern oder von Terminals durch den Server);
- Verfahren zur Steuerung einer Datenübertragung, bei dem die Kommunikation im Gegensatz zum → *handshake*-Verfahren einseitig durch regelmäßiges Anfragen des Senders an den Empfänger geregelt wird;
- im → FidoNet Bezeichnung für das automatische Abholen von auf → *BossNodes* bereitgehaltenen Nachrichten per Mail-Programm;
- kurz für → Faxpolling, also das vom Teilnehmer veranlaßte (und bezahlte) Abholen von Informationen, die auf einem → Faxserver bereitgehalten werden.

Polygon
ein Vieleck, also eine Fläche mit mindestens drei geraden Seiten und Ecken; vgl. → *splines*.

Polyphonie
Mehrstimmigkeit, gleichzeitiges Spielen mehrerer Klänge.

Polytype
siehe → Ligatur.

POP
- *Point of Presence*, wörtl. „Punkt der Anwesenheit", ein → Einwahlknoten;
- *Post Office Protocol*, Internet-Protokoll (verschiedene Versionen, genannt POP, POP2 und POP3, letztere definiert in RFC 1725) zur Übermittlung von E-Mails von einem Server zum User.

POP3
Post Office Protocol, Version 3, → POP.

port
- logische oder physikalische Adresse einer Daten-Übergabestelle (z. B. → I/O-Port); eine → Schnittstellen-Adresse bzw. → *socket address*.
- eine Hardware-Schnittstelle (etwa Parallel-Port, oder Game-Port);
- im Internet meist Bezeichnung für den → *transport layer demultiplexing value*.

portrait
Hochformat, das Gegenteil ist → *landscape*.

POS
Point of Sale, ein multimediales Informations- und Order-System (z. B. Bestellungs- oder Buchungsterminals).

positional crossfading
ein auf bestimmte Farben (bei Animationsbildern) oder Frequenzen (bei Tönen) begrenztes → Überblenden.

positive acknowledgement
Positiv-Bestätigung, → ACK.

Positivretusche
siehe → Retusche.

post
- eingedeutscht „posten", E-Mails versenden (vgl. → *posting*);
- *power-on selftest*, Selbsttest beim Einschalten.

postal code
Postleitzahl.

poster
jemand, der postet (vgl. → *posting*).

Posthoheit
Hoheitsrechte einer nationalen Post zur Durchsetzung bzw. Verwirklichung eines → Postmonopols.

posting
eine Antwort zurücksenden, synonym zu → *followup*.

postmaster
Systemverwalter bzw. → sysop einer Mailbox (im FidoNet), an den man sich bei technischen Problemen mit E-Mails bzw. News wenden kann.

Postmonopol
Monopolstellung einer nationalen Post für die Übermittlung von Nachrichten (in Briefform ebenso wie als Telekommunikation) innerhalb des Hoheitsgebiets des jeweiligen Staates, heute vielfach abgeschafft bzw. auf Teilbereiche (etwa Briefdienst) eingeschränkt.

Post Office Protocol
→ POP.

Postregal
veraltete Bezeichnung für → Postmonopol.

PostScript
Seitenbeschreibungssprache (→ PDL) von Adobe, vor allem für die High-End-Ausgabe bzw. im Druck- und Verlagsbereich verwendet zur Erstellung hochwertiger Druckvorlagen oder Filme. PostScript wird durch entsprechende Hardware (→ RIP) direkt im Laserbelichter bzw. Laserdrucker interpretiert, kann durch den Einsatz von PostScript-Emulationen jedoch auch auf nicht PostScript-fähigen Ausgabegeräten ausgegeben werden.

PostScript-Emulation
ein Programm, das PostScript-Code interpretiert und in fertige Bitmap-Bilder für Geräte umsetzt, die nicht über die für PostScript erforderliche Ausstattung verfügen. Mit solchen Emulatoren kann PostScript auf nahezu jedem beliebigen Ausgabegerät verwendet werden.

Postscriptum
PS, Nachschrift.

pov
point of view, Blickpunkt, Blickwinkel; Standpunkt.

power
Strom; Netzstrom; Stromstärke; Energie; Kraft; Leistung.

PowerBook
Notebook-Familie der Firma Apple, mit dem PowerPC-Prozessor ausgestattet.

power cable
Netzkabel.

power connection
Netzanschluß(-kabel).

power frequency
Netzfrequenz.

power input
Eingangsleistung, Stromverbrauch, Leistungsaufnahme.

Power Mac
mit dem → PowerPC ausgerüsteter Risc-Rechner der Firma Apple.

PowerPC
kurz PPC, 64-Bit-Risc-Microprozessor-Familie der Firma → Motorola (gemeinsam mit Apple und IBM entwickelt), hinsichtlich Leistungsfähigkeit und Einsatzschwerpunkten (u. a. speziell auf Grafik und Gleitkommaberechnungen optimiert) starker Konkurrent zu Intels → Pentium MMX-Serie. Der PPC wird u. a. im → PowerBook und im → Power Mac eingesetzt.

power plug
Netzstecker.

power supply
Stromversorgung.

power supply unit
Netzteil.

power switch
Netzschalter.

PPA
→ Passiver Prüf-Anschluß.

PPC
→ PowerPC.

PPD
Portable Pointing Device, ein bewegliches Zeigegerät, eine Maus.

PPP
Point-to-Point-Protocol, Protokoll für die Übertragung von Daten über serielle Verbindungen (Telefonleitung, RS-232-Kabel) bei voller Nutzung des TCP/IP-Standards. Es ist in RFC 1661 festgelegt und ersetzt das → SLIP.

PPQ
auch PPQN, *pulses per quarter (note),* Schläge je Viertelnote, MIDI-Zeitmaß.

PPS
- *Packets Per Second,* Datenpakete je Sekunde, Geschwindigkeitsangabe paketvermittelte Datenübertragung oder Leistungsangabe für eine Paketvermittlung;
- *Parallel Processing System,* Parallel-Verarbeitungs-System, ein Rechner, der → Parallelverarbeitung durchführt.

Practical Extraction and Report Language
→ PERL.

Praktikum
zeitlich befristete Ausübung bestimmter praktischer Arbeiten im Rahmen einer Gesamtausbildung (etwa Betriebspraktikum während des Studiums, Satz-Praktikum während einer Drucker-Ausbildung).

Presence Provider
ein → ISP, der seinen Kunden Leistungen anbietet, mit denen sich Internet-Präsenz verwirklichen läßt. Zu solchen Leistungen zählen beispielsweise → *Server Renting,* Einrichtung → virtueller Server, oder das Einrichten und Betreuen von → *homepages.*

presentation layer
Darstellungsschicht, die 6. Schicht im → *OSI Reference Model,* die Ebene der Daten in jener Form, in der sie den Anwendungsprogrammen zur Verfügung stehen (in ihren Original-Dateiformaten etc.).

preset
Voreinstellung (häufiger: → *default*).

Presseausweis
von Journalisten- und Verlegerverbänden an hauptamtliche Journalisten ausgegebener, bundesweit einheitlich gestalteter Lichtbildausweis.

Pressedienst
von → Pressestellen oder → Public-Relations-Abteilungen bzw. → Public-Relations-Agenturen herausgegebene kostenlose Informationsschrift, die sich speziell an Journalisten richtet.

Pressefreiheit
siehe → Meinungsfreiheit.

Pressegesetz
→ Landespressegesetz.

Presserecht
allgemein alle für die Presse geltenden Gesetze und Vorschriften; speziell die jeweiligen → Landespressegesetze der Bundesländer.

Pressestelle
für Öffentlichkeitsarbeit zuständige Abteilung (etwa einer Behörde oder eines Unternehmens).

Pressevertreter
redaktioneller oder journalistischer Mitarbeiter eines Presseunternehmens.

Pretty Good Privacy
→ PGP.

preview
Vorschau; auch Bezeichnung für ein kleines Bildformat (vgl. → PCD) bzw. ein Bild in einem solchen Format.

PRI
Primary Rate Interface, → Primärmultiplexanschluß.

Primärcode
→ *source code*.

Primärmultiplexanschluß
kurz PMxAS oder PRI, ein ISDN-Anschluß mit einem Steuerkanal und bis zu 30 Basiskanälen, die für ankommende, gehende und ankommende und gehende Verbindungen frei konfigurierbar sind (für größere Telefon- bzw. Telekommunikationsanlagen).

Primärverkabelung
im LAN ein Kabel bzw. Bussystem, das größere Entfernungen (etwa zwischen Gebäuden, oder zwischen Stockwerken) überbrückt und an das die → Sekundärverkabelung angeschlossen wird.

Prime
- in der Musik: → Intervallbezeichnung (für 0 Halbtonschritte);.
- im Zusammenhang mit Druck: → Bogensignatur der ersten Seite des Druckbogens.

printer
→ Drucker.

Printer Access Protocol
→ PAP.

Printing on Demand
kurz PoD, Drucken auf Anforderung, Herstellungskonzept für Druckerzeugnisse, bei dem die materielle Herstellung des Druckwerks nur in kleinen Mengen und nach dem aktuellen Bedarf (evtl. erst nach Eingang einer bestimmten Anzahl von Bestellungen) erfolgt. PoD wird normalerweise mit Computern und Laserdruckern (bzw. Hochleistungslaserdruckern) durchgeführt und eignet sich in erster Linie für Druckwerke ohne größeren buchbinderischen Aufwand (Loseblattsammlungen o. ä.) und für geringere Auflagenhöhen, aber auch für Werke mit häufigem Änderungsbedarf (Artikelkataloge, Preislisten usw.).
Bei Benutzung einer einheitlichen Seitenbeschreibungssprache (wie z. B. → PostScript) kann PoD auch einfach mit der Erstellung von CD-ROMs gekoppelt werden – als Endprodukt kann dann anstelle eines gedruckten Werkes (oder zusätzlich zu einem solchen) auch eine entsprechende CD-ROM stehen.

Printmedien
für die Verbreitung in der Öffentlichkeit bestimmte Druckwerke aller Art (hauptsächlich Bücher, Zeitungen und Zeitschriften), in Unterscheidung zu den sogenannten → Non-Print-Medien. Der Begriff wird sowohl für die (materiellen) Medien als solche als auch für das gesamte System der redaktionellen Erzeugung, der Herstellung der Werke, des Vertriebs usw. verwendet.

Printserver
Druck-Server, ein nur für den Betrieb von Druckern verwendetes Gerät in einem LAN.

Priority
Priorität, Vorrang; ein im *header* einer E-Mails zur Charakterisierung der Dringlichkeit einer Nachricht verwendetes Feld.

Privacy Enhanced Mail
→ PEM

Privatdrucksachen
→ Akzidenzien für private Anlässe (Geburts-, Hochzeits-, Todesanzeigen usw.).

private key
privater Schlüssel, bei → PGP der Schlüssel, der nur Sender und Empfänger zur Verfügung steht (vgl. → *public key*).

private line
nicht allgemein zugängliche, sondern für bestimmte Nutzer vorbehaltene und ständig geöffnete → Standleitung.

Privater Rufnummernplan
eine Liste mit den Telefonnummern von Anschlüssen, die an einem Virtuellen Privaten Netz (→ VPN) beteiligt sind.

PRMD
Private Mangement Domain, Teil der → X.400-Adresse.

PRN
printer, Drucker, meist synonym zu → LPT bzw. LPT 1 verwendetes Kürzel.

Probeabzug
drucktechnisch (Andruck, Probedruck) oder reprografisch (Lichtpause) hergestellter Abzug der Druckform, der zur Prüfung und gegebenenfalls zu Korrekturzwecken vor dem Fortdruck dient.

Probeband
selten auch → *Dummy,* ein nicht zum Verkauf bestimmter, jedoch inhaltlich und technisch fertiggestellter Band.

Probedruck
→ Andruck, → Probeabzug.

Producer
→ Hersteller.

Produktioner
→ Hersteller.

Profil
bei → Modems Bezeichnung für die vom Benutzer frei definierbaren Grundeinstellungen.

profile
Profil, häufig Bezeichnung für eine Datei, die ein bestimmtes Profil enthält (etwa ein Benutzerprofil, also Angaben über den Benutzer und sein Wirken im System).

Programm
eine Reihe von Befehlen, durch welche die Arbeitsschritte eines Computers festgelegt werden.

Programmcode
→ *source code* oder ausführbarer → Maschinencode, die Liste der Befehle, die der Computer abarbeiten soll.

Programmiersprache
formalisierte Sprache zur Programmierung von Computern (der gesamten Hardware). Man unterscheidet zwischen sogenannten „höheren" Programmiersprachen *(→ high level languages)* und der → Maschinensprache, wobei sich die höheren Sprachen noch in → Compiler-Sprachen und → Interpreter-Sprachen einteilen lassen.

Project Gutenberg
ursprünglich eine Projektgruppe aus freiwilligen Teilnehmern, inzwischen eine öffentlich geförderte gemeinnützige Organisation *(Project Gutenberg Association* am *IBC, Illinois Benedictine College),* deren Ziel die Datenerfassung und Verbreitung englischsprachiger lizenzfreier Werke der Welt-Literatur (→ gemeinfreie Werke) ist; die Zielvorgabe ist ein Bestand von 10.000 → eTexten bis zum Jahr 2001. Die eTexte sind via Internet kostenlos erhältlich, u. a. sind sie auch bei der → IPL katalogisiert. http://info.cern.ch/roeber/misc/gutenberg.html

Prokura
Rechts-Vollmacht im Geschäftsverkehr.

PROLOG
Programming In Logic, Programmiersprache, die vorwiegend für Aufgaben im Bereich der Künstlichen Intelligenz (etwa Expertensysteme) eingesetzt wird.

Promotion
Werbung, Werbeveranstaltung.

prompt
Eingabe-Aufforderung, Bereitschaftszeichen.

- DOS-Befehl zur Änderung der Darstellung der Eingabe-Aufforderung (die übliche Voreinstellung ist: Laufwerkskennung:\Directory:>).

propagation
Übertragung, Verbreitung.

propagation delay
- eine durch die → Laufzeit eines Signals hervorgerufene Verzögerung eines Ablaufs;
- auch Synonym für → *propagation time*.

propagation time
→ Laufzeit eines Signals.

proprietär
eigenständig; geschlossen, herstellerspezifisch, systemgebunden.

proprietäres System
ein geschlossenes System (Betriebssystem, Datennetz etc.), das intern nur mit speziellen (meist herstellerspezifischen) Programmen und Protokollen betrieben wird bzw. nicht mit allgemein üblichen Standards arbeitet (oder zu solchen kompatibel ist).

Prosa
nicht (durch Formen der Dichtkunst) gebundene Sprache, Gegenstück zur → Poesie; freier Text.

ProShare Video
von → Intel entwickeltes System für → *Videoconferencing*.

Prospekt
Druckschrift für Werbezwecke.

Prospero
ein Protokoll bzw. Internet-Dienst, der die Darstellung und das Durchsuchen von Dateien ermöglicht, die auf verschiedenen Rechnern verteilt sind. Der Zugang zu den jeweiligen Dateien erfolgt über → FTP oder → NFS.

protocol
→ Protokoll.

protocol converter
→ Protokoll-Konverter.

Protocol Data Unit
→ PDU, ein Datenpaket.

protocol-file
→ Protokoll-Datei.

protocol spoofing
Vortäuschen eines Protokolls, eine Modemfunktion, bei der die beteiligten Modems untereinander mit einem eigenen Protokoll kommunizieren (etwa ein herstellerspezifisches Protokoll verwenden), wobei sie gleichzeitig den angeschlossenen Rechnern eine ganz andere Kommunikation (TCP, ZModem usw.) vorgaukeln.

protocol stack
Bezeichnung für die gegenseitige Überlagerung mehrerer → Protokolle (unterschiedlicher Ebenen, nach dem → *OSI Reference Model*), die zusammen die Netzwerkfunktionen realisieren.

Protokoll
protocol, alle für den Ablauf einer Kommunikation notwendigen Festlegungen, also Vereinbarungen über Datenstrukturen (Datei- oder Datenpaketaufbau, Codierung), Steuerungs- und Sicherungsmechanismen, die benötigte Hard- und Softwarefunktionalität, die physikalischen Eigenarten der Träger oder der Übertragung etc.
Man unterscheidet bei Protokollen nach Funktionsbereichen bzw. Schichten (vgl. → *OSI Reference Model*), ein Protokoll beschreibt daher immer nur Festlegungen, die sich auf die Kommunikation zwischen identischen Funktionsbereichen bzw. Schichten beziehen (bisweilen ist allerdings die Einbeziehung der Festlegungen tieferer Schichten unvermeidlich). So wird beispielsweise von einem Schnittstellenprotokoll gesprochen, um die Festlegungen dieser Schnittstelle bzw. der Kommunikation zwischen zwei solcher Schnittstellen zu bezeichnen, oder es wird von einem → Übertragungsprotokoll (um die Festlegungen der Verbindung zweier Rechner untereinander zu bezeichnen), von einem

→ Netzwerk-Protokoll (im Hinblick auf die Kommunikation innerhalb eines Netzes), oder vom → Internet-Protokoll gesprochen. Auch Dienstprogramme oder Anwendungen folgen entsprechenden Protokollen bzw. stellen „logisch übergeordneten" Schichten protokoll-konforme Dienste zur Verfügung.

Protokolle werden meist von Herstellern, von Netzwerkbetreibern oder Standardisierungs-Institutionen (etwa der → ISO) festgelegt. Die im Internet verwendeten Protokolle wurden (und werden) jedoch frei festgelegt – im Prinzip kann jeder entsprechende Vorschläge einreichen (in der Praxis sieht es allerdings doch anders aus). In den → RFCs werden die neuen Vorschläge der Netz-Gemeinde unterbreitet, die Annahme und Installation der Protokolle erfolgt auf freiwilliger Basis durch die jeweiligen Netz- bzw. Host-Betreiber.

Protokoll-Datei

protocol-file, auch Log-Datei, eine Datei, in der etwas protokolliert wird.

Protokoll-Konverter

protocol-converter, ein Hardware-Baustein oder ein Programm, das Signale oder Daten zwischen verschiedenen → Protokollen übersetzt bzw. die Verbindung unterschiedlicher Funktionsbereiche oder Schichten (nach → *OSI Reference Model*) herstellt. Auf Hardware-Ebene sind beispielsweise Bauteile wie Analog/Digital-Wandler, Modems oder Schnittstellen-Controller für die geeignete Umsetzung der Datenströme verantwortlich, während software-seitig Code-Umwandler, Router, Server, Emulatoren, Browser usw. dafür sorgen, daß die Daten in der jeweils passenden Form und Struktur vorliegen.

provider

Dienstleistungsunternehmen, das Netzdienste offeriert, wobei bisweilen (nicht immer exakt) unterschieden wird nach:

- *Internet access provider* (IAP) oder *Internet gateway provider* (IGP), Internet-Zugangs-Anbieter, ein Unternehmen, das den reinen, passiven Zugang zum Internet anbietet (so ist beispielsweise bloßer E-Mail-Empfang möglich, nicht aber das Senden);
- *Internet service provider* (ISP), Internet-Service-Anbieter, ein Unternehmen, das Internet-Zugang offeriert und Internet-spezifische Dienstleistungen anbietet, also in erster Linie die aktive Nutzung verschiedener Internet-Dienste wie FTP, E-Mail usw. ermöglicht und gegebenenfalls weitere Dienstleistungen (Aufbereitung von WebPages, Bereitstellung → virtueller Server usw.) übernimmt;
- *online service provider*, Online-Dienst-Anbieter oder kurz Online-Dienst, ein Dienstleistungsunternehmen, das Privat- oder Geschäftskunden umfangreiche Online-Dienste (eigenes Netz, eigene Foren und Dienste, sowie Zugang zum Internet etc.) anbietet.

proxy

wörtl. Stellvertreter; eine Technik, bei der ein *host* oder → *router* die Rolle eines anderen Servers übernimmt und Anfragen beantwortet, die eigentlich direkt an den anderen Rechner gerichtet sind. Der Rechner filtert beispielsweise Anfragen eines WWW-Clients heraus, identifiziert die in den Anfragen definierten Adressen (→ URL) und leitet die Anfragen anschließend nur dann an den eigentlichen Empfänger weiter (den WWW-Server oder den Host, der die *WebPages* zur Verfügung stellt), wenn er sie selbst nicht beantworten kann bzw. wenn die Adresse nicht gesperrt wurde. Meist beantwortet er sie jedoch gleich selbst, liefert also beispielsweise die bereits in einem → *cache* oder auf einer → *mirror site* vorhandene Dateien an den Client zurück. Offensichtlich zu erkennen ist dieser Vorgang für den Benutzer nur, wenn er die Herkunftsadresse der *Web-Page* (sie wird von den meisten WWW-Browsern optional angezeigt) als eine URL identifizieren kann, die er nicht angefragt hat – allerdings kann der Proxy u. U. auch diese Adresse entsprechend verändern.

Vorteile bietet diese Technik dadurch, daß der Client häufig wesentlich schneller bedient werden kann als beim direkten Zugriff auf die Original-Adresse, daß der *traffic* im Internet wesentlich verringert wird, und daß bestimmte URLs für den Zugriff ganz gesperrt werden können; Nachteile ergeben sich durch eventuell veraltete Daten (bei verzögerten *Updates* der im Proxy-Cache enthaltenen Daten).

Proxy-Server
ein Rechner (bzw. die auf diesem Rechner laufende Software), der zwischen ein → LAN und das Internet geschaltet wird und außer als → *gateway* und → *firewall* auch als → *cache* bzw. → *proxy* für häufig vorkommende Benutzeranfragen fungiert.
Über den *Proxy-Server* können, neben der Durchführung der Adreß- und Protokollumwandlungen und den diversen Sicherheitsmaßnahmen zum Schutz des LAN, auch bestimmte URLs für den Zugriff gesperrt oder inhaltliche Filterungen des Datenverkehrs vorgenommen werden. Häufig benötigte Dateien aus dem Internet (etwa *Web-Pages*) können automatisch ermittelt, in einen *Cache* geladen und fortan über die Proxy-Funktion direkt an den Benutzer ausgeliefert werden. Einige Provider gestatten den Zugang zum Internet ausschließlich über Proxy-Server (etwa → metronet).

Prozessor
ein Mikroprozessor, bei PCs ist meist die → CPU gemeint.

Prozessor-Cache
→ *first level cache*.

Prüfbit
siehe → Paritäts-Bit.

Prüfsumme
bei der Datenübertragung vom Empfänger errechneter Wert (etwa eine Quersumme), der mit einem übermittelten → Prüfbit oder → bcc verglichen wird.

PS
→ Postscriptum.

PSDN
Packet Switching Data Network, → Paketvermittlungs-Datennetzwerk.

PSE
Packet Switching Exchange, → Paketvermittlung.

pseudo-duplex
siehe → duplex.

Pseudo-Steuercode
ein Scherz-Steuercode, beispielsweise EOB (*End of Beer*), EOC (*End of Coffee/Coke*), EOM (*End of Money*), EOU (*End of User*) oder HCF (*Halt and Catch Fire*).

pseudo-vollduplex
siehe → duplex.

Pseudonym
bei Chats auch → *nickname*, im Unterschied zum → *realname* ein frei gewählter Name eines Benutzers. Besonders beliebte Pseudonyme führen häufig zur → *nickname collision*.

PSK
Phase Shift Keying, Phasenumtastung, siehe → Phasenmodulation.

PSN
- *Packet Switch Node*, kurz *node*, Knoten, ein Vermittlungsrechner in einem Netz, das als → Paketvermittlungsnetz betrieben wird. Seine Vermittlungsaufgaben bestehen im Empfangen (*accept*), dem Ermitteln des weiteren Weges (*route*) und dem Weitersenden (*forward*) der Datenpakete;
- *Packet-Switched Network*, Netzwerk mit Paketvermittlung;

PSPDN
Packet-Switched Public Data Network, öffentliches Netzwerk mit Paketvermittlung.

PSTN
Public Switched Telephone Network, öffentliches Telefonnetz.

PTPT
Point-to-Point-Tunneling Protocol, ein von Microsoft und weiteren Partnern entwickeltes Protokoll für den Aufbau virtueller privater Netze (→ VPN). Es ermöglicht den indirekten Telefon-Zugang zu einem → LAN bzw. → *Corporate Network*: der Benutzer stellt keinen direkten Telefonzugang zu diesem LAN her, sondern wählt sich bei einem lokalen POP eines Internet-Providers ein und wird von dort aus via Internet mit dem LAN verbunden. Das Internet wird hierbei nur als Übertragungsstrecke genutzt bzw. durchtunnelt (vgl. → *tunneling*). Diese Zugangsvariante kann bei weiten Distanzen u. U. weit preisgünstiger als ein telefonischer Direktzugang sein.

PTT
Post, Telegraph and Telephones, der jeweilige → Postmonopolist.

PUB
→ *public directory.*

public
öffentlich, allgemein zugänglich.

public data network
→ PDN.

public directory
öffentliches Verzeichnis, ein Verzeichnis, in dem öffentlich zugängliche Daten (→ *anonymous-FTP,* → *Web-Pages* usw.) zu finden sind. Üblicherweise trägt es in der Verzeichnisstruktur die Bezeichnung /pub.

Public Domain Software
kurz PD-Software, → *freeware.*

publication
Veröffentlichung.

publicity
Öffentlichkeit.

public key
öffentlicher Schlüssel (bei → PGP).

Public Relations
kurz PR, (wörtl. „öffentliche Beziehungen"), Öffentlichkeitsarbeit, Kommunikation mit der Öffentlichkeit bzw. einer bestimmten Zielgruppe. Im Unterschied zur → Werbung dient PR der Erzeugung ganz bestimmter subjektiver Einstellungen (Verständnis, Vertrauen, Wertschätzung usw.) gegenüber dem Auftraggeber. Siehe auch → *Human Relations.*

Public-Relations-Agentur
PR-Agentur, Dienstleistungsunternehmen zur Konzeption, Organisation und eventuell auch Durchführung von PR-Aktivitäten.

publishing
veröffentlichen.

Publishing on Demand
(Veröffentlichung je nach Anforderung), verlegerisches Konzept der kurzfristigen und raschen Herstellung kleiner und kleinster Auflagen in Anpassung der Auflagenhöhe an die aktuelle Marktsituation bzw. an den Eingang der Bestellungen. Der eigentliche Herstellungsprozeß wird meist mit → *Printing on Demand* bezeichnet.

puff
→ Entpacken komprimierter Dateien, also das Gegenteil von → huff.

Puffer
Pufferspeicher, → Zwischenspeicher.

Pufferspeicher
→ Zwischenspeicher.

Pulse Code Modulation
→ PCM.

Pulswahl
→ Impulswahl, → IWV.

Puma
Power User's Macintosh Association, Name eines Übertragungsprotokolls, das im Unterschied zu → XModem/ZModem bidirektional gleichzeitig arbeitet.

Punkt
siehe → dot, → typographische Maßeinheit, → Didot-Punkt, → Point.

Punktabstand
→ *dot pitch.*

Punktfrequenz
→ Bildpunktfrequenz.

Punkt-zu-Punkt
→ *point-to-point.*

Punzen
nichtdruckende Innenflächen des Schriftbildes auf der → Letter; die nichtdrukkenden Flächen um das Schriftbild herum nennt man → Fleisch.

QAM
Quadratur-Amplitudenmodulation, siehe → Modulation.

Quark XPress
professionelles DTP-Programm der Firma Quark für MacIntoshs, inzwischen auch unter Windows verfügbar. XPress bietet bei hoher Qualität und Präzision außerordentliche Gestaltungsmöglichkeiten und ist auch im Akzidenzbereich sowie in Werbeagenturen sehr verbreitet.

QBE
query by example, Datenbank-Abfrage anhand eines Beispiels.

Q-Channel
Q-Kanal, Audio-CD-Kanal mit Track- und Zeitinformationen.

QCIF
Quarter-CIF, Viertel-CIF, siehe → CIF.

QIC
Quarter Inch Cassette, Viertelzollcassette, Standard für Streamerbänder mit unterschiedlichen Speicherkapazitäten (bis mehrere GB). QIC-Bänder können auch unter dem (neueren) → Travan-Standard verwendet werden, die entsprechenden Laufwerke können QIC-Tapes aufnehmen.

QSound
QSound Labs, amerikanisches Unternehmen, das → Raumklangverfahren entwickelt und vertreibt. QSound-Musik läßt sich auch auf einigen Soundkarten abspielen. http://www.qsound.ca

Quadratur
siehe → Phasenwinkel.

Quadratur-Amplitudenmodulation
kurz QAM, siehe → Modulation.

Quarte
→ Intervallbezeichnung (5 Halbtöne).

quasi-parallel
gleichsam parallel, scheinbar gleichzeitig; mehrere nacheinander und untereinander unabhängig ablaufende Einzelvorgänge, die aus der Sicht eines Betrachters völlig gleichzeitig zu geschehen scheinen. Siehe → *multiprocessing,* → parallel, → Parallelverarbeitung.

Quasi-Standard
auch Markt-Standard oder Verbraucher-Standard, ein Standard, der nicht von einer offiziellen nationalen oder internationalen Normungsinstitution, sondern von einem Hersteller (oder einer Gruppe von Herstellern) eingeführt wurde und sich am Markt bzw. bei den Verbrauchern durchsetzte.

Quellcode
→ *source code.*

Quelle
- kurz für → Datenquelle, Synonym für Sender bzw. Absender;
- Ursprung, Herkunft; auch im Sinne einer Ursprungsangabe (Herkunftsangabe, Hinweis auf den Urheberrechtsinhaber) einer Sendung, eines Zitats usw.

Querdämpfung
anderer Ausdruck für → Nebensprechen bzw. → Nahnebensprechen.

query language
→ Datenbank-Abfragesprache.

ques
- *question,* Frage;
- das Fragezeichen.

quetschen
(eine Datei) komprimieren.

queue
Warteschlange.

Quick-B
→ B+ (Datenübertragungsprotokoll).

QuickTime
von → Apple für den MacIntosh entwickelter Multimedia-Standard, auch als Aufzeichnungs- bzw. Wiedergabeformat unter Windows verbreitet. QuickTime-Videos tragen die *extension* .MOV.

Quinte
→ Intervallbezeichnung (7 Halbtonschritte).

quit
Verlassen, Kommando zum Beenden einer Sitzung.

Quittung
Empfangsbestätigung, protokollabhängiges Steuerzeichen (häufig → ACK).

Quix
→ Funkrufdienst der Firma MiniRuf, der → Pager kann bis zu 80 alphanumerische Zeichen empfangen (kostenpflichtig, im kostenlosen Basic-Service nur 15 Ziffern wie bei → Scall).

QOTD
quotations of the day, Spruch des Tages, ein beim Login von manchen Systemen angezeigter Text; früher meist irgendein Zitat, heute oft Werbung.

quote
zitieren; Zitat.

quoting
zitieren, beim → *posting* von → *follow-ups* den Teil des beantworteten Artikels wiederholen, der beantwortet wird.

QWERTY-Tastatur
in Großbritannien oder den USA gebräuchliche Computertastatur (benannt nach der Anordnung der Tasten).

QWERTZ-Tastatur
in Deutschland verwendete Tastatur.

Rabatt
Nachlaß auf den Kaufpreis, Preisermäßigung.

rabbit ears
Hasenohren, gemeint sind Gänsefüßchen (die Anführungszeichen).

RACE
Research an Development in Advanced Communication Technologies in Europe, EU-Forschungsinstitution, die sich mit der Entwicklung von Hochleistungs-Kommunikationseinrichtungen (auch Netzwerken) befaßt.

Radiallicht
Beleuchtungsmodus in 3D-Programmen, der eine kreis- bzw. kugelförmig ausstrahlende Lichtquelle (etwa eine Kugellampe) zugrundelegt.

radio buttons
innerhalb einer → *dialog box* eine mit Schaltknöpfen versehene Liste von Optionen, bei der immer nur ein Knopf als markiert bzw. aktiviert gesetzt werden kann. Im Unterschied zu → Kontrollkästchen sind die Schaltknöpfe rund, ihre Aktivierung wird durch einen Punkt in der Mitte des Knopfs angezeigt.

Radiosity
Strahlungsfähigkeit, siehe → *rendering*.

Rahmen
→ *frame*.

RAID
Redundant Array of Inexpensive Disks, inzwischen *Redundant Array of Independent Disks* genanntes Speicher-Konzept, bei dem die Daten block- oder byteweise auf viele einzelne unabhängige Harddisks verteilt werden. Der Server stellt die Daten nach Außen (für den jeweiligen Benutzer) dennoch als zusammenhängenden Datenbestand dar, auf den wie auf die Daten einer einzigen Speicherplatte Zugriff besteht.
RAID wird in 7 verschiedene Levels eingeteilt, bei Level 0 werden die Daten nur auf verschiedene Laufwerke verteilt. Ab Level 1 werden die Daten doppelt gespeichert und/oder mit Prüfzeichen versehen, ein Datenverlust ist daher nahezu ausgeschlossen, zudem können ggf. einzelne Laufwerke während des Betriebs ausgetauscht werden.

Rainbow Books
(wörtl. Regenbogen-Bücher) Sammelbegriff für die „Books", in denen die CD-Standards beschrieben sind (also *Blue, Green, Orange, Yellow* und *White Book*).

RAM
Random Access Memory, Speicherchips für den wahlfreien Lese- und Schreibzugriff, u. a. als Chips für den Hauptspeicher bzw. Arbeitsspeicher von Computern eingesetzt. Beim Ausschalten oder bei Unterbrechung der Stromversorgung gehen die Daten im RAM verloren.

RAM-Disk
→ virtuelles Laufwerk.

random
zufällig; Zufall.

RARE
frz. *Reseaux Associes pour la Recherche Européenne,* Vereinigung europäischer Forschungsnetze, heute mit → EARN zu → TERENA verschmolzen.

RARP
Reverse Address Resolution Protocol, in RFC 903 definiertes Protokoll, das umgekehrt zu → ARP funktioniert und eine Hardware-Adresse (meist die → Ethernet-Adresse) in eine → IP-Adresse umwandelt. Die nur beim Hochfahren eines → *diskless node* benutzte Funktion wird durch → BOOTP ersetzt.

RAS

Remote Access Server, ein Programm, das den Fernzugriff (Zugang über das Telefonnetz) zu einem Computersystem herstellt bzw. steuert (auf der Seite des angerufenen Computers).

Raster

- das auf einem Glas (Glasraster, Wirkung als Distanzraster) oder einer Kontaktfolie aus Kunststoff (Folienraster, Wirkungsweise eines Kontaktrasters) angebrachte Liniengitter (die sogenannte Rasterlineatur; bisweilen werden statt eines quadratischen Gitters auch Texturen, Wellenlinien, Spirallinien usw. verwendet), das bei der Belichtung zwischen Vorlage und Film angebracht wird und durch teilweises Verdecken sowie Lichtbeugungseffekte die → Halbtöne der Vorlage in einzelne Punkte (Wellenmuster, Spiralstrukturen etc.) auf der Abbildung zerlegt;
- das durch Anwendung eines Rasters entstehende Punktmuster (oder der einzelne → Rasterpunkt);
- das bei der Belichtung digital gespeicherter Bilder (automatisch) entstehende Punktmuster auf dem Film;
- das beim → Scannen (automatisch) entstehende Punktmuster, aus dem sich die digitale Abbildung zusammensetzt;
- vereinzelt auch Bezeichnung für das Punktmuster eines Bildschirms (eigentlich: die Punkt-Matrix).

Raster Image Processor

→ RIP.

Rastermesser

durchsichtige Schablone zur Ermittlung von Rasterweite und Rasterwinkel.

Rastern

Auflösung der → Halbtöne einer Vorlage in einzelne Punkte (→ Rasterpunkte) bzw. in ein Punktmuster unter Verwendung eines → Rasters. Eine gerasterte Abbildung wird vom menschlichen Auge (unter günstigen Umständen) so gesehen, als ob Halbtöne vorhanden wären.

Rasterpunkte

die beim → Rastern entstehenden Punkte bzw. die Punkte, aus denen sich eine gerasterte Abbildung zusammensetzt. Meist sind die Rasterpunkte von gleicher Farbdichte, jedoch von unterschiedlicher Größe (Flächenausdehnung), nur beim → Tiefdruck haben alle Rasterpunkte dieselbe Größe, während ihre Farbdichte schwankt. Beim → Vierfarbdruck werden die Rasterpunkte in vier verschiedenen Farben über- oder nebeneinander auf den Bedruckstoff aufgebracht.

Rasterweite

im Reprobereich verwendete Kennzahl für die Angabe der Rasterlinien je cm. Je nach Papierqualität und Druckverfahren werden Rasterweiten zwischen 20 und 70 verwendet. Bei Laserdruckern oder -Belichtern wird anstelle der Rasterweite die → Druckauflösung angegeben und die Zahl für dpi *(dots per inch)* als Kennzahl verwendet.

Rasterwinkel

die Winkelung der Rasterlineatur, angegeben in Grad. Die Veränderung des Rasterwinkels (normalerweise 45° bzw. 135°) kann im Einfarbendruck zur Vermeidung optisch unschöner Effekte (etwa: Treppenstufeneffekt) benutzt werden, im Mehrfarbendruck ist die Einhaltung der üblichen Rasterwinkel bei der Herstellung von → Farbauszügen (0° Yellow, 15° Magenta, 75° Cyan und 45° Schwarz) bzw. deren gleichmäßige Verschiebung zur Vermeidung des Übereinanderdruckens der verschiedenen Grundfarben unbedingt erforderlich. Beim Auftreten von → Moiré-Effekten kann die Veränderung des Rasterwinkels positiven Einfluß auf die Abbildungsqualität haben.

rate of error

Bitfehlerrate, → BER.

ratio

Relation, mathematisches Verhältnis; u. a. das Signal-Rauschen-Verhältnis, das

Verhältnis zwischen *Up-* und *Downloads* (bei einigen BBS), oder bei Bildern das Verhältnis Höhe zu Breite (*aspect ratio*, → Seitenverhältnis).

Raubdruck
unter Verstoß gegen den Urheberrechtschutz nachgedrucktes Werk, vgl. → Doppeldruck, → Faksimile-Druck.

Raubkopie
pirat copy, eine gegen den Willen oder auch ohne das Wissen des Rechtsinhabers, auf jeden Fall aber unter Verstoß gegen → Urheberrechte angefertigte Kopie eines geschützten Werkes (Musik, Text, Bild, Video, Software usw.). Gewerbliches Erstellen und Vertreiben von Raubkopien jeder Art ist mit Haftstrafe bedroht.

Rauhsatz
→ Freimanier, freie Richtung, in Unterscheidung zum → Glatten Satz, → Flattersatz oder → Axialsatz eine typographische Satzanordnung, bei der nicht ausgeschlossene Zeilen ohne festen Rand und ohne Achse frei untereinander stehen.

Raumklangverfahren
Sammelbegriff für Tonwiedergabeverfahren, die einen besseren dreidimensionalen Klangeindruck vermitteln sollen als Standard-Stereo. Derartige Raumklangverfahren werden auf Konzerten oder in Kinos eingesetzt, sind aber auch für die Heimanlage (Dolby) bzw. für Multimedia-PCs (QSound) verfügbar. Sie sollen beim Hörer die bessere räumliche (dreidimensionale) Wahrnehmung von Klängen ermöglichen und so den Zuschauer besser in das Geschehen auf dem Monitor bzw. auf der Leinwand oder der Bühne hineinversetzen, zudem werden damit auch jene Klangwiedergabeprobleme gelöst, die durch die schiere Breite der Leinwand oder Bühne oder durch ihre Entfernung zum Zuschauer entstehen.
Die von → Dolby entwickelten Aufnahme und -Wiedergabeverfahren werden vor allem in Kinos und für die Heimkino- bzw. Video-Wiedergabe von Filmen eingesetzt. Im Unterschied zur normalen Zweikanal-Stereo-Wiedergabe werden die Filmklänge über mehrere Front- und Seitenlautsprecher (Effekt-Lautsprecher) abgespielt, Center- und Baßlautsprecher können hinzukommen.
Die QSound-Verfahren werden hauptsächlich bei Großkonzerten verwendet, für die Multimedia-Wiedergabe verfügen einige Soundkarten (etwa von Crystal) über spezielles → QSound-Decoding.

Rauschabstand
signal-noise-ratio, siehe → SNR.

Rauschen
noise, Signalverzerrungen, häufig präzisiert:

- *ambient noise*, Hintergrundrauschen, statisches Rauschen, das innerhalb einer signalverarbeitenden Anlage immer auftretende Verzerren von Signalen;
- *babble, background noise*, Hintergrundrauschen im Signal, in der DFÜ die zusätzlich zu den → Nutzsignalen und zur → Trägerfrequenz empfangenen Signale bzw. Signalveränderungen), die aus Störungen auf dem Übertragungsweg (elektromagnetische Einflüsse usw.) stammen;
- *noise*, im Audiobereich Begriff für Störgeräusche, die u. a. aus Aufnahmefehlern (Übersteuerung, zu geringe Samplingraten usw.), Bearbeitungsfehlern (Schnittfehlern) oder übermäßiger Kompression resultieren;
- *aliasing, drop-in*, im Bereich der digitalen Bildverarbeitung Bezeichnung für farbliche oder geometrische Verzerrungen im Bild, die u. a. auf Aufnahme- oder Übertragungsfehler, auf unzulängliche Wahl der Auflösung oder auf falsche Berechnung bei der → Farbinterpolation, beim Zoomen oder beim Komprimieren zurückzuführen sind. Vgl. auch → *blooming*, → *drop outs*.

Rauschgenerator
Effektmodul bei → Synthesizern zur Erzeugung ungleichmäßiger → Schwingungen (die teilweise anderen Schwingungen überlagert werden).

Rauschunterdrückung
noise reduction, Reduzierung oder Ausschaltung von unerwünschtem → Rauschen durch geeignete technische Verfahren, die dazu dienen, die Signalqualität zu erhalten (etwa durch Verstärkung abgeschwächter Signale) oder die urspüngliche Signalqualität wieder herzustellen (etwa durch Filtern und Verstärken, oder durch Rekonstruktion mit Hilfe von Redundanzdaten).

Raute
das Zeichen #.

raw data
- Rohdaten; Urdaten bzw. Ausgangsdaten, Originaldaten, auch im Sinne von noch unbearbeiteten bzw. unformatierten Daten,
- im Zusammenhang mit CDs: Daten im Original-CD-Format, also die für die Übertragung auf die CD vorbereiteten, bereits fertig formatierten Ur-Daten (die in einer Image-Datei vorliegen), oder auch die auf der CD vorliegenden Daten selbst, sowie schließlich auch die von einer CD unverändert auf die Festplatte übertragenen Daten (die dann im CD-Format vorliegen).

RAW-Format
Audio-Dateien im RAW-Format enthalten die Daten eines CD-Tracks exakt so, wie sie auf der CD vorliegen, vgl. → *raw data.*

RAX
→ *remote access.*

Raytracing
Strahlenverfolgung, siehe → *rendering.*

RC
remote control, Fernsteuerung, Nutzung eines Rechners bzw. der dort vorhandenen Programme über Telekommunikationsverbindungen oder Datennetze.

RCA connector
RCA-Stecker *(Radio Corporation of America),* auch *phono connector,* Cinch-Stecker, ein Stereo-Klinkenstecker.

RD
- *Receive Data,* Steuerzeichen bzw. Signal der → seriellen Schnittstelle für den Empfang von Daten;
- *Remove Directory,* Befehl für das Löschen eines (leeren) Verzeichnisses.

RDA
Remote Database Access, Datenbank-Fernzugriff.

R-DAT
Rotating Head DAT, DAT-Recorder mit rotierendem Aufnahmekopf (vergleichbar der in Videorecordern üblicherweise verwendeten Technik). Vgl. → S-DAT.

RDB
relational database, → relationale Datenbank.

RDBMS
Relational DataBase Management System.

RDY
ready, fertig, gültig (Statussignal).

Reactive VR
siehe → *immersion.*

read error
Lesefehler.

README
LIESMICH, häufig verwendeter Dateiname für Informationsdateien (Installationsinformationen usw.).

read only
Nur-Lese-Zugriff (Dateistatus/Attribut).

real name
Klarname, der wirkliche, offizielle, behördlich dokumentierte Name eines Benutzers (im Unterschied zu *login-names, nicknames* etc.)

real time
auch *realtime*, → Echtzeit.

realtime crossfading
Überblendungs-Funktion bei → Synthesizern, die ein → Überblenden zwischen Klängen oder Tönen während des Spiels (in Echtzeit) ermöglicht.

real user
wörtl. der wirkliche, echte User
- ein „normaler" User, der den Computer nicht (bloß) zum Spaß (oder zum Hakken) benützt, sondern fast ausschließlich zu ernsthaften Zwecken (Wissenschaft, Verwaltung, Business) einsetzt;
- ein Mensch, als Unterscheidung zur robot-software, die etwa als Pseudo-User einen Chat-Kanal offenhält.

real world
die Wirklichkeit außerhalb des Cyberspace.

reboot
neu starten, Neustart (des Computers bzw. Betriebssystems).

rec
- → *record*, Aufnahme; aufnehmen; im Zusammenhang mit Datenbanken bedeutet Datensatz;
- *recreation*, Erholung, Entspannung, im → UseNet die Bezeichnung der → *news hierarchy* zu Freizeitthemen.

receiver
Empfänger.

receiver overrun
Überlauf beim Empfänger, der Empfänger erhielt mehr Daten, als er aufnehmen konnte (Fehlermeldung).

receiving data
kurz RD, auf Empfang geschaltet, mit Empfang beschäftigt.

rechnergestützt
→ *Computer Aided* ...

Rechteckskurve
auch Rechtecksschwingung, Rechteckwelle, oft auch Synonym für → Pulswelle, rechteckiges Erscheinungsbild einer → Welle, typische → Wellenform beispielsweise von Klarinettenklängen.

rechtsbündig
eine Satz- bzw. Textanordnung, bei der die Zeilenenden auf der rechten Seite in Reihe untereinander stehen.

Recognition-Value
durch Meinungsforschung erhobener Wert für die Wiedererkennung (eines Produkts, eines Firmennamens, oder einer Anzeige).

record
- Aufnahme;
- Datensatz innerhalb einer Datenbank (im allgemeinen Sinne von zusammengehörenden Daten oder speziell von Daten, die in einem → Feld fester Länge abgelegt sind).

Redaktionelle Werbung
eine Anzeige, die durch ihre Aufmachung den Eindruck eines redaktionellen Beitrags erweckt, sie muß daher (zumindest am Rand) mit dem Wort „Anzeige" versehen sein.

Redaktionsgemeinschaft
gemeinsame Redaktion (oder Teil-Redaktion) mehrerer Zeitungen oder Sender.

Redaktionsprogramm
grundsätzliche oder kurzfristige Aufgaben und Ziele einer Redaktion.

Redaktionsschluß
Termin für den Abschluß aller redaktionellen Arbeiten an einem Text; Schlußtermin, nach dem keine redaktionellen Texte mehr (für die nächste Ausgabe) angenommen werden können.

Redaktionssystem
Computersystem (meist Teil eines größeren Systems), das von der Erfassung und Bearbeitung redaktioneller Beiträge über den Zugriff auf Archivdaten bis hin zum Seitenumbruch möglichst alle in einer Zeitungsredaktion (und teilweise in der Satztechnik bzw. dem Umbruch) anfallenden Arbeitsabläufe unterstützt; meist in Unterscheidung zu sonstigen abteilungsspezifischen EDV-Systemen des Zeitungsverlags (etwa: Anzeigensystem, satztechnisches System, kaufmännisches System, Vertriebssystem).

Red Book
Aufzeichnungsstandard für Audio-CDs bzw. → CD-DA, legt max. 74 Minuten Spielzeit und max. 99 Stücke pro CD, Stereo, 44,1 kHz Abtastfrequenz, 2352 Bytes Nutzdaten und 98 Kontrollbytes je Sektor sowie eine Fehlerkorrekturrate von 784 Bytes/s fest.

Redigieren
redaktionelles Bearbeiten von Texten, also Korrigieren, Kürzen, Ergänzen, Berichtigen, Kommentieren, Verifizieren, Betiteln und alle sonstigen Arbeiten, die dazu dienen, einen Text satzfertig (oder sendefertig) zu machen.

redirection
Umleitung einer Datenausgabe (etwa in eine Datei anstatt auf den Drucker).

Reduktion
→ Datenreduktion.

Redundanz
- Informationsüberfluß, bereits vorhandene oder bekannte Informationen;
- Zeichenüberfluß, die über die eigentliche Information hinausreichenden Zeichen in einer Aufzeichnung, oder der über die benötigte Zeichenzahl hinausreichende Vorrat an Zeichen in einem Code.
  Bei der → Datenkompression wird versucht, Redundanz möglichst auszuschalten (also beispielsweise reine Textinformationen von 8-Bit-Code auf 7-Bit-Code zu reduzieren – je weniger Redundanz, desto geringer ist der Platzbedarf bzw. der notwendige Umfang des Codes); bei der Datenübertragung wird Redundanz dagegen meist speziell erzeugt (etwa in Form von Wiederholungen oder Prüfzeichen), um die Übertragungssicherheit zu erhöhen (je mehr Zusatzinformationen oder Wiederholungen vorhanden sind, desto wahrscheinlicher ist es, daß die Daten richtig ankommen).
- bisweilen auch in Chats als Ausdruck für „überflüssige Wiederholung" verwendet.

Referenz-Datenbank
→ Verweisdatenbank, z. B. eine → Bibliographische Datenbank.

Referenzhandbuch
→ *Technical Reference Manual.*

Reflexion
Signalüberlappungen, Rücksendung der Signale von der Empfängerseite oder vom Kabelende, vgl. → Echo, → Abschlußwiderstand.

region
im FidoNet die Bezeichnung für die Gesamtheit aller *nodes* eines Landes oder einer geographischen Region.

regionaler Anbieter
ein → ISP, dessen → Einwahlknoten nicht bundesweit, sondern nur in einer bestimmten Region (Großstadt, Bundesland) zum Ortsgesprächstarif erreichbar sind. Selbstverständlich kann ein solcher Anbieter auch von Teilnehmern außer-

halb dieser Region angewählt werden – gegen entsprechend höhere Telefongebühren.

regional network
auch verkürzt zu *regional*, andere Bezeichnung für ein → MLAN.

Regionalpresse
über den engeren (Herausgabe-) Ort hinaus in die umliegenden Gebiete vertriebene Zeitung.

Register
- ein für spezielle Zwecke des Betriebssystems reservierter Speicherbereich (eine Speicherzelle);
- *register*, Registrierung, auch die Bezahlung eines → *shareware*-Programms.
- ein alphabetisch geordnetes Sach- oder Stichwortverzeichnis mit Seitenangabe;
- beim → Schön- und Widerdruck, → Umschlagen und → Umstülpen das Aufeinanderpassen der Satzspiegel der Vorder- und Rückseiten (bisweilen Druckregister genannt, in Unterscheidung zum → Falzregister),
- drucktechnisch auch das durch spezielle Vorrichtungen der Maschine (→ Registermarke) bedingte Einhalten des Standes auf dem Druckbogen (beim Mehrfarbendruck spricht man meist vom → Passer).

Registered Jack
→ RJ45.

Registermarke
mitgedruckte Markierung, die in der Druckmaschine abgetastet wird und der automatischen Regelung des → Registers dient; auch Bezeichnung für ein bewegliches Teil (Schiebemarke) der Papieranlege-Vorrichtung (kurz Anlage) einer Druckmaschine, das den Bogen seitlich paßgenau ausrichtet.

Registratur
geordnete Aufbewahrung von Daten und Dokumenten.

Reinschrift
Bezeichnung für eine (für den Setzer) ideale Satzvorlage, also maschinenschriftliche Abschrift eines handgeschriebenen Manuskriptes, oder Manuskript ohne Korrekturen, → Tekturen usw.

Reinzeichung
reproreife, gezeichnete Vorlage.

relationale Datenbank
ein Datenbanksystem, das strukturierte Daten enthält, die untereinander bzw. zueinander in einer festen Beziehung (Relation) stehen und ggf. mit anderen strukturierten Daten verknüpft werden können.

relative Adresse
eine Adresse, die auf eine andere Adresse verweist oder für eine andere Adresse steht und daher erst in die aktuelle tatsächliche Adresse aufgelöst werden muß. Siehe → *logical address*, → relative Adressierung.

relative Adressierung
im Unterschied zur → absoluten Adressierung wird von einer als bekannt vorausgesetzten Position aus adressiert, um an bestimmte Daten zu gelangen. Im WWW wird beispielsweise in HTML-Dokumenten häufig auf Dateien (etwa Bilder) verzweigt, die sich in einem Unterverzeichnis des aktuellen Verzeichnisses befinden, indem nur Unterverzeichnisname und Dateiname angegeben werden (anstatt eine vollständige Netz-Adresse für den Link anzugeben).

release
Freigabe, Version (eines Programms). Ein *beta-release* ist eine (veröffentlichte) Vor-Version eines Programms, meist für firmenexterne Testanwender, Presse etc.

relevance feedback
eine nach Wichtigkeit bewertete Antwort, Resultat einer Datenbank-Abfrage mit → *relevance ranking*-Funktion.

relevance ranking
wörtl. „Einordnung nach der Wichtigkeit“, eine bei verschiedenen Datenbanksystemen oder → Suchdiensten (etwa → WAIS) vorhandene Möglichkeit, die Treffer systematisch nach ihrer (wahrscheinlichen) Bedeutung für den Benutzer einzuordnen. Dabei wird meist ein Punktesystem angewandt, das beispielsweise die Häufigkeit des Vorkommens eines Suchbegriffes in einem bestimmten Dokument, die Indizierung von im Dokument enthaltenen Suchbegriffen in Schlagworthierarchien (Hauptstichwort/Nebenstichworte) oder die Plazierung des Dokuments in einer nach thematischen oder sonstigen Kriterien bestimmten Dokumentenhierarchie berücksichtigt. Hierdurch läßt sich die Anzahl der vermutlich wichtigen Dokumente zwar eingrenzen, durch nicht oder absichtlich falsch indizierte Quellen besteht dennoch ein großes Risiko, bei der Recherche wichtige Quellen zu übersehen oder umgekehrt völlig sinnlose Dokumente aufzuspüren (so gibt es beispielsweise unter Homepage-Konstrukteuren Spezialisten, die irgendwelche Suchbegriffe „einfach so“ – und dann auch noch mehrfach – in ihre Pages aufnehmen, um einen häufigen Aufruf der Seite zu erreichen).

remailing
siehe → *anonymous remailer.*

Remissionsrecht
siehe → Rückgaberecht.

Remittenden
im Handel nicht verkaufte und an den Verlag zurückgesandte (oder für die Rücksendung bereitgelegte) Waren (siehe auch → vereinfachte Remission).

remote
entfernt, fern; fremd.

remote access
Fernzugriff auf einen Host bzw. Server (über Datenleitungen, im Unterschied zum Zugang über direkt an den Server angeschlossene Rechner oder Terminals); im Internet häufig über → telnet.

remote access server
→ RAS.

remote communication
Telekommunikation.

remote control
→ RC, Fernsteuerung.

remote diagnosis
Ferndiagnose.

remote echo
siehe → *echo.*

remote file access
→ RFA.

remote host
entfernter Rechner, der fremde Computer, auf den man innerhalb eines Datennetzes bzw. über Telefonleitung zugreift (→ *remote access*). Die Angabe ist immer relativ zu jenem Rechner gedacht, auf dem man sich gerade (virtuell) befindet (dem → *local host*) – man kann also beispielsweise per PC über das Telefonnetz in einen *remote host* einloggen (→ *local node*), von diesem (nunmehr als *local* anzusehenden *host*) aus in einen weiteren *remote host,* und von dort aus den nächsten *remote host* anspringen, usw. (siehe → surfen).

remote imaging protocol
→ RIP.

remote login
- Fernzugriff auf einen fremden Host (etwa über → telnet);
- Anmeldung beim Host beim → *remote access*;
- auch Synonym für *remote access.*

remote maintenance
Fernwartung.

remote procedure call
kurz RPC, wörtl. „Fernaufruf eines Programms", Bezeichnung für jene Umsetzung des → Client/Server-Prinzips in die tägliche Praxis, bei der ein über das Telefonnetz oder über das Internet angeschlossener Teilnehmer ein Programm (ftp, http usw.) auf dem Host startet und die Ergebnisse (Dateien, Dateiverzeichnisse, Suchergebnisse usw.) zugesandt bekommt.

remote station
Außenstelle.

remote terminal connection
Fernanbindung von Terminals, über das Telefonnetz und mittels Modems erfolgender Anschluß von Terminals an einen Host oder ein Netzwerk (etwa bei → telnet).

remote working
→ Telearbeit.

rendering
(wörtl. Wiedergabe, Interpretation) zusammenfassende Bezeichnung für die Verfahren zur Berechnung und Darstellung der Oberflächen virtueller dreidimensionaler Objekte. Solche 3D-Objekte werden üblicherweise mittels CAD-Software bzw. 3D-Konstruktionsprogrammen als Drahtgitter-Darstellung modelliert (vgl. → *modelling*), durch das sog. *shading* (wörtl. schattieren) werden den „zwischen den Drähten" liegenden Flächen (Polygone bzw. → *splines*) Eigenarten wie Farbe, Textur, Transparenz, Glanz oder Mattigkeit verliehen, dazu werden Effekte wie Schatten oder Spiegelungen auf der Oberfläche dargestellt. *rendering* wird aufgrund der erforderlichen Rechenleistung auf möglichst leistungsfähigen Computern durchgeführt und vor allem im Rahmen der Erzeugung von Computeranimationen eingesetzt, zu den gängigen Verfahren (die oft gekoppelt angewendet werden) gehören u. a.:

- *Flat Shading;* ein einfaches Verfahren, bei dem die Polygone jeweils eine einheitliche Färbung erhalten;
- *Gouraud Shading;* Berechnung von Farbverläufen innerhalb der Polygone (linear von Außen nach Innen, damit keine Brüche zum Nachbar-Polygon hin auftreten);
- *Phong Shading;* Verfahren, bei dem eine punktweise Berechnung der Farbverläufe in den Polygonen erfolgt;
- *Radiosity;* Berechnung der sich aus den von virtuellen Leuchtkörpern ausgesendeten Strahlen ergebenden Licht- und Schatteneffekte;
- *Raytraycing;* Verfahren zur Verfolgung aller Lichtstrahlen im dargestellten Raum unter Einbeziehung von Beleuchtungs- und Spiegelungseffekten.

repeater
→ Signalverstärker.

Replik
täuschend echt erscheinende Wiedergabe eines Kunstwerkes.

replugged
wieder eingestöpselt – Gegenbegriff zu → *unplugged.*

reply
- antworten, Antwort;
- eine Antwort auf eine E-Mail;
- eine nur dem Verfasser eines Artikels, der innerhalb einer *newsgroup* veröffentlicht wurde, per E-Mail zugesandte Antwort (öffentliche, wiederum als Artikel zugängliche Antworten werden → *followup* genannt);
- Antwortsignal bzw. Bestätigungssignal eines angeschlossenen Gerätes.

Reply To:
Antwort an: (Angabe im *header* einer E-Mail).

Reportage
aktueller journalistischer Tatsachenbericht, meist knapp gehalten und auf We-

sentliches konzentriert, häufig mit Fotos (oder kurzen Filmbeiträgen) ergänzt, der sich auf das eigene Miterleben einer Situation stützt.

Reporter
journalistischer Mitarbeiter einer Redaktion, der vorwiegend vor Ort recherchiert und berichtet (früher vorwiegend → Reportagen, heute auch zunehmend → Features und → Hintergrundberichte).

Reprint
→ Faksimile-Ausgabe.

Reproduktion
Nachbildung, Wiedergabe eines Originals.

Reproduktionstechnik
alle Verfahren zur Anfertigung von Wiedergaben bzw. Kopien von Originalen; im Druckbereich alle Verfahren, die die Herstellung einer Druckform zum Ziel haben, meist im eingeschränkten Sinne nur für die nicht-satztechnischen Verfahren verwendet.

Reproduktionsfotografie
Verfahren und Ausrüstungen zur Herstellung von Filmen, die zur Herstellung von → Druckformen dienen.

reprofähige Vorlage
eine zwar grundsätzlich zur Reproduktion geeignete, jedoch erst nach Zwischenschritten (Farbkorrektur, Maskierung, Retusche) zur Film- bzw. Druckformherstellung verwendbare Vorlage (Foto, Grafik etc.).

Reprografie
siehe → Reproduktionsfotografie, → Reproduktionstechnik.

Reprokamera
Spezialkamera für die Reproduktionsfotografie.

reproreif
reproduktionsfertig, Bezeichnung für Vorlagen, die ohne weitere Zwischenarbeiten für die Erstellung von Filmen zur Plattenherstellung geeignet sind.

Reproretusche
→ Retusche.

Reprotechnik
→ Reproduktionstechnik.

request
- Bitte, Anforderung, Anfrage;
- kurz für → *file request*.

Request For Comments
→ RFC.

Reseaux Associes pour la Recherche Européenne
→ RARE.

Reseaux IP Européens
→ RIPE.

Reservierungssystem
- ein geschlossenes (nicht-öffentliches) Netzwerk, das es Reisebüros ermöglicht, über Terminals Abfragen und Buchungen für Flüge, Hotels, Mietwagen usw. durchzuführen (Amadeus, Galileo, Sabre und Worldspan).
- ein von einem Reisebüro oder einem Unternehmen der Reisebranche (Fluglinie, Hotel etc.) angebotenes System für die Buchung von Leistungen dieses Unternehmens, auf das öffentlicher Zugriff via Internet besteht.

reset
Zurücksetzen (in den Anfangszustand); Neustart. Alle im Arbeitsspeicher (RAM) vorhandenen Daten gehen beim Reset verloren.

residual error
→ Restfehler.

resolver
ein → Client bzw. eine Programmroutine auf User-Seite, über die ein → DNS-

Server angesprochen wird. Vgl. → *domain name resolution*.

Resonanz
(wörtl. Mittönen, Mit- oder Zustimmen)

- harmonische Mitschwingung bzw. Verstärkung der Lautstärke durch passende Nichtgleichphasigkeit zweier sich überlagernder → Schwingungen von gleicher Frequenz. Das Phänomen der Resonanz tritt auf, wenn bei einer → erzwungenen Schwingung die → Frequenz der Erregung mit der jeweiligen → Eigenfrequenz übereinstimmt. Hierbei kommt es zu einem Schwingungsgeschehen, bei dem die Phase der erzwungenen Schwingung um π/2 (90°) gegenüber der Phase der erregenden Welle verschoben ist (vgl. → Phasenlage, → Phasenwinkel). Stimmt die Energiezufuhr durch die Erregerschwingung mit den Verlusten im erregten System überein, die aufgrund von Reibung, Dämpfung usw. auftreten, bleibt die resultierende Schwingung konstant erhalten. Da sich aus der additiven Überlagerung der Wellen eine Verstärkung der Amplitude (bei Schallwellen also: eine Erhöhung der Lautstärke) einstellt, spricht man in diesem Fall auch von „Verstärkung durch Resonanz". Liegt die Energiezufuhr höher als die Dämpfungsrate, kommt es schlimmstenfalls zur „Resonanzkatastrophe": der → Resonator wird durch die Energie seiner eigenen Schwingung zerstört. Vgl. auch → Interferenz.
- in der Musik meist Bezeichnung für die selektive Verstärkung bestimmter Frequenzen (vgl. → Formanten), die im → Resonator (in diesem Zusammenhang meist: einem Instrument) aufgrund der spezifischen Material- und sonstigen Eigenschaften auftritt und sowohl auf Phänomene der Resonanz (im o. a. physikalischen Sinne) als auch auf jene der → Dämpfung zurückzuführen ist.

Resonanzkatastrophe
siehe → Resonanz.

Resonanzkörper
Synonym für → Resonator.

Resonator
ein durch äußeren Einfluß zum Mitschwingen (→ Resonanz) gebrachter Körper.

response time
→ Antwortzeit.

Ressorts
Einteilung redaktioneller Themen in Sparten bzw. Einteilung einer Redaktion in Unterabteilungen; bei Tageszeitungen meist Politik, Wirtschaft, Feuilleton, Lokales, Sport, sowie ggf. Unterressorts.

restart
erneuter Start.

Restfehler
undetected error oder *residual error*, ein nach der Anwendung aller Fehlereliminierungsmaßnahmen, die in einem bestimmten → Protokoll definiert wurden, immer noch verbleibender Fehler. Vgl. → *drop-in*, → *drop-out*.

RET
Resolution Enhancement Technology, von Hewlett Packard in Laserdruckern verwendete Technik zur Vermeidung von Treppenstufen-Effekten *(aliasing)*. Hierfür werden die auf den im Bild vorhandenen schrägen Kanten liegenden Bildpunkte in ihrer Größe angepaßt, so daß an Schrägen eine Erhöhung der → Auflösung eintritt.

retrain

- umschulen;
- in der DFÜ Bezeichnung einer Modemfunktion (*retrain procedure*, etwa bei → MNP): bei erheblicher Verschlechterung der Leitungsqualität während einer Übertragung wird die laufende Verbindung nicht abgebrochen, sondern auf niedrigere Datenübertragungsrate übergegangen.

Retrieval
Suche in einem (meist elektronisch gespeicherten) Datenbestand (→ Datenbank).

return loss
→ Fehlerdämpfung.

Return-Path:
Antwortpfad (gibt in E-Mails an, wie eine Antwort zurückvermittelt werden kann).

Return-Taste
→ *carriage return*-Taste, auch *Enter*-Taste („Piratentaste"), die Taste, mit der eine Eingabe abgeschlossen wird.

Retusche
korrigierende Überarbeitung von Bildern; werden Vorlagen bearbeitet, spricht man von Vorlagenretusche oder Positivretusche, meist erfolgt die Korrektur jedoch auf den Reprofilmen (Reproretusche) oder auf dem Computer mit Hilfe von Bildbearbeitungsprogramme.

Revers
schriftliche, rechtsverbindliche Erklärung.

Reverse Address Resolution Protocol
→ RARP.

Revisionsbogen
erneuter Korrekturabzug nach Satzkorrekturen.

Rezension
Besprechen einer künstlerischen Leistung in der Presse.

RFA
- *remote file access*, Datenfernzugriff, Zugriff auf Daten über eine Telekommunikationsverbindung.
- *Request for Assistance*, (mit der) Bitte um Unterstützung.

RFC
- *Request For Comments*, wörtl. „Bitte um Stellungnahme", eine seit 1969 gesammelte Reihe von Dokumenten des → IAB, in denen die Normen des → TCP/IP bzw. des Internet dokumentiert sind bzw. allgemeine Angaben zum Internet erfolgen (→ FYI). Die gesamten RFCs sind auf vielen Servern für den schnellen Abruf gespeichert, in Deutschland beispielsweise: ftp://ftp.Germany .EU.net/pub/documents/rfc/
- *request for connection*, Steuerkommando in der DFÜ beim Aufbau einer Verbindung;
- *request for confirmation*, Bitte um Bestätigung.

RFD
Request for Discussion, (mit der) Bitte um Diskussion.

RFI
Request For Information, (mit der) Bitte um Information.

RFNM
ready for next message, Fertig für die nächste Nachricht (bzw. das nächste Datenpaket), Zustandsmeldung bei der Paketvermittlung.

RFP
Request for Proposals, (mit der) Bitte um Vorschläge.

RFQ
Request for Quotes, (mit der) Bitte um Zuordnung.

RFU
Reserved for Future Use, für zukünftige Nutzung vorbehalten; d. h. eine bereits implementierte Funktion bzw. ein schon vorhandenes Hardware-Element, etwa eine Steckbuchse, wird momentan noch nicht für spezielle Zwecke genutzt.

RGB
Red-Green-Blue, Rot-Grün-Blau, → Farbmodell für die Bilddarstellung auf Farb-Bildschirmen bzw. für Darstellung von Farbbildern mit Lichtfarben aus drei Grundfarben, vgl. → Farbmodelle.

RGB-Monitor
→ Farbmonitor.

RGB-Sensor
ein → CCD-Sensor, bei dem die einzelnen Pixel abwechselnd mit aufgedampften Farbfiltern versehen sind (meist im Verhältnis 1:2:1 für Rot/Grün/Blau). Bei einem einzigen Aufnahmevorgang können zwar alle Farben des Motivs erfaßt werden, gegenüber CCD-Sensoren mit vorgeschalteten → Farbfiltern (und je Farbfilter separat erforderlichem Scan-Durchgang) oder trilinearen → Zeilensensoren ist das Ergebnis jedoch u. U. von geringerer Qualität, da je Pixel immer nur eine Farbe korrekt ermittelt wird und die beiden fehlenden Werte per → Farbinterpolation aus den Werten der benachbarten Pixel errechnet werden müssen.

RGB-Signale
jene Übertragung der Farbinformationen, bei der jede der drei Grundfarben über einen eigenen Kanal bzw. eine eigene Leitung gesendet wird. RGB-Signale ergeben eine höhere Bildqualität als → *Composite Video*, da die Signale nicht mehr decodiert werden müssen.

Rheinländer
Schriftgrad, 11 p.

RI
Ring Indicator, ankommender Ruf, ein Signal der → seriellen Schnittstelle.

RIB
- *Research Interagency Backbone*, Hochgeschwindigkeits-Backbone in den USA;
- *rib*, Rippe, in Anlehnung an den Begriff → *backbone* Bezeichnung für die Hardware-Anbindung (*router*, Kabel etc.) an ein *backbone*.

Richtfunk
directional radio, Funkübertragung mit einem direkt auf den Empfänger gerichteten Funkstrahl, meist zur Herstellung von kabellosen Telefonverbindungen genutzt.

rifa
retry, ignore, fail, abort, nochmals versuchen, ignorieren, Fehlermeldung absetzen, abbrechen? (Rückfrage des Betriebssystems beim Auftreten von Fehlern).

RIFF
Resource Interchange File Format, ein gemeinsam von IBM und Microsoft entwickelter Dateistandard für Multimedia (Audio-/Video-files), der den plattformübergreifenden Austausch ermöglicht.

right adjusted
→ rechtsbündig.

Ring
Aufbauprinzip eines preiswerten und einfachen → LANs (*→ Token Ring*): alle Teilnehmer werden zu einem Ring verbunden, und die Datenpakete werden nur in einer Richtung durch diesen Ring geleitet. Der Ausfall einer Station (oder einer Kabelverbindung) legt das gesamte LAN lahm.

ringing tone
→ Freizeichen.

Ringleitungsverteiler
→ MAU.

Ringmodulator
Effektmodul bei → Synthesizern (Herkunft aus der Fernmeldetechnik), bei dem die Summe und die Differenz zweier Eingangsfrequenzen ausgegeben wird (man spricht dann auch von einer Schwingungs-„Multiplikation" beider Frequenzen). Das Ergebnis sind meist unharmonische, komplexe Wellenformen, (u. a. auch „metallische" Klänge).

RIP
- *Raster Image Processor*, Rasterbild-Prozessor, ein in Belichter bzw. Drucker integrierter Hardware-Baustein, der den Seitenaufbau zur Belichtung von Rasterbildern oder Filmen vornimmt (etwa für die Ausgabe von → PostScript-Daten);

- *Remote Imaging Protocol,* Grafikformat bzw. Script-Sprache zum Aufbau von Grafiken;
- *Routing Information Protocol,* Internet-Protokoll (definiet in RFC 1388), das den Informationsaustausch zwischen → *routern* anhand eines Distanzvektors (einer Kennzahl für die Entfernung) festlegt.

RIPE

(frz.) *Reseaux IP Européenne*

- Vereinigung der europäischen TCP/IP-Netz-Betreiber; http://www.ripe.net
- das von → EUnet betreute europaweite TCP/IP-Netz (Internet).

RJ45

Registered Jack 45, standardisierter Kabelstecker für das Telephon-Netz in den USA, auch als Western-Stecker bekannt. Wird auch für kleinere → Ethernet- oder → Token-Ring-LANs mit → UTP-Verkabelung (Telefonkabel) verwendet.

rlogin

→ *remote login.*

RMF

Read Me First, Lies-mich-zuerst, anderer Name für eine → *readme*-Datei.

roaming

das „Wandern" eines Mobiltelefons, also die Verlagerung des Standorts von einer → Funkzelle zur nächsten. Die hiermit verbundene Übergabe eines laufenden Gesprächs an die nächste Basisstation (→ *handover*) geht beim *roaming* zwar meist ohne erkennbare Störung vonstatten, bei einer Datenübertragung sollte *roaming* jedoch möglichst vermieden werden, da schon der Verlust weniger Bytes zum Abbruch der DFÜ-Verbindung oder ähnlichen unerwünschten Folgen führen kann.

rob

→ *robot.*

robot

Roboter, Roboter-Software

- allgemein ein Programm, das eine Tätigkeit verrichtet, die sonst von Usern (echten, lebendigen Menschen) ausgeführt wird bzw. ausgeführt werden müßte;
- ein Programm, das in WWW-Hypertextdokumenten automatisch nach Informationen (→ URLs, Stichworten) sucht und die dabei erstellte Liste für weitere Benutzung zur Verfügung stellt (vgl. auch → *spider*);
- ein Programm, das im → IRC automatisch Funktionen ausführt, die sonst von Usern durchgeführt werden würden (etwa: einen Kanal offenhalten).

Robotics

→ US Robotics.

ROD

Rewritable Optical Disc, wiederbeschreibbare optische Platte, eine magneto-optische Platte.

römische Zahlen

die Darstellung der Zahlen in der den alten Römern geläufigen Schreibweise (im Unterschied zur heute meist üblichen Darstellung mit arabischen Ziffern und im Dezimalsystem).

Die Null war den Römern noch unbekannt (sie wanderte langsam aus Indien über Nordafrika nach Spanien, von wo aus sie erst im Mittelalter ganz Europa eroberte); die Zahlen werden aus den als Zahlenzeichen benutzten Versalien I (=1), V (=5), X (=10), L (=50), C (=100), D (=500) und M (=1000) zusammengestellt. Hierbei gilt, daß a) nicht mehr als 3 gleiche Zeichen nacheinander verwendet werden dürfen und daß b) eine vor einen größeren Wert gestellte Zahl von diesem abgezogen wird (erlaubt ist dabei jedoch nur, I vor X, X vor C, C vor D und C vor M zu stellen). Beispiele: II=2, IV=4, VIII=8, IX=9, CD=400, MCMLVI= 1956, MCMXCVIII=1998, MCMXCIX=1999. (Zu a) sind Ausnahmen bekannt – so wird anstatt IV auf dem Ziffernblatt von Uhren immer IIII geschrieben, und statt CM wird auch DCCCC geduldet.)

Rohbogen
beim Buchbinder angelieferte bedruckte Bogen.

roll call
Namensaufruf.

Rollenpapier
Endlospapier, in der Papierfabrik zu Rollen aufgewickeltes Papier.

Rollenrotationsmaschine
Rotationsdruckmaschine, in der Rollenpapier verarbeitet wird.

Rollfilm
aufgerollter Film, in Unterscheidung zum → Planfilm.

ROM
Read Only Memory, Nur-Lesen-Speicher, ein Speicherchip, der dauerhaft unveränderliche Daten speichert (BIOS, Setup etc.).

ROM-sample
ein im ROM einer Soundkarte oder eines Synthesizers abgelegtes digitalisiertes Klangbild, das aus beliebigen (auch analog eingespielten und digitalisierten) Audiodaten stammt.

root
- unter UNIX der dem → Sysop vorbehaltene Systemzugang bzw. Bezeichnung für die Superuser-Prioritäten;
- das einem User beim → *login* zugewiesene Ausgangsverzeichnis;
- das oberste Verzeichnis (*root directory)* auf einem Speichermedium.

rose
das Zeichen @ (→ *commercial at*).

ROT 13
einfaches Codierverfahren, bei dem jeder Buchstabe durch den 13. Nachfolger im Alphabet ersetzt wird (kreisförmig, nach z kommt wieder a).
Die Wahl des Abstandes ist beliebig, die Verschiebung um 13 wird jedoch besonders häufig für Dhngfp oder aus Whk beim Chatten oder in news verwendet. Das Rotations-Codierverfahren ist schon seit der Antike bekannt und taucht auch in der Literatur bzw. im Film auf – HAL (der böse intelligente Bordcomputer) ist beispielsweise ein nach ROT-1 codierter Firmenname.

Rotation
→ Rotationsmaschine.

Rotationsmaschine
Rotation, Zeitungsrotation, meist Kurzbezeichnung für die Hochdruck- oder Flachdruckrotationsmaschine einer Zeitungsdruckerei oder die Tiefdruckrotationsmaschine im Zeitschriftendruck; allgemein jede Druckmaschine, bei der Formzylinder und Druckzylinder (und ggf. Gummizylinder) rotieren.

round-trip time
→ RTT.

route
der Weg eines Datenpakets vom Sender zum Empfänger; ein überhaupt möglicher Weg oder der Leitweg, also der Pfad, über den das Paket tatsächlich geleitet wird.

router
ein Knotenrechner zwischen Datennetzen, der das → *routing* bewerkstelligt.

routing
Leitweglenkung, die Bestimmung des Weges der Datenübertragung und die Durchführung der Übertragung zum nächsten Knoten. Beim → *passive routing* wird das Datenpaket über einen vom Sender vorgeschriebenen Weg geleitet,

beim → *active routing* wird der weitere Weg anhand verschiedener Kriterien (minimale Netzbelastung, minimale Kosten, Sicherheit, Schnelligkeit etc.) und mit Hilfe spezieller Routing-Einrichtungen (etwa → *routing tables*) ausgewählt.

Routing Information Protocol
→ RIP.

routing table
eine Liste bzw. eine Datenbank mit Angaben, die für das Routing erforderlich sind (etwa Adressen, Kabel-Verbindungen usw.), vgl. → *map*.

royalties
ursprünglich ein vom König innegehabtes oder vergebenes Vorrecht bzw. Verfügungsrecht, heute: Abgaben, Gebühren, Tantiemen.

rparen
right parenthesis, das Zeichen), rechtes Klammerzeichen; Klammer zu.

RPC
→ *remote procedure call*.

RR
Rückgaberecht, Remissionsrecht, im Buchhandel übliche Abkürzung für → Fest mit Rückgaberecht.

RS-232
Norm der → EIA für die → serielle Schnittstelle.

RS-232C
Norm der → EIA für die Parallel-Schnittstelle (das C steht für → Centronics).

RSA
nach den Erfindern (Ron Rivest, Adi Shamir und Leonard Adleman) benanntes Verschlüsselungsverfahren, 1977 vorgestellt.

RSI
Repetitive Strain Injury, aufgrund wiederholter (Über-)Anstrengung auftretende Erkrankung; vgl. → Mausarm.

RSL COM
Telefongesellschaft (Eigentümer Ronald S. Lauder Group), Netzvorwahl 0 10 15.

RTS
Request to Send, Aufforderung zum Senden, Steuersignal der → seriellen Schnittstelle. Mit RTS und → CTS wird der Datenfluß zwischen einem Modem und der seriellen Schnittstelle hardwareseitig gesteuert: das Modem fordert mit CTS die serielle Schnittstelle zum Senden auf (CTS OFF stoppt die Übertragung), RTS fordert das Modem zum Senden auf (RTS OFF stoppt die Übertragung vom Modem zur Schnittstelle). Vgl. → Datenflußkontrolle.

RTS/CTS
Request to Send/Clear to Send, Kürzel für → *hardware-handshake*.

RTT
round-trip time, Verzögerungszeit, die Dauer für den Hin- und Rückweg bzw. Rundweg eines Datenpaketes in einem Netzwerk.

Rubrik
Überschriftszeile (einer Kolumne, eines Zeitungsartikels oder eines Kapitels), zur Hervorhebung früher meist in roter (lat. rubrum) Farbe gedruckt; in Zeitungen auch Bezeichnung für die in jeder Ausgabe einem bestimmten Themenkreis vorbehaltenen Artikel (feste Rubrik).

Rubrizierte Anzeigen
nach bestimmten Themen oder Stichworten unter entsprechenden Überschriften (Gesucht, Gefunden, Entlaufen, Er sucht Sie usw.) geordnete Anzeigen (meist Fließtext).

Rubrum
kurze Inhaltsangabe (auf Akten); → Impressum einer Zeitung oder Zeitschrift; siehe auch → Rubrik.

Rückgaberecht
siehe → Bar mit Rückgaberecht, → Fest mit Rückgaberecht

Rückruf
zur Erhöhung der Sicherheit beim Telefonzugang zum Rechner kann im Analognetz automatischer Rückruf eingesetzt werden: nach dem *login* wird die Verbindung zum Teilnehmer unterbrochen und danach vom *host* her wieder aufgebaut. (Bei ISDN-Zugang kann die → Rufnummernübermittlung ausgewertet werden.)

Rufannahme
→ *call accepted.*

Rufnummernübermittlung
Funktion bei ISDN: die Telefonnummer eines Anrufers wird mitgeteilt, der Angerufene kann sie auf dem Display seines Telefons ablesen, bevor er das Gespräch annimmt (oder auch nicht).

Rufumleitung
→ Anrufweiterschaltung.

rules
Gesetze; Kommandos; Regeln (häufig im Sinne von → *netiquette*).

Runenschrift
germanische Schriftzeichen, das Alphabeth heißt Futhark.

runtime
→ Laufzeit eines Programms.

Runtime-Version
auch Runtime-Interpreter, Runtime-Modul, bisweilen aber auch Runtime-Player oder kurz *player* genannt, ein „abgespecktes“ Interpreter-Programm, das nicht über Editierfunktionen u. dgl. verfügt, sondern nur dazu dient, ein in einer → Interpreter- oder → Scriptsprache geschriebenes Programm ablaufen zu lassen bzw. eine mittels einer solchen Sprache definierte Datendarstellung zu erzeugen.

Runtime-Versionen werden zusammen mit dem jeweiligen Programmcode oder Datenbestand ausgeliefert und müssen meist erst installiert (oder evtl. als → Plug-In eingebunden werden). Verbreitet sind derartige Runtime-Versionen u. a. bei mit → Autorensystemen erzeugten Hypermedia-Anwendungen oder Computerspielen, ggf. ist jedoch auch beispielsweise zur → PostScript-Darstellung auf eine Runtime-Ver-sion zurückzugreifen.

RxD
Receive Data, → RD.

S_0-Anschluß
→ ISDN-Basisanschluß.

S_0-Schnittstelle
die physische Schnittstelle (Steckdose) zum Anschluß von → ISDN-Endgeräten an den → *Network Terminator* (NT).

S_2M-Anschluß
→ ISDN-Primärmultiplexanschluß.

SAA
Systems Application Architecture, IBM-eigene Standards für → Software-Schnittstellen.

Sabre
→ Reservierungssystem.

Sägezahnkurve
auch Sägezahnschwingung oder Sägezahnwelle, nach der Art von Sägezähnen verformte → Welle, typische → Wellenform der Klänge beispielsweise von Violine, Cello oder auch Trompete.

Sättigung
saturation, Farbsättigung, die Leuchtstärke einer Farbe bzw. die → Farbdichte auf dem Bedruckstoff (oder die Schwärzung auf dem Negativ, *density*), bisweilen auch Synonym für die → Intensität (die Reinheit) einer Farbe.

Sammeldienst
andere Bezeichnung für → Metasucher.

Sammelrufnummer
Zusammenfassung mehrerer Anschlüsse, die alle unter einer Rufnummer erreichbar sind.

Sammelwerk
- ein Buch, das mehrere eigenständige Texte umfaßt (meist thematisch zusammengehörige Texte von unterschiedlichen Autoren, oder mehrere Werke eines Autors);
- nach dem → IuKDG (bzw. der dort in Art. 7 festgelegten Ergänzung des → UrhG) eine Sammlung von „Werken, Daten oder anderen unabhängigen Elementen, die aufgrund der Auswahl oder Anordnung der Elemente eine persönliche geistige Schöpfung sind" (wörtl. zitiert). Sammelwerke sind wie selbständige Werke urheberrechtlich geschützt. Vgl. → Datenbankwerk.

sample
vgl. auch → *sampling*,
- Muster, Probe bzw. Probe-Entnahme;
- in der EDV oft Synonym für eine beliebige → A/D-Umwandlung (Analog/Digital-Wandlung, im Zusammenhang mit DFÜ ist hierfür jedoch die Bezeichnung → Modulation/Demodulation gängiger);
- im Zusammenhang mit elektronischer Musik oder mit Stimm-Umwandlung (Telefonie etc.) die Umwandlung analoger Audio-Daten zu Digital-Daten. Meist wird die Umwandlung bzw. der Aufnahmevorgang als *sampling* (Abtastung), das Resultat (die einzelne Schwingung, aber auch die CD) als *sample* oder *ROM-sample* bezeichnet, das für die Aufnahme verwendete Programm bzw. Gerät ist der *sampler*. Vgl. auch → Multi-Samples.

sampler
Gerät oder Programm zur Bearbeitung von abgespeicherten Klängen *(samples)*, heute oft mit einem Analog-Eingang versehen und mit einem → Synthesizer (zur Erzeugung von Klängen) vereint oder im Synthesizer integriert.

sampling
Abtasten bzw. Abtastung, meist die digitale Aufnahme und Bearbeitung von Audio-Daten, siehe → *sample*.

sampling rate
Abtastrate, ausgedrückt in → kHz. Die Abstastrate gibt an, in wieviele Schwin-

gungen (bzw. Wellenformen oder Sinuskurven) die Aufnahmedaten je Sekunde beim Sampling bzw. beim Digitalisieren zerlegt werden – üblich sind meist Raten zwischen 8 und 44 kHz. Je höher die Abtastrate, desto präziser und originalgetreuer wird die Aufnahme, und desto umfangreicher wird die Audiodatei.

Sampling Synthesizer
ein Gerät, das → Sampler und → Synthesizer zu einer Einheit zusammenfaßt (etwa Kurzweils K2000).

SaN
→ Schulen ans Netz.

Santa
Santa Claus, der Weihnachtsmann, gerne als → Pseudoname oder → *nickname* (dann wohl mit „Nikolaus-Name" zu übersetzen) verwendet. Häufig auch durch verschiedene → *smileys* repräsentiert, etwa *-<:-{{{ oder *<|:-)

SATAN
Security Administrator Tool for Analyzing Networks, ein Programm, das Netzwerke automatisch auf Sicherheitslücken überprüft (kann zu Diagnose-Zwecken, aber auch zum unerlaubten Hacken eingesetzt werden).

Satz
- eine aus Worten gebildete, in sich gegliederte, zusammenhängende Einheit der Sprache;
- eine aus Klängen bzw. Tönen gebildete, rhythmisch gegliederte, zusammenhängende Einheit eines Musikstücks;
- kurz für Satztechnik, also Begriff für den Bereich oder den Akt der Herstellung eines typographischen Satzes;
- kurz für einen typographischen Satz oder Schriftsatz, also einen nach bestimmten formalen und technischen Regeln gestalteten Text bzw. dessen → Druckform (aus → Lettern zusammengesetzte Form, auch eine → Druckplatte mit Text), wobei man meist technisch zwischen Bleisatz (Handsatz und Maschinensatz), Fotosatz und Computersatz unterscheidet.

Satzanordnung
- im umfassenden und allgemeinen Sinn Bezeichnung für die – im → Layout (oder wenigstens im → Satzspiegel) vor der Herstellung eines Druckwerks festgelegte – Gruppierung von beliebigen Elementen des → Satzes auf einer Seite oder im ganzen Werk (Wörter, Zeilen, Spalten, sonstige – auch grafische – Elemente);
- eng gefaßt die → Textausrichtung bzw. die Anordnung von Text-Zeilen untereinander; unterschieden werden linksbündige, rechtsbündige und zentrierte Satzanordnung sowie → Blocksatz (selten kommen auch freie Anordnung, Formsatz und Figurensatz vor). Vgl. auch → Absatzformatierung.

Satzanweisung
die präzise Benennung aller für die Herstellung von → Satz jeweils benötigten Angaben (verwendete Schrift, Schriftgrad, Satzbreite usw.), alle den Satz betreffenden Layoutanweisungen.

Satzart
- Unterscheidung des → Satzes nach der Art der weiteren Verwendung, zugleich auch nach seinen grundsätzlichen Gestaltungselementen und -Kriterien. Man unterscheidet meist Mengensatz (bisweilen weiter spezifiziert nach Zeitungssatz, → Werksatz usw.), Akzidenzsatz (Satz für private oder geschäftliche, individuell gestaltete und gelegentlich auftretende Drucksachen) und Tabellensatz (oft wird auch zwischen Tabellensatz, Reihensatz und Formularsatz näher unterschieden).
- Unterscheidung des Satzes nach der Art seiner Herstellung: Bleisatz (Handsatz oder Maschinensatz), Fotosatz, Computersatz (auch CRT-Satz oder Lichtsatz). Die (professionelle) Satzherstellung mittels Mac oder PC, entsprechenden Pro-

grammen (Textverarbeitungsprogramme, DTP-Programme usw.) und passenden Ausgabegeräten (Laserprinter, Filmbelichter) wird meist zum Computersatz gerechnet oder als DTP-Satz bezeichnet.

Satzbild
die Erscheinungsweise eines Satzes; auch die ästhetische Wirkung des Satzes, der durch die Typographie bzw. das Seitenlayout beim Betrachter hervorgerufene Eindruck.

Satzbreite
die in mm angegebene Breite einer Satzzeile bzw. eines Textabschnitts.

Satzfehler
auch Setzfehler, ein Fehler im Satz (falsche Schreibweise von Worten, doppelte oder vergessene Textteile, Trennfehler, Umbruchfehler usw.). Wird ein solcher Fehler bei der Korrektur übersehen, kann er zum → Druckfehler werden.

Satzrechner
ein nur für die Erstellung von Satz konstruierter (oder zuständiger) Computer.

Satzspiegel
type area, die genaue Festlegung der Aufteilung einer Seite und der Plazierung der einzelnen Bestandteile (Seitenränder, Kopfzeilenstand, Pagina, Spaltenbreite und Spaltenanzahl, Abbildungen). Bei Werken mit unterschiedlichen bzw. individuell gestaltetenen Seiten (etwa bei Katalogen, Zeitungen usw.) werden oft auch entsprechend viele Satzspiegel angefertigt, bei Werken mit reinen Textseiten und (anders gestalteten) Bildseiten wird der Satzspiegel meist auch noch nach → Textspiegel und → Bildspiegel unterteilt bzw. näher ausgeführt. Der Satzspiegel wird üblicherweise auf einer Seite im Endformat, bisweilen jedoch auch auf dem → Standbogen, maßgenau aufgezeichnet. Umfaßt der Satzspiegel weitere Angaben (etwa: Schriftart, Druckfarbe usw.), spricht man meist vom → Seitenlayout. Vgl. auch → Layout.

Satzzeichen
→ Interpunktionszeichen.

saugen
→ *download*.

save
retten; speichern.

SB
→ Sound Blaster.

Scall
→ Funkrufdienst der DeTeMobil, über den max. 15 Ziffern an einen → Pager übertragen werden können.

Scanner
früher auch Farbauszugsgerät, ein Gerät zum Abtasten von Bildvorlagen und Umwandeln in digitale Signale bzw. Grafikformate. Außer Abbildungen lassen sich auch Texte scannen; die in den zunächst als → Bitmap-Abbildungen vorliegenden Texten enthaltenen Text-Zeichen können mittels → OCR-Verfahren in vom Computer interpretierbare Zeichen (etwa → ASCII-Zeichen) umgewandelt werden. Bei professionellen OCR-Programmen und unter Kopplung mit Textverarbeitungsprogrammen geschieht dies teilweise sogar unter Beibehaltung der Gestaltungsmerkmale des Originaltextes (Schriftart und -Größe, Satzbreite usw.).

Scannerkamera
→ Digitalkamera, in der das Bild (wie in einem Scanner) durch einen linearen oder auch trilinearen → Zeilensensor abgetastet wird (nur für Studioaufnahmen mit Dauerlicht und unbewegten Motiven geeignet)

Schall
siehe → Schallwelle.

Schallwelle
eine hörbare → Welle, ein → Klang. Schallwellen sind → Longitudinalwellen,

sie bewirken eine sich ausbreitende periodische Verdichtung und Verdünnung innerhalb eines Mediums, wobei sich Kompression/Entspannung bzw. die Lageverschiebung der Teilchen des Mediums in Ausbreitungsrichtung der Welle ereignen. In Luft beträgt die Ausbreitungsgeschwindigkeit von Schallwellen etwa 331 m/s, in Füssigkeiten und Körpern ist sie weit höher (Wasser etwa 1485 m/s, Kupfer 3900 m/s, Eisen 5100 m/s, Glas bis etwa 5300 m/s). Die Ausbreitung von Schallwellen ist begrenzt, da die zur Überwindung der Trägheit des Mediums bzw. seiner Teilchen benötigte Energie der Welle verloren geht.

Schall wird vom Menschen durch die Tastsinne und vor allem das Ohr wahrgenommen, wahrnehmbar sind (bei großen individuellen Unterschieden) Frequenzen zwischen etwa 20 Hz und 20 kHz. Andere Lebewesen können auch Infraschall (unter 100 Hz) oder Ultraschall (über 20 kHz) wahrnehmen.

Schaltflächen
innerhalb einer → *dialog box* angebotene → Aktionsschalter, bisweilen können immer nur einzelne Schalter (entweder/oder, siehe → *radio buttons*) aktiviert werden.

Schaugröße
typographische Bezeichnung für einen oberhalb der normalen Lesegröße liegenden Schriftgrad (ab 14p).

Schieberegler
innerhalb einer → *dialog box* angebotene Regler, über die Werte durch einfaches Anklicken und Ziehen des Reglers bestimmt werden können. Meist ist zusätzlich die präzise numerische Eingabe des jeweiligen Wertes (per Text- bzw. Zahleneingabefeld) möglich.

Schlagzeile
headline, die auf der ersten Seite (einer Zeitung) stehende Hauptüberschrift.

Schleichwerbung
ungewollt (und unbezahlt) in einem Medium erscheinende Werbung.

Schlitzmaske
eine → Lochmaske mit schlitzförmigen Löchern, häufig aus einem Drahtgewebe hergestellt.

Schlüssel
key, eine Geheimnummer oder ein geheimes Wort, das zum Verschlüsseln eingesetzt wird.

Schmalbahn
siehe → Laufrichtung.

schmallaufend
condensed, siehe → Schriftbreite.

Schmalschrift
condensed, laienhaft für eine eng- bzw schmallaufende Schrift, siehe → Schriftbreite.

Schmitz
Verschiebung bzw. Verschmieren der Konturen von Druckelementen (z. B.: tropfenförmige Rasterpunkte), typische → Fortdruckstörung beim Hochdruck.

Schmutztitel
auch Antiporta, Schutz-, Vor- oder Vorsatztitel, die nur Verfasser und Haupttitel aufführende erste Seite eines Buchs.

Schneckle
im Schwäbischen (auch) Bezeichnung für das Zeichen @.

Schnitt
cut

- Kurzbezeichnung für Audio-, Video- oder Filmschnitt, also die Verfahren und Technologien zum Ausschneiden und erneuten Verbinden von Audio- oder Bildsequenzen zu einem einheitlichen Werk. Hierbei werden aus dem vorliegenden Rohmaterial geeignete Sequenzen ausgewählt, die ggf. bearbeitet (mit Filtern, Masken usw. verändert, mit anderen Se-

quenzen zusammengemischt) und letztlich in der richtigen Reihenfolge aneinandergefügt werden.
Der Schnitt wird im Profi-Bereich durch speziell ausgebildete „Cutter“ anhand eines genauen Schnittplans und häufig auch im Beisein des Regisseurs durchgeführt. Die erforderliche Ausrüstung (Mixer, Schnittsteuerpulte, Bandgeräte usw.) kann dabei zumindest teilweise durch Computer bzw. PCs ersetzt werden. Beim Schnitt per PC unterscheidet man meist den Online-Schnitt, bei dem PCs hauptsächlich als Schnittsteuergeräte eingesetzt werden, vom Offline-Schnitt, bei dem die Rohsequenzen komplett auf den PC übernommen werden, dort auch bearbeitet und zusammengefügt und schlußendlich als fertige Aufzeichnung auf den Recorder zurücküberspielt werden.
- auch kurz für → Schriftschnitt.

Schnittstelle
interface oder *port*, ein spezifizierter Übergang zwischen Programmen, Programmen und Geräten, oder Geräten untereinander, der dem Austausch von Daten (bzw. → Signalen) dient.
Bei Programmen besteht eine solche Schnittstelle (eine sog. Software-Schnittstelle) in der Regel aus speziellen Programmfunktionen zum Aufruf fremder Programme, zur Datenkonvertierung oder -Formatierung, oder zum Zwischenspeichern von Daten an bestimmten Adressen usw., wodurch es möglich wird, Fremddaten einzulesen (Import-Funktion) oder in programminternen Formaten vorliegende Daten auszugeben (Export). Unter Windows erfolgen Import und Export meist über APIs oder DLLs, die von den jeweiligen Programmen nur aufgerufen werden, um die erforderlichen Konvertierungen durchzuführen. Daten können zudem über den von allen Programmen benutzten Zwischenspeicher ausgetauscht oder auch per → OLE- bzw. → ActiveX-Technik eingebunden bzw. eingebettet werden.
Hardware-Schnittstellen bestehen üblicherweise aus einem Stecker-Steckdosen-System und sog. → Controllern zur physikalischen Steuerung der Kommunikation, die ggf. auf der Basis entsprechender → Protokolle durchgeführt wird.

Schnittstellenbaustein
→ UART.

Schnittstellenkarte
eine → Steckkarte, auf der → Schnittstellen zum Anschluß externer Geräte (→ serielle Schnittstelle, → parallele Schnittstelle, Maus-Port etc.) untergebracht sind.

Schnittstellentester
ein Gerät zur Überprüfung einer Hardware-Schnittstelle, wegen der üblicherweise vorhandenen Leuchtdioden auch *christmas tree* genannt.

Schnittsteuergerät
beim Audio-, Film- oder Videoschnitt verwendetes Gerät, mit dem die für den → Schnitt verwendeten Player und Recorder präzise gesteuert werden. Schnittsteuergeräte arbeiten mit einem → Zeitcode, der die genaue Ansteuerung der einzelnen Bilder oder Samples ermöglicht. Vgl. → Online-Schnitt.

Schnittsteuerkarte
eine → Digitalisierkarte bzw. Steckkarte, die alle Funktionen eines → Schnittsteuergeräts für den PC zur Verfügung stellt.

schnurloses Telefon
ein über Funk an einer Basisstation betriebenes Telefon, wobei diese Basisstation fest mit dem Analog- bzw. ISDN-Telefonnetz verbundenen ist. Die Reichweite eines schnurlosen Telefons liegt bei max. 300 m (außer Haus, in Gebäuden entsprechend weniger, häufig unter 50 m). Meist können mehrere Telefone zugleich an einer Basisstation betrieben

werden, zudem lassen sich die Telefone jeweils an mehreren Basisstationen anmelden, so daß mittels verschiedener im Gebäude (oder über mehrere Gebäude hinweg) verteilter Basisstationen ein kleines Inhouse-Mobilfunknetz aufgebaut werden kann.
Ein innerhalb eines öffentlichen → Mobilfunknetzes betriebenes (und natürlich gleichfalls schnurloses) Telefon wird → Mobiltelefon oder → Handy (in „echt Englisch" jedoch: *cellular phone*) genannt.

Schnurzug
kalligraphische bzw. typographische Bezeichnung Schreibweise oder für eine Schrift mit durchgehend gleicher Strichstärke.

Schlüsselloch-C
das nach seiner Lage auf der Klaviertastatur (in der Nähe des Schlüssellochs) so genannte c^1, häufig auch „eingestrichenes c" genannt. Vgl. → Oktavlage.

Schöndruck
einseitiges Bedrucken bzw. Druck auf der Vorderseite des Papiers.

Schönseite
die Oberseite des Papiers, die glatter und gleichmäßiger als die → Siebseite ist. Sie wird als erste (oder einzige) Seite bedruckt; bei Kopiergeräten und Laserprintern läßt sich auf ihr ein besser Tonerauftrag als auf der rauheren Siebseite erzielen.

Schön- und Widerdruck
zweiseitiges Bedrucken von Papier (mit unterschiedlichen Druckformen).

Schrägschrift
→ Kursivschrift.

Schraffen
Schlußstriche an Antiqua-Buchstaben, vgl. → Serifen.

Schreibmaschinenschrift
eine auf Schreibmaschinen verwendete Schriftart; heute meist Bezeichnung für Schriftfonts, die jenen Schriften ähneln (etwa: Courier). In der Regel sind Schreibmaschinenschriften keine Proportionalschriften, die einzelnen Buchstaben sind daher von einheitlicher Dicke (Breite).

Schriftbild
- Erscheinungsform einer Schrift;
- ästhetischer Eindruck einer Schrift auf den Betrachter;
- druckende Fläche der → Letter.

Schriftbreite
die Breite des → Schriftbildes bzw. die Ausführung der → Dickten der → Lettern einer Schrift (als Maß diente früher die mögliche Anzahl von Gemeinen bei einer Satzbreite von 40 Cicero). Man unterscheidet meist eng- oder schmallaufende, normallaufende und breitlaufende Schriften.
Im Blei- und Fotosatz läßt sich die Schriftbreite einer gegebenen Schrift nicht verändern, beim Computersatz bzw. DTP ist es jedoch teilweise möglich, die Schriftbreite (über einen gesamten Font hinweg) prozentual auszudehnen bzw. zu verringern (vgl. → vektorisierte Schrift). Vgl. auch → Laufweite.

Schriftdatei
eine Datei, die einen → Zeichensatz enthält, → Font.

Schriftenklassifikation
nach DIN 16518 werden Druckschriften in 11 Gruppen eingeteilt:
I Venezianische Renaissance-Antiqua;
II Französische Renaissance-Antiqua;
III Barock-Antiqua;
IV Klassizistische Antiqua;
V Serifenbetonte Linear-Antiqua;
VI Serifenlose Linear-Antiqua;
VII Antiqua-Varianten;
VIII Schreibschriften;

IX Handschriftliche Antiqua;
X Gebrochene Schriften (unterteilt in folgende Untergruppen: a) Gotisch, b) Rundgotisch, c) Schwabacher, d) Fraktur, e) Frakturvarianten);
XI Fremde Schriften

Schriftfamilie
im Bleisatz oder Fotosatz: alle Schriftgrade einer Schrift; bei der Verwendung → vektorisierter Schriften entspricht jede Schrift gleich einer ganzen Schriftfamilie.

Schriftgarnitur
alle Schriftschnitte einer Schrift (normal, fett, kursiv).

Schriftgrad
Schriftgröße, die Größe der Buchstaben einer Schrift (einschließlich Ober- und Unterlängen), früher meist mit der seitlichen Länge (Kegelstärke) der → Letter identisch. Die typographische Maßeinheit für den Schriftgrad ist in Europa der → Didot-Punkt (kurz p), die verschiedenen Schriftgrade werden zudem traditionell durch spezielle → Schriftgradbenennungen bezeichnet.

Schriftgradbenennungen
in der Setzersprache wurden für die am häufigsten verwendeten Schriftgrade eigene Benennungen entwickelt, die zum Teil auch heute noch verwendet werden: Non plus Ultra (2 p), Brillant (oder Viertelcicero, 3 p), Diamant (oder Halbpetit, 4 p), Perl (5 p), Nonpareille (6 p), Kolonel (oder Mignon, 7 p), Petit (8 p), Borgis (9 p), Garmond (oder Korpus, 10 p), Rheinländer (11 p), Cicero (12 p), Mittel (14 p), Tertia (16 p), Eineinhalb Cicero (18 p), Text (20 p), Doppelcicero (24 p), Doppelmittel (28 p), Doppeltertia (32 p), Kanon (oder Drei Cicero, 36 p), Doppeltext (40 p), Konkordanz (oder Kleine Missal oder Vier Cicero, 48 p), Sabon (oder Fünf Cicero, 60 p).

Schriftgröße
→ Schriftgrad.

Schrifthöhe
die Höhe einer → Letter im Bleisatz (genormt auf 62 2/3 p).

Schriftkegel
→ Kegel.

Schriftlage
auch Schriftrichtung, die horizontale Ausrichtung einer Schrift bzw. Abweichungen von dieser; außer geradestehenden Schriften sind auch leicht schräg nach rechts geneigte (kursive) Schriften üblich. Bei → vektorisierten Schriften ist die beliebige Manipulation der Schriftlage möglich (beliebige Winkel, auch Neigung nach Links).

Schriftlinie
der untere Rand der Mittellängen bei Buchstaben, die gedachte Linie, auf der die Buchstaben – ohne Unterlängen – aufliegen.

Schriftprobe
ein kurzer Text in einer bestimmten Schrift, der als Muster oder Probe dient.

Schriftsatz
kurz Satz, ursprünglich die aus → Lettern zusammengesetzte → Druckform für den Hochdruck, heute allgemein für eine nach den Regeln der → Typographie materielle (Blei, Film) oder immaterielle (Datei) Text-Druck-form.

Schriftschnitt
innerhalb einer Schriftfamilie die Ausprägungen des jeweiligen Buchstabenbildes (Schriftlage, Strichstärke, Schriftbreite).

Schriftsetzer
→ Setzer.

Schriftstärke
die Stärke des Schriftzuges einer Schrift (mager, halbfett, fett).

Schrittgeschwindigkeit
→ *line speed*.

Schulen ans Netz
kurz SaN, eine April 1996 unter führender Mitwirkung des → BMBF und der → Deutschen Telekom gegründete Initiative zur Anbindung von Schulen an das Internet.
Viele Sponsoren (Hard- und Software-Hersteller und -Händler, Online-Dienste, Fachzeitschriften usw.) unterstützen das Programm, durch das die ungefähr 44.000 deutschen Schulen kostenlos mit Hard- und Software-Ausstattungen und Anschlüssen ans Internet bzw. Zugängen zu Online-Diensten ausgerüstet werden sollen. http://www.san-ev.de

Schusterjunge
club line, in einigen Gegenden auch Waise oder Waisenkind: in Umkehrung des → Hurenkinds die erste Zeile eines Absatzes, die beim Seitenumbruch als letzte Zeile einer Seite oder einer Spalte erscheint; gilt in der Typographie als Umbruchfehler.

Schutzfrist
die im → Urheberrecht festgelegte Dauer des urheberrechtlichen Schutzes – sie gilt für Werke der Literatur in Deutschland bis zum vollendeten 70. Kalenderjahr nach dem Tod des Urhebers, international jedoch nur mindestens 25 Jahre nach Erstveröffentlichung (unauthorisierte Übersetzungen dürfen u. U. sogar schon nach sieben Jahren angefertigt werden.) Elektronische Datensammlungen bzw. Datenbankwerke unterliegen seit 1997 in Deutschland ebenfalls dem Urheberrecht, hierfür gilt eine Schutzfrist von 15 Jahren. Vgl. → Berner Konvention, → IuKDG.

Schutzzeichen
international anerkanntes Urheberrechtssignet (nach Art. 3 WUA, auch im Pariser Abkommen erwähnt); es besteht aus dem Zeichen © („c im Kreis"), dem Namen des Urheberrecht-Inhabers und der Jahreszahl der ersten Veröffentlichung. Die Anbringung eines solchen Signets ist freiwillig und hat keinen Einfluß auf das tatsächliche Eintreten des Urheberrechtsschutzes – dieser liegt (theoretisch) immer automatisch vor, wenn ein geistiges oder künstlerisches Werk entstanden ist.

Schwarzes Brett
deutsche Bezeichnung für → *newsgroup,* vereinzelt auch für → *newssystem* bzw. → *bulletin board system.*

Schwebung
Bezeichnung für das bei der → Interferenz von Schallwellen mit geringem Frequenzunterschied auftretende Phänomen des periodischen An- und Abschwellens der Lautstärke (bzw. der Amplitude).

Schwingung
- allgemeine Bezeichnung für einen periodischen Vorgang, also ein regelmäßig wiederholtes Ereignis oder einen ständig erneut auftretenden Ablauf;
- meist spezielle Bezeichnung für die regelmäßig wiederholte Bewegung eines Körpers oder eines Mediums bzw. Trägers. Schwingungen ohne ständige Energiezufuhr klingen nach einiger Zeit von alleine ab (gedämpfte Schwingung), durch die regelmäßige Zufuhr von Energie können sie beliebig lange aufrecht erhalten werden (ungedämpfte Schwingung). Schwingungen werden üblicherweise als → Welle dargestellt. Vgl. auch → Klang.

Schwingungsform
Synonym für → Wellenform.

Schwingungsgenerator
→ Oszillator.

Schwingungsmultiplikation
siehe → Ringmodulator.

sci
die → *news hierarchy* für Wissenschaften im → UseNet (alle Disziplinen, außer den unter → soc geführten).

SCInet
Sensitive Compartment Information Network, Subnetz des → DDN, wird militärisch genutzt.

SCMS
Serial Copy Management System, durch die Hersteller von digitalen Audiogeräten (für CD, DAT, DCC und Minidisk) eingeführtes Kopierschutzsystem, durch das die Anfertigung digitaler Kopien eingeschränkt bzw. verhindert wird. Während von digitalen Audiostücken beliebig viele Analog-Kopien (bei jeweils automatisch auftretendem Qualitätsverlust) angefertigt werden können, läßt sich jeweils nur eine einzige verlustfreie Digital-Kopie anfertigen, weitere Kopien (von dieser Kopie) sind dann nicht mehr möglich. Inzwischen wurden jedoch auch Geräte entwickelt, die den Kopierschutz umgehen bzw. aus der Kopie entfernen.

scratch
- kratzen, zerkratzen; radieren;
- unwiederbringliches Datenlöschen (ggf. durch Zerkratzen der Oberfläche eines Datenträgers).

screen
Bildschirm.

screen buffer
Bildschirmspeicher, Bildwiederholspeicher.

screen capture
→ *screen shot*.

Screen-Designer
neues Berufsbild; Screen-Designer sind für die audio-visuelle Gestaltung von Multimedia-Produkten (WebPages, Multimedia-CDs etc.) zuständig.

screen dot
Rasterpunkt auf dem Bildschirm.

screen dump
auch → *hardcopy*, Ausgabe des Bildschirminhalts auf den Drucker oder in eine Datei.

screen element
Bildschirmdarstellungselement (Buttons, Textfelder etc.)

screen grabber
wörtl. Bildschirm-Schnapper, ein → *grabber* zum Abspeichern von Bildschirminhalten bzw. zur Herstellung von → *screen-shots*. (Unter Windows ist die Funktion standardmäßig verfügbar – ein Druck auf die Print-Taste (Druck-Taste) befördert den aktuellen Bildschirminhalt in die Zwischenablage.)

screen layout
Einteilung bzw. Aufteilung des Bildschirms.

screen mode
Bildschirmmodus, Darstellungsmodus (Grafikauflösung oder Textbildschirm).

screen rolling
→ *scrolling*.

screen saver
→ Bildschirmschoner.

screen shot
auch *screen capture*, Abspeichern bzw. Zwischenspeichern des Bildschirminhalts.

Scribble
Entwurfsskizze, auch Layout-Entwurf.

script
eine Befehlsaufzeichnung bzw. eine Datei (→ *script-file*), die dazu dient, ein Programm zur automatischen Ausführung bestimmter Funktionen zu veranlassen; vgl. → Script-Sprache.

script-file
Script-Datei, eine Datei, die → Makros oder Befehle in einer → Script-Sprache enthält und zur automatischen Abarbeitung dieser Kommandos benützt wird. Auf PCs sind beispielsweise *batch-files* (Dateien mit der Endung .BAT) oder .INI-Dateien (unter → Windows) *script-files*.

Script-Sprache

bisweilen auch → Makro-Sprache genannt, eine formalisierte Sprache (in der Art einer Programmiersprache), die dazu dient, Programme zur automatischen Ausführung von programmintern vorhandenen Funktionen zu veranlassen. Im Unterschied zur üblichen Vorgehensweise des Programmierens (etwa mit einer → Interpreter-Sprache) und im Unterschied zu → Makros (im engeren Sinne) werden Scripts meist nicht als von den Daten getrennte „Programme" geschrieben, sondern die Kommandos der Script-Sprache werden in die eigentlichen Nutzdaten (Texte, Tabellen etc.) eingefügt. Solche Script-Kommandos bestehen aus ausschließlich für diesen Zweck „reservierten" Wörtern bzw. sind als Scriptbefehle markiert (vgl. → *tag*).

Während → Makros vom Anwender frei definierbar sind und durch Tastendruck oder über das Anklicken von → Icons im Einzelfall immer erst ausgelöst werden müssen, sind die in den Daten eingestreuten Scriptbefehle und die dadurch definierten bzw. aktivierten Aktionen immer fester Bestandteil der Dateien: der gewünschte Ablauf erfolgt automatisch, sobald die Datei geladen bzw. ausgeführt wird – so lassen sich beispielsweise Formatier-Anweisungen oder Formular-Eingabefunktionen an der jeweiligen Stelle der Datei automatisch durchführen.

Ursprünglich kamen Scripte vor allem im Computersatz sowie bei Textverarbeitungsprogrammen und anderen Office-Anwendungen zum Einsatz. Inzwischen erlangte das Konzept der Script-Sprachen jedoch überragende Bedeutung im (und für das) Internet: die Script-Sprache → HTML (inzwischen ergänzt durch → Java-Script, → Applets usw.) ermöglicht es, durch in Text-Daten eingestreute Befehle → Browser so zu steuern, daß Daten erst „vor Ort" endgültig formatiert, Sprünge zu anderen Dateien ausgelöst und viele sonstige Aktionen ausgeführt werden können. Das auf HTML basierte → WWW hat den Umgang mit dem Internet vollständig revolutioniert und das Internet erst zu einem leicht bedienbaren und allgemein akzeptierten Informations- und Kommunikationsmedium werden lassen. Davon unabhängig werden im Internet inzwischen auch zunehmend Server-Aufgaben mittels Script-Sprachen (vor allem → PERL) gesteuert.

SCRN

screen, Bildschirm.

scrolling

screen rolling, Bildschirmrollen, die Verschiebung des gesamten Textes auf dem Bildschirm um eine Zeile nach oben oder unten.

SCSI

Small Computer System Interface, vom X3T9.2-Kommittee des → ANSI festgelegte Schnittstellennorm bzw. danach gestalteter Erweiterungsbus zum Anschluß von bis zu 7 Peripherie-Geräten an PCs. Neben Festplatten, CD-Writern und Bandlaufwerken werden auch Scanner häufig über SCSI angeschlossen.

SCSI-Hostadapter

auf dem internen Bussystem aufsitzende Schnittstelle nach dem SCSI-Standard, meist als Schnittstellenkarte ausgeführt. Die über einen SCSI-Hostadapter angeschlossenen Geräte erhalten eine feste Gerätenummer (1-7, der Adapter selbst trägt die Nummer 0) und werden der CPU über Treiber indirekt, als → *logical devices,* zur Verfügung gestellt, was die Verwaltung der über SCSI angeschlossenen Peripherie wesentlich vereinfacht.

SCSI-Schnittstellenkarte

eine Erweiterungskarte, die eine SCSI-Hostadapter trägt bzw. Schnittstellen nach dem SCSI-Standard bietet. Solche Karten werden beim Erwerb entsprechender Geräte (Scanner, Bandlaufwerk etc.) bisweilen gleich im Bundle mitgeliefert.

SCSI-Treiber
→ Treiberprogramme nach dem → ASPI-Standard, die den Betrieb eines Gerätes am → SCSI-Controller ermöglichen.

S-DAT
Stationary Head DAT, DAT-Recorder mit mehreren (unbeweglichen) Aufnahmeköpfen, professionelle Alternative zur → R-DAT-Technologie.

SD-CD
Super Density CD, einer der Vorläufer der → DVD.

SDD
Software Description Database, eine über → ARCHIE zugängliche Datenbank, die über Verzeichnisse und Dateien Aufschluß gibt.

SDH
Synchronous Digital Hierarchy, der → CCITT-Standard für Hochgeschwindigkeitsübertragung (155 MBit/s bis 2,5 GBit/s) über Glasfaserkabel, verfügt über integriertes Netzwerkmanagmentsystem (→ TMN).

SDLC
Synchronous Data Link Control, IBM-Datenübertragungs-Protokoll im Rahmen von → SNA.

SDRAM
synchron zum CPU-Takt arbeitender → DRAM-Baustein, für die Verwendung als PC-RAM-Speicher vorwiegend auf → DIMMs aufgesetzt.

search engine
→ Suchmaschine, → Suchdienst.

SECAM
(frz.) *Système Electronique Couleur avec Mémoire* oder auch *Sequentielle Couleur à Mémoire,* französischer Standard für Farbfernsehen. Das Verfahren arbeitet nicht mit Halbbildern, sondern mit der sequentiellen Übertragung des kompletten Bildinhalts, der im Empfänger zwischengespeichert und zum Bild zusammengesetzt wird, und ist daher natürlich weder zu → PAL noch zu → NTSC kompatibel.

second level cache
auch *2nd level cache* oder *L2-cache* geschrieben, wörtl. „Pufferspeicher der zweiten Ebene“, die Bezeichnung für einen ursprünglich einfach nur „*cache*“ (wörtl.: Versteck) genannten, außerhalb des Prozessors vorhandenen und daher hochrüstbaren → Zwischenspeicher-Bausteins bei PCs. Er sitzt auf dem *motherboard* und hält (mit Hilfe eines eigenen Controllers) Daten aus dem Arbeitsspeicher (RAM) vor, auf die der Prozessor sehr schnell zugreifen kann – er dient somit der Erhöhung der Gesamtgeschwindigkeit des Systems.
Da spätere PC-CPUs (ab Intels 80486 und Clones) auch intern über einen *cache* (→ *first level cache*) verfügten, wurde aus dem auf dem *motherboard* befindlichen *cache* ein „externer Cache“ oder eben *second level cache* (meist mit einem Umfang von 128, 256 oder 512 KB).
Da noch spätere Prozessoren (der Pentium II und Clones) auch diesen zweiten, externen Cache ebenfalls im Prozessor integriert haben, darf man auf weitere *cache*-Levels gespannt sein …

security feature
Sicherheitsausstattung (-einrichtung, -vorrichtung, -funktion).

Segment
bei LANs: ein einzelner Bus bzw. Kabelstrang, der mehrere Stationen verbindet.

Seite
siehe → Btx-Leitseite, → *homepage,* → *page,* → Web-Seite.

Seitenaufbau
- der funktionale oder zeitliche Ablauf der Herstellung einer Darstellung auf einem Bildschirm;

- die aktuelle, durch einen → Server bewerkstelligte Produktion einer individuellen → WebPage;
- die Art und Weise der Zusammensetzung einer Bildschirmseite aus inhaltlich oder funktional unterschiedlichen Elementen (Text, Bild, Film);
- die gestalterische Aufteilung einer Bildschirmseite (die Seitengestaltung von Texten bzw. Druckwerken nennt man → Satzspiegel oder → Seitenlayout).

Seitenbeschreibungssprache
→ *page description language*.

Seitenentwurf
ein noch im Entwicklungsstadium befindliches bzw. noch nicht endgültig genehmigtes → Seitenlayout.

Seitenformat
auch Seitengröße, die in mm oder cm angegebene Größe einer Seite (eigentlich: eines Blattes). Bei Druckwerken wird zwischen unbeschnittenen und beschnittenen Formaten (Roh- und Endformat) unterschieden.

Seitenlauf
die Abfolge der Seiten (eines mehrseitigen Werkes).

Seitenlayout
alle Angaben zum → Layout einer Seite eines Druckwerks, also der → Satzspiegel, ergänzt um weitere Angaben wie: verwendete Schriftart und Schriftgröße, Druckfarbe, Abbildungen usw.

Seitenmontage
die standgerechte Film- oder Papiermontage von Seiten (bei der Druckformherstellung bzw. in der Repro).

seitenrichtig
leserichtig.

Seitensteg
auch Außensteg, bei Druckwerken der äußere Steg (bzw. der äußere Rand), also der von der Bundseite abgewandte Steg (der innere Steg bzw. Rand ist der → Bund bzw. der Bundsteg).

Seitenumbruch
siehe → Umbruch.

Seitenverhältnis
aspect ratio, das Verhältnis der kürzeren zur längeren Seite (bei DIN-Formaten 1:1,4142, beim Goldenen Schnitt 21:34 oder 5:8, bei Kleinbild-Fotoformaten 2:3, usw.).

seitenverkehrt
leseverkehrt, spiegelschriftlich.

Seitenzahl
- die Pagina, also die auf der Seite angebrachte Zahl; vgl. → Paginieren;
- die Anzahl der Innenseiten eines Druckwerks.

Sekundärfarbe
auch Zweitfarbe, eine aus Grundfarben gemischte Farbe.

Sekundärverkabelung
in einem größeren LAN die auf der → Primärverkabelung aufsetzenden Kabel bzw. der Bus zur Anbindung der einzelnen Teilnehmer (ggf. erfolgt diese Anbindung noch über eine → Tertiärverkabelung).

Sekunde
- Zeiteinheit;
- in der Musik → Intervallbezeichnung (kleine Sekunde 1 Halbtonschritt, große Sekunde 2 Halbtonschritte);
- beim Druck die mit einem Sternchen gekennzeichnete → Bogensignatur auf der dritten Seite des Bogens.

semi
- halb-;
- Semikolon.

Semiotik
die Lehre bzw. Wissenschaft von den Zeichen, Zeichentheorie.

Sendeaufruf
→ *polling*.

Sendebereitschaft
clear to send, → CTS.

separator
Trennzeichen.

SEPP
Secure Electronic Payments Protocol, → Sicherheitsstandard für den Zahlungsverkehr im Internet, entwickelt von Mastercard und → Netscape.

Septakkord
ein harmonischer → Vierklang (so benannt nach der → Septime zwischen dem Grundton und dem vierten Ton).

Septime
→ Intervallbezeichnung (kleine Septime 10 Halbtonschritte, große Septime 11 Halbtonschritte).

sequence
- Sequenz, Folge;
- Bildfolge;
- Tonfolge, Melodie, Melodiestück.

Sequenced Packet Exchange
→ SPX.

sequentieller Zugriff
→ Zugriff auf Daten oder Speicherbereiche in Aufeinanderfolge, im Unterschied zum gezielten → Direktzugriff auf spezielle Daten oder Bereiche.

Sequenzer
Gerät (oder Modul innerhalb eines Gerätes, etwa eines → Synthesizers) oder Programm zur Aufnahme, Bearbeitung (Schnitt) und Wiedergabe von digitalen Klängen (entsprechend einem Studio-Tonbandgerät für die analoge Aufnahme, Bearbeitung und Wiedergabe von Klängen und Musikstücken).

Serial Line Internet Protocol
→ SLIP.

serial port
→ serielle Schnittstelle.

serial transmission
→ serielle Datenübertragung.

serielle Datenübertragung
Bit-für-Bit-Übertragung von Daten über einen einzelnen Kanal bzw. eine einzelne Leitung.

serielle Schnittstelle
Schnittstelle für die → serielle Datenübertragung, nach dem hierfür gebräuchlichen Standard auch häufig → RS-232-Schnittstelle genannt. PCs sind serienmäßig meist mit mindestens zwei solcher → COM-Ports ausgerüstet, um Modems, aber auch Maus, Drucker oder beliebige sonstige Geräte anzuschließen.

Serifen
kleine Abschlußstriche an Dach, Kopf oder Fuß der Buchstaben einiger Schriften. Serifenschriften (z. B. Times) sind meist schnel-ler zu lesen als serifenlose Schriften (z. B.: Helvetica), bei kleineren Schriftgraden gilt jedoch das Umgekehrte.

Server
allgemeine (auch eingedeutschte) Bezeichnung für ein Programm oder einen Rechner, das bzw. der andere Programme (→ Clients) „bedient", ihnen also spezielle Leistungen zur Verfügung stellt; ein Server kann u. U. auch seinerseits als Client fungieren. Ein Server kann sowohl für einzelne Leistungen als auch für mehrere Dienste (Datenbankanwendungen, E-Mail, FTP, HTTP usw.) zuständig sein. Ein → *dedicated server* wird ausschließlich für Server-Aufgaben eingesetzt (in kleineren Netzen ist dieser Rechner auch meist der einzige Server), die Server-Leistungen können jedoch auch auf Rechner-Cluster *(server farms)* bzw. netzweit verteilt werden. Ein → virtueller Server ist kein eigenständiger Rechner, sondern ein einzelnes Serverprogramm auf einem

programm auf einem Rechner, der auch andere Serverprogramme betreibt (siehe → *multihoming*).

server cluster
Synonym für → *server farm.*

server farm
manchmal auch *server cluster*, eine Gruppe von untereinander verbundenen Rechnern, die gemeinsam Server-Leistungen erbringen und von außen unter einer gemeinsamen Adresse ansprechbar sind. Die Verteilung von Server-Diensten auf mehrere (kleinere) Rechner ist gegenüber einer Einzel-Rechner-Lösung trotz eines eventuell höheren Verwaltungsaufwandes häufig kostengünstiger und bei manchen Aufgabenstellungen durch parallele Abarbeitung zudem schneller, daneben bietet eine solche Lösung eine hohe Ausfallsicherheit (der Austausch defekter Rechner kann im laufenden Betrieb erfolgen).

Server Renting
Anmietung eines Server-Computers bei einem → Provider, Alternative zu einem → virtuellen Server.

Service Indicator
kurz SI, → Dienstekennung (bei ISDN).

Servicekennung
→ Dienstekennung.

service provider
wörtl. „Dienste-Anbieter", kurz für *Internet service provider* (ISP), → *provider*.

session
Sitzung,
- bei → *Compact Discs:* die in einem einzelnen, zusammenhängenden Schreibvorgang auf die CD aufgebrachte Datenspur, wobei die Nutzdaten jeweils von einer Einleitung *(lead in)* und einem Endstück *(lead out)* eingeschlossen sind. CDs können eine einzige oder auch mehrere in direkter Folge aneinandergereihte *sessions* aufweisen. Moderne CD-ROM-Laufwerke sind immer *multisessions*-fähig, können also ggf. auf alle *sessions* einer CD zugreifen; ältere Laufwerke (*singlesession*-Laufwerke) sind normalerweise nicht mehr im Handel.
- im DFÜ-Zusammenhang: eine bestehende Kommunikationsverbindung (die ggf. mit einer Anmelde- oder *Log-in*-Prozedur beginnt und mit dem *Log-out* endet).

session layer
Sitzungsschicht bzw. Kommunikationsschicht, die fünfte Ebene im → *OSI Reference Model.*

SET
Secure Electronic Transaction, → Sicherheitsstandard für den Zahlungsverkehr im Internet, entwickelt von Visa und Mastercard in Zusammenarbeit mit Microsoft.

Set-Top-Box
(wörtl. Draufsetz-Schachtel) ein Gerät, das zwischen Fernseher und Kabelanschluß bzw. Satellitenreceiver geschaltet wird und kundenspezifisches Dekoding der eingehenden Signale vornimmt (interaktives Fernsehen).

Setup
Einrichtung, Grundeinstellungen
- Speicherbereich oder Datei mit Parameter-Daten, die grundlegende Informationen über das Computersystem oder ein Programm (Hardware-Ausstattung, Belegung von Schnittstellen, Starteinstellungen usw.) beinhalten;
- ein Programm oder eine Funktion innerhalb eines Anwendungsprogramms zur Festlegung oder Änderung von Grundeinstellungen;
- ein Programm, das ein anderes Programm auf einem Rechner installiert bzw. für die Einrichtung dieses Programms auf dem Rechner (oder die Anpassung der Rechnerkonfigurationen an das Programm) benutzt wird.

Setzer
jemand, der → Satz herstellt (oder den Beruf des Schriftsetzers erlernt hat).

sex
software exchange, Programmtausch.

Sexte
→ Intervallbezeichnung (kleine Sexte 8 Halbtonschritte, große Sexte 9 Halbtonschritte).

SFLA
Stupid Four Letter Acronym, dämliches 4-Buchstaben-Akronym.

SFT
In → Netware integriertes Sicherheits-Protokoll, das Datenspiegelung bzw. Zwillings-Server-Betrieb ermöglicht.

SFTP
Simple File Transfer Protocol, ein vereinfachtes Internet-→ FTP, definiert in RFC 913.

SFV
Standardfestverbindung, eine Standleitung.

sfx
self-extracting file, eine sich selbst entpackende Datei, also etwa ein → Zip-File, das mit entsprechenden Routinen versehen wurde, um sich selbst wieder zu dekomprimieren.

SGML
Standardized Generalized Markup Language, ISO-Standard (ISO 8.879) für die Beschreibung bzw. Codierung der (logischen) Struktur von Dokumenten. Die jeweiligen Strukturelemente (Überschriften, Absätze, Gliederungselemente etc.) eines Dokumentes werden in einer SGML-konformen → Beschreibungssprache entsprechend markiert, so daß eine beliebige spätere Auswertung, etwa eine entsprechende Formatierung bzw. Darstellung der Dokumente, erfolgen kann. Auf SGML basiert u. a. → HTML.

shading
(Schatten, Schlagschatten; schattieren) Verfahren zur Bestimmung des Schattenverlaufs bzw. der durch Licht und Schatten hervorgerufenen Farbveränderungen bei 3D-Objekten, siehe → *rendering*.

Shape-CD
von der Firma Cuba GmbH (Berlin) geschützter Begriff für → Form-CDs. CDs mit besonderen Formen wurden ursprünglich nur von Cuba hergestellt, viele der Shape-Formen sind durch Patente geschützt.

shareware
frei kopierbare bzw. wie → *freeware* vertriebene Software, die für eine gewisse Zeit frei benutzt und ausprobiert werden darf, anschließend jedoch bezahlt werden muß. Um der Zahlungsaufforderung Nachdruck zu verleihen, sind solche frei erhältlichen Programme bisweilen mit entsprechenden Hinweisen versehen oder im Leistungsumfang eingeschränkt und werden bei Zahlung durch eine → Vollversion ersetzt.

shell
(wörtl. Schale)
- der → Kommandointerpreter eines Betriebssystems. Der Ausdruck stammt von der *command shell* (csh) von UNIX-Systemen, wobei eine solche „Schale“ das eigentliche Betriebssystem (den sog. → *kernel*) sowohl einkapselt als auch zugänglich macht (im Sinne eines *User-Interface*). Bei PCs spricht man meist nur von → DOS (Eingabe auf DOS-Ebene) oder speziell vom Kommandointerpreter bzw. dem command.com-Programm.
- auch allgemein verwendet für Programme, die andere Programme oder Hardware-Funktionen zugänglich machen (und zugleich schützen, etwa vor Fehlbedienung).

shell account
Zugang zu einem Host bzw. Zugriffsberechtigung mit speziellen Privilegien:

man darf direkt (also auf Betriebssystemebene) auf den Host zugreifen.

shielded cable
abgeschirmtes Kabel, etwa Koaxialkabel oder → STP.

shielded twisted pair
→ STP.

shift
umschalten.

shift key
Umschalttaste (für die Großschreibung).

shitogram
eine E-Mail mit unangenehmem Inhalt.

Shockwave
von → Macromedia entwickelte Technologie zur Kompression von Anwendungen, die mit → Macromedia Director erzeugt wurden und über das WWW abgerufen werden. Animationen, Videos oder Sounds können mit Shockwave nahezu in Echtzeit geladen und präsentiert werden. Shockwave wird von → Netscape-Navigator direkt interpretiert, andere Browser können mit Plug-Ins ausgestattet werden.

short circuit
Kurzschluß.

shorthand
Kurzschrift, Steno.

S-HTTP
Secure Hyptertext Transfer Protocol, eine → HTTP-Variante mit eingebauter Verschlüsselungstechnologie, die u. a. den sicheren Zahlungsverkehr (via Kreditkarten) im WWW ermöglichen soll.

SI
Service Indicator, → Dienstekennung.

Sicherheitsstandards
um den elektronischen Zahlungsverkehr bzw. *electronic banking* so sicher wie möglich zu machen, werden neben den klassischen Verschlüsselungstechniken verschiedene weitere Techniken verwendet. Beim → *homebanking* (via T-Online) wird die Kombination aus → PIN und → TAN als gegen Abhören immunes, wenngleich umständliches Verfahren angewandt, bei der Bezahlung mit Kreditkarten (bzw. Kreditkarten-Nummern) im Internet wird häufig das → SET-Verfahren eingesetzt (→ SEPP und → STT konnten sich nicht durchsetzen). Weitere Entwicklungen (*electronic money*) sollen zukünftig vor allem das (gegen Mißbrauch abgesicherte) Bezahlen via Internet vereinfachen.

Sicherungsschicht
data link layer, die zweite Schicht des → *OSI Reference Model*.

SICI
Serial Item and Contribution Identifier, amerikanische Ausführung der → ISSN.

Siebdruck
silkscreen-print, das wichtigste Durchdruckverfahren (daher wird die Bezeichnung auch meist als Oberbegriff für alle Durchdruckverfahren verwendet). Beim Siebdruck wird die Farbe durch ein mit einer Schablone teilweise abgedecktes Sieb (früher aus präparierter Seide, heute meist aus Kunstfaser oder Metall) hindurchgedrückt und so auf den Bedruckstoff aufgebracht.

Siebseite
die Seite des Papiers, die bei der Herstellung auf dem Sieb der Papiermaschine aufliegt. Da sich die Siebstruktur im Papier abdrückt, ist die Siebseite meist etwas weniger glatt als die Oberseite des Papiers.
In Fotokopiergeräten oder Laserdrukkern sollte immer die Papieroberseite bedruckt werden – auf den Verpackungen des Fotokopierer- bzw. Laserdruckerpapiers ist diese sog. → Schönseite mit einem Pfeil markiert (die Siebseite liegt entsprechend unten).

SIG
- *Special Interest Group,* eine „Spezielle-Interessen-Gruppe", häufig auch → *conference* genannt, Bezeichnung für einen abgegrenzten Bereich innerhalb einer *mailbox*, der nicht-öffentlich und nur für bestimmte User reserviert ist;
- kurz für → *signature*.

sigeln
etwas mit einem Abkürzungszeichen (Sigel) versehen; in Bücherverzeichnissen des Buchhandels zeigen Sigel die Barsortimente an, die den jeweiligen Titel führen.

SigG
Signaturgesetz, die im → IuKDG festgelegte gesetzliche Regelung der Rahmenbedingungen für die Verwendung → digitaler Signaturen.

sign
Vorzeichen (+ bzw. -).

Signal
die Darstellung eines → Zeichens (einer codierten Information) mit Hilfe einer physikalischen Größe (elektrische Spannung oder Frequenz, Licht, usw.), welche nach bestimmten Regeln und in bestimmter Hinsicht manipuliert wird (gezielte Veränderung der Stärke, des Verlaufs, usw.).

Signalfarbe
eine zur → Auszeichnung verwendete Sonderfarbe (meist Rot).

Signalkanal
auch Zeichengabekanal, der → D-Kanal (bei ISDN).

Signalprozessor
ein Chip, der spezielle Signalbearbeitungs-Aufgaben erledigt (Kompression/Dekompression, Manipulation etc.).

Signalverstärker
repeater, ein Gerät, das Signale aufnimmt, ggf. regeneriert und verstärkt und anschließend weiterleitet; wird zur Überbrückung größerer Entfernungen bzw. zur Verbindung von Kabeln innerhalb größerer Netze eingesetzt.

Signatur
- eindeutige Kennzeichnung (siehe → *signature,* → digitale Signatur);
- Unterschrift; Künstlerzeichen;
- im Zusammenhang mit Druck: Kurzbezeichnung für → Bogensignatur.

signature
digitale Unterschrift, eindeutige Kennzeichnung einer Nachricht, einer Datei oder eines digitalen Objektes, z. B.:
- die durch einen speziellen Codieralgorithmus erzeugte Bytefolge, die einen Text eindeutig markiert (siehe → *message digest,* → DOI, → digitale Signatur);
- einige Textzeilen am Ende einer E-Mail oder eines News-Artikels mit näheren Angaben zum Absender, etwa Name, postalische Adresse, Anmerkungen zu Beruf und Hobbies usw. (bisweilen auch *sig-block* genannt). Mehr als drei Zeilen für solche *signatures* sind meist unerwünscht, in einigen Netzen bzw. *newsgroups* sind *signatures* ganz verpönt.

Signaturgesetz
kurz SigG, im → IuKDG enthaltenes Gesetz; siehe auch → digitale Signatur.

Signaturschlüssel
ein im Sinne einer → digitalen Signatur verwendetes Schlüsselwort (Buchstaben-/Zahlen-Kombination), das im Online-Verkehr zur Datenverschlüsselung bzw. zur Identifizierung eines Teilnehmers dient..

Signet
auch Logo, ein Künstler-, Firmen- oder Markenzeichen.

Silbentrennung
nach den Trennregeln einer Sprache bzw. deren Grammatik erfolgende Aufteilung von Wörtern, die am Zeilenende „über-

laufen". Falsche Silbentrennung wird als Trennfehler bezeichnet. Als typographisch unschön und den Lesefluß störend – aber dennoch im Notfall erlaubt – gilt es, wenn in mehr als drei direkt aufeinanderfolgenden Zeilen getrennt wird (Leitersprosseneffekt).
Die meisten Satz- oder Textverarbeitungsprogramme bieten Unterstützung für individuelles bzw. manuelles Trennen, viele verfügen auch über eine automatische Silbentrennungsfunktion, eventuell sogar gekoppelt mit einem Ausnahmelexikon. Manchmal ist es auch möglich, verschiedene Parameter zu verändern (Größe der Trennzone, erlaubte Anzahl der aufeinanderfolgenden Trennungen usw.)

silicon
Silizium (Grundstoff für Mikrochips).

Silicon Graphics
auf Hardware für Grafik-Verarbeitung (von der Grafikkarte bis zur Hochleistungs-Grafik-Workstation) spezialisiertes amerikanisches Unternehmen. http://www.sgi.de

SIM-Karte
Signal Interface Module,-Karte, die zum Betrieb von Mobiltelefonen benötigte Steckkarte, auf der u. a. Benutzerdaten gespeichert sind.

SIMM
Single Inline Memory Modul, einreihiges Speichermodul, eine kleine Steckkarte, auf der → DRAM-Speicherbausteine zusammengefaßt sind. SIMMs werden in spezielle RAM-Steckplätze auf dem *motherboard* eingesetzt und bilden mit ihren DRAMs den Hauptspeicher eines PCs. SIMMs sind in unterschiedlichen Größen erhältlich (heute meist 8, 16 oder 32 MB), zur Aufrüstung des Speichers können in den einzelnen Steckplätzen nur gleiche bzw. gleich große SIMMs verwendet werden. Die heute (noch) erhältlichen PS/2-SIMM-Karten haben 72 Kontakte und eine Busbreite von (nur) 32 Bit, auf 64-Bit-Rechnern werden daher zunehmend → DIMMs (mit → SDRAM-Speichern) verwendet.

Simple File Transfer Protocol
→ SFTP.

Simple Mail Transfer Protocol
→ SMTP.

Simple Network Management Protocol
→ SNMP.

Simplex
Kommunikation zwischen zwei Teilnehmern, die nur in eine Richtung erfolgen kann, im Unterschied zum → Duplex-Betrieb.

Simulation

- Nachahmung realer oder auch fiktiver Abläufe mittels Computern zu Spiel- oder Ausbildungszwecken (etwa Flugsimulator);
- Nachbildung von Vorgängen mittels Computern, mit fließendem Übergang von modellhafter Nachahmung (etwa Ablaufsimulation in der Maschinensteuerung) zur realen Ausführung bzw. zum Ersatz eines Menschen oder eines Gerätes durch den Computer bzw. ein Programm (vgl. → *robot*).
- Modellierung und Darstellung von Abläufen mittels Computern, oft zu Prognosezwecken (etwa Klima-Simulation);
- Schwindelei, vgl. → *spoofing*;
- Vortäuschung, etwa des Vorhandenseins bestimmter Computerkomponenten, vgl. → Emulation.

simultan
gleichzeitig; in der EDV wird bei gleichzeitigen Prozessen meist von → parallel (oder auch → quasi-parallel) gesprochen.

single session
(wörtl. Einzel-Sitzung) siehe → *session*.

Single Source Publishing
kurz SSP, Fähigkeit von Autorensystemen oder Textverarbeitungsprogrammen, aus einem einzigen Dokument bzw. Quelldatenbestand verschiedene Medienversionen zu erzeugen, also beispielsweise die Buchversion, CD-Version und WWW-Version eines Dokumentes herzustellen.

SINIX
(Siemens-Unix) ein Unix-Derrivat der Firma Siemens bzw. → SNI (Siemens Nixdorf Informationssysteme).

Single-Pass-Verfahren
→ One-Pass-Verfahren.

Sinuskurve
mathematische Grundform einer → Schwingung bzw. → Welle, als → Wellenform eines speziellen → Klangs Bild für einen reinen, neutralen Klang ohne Obertöne.

Sinusschwingung
eine „reine" Schwingung, also eine nicht mehr in Teilschwingungen zerlegbare Schwingung.

Sinuston
ein nicht mehr in Teiltöne zerlegbarer, „reiner" oder „neutraler" Ton. Sinustöne sind Idealisierungen, da in der Praxis immer Obertöne auftreten. Vgl. → Sinusschwingung.

SIO
Serial Input/Output, Serielle Ein-/Ausgabe, die Hardware-Einrichtungen für die serielle Kommunikation (meist als → serielle Schnittstelle bezeichnet).

SIP
Simple Internet Protocol, Arbeitsname für einige Vorschläge zur Weiterentwicklung des Internet-Protokolls → IPv4, u. a. in RFC 1550 oder RFC 1710 zu finden.

SIPP
Simple Internet Protocol Plus, wie → SIP.

site
wörtl. Standort, übertragen ungefähr: eine Daten-Verwaltungs-Örtlichkeit,

- ursprünglich synonym zu *newsserver* nur Bezeichnung für einen Rechner (oder das Server-Programm) eines Newssystems oder einer *mailbox,*
- inzwischen auch als Bezeichnung für ein FTP-Archiv oder einen WWW- bzw. HTTP-Server (oder die dort vorhandenen *Web-Pages,* die *Web-Sites*) eingeführt.

site admin
im FidoNet der Verwalter *(→ admin)* einer → *site,* der für die *site* zuständige → *postmaster.*

site name
anderer Ausdruck für → *host name* oder für die → IP-Adresse einer → *site.*

Sitzredakteur
Redakteur, der als → V.i.S.d.P. zeichnet (also ggf. im Gefängnis sitzt).

skalierbare Schrift
ein Schriftfont mit einer Schrift, die stufenlos in der Größe verändert werden kann, siehe → vektorisierte Schrift.

skalierbares Netz
ein Netzwerk, das die → Datenübertragungsrate intern automatisch an die jeweiligen Anforderungen anpassen kann (siehe → ATM).

Skript
→ Script.

Skriptsprache
→ Script-Sprache.

SL
storage location, Speicherelement.

slash
das Zeichen /.

slideshow
Dia-Vorführung, bei Präsentationsprogrammen ein entsprechender Modus, bei dem Einzelbilder nacheinander gezeigt werden.

SLIP
Serial Line Internet Protocol, Internet-Protokoll für die Übertragung von Daten über serielle Verbindungen (Telefonleitung, RS-232-Kabel), teilweise noch eingesetzter Vorläufer des → PPP.

SLIP/PPP
Bezeichnung für den seriellen Zugang zum Internet (meist per Telefonleitung), in Zusammenfassung der beiden hierfür verwendbaren Protokolle → SLIP und → PPP.

Slogan
Werbespruch, Werberuf, Motto (von gälisch *sluagh-ghairm,* Armee-Ruf bzw. Kriegsgeschrei der Schotten).

slot
- Steckfassung (wie etwa die auf dem → Erweiterungsbus-System befindlichen Fassungen), die dem Einstecken von → Steckkarten dient;
- Einschub bzw. Einsteckfach (für Laufwerke).

sMail
snail mail, Schneckenpost, Scherzbezeichnung für herkömmliche Briefpost.

Smartmodem
das Modem der Fa. Hayes, das als erstes mit → AT-Kommandos gesteuert wurde.

SMDS
Switched Multi-Megabit Data Service, von der Firma Bellcore entwickeltes Hochleistungs-→ Paketvermittlungsnetz, ermöglicht Datenübertragungsraten bis zu 45 MBit/s, in erster Linie für → LAN bzw. → MAN gedacht. In Deutschland wird anstelle von SMDS das → Datex-M-Verfahren angeboten.

SMF
Standard MIDI File, extension für MIDI-Dateien. Vgl. → MSF.

SMG
Special Mobile Group, die → ETSI-Unterabteilung, die für die Entwicklung von Mobiltelefon-Standards zuständig ist.

SMI
Structure of Management Information, in RFC 1155 festgelegter Standard zur Beschreibung der Netzelemente bzw. Objekte in der → MIB, die durch das → SNMP überwacht und gesteuert werden können.

smiley
auch *happy face,* ein lachendes Gesicht, in der Form eines von der Seite zu betrachtenden → *emoticons.* Außer dem Ur-Smiley :-) gibt es unzählige weitere *smileys,* etwa:

%-(	verwirrt
-)	sehe nichts
:'-(	weine
:'-)	weine vor Freude
:*	Küsse
:-<	traurig; ärgerlich
:-@	lache mich kaputt
:-[	schmollend
:-]	grinsend
:-|	Hallo/Tschüß
:-}	Schmunzel
:-S	Unsinn
(:I	Eierkopf, Glatzkopf
+-:-)	Papst
<+:-)=	Nikolaus
C=:-)	Chef

SMPTE
Society of Motion Pictures and Television Engineers, auch Kürzel für den von diesem Verband entwickelten → Zeitcode. http://www.smpte.org

SMS
Short Message Service, Kurznachrichten-Dienst für Mobiltelefone. Kurze Texte können übertragen und auf dem Display des Handys angezeigt werden.

SMTP
Simple Mail Transfer Protocol. Das Standard-Protokoll für E-Mails im Internet (beschrieben in RFC 821), das die Weiterleitung der Mails zwischen den einzelnen Mailservern (bzw. MTAs) regelt. Die über einen *Mail User Agent* (kurz → MUA) eingespeisten Mails werden von *Message Transfer Agents* (kurz → MTA) so lange weitergegeben, bis sie schließlich beim Empfänger-MUA anlangen. Innerhalb von Internet-Subnetzen erfolgt die Übermittlung in der Regel sehr rasch, da der Transport jedoch generell nach dem → *Store-and-Forward*-Prinzip erfolgt, kann die Übermittlung unter ungünstigen Umständen vor allem zwischen Subnetzen auch etliche Zeit (mehrere Stunden) in Anspruch nehmen. Unter SMTP können nur 7-Bit-ASCII-Daten (Textdaten) in E-Mails verwendet werden, erst durch Verwendung des Ergänzungsprotokolls → MIME ist auch das direkte Übertragen von Binärdaten möglich, ohne daß diese speziell umcodiert werden müßten (vgl. → uucoding).

SNA
Systems Network Architecture, Netzwerkstruktur-Modell (ähnlich dem → *OSI-Reference-Model*) bzw. proprietäres Netzwerksystem von IBM, 1974 für → Mainframe-Computing entwickelt.

SNADS
Systems Network Architecture Distribution Services, E-Mail-Dienst unter → SNA (ermöglichte den Versand von E-Mails ohne Beteiligung des Mainframe).

snail
das Zeichen @ (→ *commercial at*).

snail mail
→ sMail.

SNAP
Standard Network Access Protocol, Bezeichnung für → X.25.

SND
sound, auch als *extension* für Audio-Dateien verwendet.

SNI
Siemens Nixdorf Informationssysteme, deutsches Computer-Unternehmen (ein Tochterunternehmen der Siemens AG). http://www.sni.de

Sniffer
„Schnüffler", ein Programm, das den → *traffic* im Internet strukturell oder inhaltlich analysiert bzw. nach speziellen Schlüsselbegriffen abhört.

SNMP
Simple Network Management Protocol, Internet- (und Intranet-) Standard-Protokoll (definiert in RFC 1157) für das Netzwerk-Management bzw. den Betrieb von TCP/IP-Elementen (Knoten oder beliebigen sonstigen Peripherie-Geräten). Unter SNMP sind die einzelnen Netzelemente in einer zentralen *Management Information Base* (→ MIB) definiert, die Einträge in diese Datenbank erfolgen nach dem → SMI-Standard (*Structure of Management Information*). Eine Überwachungsstation kann anhand dieser Daten über → *agents* auf die Netzelemente zugreifen. Diese SNMP-Agents, die sich ggf. auf den einzelnen Elementen befinden, können Status- bzw. Steuervariablen der Netzelemente abfragen oder ändern. Das gesamte Netz-Management erfolgt ausschließlich über ein solches indirektes Ermitteln bzw. Setzen von Variablen. SNMP setzt auf → UDP auf; zur Definition von Netzelementen nach SMI wird die → ASN.1-Syntax (bzw. ein Subset von ASN.1) verwendet.

SNR
signal-to-noise ratio, wörtl. Signal-Rausch-Verhältnis, Rauschabstand, gibt das Verhältnis zwischen nutzbaren Signalen und Störungen an.

soc
social, Soziales, *newsgroup*-Titel für gesellschaftliche bzw. gesellschaftswissenschaftliche Foren.

socket
wörtl. Buchse, Steckbuchse; ursprünglich Bezeichnung für eine beliebige virtuelle Schnittstelle zur Kommunikation zwischen Prozessen (unter → BSD-Unix), heute spezielle Bezeichnung für eine Software-Schnittstelle für die SLIP/PPP- bzw. TCP/IP-Kommunikation (auf Windows-PCs: → WINSOCK.DLL). Da auf einem Rechner mehrere *sockets* zur gleichen Zeit laufen (bzw. laufen können), muß die Adressierung eines speziellen Kommunikationsprozesses (oder Dienstes) auf einem Rechner immer über die → *socket address* erfolgen.

socket address
die vollständige Adresse einer → *socket,* die aus der → IP-Adresse und einer → Port-Nummer besteht. Für Standard-Dienste im Internet (→ FTP, → HTTP usw.) sind bestimmte Port-Nummern reserviert (siehe → *transport layer demultiplexing value*).

soft error
ein „weicher" Fehler (in der EDV), tritt nur manchmal auf und läßt sich nicht reproduzieren; meist auf Benutzer-Schludrigkeit, schlechte Leitungsqualität oder Netzspannungsschwankungen zurückzuführen.

softcopy
in Anlehnung an → *hardcopy* Bezeichnung für eine Kopie auf ein Speichermedium; im Satzbereich vereinzelt auch als Bezeichnung für die Satz- bzw. Textausgabe auf dem Bildschirm verwendet.

software
→ Programm, Programmausstattung. Vgl. → *hardware*, → *meatware*.

Software Description Database
→ SDD.

software-handshake
→ *handshake.*

software-interrupt
durch Programme ausgelöster → *interrupt.*

Softwaremanagement
→ Systemverwaltung.

Software-Schnittstelle
→ Schnittstelle, → Treiber.

SOH
Start of Header, Beginn des → *headers.*

solid
fest, dauerhaft, räumlich; beim → *rendering* Bezeichnung für eine plastisch und fest erscheinende Oberfläche, beim → *modelling* Bezeichnung für ein dreidimensional detailliert ausgearbeitetes Modell.

Solid Modelling
Herstellung eines Computermodells von einem dreidimensionalen Gegenstand, das als Querschnittmodell auch von Innen betrachtet werden kann (im Unterschied zu einem per → *Surface Modelling* erstellten Modell).

SOM
Start of Message, Beginn der Nachricht.

Sonderzeichen
alle Zeichen außer den Buchstaben des Alphabeths, also Ziffern, Interpunktionszeichen, Ligaturen, Akzente usw.

Song Position Pointer
→ SPP.

Sony
Sony Corporation, japanischer Unterhaltungselektronikhersteller. http://www.sony.de

Sortiment
Warenangebot.

Sortimenter
Einzelhändler, Sortimentsbuchhändler (der ein eigenes Warenangebot unterschiedlicher Herkunft zusammenstellt, im Unterschied zum → Verlagsbuchhändler.) Vgl. auch → Barsortiment.

Sortimentsbuchhändler
→ Sortimenter.

Sound Blaster
kurz SB, eine Soundkarte der Firma Creative Labs (ab 1989, kompatibel zur → AdLib), mit der bereits Audio- bzw. Sprachaufnahmen durchgeführt werden konnten; inzwischen Quasistandard für Soundkarten.

Soundchip
ein auf dem → *motherboard* integrierter Microchip, der die Funktionalität einer → Soundkarte bietet.

Sounddatei
eine Datei mit Audio-Daten (meist *extensions* .mid, .raw, .voc oder .wav).

Soundkarte
eine → Steckkarte, über die Audiodaten ein- und ausgegeben werden können.

Sound Synthesizer
→ Synthesizer.

source
- Quelle, Ursprung;
- Datenquelle (Sender).

source code
Quellcode (oder auch Primärcode), Programmcode in der ursprünglichen, vom Programmierer eingegebenen Form (vor der Übersetzung in den binären → *object-code*); vgl. → *high level language*.

sp
space character, das Leerzeichen (ASCII 32).

space
- Raum; Leerstelle;
- auch *spacing*, sperren (die Buchstaben-Abstände vergrößern), siehe → gesperrt;
- kurz für *space character* Leerzeichen (ASCII 32);
- kurz für *space bar* oder *space key*, die Leerzeichentaste;
- der Weltraum.

space bar
Leerzeichentaste.

space character
das Leerzeichen (ASCII 32).

spaced characters
kurz *spaced*, S p e r r s c h r i f t.

space key
die Leerzeichentaste.

space suppression
Leerzeichenunterdrückung (u. a. für die → Datenkompression).

spacing
Ausschluß, ausschließen, siehe → *space*, → *spaced characters*.

spaghetti code
abschätzig für ein völlig chaotisch geschriebenes Programm, früher manchmal als Synonym für Programme in BASIC verwendet (da die Listings solcher Programme meist unübersichtlich waren).

Spalte
auch Rubrik, in der Breite definierte Anordnung beim → Satz.

Spaltenlinie
die Trennlinie zwischen Spalten.

Spaltenumbruch
siehe → Umbruch.

spam
Versand einer langatmigen, langweiligen oder nicht zum Thema passenden Nachricht (im schlimmsten Fall: Werbung) an viele → *newsgroups*. Ist ganz besonders unerwünscht.

Spannungssteuerung
analoges Steuerungsprinzip, bei dem die Steuerung von Kontroll-Variablen über die stufenlose Veränderung der Stromspannung erfolgt. Spannungssteuerung wurde u. a. auch bei früheren Analog-Synthesizern (vgl. → Moog) zur Herstellung und Manipulation von Klängen eingesetzt (vgl. → VCA, → VCF und → VCO).

Spationieren
Vergrößern der Buchstaben-Abstände (im Bleisatz mit Hilfe von sog. Spatien); → vgl. Ausgleichen, → Austreiben, → typographische Grundlagen.

S/P-DIF
Sony/Philips Digital Interface, eine von Sony und Philips entwickelte Abwandlung des AES/EBU-Interface-Standard, verwendet einfache Cinch-Stecker.

speaker
- Sprecher;
- Lautsprecher.

speaker.drv
ein Treiberprogramm unter Windows, das Sprach- bzw. Musikausgabe auf dem eingebauten PC-Lautsprecher ermöglicht. Dieser Lautsprecher ist eigentlich nur zur Herstellung einfacher Töne geeignet, u. a. durch schnelles An- und Abschalten bewirkt die Treibersoftware jedoch auch die Ausgabe von Sprache bzw. Musik.

special character
Sonderzeichen.

Special Interest Group
→ SIG.

Speicher
memory, feste Computerbauteile oder auch externe Medien, in bzw. auf denen Daten festgehalten werden können.
Flüchtige Speicher (→ RAM, vgl. auch → DRAM, → SDRAM) können Daten nur vorübergehend und unter Stromzufuhr speichern, wobei sie einer ständigen Wiederauffrischung *(refresh)* bedürfen. Sie werden als Arbeitsspeicher (Hauptspeicher) verwendet, aber auch zur Pufferung von Daten eingesetzt *(cache)*.
Sog. permanente Speicher halten Daten längere Zeit auch ohne Stromzufuhr fest, können teilweise allerdings nur einmal beschrieben und danach nur noch gelesen werden. In solchen Speichern werden öfters benötigte Daten (z. B. Konfigurationsdaten), aber auch Programme gespeichert (siehe → ROM, vgl. → EP-ROM, → EEPROM).
Massenspeicher sind fest in den Computer eingebaute Speicher, auf denen weit mehr Daten als im Arbeitsspeicher untergebracht werden können (z. B. Festplatten), oder austauschbare Medien, die über geeignete Laufwerke benützt werden (Disketten, Bänder, CDs, usw.).

speicherresidentes Programm
→ TSR.

Spektralfarben
die Farben des Spektrums (Violett, Blau, Cyan, Grün, Gelbgrün, Gelb, Orange, Rot, Dunkelrot); vgl. auch → Grundfarben.

spell-checker
ein Rechtschreib-Überprüf-Programm.

spelling
Buchstabierung; Rechtschreibung.

sperren
to space, Buchstaben-Abstände vergrößern, siehe → gesperrt.

Sperrschrift
spaced characters, eine → gesperrt ausgeführte Textpassage wird auch als „in Sperrschrift" ausgeführt bezeichnet.

SPF
Shortest Path First, siehe → OSPF.

spider
andere Bezeichnung für → robot.

Spiegel
kurz für → Satzspiegel.

Spiegel-Server
→ *mirror site*.

Spieße
eine der → Fortdruckstörungen im Hochdruck: hochstehendes und daher mitdruckendes → Blindmaterial (heute samt Hochdruck nahezu verschwunden).

spikes
Spannungsspitzen, kurzfristige Spannungserhöhungen in einem Stromkreis; vgl. → *surge*.

Spitzmarke
am Anfang eines neuen Textabschnittes stehende Überschrift, meist leicht nach links herausgerückt (Beispiel: die Stichwortangabe in diesem Lexikon).

Splendid
stark durchschossener Satz, Gegenteil von → kompressem Satz.

spline
- eine mittels Interpolation gebildete unregelmäßige Kurve, die anhand von auf der Kurve liegenden Einzelpunkten ermittelt wird (vgl. auch → Bézier-Kurve);
- eine Fläche mit unregelmäßigen Kanten (im Unterschied zu → Polygonen sind auch keine Ecken vorhanden)

split screen
ein geteilter bzw. in einzelne Fenster aufgeteilter Bildschirm.

spoiler
eine Reihe von Leerzeilen in einer E-Mail oder einem Artikel, die dazu dient, nachfolgenden Text vor sofortigem Lesen zu verbergen.

Sponsor
finanzieller Förderer mit werblicher Absicht.

spoofing
verkohlen, anschwindeln, etwas vortäuschen. Im Internet gibt es viele Varianten des *spoofing*, u. a.:
- *address spoofing*, bei dem ein falscher Absender vorgetäuscht wird (die E-Mail-Adresse ist gefälscht),
- *line spoofing*, bei dem den beteiligten Rechnern vorgegaukelt wird, es existiere eine Verbindung zwischen ihnen (obwohl die Leitung vorübergehend abgeschaltet oder für andere Zwecke benutzt wird),
- → *protocol spoofing*, bei dem einem Programm durch das Modem vorgetäuscht wird, mit einem bestimmten Übertragungsprotokoll zu arbeiten (obwohl das Modem mit einem ganz anderen Protokoll mit seinem Gegenüber kommuniziert),
- → *URL spoofing* das Abfangen von HTTP-Anfragen und die Beantwortung (Dateiübertragung) durch einen Rechner, der nicht mit dem Original-Host der angegebenen Adresse identisch ist (etwa ein → Proxy).

SPOOL
Simultaneous Peripheral Operations Online, siehe → Spooler.

Spooler
ein im Hintergrund (als → *daemon*) wirkendes Programm zum Zwischenspeichern und Weiterleiten von Daten (vgl. → *Store-and-Forward*). Die Daten, die aus beliebigen Anwendungen stammen, werden meist in einer temporären Spool-Datei (auf der Festplatte) zwischengespeichert und dann zum gewünschten Ausgabegerät (Drucker, Modem, Bandlaufwerk etc.) gesendet. Häufig verfügen Spooler über spezielle Funktionen (meist eine sogenannte „Warteschlangenverwaltung“), mit denen beispielsweise der Output angehalten, erneut gestartet oder auf ein anderes Ausgabegerät umgeleitet

werden kann oder die Reihenfolge der Jobs zu ändern ist.

spooling
(bisweilen eingedeutscht zu spulen) Zwischenspeichern und Weiterleiten von Daten (durch einen → Spooler).

SPP
Song Position Pointer, Songpositionszeiger, unter MIDI verwendeter Zeitcode. SPP startet an einer definierbaren Stelle im Song und zählt ab dort die Positionen im 16tel-Rhythmus weiter. Vgl. → MTC.

Sprachausgabe
acoustic output, audio response, voice output, Ausgabe von vorher aufgenommenen Sprachmustern bzw. von in einem Sprachsynthesizer geformten Sprach-Klängen. Im Unterschied zu einer bloßen Audioabspielung spricht man von Sprachausgabe dann, wenn die Ausgabe kontextabhängig variiert bzw. aktuell erzeugt wird.
Sprachausgabe wird u. a. bei Telefoncomputern (Simulation einer Unterhaltung, automatische Auskunftserteilung usw.), zur Unterstützung Sehbehinderter (maschineller Vorleser), als Ergänzung oder Ersatz von Textdisplays (beispielsweise bei Fahrzeugnavigationssystemen) sowie zur allgemeinen Verbesserung des Mensch-Maschine-Kontakts (Simulationen, PC-Spiele) eingesetzt.

Spracheingabe
acoustic input, voice entry, Eingabe von Texten oder Steuerungs-Befehlen durch natürliche Sprache. Die über Mikrofon und Soundkarte aufgenommenen und digitalisierten Klänge müssen hierbei erkannt (vgl. → Spracherkennung) und zweckmäßig umgesetzt werden (vgl. → Sprachverarbeitung).

Spracherkennung
speech recognition, voice recognition, semantisch und grammatikalisch korrekte Umsetzung von Sprachelementen, die als digitalisierte Klangmuster vorliegen, in Zeichenfolgen oder Steuerkommandos.
Außer zur Steuerung von Betriebssystem- und Anwendungsprogrammfunktionen werden Spracherkennungsprogramme zunehmend für Diktate und ähnlich komplexe Aufgabenstellungen eingesetzt.

Sprachsynthese
speech synthesis, künstliche Erzeugung von Sprache, siehe → Sprachausgabe.

Sprachverarbeitung
voice processing, Sammelbegriff für die maschinelle Erkennung und zweckmäßige Umsetzung von Sprache. Sprache kann als Text (Schriftsprache) oder als gesprochene Sprache (Spracheingabe) vorliegen und muß zunächst semantisch (dem Sinn nach) identifiziert bzw. in Sprachelemente aufgeteilt werden, anschließend sind entsprechende Funktionen oder Daten zuzuordnen. Die Ausgabe erfolgt wiederum als geschriebene oder gesprochene Sprache oder als sonstige Reaktion (Ausführung von Kommandos usw.).

sprite
- ein Bildelement aus mehreren Pixeln, das als Ganzes behandelt wird und beispielsweise auf dem Bildschirm verschoben werden kann;
- bei Macromedia Director: ein → Kobold.

Sprungmarke
- die Stelle im Code eines Computerprogramms, auf die durch einen Sprungbefehl verzweigt wird;
- auf Anwenderebene auch → Lesezeichen zum direkten Zugang zu einer Eintragung;
- in → Hypertextdokumenten bzw. bei Multimedia-Applikationen eine besonders markierte Stelle des Bildschirms *(→ button, → hotspot),* die angeklickt werden kann und den Browser veranlaßt, das entsprechende Dokument zu laden *(→ link),* im aktuellen Dokument auf die

entsprechende Stelle zu verzweigen oder das entsprechende Multimedia-Element aufzurufen.

SPX
Sequenced Packet Exchange, → Netware-Protokoll, zuständig für die Rekonstruktion der Daten aus den → IPX-Datenpaketen.

SQL
Structured Query Language, von der Firma IBM entwickelte Datenbank-Abfragesprache; heute ANSI-Standard für Datenbank-Abfragen (in Netzwerken bzw. auf → Client-Server-Systemen).

squeezing
- Quetschen, siehe → Datenkompression;
- bisweilen eingeschränkt nur für ein bestimmtes Verfahren der Datenkompression (→ Huffmann-Codierung) verwendet, bei dem die Zeichen nach der Häufigkeit ihres Vorkommens in einer Datei sortiert und entsprechend codiert werden.

SRS
Sound Retrieval System, Filtertechnik zur rechnerischen Verbreiterung des Stereoklangs. http://www.srslabs.com

SSDA
Synchronous Serial Data Adapter, eine andere Bezeichnung für die → serielle Schnittstelle.

SSL
Secure Socket Layer, von → Netscape entwickelter Datenverschlüsselungsstandard für die Kommunikation zwischen → Netscape Navigator und einem HTTP-Server, wird inzwischen auch von einigen anderen → WWW-Browsern unterstützt. Die Kopplung von HTTP und SSL wird auch als HTTPS bezeichnet.

stack
Stapel; Stapelspeicher, reservierter Speicherbereich, in dem Daten in der Reihenfolge ihres Eintreffens kurzzeitig zwischengespeichert werden.

Stand
die Plazierung von Seitenelementen auf der Seite; auch das Einhalten der im → Satzspiegel vorgegebenen Plazierungsanweisungen. Vgl. → Passer, → Register.

stand alone solution
Einzelplatz-Rechner (ohne Netzanbindung), Insel-Lösung.

Standardized Generalized Markup Language
→ SGML.

Standards
→ ANSI, → ASCII, → ASPI, → AT-Kommandos, → CCITT, → DIN-Normen, → ETS, → HTML, → Internet-Protokoll, → IEEE, → ISO-Normen, → MNP, → MPR, → NTSC, → *OSI Reference Model*, → PAL, → RFC, → SAA, → SECAM, → STD, → TCO.

Standbogen
Probeabzug bzw. Musterbogen, der zur Überprüfung des → Stands dient.

Standleitung
Datenstandleitung, auch als DIVA, Festverbindung, FVV, Mietleitung, *dedicated line, leased line, non-switched line, private line* bezeichnet; eine für längere Zeit geschaltete (geöffnete) Verbindung im Telefonnetz, häufig auch durch spezielle Kabel, Richtfunkstrecken oder Satellitenkanäle realisiert und mit größerer Bandbreite versehen als sonst im Telefonnetz üblich. Die Datenübertragung kann bei Standleitungen meist mit höherer Geschwindigkeit als bei „normalen" Telefonverbindungen stattfinden.

Stapelspeicher
→ *stack*.

Stapelübertragung
kontinuierliches Übertragen von Daten (etwa via FTP).

Stapelverarbeitung
→ *batch processing*.

Startbit
bei der → asynchronen Datenübertragung zur Synchronisation verwendetes Bit, das den Beginn eines Zeichens (mit 0) anzeigt, das Ende wird durch das Stopbit (mit 1) markiert.

Startseite
→ *homepage*.

Start/Stop-Verfahren
→ *handshake*.

Station
ein Element (Rechner, Knoten, Unit) eines Netzwerks.

STD
Standard; Bezeichnung für die → RFCs, in denen Internet-„Standards" dokumentiert werden (STD 1: → *Internet Official Protocol Standards*, STD 2: → *assigned numbers*, usw.). Standards haben im Internet den Status freiwilliger Vereinbarungen (zwischen Host- bzw. Netz-Betreibern), sie werden über die → NICs veröffentlicht und zur allgemeinen Benutzung empfohlen, jedoch nicht von irgendeiner Behörde verordnet.

Steckbrücke
miniaturisierter Stecker, → Jumper.

Steckkarte
board, eine Platine bzw. Leiterkarte, die per Steckverbindung (etwa auf dem → Erweiterungsbus, vgl. → *slot*) mit dem → *motherboard* verbunden wird.

Steckplatz
→ *slot*.

Steg
Blindmaterial oder der unbedruckte Rand um den Satz (vgl. → Satzspiegel), vgl. → Bundsteg, → Außensteg, → Fußsteg, → Kopfsteg.

Stehsatz
für spätere (evtl. erneute) Verwendung aufbewahrter Satz (früher Bleisatz, heute auch Filme, Dateien usw.).

Stern
Aufbauprinzip eines → LANs: alle Teilnehmer werden über eine eigene Leitung an eine zentrale Station (→ *hub*) angeschlossen. Der Ausfall einer Station (oder einer Verbindung) hat keine Auswirkung auf die anderen Teilnehmer, beim Ausfall des *hubs* ist das Netz jedoch völlig lahmgelegt (im → Ring kann u. U. überbrückt werden).

Steuerblock
ein Datenblock, der ausschließlich Steuerdaten enthält.

Steuerbus
jener Teil eines → Bus-Systems, der zur Übertragung von Steuerungsinformationen dient.

Steuercode-Zeichen
→ Steuerzeichen.

Steuersignal
das der Steuerung der Datenübertragung dienende Signal.

Steuerzeichen
Steuercode-Zeichen, ein Zeichen, das zur Steuerung eines Prozesses verwendet wird.

Stiftung Lesen
1987 geschaffene zentrale Institution zur Förderung von Buch und Lesen.

Stil
unverwechselbar-besondere Art der Gestaltung (eines Sprach- oder Musikstücks, eines Bildes usw.).

still video
frühere Bezeichnung für → Digitalfotografie.

STM
- *International Association of Scientific, Technical and Medical Publishers,* Internationaler Verband der Fachbuchverlage, http://www.stm.springer.de
- *Synchronous Transfer Mode,* → synchrone Datenübertragung.

Stopbit
bei der → asynchronen Übertragung verwendetes Bit, das (mit 1) das Ende eines Zeichens markiert (der Beginn wird mit dem → Startbit angezeigt).

stop instruction
Stop-Befehl, Ende-Befehl.

stoppage
Stillstand des Systems, Absturz.

STOR
→ *storage*.

storage
Speicher; Speicherung.

Store-and-Forward
Zwischenspeichern und Weiterleiten,
- ein Arbeitsprinzip bei der Datenausgabe (siehe → *Spooling*);
- ein Funktionsprinzip der Nachrichtenübermittlung in Netzwerken: die Daten werden → verbindungslos im Netz vermittelt, wobei eintreffende Daten an einer Zwischenstation erst einmal zwischengespeichert und nur dann weitergeleitet werden, wenn dazu eine passende Möglichkeit besteht. Die Wartezeiten bis zur Weiterleitung können unter Umständen recht lange sein, bei mangelnder Kapazität des Speichersystems (oder durch Totalausfall des Speichers) können die Daten auch ganz verloren gehen. Im Internet werden nach diesem Prinzip u. a. E-Mails übermittelt, vgl. → SMTP.

story board
- skizzierte Szenenbilder, Fotos oder dgl., die als visuelles Drehbuch die einzelnen Stadien einer Animation oder die Einstellungen für einen Film beschreiben;
- im Zusammenhang mit Autorensystemen die Beschreibung des einem Multimedia-Programm zugrundeliegenden Programmablaufs, die neben grafischen Darstellung einzelner Seiten oder Sequenzen auch Angaben zu Daten, Navigationsmöglichkeiten, Verzweigungen usw. enthält.

STP
Shielded Twisted Pair, abgeschirmtes, verdrilltes Doppeladerkabel, mit einem Schirm um jedes Aderpaar und einer zusätzlichen Gesamt-Abschirmung; vgl. auch → UTP.

Streamer
streaming cartridge tape drive, Magnetband-Laufwerk für die digitale Datenaufzeichnung, in der Technologie ähnlich zu Videobandlaufwerken. Die Aufzeichnung erfolgt nach verschiedenen Standards, vgl. → QIC, → Travan.

Streifenmaske
eine → Lochmaske mit streifenförmigen Durchlässen.

Strg
Kürzel für „Steuerung", nur als Beschriftung der Steuerzeichentaste (Control-Taste) auf QWERTZ-Tastaturen eingesetzt (die ansonsten meist mit „Ctrl" beschriftet ist).

Strichbild
ein aus Strichen bestehendes Bild, eine Schwarz-Weiß-Abbildung ohne Halbtöne.

Strichcode
→ Barcode, eine Codierung aus schwarzen Strichen unterschiedlicher Breite.

Strichvorlage
auch Schwarz-Weiß-Vorlage, eine Scanner- bzw. Reprovorlage ohne → Halbtöne (im Unterschied zur Halbtonvorlage).

string
eine Zeichenkette, eine Textkette.

strippen
im Fotosatz bzw. in der Reprotechnik: eine Klebekorrektur oder eine Korrektur mit Abreib-Buchstaben oder Strippingfilm durchführen.

Structure of Management Information
→ SMI.

Structured Query Language
→ SQL.

Strudel
das Zeichen @ (→ *commercial at*).

STT
Secure Transaction Technology, ein → Sicherheitsstandard für den Zahlungsverkehr im Internet, entwickelt von → Microsoft und Visa.

stub network
wörtl. Stichleitungs-Netzwerk, ein Netzwerk, das Datenverkehr nur intern weiterleitet, nicht jedoch den → *traffic* aus fremden Netze durch das eigene Netz schleust; meist Synonym für → LAN. Ein Netzwerk, das fremde Datenpakete weiterbefördert, wird → *backbone* oder → *transit network* genannt.

subdirectory
Unterverzeichnis.

subdomain
Unter-Domain (einer → *domain*).

sub headline
Unter-Überschrift, Zwischenüberschrift.

subject
Thema; in E-Mails: Betreff.

Subkontraoktave
siehe → Oktavlage.

Sublimationsdrucker
→ Tintenstrahldrucker.

subnet
Subnetz, ein unabhängig von einem übergeordneten Netz betriebenes Netz, das durch eine eigene → *subnet address* identifiziert wird und dieselbe Netzadresse wie das übergeordnete Netz hat. Ein Netz kann aus mehreren *subnets* bestehen, ein *internet* besteht aus mehreren gleichrangigen Netzen (mit jeweils eigener Netz-Adresse).

subnet address
der Bereich einer IP-Adresse (→ IP address), der das *subnet* bezeichnet. Siehe → *address mask*.

subnet mask
andere Bezeichnung für die → *address mask*.

subnet number
synonym zu → *subnet address*, vgl. → *address mask*.

Subnetz
→ *subnet*.

subscribe
- abonnieren; teilnehmen;
- in einer an den → *mailserver* gerichteten E-Mail das Kommando für das Abonnieren einer → *mailing list*: SUBSCRIBE listentitel UserName (vgl. *unsubscribe)*.

subscriber line
Telefonleitung, Amtsleitung.

subset
eine Teilmenge, Untermenge.

Subskription
Vorbestellung eines noch nicht fertigen Werkes, Abonnement. Üblicherweise liegt der Subskriptionspreis unter dem per Preisbindung festgelegten Ladenverkaufspreis des Buchhandels.

Subsubkontraoktave
siehe → Oktavlage.

Subtraktive Farbmischung
→ Farbmischung aus Körperfarben.

Suchdienst
ein Dienstprogramm, das gesuchte Informationen bzw. deren Lokalisation in WebPages, Internet-Files oder Archiven ausfindig macht.

Neben den Internet-Klassikern → archie und → prospero (vorwiegend für → FTP-Files) und → veronica (für → gopher-Informationen) gibt es heute eine Vielzahl von sogenannten *search-engines* (Suchmaschinen) im WWW, die meist durch Werbung (vgl. → Bannerwerbung) finanziert werden. Diese Suchdienste durchsuchen und indizieren die frei zugänglichen Informationen (Web-Seiten, aber auch *anonymous FTP-Files* usw.) vorwiegend automatisch (mit sogenannten → *robot-* oder → *spider-*Programmen), zusätzlich lassen sich Seiten auch bei den Suchdiensten speziell registrieren.

Die Dienste erstellen umfangreiche Index-Listen, mit deren Hilfe sich Such-Anfragen schnell beantworten lassen; über → Metasucher lassen sich auch gleich mehrere Suchdienste abfragen. Nachfolgend eine kleine Auswahl:

Aladin	http://www.aladin.de
All4One	http://www.all4one.com
Alta Vista	http://www.alta-vista.com
Dino	http://www.dino-online.de
Eule	http://www.eule.com
Excite	http://www.excite.com
Flix	http://www.flix.de
Hotbot	http://www.hotbot.com
Infoseek	http://ultra.infoseek.com
Inktomi	http://www.inktomi.com
ISOSYS	http://www.isosys.de
Kolibri	http://www.kolibri.de
LEO	http://www.leo.org
Lycos	http://www.lycos.de
Magellan	http://www.mckinley.com
Open Text	http://index.opentext.net
Snoopie	http://www.snoopie.com
Ultraseek	http://www.ultraseek.com/
Yahoo	http://www.yahoo.de

Suchmaschine
das Programm oder der Rechner, durch den ein → Suchdienst realisiert wird; auch Synonym für Suchdienst.

suffix
die Dateiendekennung, → *extension*.

Summenschwingung
eine aus einzelnen Schwingungen additiv zusammengesetzte → Schwingung, etwa ein → Klang.

SUN
amerikanischer Computerhersteller (u. a. Unix-Workstations), der auch → Java entwickelte. http://www.sun.de

Superset AT-Modem Command-Set
ein erweiterter → AT-Kommando-Satz, der nicht von allen Modems unterstützt wird.

superuser
User mit allen Zugriffsrechten, → *sysop*.

Super-VGA
→ S-VGA.

Surface Modelling
Herstellung eines zwei oder dreidimensionalen Computermodells, bei dem nur die Oberfläche nachmodelliert wird. Vgl. → *Solid Modelling*.

Surfen
- im Internet von Rechner zu Rechner schweifen;
- im WWW per → *hyperlink* von einem Rechner zum anderen bzw. von einer Webseite zur anderen wandern (→ *websurfing*).

surge
Überspannung, Stromstoß, im Unterschied zu → *spikes* länger anhaltend.

S/UTP
Screened Unshielded Twisted Pair, ein → UTP-Kabel mit einer Gesamtabschirmung.

SVGA
Super-VGA, erweiterter → VGA-Grafikkarten-Standard, ermöglicht Auflösungen bis 1024 x 768 Pixel.

S-VHS
Super-VHS, eine Variante des → VHS-Standards mit höherer Auflösung (400 Zeilen statt 260), benötigt spezielle S-VHS-Cassetten zur Aufzeichnung. S-VHS-Recorder können auch VHS-Cassetten lesen und (nach VHS-Standard) beschreiben. S-VHS wird meist in semiprofessionellen Camcordern (als Alternative zu → Hi8) verwendet.

swap
austauschen, auswechseln.

swapfile
→ Auslagerungsdatei.

SWFD
Selbstwählferndienst.

SWIFT
Society for Worldwide Financial Telecommunication, Netzwerkbetreiber bzw. Netz für den internationalen Bankverkehr.

switch
- Schalter;
- bei der → Paketvermittlung oder unter → ATM ein Vermittlungsrechner.

switched access
geschalteter Zugang, eine nur bei Bedarf hergestellte Verbindung.

switched connection
Wählverbindung (im Telefonnetz).

switched line
Wählleitung (im Unterschied zur Standleitung).

Switched Multimegabit Data Service
→ SMDS.

Switched Network
→ Vermittlungsnetz; auch ein Netz, das mit → *switching* betrieben wird.

switching
- schalten, umschalten;
- eine Verbindung herstellen (etwa eine Telefonverbindung);
- Datenpakete vermitteln;
- bei → ATM: die Datenübertragungsrate durch Zuweisung einer anderen nutzbaren Bandbreite an den aktuellen Bedarf anpassen.

symmetrische Leitung
→ *balanced line*.

symmetrischer Satz
zentrierter, axial gestalteter Satz.

sync
synchronous, → synchron.

synchron
auch isochron, Bezeichnung für Vorgänge, die in einseitiger oder gegenseitiger zeitlicher Abhängigkeit stattfinden (in fester Reihenfolge nacheinander oder auch gleichzeitig) oder in einem vorgegebenen Taktzyklus ablaufen. (Gegenteil: → asynchron).

synchrone Übertragung
eine Datenübertragung, bei der Sender und Empfänger im gleichen Takt arbeiten bzw. bei der außer den Nutzdaten auch noch ein Taktsignal übermittelt wird. Im Unterschied zur → asynchronen Verbindung können die Daten anhand des Taktes direkt erkannt werden, auf Start- und Stopbits (und deren Auswertung) kann daher verzichtet werden.

synchronous
→ synchron.

Synchronous Digital Hierarchy
→ SDH.

Syndication
Zweitverwertung (von Bild- und Textmaterial).

Synthese

Zusammenbau von Teilen zu einem Ganzen (auch im Sinne von: zu etwas Neuem fügen).

Im Zusammenhang mit Musik bezeichnet Synthese die konkrete Technologie (oder das aktuelle Stattfinden) der → elektronischen Klangerzeugung, wobei nach der verwendeten Basistechnik zunächst unterschieden wird zwischen digitaler (oder auch nonlinearer) Synthese, also der rechnerischen Erzeugung eines → Klangs anhand einer abgespeicherten → Wellenform (oder der rechnerischen Manipulation eines solchen Klangs), und der analogen (oder linearen) Synthese, bei der Grund-Tongemische zunächst aktuell erzeugt und anschließend zu den gewünschten Klängen gefiltert oder zusammengemischt werden. Man unterscheidet weiterhin verschiedene Prinzipien der Synthese, die durch Überlagerung bzw. → Interferenz von → Schwingungen realisiert werden (in der Nachrichtentechnik wird dieser Vorgang meist als → Modulation bezeichnet) und die in der Praxis meist miteinander gemischt verwendet werden, u. a.:

- Additive Synthese (auch Fourier-Synthese) genannt, die Erzeugung einer Schwingung durch die Überlagerung (Addition) mehrerer einzelner Schwingungen;
- AM-Synthese, Amplitudenmodulations-Synthese, die Erzeugung eines Klangs durch Modulation der Amplitude einer Trägerfrequenz;
- FM-Synthese, Frequenzmodulations-Synthese, die Erzeugung eines Klangs durch Modulation der Frequenz eines Grundtons;
- *Phasedistortion*-Synthese, Phasenverzerrungs-Synthese, die Herstellung eines bestimmten Klangs durch Verzerrung der Phase einer Sinusschwingung;
- *Physical Modelling*, physikalische Modellierung, die rechnerische Simulation physikalischer Gegebenheiten und Schwingungsphänomene wird in Klänge umgesetzt;
- Subtraktive Synthese, umgekehrt zur additiven Synthese die Erzeugung eines Klangs durch Ausfiltern oder Verstärken der gewünschten Töne bzw. Teiltöne aus einem komplexen Tongemisch; wird häufig auch zur Erzeugung von Ausgangsklängen bzw. Sinusschwingungen für die weitere Synthese (Additive Synthese, FM-Synthese, usw.) verwendet;
- *Wavetable*-Synthese, eine digitale Klangerzeugung, bei der Klänge durch die Überlagerung verschiedener digital abgelegter Wellenformen modelliert werden.

synthesize

synthetisieren, zusammensetzen, künstlich oder technisch herstellen.

Synthesizer

(heute nur noch selten: *Sound Synthesizer*),

- ein Gerät bzw. die Hard- und Software zur elektronischen Klangerzeugung. Synthesizer verfügen über ein Modul zur Klangerzeugung (→ Expander) und eine Klaviertastatur (auch Steuertastatur, → *keyboard* oder → *master keyboard*, daneben sind oft auch weitere Eingabegeräte, etwa Drumpads, anschließbar), können zur Klangerzeugung meist auf abgespeicherte → Samples zugreifen und sind in der Regel mindestens mit einer → Midi-Schnittstelle zum Anschluß an weitere Geräte ausgerüstet. Auf vielen Synthesizern können spezielle Programme eingesetzt werden, die der digitalen Klangerzeugung oder -Manipulation dienen (→ Sampler, → Sequenzer), daneben können bisweilen auch Midi-Aufzeichnungsprogramme, Notenschrift-Software und ähnliches eingesetzt werden. Neben (teilweise modular aufgebauten) reinen Synthesizer-Geräten ist heute vielfach die Kombination aus einer Synthesizer-Einsteckkarte (Soundkarte) für Rechner (nebst dazugehöriger Software) gebräuchlich.

  Man unterscheidet meist anhand der grundlegenden Technik der Klangerzeugung bzw. Klangbeeinflussung → analoge und → digitale Synthesizer, die genauen Prinzipien der elektronischen Klangerzeugung in diesen Synthesizern werden dann noch weiter differenziert (siehe → Synthese).
- Bisweilen wird der Begriff auch als Bezeichung für jene elektronischen Bauteile

einer Soundkarte verwendet, die speziell zur Klangerzeugung dienen (Oszillator, Filter, FM-Bausteine etc.), in Unterscheidung zu sonstigen Elementen (Speicher-Elemente usw.) auf einer solchen Karte.

synthetisch
- zusammengesetzt, zusammengefügt;
- künstlich (technisch) hergestellt;
- nicht natürlich, unnatürlich.

synthetische Klänge
elektronisch (mit Synthesizern bzw. Samplern) erzeugte Klänge; auch im Sinne von: künstliche, unnatürliche Klänge.

synthetische Musik
aus synthetischen Klängen bzw. mit Synthesizern hergestellte Musik.

SYS
System.

sysadmin
Systemverwalter, → *admin*.

SysEx
system-exclusive, MIDI-Befehl bzw. -Daten, die nur von bestimmten MIDI-Geräten (herstellerabhängig) interpretiert werden können.

SYSOP
- → *System Operator*;
- beim Chatten: Aufforderung an den Sysop, sich in einen Chat einzuschalten.

sysprog
system programmer, Systemprogrammierer.

Systemboard
→ *motherboard*.

Systemmanagement
→ Systemverwaltung.

Systemoperator
kurz *sysop*, die für den Betrieb einer *mailbox* oder eines Internet-Servers (Steuerung und Überwachung) zuständige Person, oft mit dem dem → Systemverwalter identisch.

Systemplatine
→ *motherboard*.

Systemprogramm
Teil eines Betriebssystems oder ein → Dienstprogramm, das auf → Betriebssystem-Ebene läuft bzw. das originäre Betriebssystem ergänzt.

Systems Application Architecture
→ SAA.

Systems Network Architecture
→ SNA.

Systems Network Architecture Distribution Services
→ SNADS.

Systemverwalter
→ *admin*, die Person, der die → Systemverwaltung obliegt.

Systemverwaltung
alle organisatorischen und operativen Leistungen, die mit dem Betrieb eines Netzwerkes verbunden sind. Dazu zählen u. a. alle Tätigkeiten, die mit dem Auf- und Ausbau eines Netzwerks, mit der Steuerung und Überwachung des laufenden Betriebs eines Netzwerks (Netzwerkmanagement), mit der Lizenzierung, Installation und Betreuung von Netzwerk-Software (Softwaremanagement), mit der Datensicherung, der Zuweisung und Verwaltung von User-Rechten, der Realisierung und Überwachung der Einhaltung von Datenschutzbestimmungen und der Abrechnung von Netzwerkleistungen verbunden sind.

Szenarium
- schriftlicher Plan für die technische Umsetzung eines Theaterstücks;
- literarische Grundlage des Drehbuchs.

T1
Transmission Link 1, DÜ-Standard der Firma Bell Systems, maximal 24 Kanäle und 1.5 MBit/s auf Standleitungen.

T2
Transmission Link 2, DÜ-Standard der Firma Bell Systems, maximal 96 Kanäle und 6.3 MBit/s auf Standleitungen.

T3
Transmission Link 3, DÜ-Standard der Firma Bell Systems, maximal 672 Kanäle und 44.7 MBit/s auf Standleitungen.

T.30
ITU-Protokoll für Verbindungsaufbau, Durchführung der Übertragung und Abmeldung bei Fax.

T4
Transmission Link 4, DÜ-Standard der Firma Bell Systems, maximal 4032 Kanäle und 274.1 MBit/s auf Standleitungen.

T.4
ITU-Standard für Datenübertragungen per Fax.

TA A/B
→ ISDN-Terminaladapter zum Anschluß analoger Endgeräte (Telefon, Telefax) an ISDN.

Tabellarischer Satz
in Unterscheidung zum → Tabellensatz Bezeichnung für den Satz tabellarisch untereinander angeordneter Texte oder Zahlen ohne Verwendung von Trennlinien, Rahmen oder sonstigen Tabellenelemente; wird meist auf ganze Satzbreite gesetzt.

Tabelle
in Listen, Spalten und Kolonnen geordnete Übersicht von Text- oder Zahlenelementen, häufig mit Trennlinien, Rahmen und weiteren grafischen Elementen versehen.

Tabellenelemente
die einzelnen Elemente einer Tabelle benennt man mit Kopf, Fuß, Kopflinie, Randlinie, Kopfabschluß- oder Halslinie, Querlinie, Unterteilungslinie, Kolonnen-Unterteilungslinie, Längslinie, Kopflängslinie, Fußlinie, Kolonne und Feld.

Tabellensatz
im Unterschied zum → tabellarischen Satz der Satz von Tabellen mit trennenden Linien zwischen den Kolonnen, Rahmen und anderen strukturierenden grafischen Tabellenelementen.

table of contents
Inhaltsverzeichnis.

TAD
Telephone Answering Device, Anrufbeantworter.

TAE
- Telefon-Anschluß-Einheit (also die Telefonsteckdose) der Telekom, für das Analog-Netz 6-polig (TAE-6), für ISDN 8-polig (TAE-8);
- *telephone answering equipment,* Anrufbeantworter.

TAE-6-Stecker
Telefonstecker für den Analog-Anschluß, siehe → TAE.

TAE-8-Stecker
Telefonstecker für ISDN-Anschluß, siehe → TAE.

Tafel
table,
- bei Btx oder Videotext: eine Bildschirmseite;
- bei Büchern eine Abbildung, die auf einer eigenen Seite (und gegebenenfalls inner-

halb eines Tafelteils) steht; häufig auf speziellem Papier und getrennt vom Werkdruck im → Tafeldruck angefertigt.

Tafeldruck
Bilder- oder Illustrationsdruck, separate Herstellung der → Tafeln eines Buches.

Tafelverzeichnis
Abbildungsverzeichnis, Verzeichnis der → Tafeln.

tag
- Markierung; als Verb (auch eingedeutscht zu „taggen") markieren;
- Bezeichnung für die HTML-Befehle in HTML-Dokumenten, → *HTML-tag*.

Takt
Zeiteinheit bzw. von einem Taktgeber erzeugter Frequenzimpuls, der zur Synchronisierung von Abläufen dient.

Taktfrequenz
in MHz gemessener Arbeits-→ Takt, mit dem eine Anlage (etwa ein Computer) betrieben wird.

talk
- Chat mit nur zwei Teilnehmern, Unterhaltung zwischen zwei Usern (bzw. Name des entsprechenden Protokolls);
- → *news hierarchy* im → UseNet, unter der die Diskussion allgemeiner Themen bzw. simples Plaudern zu finden ist.

Talkline
Telefongesellschaft (Eigentümer Tele Danmark), Netzvorwahl 0 10 50.

Tamagochi
(jap., „süßes kleines Ei") meist kurz Gochi genannt, ein virtuelles Lebewesen, das ständiger Pflege bedarf (es muß u. a. gefüttert oder verarztet werden); üblicherweise als Spielzeug von der Größe einer Taschenuhr erhältlich, inzwischen in vielen Nachahmungen und auch in PC-Versionen vorhanden. Das Original wurde durch die japanische Firma Bandai entwickelt.

TAN
Transaktionsnummer, die beim *electronic banking* (via T-Online bzw. Btx) benötigte zweite Geheimnummer (vgl. → PIN), die nur ein einziges Mal benützt werden kann. Die Kreditinstitute übersenden ihren Kunden TAN-Listen mit 50 oder 100 Nummern, die nur für das jeweilige Konto gelten. Da für jede Buchung eine neue TAN erforderlich ist und nur die in der aktuellen Liste angegebenen TANs verwendet werden dürfen, ist sichergestellt, daß die Online-Transaktionen nur von Befugten ausgeführt werden (sofern die TAN-Liste nicht Unbefugten zugänglich gemacht wird).

TAO
→ *track at once*.

TAPI
Telephony Applications Programming Interface, Software-Schnittstellenstandard der Firma Microsoft für die Programmierung von Telefon-Anwendungen.

Tariflohn
tarifvertraglich vereinbarter Mindestlohn (für eine bestimmte Beschäftigung oder für Lohngruppen).

Tarifvertrag
Kollektiv-Normen-Vertrag, abgeschlossen zwischen Arbeitnehmer- und Arbeitgebervertretern (eines Betriebes, oder einer Region), zur Festlegung tariflicher Rahmenbedingungen (Entlohnung, Arbeitszeit usw.).

Tauschexemplar
Zeitungsexemplare, die zwischen Redaktionen (verschiedener Verlage) ausgetauscht werden.

TA V.24
→ ISDN-Terminaladapter, Modem-Anschluß.

TA X.21
→ ISDN-Terminaladapter, für den Anschluß von Datenendeinrichtungen mit X.21-Schnittstelle.

Tbx
→ Telebox.

TC
- *Telecommunications,* Telekommunikation;
- *Transfer Cost,* Übermittlungskosten, die Kosten der (Telefon-) Verbindung;
- *Transmission Control,* Übermittlungskontrolle, Übertragungssteuerung.

T-carrier
Sammelbegriff für die Bell-Standards → T1 bis T4.

TCO
Tjänstemännens Centralorganisation, schwedische Angestellten- und Beamtengewerkschaft. Die von der TCO entwickelten Ergonomie-Normen für Computer-Monitore und PCs (nach der Jahreszahl TCO 89, TCO 92 usw. genannt) gelten heute als weltweiter Standard – so erfolgen beispielsweise auch die PC- bzw. Monitor-Prüfungen des deutschen → TÜVs (vgl. auch → Elchtest), die im Auftrag der Gerätehersteller vorgenommen werden, nach diesen Normen.

TCP
Transmission Control Protocol, Übermittlungs-Kontroll-Protokoll, das erstmals 1974 vorgestellte, in RFC 761 als DoD-Standard definierte und 1982 allgemein eingeführte Protokoll für die Übertragungssteuerung im Internet. TCP setzt auf dem *Internet Protocol* (→ IP) auf und steuert die Verbindung zwischen zwei Hosts, packt und entpackt die Datagramme und fordert ggf. eine erneute Zusendung an.

TCP/IP
Transmission Control Protocol over Internet Protocol, zusammenfassende Bezeichnung der beiden Basis-Protokolle im Internet, auf die andere Protokolle bzw. Dienste wie FTP, SMTP usw. aufsetzen. Als Internet, Internet-Subnet oder intranet gelten nur Netzwerke, die TCP/IP verwenden.

TCP/IP Protocol Suite
zusammenfassende Bezeichnung für alle gängigen Internet-Protokolle, die auf TCP/IP basieren (einschließlich TCP und IP selbst), also u. a. → IP, → ICMP, → TCP, → UDP, → FTP, → Telnet, → HTTP, → NNTP, → SMTP und → SNMP.

TD
Transmit Data, Sende Daten, Steuersignal der → seriellen Schnittstelle.

TDDSG
Teledienstedatenschutzgesetz, die gesetzlichen Datenschutzbestimmungen für Teledienste, siehe → IuKDG.

TDG
Teledienstegesetz, gesetzliche Regelung der Rahmenbedingungen für IuK-Dienste, Teil des → IuKDG.

TDSV
Telekom-Datenschutzverordnung, regelt die Datenschutzmaßnahmen bei der Deutschen Telekom.

TE
Terminal Equipment, → Endgerät.

tech
Technik, Technologie.

Technical Reference Manual
kurz techref oder TRM, Referenzhandbuch (führt beispielsweise die Befehle einer Programmiersprache in alphabetischer oder thematischer Ordnung auf). Vgl. → user manual.

Technik
in Verlagen zur Unterscheidung gegenüber der → Herstellung verwendete

Sammelbezeichnung für alle Abteilungen, die an der technischen Durchführung der Produktion beteiligt sind (Print-Bereich: Satz, Repro, Druck, Verarbeitung).

techref
→ *Technical Reference Manual.*

techspeak
Fachsprache, Fachausdruck.

Teilausgabe
regional begrenzte Ausgabe einer überregionalen Zeitung, meist mit eigenem Lokalteil.

Teilbelegung
Schalten einer Anzeige in einer → Teilausgabe einer Zeitung oder in ausgewählten Zeitungen einer → Anzeigengemeinschaft.

Teilstreckennetz
ein Netzwerk, das bei der Datenübertragung immer in mehrere Teilstrecken gegliedert ist (wie etwa das Telefonnetz: die Teilnehmer sind nicht durch eine einzige direkte Leitung untereinander verbunden).

Teilton
Partialton, eine „reine" Schwingung bzw. ein einzelner Ton aus jenem Schwingungs- bzw. Tongemisch, aus dem ein → Klang besteht. In der Natur kommen Töne bzw. Klänge immer nur als Gemische vor, reine Töne oder Teiltöne sind daher im strengen Sinne gar niemals hörbar, sondern als die „idealen" Sinusschwingungen aufzufassen, in die sich ein Klang per mathematischer Analyse (→ Fourier-Analyse) theoretisch zerlegen läßt. Die spezifische Mischung der Teiltöne zu einem Klang ergibt eine charakteristische → Klangfarbe, die sich in einer ebenfalls charakteristischen → Wellenform darstellen läßt.
Der am lautesten hörbare Teilton wird als erster Teilton oder Grundton bzw. als Grundfrequenz bezeichnet, die anderen Teiltöne werden Obertöne, harmonische Töne oder Naturtöne genannt und sind in ihrer Frequenz jeweils ganzzahlige Vielfache der Frequenz des Grundtons.

Teilungszeichen
Trennungszeichen, vgl. → Bindestrich.

Teilzeitarbeit
Mobilzeitarbeit, in Unterscheidung zur → Vollzeitarbeit ein Arbeitsverhältnis mit vertraglich vereinbarter Arbeitszeit, die unter der betrieblichen Regelarbeitszeit liegt; nach gesetzlichen Vorgaben pauschal besteuert und entweder ganz sozialversicherungsfrei (geringfügige Beschäftigung, weniger als 15 Stunden je Woche und max. 610 DM), frei von Abgaben für die Arbeitslosenversicherung (Wochenarbeitszeit von unter 18 Stunden) oder voll sozialversicherungspflichtig.

tektieren
mit Papier überkleben (zu Korrekturzwecken), siehe → Tektur.

Tektonik
Lehre vom inneren Aufbau (einer künstlerischen Schöpfung, eines Gedichtes).

Tektur
über eine Textstelle geklebtes Papier mit einem berichtigenden Text.

TelAPI
Telnet Application Programming Interface, die Programmierschnittstelle für → Telnet.

TelDaFax
Telefongesellschaft (Eigentümer TelDaFax KG, Apax), Netzvorwahl 0 10 30.

Tele2
Telefongesellschaft (Eigentümer Kinnevik), Netzvorwahl 0 10 13.

Telearbeit

Sammelbegriff für alle Arbeitsformen, bei denen fern von der Firma (zuhause oder evtl. auch an einem Telearbeitszentrum im Heimatort) an einem PC gearbeitet wird, der über DFÜ mit einem Firmencomputer bzw. einem *Corporate Network* verbunden ist. Viele „Sitz-Arbeitsplätze“ (Büro-Arbeiten ohne Publikumsverkehr oder ständigen Kontaktbedarf zu Kollegen und Mitarbeitern, wie etwa Buchführung, Personalverwaltung, Controlling, aber auch Arbeiten wie Konstruktion, Programmierung, Organisationsplanung, Texterfassung, usw.) können theoretisch zumindest für einige Tage je Woche auf diese Art und Weise aus einer Firma verlagert werden.

Bei vielen Großunternehmen wird Telearbeit längst für dafür geeignete Tätigkeitsfelder angeboten – für die Zukunft wird erwartet, daß auch mittlere und kleine Unternehmen zunehmend Telearbeitsverhältnisse einrichten.

Telearbeit ist meist als Teleheimarbeit, also als moderne Variante der → Heimarbeit, angelegt. Der Arbeitnehmer steht dabei in einem festen Arbeits- bzw. Dienstverhältnis und erledigt Arbeiten, die ansonsten in der Firma durchgeführt werden (würden), daheim in seinen eigenen Räumen.

Als besondere Vorteile dieser Arbeitsform werden u. a. soziale Aspekte (Familienfreundlichkeit), Erhöhung der Motivation, große Flexibilität hinsichtlich Arbeitszeiteinteilung und Arbeitsorganisation, Ortsunabhängigkeit, Reduzierung der Zeit- und Kostenaufwendungen für die Fahrt zum Arbeitsplatz sowie Arbeitsplatz- und Gemeinkostenreduzierung genannt. Als nachteilig werden dagegen andere soziale Aspekte (u. a. Isolation, Karriere-Barrieren) sowie etwaige Schwierigkeiten bei der Gewährleistung von Datensicherheit und Datenschutz erwähnt, öfters wird auch die Förderung eines gleitenden Übergangs zur endgültigen Ausgliederung des jeweiligen Arbeitnehmers aus dem Unternehmen (Outsourcing, Scheinselbständigkeit etc.) befürchtet.

Als Variante zu einer ausschließlich zu Hause abgeleisteten Heimarbeit bietet sich auch die Einrichtung sog. Telearbeitszentren an, worunter das Konzept multifunktionaler Kommunikationszentren verstanden wird. Solche Zentren können am Wohnort oder in einem Stadtteil als gemeindeeigene oder auch privat errichtete Infrastruktureinrichtung mehreren Telearbeitern Netz-Arbeitsplätze bieten und evtl. auch für sonstige Zwekke (Computerkurse, öffentliche Netzbibliothek, gemeindeeigenes Internet-Café o. ä.) zur Verfügung stehen.

Telearbeit kann auch als selbständige Arbeit bzw. freie Mitarbeit gestaltet sein, die betreffende Person ist hierbei also (Sub-) Unternehmer und steht in einem Werkvertrags-Verhältnis zur jeweiligen Firma. In diesem Fall bezeichnet Telearbeit in erster Linie die technische Komponente, also die kommunikative bzw. multimediale Vernetzung des Sub-Unternehmers mit dem auftragserteilenden Unternehmen (vgl. auch → virtuelles Unternehmen).

Als technische Basis für die Telearbeit gilt heute ein PC-Arbeitsplatz, der über ISDN und ggf. einen Internet-Provider (vgl. → PTPT, → VPN) mit dem Firmenrechner bzw. einem *Corporate Network* verbunden ist und, je nach Bedarf, mit Einrichtungen für Videoconferencing, E-Mail, ggf. aber auch CD-Brenner, Laserdrucker usw. ausgestattet ist. Ein solcher Arbeitsplatz kann ohne großen Aufwand in jedem freien Arbeitszimmer (Telearbeiter sollten über ein eigenes Arbeitszimmer verfügen können) eingerichtet werden.

Da Telearbeitsverhältnisse oft nicht als ausschließlich zuhause zu leistende Arbeit angelegt sind, müssen auch in der Firma, neben den für die eigentliche Telearbeit erforderlichen IuK-Einrichtungen, entsprechende Arbeitsplätze vorhanden sein, also beispielsweise gemeinsam zu nutzende Schreibtische und PCs, die im Rahmen eines *Office-Sharings* abwechselnd von mehreren Arbeitnehmern benutzt werden können.

Telebanking

→ *electronic banking*, meist → *homebanking*.

Telebox
kurz Tbx, Bezeichnung für die → Mailbox bei → T-Online.

telecopy
Telefax, → FAX.

telecopy equipment
Telefaxgerät, → FAX-Gerät.

Teledienste
nach dem Wortlaut des → IuKDG „alle elektronischen Informations- und Kommunikationsdienste, die für eine individuelle Nutzung von kombinierbaren Daten wie Zeichen, Bilder oder Töne bestimmt sind und denen eine Übermittlung mittels Telekommunikation zugrunde liegt".
Zu den Telediensten werden u. a. alle Angebote im Bereich der Individualkommunikation (Datenaustausch, Telebanking), der Datendienste (z. B. Wetter- oder Börsendaten), der Internet-Provider und der Online-Dienste gezählt. Auch *electronic commerce* wird als Angebot „von Waren und Dienstleistungen in elektronisch abrufbaren Datenbanken mit interaktivem Zugriff und unmittelbarer Bestellmöglichkeit" (wörtl. zitiert) zu den Telediensten gerechnet und fällt daher unter die Zuständigkeit des IuKDG. Nicht zu den Telediensten gehören die Angebote von Telekommunikationsdiensten als solchen (Telefon), der Rundfunk, sowie redaktionelle Dienste, bei denen die öffentliche Meinungsbildung im Vordergrund der Leistung steht.

Teledienstedatenschutzgesetz
kurz TDDSG, siehe → IuKDG.

Teledienstegesetz
kurz TDG, Teil des → IuKDG.

teledildonics
aus *telecommunication, dildo* und *electronics* gebildeter Bombasto-Begriff für Cyber-Sex (mit entsprechender Hardware vielleicht in Zukunft möglich).

Tele-Einkauf
→ Btx-Ausdruck für → *electronic shopping*.

Telefax
→ FAX.

Telefondienst
→ Fernsprechdienst.

Telefonie
der Telefondienst, die Telefon-Technologie.

Telefonmonopol
ehemaliges Recht der Deutschen Telekom AG, als einziges Unternehmen in der Bundesrepublik öffentliche Kabelnetze zu betreiben.

Teleheimarbeit
→ Telearbeit.

Telekom
→ Deutsche Telekom AG.

Telekommunikation
Kommunikation über größere Entfernungen mit technischen Hilfsmitteln wie Telefon, Mobilfunk oder Computern, die über Netzwerke untereinander Verbindung aufnehmen können.

Telekommunikations-Anschlußeinheit
die Steckdose für das Telefon, → TAE.

Telekonsultation
Sammelbegriff für → *Videoconferencing* im medizinischen Bereich. Die Bezeichnung umfaßt meist eingeschränkt nicht den Kontakt Patient-Arzt (vgl. → Teletherapie), sondern nur die Kommunikation von Ärzten untereinander, wobei Telekonsultation etwa zur Ferndiagnose oder zur Unterstützung bei Operationen usw. eingesetzt wird.

Telekooperation
Zusammenarbeit räumlich verteilter Personen mittels Telekommunikationsein-

richtungen, siehe → Telearbeit, → virtuelles Unternehmen.

Telelearning
Sammelbezeichnung für Fernunterrichtsformen oder auch eigenständiges Lernen mittels moderner Kommunikationsformen. Neben der Online-Anbindung ist Telelearning auch als Lernen per Firmenfernsehen verbreitet. Vgl. → CBT.

Telematik
allgemeine Bezeichnung für die Verbindung von Telekommunikation mit der Informatik; Schwerpunkte der Telematik sind die Entwicklung und Anwendung von Fernsteuerungs- und Fernüberwachungsleistungen. Anwendungen wurden bislang u. a. auf folgenden Gebieten entwickelt: Überwachung und Steuerung des Straßenverkehrs, der Gebäudetechnik und des Produktionsprozesses (Überwachung und Sicherung von Wohnungen, Fern-Ablesung von Verbrauchsdaten, usw.).

Telepassport
Telefongesellschaft (Eigentümer Georg F. Hofer), Netzvorwahl 0 10 24.

telephone answering equipment
kurz TAE, Anrufbeantworter.

telephone call
Telefonanruf.

telephone charges
Fernsprechgebühren.

telephone directory
Telefonbuch.

telephonee
der Angerufene.

telephone exchange
Fernsprechvermittlungsstelle.

telephone network
Fernsprechnetz, Telefonnetz.

telephoner
der Anrufer.

telephone switching
Fernsprechvermittlung.

teleprinter
Fernschreiber.

teleprocessing
kurz TP, → Datenfernverarbeitung.

Teleselling
Verkauf mittels Telekommunikationsmedien (Telefonverkauf, → *electronic commerce*).

Teleshopping
→ *electronic shopping*.

Telesoftware
in Btx angebotene Programme (→ *freeware*, → *shareware*).

Telespiel
ein Video-Spiel, das mittels einer an das Fernsehgerät anschließbaren Spielekonsole gespielt wird. Die Spiele sind auf nicht kopierbaren Datenträgern gespeichert.

Teletex
ein erweitertes → telex, mit 2400 Bit/s betrieben.

Teletext
→ Videotext.

Teletherapie
eine Form der Therapie, bei der die Patienten zuhause über Multimedia-PC und *videoconferencing* mit dem Therapeuten regelmäßigen Kontakt aufnehmen können; derzeit noch in Erprobung (u. a. Modellversuch im Rahmen der Therapie von Hirnverletzungen).

teletype
Fernschreiben.

Teletypewriter
→ TTY.

Television
TV, Fernsehen.

Teleworking
→ Telearbeit.

telex
Teletypewriter Exchange, kurz Tx, Fernschreiber-Dienst, international verbreiteter Dienst für die Textkommunikation (420 Zeichen/Minute bei direkter Kommunikationsverbindung). Telex ist weltweit verfügbar; Fernschreiben werden international als juristisch verbindliche Dokumente anerkannt.

Telexdienst
1933 eingeführtes Datennetz, weltweite Fernschreiberverbindung. Sender- und Empfängerkennung, Uhrzeit- und Datumseintrag und Empfangsbestätigung gewährleisten ausreichend Sicherheit für den geschäftlichen oder behördlichen Nachrichtenverkehr. Fernschreiben gelten weltweit als (gerichtlich verwertbare) Urkunden, sind jedoch heute meist durch → Telefax und → eMail ersetzt.

Telly D1
das Tochterunternehmen der → Deutschen Telekom AG, das den Betrieb des D1-Netzes durchführt.

telnet
Internet-Protokoll bzw. → Dienst für → *remote access* bzw. → *remote terminal connection*, definiert in RFC 854. Unter einem Telnet-Client wird der PC als → VT100-Text-Terminal betrieben, man kann zeichenorientiert auf dem → *remote host* arbeiten und auf alle zeichenorientierten Internet-Anwendungen (etwa → ARCHIE) zugreifen.

Tenakel
Manuskripthalter.

Tendenzbetrieb
Bezeichnung für Betriebe, in denen die Mitspracherechte der Mitarbeiter in bestimmter Hinsicht und rechtlich zulässig nach dem Betriebsverfassungsgesetz eingeschränkt sind (etwa: sich einer bestimmten politischen Richtung zurechnenden Zeitungsverlage oder Verlage mit kirchlich-religiösem Verlagsprogramm).

ten-digit keyboard
Zehnertastatur (beim Taschenrechner, bisweilen auch Bezeichnung für das separate Zahlenfeld auf der Computertastatur).

TERENA
Trans-European Research and Education Networking Association, Ende 1994 aus → RARE und → EARN gebildetes Netz, das für akademische Zwecke, Forschung und Erziehung dient.

Terminal
ein an einen Großrechner angeschlossenes Datenendgerät, das nur aus Tastatur und Bildschirm (oder noch archaischer: aus einem Fernschreiber-ähnlichen Printer mit Tastatur) besteht und über keinerlei eigene Rechenleistung, Speicher, Laufwerke usw. verfügt (bisweilen können jedoch Maus, Lesestift (Barcode-Leser) oder Etikettendrucker angeschlossen werden). Sog. „unintelligente" Terminals können nur die vom Rechner (bzw. den dort laufenden Programmen) gelieferten Daten anzeigen und Tastatureingaben an den Rechner weiterleiten, „intelligente" Terminals können auch (intern) Tastaturbelegungen speichern oder den Terminalmodus wechseln. Für PCs sind → Terminalprogramme und → Terminalemulationen erhältlich, mit denen sich der PC wie ein Terminal verhält und an einen Host angebunden werden kann (etwa für die Nutzung von → Telnet, oder für den einfachen Zugang zu einem → BBS).

Terminaladapter
kurz TA, → ISDN-Terminaladapter.

Terminalemulation
ein Programm (→ Terminalprogramm) bzw. ein Standard zur → Emulation eines

Terminals auf einer Workstation oder einem PC (u. a. → ANSI, → TTY, → VT52, → VT100, → VT102).

terminal equipment
→ Endgerät, Datenendgerät.

Terminalprogramm
ein Programm, mit dem die Terminalverbindung zu einem Host (→ rlogin) durchgeführt werden kann, und das zu diesem Zweck verschiedene → Terminalemulationen zur Verfügung stellt.

Terminator
Schlußzeichen, das am Ende eines → Btx-Befehls stehende Steuerzeichen (#); das Gegenstück ist der → Initiator.

terminus technicus
Fachausdruck.

Terminvorschrift
Vorschrift zur → Placierung einer Anzeige zu einem bestimmten Termin.

Tertia
Schriftgrad, 16 p.

Tertiärverkabelung
die in LANs an der → Sekundärverkabelung angeschlossenen Kabel (die Kabel, die vom Teilnehmer-PC an einen Etagen-Bus bzw. eine Anschlußdose reichen).

Terz
→ Intervallbezeichnung (kleine Terz 3 Halbtonschritte, große Terz 4 Halbtonschritte). Terzen sind vor allem für den Aufbau von → Akkorden (vgl. → Dreiklang, → Vierklang) bedeutsam.

tesselation
mosaikartige Zusammensetzung; beim → *rendering* Begriff für die automatische Untergliederung einer Oberfläche in Polygone.

Testimonial
Zeugnis von zufriedenen Kunden (in Werbeanzeigen)

TeX
Textformatierprogramm aus der Unix-Welt, vor allem im Hochschulbereich (dank ausführlicher Formelsatz-Fähigkeiten) noch weit verbreitet.

Text
- (aus dem lat. *textus*, Gewebe, Aufeinanderfolge, abgeleiteter) Begriff für eine aus Worten bzw. Sätzen zusammengefügte Rede oder Schrift (Merkmale u. a.: bestimmte innere Struktur, Beziehung zu anderen Texten oder Zeichen);
- ein aus Zeichen des Alphabeths zusammengesetzter Datenbestand oder Dateiinhalt (in Unterscheidung zu numerischen Inhalten oder zu Grafik, Sound usw.);
- Schriftgradbenennung, 20 p.

textanschließende Anzeigen
Anzeigen, die im redaktionellen Teil einer Zeitung im Anschluß an den Text stehen (und nicht auf Anzeigen-Seiten).

Textausrichtung
der Stand bzw. die Positionierung von Textzeilen untereinander; sie wird bei Textverarbeitungsprogrammen meist über die → Absatzformatierung im Rahmen von → Formatvorlagen definiert. Zeilen können können → zentriert, → linksbündig oder → rechtsbündig untereinander stehen oder als → Blocksatz angeordnet sein. Die freie Anordnung (jede Zeile wird anders angeordnet) kommt selten vor (und kann naturgemäß nicht durch globale Formatieranweisungen vordefiniert werden). Vgl. auch → Satzanordnung.

Textbearbeitung
- gestalterische oder sonstige Bearbeitung (Korrektur, Lektorat) eines bereits erfaßten Textes (am Computer bzw. Textsystem);

- urheberrechtlich relevante sprachliche Umarbeitung eines Texts.

Textbearbeitungsprogramm
siehe → Textverarbeitungsprogramm.

Texter
- ein Verfasser von Texten;
- meist: der für die Entwicklung von Texten zuständige Mitarbeiter einer Werbeagentur (→ Werbetexter).

Texterfassung
Eingabe und Speicherung von Text für die elektronische Weiterverarbeitung; neben der manuellen Eingabe ist auch das Erfassen mittels spezieller Geräte (siehe → OCR, → Scanner) oder die Übernahme (und ggf. Konvertierung der Daten) von anderen EDV-Systemen zur Erfassung zu zählen.

Texterfassungsprogramm
auch Editor, ein Programm (oder Programmteil) zur Eingabe von Text. Im Unterschied zum → Textverarbeitungsprogramm verfügt ein reines Erfassungsprogramm meist nur über eingeschränkte Möglichkeiten zur Gestaltung von Texten.

Mit dem Begriff Editor wird außer eigenständigen Anwendungsprogrammen zur Texterfassung auch ein Programmteil innerhalb eines größeren Programmes (Textverarbeitungsprogramm, Tabellenkalkulation, usw.) bezeichnet, der die Eingabe von Text ermöglicht.

Textfeld
Eingabefeld innerhalb einer → *dialog box*, das die Eingabe von alphanumerischen Zeichen ermöglicht.

Textfelder können sowohl einzeilig als auch mehrzeilig angelegt sein; bisweilen wird die Eingabe nur für bestimmte Inhalte, Formate oder Zeichen gestattet (Dateinamensfeld, Datumsfeld, Zahlenfeld, usw.).

Textgrafik
künstlerische Grafik, die aus Buchstaben oder Texten als den wesentlichen Gestaltungselementen komponiert wird.

textorientiert
synonym zu → „zeichenorientiert", Bezeichnung für einen Darstellungs- oder Übertragungsmodus, bei dem ausschließlich Texte auf dem Bildschirm angezeigt bzw. übertragen werden (etwa: verschiedene Internet-Dienste wie Gopher oder FTP, aber auch Btx). Werden auch Grafiken verarbeitet, spricht man von → grafikorientiert.

Textprogramm
meist synonym zu → Textverarbeitungsprogramm; auch als abgrenzende Bezeichnung im Unterschied etwa zu → Layoutprogramm, → Umbruchprogramm usw. für → Texterfassungsprogramme verwendet.

Textsatz
Satz von Text (im Unterschied etwa zu Tabellensatz).

Textspiegel
im Rahmen des → Layouts der evtl. vom → Bildspiegel zu unterscheidende → Satzspiegel einer Textseite.

Textsystem
auch → Textverarbeitungssystem, jedes Computersystem zur Verarbeitung (Erfassung, Gestaltung, Ausgabe) von Text, heute meist PCs mit → Textverarbeitungsprogramm oder → DTP-Programm und gegebenenfalls → OCR-Software sowie spezieller Hardwareausstattung (→ Laserdrucker, → Scanner).

Textteil-Anzeigen
Anzeigen, die im Text (im redaktionellen Teil) einer Zeitung untergebracht sind.

Textumfangsberechnung
rechnerische Ermittlung des Platzbedarfes für den gesetzten Satz (für die Vor-

kalkulation, die Berechnung des Seitenumfangs usw.); wird anhand des Manuskriptes und unter Berücksichtigung der zu verwendeten Schrift bzw. des Schriftgrades sowie des Layouts (Satzspiegel, Kolumnenbreite usw) durchgeführt.

Textur
textile Eigenschaft bzw. Oberfläche; beim → *rendering* Begriff für eine Fläche oder Oberfläche, die durch Merkmale wie Rauhigkeit, Fleckigkeit usw. nicht gleichfarbig-glatt erscheint.

Textura
gebrochene Schrift (historisch, von Gutenberg für die 42-zeilige Bibel verwendet), Vorläufer der → Fraktur.

texture mapping
Erzeugen einer → Textur nicht durch rechnerische Ermittlung, sondern durch Überlagern der Objekt-Oberfläche mit vorgefertigten Textur-Bildern (Bitmaps) oder auch Bildfolgen (Videos).

Textverarbeitungsprogramm
ein Programm, das alle mit der Verarbeitung von Texten zusammenhängenden Arbeitsschritte wie die Erfassung (oder auch Konvertierung), die inhaltliche und gestalterische Bearbeitung (Formatierung) sowie die Ausgabe von Texten ermöglicht.

Textverarbeitungssystem
→ Textsystem.

TFT
Thin Film Technology, Dünnfilmverfahren, auch Aktivmatrix-Verfahren, Aufbauprinzip hochwertiger LCD-Farb-Displays: jeder Bildpunkt wird durch eine einzelne Leuchtzelle gebildet, die jeweils durch einen separaten Dünnschicht-Transistor angesteuert wird. Die Anzeige kann so recht schnell aufgebaut und präzise ausgesteuert werden.

Theaterverlag
→ Bühnenverlag.

Thema
der wesentliche Gegenstand eines Textes, Musikstücks (etwa die Grundmelodie) oder Films.

The Net
das Netz, eine der Bezeichnungen für das Internet.

the Pope
der → Papst, wird gerne als Pseudo-Username *(→ nickname)* verwendet.

Thermodruck
→ Thermotransferdruck.

Thermodrucker
→ Nadel- oder Matrixdrucker, der das Bild mit heißen Nadeln und ohne Farbauftrag auf Thermopapier erzeugt. Wird manchmal auch Thermotransferdrucker genannt.

Thermopapier
Spezialpapier, das sich durch Hitzeeinwirkung verfärbt, wird in → Thermodruckern verwendet.

Thermotransferdruck
- Synonym für Druckausgabe mit einem → Thermodrucker;
- Spezialverfahren des Textildrucks, bei dem Papierbahnen, die zunächst im Flexodruck- oder Tiefdruckverfahren mit Spezialfarbe bedruckt wurden, unter Wärmeeinwirkung gegen eine Textilbahn gedrückt werden und dabei die Farbe auf die Textilbahn übertragen.

Thesaurus
ein Synonym-Wörterbuch.

These
eine Behauptung, deren Richtigkeit erst noch zu belegen ist; auch Leit- oder Lehrsatz.

Thick-Ethernet
auch 10Base5, Verkabelung bei Ethernet-LANs, maximal 500 m lang.

Thin-Ethernet
auch 10Base2, Verkabelung bei Ethernet-LANs, maximal 150 m.

thread
- allgemein Faden, Draht; Gewinde; einfädeln, aufreihen;
- ein eigener, in sich abgeschlossener Prozess, der innerhalb eines Programms oder in einer → *multiprocessing*-Umgebung abläuft;
- der „rote Faden" innerhalb einer Reihe von Nachrichten oder → *news articles*.

Three Letter Acronym
→ TLA.

Three-Shot-Technik
Aufnahme-Verfahren bei → Digitalkameras, bei dem die RGB-Farbwerte in drei separaten Scanvorgängen unter Verwendung von drei automatisch vorgeschalteten → Farbfiltern ermittelt werden. Die Filter sind meist auf Filterrädern angebracht, vereinzelt werden auch LCD-Filter verwendet, in denen die Kristalle per Spannungswechsel auf eine andere Farbe geschaltet werden können. Die Three-Shot-Technik benötigt mehr Aufnahme-Zeit als die → One-Shot-Technik und kommt vor allem für besonders hochwertige Aufnahmen zum Einsatz.

throughput
der effektive Datendurchsatz, → *data rate*.

Through Window
wörtl. durchs Fenster, siehe → *immersion*.

thumbnail
Daumen- bzw. Fingernagel, Bezeichnung für ein kleines Bildformat (vgl. → PCD) oder ein Bild in einem solchen Format.

Tiefdruck
alle → Druckverfahren, bei denen die Druckelemente der Form als Vertiefungen angelegt sind; im industriellen Rastertiefdruck wird die lasierende Farbe aus gleichflächigen, jedoch unterschiedlich tiefen Näpfchen der seitenverkehrten zylindrischen Druckform direkt auf den Bedruckstoff übertragen.

Tiefen
dunkelste → Tonwerte eines Bildes oder hellste Stellen eines Negativs, Gegenteil der → Lichter.

TIFF
tagged image file format, von Aldus und Microsoft entwickelter allgemeiner Grafikdatei-Standard für Bitmap-Dateien; verschiedene Bit-Stufen (1 bis 24 Bit) zur Farbdarstellung sowie unbegrenzte Bildformate sind möglich, die Anwendung von Kompressionsverfahren ist (eingeschränkt) ebenfalls geboten. Die Dateien werden mit der *extension* .tif gekennzeichnet.

Tilde
das Zeichen ~
- im Spanischen und Portugiesischen verwendetes Aussprachezeichen;
- bisweilen als Ersatz für „etwa, ungefähr" eingesetzt;
- häufiger auch als Wiederholungszeichen (in Druckwerken, Lexika etc.) zu finden;
- in → URLs als Joker-Zeichen für das → *home directory* verwendet.

Time Code
→ Zeitcode.

timeline
Zeitfaden, Zeitlinie; ein als Strich bzw. Skala dargestellter Zeitverlauf (bei der Audio-/Videobearbeitung) oder ein Zeitschema innerhalb eines → Autorensystems (etwa bei Macromedia → Director).

timeout
Steuerzeichen bzw. Signal für die Überschreitung eines vorgegebenen Zeitrahmens, wird als Rückmeldung bei der Kommunikation zwischen Rechnern oder

Rechnern und Peripheriegeräten verwendet, um ein „Aufhängen" des Systems zu vermeiden.

time stretching
Zeitstreckung, die künstliche Veränderung der Laufzeit eines Signals, einer Bildfolge oder einer Schwingung (möglichst unter Beibehaltung von → Amplitude und → Frequenz, bei Samples also: unter Beibehaltung von Tonhöhe, Lautstärke und Klang-Eindruck); meist zum Einpassen von Samples bzw. beim Schnitt oder Vertonen von Filmen verwendet.

Time to Live
→ TTL.

Tintenstrahldrucker
berührungsfrei arbeitende Computerdrucker, bei denen Tintentröpfchen auf den Bedruckstoff übertragen werden. Beim Bubble-Jet-Verfahren werden die Farbdüsen blitzartig erhitzt, der entstehende Dampfdruck schießt die Tröpfchen auf den Bedruckstoff, bei der Ink-Jet- bzw. *Drop-on-Demand*-Technik wird dagegen die Düse kurzfristig mechanisch verengt, um die Tinte zu übertragen. Tintenstrahldrucker haben sich vor allem als Farbdrucker etabliert und sind dann meist mit 4 (vereinzelt auch mehr) verschiedenen Farben ausgestattet. (Vgl. auch → Druckertechnologien.)

Titelaufnahme
Aufnahme der → Bibliographischen Angaben eines Werks in ein Verzeichnis, etwa einen Bibliothekskatalog.

Titelbild
bei Büchern → Frontispiz, bei Zeitschriften das Bild auf der ersten Umschlagseite.

Titelbogen
der erste (oder die ersten) Druckbogen eines Werkes, der die → Titelei enthält.

Titelei
alle dem Text eines Werkes vorangestellten Seiten (Schmutztitel, Titelbild, Sammeltitel, Haupttitel, Impressum, Dedikationstitel, Geleitwort, Vorwort, Inhaltsverzeichnis und Abbildungsverzeichnis).

Titelkopf
der Titel einer Zeitung, zu Beginn der ersten Seite angebracht, mit Angaben zu Ausgabenummer, Verlagsort usw.

Titelkopfanzeige
Anzeigen im Titelkopfbereich einer Zeitung. Die Online-Variante einer Titelkopfanzeige ist die → Bannerwerbung, beispielsweise auf der Startseite einer Suchmaschine.

Titelschutz
gesetzliche Schutzrechte bei Buch-, Zeitschriften- und Zeitungstiteln, basierend auf urheber- und wettbewerbsrechtlichen Bestimmungen.

Titelseite
erste Seite einer Zeitung oder Zeitschrift.

Titelstory
siehe → Aufhänger.

TK
Telekommunikation.

TKV
Telekommunikations-Kundenschutzverordnung, ab 1. Januar 1998 geltende gesetzliche Regelungen für die Geschäfte der Anbieter von Telekommunikationsleistungen. Festgelegt wurde u. a.:
- bei Wechsel des Netzanbieters bleibt die Anschlußnummer ebenso wie die Installation als solche erhalten (sofern kein Wechsel des Orts des Anschlusses vorliegt), die Abmeldung beim vorigen Anbieter wird durch den neuen Telefondienst erledigt;
- jedem Anbieter wird eine eigene Netznummer zugeordnet, die es ermöglicht, den Anschluß unter einem Anbieter zu führen und nur für einzelne Anrufe die

Dienste eines anderen Anbieters in Anspruch zu nehmen *(call by call)*;
- die Rechnung für alle Telekommunikationsleistungen wird von demjenigen Anbieter ausgestellt, der den Kunden mit dem öffentlichen Netz verbindet.

TLA
Three Letter Acronym, Drei-Buchstaben-Akronym.

Tln
Teilnehmer (im Telefonnetz).

TM
trade mark, → Markenzeichen.

TMN
Telecommunications Management Network, in → SDH integriertes Netzwerkmanagement-System.

T-Normen
siehe → CCITT-Normen.

TOC
table of contents, Inhaltsverzeichnis bzw. Dateiverzeichnis einer CD. Nach ISO 9660/*Yellow-Book*-Standard ist ein solches Verzeichnis hierarchisch aufgebaut, wobei maximal 8 Verzeichnisebenen gestattet sind und Datei- und Verzeichnisnamen nur alphanumerische Zeichen enthalten dürfen. Nach → Joliet sind beliebige Zeichen zur Darstellung von bis zu 64 Byte langen Dateinamen erlaubt.

token
Zeichen, Berechtigungszeichen.

token passing
wörtl. „Vorbeilaufen des Berechtigungszeichens", Verfahren der → paketvermittelten Datenübertragung in → LANs, bei dem zur Regelung des Datenverkehrs regelmäßig spezielle Steuerzeichen *(token)* in die Verbindungsleitung eingespeist werden. Jede Station lauscht mit und sendet die *tokens* (und Datenpakete) weiter. Bei Bedarf werden freie *tokens* als „besetzt" markiert und die Datenpakete angehängt. Siehe → Arcnet, → *Token Ring.*

Token Ring
- von IBM entwickelte LAN-Technologie mit → *token passing*-Verfahren, wobei die Teilnehmer in einem geschlossenen Ring angeordnet sind.
- allgemeine Bezeichnung für LANs, die nach dem in → IEEE 802.5 definierten *token ring*-Standard arbeiten.

Ton
musikalische bzw. allgemeine Bezeichnung für einen → Klang.

Tonalität
die Ausrichtung eines Musikstücks oder eines Musiksystems auf einen Grundton.

Tonarten
die jeweiligen Tonleitern, die einem Musikstück zu Grunde liegen oder auf die während eines Stückes übergegangen wird.

Toner
Farbpulver in Laserdruckern und Fotokopiergeräten.

Tonfrequenzwahl
Synonym für Mehrfrequenzverfahren, → MFV.

Tongeschlecht
Oberbegriff für die einer → Tonleiter zugrundgelegte Haupt-Struktur der Halbtonschritte zwischen den zulässigen Tönen (meist sind → Dur oder → Moll gemeint).

Tonhöhe
siehe → Oktavlage.

Tonleiter
auch Skala, eine feststehende Folge von Tönen in Halb- und Ganztonschritten. Außer der → chromatischen Tonleiter werden in der westlichen Musik haupt-

sächlich → Dur- und → Moll-Tonleitern eingesetzt, daneben existieren für bestimmte Musikrichtungen eigene Tonleitern (vgl. → Blues-Tonleiter).

Tonnamen
im abendländischen Musiksystem tragen die Noten folgende Namen: c, d, e, f, g, a, h (und wieder c). Die zwischen diesen Tönen (bzw. den Tönen der C-Dur-Tonleiter) liegenden Töne (am Klavier: die schwarzen Tasten) werden durch Versetzungszeichen gekennzeichnet, wobei man # = Kreuz verwendet, um die Erhöhung des Ausgangstons um einen Halbton zu markieren, und b = B, um die Versetzung des Tons um einen Halbton nach unten anzugeben. Einen solchermaßen erhöhten Ton benennt man mit der angehängten Silbe „is“ (etwa Dis), ein erniedrigter Ton wird entsprechend mit „es“ versehen. Aufgehoben werden die Versetzungen ggf. durch das Auflösungszeichen.
Die Bennenung erfolgt nicht ganz einheitlich: E-es wird zu Es zusammengezogen, und statt A-is oder H-es verwendet man B (im Englischen steht *b* jedoch für h, unser b wird *b flat* genannt). Man benutzt die unterschiedlichen Möglichkeiten, Halbtöne zu benennen, hauptsächlich zur Kennzeichnung der Ableitung des Tons. Im Bereich der elektronischen Musik (etwa bei MIDI) werden dagegen meist Nummern verwendet, um die Töne präzise (mit ihrer genauen → Oktavlage) anzugeben, die Ableitung eines Tons spielt dabei keine Rolle.

Tonwert
die Einteilung der Grau-Abstufungen (Dichte-Abstufungen) eines Halbtonbildes ergibt sogenannte Tonwerte.

Tonwertumfang
die Menge der unterschiedlichen Halbtöne bzw. der Tonwerte in einem Bild. Vgl. auch → Gradation.

toter Kolumnentitel
→ Kolumnentitel, der nur die Seitenzahl (Pagina) enthält; wird im Unterschied zum → lebenden Kolumnentitel nicht zum → Satzspiegel gezählt.

Tonumfang
siehe → Klangfarbe.

T-Online
Datennetz bzw. Online-Dienst der Deutschen Telekom, umfaßt die früher getrennten Btx- und Datex-Dienste, Btx-Plus sowie Internet-Zugang. Der Zugang zu T-Online ist bundesweit zum Ortstarif über das Telefonnetz (max. 28.000 bps) bzw. über ISDN (mit 64.000 bit/s) möglich. T-Online bietet Internet-Zugang (einschließlich der Möglichkeit, eine eigene *Homepage* anzulegen) und E-Mail, unter Btx lassen sich textorientiert u. a. *homebanking* (nahezu alle deutschen Banken und Sparkassen) und *homeshopping* durchführen und verschiedene auf Deutschland spezialisierte Dienste wie Bahnauskunft, Flugauskunft oder Telefonauskunft und deutschsprachige Foren erreichen; Btx-Plus bietet einen Premiumservice, u. a. (teils mit WWW-Technologie grafisch aufbereitete) redaktionell bearbeitete Foren. T-Online arbeitet u. a. auch mit → MSN zusammen.

Tonwahlverfahren
→ MFV.

tool
- Werkzeug;
- Dienst bzw. Dienstprogramm.

Toolbook
Multimedia-Toolbook, von Asymetrix hergestelltes professionelles → Autorensystem. http:// www.asymetrix.com

top level domain
ein Hauptbereich im Internet. Der Hauptbereichsname wird in der → DNS-Adresse entweder durch die → Länderkennung oder (vorwiegend in den USA) durch folgende Kürzel gebildet: .COM *(commercial)*, .EDU *(educational)*, *.NET*

(network operations), .GOV *(US government)*, *.MIL (US military)* und .ORG (sonstige Organisationen). Diese Hauptdomains sollen zukünftig um weitere Domains ergänzt werden, da vor allem die .COM-Domain sehr stark nachgefragt wird – vorgeschlagen sind u. a. die Domains .arts, .info, .firm, .store, und .web.

topic group
→ *newsgroup*.

Topologie
Aufbau bzw. Struktur der Verkabelung eines Netzwerks (vgl. → Ring, → Stern).

touch screen
berührungsempfindlicher Monitor bzw. entsprechendes LCD-Display.

TP
- → *teleprocessing*;
- *Transport Protocol*, (→ TPDU);
- → *twisted pair*.

TPDU
Transport Protocol Data Unit, ein Datenpaket nach ISO-Spezifikation (vergleichbar einem TCP/IP-Datagram bzw. → PDU).

tpi
tracks per inch, Maßbegriff für die Anzahl der Spuren je Zoll (auf einem Datenträger).

traceroute
Internet-Dienstprogramm, das den tatsächlichen Weg bzw. die Verbindungsqualität einer Nachricht im Internet verfolgt. Das Programm sendet Test-Datenpakete an den gewünschten Rechner und listet anschließend auf, über welche *router* und *gateways* die Pakete gelaufen sind bzw. wo Störungen aufgetreten sind.

tracing
eine Spur verfolgen;
- den Lauf eines Datenpakets verfolgen (z. B. mit → traceroute);
- im grafischen Bereich Bezeichnung für das → Vektorisieren einer Grafik oder den Aufbau eines Bildes mittels Strahlenweg-Rückverfolgung (→ *raytracing*).

track
eine zusammengehörige Datenfolge auf CDs (etwa ein Musikstück auf Audio-CDs). Es können bis zu 100 tracks je CD vorhanden sein.

trade mark
Handelsmarke, → Markenzeichen.

trade price
Händlerpreis, Einkaufspreis des Handels.

Trägerfrequenz
data carrier, auch Trägerton, Trägerwelle oder Mittenfrequenz, eine bestimmte Frequenz bzw. elektromagnetische Welle oder Schwingung, die als Medium für die Nachrichtenübertragung dient; durch entsprechende Modulationsverfahren (siehe→ Modulation) wird sie durch die Nutzsignale bzw. die Nachrichtenwelle in eindeutiger Weise verändert und so zum Träger der Informationsübertragung.

Trägermaterial
→ Bedruckstoff.

Trägerton
→ Trägerfrequenz.

Trägerwelle
- die physikalische Beschaffenheit des Übertragungsmediums (oder der → Trägerfrequenz) bei einer Datenübertragung;
- Synonym für → Trägerfrequenz.

traffic
- Verkehr, auch Datenverkehr;
- in der DFÜ meist im Sinne von Datenverkehrs-Aufkommen (Art, Strecke, Volumen der Datentransfers) verwendet.

Trailblazer-Modems
high-speed-Modems der Firma Telebit, die bei einer Kommunikation untereinan-

der ein eigenes Verfahren (→ PEP bzw. TurboPEP) benutzen.

trailer
- bei der DFÜ das Gegenstück zum → *header:* ein an das Ende eines Datenpakets angehängter Bereich mit Informationen, die der Adressierung, Steuerung und Kontrolle des Datenpakets bzw. seiner Weiterleitung dienen;
- bei Videos bzw. Filmen: der Abspann; bisweilen auch: ein kurzer Video-Auszug.

Transaktionsnummer
→ TAN.

transceiver
transmitter-receiver, ein Gerät, das sowohl senden als auch empfangen kann (etwa ein Modem oder eine Ethernet-Karte).

Trans-European Research and Education Networking Association
→ TERENA.

transfer
→ Datenübertragung.

Transienten
andere Bezeichnung für → *spikes.*

transit network
ein Netzwerk, das nicht nur Daten der eigenen Teilnehmer transportiert, sondern auch Daten aus fremden Netzen weiterleitet. Ein Netzwerk, das nur intern Daten weiterleitet, wird → *stub network* genannt.

Transmission Control Protocol
TCP.

transmission error
→ Übertragungsfehler.

transmission path
→ Leitweg.

transmission rate
Datenübertragungsrate.

transmitter
Sender.

Transparenz
Durchsichtigkeit, Lichtdurchlässigkeit
- bei der Grafikdarstellung (auf PCs) im sogenannten → Alpha-Kanal der Pixelwerte festgelegt;
- bei Papier siehe → Opazität;
- ein Protokoll bzw. Übertragungsverfahren gilt als transparent, wenn alle Datenformate (Text, Ton, Bild, Video) übertragen werden können.

Transposition
Verschiebung eines Musikstücks in eine andere Tonart (jede Note wird um die gleiche Anzahl von Halbtonschritten verschoben).

transport layer
Transportschicht, die 4. Ebene im → *OSI Reference Model.*

transport layer demultiplexing value
wörtl. Transport-Schicht-Entschachtelungs-Wert, meist nur kurz → *port* genannt: die 16-Bit-Adresse, die den Datentransport zwischen gleichrangigen Schichten (vgl. → *OSI Reference Model*) sicherstellt. Jedem Internet-Dienst ist ein solcher *port* zugewiesen, u. a.: → finger 79, → ftp 21, → http 80, → smtp 25, → telnet 23.

Transversalwelle
eine → Welle, bei der die einzelnen Teilchen des Mediums senkrecht zur Ausbreitungsrichtung schwingen, also beispielsweise eine Wasserwelle.

trap door
auch → *back door,* ein Hintertürchen.

trash
Abfall; Mülleimer.

trashing
Überlastung eines Systems.

Travan
Streamer-Standard, Ablösung des QIC-Standards (abwärtskompatibel: Travan-Laufwerke verarbeiten alte QIC-Cassetten).

Treiber
driver, Gerätetreiber
- Treibereinheit, ein in einem Peripheriegerät vorhandener Signalerzeuger;
- Treiberprogramm, eine standardisierte Software-Schnittstelle, meist mit speziellen Konfigurationsanweisungen in das Be-triebssystem integriert. Über solche Treiber bzw. → Schnittstellen wird beispielsweise die Tastenbelegung, die Einstellung des Monitors, die Verwaltung des Erweiterungsspeichers, das Ansprechen von Laufwerken oder der Betrieb eines Modems ermöglicht.

Treibereinheit
siehe → Treiber.

Treiberprogramm
siehe → Treiber.

Trellis-Modulation
von Modems bei hohen Datenübertragungsraten (etwa V.32) verwendetes Modulationsverfahren, bei dem jeweils 4 Datenbits mit einem Prüfbit versehen werden.

Trema
Betonungszeichen (→ Akzent) aus zwei Punkten, die über dem Buchstaben stehen, äëïöü, → Diaresis; Trennpunkt (etwa in Wörterbüchern zur Anzeige der → Trennfuge).

trennen
- bei der Kommunikation: eine Verbindung unterbrechen bzw. beenden;
- beim Umbruch: eine Zeile umbrechen, ggf. mit Silbentrennung;
- kurz für: eine Silbentrennung durchführen.

Trennfehler
fehlerhafte → Silbentrennung.

Trennfuge
Stelle in einem Wort, an der eine Trennung (bei der Silbentrennung) erfolgen darf; in Wörterbüchern durch → Trema oder senkrechten Strich angezeigt; kann in Textverarbeitungsprogrammen oder Satzsystemen von Hand markiert werden (Priorität vor automatisch vorgenommener Trennung).

Trennpunkt
→ Trema.

Trennungszeichen
→ Divis.

trilineare Scannerzeile
siehe → Zeilensensor.

TRM
→ *Technical Reference Manual*.

Trockensurfen
→ Web-Surfing ohne aktuelle Internet-Anbindung, also auf einem lokalen Datenträger (meist CD). Vor allem PC-Fachzeitschriften bieten ihren Lesern häufig diese Möglichkeit des Surfens: auf eine der Zeitschrift beigelegte CD mit Web-Inhalten (interessanten Web-Seiten) oder mit als Web-Seiten angelegten redaktionellen Infos usw. kann mit einem → HTML-fähigen → Browser zugegriffen werden.

Trommel
Maschinenteil in → Laserdruckern.

trouble shooting
rasche Fehlersuche und -beseitigung.

true color
Grafik-Darstellungsformat „Echtfarb-Darstellung“, verwendet 24 Bit (je Pixel) zur Codierung der Farbe.

TrueType-Fonts
in der Größe skalierbare und im Bild veränderbare Schriften, die auf dem Bildschirm der späteren Druckausgabe sehr ähneln (oder mit ihr identisch sind).

Trumpet Winsock
eine von der australischen Firma Truncet entwickelte → *socket,* die sehr verbreitet ist und als → *shareware* vertrieben wird.

truncation
- Programmabbruch;
- Abschneiden (von Nachkomma-Stellen).

truncation error
Rundungsfehler.

TSAP
Transport Service Access Point, im ISO-Netzwerk-Standard der Übergangspunkt auf die Transportschicht.

TSR
terminate, stay resident, Hintergrundprogramm, ein speicherresidentes Programm, das einmal gestartet wird und dann bis zum Abschalten des Systems im Hintergrund arbeitet (u. a. → *dragons* oder → *daemons,* → *Spooler,* → Treiberprogramme usw.).

TST
- Test;
- Test-Datei.

TTL
Time to Live, beim *Internet Protocol* (→ IP) eine Zahl (max. 255) im → *header* der Datenpakete, welche die „Überlebenszeit" eines Datenpakets bestimmt. Sie wird bei jedem → *hop* reduziert, bei Null erfolgt die Löschung des Datenpakets. Dies verhindert, daß Datenpakete endlos durch das Internet irren, gleichzeitig kann diese Zahl zur Bestimmung der Anzahl der *hops* genutzt werden, die ein Paket absolvierte.

TT/MM/JJ
Tag, Monat, Jahr; vgl. → YY/MM/DD.

TTS
→ Teletypesetting.

TTY
- *teletype,* Fernschreiben, Fernschreiber;
- *Teletypewriter,* Fernschreiber, ein (heute relativ selten benutzter) zeichenorientierter Terminalemulations-Standard, der nur Textmodus und Zeilen-Scrolling (keinen Bildschirmaufbau, keine Farbe etc.) bietet.

TU
tape unit, Bandlaufwerk.

TÜV
Technischer Überwachungsverein, überprüft in Deutschland Soft- und Hardware im Herstellerauftrag und vergibt Gütesiegel für Ergonomie, Einhaltung von Emissionsgrenzwerten und Stromsparrichtlinien usw. (Monitore und PCs werden beispielsweise auf die Einhaltung schwedischer → TCO-Normen geprüft, vgl. → Elchtest).

TUI
Text-based User Interface, Text-orientierte → Benutzerschnittstelle, sysnonym zu → CUI.

tunneling
Wenn → Datenpakete zwischen zwei mit demselben Protokoll betriebenen Netzen ausgetauscht werden und dabei ein fremdes Netz durchlaufen, welches mit einem anderen Protokoll betrieben wird, müssen die Datenpakete umformatiert oder in Datenpakete dieses sog. Gastgeberprotokolls gepackt und anschließend wieder hergestellt werden, sie „durchtunneln" das fremde Netz. Der gesamte Ablauf dieses *tunneling* besteht aus der Kapselung (→ *encapsulation*) von Datenpaketen des eigenen Protokolls in den → *control frame* des fremden Protokolls, der Durchschleusung durch das fremde Netz und der anschließenden Wiederherstellung der Originalpakete.
Der Vorgang kann beschleunigt und vereinfacht werden, indem man sich den üblichen Schicht-Aufbau von Datennetzen (vgl. → *OSI Reference Model*) und die damit zusamenhängende *frame*-Struktur der Datenpakete zunutze macht: anstelle die Datenpakete erst in das eigene Trans-

portschicht-Protokoll (und danach in das des anderen Netzes) einzubetten, läßt sich auch sofort der Transportschicht-*frame* des Durchgangs-Netzes benützen. So wird beispielsweise bei der X.400-E-Mail zwischen zwei mit → ISO-TS betriebenen Netzen via Internet nicht erst ein komplettes ISO-Datenpaket (ein sogenanntes → TPDU) hergestellt, an einem Übergang ins Internet in TCP/IP-*frames* verpackt und dann weitertransportiert, sondern es wird nach der in RFC 983 (bzw. RFC 1006) beschriebenen Methode verfahren: das Datenpaket erhält (gleich am → TSAP) anstelle des ISO-*frames* den TCP/IP-*frame*, wird sofort ins Internet eingespeist und nach dem Durchtunneln des Internets wieder (via TSAP-*gateway*) nach ISO rekonstruiert.

tunneln
→ *tunneling*.

TurboPEP
siehe → PEP.

TV
Television, Fernsehen.

TV-Karte
→ TV-Steckkarte.

TVSt
Teilnehmervermittlungsstelle, die Vermittlungsstelle zwischen dem einzelnen Teilnehmer und der Ortsvermittlungsstelle (normalerweise ein mausgrauer Schaltkasten an einer Straßenecke).

TV-Steckkarte
kurz TV-Karte, eine → Digitalisierkarte, die den Empfang und die Wiedergabe von Farbfernsehen (nach → PAL-Standard) sowie die Umsetzung der über VHS- oder S-VHS-Eingänge gelieferten Fernsehbilder vornimmt. Meist sind die Karten auch für den Empfang von Teletext ausgerüstet, einige Karten können zudem UKW-Rundfunk wiedergeben. Zum üblichen Leistungsumfang gehört → *frame-grabbing*, einige Karten ermöglichen auch den Mitschnitt von Sendungen (im .AVI-Format) oder die Speicherung der Teletext-Seiten.

TWAIN
Standard-Schnittstelle für den Betrieb von Scannern.

twisted pair
Kabel mit paarweise verdrillten Leitungen.

two adapter
Doppelstecker.

two-spot
das Zeichen :, der Doppelpunkt.

Tx
Teletypewriter Exchange, → telex.

TxD
Transmit Data, Sendeleitung der → seriellen Schnittstelle.

TXNAsl
Telexnebenanschlußleitung.

TXNStAnl
Telexnebenstellenanlage.

txt
kurz für *text*, Text, Textdatei.

TXVerAnl
Telexverteileranlage.

Type
kurz für Drucktype, → Letter.

type area
→ Satzspiegel.

Typenkörper
Kegel, der Teil einer → Letter, auf dem das Schriftbild steht.

Typographie
- im engeren Sinn die Kunst der Gestaltung mit Schriftzeichen. Da Schrift in

erster Linie der Kommunikation dient, ist es elementares Ziel der Typografie, diese Kommunikation mit gestalterischen Mitteln zu unterstützen. Zur Typografie zählt sowohl die Gestaltung einer Schrift als solcher (also die Herstellung von Schriftschnitten usw.), als auch die Gestaltung von Text. Als Zeichen von typografischer Qualität gilt der gute „Gesamteindruck" eines Textes, der sich vor allem aus der Harmonie von informellem Inhalt und darstellerischer Form ergibt. Typografie zählt zu den allgemein lern- und lehrbaren Künsten, die Regeln einer guten Typografie (siehe → typografische Grundlagen) zählen im Printbereich zum elementaren handwerklichen Rüstzeug.

- im umfassenderen Sinn die Kunst, ein Druckwerk zu gestalten. Ziel dieser Kunst ist es, durch Schrift, Bildgestaltung, Druckfarbe, Papier, Druckverfahren und Weiterverarbeitung eines Druckwerkes einen einheitlichen und zum Zweck des Werkes passenden Gesamteindruck zu erwecken.
- im modernen Sinn die Kunst, schriftbasierte Informationen mediengerecht und zweckmäßig aufzubereiten bzw. zu gestalten. Im Multimedia-Bereich ist die Typografie daher nur noch für einen Teil der gestalterischen Aufgaben zuständig, modernes Screen-Design beschäftigt sich außer mit der Darstellung schriftlicher Informationen auch mit Grafik, Film und Ton bzw. der Gestaltung virtueller Räume, Gegenstände und Ereignisse.

Typographische Datenbank
eine Datenbank, in der satzspezifische Daten gespeichert sind (in Druckereien und Verlagshäusern).

typographische Grundlagen
bei der sinnvollen und leserlichen Gestaltung von Text gilt es, einige elementare Regeln zu beachten:

- Allgemeines:
  - Bei der Auswahl der verwendeten Schriften ist auf gute Lesbarkeit, vor allem aber auf ein Passen der Schrift zum Inhalt oder zum Zweck des Schriftstücks zu achten.
  - Der → Schriftgrad bzw. die Schriftgröße bei gedrucktem oder auf dem Bildschirm dargestellten Text sollte möglichst nicht unter 8 p (3 mm) liegen. Zur Anpassung der Schriftgröße an individuelle → Browser-Gegebenheiten ist bei → HTML-Dokumenten möglichst mit relativen Schriftgrößenangaben zu arbeiten.
  - Ein Text sollte in ausreichend viele, sinnvoll gegliederte Absätze unterteilt und ausreichend durchschossen sein (siehe → Durchschießen, → Durchschuß).
  - Gemischte Groß- und Kleinschreibung liest sich einfacher als ein Text, der ausschließlich aus Klein- oder Großbuchstaben gesetzt wurde. Durchgängig → versal geschriebene Passagen sind möglichst ganz zu vermeiden, bestenfalls sind → Kapitälchen zu verwenden. Bei → Schreibschriften und → Fraktur sind versal geschriebene Worte oder gar Sätze verpönt, da völlig unleserlich. In versal geschriebenen Worten ist ß (Scharf-Ess), falls überhaupt verwendet (Rechtschreibreform?), immer zu SS aufzulösen.
- Auszeichnungen:
  - Um eine einheitliche Erscheinung des Textes zu gewährleisten, sollte mit möglichst wenigen und möglichst zueinander passenden Schriftarten gearbeitet werden. Für HTML-Text sollten nur Standardschriften verwendet werden, die auf möglichst vielen Rechnern verfügbar sind (Arial, Times).
  - Fußnoten und Tabellen sowie Bildunterschriften und → Kolummnentitel werden üblicherweise in kleinerem Schriftgrad gesetzt.
  - Innerhalb des Textes ist mit → Kursiven hervorzuheben – halbfette Schrift (im DTP/HTML-Zusammenhang: fette Schrift) und → Sperren sind für schnelles Lesen zu störend (der Verwendung in Überschriften etc. steht selbstverständlich nichts entgegen). Unterstreichungen sind in normalen Texten ganz zu vermeiden.
  - Farbige Hervorhebungen sollten unter HTML für Texte besonders sparsam eingesetzt werden, da die meisten → Brow-

ser mit farbigen Hervorhebungen für → Links konfiguiert werden. Aus diesem Grund sind auch Unterstreichungen zu unterlassen.

- Schriftsatz
  ▪ Im Schriftsatz (Fotosatz/DTP) werden Funktionen angeboten, deren Resultate sich bislang außer auf Papier nur unter Verwendung von → Postscript und entsprechenden → Viewern auf dem Bildschirm darstellen lassen – bei → Autorensystemen bzw. unter HTML bleibt nur die Möglichkeit, entsprechend gestalteten Text in eine Grafik umzusetzen und einzubinden. Hierbei handelt es sich in erster Linie um optisches → Ausgleichen innerhalb von Worten und Zeilen (→ Spationieren, → Unterschneiden), variablen → Durchschuß und → Formelsatz.
- Web, HTML
  ▪ Da die eigentliche Gestaltung bzw. Ausgabe eines Textes in den Browsern stattfindet und teilweise recht unterschiedlich ausfällt, ist die Überprüfung fertiger HTML-Dokumente mit verschiedenen Browsern anzuraten. Hierbei sollte nicht nur überprüft werden, ob die Gestaltung auch auf allen Browsern annähernd wie gewünscht stattfindet, sondern auch, wie sich die Darstellung bei verschiedenen Bildschirmformaten/Fenstergrößen ändert.
  ▪ Der Einsatz von proprietären Funktionen bzw. Befehlen, die nur auf einzelnen Browsern verarbeitet werden können, sollte genau bedacht werden – wird er für unabdingbar gehalten, ist auf der Titelseite auf diesen Umstand hinzuweisen. In der Regel sollten jedoch nur allgemein vorhandene Funktionen verwendet werden – dann kann auch auf solche Hinweise verzichtet werden, die viele Besucher gleich zu Beginn von einer weiteren Beschäftigung mit der WebSite abhalten.
  ▪ Für Spezialfälle läßt sich eine einheitliche Gestaltung durch Verwendung von entsprechenden Grafiken (Umsetzung einer Titelzeile, eines Logos, oder einer fertig gesetzten Bildschirmseite in eine Grafik) erzwingen.
  ▪ Aufgaben wie die Gliederung einer Seite in Kolumnen oder die Festlegung von Seitenrändern, Durchschuß usw. lassen sich auch in älteren HTML-Versionen in der Regel durch den Einsatz von Tabellenfunktionen lösen.
  ▪ Bei der Gestaltung einer WebSite sollte auch berücksichtigt werden, daß von interessanten bzw. wichtigen Seiten häufig auch → Hardcopies hergestellt werden (Probedrucke!).
  ▪ Die Verwendung von → Applets, → CGI-Scripts usw. kann die Funktionalität und den optischen Eindruck einer Seite durch Effekte wie Bewegungen, Blinken usw. stark beeinflussen – auf reinen Info-Textseiten sollte von derartigen Möglichkeiten jedoch nur sehr sparsam Gebrauch gemacht werden.

typographische Maße
Die Verwendung metrischer Maße setzt sich im Bereich der Typographie erst langsam durch; in Europa wird oft noch das den → Didot-Punkt als kleinste Maßeinheit benutzende und auf der Basis des früheren französischen Zolls entwickelte → Didot-System verwendet, während in Amerika häufig noch das auf dem → Point (oder auch Set) basierende Set-System zur Anwendung kommt, das vom amerikanischen Zoll ausgeht. (Umrechnung: 1 mm=2,66 p=2,83 Set/Point, 1 p=1,07 Set/Point=0,3759 mm, 1 Set/Point=0,94 p=0,35 mm). Für größere Maße gibt es spezielle Bezeichnungen: 12 p ergeben 1 Cicero, 12 Point sind 1 Pica; daneben finden sich in der Praxis häufig Begriffe wie Nonpareille (6 p), Petit (8 p), Konkordanz (4 Cicero) usw., die als Maßbezeichnungen in Satzanweisungen sowie vor allem auch zur → Schriftgradbenennung verwendet werden.

typografische Maßeinheit
siehe → Didot-Punkt, → typografische Maße.

Typografischer Punkt
siehe → Didot-Punkt.

typographischer Satz
→ Schriftsatz.

Typomaß
Zeilenmesser, → Typometer mit Skalen- zum Messen von Zeilenabständen.

Typometer
im Druckbereich verwendete Stahllineale mit metrischer und typographischer Einteilung, in verschiedenen Längen erhältlich (ab 30 cm/ 798 p).

Typoskript
ein per Schreibmaschine oder PC geschriebener Text, im Unterschied zum handschriftlichen → Manuskript.

UA

User Agent, → MUA.

UAA

Universally Administered Address, die eindeutige Adresse einer Netzwerkkarte (→ Ethernet-Adresse), die vom → IEEE vergeben wird.

UAE

unrecoverable application error, nicht zu behebender Anwendungsprogramm-Fehler (eine Fehlermeldung des Betriebssystems, bevor das System abschaltet).

UART

Universal Asynchronous Receiver/Transmitter, ein Hardware-Baustein der → seriellen Schnittstelle bei PCs.

Für schnelle Übertragungen (bis 115 KBaud) ist der UART 16550-Schnittstellenbaustein (mit 16-Bit-Bus und Datenpuffer) erforderlich, bei älteren PCs mit dem UART 8250 kann die volle Geschwindigkeit moderner Modems nicht ausgenutzt werden (es empfiehlt sich daher der Ersatz des UART oder gleich der Einbau eines → internen Modems). Über das Programm MSD.EXE läßt sich der jeweilige UART-Typ ermitteln. Neuerdings kommt auch der → USART-Chip *(Universal Synchronous/Asynchronous Receiver/Transmitter)* zum Einsatz, der auch → synchrone Datenübertragung ermöglicht.

UC

upper case, Großbuchstabe.

UCC

Universal Copyright Convention, das → Welturheberrechtsabkommen, siehe → Berner Konvention.

UDC

→ *Universal Decimal Classification.*

UDF

Universal Disc Format, für → DVDs verwendetes Dateiformat. http://www.osta.org

UDP

User Datagram Protocol, in RFC 768 (STD 6) beschriebenes Transport-Protokoll, das direkt auf dem → IP aufsetzt und für einige Zwecke anstelle von → TCP verwendet werden kann (es wird beispielsweise als Basis-Protokoll für → SNMP eingesetzt). UDP erzeugt wesentlich weniger → *overhead* als → TCP, ist jedoch nicht geeignet für Anwendungen, die einen kontinuierlichen Datenstrom benötigen.

Überblenden

crossfading, das Ineinandermischen von Bildfolgen oder Klängen, um einen stufenlosen Übergang von der einen Sequenz zur anderen zu gestalten.

Überschneiden

Synonym für → Sperren (selten).

Überschrift

headline, titelartige Inhaltsbezeichnung über Kapitel und Abschnitten, meist in größerem Schriftgrad gesetzt.

Übersetzer

jemand, der eine → Übersetzung (oder auch eine → Übertragung) anfertigt.

Übersetzung

- *translation,* wörtliche oder möglichst wortgetreue bzw. den Satzbau und die Stilmittel wiedergebende, inhaltlich übereinstimmende Wiedergabe eines Textes in einer anderen Sprache; vgl. auch → Übertragung;
- in der EDV bisweilen auch als Synonym für → Konvertierung verwendet.

Überspannung

→ *spikes,* → *surges,* → Transienten.

Übersprechen
Synonym für → Nebensprechen.

Überstrahlen
→ *blooming*.

Übertragung
- *rendering, transcription*, die freie, im Unterschied zur → Übersetzung mehr am aktuellen Sinn als am ursprünglichen Wortlaut angelehnte Wiedergabe eines Textes in einer anderen Sprache;
- *transmission, transfer*, das Senden oder Überbringen von Signalen (Sendung) oder Daten (Datenübertragung).

Übertragungsfehler
ein im Lauf der Übertragung verfälschtes Signal bzw. Zeichen.

Übertragungsgeschwindigkeit
→ *data transmission rate*.

Übertragungsprotokoll
ein Protokoll, das die Kommunikation bzw. Datenübertragung zwischen zwei Stationen beschreibt, siehe → *protocol*.

Übertragungsrate
→ *data transmission rate*.

Übertragungsweg
→ Leitweg.

UG
user group, Benutzergruppe.

UI
User Interface, → Benutzerschnittstelle.

Umbrechen
einen → Umbruch durchführen, also Zeilen auf die gewünschte Satzbreite bringen bzw. aus Satzelementen eine fertige Seite formen.

Umbrella-Anbieter
im Btx-Dienst Bezeichnung für einen Anbieter, der als Dienstleistung anderen Anbietern Seiten (und deren Pflege) zur Verfügung stellt.

Umbruch
die Herstellung fertiger Zeilen, Spalten oder Seiten beim Satz (bzw. im Text). Gemäß den Vorgaben des → Satzspiegels bzw. des Layouts müssen hierbei Textzeilen auf die passende Breite gebracht und getrennt werden (Zeilenumbruch, ggf. mit Silbentrennung), Absätze gebildet und Abbildungen eingefügt, Pagina und Kolumnentitel vervollständigt sowie Spalten bzw. Seiten korrekt angeordnet werden (Spalten- bzw. Seitenumbruch).

In Satz- bzw. Textverarbeitungsprogrammen erfolgen die meisten Umbruchtätigkeiten (Zeilenumbruch einschließlich Silbentrennung, Absatzformatierung, Seitenumbruch usw.) automatisch, meist sogar während der Texteingabe bzw. sofort nach eventuellen Korrekturen. Einige Programme bzw. Programmpakete verfügen über spezielle Umbruch- oder Formatierprogramme bzw. Unterprogramme, oder über Betriebsarten, in denen der fertige Umbruch am Bildschirm dargestellt werden kann (Layoutmodus). Bei größeren Texten wird meist auf vorgefertigte bzw. für das ganze Werk gültige Druckformatvorlagen zurückgegriffen, durch die für jeden Zweck bzw. jedes Format (Seite, Absatz, Zeile, Wort, Zeichen usw.) feste Layoutvorschriften zugewiesen werden können – bei Änderung innerhalb der Formatvorlagen wird automatisch der gesamte Text bzw. Satz den neuen Vorgaben angepaßt.

Unter → HTML und bei vielen Autorensystemen erfolgt der Umbruch (Zeilenumbruch) üblicherweise weitgehendst im Viewer- bzw. Browserprogramm. Dies ist meist auch sinnvoll, da je nach aktueller Bildschirmeinstellung bzw. Window-Größe und je nach Wahl der Schriftart bzw. Schriftgröße völlig unterschiedliche Satz- bzw. Spaltenbreiten möglich sind (unter Ausnutzung von Tabellenfunktionen bzw. entsprechenden HTML-Kommandos kann ein Text auch mehrspaltig dargestellt werden).

Umbruchfehler
während des Umbruchs bzw. durch diesen entstandene Fehler: beim Zeilenum-

bruch meist → Trennfehler, beim Spalten- oder Seitenumbruch hauptsächlich → Hurenkind, → Schusterjunge.

Umbruchprogramm
Programm oder Unterfunktion eines Programms, das den Umbruch (Zeilen- und Seitenumbruch) durchführt. Vgl. auch → Layoutprogramm.

umfließen
autoflow, Funktion von Textverarbeitungs- bzw. DTP-Programmen, die das automatische → Umspinnen von Abbildungen bewirkt (der Text „fließt" um die Abbildung herum).

Umsatzsteuer
die im Endpreis von Waren und Dienstleistungen enthaltene Steuer (die sogenannte Mehrwertsteuer), die vom Unternehmen nach Abzug der Vorsteuerbeträge (also der vom Unternehmen seinerseits beim Einkauf von Waren und Diensten geleisteten Mehrwertsteuerbeträge) ans Finanzamt abgeführt wird. Die Umsatzsteuer ist eine reine Endverbrauchersteuer, innerhalb eines Unternehmens ist sie ein durchlaufender Posten. Außer dem allgemeinen Steuersatz gibt es den ermäßigten Steuersatz, der u. a. für Lebensmittel, Kunstgegenstände und Bücher, Zeitungen und Zeitschriften gilt.

umspinnen
Text bzw. Satz um eine (→ freistehende) Abbildung herum formen, wobei die Zeilenränder immer gleichen Abstand zur Abbildung einhalten; vgl. → umfließen, → Formsatz.

UMTS
Universal Mobile Telecommunication System, Weiterentwicklung der → GSM-Normen und -Technologien, noch im Planungs- bzw. Entwicklungstadium.

U-Musik
Unterhaltungsmusik, Pop (im Gegensatz zur E-Musik bzw. Klassik).

Unbunte Farben
achromatic colours, Weiß oder Schwarz bzw. daraus entwickelte Mischungen (Grautöne).

UNC
Universal Naming Convention, wörtl. universelle Benennungs-Vereinbarung, Sammelbegriff für alle Adressierungs-Standards. Die im Internet vereinbarten Adressierungsschemata (vgl. → Internet-Adressen) sind Thema vieler RFCs.

underbar
das Zeichen _, das Unterstreichungszeichen.

underline
- unterstreichen;
- das Zeichen _, das Unterstreichungszeichen.

undocumented feature
- eine vom Hersteller nicht bekanntgegebene Eigenschaft bzw. Funktion eines Programms oder eines Gerätes;
- ironisch auch für → *bugs*.

UNESCO
United Nations Educational, Scientific and Cultural Organization, http:/www.unesco.org

ungeschützte Werke
Werke, die urheberrechtlich nicht geschützt sind (da sie Bedingungen des → Urheberrechtsschutzes nicht erfüllen) oder Werke, deren → Schutzfrist bereits abgelaufen ist (→ Gemeinfreie Werke). Ungeschützte Werke dürfen gewerblich genutzt werden.
Von Urhebern urheberrechtlich schützenswerter Schöpfungen öffentlich zur Verfügung gestellte oder für die kostenlose private Nutzung freigegebene Produkte (Texte, Bilder, Grafiken, aber auch Software, etwa Public-Domain-Software oder *freeware*) sind in der Regel keine ungeschützten Werke – der Urheberrechtsschutz gilt automatisch und voll-

umfänglich, sofern die Bedingungen (eigene Schöpfung usw.) zutreffen. Solche Produkte dürfen daher zwar, entsprechend der Willenserklärung des Autors, meist privat verwendet, nicht jedoch ohne ausdrückliche (vertraglich fixierte) Genehmigung des Urhebers gewerblich genutzt werden.

UNI
User Network Interface, unter → ATM Bezeichnung für die Standards zur Anbindung von Teilnehmern an ATM-Netze bzw. für die Ankopplung von Netzen an ATM-Netze.

Unicode
ein Zeichencode, der auf zwei Bytes je Zeichen basiert (u. a. unter Windows NT verwendet).

Uniform Resource Locator
→ URL.

Union Postale Universelle
(frz.) kurz UPU, → Weltpostverein.

Universal Copyright Convention
kurz UCC, die → Berner Konvention, siehe auch → Urheberrecht.

Universal Decimal Classification
kurz UDC, bisweilen auch noch als Brüsseler Dezimalklassifikation (BDK) bezeichnetes → Dezimalklassifikationssystem, das als Variation bzw. Weiterentwicklung der → Deweyschen Dezimalklassifikation entwickelt wurde und heute vor allem in nicht-englischsprachigen Ländern verwendet wird.

Universal Serial Bus
→ USB.

Universal Time Coordinate
→ UTC.

UNIX
von Bell Laboratories/AT&T entwickeltes Multiuser-Betriebssystem, das vor allem im Großrechnerbereich bzw. auf Workstations eingesetzt wird; verschiedene Unix-Derrivate können auch auf PCs eingesetzt werden (BSD-Unix, Linux, Sinix, Xenix usw.). Im Internet werden sehr viele Hosts unter einer der UNIX-Varianten betrieben, da TCP/IP-Funktionen bereits im Betriebssystem implementiert sind (siehe → UUCP).

UNIX-to-UNIX Copy
→ UUCP.

unparen
→ *unparenthesis.*

unparenthesis
das Zeichen), Klammer zu.

unplugged
nicht eingesteckt, herausgezogen, ausgestöpselt; in der Musik: nicht mit elektronischen Instrumenten (oder nicht mit elektronischer Verstärkung) gespielt.

Unshielded Twisted Pair
→ UTP.

unsubscribe
in einer an den → *mailserver* gerichteten E-Mail Kommando für das Stornieren der weiteren Teilnahme an einer → *mailing list*: UNSUBSCRIBE listentitel UserName

Unterbrechungsanforderung
→ IRQ.

Unterlängen
die bei einigen Minuskeln (g, j, q, p, y) unterhalb der Zeilengrundlinie herausragenden Teile. Vgl. → Oberlängen.

Unterschlag
der untere, unbedruckte Rand einer Seite bzw. der → Fußsteg.

Unterschneiden
kerning (eingedeutscht zu Kerning),
- die zur Verbesserung des optischen Gesamteindrucks bzw. des Leseflusses vor-

genommene geringfügige Verringerung der Abstände zwischen ganz bestimmten Zeichenpaaren (z. B. To anstatt To, Ve statt Ve, Yo statt Yo usw.);
- bisweilen auch Bezeichnung für die Verringerung der normalen → Laufweite eines ganzen Wortes oder Textabschnitts durch Verringerung aller Zeichenabstände (Gegenteil zu → Sperren).

Unterschrift
→ *signature*.

Update
die aktuelle Version eines Programms, häufig zugleich → *Upgrade*.

Upgrade
- eine höhere, im Funktions- oder Leistungsumfang erweiterte Version eines Programms;
- die Vollversion eines *shareware*- oder *Light*-Programms.

UPI
United Press International.

Uploading
→ *Loading*, das Gegenteil von → *Downloading*.

upper case
kurz UC, Großbuchstabe, Versalie. Die Verwendung von Versalien beim Chatten wird häufig als lautes Sprechen bzw. „Schreien" eingesetzt bzw. interpretiert.

UPU
frz. *Union Postale Universelle*, → Weltpostverein.

UPS
Uninterrupted Power Supply, → USV.

Urheber
die nach dem → Urheberrecht als der Schöpfer eines Werkes der bildenden Kunst, der Tonkunst, Werkkunst, Literatur, Fotografie oder der Wissenschaft, unter bestimmten Voraussetzungen auch als Schöpfer eines Computerprogramms geltende „natürliche Person" (bei Datenbankwerken auch eine juristische Person, also beispielsweise ein Unternehmen).

Urheberrecht
- *copyright*, alle Rechte eines Urhebers hinsichtlich privater, gewerblicher oder öffentlicher Verwendung, Wiedergabe, Vortrag, Auf- und Vorführung, Ausstellung, Sendung, Übersetzung, Umarbeitung oder Bearbeitung seines Werkes (vgl. → Verwertungsrecht);
- kurz für → Urheberrechtsschutz.

Urheberrechtsgesetz
Gesetz über Urheberrecht und verwandte Schutzrechte, kurz UrhG, am 9. September 1965 in Kraft getretenes Gesetz über das → Urheberrecht.
Das UrhG ist Ersatz für das bis dahin geltende und bereits 1901 für das Deutsche Reich beschlossene „Gesetz betr. das Urheberrecht an Werken der Literatur und der Tonkunst".

Urheberrechtsinhaber
als Inhaber der Urheberrechte gilt derjenige, der die Rechte des Urhebers (also des Schöpfers bzw. Urheberrechts-Eigentümers) aktuell wahrnehmen darf – nach dem eigentlichen Urheber üblicherweise also meist Unternehmen (Verlage, Vertriebsfirmen, Museen usw.), die sich die Rechte zur gewerblichen Nutzung vom Urheber gegen ein vereinbartes Honorar vertraglich übertragen ließen.

Urheberrechtsschutz
protection of intellectual property, international durch die → Berner Konvention geregelter, in Deutschland durch das Urheberrechtsgesetz (UrhG vom 9.9.1965) festgelegter Schutz geistiger Schöpfungen (ursprünglich nur Kunstwerke, Musik und Literatur, später auch Fotografien, Video- und Filmwerke usw., inzwischen auch Software und Datenbankwerke).
Unter Schutz stehen alle → Urheberrechte hinsichtlich urheberrechtlich schutz-

würdiger geistiger Schöpfungen. Solche Schöpfungen stammen nach herkömmlichem Verständnis von einer natürlichen Person (also nicht etwa von Maschinen oder von juristischen Personen – etwa Vereinen, oder Firmen), sie stellen eine eigene geistige Leistung dar oder haben einen geistigen Gehalt (sind also Resultate des Denkens, der schöpferischen Absicht oder eines Plans), und sie weisen eine eigene Form bzw. eine schöpferische Eigentümlichkeit auf. Seit 1997 gelten auch elektronische Sammelwerke bzw. → Datenbankwerke unter gewissen Voraussetzungen als schutzwürdig, wobei die Datenbankhersteller bzw. Investoren als Inhaber der Urheberrechte gelten (vgl. → IuKDG).
Geschützt wird nicht eine Information oder eine Idee als solche, sondern ihre Konkretisierung im schöpferischen Werk, also die besondere Form der sprachlichen, bildlichen oder sonstigen Darstellung. (Für den Schutz einer Idee ist ggf. das Patentrecht in Anspruch zu nehmen.)
Der Urheberrechtsschutz tritt automatisch mit der Schöpfung des Werks in Kraft und gilt (theoretisch) weltweit, in Deutschland ist auch keine spezielle behördliche Anmeldung oder juristische Anerkennung des Werkes erforderlich. In anderen Ländern (wie etwa in den USA) ist es jedoch teilweise üblich bzw. gesetzlich festgelegt, zum Nachweis von Urheberrechten (der u. U. problematisch sein kann) bzw. zur Feststellung vorhandener Rechte gleich von vornherein die Dienste von gesetzlich vorgeschriebenen *Copyright-Depositories* in Anspruch zu nehmen – ggf. sind dann ein oder zwei Exemplare eines Buchs oder eines anderen geschützten Werks an die entsprechende Einrichtung zu übersenden (in den USA befindet sich eine solche an der → LoC). Erst mit Aufnahme im „Urheberrechtsschutz-Lager“ tritt dann der volle gesetzliche Schutz in Kraft.
Die Kennzeichnung eines Werkes mit → Schutzzeichen (z. B. dem → Copyright-Zeichen) oder entsprechenden Hinweisen wird zwar empfohlen, sie ist jedoch nicht maßgeblich für das Eintreten von Urheberrechten bzw. Erreichen von Urheberrechtsschutz.
Ähnlich dem Patentrecht richtet sich das Urheber-Schutzrecht gegen unberechtigte Verwendung und unberechtigte gewerblichen Nutzung und erlischt nach einer festen Frist (der sog. → Schutzfrist: bei Literatur international mindestens 25 Jahre nach Erstveröffentlichung, in Deutschland 70 Jahre nach dem Tod des Urhebers, Übersetzungen sind nur 7 Jahre international geschützt; für Datenbankwerke gelten 15 Jahre Schutz).
Eine allgemeine staatliche Überwachung des Urheberrechtsschutzes existiert nicht, die → Urheberrechtsinhaber können Verstöße ggf. zur Anzeige bringen (sofern sie ihnen bekannt sind) und auf Ersatz ihres Schadens sowie Unterlassung weiterer Urheberrechtsverletzungen klagen. Die Urheberrechte gelten auch nicht vollumfänglich als Sache des Urhebers allein – um bestimmte Urheberrechte wahrnehmen und → Verwertungsrechte durchsetzen zu können, sieht das Gesetz die Dienste sowie auch die Pflichten Dritter vor. So lassen sich beispielsweise die Ansprüche des Urhebers aus dem Vermieten und Verleihen von Büchern oder aus der Herstellung von Vervielfältigungen für den privaten Gebrauch nur über → Verwertungsgesellschaften regeln, und für die Hersteller von Kopiergeräten oder Leercassetten gilt eine Vergütungspflicht. Die speziellen gesetzlichen Rahmenbedingungen (siehe → Urheberrechtswahrnehmungsgesetz) unterworfenen Verwertungsgesellschaften erheben von Konzert-Veranstaltern, Sendeanstalten, Herstellern von Kopiergeräten und Cassetten usw. pauschale Verwertungsgebühren, die eingenommenen Beträge werden dann nach einem Pauschalsystem an die Urheberrechtsinhaber weitergeleitet.

Urheberrechtswahrnehmungsgesetz
kurz WahrnG oder auch UrhWG, mit dem → Urheberrechtsgesetz am 9. September 1965 eingeführtes Gesetz zur Regelung der Rahmenbedingungen für → Verwertungsgesellschaften.

UrhG
Urheberrechtsgesetz, siehe → Urheberrecht.

UrhWG
→ Urheberrechtswahrnehmungsgesetz.

URI
Uniform Resource Identifier, einheitlicher Quellen (-Adressen) Identifizierer, Sammelbezeichnung für eine der im Internet verwendeten Adress-Angabe (vgl. → URL, → IP address, → DNS-Adresse).

URL
Uniform Resource Locator, in RFC 1738 festgelegter Standard für die genaue Bezeichnung (Adressierung) eines Objektes (Datei, Programm) im Internet bzw. im W3-Space. Die im → WWW bzw. unter → http benutzte Adressierung erfolgt nach dem Muster Dienst://DNS-Host-Adresse/Directory/Datei.extension (also etwa: http://www.oldenbourg.de/musterverzeichnis/musterdatei.html), wobei als Dienste alle üblichen Internetdienste (→ ftp, → http, → archie usw.) zur Verfügung stehen. URLs können beim Verbindungsaufbau direkt aufgerufen werden oder aber in Web-Pages als → *hyperlinks* eingebunden sein.

URL spoofing
Vortäuschung einer falschen URL, Umlenkung von Benutzeranfragen auf einen anderen Rechner als den in der URL adressierten *host.* Diese Technik wird vorwiegend beim Betrieb von → Proxy-Servern verwendet (die angefragten Daten werden nicht vom Original-Host angefordert, sondern gleich vom Proxy zur Verfügung gestellt, der dabei die Rolle des Original-Hosts übernimmt), sie kann allerdings auch dazu benutzt werden, ahnungslosen Teilnehmern die direkte Kommunikation mit einem anderen Teilnehmer vorzugaukeln, während tatsächlich die gesamte Kommunikation über eine Zwischenstation läuft (die mitlauscht).

URN
Uniform Resource Name, einheitlicher Adreßbezeichner, ein beliebiger (meist nach dem → DNS gebildeter) Name für eine Internet-Adresse, der erst in die eigentliche Adresse übersetzt werden muß.

USACNII
U.S. Advisory Council on the National Information Infrastructure.

USART
Universal Synchronous/Asynchronous Receiver Transmitter, siehe → UART.

USB
Universal Serial Bus, von Intel entwickelte neue Schnittstellenspezifikation für PCs, die alle bisherigen Anschlüsse (Parallel- und Seriell-Schnittstelle, Anschlüsse für Maus, Joystick, Tastatur usw.) ersetzt. Herkömmliche Schnittstellen können weiterhin neben dem USB betrieben werden; bis zu 127 Geräte lassen sich direkt (oder auch indirekt über Verbindungen untereinander) an den Bus anschließen, wobei der Austausch oder Neuanschluß auch während des laufenden Betriebs möglich ist (ab Windows 95).

USC
University of Southern California; das Information Science Institute (ISI) der USC fungiert als → IANA.

US Departement of Defense
→ DoD.

UseNet
Users Network

- seit 1979 im Internet etabliertes System von thematisch hierarchisch organisierten → *newsgroups,* die auf diversen → *newsservern* für jeden Netzteilnehmer zugänglich gehalten werden. Ähnlich wie das → WWW, ist das UseNet ein Konzept der Organisation von Informationen, oder eine Philosophie, wie wer mit wem in welchem Umfang Informationen austauschen kann. Vgl. → *news hierarchy,* → *news article,* → *newsreader;*
- Obwohl das UseNet kein Netzwerk aus Leitungen, Rechnern und Protokollen

darstellt (also weder mit dem Internet noch mit irgendeinem LAN bzw. Subnetz identisch ist), wird bisweilen auch die technische Betrachtungsweise angewandt und die Struktur der → *newsserver* und/oder das Gesamt der zum Betrieb verwendeten Protokolle (→ NNTP, → UUCP) und Programme (→ *newsreader*, → UUENCODE, → E-Mail) als „das UseNet" bezeichnet.

User
Anwender, Endanwender, Benutzer.

User Datagram Protocol
→ UDP.

user group
Benutzergruppe.

User-ID
Benutzerkennung, die persönliche Identifikation, die ein Benutzer beim → *login* gebraucht. Sie ist nicht mit seiner Internet-Adresse und nicht unbedingt mit seinem Namen identisch, sondern frei gewählt bzw. mit dem Sysop vereinbart. Üblicherweise wird nur ein Wort (alphanumerisch, ohne Leerstellen oder Sonderzeichen) verwendet.

user manual
Handbuch, Benutzerhandbuch, im Unterschied zum → *technical reference manual* meist eine Einführung und Anleitung zur Bedienung eines Programms oder Computers oder zum Erlernen einer Programmiersprache.

user name
anderer Ausdruck für → User-ID.

Usernet
andere Bezeichnung für das → UseNet.

USPS
United States Postal Service.

USR
→ US Robotics.

US Robotics
amerikanische Firma, bekannter Modem-Hersteller. http://www.usr.com

USV
Unterbrechungsfreie Stromversorgung, *Uninterrupted Power Supply* (UPS); ein Gerät zur vorübergehenden Stromversorgung bei Stromausfall, das zwischen das Stromnetz und das zu versorgende Gerät geschaltet wird. Ein USV-Gerät bietet (meist) ausreichende Kapazität für das Überbrücken kurzer Ausfallzeiten oder für das Herunterfahren des Computers, zudem ist es in der Lage, Spannungsspitzen oder Unterspannung auszugleichen.

UTC
Universal Time Coordinate, vereinzelt auch noch *Greenwich Main Time* (GMT) genannt, die Standard- bzw. Weltzeit nach Greenwich, wird auch im Internet zur Synchronisation verwendet.

utility
ein kleines Hilfs- oder Dienstprogramm, eine nützliche kleine Programmroutine.

UTP
Unshielded Twisted-Pair, nicht abgeschirmtes verdrilltes Kabel, vieradrig (acht Leitungen); wird als Standard-Telefonkabel in den USA verwendet und eignet sich auch zum Aufbau einfacher LANs.

uu
→ uuencoding/→ uudecoding.

uucoding
Anwendung von → uuencode und → uudecode zum Ver- und Entschlüsseln von Binärdateien bei → E-Mails.

uucp
UNIX to UNIX Copy Program, das Programm, das die Dateien für den → UUCP-Transfer bereitstellt. Die eigentliche Übertragung erfolgt mit einem Programm namens uucico, die Ausführung von Befehlen per uuxqt.

UUCP

- *UNIX to UNIX Copy Protocol,* ein in → UNIX integriertes Protokoll (in verschiedenen Versionen, benannt UUCP-e, -f, -g und -z) zur Datenübertragung über serielle Verbindungen, das ursprünglich nur Unix-Rechner (über Standleitung oder Wählverbindung) miteinander verband, heute jedoch für praktisch alle Betriebssysteme erhältlich ist. UUCP-Kommunikation erfolgt → leitungsvermittelt nach dem → *Store-and-Forward*-Prinzip und wird u. a. für die Übertragung von Dateien, News und E-Mails eingesetzt.
- Bezeichnung für das Netz aus den via UUCP untereinander verbundenen Rechnern.

UUD

→ uudecode; auch als Dateiendekennung für → *uuencoded files* in Verwendung.

uudecode

Programm zum Entschlüsseln von Dateien, die mit → uuencode umgewandelt wurden.

UUE

→ uuencode.

uuencode

Programm, das Binärdateien mit einer einfachen Methode in Texte umwandelt: jeweils 6 8-Bit-Zeichen werden in 8 6-Bit-Zeichen umgesetzt, die dann als Text (mit 7-Bit-ASCII) via E-Mail versendet werden können. Die Rückwandlung auf der Empfängerseite erfolgt mit → uudecode.

Für binäre E-Mail-Anhänge, die nach dem → MIME-Standard versendet werden, ist die Anwendung von uuencode nicht erforderlich.

UWG

Gesetz gegen unlauteren Wettbewerb, verbietet (in Deutschland) Werbemaßnahmen, die gegen die guten Sitten verstoßen oder die berechtigten Interessen anderer beeinträchtigen (u. a. ist auch vergleichende Werbung verboten).

Für Wettbewerber bestehen ggf. Ansprüche auf Unterlassung und Schadenersatz.

V
Video; Virtuell; *Voice* (Sprache); Volt.

Vakat
eine leere Seite.

VANS
Value-Added Network Service, → Mehrwertdienst.

var
Variable.

VAS
Value-Added Service, → Mehrwertdienst.

VAX
Virtual Address Extension, Typen-Name eines Minicomputers der Firma DEC.

VB
→ *Visual Basic,* eine Programmiersprache der Firma Microsoft.

VBA
Visual Basic for Applications, eine aus → *Visual Basic* abgeleitete Makro-Sprache für Windows-Anwendungen, entwickelt von Microsoft.

VBN
Vermitteltes Breitbandnetz, Telekom-Alternative zu B-ISDN, Datenübertragungsraten von bis zu 140 MBit/s, meist für Videokonferenzen eingesetzt.

VBR
Variable Bit Rate, Kurzbegriff für Datenübertragungsverfahren, bei denen die Datenübertragungsrate variabel an die von den Kommunikations-Anwendungen geforderten Verhältnisse angepaßt wird. (Die automatische Anpassung der Datenübertragungsrate an die Leitungsqualität wird mit → *fallback* bezeichnet).

VB Script
Visual Basic Script, die als → Scriptsprache in → HTML-Dokumenten verwendbare → *Visual Basic*-Variante. VB Script wird von Microsofts → Internet Explorer direkt unterstützt, bei → Netscape Navigator sind entsprechende → *Plug-Ins* einzusetzen.

VC
- *virtual channel,* → virtueller Kanal;
- *virtual circuit,* → virtuelle Verbindung.

VCA
Voltage Controlled Amplifier, spannungsgesteuerter Verstärker, wird in → Synthesizern mit → Spannungssteuerung für die Pegelsteuerung bzw. die Gestaltung der → Hüllkurve (→ ADSR-Kurve) eingesetzt.

VCF
Voltage Controlled Filter, spannungsgesteuerter Filter, wird in → Synthesizern mit → Spannungssteuerung für die Auswahl der (Partial-)Schwingungen und damit für die Bestimmung der → Klangfarbe benutzt.

VCO
Voltage Controlled Oscillator, spannungsgesteuerter → Oszillator, in → Synthesizern mit → Spannungssteuerung für die Erzeugung der Grund-Frequenzen bzw. → Tonhöhen zuständig.

V/D
Voice/Data, Sprache und Daten (die beispielsweise gleichzeitig übertragen werden können).

VDA
Variable Digital Amplifier, variabler Digital-Verstärker, Synonym für → DCA.

VDD
→ *Virtual Device Driver.*

VDF
Variable Digital Filter, variabler Digitalfilter, Synonym für → DCF.

vdisk
virtual disc, → virtuelles Laufwerk.

VDS
Verband Deutscher Spielfilmproduzenten e. V.

VDZ
Verband Deutscher Zeitschriftenverleger e. V.

Vebacom
Tochtergesellschaft des deutschen Veba-Konzerns, Mitbetreiber des → E Plus-Netzes.

Vektorgrafik
eine Darstellung, die im Unterschied zu einer → Bitmap-Grafik nicht durch Angabe der Farb- oder Tonwerte einzelner Bildpunkte definiert wird und damit quasi fertig und unveränderlich vorliegt, sondern aus Vektoren (Angaben zu geometrischen Grundformen und deren Beziehung untereinander) jeweils aktuell aufgebaut wird. Da solche Grafiken skalierbar sind, also einfach durch Veränderung des Maßstabes beliebig in der Größe verändert werden können, kommen sie vor allem zur Definition von Schriftfonts (sog. vektorisierte Schriften) sowie im Rahmen von → CAD-Anwendungen zum Einsatz.

vektorisieren
tracing, Umsetzen von → Bitmap-Grafiken in Vektor-Grafiken.

vektorisierte Schrift
eine Schrift bzw. ein Schriftfont, bei dem die einzelnen Buchstabenbilder nicht als Bitmap (also als Punkte innerhalb einer festen Matrix) definiert sind, sondern nach Art einer → Vektorgrafik aus einzelnen geometrischen Elementen aufgebaut werden (beispielsweise: TrueType-Schriften, Postscript-Schriften).
Vektorisierte Schriften können in ihrer Gestaltung leicht verändert werden. Sie lassen sich maßstabsgerecht beliebig in der Größe (im → Schriftgrad) beeinflussen, zudem ist auch ohne größeren Aufwand eine horizontale Veränderung des Schriftbildes möglich, wodurch sich außer einer Änderung des → Schriftbildes → Kerning ebenso durchführen läßt wie eine generelle Beeinflussung der → Laufweite durch leichte Veränderung der → Schriftbreite bzw. der → Dickte. Durch globale Veränderung des Grundwinkels der einzelnen Buchstabenelemente läßt sich auch recht einfach die → Schriftlage manipulieren.
Durch entsprechende → Treiber ist es problemlos möglich, die Ausgabe vektorisierter Schriften an alle Eventualitäten anzupassen – die Darstellung einer vektorisierten Schrift auf dem Bildschirm entspricht daher weitgehend dem gedruckten oder auf Film belichteten Bild.

vektororientiert
ein CAD- oder Zeichenprogramm, das mit → Vektorgrafiken arbeitet (Gegensatz: → pixelorientiert).

vendor-independent mail
→ VIM.

VeO
→ Verkehrsordnung.

Veränderte Neuauflage
neue Auflage mit inhaltlichen Veränderungen.

Verband Deutscher Bahnhofsbuchhändler e. V.
ab 1905 bestehende, 1947 neugegründete Organisation der Bahnhofsbuchhändler.

Verbindungsart
man unterscheidet die feste Verbindung (Standleitung) von der bei Bedarf aufgebauten Verbindung. Vgl. auch → Vermittlungsart.

Verbindungsaufbau
Sammelbegriff für alle Abläufe, die vor der eigentlichen Fernkommunikation bzw. Datenübertragung stattfinden. Dazu gehören Abläufe innerhalb der zur Übertragung benutzten Netze (etwa die Herstellung einer Schaltung bzw. Leitungsverbindung oder die Bereitstellung eines Übertragungskanals) sowie die Abläufe, die auf Sender- und Empfängerseite für die Herstellung einer Verbindung ggf. erforderlich sind (u. a. Initialisierung des Modems, Festlegung des Übertragungsprotokolls, der Übertragungsgeschwindigkeit usw.).

verbindungslos
connectionless. Ein Übertragungsverfahren (bzw. → Protokoll), das nicht auf dem Vorhandensein einer ständig geschalteten Direkt-Verbindung beruht, wird verbindungslos genannt. Es setzt u. a. voraus, daß übermittelte Daten nach bestimmten Standards formatiert und adressiert werden (siehe → Datenpaket, → Paketvermittlung) und daß sie auf dem Weg vom Sender zum Empfänger zwischengespeichert bzw. nach Bedarf abgerufen und weitergeleitet werden können (vgl. → *routing,* → *Store-and-Forward*).

verbindungs-orientiert
connection-oriented, Protokoll bzw. eine Datenübertragungsart, bei der während der Übertragung eine feste Verbindung zwischen Sender und Empfänger aufgebaut sein muß.

Verbraucher-Standard
→ Quasi-Standard.

Verbundanzeige
eine Anzeige, die für verschiedene Produkte wirbt, vgl. → Verbundwerbung.

Verbundnetz
interlocked network, ein aus mehreren eigenständigen und mit eigenen Protokollen betriebenen Netzen bestehender Netzverbund, der über → *gateways* zwischen den Netzen realisiert ist. Miteinander unter einheitlichem Protokoll verbundene Netze sind → *internets* (bisweilen nennt man auch Verbundnetze *internets*).

Verbundwerbung
gemeinsame Werbung mehrerer Firmen (für ein Produkt, eine Veranstaltung, eine Dienstleistung, usw.).

Vereinfachte Remission
körperlose Remission, Rückgabe von Teilen eines Buches oder einer Zeitschrift (meist Titelblatt) an den Verlag zu Umtausch- oder Gutschriftzwecken.

Verein für die Förderung des Deutschen Forschungsnetzes
→ DFN.

Verein für Verkehrsordnung im Buchhandel e. V.
Herausgeber der „Verkehrsordnung des Deutschen Buchhandels", zu deren Einhaltung sich die Vereinsmitglieder verpflichten.

Verhaltensgrundsätze des Buchhandels
vom → Börsenverein in Abstimmung mit dem Bundeskartellamt herausgegebene → Verkehrsordnung, die als „Orientierungshilfe für das Verhalten gegenüber den Partnern der jeweils anderen Sparten" (lt. Präambel) dient.

verheben
eine Zeile falsch einordnen (bei Korrekturen oder beim Umbruch, der Begriff stammt noch aus Bleisatz-Zeiten).

verification
Verifizierung bzw. Verifikation, die Bestätigung der Richtigkeit eines Sachverhaltes durch verschiedene Verfahren; beispielsweise die Überprüfung der Unversehrtheit eines Programm-Codes (etwa durch Prüfsummenverfahren) oder die Authentifizierung (→ *authentication*) von Programmen durch Dritte.

Verkabelung
→ Kabeltypen, → Verkabelungsbereiche.

Verkabelungsbereiche
→ Primarverkabelung,
→ Sekundärverkabelung,
→ Tertiärverkabelung.

Verkehrscharakteristik
- Erfassung und Darstellung des gesamten → *traffics* innerhalb eines Netzes (aktuell oder als statistische Auswertung der Datenströme innerhalb eines bestimmten Zeitraums);
- Auswertung der von einem ausgewählten Netzteilnehmer während eines näher bestimmten Zeitraums hergestellten Gesprächs- oder DÜ-Verbindungen (Verbindungsziele, Dauer der jeweiligen Verbindungen, Art und Umfang des Datenverkehrs, Inanspruchnahme bestimmter Leistungen usw.).

Verkehrsmanagement
Sammelbegriff für die netzinternen Abläufe beim Aufbau einer Datenübertragungsverbindung, das → *routing* sowie die Überwachung und Beendigung der Datenübertragung.

Verkehrsnummer
vom → Börsenverein an Mitglieder (Verlage und Buchhandlungen) vergebene Identifikationsnummer, zur Vereinfachung des Geschäftsverkehrs.

Verkehrsordnung
Festschreibung von Handelsbräuchen und Verhaltensregeln beim Verkehr von Unternehmen des Buchhandels untereinander; → Verkehrsordnung des Deutschen Buchhandels, Wettbewerbsregeln des → Börsenvereins, → Verhaltensgrundsätze des Buchhandels.

Verkehrsordnung des Deutschen Buchhandels
vom → Verein für Verkehrsordnung im Buchhandel herausgegebene Verkehrsordnung.

Verknüpfung
die Verbindung von Anwendungen oder Daten untereinander. In Bezug auf Hypermedia-Anwendungen (vgl. → HTML, → WWW) spricht man nicht von Verknüpfung (deutsch), sondern generell (englisch) von → *links* oder → *hyperlinks*.

Verlag
Unternehmen des herstellenden → Buchhandels, das mit der Vervielfältigung und dem Vertrieb von Werken der Literatur, der Kunst und der Tonkunst befaßt ist.

Verlagsauslieferung
Zwischenbuchhandelsunternehmen, das die vollständigen Verlagsprogramme von Verlagen in deren Namen (und auf deren Rechnung) lagert und vertreibt.

Verlagsbuchhandel
mit einem Verlag verbundener Buchhandelsbetrieb, in dem vorwiegend oder ausschließlich die eigenen Bücher angeboten werden (im Unterschied zum → Sortimentsbuchhandel).

Verlagsgesetz
urheberrechtliche Bestimmungen zum Verlagsvertrag.

Verlagsrecht
das vom Urheberrechtsinhaber durch → Verlagsvertrag auf den Verleger übertragene → Verwertungsrecht, in der Regel die Erlaubnis zur Vervielfältigung und Verbreitung eines Werks.

Verlagsvertrag
author's contract, Vertrag zwischen dem Autor oder Herausgeber eines Werks und dem Verlag.

Verleger
Inhaber oder Geschäftsführer eines → Verlags.

Vermittlung
- Aufbau einer Verbindung zwischen Sender und Empfänger, ggf. auch Auswahl

des → Leitwegs (→ *routing*) und Weiterleitung von Datenpaketen;
- kurz für → Vermittlungsart.

Vermittlungsart
meist kurz Vermittlung, Bezeichnung für die bei der Weiterleitung von Daten in einem Netz generell verwendete Methodik. Man unterscheidet → Leitungsvermittlung und → Paketvermittlung, auch Kombinationen sind möglich (→ ATM).

Vermittlungsnetz
anderer Ausdruck bzw. andere Sichtweise (Blick auf die → Vermittlung von Daten) für Datenübertragungsnetzwerk. Man unterscheidet Netze anhand verschiedener → Vermittlungsarten.

Vermittlungsrechner
→ PSN.

Vermittlungsschicht
network layer, die dritte Ebene des → *OSI Reference Model.*

Vermittlungsstelle
kurz VSt, eine dem Aufbau und der Aufrechterhaltung einer Fernsprechverbindung dienende Einrichtung, vgl. → ZVSt, → HVst, → KVSt, → OVSt und → TVSt.

veronica
Very Easy Rodent-Oriented Network Index to Computer Archives, oder *Very Easy Rodent-Oriented Net-wide Index to Computerized Archives,* Suchdienst unter → gopher, der gopher-Dateien anhand einer Reihe von Schlüsselbegriffen auffindet. Der Zugriff auf die gefundenen Dateien muß dann per gopher oder mit einem → WWW-Browser erfolgen.

Versalien
upper case, Großbuchstaben.

Versalhöhe
Schriftgrößenangabe in Millimeter, gemessen an Versalien (H oder E).

Versalsatz
Satz aus Versalien.

Versandbuchhandel
Mail-Order-Unternehmen, Bucheinzelhandelsunternehmen, die einem festen Kundenkreis regelmäßig Angebote zusenden und die bestellten Bücher per Post ausliefern.

Versetzungszeichen
= Kreuz und b = b, siehe → Tonnamen.

Verstärkung
amplification,
- elektrotechnisch: das Verhältnis des Pegels des Ausgangssignals zu jenem des Eingangssignals;
- allgemein Bezeichnung für verschiedene Signalpegel-Beeinflussungen, u. a. für das Auffrischen von abgefallenen Pegeln *(refreshing),* das Anheben von Lautstärkepegeln, oder auch das Abschwächen der Lautstärke bzw. die Beeinflussung eines Lautstärke-Verlaufs.

Vertatur
(lat.) wörtl. „wird umgedreht", das Korrekturzeichen für das (als Korrektur vorzunehmende) Vertauschen zweier Buchstaben.

verteilt
Bezeichnung für einen auf mehrere Rechner oder zumindest Laufwerke aufgeteilten Datenbestand (der mittels eines zentralen oder ebenfalls verteilten Dienstes erschlossen werden kann) oder ein auf mehrere Rechner oder Einzelprogramme aufgeteilter Dienst bzw. Ablauf.

Vertical Intervall Time Code
Vertikaler Zeitcode, siehe → VITC.

Vertikalfrequenz
→ Bildwiederholfrequenz.

Vertrauensremission
→ vereinfachte Remission.

Vertrieb
Organisation, Förderung und Durchführung des Verkaufs.

Vertriebsgemeinschaft
von mehreren Zeitungsverlagen gemeinschaftlich unterhaltener Abonnentenbetreuungs- und Zeitungszustelldienst.

Vertriebsgesellschaft
meist aus → Vertriebsgemeinschaften hervorgegangenes, bisweilen auch allein von Dritten gegründetes Unternehmen für den Abonnementsvertrieb von Zeitungen und Zeitschriften.

Vervielfältigung
im grafischen Gewerbe: jede Anfertigung von Kopien, Imitaten oder Duplikaten einer Vorlage; bisweilen auch als Bezeichnung nur für jene Verfahren verwendet, die nicht als Druckverfahren gelten.

Verweisdaten
auch Indexdaten, Daten, die auf andere Daten verweisen (beispielsweise in Datenbanksystemen jene Daten, die als Zeiger auf Datensätze dienen bzw. Datensätze adressieren).

Verweisdatenbank
eine Datenbank, die nach Art eines Index nicht die gesuchten Informationen selbst, sondern Verweise auf den Fundort (oder auch Bestellnummern u. dgl.) und ggf. (nach Art einer Titelkartei) weitere Sekundär-Informationen zum gesuchten Objekt enthält.

Verwendungsbindung
Bindung des Zwischenbuchhandels an den vom Verlag vorgegebenen Verwendungszweck der Verlagserzeugnisse.

Verwertungsgesellschaft
kurz VG, in Deutschland auf der rechtlichen Grundlage des → Urheberrechtswahrnehmungsgesetzes (UrhWG) arbeitende Unternehmen zur gemeinsamen Wahrnehmung von → Urheberrechten oder verwandten Schutzrechten.
VGs bilden Anlaufpunkte für Konzert-Veranstalter, Verlage oder sonstige an der Vermarktung von geschützten Werken interessierte Unternehmen. Hauptsächliches Ziel solcher VGs ist es jedoch, die in vielen Bereichen praktisch nicht mehr vom jeweiligen Urheber selbst zu bestimmende oder verwertbare Verwendung geschützter Werke im Sinne des Urheberrechts ökonomisch zu verwerten. Solche Verwendungen sind zum Beispiel öffentliche Aufführungen von Musikstücken, die Vermietung oder Verleihung von Büchern oder Tonträgern, die private Aufnahme von Musik auf Leercassetten, oder die private Vervielfältigung von Texten per Fotokopie. Da der einzelne Urheber in solchen Fällen gar nicht in der Lage ist, seine Verwertungsansprüche festzustellen, geltend zu machen oder durchzusetzen, sieht das Urheberrechtsgesetz einerseits Pflichtabgaben (etwa für Leercassetten), andererseits aber die Einschaltung von Verwertungsgesellschaften vor.
Zur Durchführung ihres Auftrags erheben VGs Gebühren, beispielsweise für die Aufführung oder Sendung von Musikstücken, oder auch für den Verkauf von Fotokopiergeräten oder leeren Datenträgern (Audio- oder Videocassetten), um die Erlöse dann, ggf. nach einem Pauschalsystem aufgeschlüsselt, an die von der VG vertretenen Urheber weiterzuleiten. Weiterhin unterstützen einzelne Verwertungsgesellschaften die von ihnen vertretenen Personen auch auf andere Art und Weise, etwa durch Unterstützungs- und Vorsorgeeinrichtungen oder durch Finanzierung besonderer, kulturell bedeutender Werke.
Da Verwertungsgesellschaften eine urheberrechtlich gegebene monopolistische Stellung (aber auch einen kulturellen Auftrag) innehaben, unterliegen sie nach dem UrhWG einer behördlichen Genehmigungspflicht (ggf. erteilt durch das Deutsche Patentamt in Abstimmung mit dem Bundeskartellamt) und Aufsichtspflicht. Sie sind dazu verpflichtet, die Verwendung bzw. Nutzung der urheber-

rechtlich geschützten Werke (der von ihnen vertretenen Urheber) zuzulassen, gleichzeitig sind sie auch verpflichtet, auf Antrag jeden zu ihrer jeweiligen Sparte zu rechnenden Urheber in die Gesellschaft aufzunehmen. Bis zu 10 Prozent ihrer Einnahmen können bzw. sollen in soziale und kulturelle Fördermaßnahmen (zugunsten der Mitglieder, also etwa in Pensions- und Unterstützungsfonds) fließen.

Bislang entstanden in Deutschland die folgenden Verwertungsgesellschaften: → AGICOA, → GEMA, → GÜFA, → GVL, → GWFF, → VFF, → VG Bild-Kunst, → VGF und → VG Wort; für bestimmte Zwecke entstanden auch Zusammenschlüsse von VGs, wie etwa die Zentralstelle → Bibliothekstantieme, die für den Einzug des sog. Bibliotheksgroschens zuständig ist, oder die erst 1997 gegründete und bislang noch nicht aktiv tätige → CMMV, die für die Klärung von Urheberrechten im Multimedia-Umfeld zuständig sein soll.

Verwertungsrecht

das nur dem Urheber zustehende Recht an einem urheberrechtlich geschützten Werk bzw. dem aus diesem Werk zu ziehenden Nutzen (u. a. Vervielfältigung, Verkauf, Veröffentlichung).

Zur Wahrnehmung des Verwertungsrechtes kann ein Urheber andere Personen bzw. Unternehmen einschalten – etwa Verlage, Musikgesellschaften bzw. Musikverleger, Medienunternehmen usw., die verkaufbare Werke herstellen und vertreiben, oder auch Verwertungsgesellschaften, die weitere Verwertungsrechte ökonomisch nutzbar machen.

Die technisch-wirtschaftliche Umsetzung von Verwertungsrechten unterliegt derzeit einem starken Wandel – neben dem herkömmlichen Handel mit Aufführungsrechten oder Abdruckrechten (Texte, Fotografien) und dem Verkauf von materiell fixierten Texten, Abbildungen, Musik- oder Theaterstücken oder sonstigen Kunstgegenständen (als Buch oder Fotografie, Tonträger oder Film bzw. Videocassetten usw.) rückt vor allem die wirtschaftliche Verwertung von Senderechten (TV/Rundfunk) oder von in digitalisierter Form vorliegenden und damit elektronisch beliebig nutzbaren multimedialen Informationsinhalten (→ *assets*, Vertrieb über Multimedia-Produkte bzw. über Datennetze) in den Vordergrund.

Die wirtschaftliche Verwertung von Urheberrechten wurde bisher zu einem großen Teil über den Verkauf „materieller" Medien (Bücher, Tonträger etc.) oder durch die pauschale Abgeltung der von Verwertungsgesellschaften faktisch vom Urheber übernommenen Rechtsansprüche vorgenommen. Der bloße Zugang zu geschützten Werken (etwa in Form eines Ausleihens von Büchern, die in öffentlichen Bibliotheken vorliegen, oder des Mithörens einer Radiosendung) mußte ebenso wie der private Mitschnitt von Musiksendungen oder die private Kopie eines Buchs von Urhebern und Verwertern hingenommen werden, jegliche diesbezüglichen Vergütungsansprüche galten als durch die von den Verwertungsgesellschaften eingezogenen und weitergeleiteten Gebühren abgegolten.

Inzwischen sind längst Bemühungen im Gange, auch den bloßen (elektronischen) Zugriff auf urheberrechtlich geschützte Informationsstücke (Datenbankinhalte, Webseiten, oder auch einzelne Elemente, vgl. → *assets*) gezielt ökonomisch zu verwerten. Diese Entwicklung wird durch Anpassung von Gesetzen und Rechtsvorschriften teilweise unterstützt (etwa durch Urheberrechtsschutz für Datenbankwerke), in mancherlei Hinsicht gilt sie jedoch auch als überaus problematisch, da der freie und zumindest partiell kostenlose Zugang auch zu in ihrer Form urheberrechtlich geschützten Informationen (zu Wissen, zu Kulturgütern usw.) vielfach – unbeschadet der ökonomischen Verwertung von Urheberrechten – als Grundrecht, im Bereich der Wissenschaften zudem auch oft als bloße Notwendigkeit, angesehen wird.

Bei der elektronischen Publikation wird der Verlag (bzw. der sonstige Verwerter oder auch der Urheber selbst) gegebenenfalls urheberrechtlich zum → Teledienst, der die gewünschten Texte nicht mehr auf Papier druckt und dieses Papier verkauft, sondern die Informationen in → Datenbankwerken vorhält, und an die

Stelle des herkömmlichen Abonnements rückt die Lizenzierung des Zugriffs auf solche Werke.

Da jeder Zugriff kontrolliert bzw. registriert werden kann, ist die Abrechnung der Leistungen und die Abgeltung der Verwertung technisch problemlos handzuhaben. Ein ungehinderter und kostenloser Zugang zu den Informationen dagegen, wie er bei bisheriger Print-Publikation und der damit meist automatisch in Verbindung stehenden, im Wissenschaftsbereich sogar teilweise obligatorischen öffentlichen Bereitstellung in Bibliotheken möglich war, ist bei bloß noch elektronisch zugänglichen Informationen nicht mehr möglich.

Viele Urheberrechtsverwerter schrecken jedoch aus ganz anderen Gründen vor einer Online-Publikation zurück – ihnen erscheint die Garantie von Urheberrechten ebenso wie die Durchsetzung von Ansprüchen aus Verwertungsrechten im Online-Bereich als äußerst zweifelhaft. Die Netztechnologie gestattet es bislang, Informationen fast beliebig und nahezu ohne nennenswerten Aufwand weltweit zu kopieren und zu verbreiten, nicht zuletzt aber auch, die konkrete Form der Darbietung (Text, Bild etc.) auf viele Arten zu verändern. Über diese technischen Gegebenheiten hinaus gelten auch die Unterschiede hinsichtlich nationalen Urheberrechts als unbefriedigend – so kann beispielsweise schon der bisherige Umgang mit Schutzfristen bei der Online-Veröffentlichung gemeinfreier Werke (als → eText) u. U. zu einer Umgehung national gültiger Urheberschutzrechte führen: aufgrund der ungleichen Schutzfristen kann es in einem Land rechtlich erlaubt sein, ein Werk (erneut) zu publizieren, während dies in einem anderen Land gesetzlich noch nicht gestattet ist – der Zugriff auf ein solches Werk kann jedoch auch innerhalb dieses Landes via Internet erfolgen. Bei vielen der heute über Online-Medien zugänglichen Inhalte handelt es sich daher nur um urheberrechtlich nicht bzw. längst nicht mehr geschützte Werke oder um Informationen, die von den Urhebern ausdrücklich für die Online-Verwendung bestimmt und freigegeben wurden.

Neue Standards und Verfahren wie → DOI sollen zukünftig sicherstellen, daß auf digital vorliegende und elektronisch zugängliche Informationen einfachst zugegriffen werden kann, aber auch, daß solche Informationen einwandfrei identifiziert und nicht ohne weiteres gegen die Interessen des Urheberrechtsinhabers benutzt oder gewerblich verwertet werden können.

Verzeichnis
→ *directory*.

Verzeichnisdienst
→ *directory service*.

Verzeichnis lieferbarer Bücher
kurz VLB, der Katalog aller lieferbaren (bzw. mit → ISBN versehenen) deutschen Bücher, wird seit 1971 jährlich neu von der → Buchhändlervereinigung Frankfurt herausgegeben. Im Internet mit einer eigenen WebSite vertretene Buchhandlungen gestatten meist eine direkte Recherche im VLB (und liefern die gewünschten Bücher dann ggf. an den Besteller aus).

Verzeichnisserver
ein Server, der einen Verzeichnisdienst (→ *directory service*) anbietet.

Verzögerung
→ Laufzeit.

VESA
Video Electronics Standard Association, eine von Grafikkarten-Herstellern initiierte Standardisierungs-Institution.

VESA-local-bus
ein → Erweiterungsbus-System, das von der → VESA als Quasi-Standard entwickelt wurde, heute durch den → PCI-Bus ersetzt.

VFF
Verwertungsgesellschaft der Film- und Fernsehproduzenten (selbständige Produzenten, Sendeunternehmen usw.).

VFsDx
Verordnung für den Fernschreib- und Datexdienst.

VfW
→ *Video for Windows*.

VGA
Video Graphics Adapter, Standard für PC-Grafikkarten (640 x 480 Bildpunkte).

VG BILD-KUNST
Verwertungsgesellschaft BILD-KUNST, die für die Wahrnehmung der Urheberschutz- und Leistungsrechte von Bildenden Künstlern, Bildarchiven, Designern, Fotographen, Grafikern, Karikaturisten, Pressezeichnern sowie Cuttern, Filmarchitekten, Kameraleuten, Kostümbildnern und Regisseuren zuständige → Verwertungsgesellschaft.

VGF
Verwertungsgesellschaft für Nutzungsrechte an Filmwerken, eine zur Wahrnehmung der Rechte von Film-, Fernseh- und Videoproduzenten gegründete → Verwertungsgesellschaft.

VG WORT
Verwertungsgesellschaft WORT, 1958 gegründete und 1978 mit der VG WISSENSCHAFT vereinigte → Verwertungsgesellschaft der Autoren von Sprachwerken sowie der Verleger.

VHS
derzeitiger Video-Marktstandard für den privaten Video-Gebrauch, bei privaten Videocameras (VHS-C, kleinere Compact-Cassetten bei gleichem Aufzeichnungsstandard) und Videorecordern ebenso wie für Kaufcassetten bzw. die in Videotheken ausleihbaren Tapes eingesetzt. Der erweiterte → S-VHS-Standard mit höherer Auflösung und Bildqualität wird vorwiegend im Zusammenhang mit S-VHS-Camcordern (spezielle S-VHS-C-Cassetten) verwendet.

VIAG Interkom
Telefongesellschaft (Eigentümer VIAG, Brit. Telecom, Telenor), Netzvorwahl 0 10 90.

Video
(lat. „ich sehe") Kürzel für Videoband, Videofilm oder → Videotechnik.

Videobearbeitungskarte
eine → Digitalisierkarte, die Video-Bearbeitung (Schnitt, Kopie usw.) ermöglicht und teils auch über die Funktionalität einer → TV-Steckkarte (PAL-Empfang, Teletext) verfügt.

Video-CD
→ CD-DV.

Videoclip
→ Clip.

videoconferencing
→ Videoconferenz.

Video for Windows
kurz VfW, Betriebssystemerweiterung für die Darstellung von Videos (*extension* .AVI) unter Windows, ab Windows 95 durch ActiveMovie ersetzt.

Video Inlay
Ausgabe von Fernsehbildern über den Computermonitor; das Bild wird digitalisiert und direkt in den Bildspeicher geschrieben (es ersetzt ggf. dort vorhandene Informationen).

Videokarte
→ Videobearbeitungskarte.

Videokonferenz
beidseitige Übertragung von Sprache und Videobildern, erfordert Hochgeschwindigkeitsverbindungen bzw. Breitbandnetze.

Video-Mapping
siehe → *immersion*.

Video on Demand
kurz VOD, auch *Pay-on-Demand-TV*, interaktives Fernsehen mit Möglichkeiten zum Abrufen von auf einem Server vorgehaltenen Videos (über ein Fernseh-Kabelnetz, untersucht werden auch Möglichkeiten des Satellitenfernsehens sowie die Nutzung von Internet und ISDN).

Video Overlay
Beimischung von Video- oder Fernsehbildsignalen zu den VGA-Signalen (hinter der VGA-Karte) zur Darstellung von Fernsehbildern auf dem Computermonitor (vgl. → Overlaykarte).

VideoPhone
→ Intel VideoPhone.

Videoprojektor
→ Datenprojektor.

Video Server
ein Rechnersystem, das Videos im Rahmen eines → *Video-on-Demand*-Dienstes vorrätig hält.

Videosignal
das an einen Bildschirm gesendete Signal zur Steuerung der Bildschirmanzeige.

Videotechnik
Verfahren bzw. Ausstattung zur elektronischen Aufzeichnung, Speicherung und Wiedergabe von Ton- und Bildinformationen (Videokamera, -cassette, -player, -recorder). Die Informationen werden digital auf einem Magnetband (Tonband) gespeichert. Im Amateurbereich bzw. bei semiprofessionellen Systemen haben sich VHS, S-VHS und Video-8 bzw. Hi-8 als Aufzeichnungsformate durchgesetzt.

Videotext
auch Teletext, ein System zur Übermittlung von Textseiten über das Fernsehsignal und zur Auswahl und Darstellung solcher Seiten auf dem Fernsehgerät (mittels eines speziellen → *decoders*). Die Informationen werden in der sog. Austastlücke (zwischen den Bildpunkt-Zeilen) des Fernsehbilds übertragen und ausgewertet.

Video-Textur
ein Video, das auf einem Objekt wechselnde Oberflächen erzeugt; vgl. → Textur.

Vierfarbendruck
Bezeichnung für das bei allen → Druckverfahren übliche Prinzip für die Wiedergabe mehrfarbiger Vorlagen: Zunächst werden gerasterte → Farbauszüge (für Magenta, Cyan und Yellow sowie Schwarz) und die entsprechenden Druckformen erstellt, beim Druck aller vier Farbenformen (hintereinander) entsteht dann ein Bild, welches alle Farbabstufungen des Originals wiedergibt.
Bei Laserdruckern ist das Vierfarb-Prinzip ebenfalls sehr verbreitet, einige (Tintenstrahl-) Drucker setzen jedoch auch mehr als vier Farben ein, um eine möglichst fotorealistische Farbwiedergabe zu erzeugen. Da Bilder auf dem Computer in digitaler Form vorliegen, erfolgt der Druck jedoch weder in vier einzelnen Durchgängen noch auf der Grundlage von Farbauszügen – die mit dem Drukker mitgelieferten → Treiberprogramme stellen sicher, daß die für jedes Pixel gespeicherten Farbwerte Punkt für Punkt in Steueranweisungen für den Farbdrucker umgesetzt werden, der das Bild in einem einzigen Durchgang auf das Papier überträgt.
Vgl. → Farbmischung, → Raster.

Vierklang
auch Septakkord, ein harmonischer → Akkord aus vier Tönen, die im Terzabstand liegen und gleichzeitig gespielt werden (etwa c, e, g, h).

Viertelcicero
auch → Brillant, Schriftgrad, 3 p.

Viertelpetit
auch → Non plus Ultra, Schriftgrad, 2 p.

viewer
ein Programm zur Darstellung von Daten (die in speziellen Dateiformaten vorliegen).

Vignette
aus dem Bleisatz stammende Bezeichnung für ein Zierstück (Linienornament, auch florale oder figürliche Muster), das meist zum Abschluß von Kapiteln verwendet wurde.

VIM
Vendor-Independent Messaging, gemeinsam von IBM, Lotus, Novell und anderen Firmen entwickelte Programmschnittstelle für E-Mails; Alternative zu → MAPI.

Viren
→ Virusprogramm.

virtual
→ virtuell.

virtual address
eine → logische Adresse, die zur Adressierung eines virtuellen Speichers (→ *virtual memory*) benutzt wird.

virtual business park
virtueller Business-Park, andere Bezeichnung für das → *virtual mall*-Konzept.

virtual channel
→ virtueller Kanal.

virtual circuit
→ virtuelle Verbindung.

virtual community
virtuelle Gemeinschaft, irgendeine über das Internet gebildete Gemeinschaft (z. B. eine Chat-Gruppe, ein virtuelles Unternehmen, oder auch alle Internet-Teilnehmer).

virtual device
ein virtuelles Gerät, eine nicht tatsächlich vorhandene, sondern durch Programme emulierte Einrichtung (virtuelles Laufwerk, virtueller Arbeitsspeicher usw.).

virtual device driver
kurz VDD oder VxD, ein → Treiberprogramm für ein (bestimmtes) virtuelles Gerät (Arbeitsspeicher, Laufwerk usw.).

virtual mall
auch virtueller Business-Park, eine virtuelle Einkaufs- oder Geschäftsstraße. Der Begriff bezeichnet das Konzept, im WWW eine Reihe von Geschäften oder Büros unter einer einheitlichen Umgebung zusammenzufassen und für elektronischen Einkauf, Firmenpräsentation usw. anzubieten. In Deutschland sind u. a. Entropolis (http://www.entropolis.de) oder Markt24 (http://www.telemedia.de/praxis/markt24.html) als *virtual malls* begehbar.

Virtual Machine
- ein Betriebssystem für IBM-Mainframes, → VM;
- ein Interpreter-Programm, das → Bytecode in → Maschinencode übersetzt (etwa die → Java VirtualMachine).

virtual memory
Virtueller Arbeitsspeicher, ein auf zusätzlichen RAM-Modulen, einer Festplatte oder sonstigen Massenspeichern vorhandener Speicherbereich, der beim → *paging* zur Erweiterung des Arbeitsspeichers dient. Vgl. → Auslagerungsdatei.

Virtual Memory System
→ VMS.

virtual private network
Virtuelles Privates Netz, → VPN.

Virtual Reality
kurz VR,
- virtuelle Wirklichkeit, die Simulation eines Geschehens oder eines Existierens;
- Begriff für Programme und spezielle Ausstattungen (3-D-Helme, Datenhand-

schuhe usw.), mit denen eine dreidimensionale Simulation erzeugt werden kann. *Virtual Reality* wird außer für Spiele auch zur Steuerung bzw. Fernsteuerung von Maschinen, im Design- bzw. Architekturbereich und für *electronic shopping*-Zwecke (etwa → *virtual malls*) eingesetzt.

Virtual Reality Markup Language
→ VRML.

Virtual Reality Modelling Language
→ VRML.

virtuell
virtual, nur scheinbar (oder der Möglichkeit nach) vorhanden, nicht in Wirklichkeit (oder auch: nicht im derzeitigen Moment) existierend. In der EDV meist Bezeichnung für irgendetwas, das durch Hard- oder Software emuliert oder simuliert wird (vgl. → Emulation, → Simulation).

virtueller Business-Park
→ *virtual mall*.

Virtuelle Realität
→ VR.

virtueller Kanal
virtual channel (VC), ein Übertragungskanal, der durch ein → Protokoll zur Verfügung gestellt wird, im Unterschied zu einem „wirklichen" Kanal, der beispielsweise als eine Leitung existiert.

virtueller Server
ein nicht als eigenständiger Internet-Rechner existierender Server, sondern eine Kombination aus einem Server-Programm und einer → DNS-Subdomain-Adresse (plus Speicherkapazitäten, E-Mail-Service, Formular- und CGI-Unterstützung usw.), die auf einem Internet-Host zur Verfügung gestellt werden. Üblicherweise werden mehrere virtuelle Server zugleich auf diesem Host betrieben (vgl. auch → IP-Aliasing), meist im Rahmen spezieller Service-Leistungen für Geschäftskunden, die von *Internet Service Providern* (→ ISP) angeboten werden. Viele kleinere Unternehmen oder auch öffentliche Institutionen (u. a. Schulen oder Fremdenverkehrsämter) nützen diese einfachste und preisgünstigste Möglichkeit, mit einem „eigenen Server" bzw. unter ihrem eigenen Domain-Namen (etwa: www.FirmaXY.de oder provider.StadtSoUndSo.de) im W3-Space vertreten zu sein.

virtuelles Laufwerk
auch RAM-Disk, ein nicht tatsächlich als Hardware vorhandenes Laufwerk, das mittels entsprechender → Treiber im Arbeitsspeicher angelegt wird.

Virtuelles Privates Netz
→ VPN.

virtuelles Studio
ein Film- oder Fernsehstudio, dessen Ausstattung nicht (oder nur in Teilen) vorhanden ist. Die Kulissen (oder auch der Raum als solcher) werden am Computer grafisch hergestellt und mittels → blue-screen- oder → blue-room-Technik ins Bild eingeblendet. Da Kosten für echte Ausstattungsgegenstände, Bühnenbild, Lager usw. entfallen und sogar die grafische Ausstattungs-Produktion teils unter Wiederverwendung bereits vorhandener grafischer Versatzstücke erfolgen kann, entsteht ein starker Kostenvorteil gegenüber „echten" Aufnahmestudios.

virtuelles Terminal
→ VT.

virtuelles Unternehmen
ein loser und zeitlich begrenzter Zusammenschluß von ansonsten eigenständigen Unternehmen oder selbständigen Einzelpersonen zu einem gemeinsamen (nach Außen hin bisweilen als Einheit erscheinenden, häufig aber auch in seiner Gesamtheit verborgen bleibenden) Gesamtunternehmen.
Solche „virtuellen" Unternehmen existierten nach rechtlichem oder ökonomi-

schen Verständnis schon immer, der heutige Begriff bezieht sich daher vor allem auf die besondere Form der „Virtualität" von Unternehmen, die sich aufgrund der Nutzung von Datennetzen oder sonstiger moderner Telekommunikationsformen einstellt.

Virtuelle Unternehmen können theoretisch als aktuelles Aktivitäts-Muster in einem „Netz" untereinander kommunizierender „Knoten" verstanden werden, wobei die einzelnen Knoten (im Idealfall) völlige Eigenständigkeit und eigene Überlebensfähigkeit aufweisen. Kapazitäten und Chancen sowie Risiken und Lasten sind auf die einzelnen Knoten verteilt, Phasen reduzierter Aktivitäten einzelner Knoten innerhalb des Netzes können überbrückt bzw. durch Tätigkeiten außerhalb des Netzverbundes ausgeglichen werden. Der Kommunikationsverbund ermöglicht es, daß sich die einzelnen Knoten nach Bedarf untereinander aktivieren und untereinander koordinieren, wodurch sich das eigentliche virtuelle Unternehmen konstituiert, und wobei sich (im Idealfall) automatisch bedarfs- und situationsgerechte Kosten- und Leistungs-Strukturen entwickeln. Neben streng arbeitsteiligen Strukturen, bei denen die einzelnen Teilnehmer weitgehend eigenständig und evtl. auch räumlich voneinander weit entfernt strikt voneinander abgegrenzte Leistungen erbringen, sind durch die effiziente Nutzung moderner Telekommunikationsmittel ggf. auch bei großen räumlichen Distanzen effiziente Teamarbeitsstrukturen realisierbar.

In der Praxis entstehen virtuelle Unternehmen aus informellen Gemeinschaften, deren einzelne Mitglieder nur zwecks bestimmter Aktivitäten nach Leistung definierte und zeitlich begrenzte rechtsfähige Zusammenschlüsse eingehen (meist werkvertraglich geregelt, oft Kontraktor-Subkontraktor-Verhältnis).

virtuelle Verbindung

virtual circuit (VC) oder *virtual route* (VR), eine nur potentiell bzw. nur logisch (vgl. → *logical*) vorhandene direkte Verbindung zwischen Sender und Empfänger. Die Verbindung wird erst durch Aktivierung einer Schaltung bzw. durch entsprechende Verfahren der → Paketvermittlung hergestellt.

Virusprogramm

ein Programm, das sich (ähnlich einem biologischen Virus) in ein Wirts-Programm einnistet, dort bei jedem Lauf dieses Programms irgendwelche Aktionen durchführt (Daten verändert oder löscht, das System zum Absturz bringt usw.) und meist weitere Programme infiziert. Außer in ausführbaren Programmen (.EXE- oder .COM-Files) finden sich Viren inzwischen auch in Dateien von Textverarbeitungs-, Tabellenkalkulations- oder Präsentationsprogrammen als sogenannte Makroviren. Dies sind in einer Makrosprache vorliegende Viren, die ihr Wirken unter Ausnutzung des Makrointerpreters des jeweiligen Programms entfalten.

V.i.S.d.P.

gängiges Kürzel für „Verantwortlich im Sinne des Pressegesetzes"; bei Print-Publikationen (Flugblättern, Zeitungen usw.) ist die Nennung einer für den Inhalt bzw. Wortlaut verantwortlichen bzw. haftenden Person gesetzlich vorgeschrieben.

Visual Basic

kurz VB, eine für → Windows entwikkelte BASIC-Variante von Microsoft, objektorientiert und ereignisgesteuert. Aus *Visual Basic* wurden → VBA und *VB Script* abgeleitet.

VITC

Vertical Intervall Time Code, vertikaler Zeitcode, während der Aufnahme durch die Kamera bzw. in einem separaten Formatiervorgang auf dem Band angebrachte Zeitbestimmungsmarkierung, die für die Schnittsteuerung verwendet wird. VITC wird in der Austastlücke des Videosignals untergebracht und u. a. bei VHS und S-VHS eingesetzt.

VKR
→ Vollkostenrechnung.

VLB
- → VESA-local-bus;
- → Verzeichnis lieferbarer Bücher.

VL-Bus
→ VESA-local-bus.

VM
Virtual Machine, Betriebssystem für IBM-Großrechner.

VMS
Virtual Memory System, Betriebssystem für → VAX.

Vnet
voice-net, Telefonnetz (Slang).

V.nn
Spezifizierung der → V-Normen (V.17, V.24 usw.).

V-Normen
die → CCITT-Normen für die Datenübertragung per Telefon (Modemverbindungen); sie legen Steuerkommandos für → Modems, Schnittstelleneigenschaften (vgl. → serielle Schnittstelle) und → Protokolle fest.

VOC
vocal, Dateiendekennung für Sound-Dateien.

VOD
→ *Video On Demand.*

Vogelperspektive
aerial perspective, Luftbildperspektive, in der VR oder in Spielen der Blick auf eine Landschaft bzw. eine dreidimensionale Szene von einem Blickpunkt aus, der sich weit oberhalb der Ebene befindet.

voice
Sprache; sprechen, telefonieren.

voice communication
Sprechverbindung, Telefonie; mit entsprechender Ausrüstung auch per Internet möglich (vgl. → Internet-Telefon).

voice mail
- an eine E-Mail angehängte Datei mit Sprachaufzeichnungen;
- im Mobilfunk eine Meldung, die von einem vom Netzbetreiber bereitgestellten Anrufbeantworter (Mailbox) aufgezeichnet wurde und vom Mobiltelefon aus abgerufen werden kann.

voice net
Telefonnetz.

Voice Type
ein Spracherkennungssystem der Firma IBM, das in → OS/2 Warp 4 integriert ist; es ist für Windows 95 ebenfalls erhältlich. Mit Voice Type lassen sich Betriebssystemfunktionen und Anwendungsprogramme steuern und Texte diktieren.

Vollbild
Bild, das eine ganze Seite einnimmt.

vollduplex
siehe → duplex.

Vollkostenrechnung
VKR, im Unterschied zur → Deckungsbeitragsrechnung eine Art der Kosten- und Leistungsrechnung, die möglichst sämtliche im Unternehmen auftretende Kostenarten (und einen kalkulatorischen Gewinn) erfaßt und nach Arbeitsplätzen oder Produktionsschritten zeitlich sowie mengenmäßig aufschlüsselt; solchermaßen ermittelte Stundensätze oder Stückkosten werden zur Auftragskalkulation verwendet. Die VKR ist die übliche Art der Kostenrechnung, sie kann jedoch je nach Betriebsauslastung leicht zu überhöhten Sätzen (und entsprechend schlechten Angebotspositionen) führen.

Vollredaktion
eine alle Ressorts umfassende Redaktion.

Vollversion
die im Leistungs- und Funktionsumfang vollständige Version eines → *Shareware*-Programms bzw. einer *Light*-Version.

Vollzeitarbeit
Arbeitsverhältnis, bei dem die Tätigkeit im tariflich vereinbarten (oder hausüblichen) Zeitumfang stattfindet, in Unterscheidung zur → Teilzeitarbeit.

Volontär
eigentlich „Freiwilliger", ein nicht in einem Lehrlingsverhältnis stehender, aber dennoch in Ausbildung befindlicher Mitarbeiter in einem Betrieb bzw. einer Redaktion.

Vorauskorrektur
Korrektur eines Manuskriptes, bevor es in den Satz gegeben wird.

Vorlage
→ Druckvorlage.

Vorlagenretusche
→ Retusche.

Vorkalkulation
Ermittlung der voraussichtlichen Kosten für die Produktion; vor Produktionsbeginn (für den Kostenvoranschlag, die Budgetplanung usw.) durchgeführt.

Vorschlag
in der Setzersprache: leerer Raum über einem Kapitelanfang.

Vorsteuer
siehe → Umsatzsteuer.

Vorwort
Vorrede des Verfassers oder Herausgebers, wird in der → Titelei zwischen Titelseite und Textbeginn plaziert.

Vorzugsausgabe
zusätzlich zur eigentlichen Auflage hergestellte → Sonderdrucke von besserer Papier-, Druck- oder Verarbeitungsqualität.

Vorzugspreis
im Buchhandel: der erlaubtermaßen von dem der → Preisbindung unterliegenden Preis eines Buches abweichende besondere Endverbraucher-Preis, der nur für besondere Fälle vorgesehen ist – siehe → Autorenrabatt, → Hörerschein, → Partiestück, → Subskriptionspreis.

VPN
Virtual Private Network, Virtuelles Privates Netz, eine von Betreibern öffentlicher Telefonnetze bzw. im Internet angebotener Service, verschiedene Anschlüsse über das öffentliche Telefonnetz bzw. über das Internet komfortabel miteinander zu verbinden und so ein virtuelles in sich geschlossenes Netzwerk zu schaffen.
Beim reinen Telefon-VPN sind die Verbindungen nicht dauerhaft als Standleitungen zwischen den einzelnen Anschlüssen geschaltet, sondern werden nur bei Bedarf von den beteiligten Ortsvermittlungsstellen aktuell hergestellt. Über spezielle Maßnahmen (etwa Telefonnummernlisten, vgl. → PNP) wird dafür gesorgt, daß nur zwischen den beteiligten Anschlüssen verbunden wird, so daß ein zwar virtuelles, jedoch in sich geschlossenes Netz (als Subnetz im Telefonnetz) entsteht. Die Telekom bietet solche Dienstleistungen im ISDN u. a. unter der Bezeichnung „Geschlossene Benutzergruppe" (→ GBG) an.
Vergleichbar hierzu wird beim Telefon-Internet-VPN über entsprechende Protokolle (vgl. → PTPT) dafür gesorgt, daß via Telefonzugang zum nächsten Internet-Provider-Zugang (POP) und durch anschließende Weitervermittlung über das Internet eine sicherer DFÜ-Zugang zu einem *Corporate Network* hergestellt wird. Ein solches VPN ist insbesonders für Telearbeit bzw. bei weiten Entfernungen zum Firmen-LAN kostensparend – lokale POPs sind zu Ortsgebühren erreichbar, die Summe aus Telefon- und Providergebühren kann daher ggf. unter dem Preis für eine direkte Telefonanbindung liegen.

VR
- → Vereinfachte Remission.
- → *virtual reality*.

VRML
ursprünglich in Anlehnung an → HTML *Virtual Reality Markup Language*, inzwischen in *Virtual Reality Modelling Language* umbenannt, ein Sprachstandard für die Beschreibung dreidimensionaler Welten bzw. Objekte (und deren Manipulation). VRML wurde erst 1994 entwickelt und stellt (mit Übergängen zu → HTML) einen speziell für Netzwerkanwendungen geeigneten Programmier-Standard dar. VRML-Kommandos sind in eigenen ASCII-Dateien (Dateiendekennung .WRL oder .VRML) abgelegt, die VRML-Programme müssen vom → Web-Browser (oder entsprechenden VRML-Programmen bzw. → Plug-Ins) interpretiert werden. http://www.sdsc.edu/vrml

VSt
→ Vermittlungsstelle.

VT
Virtual Terminal, virtuelles Terminal
- ein Protokoll zur Terminal-Anbindung an Hosts (etwa → Kermit, XModem, → Z-Modem);
- ein → Terminalprogramm oder eine → Terminalemulation.

VT100
der im Internet am häufigsten verwendete Terminalemulations-Standard, unterstützt nur einfachen Textmodus (keine Farbe, kein Blinken usw.). VT100 wurde von DEC für die VAX entwickelt.

VT102
eine neuere und erweiterte Version von → VT100 (mit Farbunterstützung, blinkender Darstellung usw.).

VT52
einfacher Terminalemulations-Standard.

VTP
Virtual Terminal Protocol, → VT.

VU
volume unit, Lautstärke-Anzeige.

VxD
→ *Virtual Device Driver*.

VzFdpbD
Verein zur Förderung der privat betriebenen Datenkommunikation e.V., Betreiber des → SubNet.

W3
Word Wide Web, → WWW.

W3C
→ *World Wide Web Consortium*.

W3Space
das Universum aller Daten, Dienste, Rechner und Teilnehmer im → WWW.

Wahlsperre
in Deutschland für → Modems vorgeschriebene Pausenfunktion, die eine sofortige Wahlwiederholung nach erfolglosem Wahlversuch unterbindet und dadurch eine andauernde Blockade der Leitung durch Dauerwählen verhindern soll.
Die Funktion ist manchmal durch entsprechende – offiziell undokumentierte – Modemsteuerbefehle auszuschalten bzw. durch Modem-Reset zu umgehen; wird eine Mindestpause von 30 Sekunden zwischen den Wählversuchen eingehalten, tritt die Sperre gar nicht erst in Aktion.

WAIS
Wide Area Information System, wörtl. großflächiges Informationssystem, ein von Thinking Machines, Apple und Dow Jones gemeinsam entwickelter → Suchdienst, der die Volltext-Suche in vielen im Internet verteilten Datenbanken bei (annähernd) natürlichsprachigen Suchanfragen und → *relevance feedback* ermöglicht. WAIS kann über → gopher angesteuert werden.

Waise
- auch Waisenkind oder Schusterjunge: die erste Zeile eines neuen Absatzes (Alinea), die beim Umbruch als letzte Zeile auf einer Seite oder in einer Spalte erscheint (gilt als Umbruchfehler);
- eine Zeile in einem Gedicht, zu der es keine Partnerzeile gibt.

WAN
Wide Area Network
- ein Netzwerk, das mehrere → LANs bzw. → MLANs zusammenfaßt. Eine solche übergeordnete Hauptverbindung zwischen Netzen wird im Internet auch → *backbone* genannt.
- ein Netz mit weit voneinander entfernten Teilnehmern, im Unterschied zu einem → LAN.

Warenzeichen
ein durch Eintragung in die Warenzeichenrolle des Deutschen Patentamts gesetzlich geschütztes Kennzeichen für Waren, meist zugleich ein → Markenzeichen. Es sollte möglichst unverwechselbar (besonders gestaltet) sein, insbesonders darf es keinem bereits geschützten Zeichen ähneln.
In der Werbung wird, sofern die Warenzeichen-Eigenschaft eines Begriffs oder Logos nicht offensichtlich ist, häufig durch (TM) für *trade mark* (bisweilen auch ersatzweise, aber falsch, durch das Copyright-Zeichen) darauf hingewiesen, daß es sich um ein als Warenzeichen geschütztes Kennzeichen handelt.

Warteschlangenverwaltung
in einem → *Spooler* integrierte Programmfunktionen, die das Verwalten der Jobs (Anhalten oder Umlenkung der Ausgabe etc.) ermöglichen.

watchdog
ein „Wachhund-Programm", das irgendwelche Abläufe, Funktionen oder Geräte überwacht. Meist wird der Zeitbedarf einzelner Prozesse kontrolliert, bei Zeitüberschreitung wird eine Warnung an den Benutzer ausgegeben bzw. der Prozeß automatisch abgebrochen.

wave
→ Welle, → Wellenform.

Wavelet-Kompression
Kompressionsverfahren für Audio-, Video- und Grafikdaten, das Wellenformen bzw. Frequenzbilder komprimiert. http://www.iterated.com

waveshaping
wörtl. „Wellen-Formen“, die Bearbeitung einer → Wellenform, meist Bezeichnung für das Formen oder Umformen eines → Klangs im → Synthesizer.

Wavetable-Sound
Musik aus Klängen bzw. Instrumentalklängen, deren spezifische Wellenformen in einem Synthesizer oder einer Soundkarte (bzw. einer speziellen Hardware-Erweiterung für Soundkarten) abgespeichert sind.

Wavetable-Synthese
Klangerzeugung mit Hilfe von *wavetables* (abgespeicherten Wellenformen bzw. Klangbildern), vgl. → Wavetable Sound.

WAV-file
Waveform Audio File, Sound-Datei unter Windows (→ *extension* .WAV).

WBZ
Werbender Buch- und Zeitschriftenhandel (Vertriebsform).

WC
(selten) → *workgroup computing.*

WDW
Wirtschaftsverband Deutscher Werbeagenturen e.V.

WE
Write Enable, überschreibbar, beschreibbar, kein Schreibschutz aktiviert.

Web
kurz für das → WWW.

Web-Browser
ein WWW-Client-Programm, das Anfragen an WWW-Server durchführt und die nach dem → HTML-Standard formatierten Dokumente des WWW sowie die damit direkt oder per → *hyperlink* verbundenen Multimedia-Dateien in einer grafikorientierten Umgebung darstellt.
Die Navigation im Web wird ausschließlich durch den Browser (also den Client) bewerkstelligt: der Zugriff auf HTML-Dokumente erfolgt über direkte Adress-Eingaben bzw. über die → *hyperlinks* auf die nnerhalb des Webs als völlig gleichrangig behandelten *Pages,* wobei sich der Browser die letzten Sprünge merkt und meist auch die zuletzt geladenen *Pages* in einem *Cache* verwahrt, so daß Rück-Sprünge lokal auszuführen sind.
Die meisten Browser können viele verschiedene Medienformate (Bild, Video, Ton) direkt darstellen oder zumindest über → *Plug-Ins* präsentieren, zusätzlich können sie Kommandos von → Script-Sprachen wie → JavaScript oder → ActiveX, die in Web-Dokumenten integriert sind, interpretieren. Browser wie → Netscape Navigator oder → Microsoft Internet Explorer bieten eine universelle Arbeitsumgebung für die Arbeit (und das Vergnügen) im Internet oder in intranets: neben dem Zugriff auf W3-Daten können Internet-Dienste wie FTP, Archie oder Telnet direkt aus dem Browser gestartet werden, E-Mail-Versand, Chat- und Newsgroup-Unterstützung wird ebenfalls angeboten, und durch die Integration von Scriptprogrammteilen oder → Applets bzw. den Aufruf von → CGIs können umfassende Endanwendungen realisiert werden.

WebCall
ein Telefongespräch, das via Internet bzw. aus einer Web-Anwendung heraus geführt wird. Vgl. → Internet-Telefon.

WebCam
auch *LiveCam,* eine irgendwo auf der Welt ans Internet angeschlossene Videokamera, die aktuelle Videobilder oder (regelmäßig erneuerte) Standbilder zeigt und über das → WWW erreichbar ist.

Man unterscheidet meist → CityCams, → LabCams, → MobileCams, → OfficeCams und → PetCams. http://www.users.interport.net/~mnw/liveview.htm

web editor
→ HTML-Editor.

webmaster
Verwalter einer → *WWW-domain*. Vgl. → *admin*, → *postmaster*, → *sysadmin*.

Web Page
eine Web-Seite, ein nach dem HTML-Standard angefertigtes Hyptertext-Dokument (→ HTML-Dokument), Grundelement des WWW. Meist wird der Ausdruck nicht für eine einzelne Datei, sondern für eine ganze Reihe zusammenhängender Dateien benützt, die sich auf demselben Server befinden und untereinander via Links verbunden sind. (Vgl. → *homepage*, → *WebSite*.)

Web Publishing
→ *Online-Publishing*, die Veröffentlichung von Informationen im WWW, vgl. auch → *electronic publishing*.

Web-Publisher
Software für das *Online-* bzw. *Web-Publishing*. Ähnlich zu → Autorensystemen wird vor allem das einfache Screen-Design, das Einbinden unterschiedlicher Daten- und Dateiformate sowie die Festlegung der Navigationsstruktur (einschließlich automatischer Generierung der Web-Links) unterstützt. Bekannte *Web-Publisher* sind u. a. Adobe PageMill, Backstage Internet Studio und Microsoft Frontpage.

Web-Seite
→ *Web Page*, → *Web Site*.

Web Server
→ *WWW-Server*.

Web Site
auch *WebSite* geschrieben, eine Stelle (*location*) im Web, eine → *WebPage*, vgl. → *site*.

websurfing
auch eingedeutscht zu „Websurfen", zur bloßen Unterhaltung bzw. Freizeitgestaltung im → WWW per → *hyperlink* von einer WebPage zur nächsten wandern. (Berufsbedingtes Surfen wird u. a. als → *information retrieval* bezeichnet).

Web-Telefon
Synonym für → Internet-Telefon.

Webvertising
(aus *Web-advertising*) Werbung im bzw. über das WWW.

web worm
ein → *worm*, der sich im *W3-Space* tummelt.

Wechselbetrieb
Datenübertragung im → Halbduplex-Verfahren.

Wechselfestplatte
Festplatte bzw. festplattenähnlicher Datenträger (vgl. → Bernoulli-Platte), der in einen Wechselrahmen montiert oder mit einer festen Hülle (ähnlich der einer Floppy Disk) versehen ist und leicht ausgetauscht werden kann.

Wegewahl
Leitweg-Bestimmung, → *routing*.

Welle
wave

- physikalische Bezeichnung für die räumliche Ausbreitung einer Ablenkung von einem Gleichgewichtszustand, also für eine sich im Raum ausbreitende Schwingung. Da die in Wellen auftretenden Potentialänderungen als Energietransport durch den Raum verstanden werden können (wobei theoretisch nicht oder nur in vernachlässigbarem Umfang von einem Stofftransport auszugehen ist), läßt sich auch eine fortlaufende Änderung beispielsweise der elektrischen oder magnetischen Zustände von Raumpunkten als Energietransport bzw. als Welle auffassen und darstellen. Wellen sind Phänomenen wie → Brechung, → Beugung, → Interferenz und → Reflexion unterworfen und können → Resonanzeffekte hervorrufen.

- gebräuchliche Form, eine regelmäßig wiederkehrende → Schwingung darzustellen; die Aufzeichnung der Änderung eines Potentials im zeitlichen Verlauf ergibt eine Wellenform (mathematisch: eine Sinuskurve). Die vertikale Auslenkung bzw. die „Höhe" der Welle (des „Wellenbergs") wird Amplitude genannt, der Abstand zwischen den einzelnen Wellen (bzw. zwischen den Gipfeln der jeweiligen Wellenberge oder den Schnittpunkten der Sinuskurve mit der Null-Achse) wird als Wellenlänge bezeichnet, die Anzahl der Wellen je Zeiteinheit wird als Frequenz angegeben (gemessen in Hertz, 1 Hz ist eine Welle bzw. eine Schwingung pro Sekunde).

Wellenform

häufig auch Schwingungsform genannt, die besondere Form der → Welle einer zusammengesetzten Schwingung. Der Begriff wird meist im Zusammenhang mit der Erzeugung bzw. Darstellung von → Klängen verwendet; die jeweiligen Formen sind dabei das Resultat der Zusammensetzung des jeweiligen Klangs aus unterschiedlichen Einzelschwingungen bzw. → Teiltönen (Grund- und Obertönen). Die am meisten benutzten bzw. vorzufindenden Grundformen von Wellen oder Schwingungen sind:

- Dreieck, aus der Addition einer Sinus-Grundfrequenz mit den ungeraden Obertönen (3., 5., 7. Teilton) entstehend, wobei der Pegel der Teiltöne mit dem Quadrat der Ordnungszahl abnimmt; charakteristische Form u. a. von Flötentönen;
- *Peak*, nadelförmige Kurve aus der Addition sämtlicher Obertöne bei jeweils maximalem Pegel, greller und spitzer Klang;
- Rechteck, entstehend aus der Grundfrequenz und den ungeraden Obertönen, sonst wie Sägezahn, Klang typisch beispielsweise für Klarinette;
- Sägezahn, gezackte Welle aus Grundton und allen (harmonischen) Obertönen bei gleichmäßig abfallendem Pegel (halbe Amplitude, drittels Amplitude usw.), typische Wellenform für Violinen- oder Trompetenklänge;
- Sinus, Gestalt einer mathematisch präzisen Sinuskurve, reine Schwingung ohne Obertöne, neutraler Klang.

Wellenlänge

die Größe des Abstands zwischen Wellen, gemessen zwischen den Spitzenwerten von → Wellen, zwischen den Anfangs- und End-Schnittpunkten einer Sinuskurve mit der Null-Achse, oder beliebigen sonstigen Punkten gleicher Phase. Einer Zunahme der Frequenz (Anzahl der Schwingungen pro Zeiteinheit) entspricht eine Verkleinerung der Wellenlänge, und umgekehrt. Vgl. → Klang.

Weltpostverein

in Bern 1874 gegründete und noch heute dort ansässige, inzwischen der UNO unterstellte Organisation, die als Vereinigung (fast) aller nationalen Postdienste Regelungen für den internationalen Postverkehr erarbeitet.

Welturheberrechtsabkommen

kurz WUA (auch → UCC), am 6.9.52 in Genf beschlossenes internationales Abkommen über das → Urheberrecht, Ergänzung zur → Berner Konvention.

Werbeagentur

ein Dienstleistungsunternehmen, das im Auftrag Dritter für deren Produkte Werbung betreibt.

Werbetexter

der für die Entwicklung von Texten zuständige Mitarbeiter einer Werbeagentur. (Berufsbild bzw. Ausbildung nicht festgelegt.)

Werbung

direkte, möglichst zielgerichtete Kommunikation mit potentiellen Kunden mit dem Ziel, diese zum Kauf von bestimmten Produkten und Dienstleistungen zu veranlassen. Vgl. auch → Public Relations.

Werbungskosten
steuerrechtlicher Begriff, bezeichnet die zur Erzielung, Sicherung und Erhaltung von Einkommen aufgewendeten Beträge, die bei der Ermittlung des Steuerbetrags (zumindest teilweise) von den steuerpflichtigen Einnahmen der jeweiligen Einkommensart abgezogen werden dürfen und daher den Steuerbetrag u. U. mindern.

Werk
künstlerisches Erzeugnis, materielles Produkt geistiger schöpferischer Tätigkeit.

Werkdruck
Bücherdruck (im Hochdruckverfahren).

Werklieferungsvertrag
nach § 651 BGB in Verbindung mit §§ 433ff. BGB (Kauf) gesetzlich geregelter gegenseitiger Vertrag, bei dem sich der Auftragnehmer zur Herstellung und Lieferung des vertraglich bestimmten Werks verpflichtet, wobei im Unterschied zum → Werkvertrag auch die Beschaffung der Rohmaterialien zur Leistung des Auftragnehmers zählt.

Werksatz
Satz bzw. Satzarbeiten und Umbruch für den Druck von Büchern.

Werkvertrag
nach §§ 631ff. BGB gesetzlich geregelter gegenseitiger Vertrag, mit dem sich der Auftragnehmer zur Erbringung einer im Vertrag bestimmten Leistung (Herstellung bzw. Veränderung einer Sache oder Ausführung einer Arbeit oder Dienstleistung) und der Auftraggeber zur Entrichtung der vereinbarten Vergütung verpflichtet.

Westcom
Telefongesellschaft (Eigentümer Net-Source, Familie Scholl), Netzvorwahl 0 10 85.

Western-Stecker
→ RJ45.

wetware
im Unterschied zu Hard- und Software: der Mensch (oder ein sonstiges Lebewesen, vgl. → *liveware*).

WfW
Windows For Workgroups, Microsoft → Windows für Teamarbeit bzw. die Arbeit in lokalen Netzwerken.

WG
→ *Working Group.*

White Book
Aufzeichnungsstandard für Video-CDs.

White Pages
das „normale" Telefonbuch (in Unterscheidung zu den → *Yellow Pages*); im Internet Bezeichnung für entsprechende Dateien oder Dienste (→ *directory service*), in denen E-Mail-Adressen, Telefonnummern und weitere Angaben zu Internet-Teilnehmern abgelegt sind.

white pages server
→ Verzeichnis-Server.

WHOIS
Internet-Dienstprogramm, das Angaben über einen bestimmten Rechner oder User liefert (sofern diese beim jeweiligen WHOIS-Server registriert sind). Auf die Kommandos WHOIS UserName bzw. WHOIS RechnerName hin werden alle zum Stichwort passenden Einträge geliefert.

Wide Area Information Servers
→ WAIS.

Wide Area Network
→ WAN.

wildcard
- meist Bezeichnung für das Zeichen *;
- bisweilen auch im allgemeinen Sinne für jeden möglichen → Platzhalter angewandt.

WIMP
Windows, Icons, Menus and Pointing Device, Fenster, Icons, Menüs und Maus, Bezeichnung für eine grafikorientierte Oberfläche (→ GUI) mit Fenstertechnik (wie sie etwa bei → Windows vorkommt).

WiN
Wissenschaftsnetz, das Netz des → DFN, das alle Universitäten und Fachhochschulen oder öffentliche Forschungseinrichtungen in Deutschland verbindet, öffentlich zugänglich über → DFN-WiN-Shuttle.

WiN-B
das seit 1996 betriebene → ATM-Netz (Breitband-Netz) im → WiN.

WinCIM
Windows-Version des *CompuServe Information Managers,* das Standardprogramm für den Zugang zu → CompuServe.

WINCS
ein militärisches Subnetz des → DDN.

Windows
Sammelbegriff für diverse Betriebssysteme der Firma Microsoft mit grafikorientierter Oberfläche und Fenstertechnik:
- *Windows,* auf MS-DOS aufsetzende Betriebssystem-Ergänzung;
- *Windows for Workgroups (WfW) 3.11,* auf MS-DOS aufsetzende Betriebssystem-Ergänzung mit eingebauten Netzwerkfunktionen (→ *Peer-to-Peer*);
- *Windows 95,* 1995 eingeführter 32-Bit-Nachfolger von WfW, von DOS unabhängiges Betriebssystem mit integrierten Netzwerkfunktionen und *Plug and Play*-Technik;
- *Windows NT,* professionelles Netzwerkbetriebssystem (in Server- und Workstation-Ausführung erhältlich).

windows socket
→ WINSOCK.DLL.

Windowtechnik
Fenstertechnik, Aufteilung des Bildschirms in verschiedene Fenster, in denen jeweils Programme (gleichzeitig oder quasi-parallel) ablaufen.

Winkelklammern
angle brackets, die Zeichen <>. Diese Zeichen werden u. a. in → HTML-Dokumenten zur Kennzeichnung von HTML-Befehlen (<→ *tags*>) verwendet, in E-Mails oder beim Chatten dienen sie oft zur Darstellung von Aktionen (etwa: <WAITING>) oder werden für die Konstruktion von → Smileys benützt.

WINS
Windows Internet Naming Service, ein → Windows NT-Feature zur Verwaltung von Alias-Namen bzw. IP-Adressen in Netzwerken.

WINSOCK.DLL
ein → Socket-Programm für PCs, die mit einer → Windows-Version (Windows bzw. *Windows for Workgroups*) betrieben werden. Es sind verschiedene WINSOCKs erhältlich, die bekannteste Shareware-Ausgabe ist die → Trumpet WinSock.

Wintel
Kurzbegriff für den de-facto-Standard in der PC-Welt: Windows-Betriebssystem und Intel-CPUs.

wintrump
die → Trumpet Winsock.

WinZip
die → Windows-Version von → PKZIP.

WIPO
World Intellectual Property Organization, internationale Organisation zur Wahrung von → Urheberrechten. http://www.wipo.org

Wirtsrechner
→ *host.*

Wissenschaftlicher Satz
→ Formelsatz.

WMF
Windows Meta File, unter Windows vor allem zum Datenaustausch zwischen Windows-Applikationen verwendetes Dateiformat.

word wrapping
Funktion von Editor- oder Textverarbeitungsprogrammen: automatischer Zeilenumbruch während der Eingabe, also automatische Fortsetzung des Textes in der Folgezeile.

Workflow-Management-System
Hard- und Software zur Verwaltung (Verteilung, Steuerung und Kontrolle, teils auch Durchführung) von Arbeitsabläufen. Solche Systeme sind üblicherweise im Rahmen von → CSCW-Konzepten implementiert und ermöglichen u. a. die Festlegung von Befugnissen (z. B. den Zugriff auf Informationen oder Arbeitsergebnisse), die Regelung der Struktur von Arbeitsabläufen (z. B. die vorgegebenen Wege von Dokumenten und die Art ihrer Bearbeitung am jeweiligen Arbeitsplatz), die Verteilung von Aufgaben auf einzelne Arbeitsplätze (oder die Umleitung auf andere Stellen), die automatische Weiterleitung der jeweiligen Arbeitsergebnisse an die nachfolgende Stelle, die zeitliche Festlegung der einzelnen Arbeitsschritte bzw. die Bestimmung und Überwachung der Einhaltung von deadlines, sowie die Qualitätskontrolle, bisweilen ist auch der jederzeitige direkte Eingriff in die Arbeit oder die statistische Auswertung der Systeminternen Vorgänge möglich.

workgroup computing
Teamarbeit, die über → LANs und durch spezielle Software (→ *groupware*) koordiniert wird. Vgl. → CSCW.

working directory
Arbeitsverzeichnis, das aktuelle Verzeichnis.

Working Group
→ IETF-Bezeichnung für eine Arbeitsgruppe aus (freiwilligen) Mitgliedern.

Workstation
- ein sehr leistungsfähiger Arbeitsplatzrechner bzw. eine Arbeitsstation innerhalb eines Netzwerks, auch für Einzelbetrieb geeignet;
- Originalbezeichnung für UNIX-Micros von DEC (Digital Equipment Corp.) oder Sun Microsystems.

World Wide Web
→ WWW.

World Wide Web Conference
alljährlich stattfindende Tagung in Genf.

World Wide Web Consortium
kurz W3C, die für die WWW-Standards und deren Weiterentwicklung zuständige Organisation. http://www.w3.org/pub/WWW/Consortium

World Wide Web Worm
→ Suchdienst. http://www.cs.colorado edu/home/mcbryan/WWWW.html

Worldspan
→ Reservierungssystem.

worm
Wurm, ein Programm, das sich selbst vermehrt (auf andere Rechner überträgt). Im Unterschied zu einem → Virusprogramm ist ein *worm* ein eigenständiges Programm, das sich nicht in andere Programme einnistet, sondern direkt auf Betriebssystemebene abläuft.

WORM
Write Once Read Many, einmal schreiben, unbegrenzt lesen, Prinzip bzw. Kurzbezeichnung für Speichermedien, die nach diesem Prinzip arbeiten (vgl. → ROM, → CD-ROM).

WOSA
Windows Open Services Architecture, proprietärer LAN-Standard von Microsoft (→ Windows NT).

wri
write, schreiben; auch → *extension* für Textdateien, die im WRITE-Format (Schreibprogramm des Windows/WfW-Betriebssystems) vorliegen.

write lock
Schreibschutz.

WUA
→ Welturheberrechtsabkommen.

Wurm
→ *worm.*

WWW
World-Wide Web, weltweites Netz, auch W3 oder nur „das Web" genannt, ein am → CERN ab 1989 entwickeltes, weltweit verteiltes → Hypermedia-System im → Internet.
Die Informations-Basis des WWW bilden Millionen von → HTML-Dokumenten *(→ WebPages),* die durch → *hyperlinks* untereinander (und mit beliebigen sonstigen Dateien) verknüpft sind. Mit für alle Plattformen verfügbaren → *Web-Browsern,* die als *Clients* auf Benutzerseite fungieren und über eine grafikorientierte Oberfläche einfachst zu bedienen sind, werden die einheitlich adressierten (vgl. → URL) *Pages* von *WWW-Servern* angefordert. Die gesamte Navigation im Web wird über die *Web-Browser* bewerkstelligt, die *Server* liefern nur die jeweils angeforderten Dateien.
Das der Übertragung zugrundeliegende Protokoll ist das auf TCP/IP aufsetzende *Hypertext Transfer Protocol* (→ HTTP), das binäre Dateiformate überträgt und die Einbindung anderer Internet-Dienste (→ FTP, → gopher, → telnet usw.) regelt.
Das WWW entwickelte sich inzwischen zum dominierenden Dienst im Internet, und viele Anwender kennen das Internet nur noch über das WWW (oder setzen gar WWW und Internet gleich).

WWW-Adresse
→ URL.

WWW-Browser
→ *Web-Browser.*

WWW-Client
ein → *Web-Browser.*

WWW-Server
ein Rechner, der *WebPages* zur Verfügung stellt, bzw. ein Programm für die Beantwortung der Anfragen von *WWW-Clients.* Viele *WWW-Server* sind → virtuelle Server, werden also gemeinsam mit anderen virtuellen Servern auf ein und demselben Rechner betrieben.

WWWW
→ *World Wide Web Worm.*

WYSBYGI
what You see, before You get it, was Du siehst, bevor Du es bekommst, Bezeichnung für die Vorschau-Funktion, die in einigen Grafik- oder EBV-Programmen u. a. bei Filterfunktionen vorhanden ist

WYSIWYG
what You see is what You get, was Du siehst ist das, was Du bekommst. Als WYSIWYG-Darstellung bezeichnet man auch den → Layoutmodus.

WZG
Warenzeichengesetz.

X

- Trans-;
- Cross-;
- *Transfer, Transmission, Exchange,* Übertragung, Sendung, Datenaustausch;
- auch kurz für → X-Windows.

X.400

ein vor allem in Europa sowie in weltweiten *Corporate Networks* verwendetes E-Mail-System bzw. der CCITT- und ISO-Standard für *message handling,* siehe → *Message Handling System.*

X.400-Adresse

Adressen nach dem X.400-Standard folgen, ähnlich den → DNS-Adressen, einem hierarchisch gegliederten Schema; die einzelnen Bestandteile werden jedoch mit vorangestellten Kennbuchstaben angegeben:

C *Country,* Land
A *Administration Management Domain,* Verwaltungsbereich
P *Private Management Domain,* Privater Bereich
O *Organization,* Organisation
OU *Organization Unit* (evtl. OU1, OU2 etc.), Organisationsuntereinheit(en)
S *Surname,* Nachname
G *Given Name,* Vorname
I *Initials,* Initialien.

Um eine Adresse in X.400-Notation anzugeben, werden die Bestandteile aneinandergereiht, also beispielsweise C=DE/A=DBP/P=NETZDienst/O=Firma XY/OU=Einkauf/ou1=Ersatzteile=Mueller/G=Arnim/I=AM

Um eine solche Adresse aus dem Internet zu erreichen, muß sie in eine DNS-konforme Adresse umgewandelt werden (geschieht bisweilen automatisch durch das E-Mail-Programm):
G.I1.I2.S@OU1.OU.x400.O.C, also beispielsweise
arnim.a.m.mueller@ersatzteile.einkauf.x400.FirmaXY.de

Initialen (bei Vornamen) müssen ggf. in durch Punkt getrennte Einzelbuchstaben aufgeteilt werden. Die Adressen-Kennung x400.firmaXY.de ist die Adresse des *Gateways,* das die Mailkonversion vornimmt.

X.500

Die CCITT-Norm für verteilte E-Mail-Adreß-Verzeichnisdienste (→ *directory service*). Die nach → X.400-Norm standardisierten Adressen werden lokal (also Netz-intern bzw. Host-spezifisch) verwaltet, anhand der domain-host-user-Struktur der Adresse läßt sich jedoch über entsprechende *directory system agents* (→ DSA) auf Domain- oder Host-Ebene die gewünschte Information rasch erschließen.

X.75

→ CCITT-Norm für den Eurofiletransfer.

XAB

Excessively Annoying Behaviour, außerordentlich störendes Verhalten, beim Chatten Ausschluß-Grund.

XENIX

UNIX-Variante der Firma Xerox.

Xerox PARC

Xerox Palo Alto Research Center, das Forschungszentrum von Xerox in Palo Alto.

XGA

Extended Graphics Adapter, von IBM entwickelter Grafikkarten-Standard.

XLR

Norm für Audio-Stecker (verwendet u. a. beim → AES/EBU-Interface)

XModem

einfachstes, von fast allen Kommunikationsprogrammen unterstütztes Übertragungsprotokoll für → Modem- bzw. → Nullmodem-Übertragungen. Arbeitet mit fester Blockgröße (128 Datenbytes). Erweiterungen sind als → XModem 1K, → YModem und → ZModem bekannt.

XModem 1K
→ XModem-Variante mit Blockgröße 1 KB; vgl. → YModem.

XModem 1K-g
→ XModem 1K-Variante ohne Quittierungssignal.

XModem CRC
→ XModem-Variante mit → CRC (Fehlerüberprüfungsverfahren).

X-Normen
die → CCITT-Normen, die sich auf Datennetze beziehen.

XNS
Xerox Network System, von Xerox entwickeltes Übertragungsprotokoll.

XOFF
exchange off, bzw. *transmission off,* Übertragung aus, Aufhebung der Empfangsbereitschaft, Steuerzeichen beim → *software-handshake* (ASCII 19, Ctrl-S). Das Gegenstück bildet → XON.

XON
exchange on, bzw. *transmission on,* Übertragung ein, Empfangsbereitschaft einschalten, Steuerzeichen beim → *software-handshake* (ASCII 17, Ctrl-Q). Das Gegenstück bildet → XOFF.

XON/XOFF
Kürzel für → *software-handshake,* siehe. → Datenflußkontrolle.

xref
crossreference, Querverweis.

X-Windows
kurz X, Standard für grafische Benutzeroberflächen unter UNIX bzw. in → TCP/IP-Netzen. X-Windows-Systeme sind zugleich Server und Clients, bei mehreren mit X ausgestatteten Unix-Computern innerhalb eines LANs ist daher ein einfacher → *remote*-Betrieb mehrerer Rechner von einer einzigen Station aus möglich (nur Eingaben und die Bildschirmausgabe erfolgen dabei auf der steuernden Station, alle sonstigen Operationen werden auf den gesteuerten Rechnern durchgeführt). http://www.x.org

Yahoo!

→ Suchdienst. http://www.yahoo.de oder http://www.yahoo.com

Yellow-Book

übliche Bezeichnung für den ISO 9660-Standard für → CD-ROMs. *Yellow Book* definiert zwei Varianten *(modes)*:

- in Mode 1 sind 2048 Bytes Nutzdaten und 98 Kontrollbytes je Sektor, 784 Bytes zur Fehlerkorrektur und eine Übertragungsrate von 150 KByte/s festgelegt,
- in Mode 2 sind 2336 Bytes Nutzdaten und 98 Kontrollbytes je Sektor, zusätzlich zu den 784 Bytes weitere 280 Bytes für die Fehlerkorrektur, sowie eine Übertragungsrate von 171 KByte/s definiert.

Yellow Pages

kurz YP, Gelbe Seiten, das Branchentelefonbuch (vgl. → *White Pages*).

YModem

erweitertes → XModem-1K-Protokoll, übermittelt Dateinamen und Dateigröße und kann mehrere Dateien in einem Durchgang übertragen *(→ batch)*.

YP

→ *Yellow Pages.*

YY/MM/DD

Year/Month/Day, Jahr, Monat, Tag, jeweils mit zwei Stellen einzugeben (Eingabeaufforderung, auf deutsch meist TT/MM/JJ).

z-Achse
die Achse für die Tiefe bzw. die 3. Dimension (bei 3D-Grafik).

Zahlensysteme
alle Ordnungssysteme, nach denen Zahlen dargestellt werden; normalerweise wird das sogenannte → Dezimalsystem (Zahlenbasis 10) verwendet, bei Computern wird jedoch das Binärsystem (Zahlenbasis 2) zur internen Zahlendarstellung eingesetzt.

ZAW
→ Zentralausschuß der Werbewirtschaft.

Zeichen

- *sign* oder *token*, ein Symbol, ein zur Darstellung von Informationen bzw. Daten (also spezifizierten Informationen) verwendetes Ereignis oder Objekt, das Element einer bestimmten Menge von Darstellungsereignissen oder -Objekten (Zeichensatz, Zeichenvorrat, Code) ist. Zeichen werden in der EDV in Speichern oder auf Datenträgern durch genau definierte physikalische Zustände repräsentiert und mittels → Signalen übertragen und manipuliert.
- *character*, ein Text-Element bzw. ein Buchstabe, eine Zahl oder ein Symbol aus einem bestimmten Code (ASCII, ANSI etc.) bzw. Zeichenvorrat, in Unterscheidung zu einer (freien) grafischen Darstellung bzw. zu einem Bild.
- *control character*, Steuerzeichen, ein aus dem Vorrat reservierter Zeichen (meist aus den nicht-alphabetischen Zeichen eines Codes) stammendes Element, das ein zur Steuerung von Prozessen verwendetes Signal repräsentiert (bzw. in ein solches Signal umgesetzt wird).
- *tag*, Markierungszeichen, eine aus einem oder mehreren reservierten Zeichen gebildete Markierung, beispielsweise zur Kennzeichnung von Script-Kommandos (vgl. → HTML-*tag*).

Zeichengabekanal
→ D-Kanal.

Zeichengenerator
elektronisches Bauteil zur Erzeugung von Schriftzeichen auf einem Fernsehbildschirm (wird beispielsweise für die Darstellung von Videotext benötigt, meist im Fernsehgerät eingebaut).

zeichenorientiert
eine Bildschirmdarstellung bzw. eine „Anwenderschnittstelle“ (zum Betriebssystem oder einem Anwendungsprogramm), die ausschließlich auf Zeichen bzw. Tastatureingaben basiert, das Gegenteil heißt → grafikorientiert.

Zeichensatz
ein → Font, eine genau bestimmte Menge von genau bestimmten → Zeichen, die der Darstellung dienen.

Zeichensetzung
→ Interpunktion.

Zeichenvorrat
Synonym für → Zeichensatz.

Zeilenabstand
Abstand zwischen den Ober- und Unterlängen der Buchstaben untereinanderstehender Zeilen; im Bleisatz durch → Kegel vorgegeben (vgl. → kompresser Satz) oder per → Durchschuß erweiterbar, beim Computersatz (mit DTP und Textverarbeitungsprogrammen) meist frei regelbar.

Zeilenbreite
Zeilenlänge, Kolumnen- oder Spaltenbreite, in Textverarbeitungs- und DTP-Programmen auch über Absatzbreite regelbar.

Zeilendrucker
→ Nadeldrucker, bei dem eine ganze Zeile gleichzeitig gedruckt wird.

Zeilenfrequenz
Synonym für → Horizontalfrequenz.

Zeilenhonorar
in Unterschied zum → Festhonorar oder → Auflagenhonorar nach der Anzahl der Druckzeilen errechnetes Honorar, bei Zeitungs- oder Zeitschriftenveröffentlichungen üblich.

Zeilenmaß
→ Typomaß.

Zeilenmesser
→ Typomaß.

Zeilenrestwertanzeige
digitale oder analoge Anzeige der Differenz zwischen Zeilenlänge und der Gesamtbreite der bereits gesetzten Zeichen, bei Fotosatzgeräten oder im Computersatz.

Zeilensensor
auch Scannerzeile, ein CCD-Chip mit zeilenförmiger Anordnung der Halbleiterelemente, in → Scannern oder auch sog. Scanner-Rückteilen von → Digital-Kameras verwendet. Neben den einfachen linearen Zeilensensoren (eine einzige Zeile von Halbleiterelementen), die als → RGB-Sensor (ein Scandurchlauf) oder als einfarbiger Sensor (drei Durchläufe mit jeweils wechselndem → Farbfilter) vorkommen, werden heute meist die sogenannten trilinearen (dreizeiligen) Zeilensensoren verwendet, bei denen in einem einzigen Scandurchgang alle drei Grundfarben erfaßt werden.

Zeilensprung-Verfahren
siehe → *interlaced*.

Zeilenzähler
fortlaufende oder in regelmäßigen Abständen außerhalb des Satzspiegels angebrachte Nummer.

Zeitarbeit
zeitlich befristete → Leiharbeit, meist von speziellen Zeitarbeitsunternehmen angebotene Dienstleistung, die häufig zur Überbrückung von vorübergehenden Personalengpässen (etwa Krankheits- oder Urlaubsvertretung), seltener zur Erbringung ansonsten im Unternehmen nicht benötigter Leistungen dient.

Zeitcode
eine Markierung, die zur Festlegung von Audio- oder Videoschnitten oder zur Steuerung von MIDI-Geräten verwendet wird. Bei Videodaten gibt die Markierung Minuten, Sekunden und → Halbbilder an (vgl. → LTC, → VITC), bei MIDI werden sowohl Zeitangaben als auch Takte (16tel) zur Steuerung verwendet (vgl. → MTC, → SMPTE, → SPP).

Zeitmultiplex
Übertragungsverfahren, bei dem ein Kanal abwechselnd zum Senden und Empfangen genutzt wird, siehe → *baseband*.

Zeitschriftenherstellung
Zeitschriften werden meist vierfarbig im Rollenrotationstiefdruck gedruckt und broschiert (mit Klammerheftung oder Klebebindung).

Zeitstreckung
→ *time stretching*.

Zeitung
üblicherweise täglich, werktäglich oder wöchentlich erscheinende Druckschrift mit möglichst aktuellen redaktionell aufbereiteten Informationen aus allen Bereichen des öffentlichen Lebens sowie privaten und gewerblichen Anzeigen, auf einfachem Papier meist in Ein- oder Zweifarbendruck hergestellt.

Zeitungsdruckverfahren
Zeitungen werden ein- oder zweifarbig im Rollenrotationsdruck (Hochdruck) oder im Rollenoffsetdruck hergestellt.

Zeitverzögerung
delay, Verzögerung, siehe → Laufzeit.

Zelle
→ *cell*; → Funkzelle.

Zensur
gesetzlich geregelte Maßnahmen zur Durchsetzung von Verboten der Verteilung, Weiterleitung oder Bereitstellung von inhaltlich definierten (indizierten) Informationen. Zensurvorschriften betreffen nicht die Herstellung von Informationen (eine solche Herstellung läßt sich praktisch kaum unterbinden), sondern richten sich gegen die Veröffentlichung bzw. den Vertrieb der Informationen, also hauptsächlich gegen Verleger, Redaktionen, Betreiber von Sendestationen oder Betreiber von Servern bzw. Datennetzen. Zensur verhindert nicht nur die Veröffentlichung von Informationen, sondern wirkt gleichzeitig immer auch einschränkend gegen die → Informationsfreiheit des Einzelnen.
Im Bereich der Presse (Print- und Non-Print-Medien) findet in Deutschland nach Artikel 5 des Grundgesetzes keine Zensur statt, durch Gesetze (z. B.: Jugendschutzgesetz) und Rechte (z. B.: Recht am eigenen Bild, Urheberrechte usw.) ist der Bereich der erlaubtermaßen zu veröffentlichenden Informationen dennoch eingeschränkt (vgl. → Meinungsfreiheit).
Im Bereich der → Online-Dienste gelten neben den gesetzlich definierten allgemeinen Rechten und Pflichten (vgl. auch → Multimedia-Gesetz) auch immer die zwischen Dienstbetreiber und Kunde getroffenen Verträge, also die in Allgemeinen Geschäftsbedingungen sowie ggf. individuellen Absprachen getroffenen Vereinbarungen. Solche Verträge können durchaus auch eine über die gesetzlichen Vorgaben hinausreichende Einschränkung der im Netz veröffentlichbaren Inhalte vorsehen.

Zentralausschuß der Werbewirtschaft e. V.
ZAW, Verband der deutschen Werbewirtschaft, siehe → Deutscher Werberat.

Zentraleinheit
→ CPU.

Zentrale Zulassungsstelle im Fernmeldewesen
ZZF, Nachfolgebehörde der FTZ, heute → Bundesstelle für Zulassungen Telefon (BZT).

Zentralstelle Bibliothekstantieme
siehe → Bibliothekstantieme.

zentriert
eine Satz- bzw. Textanordnung, bei der die Zeilen „auf Mittelachse", d. h. mit dem selben Abstand zum rechten wie linken Rand des Satzspiegels, gestellt werden. Zentrierter Satz wird auch als → Axialsatz bezeichnet.

Zentrum für Kunst und Medientechnologie
→ ZKM.

Zertifikat
eine von einer → Zertifizierungsstelle ausgestellte (digitale) Bescheinigung über die Zuordnung von → Signaturschlüsseln zu Personen, Verfahren oder Daten.

Zertifizierung
Ausstellung eines → Zertifikats durch eine dazu autorisierte Stelle. Vgl. → digitale Signatur.

Zertifizierungsstelle
- *certificate authority*, eine Einrichtung, die → Zertifikate für den Online-Verkehr ausstellt;
- nach dem → IuKDG eine Einrichtung (natürliche oder juristische Person), die die Zuordnung öffentlicher → Signaturschlüssel zu natürlichen Personen vornimmt und jederzeit zertifiziert und für diese Tätigkeit eine behördliche Genehmigung besitzt (solche Genehmigungen setzen den Nachweis von Zuverlässigkeit und Fachkunde beim Antragsteller sowie ein geprüftes Sicherheitskonzept voraus).

Zielinformationen
die gesuchten Informationen oder Datenseiten.

Zierbuchstaben
Schmuckbuchstaben, siehe → Zierschrift.

Zierschrift
Schrift mit verziertem bzw. verändertem, von der Grundform der Buchstaben deutlich abweichenden Schriftbild; meist werden nur einzelne Buchstaben (etwa als Initialen) verwendet.

zip
zippen, eine Datei komprimieren (nach dem → Packer → PKZIP). Vgl. → Datenkompression, → *ZIP-file*.

ZIP-code
Zone Improvement Plan Code, Postleitzahl.

ZIP-Drive
von → Iomega entwickeltes Wechselplattensystem (100 MB, 3,25-Zoll-Disks), es werden sowohl externe Laufwerke (Parallel-Schnittstelle oder SCSI) als auch interne Laufwerke angeboten.

ZIP-file
- eine Datei mit der → *extension*, .ZIP, die mit dem → Packer → PKZIP hergestellt wurde und komprimierte Daten enthält;
- bisweilen auch ganz allgemein für Dateien bzw. Archive, die mit Packern komprimiert wurden. (Umfangreiche Dateien oder Dateisammlungen werden für den *Download* häufig als ZIP-Files zur Verfügung gestellt).

Zitat
wörtliche oder eng angelehnte Wiedergabe einer Äußerung, einer Textstelle, Abbildung usw., eine solche ist durch Angabe der Quelle und ggf. durch typographische Hervorhebung als Zitat kenntlich zu machen. Kleinzitate sind urheberrechtsfrei, größere Zitate (auch die Übernahme von Abbildungen usw.) sind nur bei schriftlicher Genehmigung des Urheberrechtseigners (meist nicht der Autor, sondern der Verleger!) und ggf. gegen Bezahlung gestattet.

ZKM
Zentrum für Kunst und Medientechnologie, 1989 von der Stadt Karlsruhe und dem Land Baden-Württemberg gegründete und 1997 in Karlsruhe eröffnete Einrichtung, die ein Institut für Bildmedien, ein Institut für Musik und Akustik, ein Medientheater, ein Medienmuseum und ein Museum für Neue Kunst umfaßt und alle zwei Jahre die „Multimediale" veranstaltet. http://www.zkm.de

ZModem
ein mit den diversen → XModem-Protokollen vergleichbares Übertragungsprotokoll, das mit flexiblen Datenübertragungsraten arbeitet. ZModem verwendet → CRC-Fehlerüberprüfung, kann unterschiedliche Datenblockgrößen (bis zu 8 KB) handhaben, mehrere Dateien in einem Durchgang übertragen und auf Quittierung verzichten. Als eines der schnellsten und zuverlässigsten Protokolle wird ZModem von den meisten Übertragungsprogrammen unterstützt.

Zoll
→ *inch*.

Zoll für Presseerzeugnisse
Presseerzeugnisse sind international einfuhrzollfrei.

Zone
- eine zusammengehörige Gruppe von Netzteilnehmern;
- im → FidoNet Bezeichnung für die *nodes* und Netze eines Kontinents.

Zugangsberechtigung
- die Erlaubnis für den Zugang zu Daten oder Diensten, die einem Benutzer erteilt werden kann;
- Synonym für Zugriffsberechtigung.

Zugangskennung
siehe → User-ID.

Zugangskontrolle
Maßnahmen zur Verwaltung und Überwachung des Zugangs zu Rechenanlagen und Daten.

Zugriff
- Lesen oder Schreiben von Daten bzw. Zugriff (eines Programms, einer Hardwarekomponente) auf Speicherbereiche;
- kurz für → Zugriffsart;
- bisweilen auch Synonym für → Zugangsberechtigung.

Zugriffsart
Art des Zugriffs auf Dateien (Lesen, Schreiben) oder auf Daten innerhalb einer Datei (→ serieller Zugriff, → Direktzugriff).

Zugriffsberechtigung
die Erlaubnis, auf bestimmte Daten, Programme oder Rechner zuzugreifen.

Zugriffsbeschränkung
technische Einschränkung des Zugriffs bzw. der Zugriffsart auf Dateien (etwa durch das Setzen entsprechender → Dateiattribute realisiert).

Zugriffsrecht
das Auskunftsrecht Betroffener bezüglich personenbezogener Daten (in Deutschland durch das → Bundesdatenschutzgesetz festgelegt), nicht zu verwechseln mit der → Zugriffsberechtigung.

Zugriffszeit
access time, tatsächlicher oder durchschnittlicher Zeitbedarf für den Zugriff auf Daten, die im Hauptspeicher, auf einem Datenträger (etwa einer CD oder Festplatte) oder innerhalb eines Netzes vorliegen.

Zusätzliche Geschäftsbedingungen
abweichend von oder zusätzlich zu den → Allgemeinen Geschäftsbedingungen vom Verkäufer zugesagte Bedingungen, die nur für einen einzelnen Fall gültig sein sollen. Sie bedürfen der Schriftform und ggf. der Einverständniserklärung der Gegenseite.

ZVEI
Zentralverband Elektrotechnik- und Elektroindustrie, Frankfurt am Main.

ZVSt
Zentralvermittlungsstelle.

Zweifarbendruck
Druck mit zwei (oft komplementären) Farben oder Druck mit Schwarz und einer Zusatzfarbe.

Zweikanalbetrieb
siehe → Kanalbündelung.

Zwischenablage
unter Windows verfügbarer Speicherbereich, in dem Daten temporär (u. a. für die Übertragung zwischen Windows-Applikationen) abgelegt werden können.

Zwischenaufnahme
in der Repro alle Aufnahmen, die vor der Belichtung des für die Plattenbelichtung benötigten Films erforderlich werden (etwa zur Maskierung, zur Negativ-Positiv-Umkehrung, usw.).

Zwischenbuchhandel
Handelsunternehmen zwischen den Buchhandlungen und den Verlagen, siehe → Barsortiment, → Büchersammelverkehr, → Grosso-Buchhandlung, → Verlagsauslieferung.

Zwischenschlag
Leerraum zwischen Spalten, Kolumnen oder sonstigen Satzelementen (im Bleisatz ehemals durch „zwischenschlagen" von Stegen bewirkt).

Zwischenspeicher
auch *buffer, cache*, Puffer oder Pufferspeicher genannt, ein Speicherbaustein bzw. Speicherbereich zur vorübergehenden Speicherung von Daten. Zwischenspeicher werden u. a. bei der Abstimmung asynchroner Prozesse (etwa bei der Weiterleitung von Daten an Peripegeräte, → *Spooler*), bei der gleichzeitigen Erledigung verschiedener Aufgaben

(etwa beim → Multiuserbetrieb), zur virtuellen Erweiterung des Arbeitsspeichers (vgl. → Auslagerungsdatei) und zur allgemeinen Verbesserung der System-Performance (vgl. → Festplattencache, → *second level cache*) verwendet. In der DFÜ wird Zwischenspeicherung u. a. auf → *proxy-servern* und von → *browsern* durchgeführt, um die Netzbelastung bzw. Datentransfers möglichst zu reduzieren und den Zugriff auf Daten zu beschleunigen.

zyklische Blocküberprüfung
→ CRC (*Cyclic Redundancy Check*).

ZZF
→ Zentrale Zulassungsstelle im Fernmeldewesen, heute BZT, → Bundesstelle für Zulassungen in der Telekommunikation.

www.ingramcontent.com/pod-product-compliance
Lightning Source LLC
LaVergne TN
LVHW010552300926
849162LV00002B/309